《当代中国人物传记》丛书

书名手迹：邓小平

彭德怀传

《彭德怀传》编写组 著

当代中国出版社
Contemporary China Publishing House

图书在版编目(CIP)数据

彭德怀传 /《彭德怀传》编写组编 .-- 3 版 .-- 北京：当代中国出版社，2006.10（2022.12 重印）
（当代中国人物传记丛书）
ISBN 978-7-80092-103-2

Ⅰ . ①彭… Ⅱ . ①彭… Ⅲ . ①彭德怀（1898~1974）—传记 Ⅳ . ① K825.2

中国版本图书馆 CIP 数据核字（2006）第 113845 号

出 版 人	冀祥德
责任编辑	姜楷杰　陈德仁
责任校对	康　莹
责任印务	刘艳平
装帧设计	北京华子图文设计公司
出版发行	当代中国出版社
地　　址	北京市地安门西大街旌勇里 8 号
网　　址	http://www.ddzg.net
邮政编码	100009
编 辑 部	（010）66572156
市 场 部	（010）66572281　66572157
印　　刷	北京润田金辉印刷有限公司
开　　本	720 毫米 × 1060 毫米　1/16
印　　张	30.25 印张　4 插页　插图 110 幅　458 千字
版　　次	2015 年 7 月第 3 版
印　　次	2022 年 12 月第 7 次印刷
定　　价	60.00 元

《彭德怀传》顾问

王政柱　杜鹏程

《彭德怀传》编写组

组　　长　王　焰
副 组 长　何　定
成　　员　蒋宝华　吴序光　张　希
　　　　　项　羊　王亚志　门吉寿
　　　　　王承光

出版说明

1982年，中共中央书记处讨论通过、中共中央宣传部发文布置在全国范围内编写出版《当代中国》丛书。根据编写计划，《当代中国》丛书依内容共分为五类，人物传记是其中之一。由于人物传记涉及方方面面，情况繁杂，且编写时间长，1991年人物传记从《当代中国》丛书中分立出来，确定为《当代中国人物传记》丛书。

《当代中国人物传记》丛书编辑委员会在丛书总序中说：

“二十世纪的中国，是一个风云际会、英杰辈出的时代。正是伟大的时代造就出灿若群星的历史伟人；也正是历史伟人们艰苦卓绝的奋斗历程和忘我建树的光辉业绩，才能充分地体现着潮流之所趋、人心之所向，才最深刻最生动地反映着奔腾前进的伟大时代。他们一生的业绩，恰恰构成了从旧中国到新中国这一旷古未有的历史性大变革的缩影。正因为这样，修撰作为中华人民共和国缔造者的一代杰出历史人物的传记，其意义自是远远超越记述个人身世的范围。这套传记丛书，无疑应当看作是，当代中国千百万爱国志士、革命先驱的杰出代表用毕生的血和汗谱写出的挽救祖国、振兴中华的可歌可泣的历史画卷，它将是永远矗立于世世代代人民心中的革命丰碑。《当代中国人物传记》丛书中的每一部传记，都可读作当代中国的救国史，中华人民共和国的开国史、建国史；每一部传记都可读作结束中国苦难危亡命运的革命史，披荆斩棘建设社会主义的奠基史、创业史。”

“《当代中国人物传记》丛书，首批编撰的是中华人民共和国建国时期的开国元勋和各方面的最杰出人士的传记。这批传记的主人公将包括：党和国家的主要领导人（其中毛泽东、周恩来、刘少奇、朱德、邓小平、陈云的传记，将由中共中央文献研究室编写、出版)、人民军队中功勋卓著的元帅、参与新中国创建大业的各民主党派的领导人和各方面的著名爱国人士、贡献突出的著名科学家、文学家和艺术家，以及为中国民主革命事业和社会主义事业做出重大贡献的国际主义战士，等等。毫无疑问，他们既是当代中国最卓越的代表，同时也是彪炳千秋青史的历史巨人。当然，如同一切历史人物一样，我们时代的杰出代表也不可能不受到历史条件的限制，也必然会具有这样那样的弱点、短处，一生中也不免会发生这样那样的某些过失。但是，所有这些，当如日月之蚀，堂堂正正公之于众亦无损于他们形象的光辉。他们为中华民族创建的功业，他们的革命精神、高尚情操，他们的鸿才睿智、嘉言懿行，无不震古铄今，垂范后世。这是中华民族一份永远值得倍加珍摄的宝贵精神财富。”

“愿人们从这部《当代中国人物传记》丛书中，以这些历史人物的光辉业绩为典范，学习他们的革命献身精神、爱国主义情操和坚定的社会主义信念，为中华民族的历史伟业做出更大的贡献。”

我社有幸承担了《当代中国人物传记》丛书的编辑出版工作，自1991年以来陆续出版了一批中华人民共和国开国元勋的传记，获得很好的社会影响。我们将继续按照丛书的编辑出版方针，把《当代中国人物传记》丛书编辑出版工作做好，以飨读者。

书中图片绝大部分为本书编写组提供，因时间仓促等，有的图片未能注明著作权，特致歉。请相应著作权人知晓后，与当代中国出版社总编室联系(电话：010-66572131)，以便我们再版时准确署名及支付稿酬。

当代中国出版社

2021年11月

彭德怀（摄于 1955 年）

目　录

第一章　乌石少年

彭德怀说："我一生有许多故事，几天几夜也说不完。"

彭德怀说这个话的时候，他是在马背上。当时，中国人民解放战争的烈火正在中华大地上熊熊燃烧，需要他的是指挥，而不是他的故事。他更没有几天几夜的时间去讲故事。

终于有了"时间"。那是在他生命的最后历程——罢官、囚禁的15年。他在自己的笔记里，在给毛泽东和中共中央的信件中，在一份又一份的"交代材料"上，写下了自出生以来的历历往事。不是为了说故事，而是为了留下事情的真相。这却使今天的人们有幸能看到彭德怀平凡而又富于传奇色彩的早期生活的史页。

历史要追溯到他一生76个春秋以前更远的年代。

第一节　童年泪

湖南省湘潭县西南有座乌石峰，孤峰锐起，侵云插汉，为一方诸峰之冠。古人有诗云："崛起自南服，诸峰非尔俦，平扪朱鸟影，倒挂沧江流。"清朝雍正年间，有个贩茶人，名叫彭忠遂，从家乡湘乡县谷水九溪路过山脚，他放下茶担，驻足憩息，抬头四望，见这一带缓坡地，背靠青山，面对平野，人家稀疏，是个

彭家围子——彭德怀的故乡湖南湘潭县乌石乡，其后为一方诸峰之冠的乌石峰

好地方，便在乌石峰下黄泥坪旁买了一片莽坡，开荒种地，安家落户。当他在这新开垦的土地上播下第一颗种子时，只是祈求风调雨顺、五谷丰登罢了。未曾想到，百余年后，他的一个第六代孙，从贫苦的农家儿成长为彪炳千秋的人物。

那是清光绪二十四年（1898年），中国近代史上的戊戌变法之年。清王朝昏庸腐败，中国面临帝国主义列强的瓜分，山河破碎，民不聊生。康有为、梁启超等志士仁人维新图强，惨遭失败。就在这黑暗的年代——10月24日（农历九月初十）——彭德怀诞生于彭家围子。

《湘乡九溪彭氏续修族谱》记载，彭家围子这个新生儿属清字辈，父亲为他取名清宗，字怀归，号得华，乳名钟伢子。

彭家上一代是单传，彭得华是头生子，这给全家带来了喜悦。

彭得华的祖父彭安恭一辈，有兄弟5人，勤劳耕种，家境尚好。到父辈时，家道日衰，只有八九亩荒土坡地，山地种棕、茶、杉和毛竹，平地种红薯、棉花。全家6口：祖母、父亲、母亲、姐姐（两年后夭折）和彭得华，还有鳏居的伯祖父同他们一起生活，勉强维持温饱。

父亲彭民言，字行端，号祥顺，秉性耿直，重义气。年轻时与同村人外出卖茶，伙伴病死途中，无钱归葬，他日夜兼程，背尸还乡。走了一程，尸体被磨烂，便雇人与他抬尸赶路，“百里背尸”在乡里传为美谈。彭民言却由此得了哮喘病，病情逐年加重，不能下地干活，只靠装殓死人挣口饭吃。

一家的生活重担，压在彭得华母亲的肩上。彭得华的母亲是乌石峰西麓斑竹塘大年冲一个周姓贫苦农民的女儿。在彭得华之后，她又连添了金华和荣华两个男孩。每日侍奉婆母，照顾丈夫，抚育孩子，从晨至夕，忙个不停。钟伢子整天跟着母亲，可她无暇爱抚他。有时，他模仿母亲两只小脚走路的样子，一扭一歪，逗得母亲追打他，亲昵地把他抱上一会儿。

这儿时的朦胧往事，直到抗日战争中，在太行山的一个风雪夜里，他向妻子谈说起来，还流露出深沉的怀念：“母亲的一生太苦了！……”他带着无限的温馨，搜寻童年记忆里慈母的容颜，告诉妻子：“她长得很清秀，很好看呢！特别是她的眼睛，又大，又亮。”

母亲眼看着彭得华长大起来，圆圆的脸上，一双大眼，透着稚气，却很懂事。她把未来寄托在彭得华身上，同丈夫商量，再苦再累也要送彭得华上学。

彭得华6岁了，母亲送他到山杉里姨父的私塾去读书。母亲平日愁苦的目光里闪现出喜悦，她这天的笑脸，给彭得华留下难忘的印象。

姨父萧云樵在乡间行医兼开私塾，为人善良宽厚，见彭家困难，免收学费。彭得华入学后，为了酬谢姨父，常常早起上山砍一捆柴，背到姨父家，再去读书。到农忙季节，要帮助母亲干活，只能在雨天去上学。他聪颖好学，深得姨父喜爱。姨母见他经常不带午饭，也常给他一点儿吃的。这样断断续续读了两年，读完《三字经》《百家姓》《庄农杂字》《幼学故事琼林》和四书中的三部：《中庸》《论语》《孟子》。

好景不长，母亲在第四个儿子出生后不久，患了痢疾，一病不起。彭得华守在母亲榻前，为她端屎端尿，洗涮衣裤。母亲弥留之际，满怀牵挂，望着幼小的孩子，嘴唇嚅动着，未能说出最后的叮咛，就匆匆离开人世，除了自己的姓——周氏，连名字也没有留下。

母亲的去世，带走了彭得华童年仅有的一份幸福。从此，全家生活风雨飘摇。襁褓中的小弟被饿死，彭得华不得不辍学了，8 岁孩子的肩头分挑起养家的担子。他砍柴换米，总是饿着肚子上山。

两年中，家里先后卖掉山林树木和荒坡，几间茅屋只留下两间栖身，其余全部典押出去，最后，连围子里的树根都挖出卖掉。秋收后，穷苦人为生计所迫，到富户家门口，摆上几个小碟，里面放些干果之类，说上一些吉祥话，不开口讨要，由人家随意打发点米，在当地叫“打秋风”。彭得华的祖母年逾七十，不忍全家挨饿，不得不拄着拐杖，出去“打秋风”。

大年除夕，无米下锅，灶凉屋冷。得华的两个弟弟啼饥号寒，祖母和父亲低声嘘叹。初一早上，祖母把得华叫到跟前，给他一个破篮，一根打狗棍，让他带弟弟出去讨米。彭得华不愿当叫花子，但想到一家人不能等死，便带着大弟弟走了。兄弟俩赤足穿草鞋，身披破蓑衣，走出三四里，讨到油麻滩教书的陈老先生家。陈家人开门一看，问：“是招财童子吗？”彭得华老实说：“是来讨米的。”陈家人就要关门，大弟连忙说：“是招财童子！”陈家人才给了半碗饭、一小片肉。从清早讨到黄昏，彭得华一天没吃饭，进了家门，两眼发黑，饿昏在地。

初二清早，祖母要三个孙子都跟她出去，好多讨点米。得华说，受欺负，不去了。“寒风凛冽，雪花横飘。她，年过七十的老太婆，白发苍苍，一双小脚，

彭德怀幼年读书的私塾

带着两个孙孙，拄着棒子，一步一扭地走出去。”彭得华看了，“真如利刀刺心那样难过”①。

从10岁到12岁，彭得华给富农刘六十家看牛。他每天割30来斤草，外加担水、推米、舂谷、插秧、扮禾，早起晚睡。头一年每天工钱5文；第二年每天10文，每月得300文，可买10多升米。冬闲季节，仍回家去卖柴、挑脚。

沉重的生活负担，未熄灭他求知的欲望。晚上，在桐油灯下温习读过的旧书，还看了从村里借到的《二十年目睹之怪现状》《老残游记》《包公案》等几部小说。书中的清官、忠臣，深深打动了他童稚的心。

彭得华13岁时，一家生计仍无法维持。他只得离开家门，到黄碛岭土煤窑做车水工。矿洞里潮湿、阴暗，充满臭污气味。窑工多是全身一丝不挂，在烟气弥漫的桐油灯下，一天劳动十二三小时，工钱30文。稍有不慎，就挨工头的打。当时窑工的劳动条件极差：水车是用打通的大楠竹做成的，中装竹竿和皮筏，窑工手握竹竿，上抽下按，挤水外流，当地称之为“孔明车”。窑工在低矮而黑暗的坑道里运煤，用弯木做扁担，前短后长，拖煤爬行。彭得华为了多挣钱，每天车完水后，还要去运一两次煤。干到第二年，煤矿亏本倒闭，矿主逃跑。这一年白干了，散伙时，每人只得了4升米。

彭得华回到家时的情景，他在后来的回忆中，作了酸楚的描述：“腊冬回家，两间茅屋，窗纸未糊，一空如洗，四壁凄凄然！白发老人，幼小弟弟，接过我手上提的两升米、一斤肉，满以为我还有钱可以偿债、买年货。二弟叫我一声：‘哥哥，脚冻烂了，替我缝一双袜子吧！’大弟说：‘哥哥瘦了，为什么还穿着草鞋，不穿鞋袜呢？’我说：‘走路不冷。’其实，我除从娘胎里带来的两只肉靴外，哪里还有鞋袜呢！”家里人听了他的叙说，“都泪流满面。父亲气得把拳头攥得紧紧的：‘看你又黑又瘦，简直不像个人的样子，白替这些狗东西干了！’说完，又哭了。”②

回家后，他看到村里又添了几户穷人家。世道为什么这样不平？穷人的活路在哪里？伯祖父过去讲的故事、乌石峰的传说，不时萦回在这个乌石少年的脑际。

彭得华的伯祖父，现今已无人能说出他的名字，只知当年人们都叫他五十老倌。五十老倌年轻时曾参加过太平军，常给得华讲太平天国的故事：太平军帮助受苦人平田土，有饭大家吃，男女平等，女人都放了脚，等等。这些故事在得华听来是那么新鲜，又那么叫他高兴。

从彭家围子回望乌石峰，林木葱茏，高耸入云的峰顶巍立着一座石砌的祠堂。彭得华的童年和乌石峰结下了不解之缘：和小伙伴在山上砍柴，在山脚放牛，在山坳的水塘里洗澡嬉戏。最令他神往的，则是山顶那座不大却十分坚固的石祠。祠堂正中端坐着一个威风凛凛的武将——易参政。守祠的阿公讲，易参

---

①《彭德怀自述》，人民出版社1981年版，第2页。

② 见1959年彭德怀写的《庐山笔记》。

政姓易名华，是元末义军陈友谅的参政。陈友谅被后来成为明王朝第一个皇帝的朱元璋打败。易华便带领一支人马来到乌石峰，凭险据守，还在附近的青山、白石、营盘和珍珠寨等处，安营扎寨抵抗官兵，打富济贫，保境安民。多年以后，一个端午节，官兵用美人计骗易华下山，将他杀害。当地百姓趁夜将易华尸体移走，头轻远移 15 里，体重仅移 5 里，分别埋在风景秀丽的珍珠寨和乌石峰。百姓对易华的怀念，衍成动人的神话，说他死后头飞珍珠寨，身飞乌石峰，镇守四乡。四乡的人便在这里为他建祠立像，把他当作保佑一方的神灵，四季供祭不绝，易华打富济贫的故事也在这一带世代流传。《明史》中无易华其人，在《湖南省志》中，则有关于乌石易华祠由来的记载。

当人们向易华祠敬奉香火、祈求福祉的时候，少年彭得华却深深地被易华的打富济贫所吸引，易华成为他崇拜的对象，他立志要做易华这样的人。

这个天真的人生最初追求，和降临在湘潭贫苦百姓身上的一场天灾人祸，造成了彭得华走出乌石狭小天地的机缘。

第二节　痛别彭家围子

1910 年，湖南省连遭蝗灾、水患，遍地饥馑。富户囤粮居奇，饥民被迫起来“吃大户”“闹粜”[①]。省会长沙爆发了抢米风潮，影响及于穷乡僻壤。1913 年，湘潭大旱，塘坝干涸，田土坼裂。草根、树皮、观音土，都成了充饥之物。饥饿点燃了埋在饥民胸中的火种，纷纷起来“闹粜”。肩负着全家生活重担、梦想着打富济贫的彭得华成了饥民“闹粜”行列中最年轻、最勇敢的一个。

以后，他对这段亲身经历的回顾，可谓湖南近代社会史的珍贵记录。他忆道：当时豪绅地主为了防止民众闹事，办民团，练团勇，所需费用先是按田赋、人口摊派，后又百货抽税，官绅一体，富者益富，农村阶级矛盾日益尖锐。一些开明士绅，为了缓和矛盾，主张大户平价卖谷，按田亩摊派，每亩按平价出卖 5 升谷，市价每升 60 文，平粜每升 50 文。这样，每个饥民每日能粜米半升，但粜价太高，饥民不依。经过公议，定赤贫户老、弱、幼吃减粜，每升 30 文，青壮年吃平粜，每升 50 文。每户赤贫发给一个手折，写上姓名年龄和平粜、减粜各几人，名曰“摺子米”。同时，公布管田户名单，按列名顺序轮流出粜。有了这一办法，“闹粜”暂时平息。

实行数日，乌石寨轮到李家瓦屋地主“陈满钻子”粜米。陈家有数年积谷，运到外地卖高价，对饥民却哭穷拒粜。饥民聚集陈家门口，从清早到黄昏，饥不可忍，涌入院内，挑谷舂米做饭。饭后，陈仍不出粜。机灵瘦小的彭得华爬上屋顶，将瓦推下，露出米仓，众人蜂拥而上，将三间屋瓦推落过半，陈才应允粜谷。

① 旧社会灾荒之年，官府、地主、商人常囤积粮食，抬高市价。饥民被迫起来斗争，强迫他们平价粜粮，叫闹粜。

半月后的一天夜晚，彭得华的堂三伯和五叔悄悄来到彭家围子，告诉彭得华，有人告你聚众逼粜，要拿办你，赶快逃命吧！彭得华少年气盛，愤愤地说："我们有理，他无理！"三伯叹道："现今世界谁有钱谁就有理，你不赶快走，明早团勇就来抓你。"彭得华问："谁告的状？"三伯说，是团总丁六告的，他家长工透的信。彭民言蹲在地上咳喘，催促儿子："三十六计走为上，逃吧！"彭家一文钱没有，五叔刚卖了猪仔，掏出 800 文钱，塞到彭得华手里，叫他快逃到洞庭湖挑堤去，说那里有乡亲。

彭得华恋恋不舍地泪别老人，又看看已经睡了的弟弟，满怀痛楚，走出家门。

他"带着凄怅心情，走至大王庙嘴，想到两个可爱的弟弟，你们还在睡觉，明早起来，再也见不到你的哥哥了"！在月明星稀的夜空下，"回望那久居的彭家围子，痛伤离别，实难言状"[①]。正在这时，彭五叔从庙后赶来催走，嘱咐彭得华走小路，绕过石潭镇，到湘潭十六总码头，搭夜船到洞庭湖。彭得华说一声："五叔，我走了！"盈眶的泪水，再也控制不住，簌簌地滴落在难舍的乡土上。

年仅 15 岁的彭得华，带着对童年苦难的回忆，和中国农民反抗悲惨命运播下的火种，连夜离开乌石，从湖南湘潭的这片穷乡僻壤，投身到更广阔的社会底层中去。

翌日黄昏，彭得华来到湘潭十六总码头，乘上一条坐人又带货的船。天未明，到了长沙，换乘去沅江的早帆船。到白马寺，适有人在岸上吆喝招人修堤。彭得华离家已三日，钱快用完了，便随招工的人去了西林围。

湘阴、益阳交界处的西林围，属湘阴、益阳两县管理，在洞庭湖南滨，是湘江和资江的出口处。由官府拨款和当地的大户集资，利用两水冲积起来的淤泥，围湖造田。修成后，能得数万亩良田，兼收莲藕、鱼禽之利。修堤的苦力约 3 万人，多是背井离乡而来的破产的农民和小手工业者，他们整天泡在泥水中干活。彭德怀回忆，修堤的工时以特制的香炙计算，1 支香可燃 1 小时，每燃尽 10 支香为 1 个工。修堤纵横各 1 丈、厚 1 尺为 1 土方，每土方工价 1 角或 5 角不等。工具、伙食均自筹。西林围工程规模很大，设有堤工委员会，下分 4 个堤工局，各局又分若干包工头，每个包工头管理几个至十几个工棚，一个工棚有 15 至 20 个堤工。

棚是堤工的劳动和生活单位，设有棚头。每月结算工钱时，棚头、包工头、堤工局，层层盘剥工人，包工头抽 1%，棚头抽 3%。对堤工局的监工和验收员，逢年过节、婚丧喜庆，堤工还要送礼。有些堤工因体弱或害病，负债累累；有的甚至被迫将自己的被、帐卖掉吃光，无钱还乡；不幸死去的，就被弃尸荒野。彭得华深感："所谓洞庭湖区是湖南米仓，就是这些堤工的血汗和骨肉累积起来的。"而"堤工局那些董事等，无一不是剥削堤工来发财的"。[②]

---

① 见 1959 年彭德怀写的《庐山笔记》。

②《彭德怀自述》，人民出版社 1981 年版，第 5 页。

彭得华在西林围当挑土工兼伙夫，每天以燃尽5支香为炊事时间，另5支为挑土时间。尚未成年的彭得华，挑着沉重的土担子，跋涉于泥水中，致使他的身躯发育得两肩宽阔而背微驼，性格越发倔强寡言。

在西林围，堤工每做完一段工程，工棚便随着新的二段而转移。在工棚的搬移中，彭得华接触了洞庭湖边的很多农民，使他得出一个认识：贫穷与困苦不只是他一家、一村，“在湖南最富地区，贫富悬殊特别大，家无隔宿之粮者到处皆是。即像我家那样的赤贫户，也不是个别的”[①]。

由于残酷的剥削，堤工无法生活，几次停工、罢工，要求增加土方工价。据《湖南政报》记载，官方为镇压堤工，其后在西林围增设了水上警察厅。

1916年春节前，堤工要求年关预发工钱，彭得华参加了，被当局认为是“不安分子”而遭驱逐。

时值湘军[②]成立第二师，在长沙招兵。彭得华血气方刚，走投无路，愤而投军。走前，他把一卷破烂不堪的行李狠狠丢进洞庭湖，义无反顾地踏上寻求生存和希望之路。

不满18岁的彭得华，在生死线上已挣扎了10年，饱尝生活的辛酸，痛恨人世的不平，铸就了一副不安命的倔强性格。他将生命之根深植于旧中国苦难人民之中，并为解脱那无尽的苦难付出毕生的奋斗。

---

①《彭德怀自述》，人民出版社1981年版，第4页。

② 湘军，清末曾国藩为镇压太平天国革命在湖南建立的地主武装。此后到北伐战争，湖南的地方武装一直被称为湘军。

第二章　湘军十二载

第一节　二等兵

彭得华离开西林围，去长沙投军，路遇骤雨。他躲进一个山洞，隐约听到洞里有滴水的声音。转身往里一看，水从岩缝一滴一滴地落下来，把一块坚硬的石板滴出一个小坑。他凝视着，若有所悟：外面的雨来得猛，收得也快；洞里的水，一点一滴，天长日久，便能穿石。穷人要找活路，也是这样的吧！

1916 年 3 月中旬，彭得华在湘军第二师三旅六团当了二等兵。他为自己取号石穿，想以滴水穿石的意志寻找穷苦人的活路。但是，路在哪里呢？实在模糊得很。

这是中国近代史上激烈动荡的年代。孙中山领导辛亥革命，推翻了封建帝制，建立了中华民国。但是，在国内外反动势力的夹攻下，被袁世凯篡夺了革命果实，建立起北洋军阀的反动政权。1916 年元旦，袁世凯公然复辟帝制，做了 83 天的皇帝。

袁世凯委任北洋军阀汤芗铭为湖南省都督兼省长。汤芗铭专横暴虐，对革命志士进行血腥屠杀。《湖南近百年大事记述》上记载：当时“陆军模范监狱已有人满之患，长沙通衢大道，执刑的号声，呜呜不绝”。湘人切齿痛恨北洋军。彭得华入伍时，正值湖南开展驱逐汤芗铭的活动。1916 年 6 月，袁世凯暴死，汤芗铭遂被逐出湘。

袁世凯死后，他培植的北洋军阀各派势力，割地称雄。各地区、各派系的大小军阀连年混战。地当南北要冲的湖南，成了南北军阀争夺的焦点和长期拉锯的战场。自 1916 年到 1920 年的五年间，湖南省督军（总司令）七易其人：由汤芗铭到刘仁熙、谭延闿（两度出任）、傅良佐、张敬尧、赵恒惕。军事角逐，混战连年，湖南 75 个县几乎无一不受其害。

继汤芗铭之后，北洋军阀祸湘，以张敬尧为最甚。他军纪废弛，纵兵劫掠、奸淫烧杀。对张敬尧的暴行，上海《民国日报》1920 年 1 月 19 日曾有报道：“醴陵全城万家，烧毁殆尽，延及四乡，经旬始熄；株洲一镇，商户数百家，同遭浩劫；攸县黄土岭一役，被奸而死者，至女尸满山，杀人之多，动以数万。”“人民流离转徙，死不能葬，生不能归。”彭得华看到：军阀纷争“一夕数惊，不可终日；苛捐杂税多如牛毛，社会迅速破产，不少自耕农失去土地和生活依据，投军阀部队当炮灰”，感到自己“也是其中之一”。[①] 这一切使他失望，他对旧军队所抱的幻想渐渐破灭。

彭得华在湘军反对北洋军阀傅良佐、张敬尧的作战中，勇敢矫捷，在行伍中任重耐劳，练文习武又都成绩优异，渐得营长袁植、连长周磐的赏识，送他到团训练队去学习军事、文化。两年中，他由二等兵升为一等兵、副班长、班长。1920 年 5、6 月间，在驱逐张敬尧的战斗中，彭得华随队参加了宝庆、永丰、湘乡、临湘 4 次战斗。攻宝庆时，原排长负伤，彭得华代理排长，不久，正式任排长。

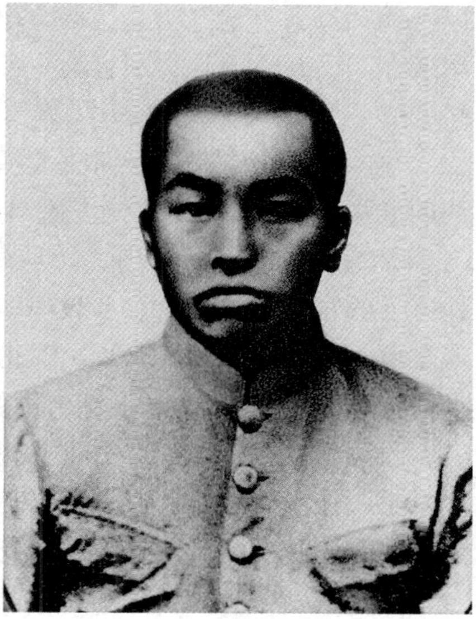
青少年时期的彭德怀

其时，湘军中来了一批保定军官学校毕业生，在营、连充当见习军官。开始，他们朝气蓬勃，常向士兵讲述鸦片战争以来的国耻，宣传爱国思想，提倡富国强兵、实业救国，等等。他们讲得慷慨激昂，有时痛哭流涕，这对来自乡村又生活在军队严密封锁中的彭得华影响很大。日久，彭得华发现他们随着地位的升高，什么爱国爱民、廉洁奉公，完全置于脑后，如何升官发财却成了闲谈的话题，这又使彭得华大失所望。

在此期间，彭得华结识了营部文书兼团训练队语文教员黄公略。黄是湖南湘乡县人，原名汉魂，字家杞。少年好学，喜读兵书，对张良受书于圯上老人黄石公得以精通韬略，后佐汉高祖刘邦平定天下的故事甚为喜爱，便把自己的名字改为黄公略，又自号石。彭得华把同班士兵李文彬介绍给黄公略。李是湖南宜章县人，高小毕业，品学兼优，因家境穷困弃学从军。三人志趣相投，同抱爱国热忱，遂成好友。李文彬写信告诉家里人说：“我要追求光明，扫除邪恶，已将文彬之名改为灿。”彭得华还结交了 20 多个学生和贫苦出身的士兵做朋友，同黄公略、李灿一起，相约“以救国救民为宗旨，不做坏事；不贪污腐化（包括不刮地皮，不讨小老婆），不扰民”。[②]1920 年夏，彭得华与李灿、王绍南、张荣生、席洪全、祝昌松、魏本荣共 7 人秘密组织了“救贫会”。

第二节　救贫风波

1921 年 7 月间，湘军总司令赵恒惕为扩大地盘，联络四川军阀组织援鄂军，

①《彭德怀自述》，人民出版社 1981 年版，第 29 页。

②《彭德怀自述》，人民出版社 1981 年版，第 10 页。

以援助“鄂省自治”为名，联合出兵湖北。8月间，败退长沙、湘阴一带。彭得华所在六团开往南县、华容县一带。彭得华被任为代理连长，率加强排驻华容县注滋口。[①]

注滋口是一个小镇，河流成网，帆船四通，市面相当热闹。彭得华在此驻防约四个月，发生了两件使他终生难忘、对他的人生道路产生重大影响的事。

军阀统治时期的湖南，军队每驻防一地，军队长官就是该地的“太上皇”。地方上的官、绅、商会、公教团体为了寻求保护，巩固地位，对驻地部队长官轮流宴请，每次都以歌妓陪酒。彭得华初任连长，有人来请，他也照例参加。在镇上的酒楼双喜堂，彭得华每次都看到一个叫月月红的姑娘，才十三四岁。出唱时，虽强作欢笑，却掩不住心中悲戚。一次，她忽对彭得华说：“你到这里一个多月了，还没有相好的女人，以前那些连长、排长谁没有十个八个的。你怎么不搞钱，又不找女人呢？”谈了几句，彭得华问她这么小年纪怎么到这地方来了？月月红告诉彭得华，她原叫张素娥，月月红是堂名。父亲早死，母亲改嫁，她住到叔父家。叔父很穷，前年遭水灾，把她押到酒楼来，押了200银元，卖唱不卖身，4年期满才能回家。一次，商会会长请前驻防的王连长来这儿吃酒，王出大洋200元，要她留宿，她不从，被堂太婆狠狠打了一顿。彭得华问堂内情况，月月红说，每天除吃客人剩饭剩菜，就是开水泡白饭。出一次堂得洋一元，全归堂太婆。在堂有守门的，出堂有跟班的，逃也逃不脱。彭得华听后，深表同情。月月红要求彭得华替她赎身，愿服侍他一辈子。

彭得华回队后，立即给黄公略和李灿写信要钱。又写信给第三团王连长，说双喜堂的月月红因未留你夜宿，挨打受伤，我想赎这小女孩出火坑，你要解囊相助。数日后，凑了百余元，彭得华自己又拿出两月薪饷，带着一班班长、救贫会会员王绍南到双喜堂赎人。老鸨张口要400大洋。彭得华大喝一声：“拿押契来看！”老鸨见是军官，不敢放刁。彭得华赎出张素娥，给她买了船票，还给了她一些钱，叫她自回叔父家去了。

命运似乎要把彭得华推上一条歧路，但他猛然掉转了船头。双喜堂没能吸引他，却使他从这里看到了社会黑暗、悲惨的又一个方面。从此以后，当地绅商团体请他吃饭，彭得华一概拒绝，觉得他们的快乐完全建立在别人的痛苦身上。

以后，他休息时，就到农民家去坐坐。贫苦农民见他说话温和，关心的都是他们的痛苦，就向他倾诉苦情。舵杆洲有个叫姜子清的，说到地主区盛钦霸占他多年淤积起来的湖田时，痛哭流涕，要求彭得华帮助他要回淤地。

彭得华一打听，这区盛钦乃是当地一霸，任税务局兼堤工局局长。其兄是赵恒惕省署的高级参议。区仗势欺人，不仅霸地，而且霸水，封河湖，封苇田，独

---

①《彭德怀自述》中，将注滋口写为南县所辖，乃记忆之误。注滋口位于华容县与南县的交界处，隶属华容县。

占其利，又巧立名目，增加税收，横行乡里。

彭得华手下有了兵，自驻一地，决心学易华，为民除害，实行救贫。于是派王绍南和魏本荣等三名救贫会会员，由姜子清带路，于黑夜去注滋口区宅，将区盛钦杀死，贴出匿名布告，宣布区盛钦的罪状。

事过 3 个月，当年 11 月底，彭得华率部驻防离长沙 70 里之潞口畲一带。落脚不几天，秘密处死区盛钦之事被人告发。一天早操后，团长袁植派特务排徐排长到彭得华处，说袁团长请他去长沙团部。走出数里，一班伏兵扑上去将彭得华捆绑了双手。徐排长上前说是袁团长奉督军命令，不得已来捉的。

彭得华边走边想逃脱的办法。他想士兵们多是贫苦人，便述说这次犯法，是因为杀了恶霸地主，救济穷人，区盛钦是当地为富不仁的最大恶霸，并列举了区的一堆罪状。士兵都说该杀，有的还出主意，叫彭得华到督军署不要承认，他们没有证据，可能是土匪杀的，也可能是区盛钦平日作恶太多，别人报仇杀的。

行至午后，快到长沙。坐地休息时，牵绳的士兵紧靠着彭得华，偷偷将绳扣松解，示意彭得华逃走。彭得华以满含深情的目光感谢他。

过捞刀河时，他对徐排长说，反正我活不了，衣兜里还有几十元钱，你们拿去吧！徐喜笑颜开地上来掏钱，彭得华猛将徐撞翻落水，抖掉绳索，纵身上岸。士兵也不追赶，朝天放了几排空枪。

彭得华一路疾走，夜半来到长沙南易家湾湘江岸边，一个叫罗六十老倌的渔翁将他撑过了江。彭得华身上分文没有，罗老汉并不要钱，彭得华十分感激。9 年后，他率红三军团攻下长沙，特地到易家湾来寻老倌，给这位年近七十的恩人送去几块钱和一些米。

彭得华跳下罗六十老倌的船后，连夜赶路。天将破晓，来到湘潭城南八总大仙桥河边的郭得云家。郭得云是彭得华入伍时的班长，曾在清末湘军四十九标（相当现在的团，当时湖南有四十九标和五十标）当过兵，参加过辛亥革命，富有正义感，因愤恨军阀混战，弃职回家做皮匠，生活清贫，不失骨气。彭得华对他十分敬重。此时，彭得华有家不能归，故来投奔他。郭得云见彭得华深夜赶来，必有急事，问明原委，忙把彭得华领到小楼上的里屋藏身。

彭得华所在连队得知省署下令缉拿彭得华，顿时震动。彭得华被捕后逃脱，大家又十分庆幸。李灿、黄公略等在一起商议，他别无可去之处，便让李灿到郭得云家寻找，果然找到。

郭得云考虑到易家湾镇上人多眼杂，不甚安全，带着彭得华到熙春门外他的外甥李家住下。彭得华在那里看了郭得云送来的《资治通鉴》，可见他的读书能力已有相当的提高。

转眼已近年关。一日，李灿、黄公略和张荣生一起来到李家，给彭得华送来些钱，还带来了一个消息，说省署当局正在筹办湖南陆军讲武堂，招收尉、校级现役军官，要彭得华设法改名去投考。

自从实行了第一次救贫活动，彭得华开始认真地自省："杀一两人无济于事，不能解决问题”，“打抱不平的做法，行不通”。[1]感到要想救国救民，并非易事。郭得云比彭年长10余岁，历事较多，认为应当有一个团体、一个主张才好。彭得华提出已有救贫会组织，还需要定个章程。于是，他们共同议论出四条，内容大约有灭财主，平均地权；灭洋人，废除不平等条约，收回海关、租界，取消领事裁判权；发展实业，救济贫民；实行士兵自治，反对笞责、体罚和克扣军饷，实行财政公开。[2]这几条，反映出当时湘军中这几个下级官兵强烈的爱国主义和民主主义思想，也反映了他们想团结起来改造湘军的愿望。

这时，救贫会共有9个人：黄公略、王绍南、张荣生、魏本荣、李灿、席洪全、李力、祝昌松和彭得华。

彭得华在湘军已度过了整整6年。从此，他放弃了少年时代学易参政打富济贫的梦想，立志于救国救民，尽管还看不清具体的道路。后来，他对自己当兵的前6年作过一个总结：“1916年到1921年，经过第一次世界大战，伟大的十月社会主义革命、‘五四’运动和中国共产党的诞生，这五年是人类历史的转折点，而我处于被严格封锁的军营中生活，像海洋上的孤舟，隔离了与国际、国内革命思想的联系，没有接受马克思列宁主义，还是抱着孙中山的旧三民主义。”[3]

久住李家不是出路，彭得华去了广东，投粤军许崇智的鲁广厚独立营当连长。鲁广厚原是彭得华在湘军中结识的朋友。不久，鲁营被陈炯明部击溃。彭得华见鲁生活阔绰，胸无大志，便决意回家。

彭得华返回湖南，即去看望郭得云。郭得云因患伤寒去世。其父郭老倌悲伤过度，也一病不起。彭德怀后来忆及此事，深情地写道：“生平良友，未得一谈，至今忆及，尤为痛惜！郭氏父子克己为人，勤俭一生，同许许多多的贫苦人民一样，牛马式的生活结束了一生！”“留下幼儿郭炳生，14岁，替其抚养成人，后参加红军，在粉碎国民党第四次‘围剿’后，叛变投敌，子不如父，甚为可耻！”[4]

彭得华回到家里。伯祖父已去世，大弟在湘潭捻棕绳，二弟在家务农。彭得华问乡里的情况，父亲叹了口气，告诉他：“官府预征田粮，东家就加租。羊毛出在羊身上，总是做田人吃亏。东家每亩加租二斗到三斗谷，做田人交东家押租银子，每百两息谷五石；做田人向别人借银子，每百两息谷却要十二石，这两头削，做田人还不穷吗？”[5]

彭得华在家务农。82岁高龄的祖母，有一桩心事：要彭得华成亲。彭得华应允了，但提出一条：人要我自己选。

离彭家围子半里远，群山环抱之中，有个楠木冲，住着彭得华的好友刘玉峰。他俩从小在一起拉排子车，后又同在西林围修堤。刘玉峰家境贫困，两个妹

① 见1959年彭德怀写的《庐山笔记》。
②《彭德怀自述》，人民出版社1981年版，第23页。
③ 见1959年彭德怀写的《庐山笔记》。
④ 见1959年彭德怀写的《庐山笔记》。
⑤ 彭德怀：《第三次简历材料》1970年。

妹给人做童养媳，受尽折磨，早早离开了人世，家中还有一个细妹子。给彭得华做媒的人很多，他都不同意，有人提到刘家细妹，彭得华一口答应了，说："刘玉峰长得挺好，人也好，他的妹子像他，我不看了！"以后，他还是相了一下亲。

1922 年农历三月初七，彭得华与刘细妹成婚。刘细妹才 12 岁，不识字。婚后头一年，彭得华只把她当小妹妹看待，教她识字，读书，鼓励她放了脚，又为她取学名为刘坤模，希望她成为一个思想开通的女性。

第三节　改名彭德怀

1922 年夏天，湖南陆军讲武堂开始招收学员，从湘军总司令部、各师到湖南各地方镇守使都纷纷遴选初级军官应考。第二师六团团长袁植想起了彭得华，想趁机让彭得华去讲武堂学习。

袁植，字彝波，系保定陆军军官学校二期生，在湘军中被视为英才。他对年少英武、胸抱大志的彭得华十分器重；彭得华因袁植富有爱国思想，颇具才干，对袁也甚效力。1970 年在"文化大革命"中，专案审查组追问彭德怀入讲武堂之事，提出："袁团长为什么那么关心你？"彭德怀因此谈到在战场上的两次情景：一次是 1918 年 2、3 月间，在与北洋军阀傅良佐所部的一次战斗中，袁植所部在衡阳渡湘江，彭得华奉命为后卫，部队已退到江右岸，袁植还在左岸。一股敌人迂回到袁植的侧后千米处，被彭得华发现，忙请袁沿江走，自己留后掩护袁植脱了险。另一次，1920 年，北洋军阀张敬尧进攻宝庆，袁植所部选择攻击点不当，钻入敌人火力集中点，彭得华立即率一个排向另一个点发起佯攻，转移敌人火力，袁植负轻伤而得救。两次脱险，袁植对彭得华感激之余，无疑对他的机智勇敢也有了更深的印象。

1918 年 8 月，六团一连驻茶陵浣溪圩休整。部队的尉官和军士每月要写一篇作文。从后来彭德怀谈到的他的两次作文中，可以窥见他当年的抱负。在一篇题为《爱惜光阴》的文中写道："大禹圣人爱惜寸阴，陶侃贤人尤惜分阴，况吾辈军人乎！欲为国负重任者也，岂不勉哉……"另一篇题为《论立志》，作文大意是："志不立，吾人无可成之事。国亡家亡，灭种随之。覆巢之下，岂容完卵？弱肉强吞，莫此为甚。吾人生逢斯时，视若无睹，何异禽兽为伍。……志不立如无舵之舟，无衔之马，飘荡奔逸，何所底乎？"① 袁植时兼任语文教员，给彭得华的作文打了百分，并送给团长刘铏去看。

由此看，袁植奉命拘捕彭得华，本非情愿；彭得华能跑得脱，也和袁植无意穷追有关。其后，恶霸区盛钦之兄因贪赃枉法被撤职，第二师调换了防地，通缉彭得华一事，便无人追究。袁植想要彭得华改个名字，以便推荐他去应考，毕业后仍回六团。于是让黄公略向彭得华转达此意，并给彭得华在团部安置一少尉

---

①《彭德怀自述》，人民出版社 1981 年版，第 35 页。

（排长）候差（后改为原一连中尉），确定薪饷彭得三分之二；三分之一分给连上其他两个排长，作为酬劳。

1922年8月，彭得华改名彭德怀，与黄公略、张荣生一起考入讲武堂。讲武堂11月正式开学。彭德怀自感文化基础太差，提前住进学校，补习数理课。开学后，被编在第一教授班，黄公略编在第四教授班。学四大教程（战术、地形、筑城、兵器）、四小教程（操典、野外条令、射击教范、内务条令）、军制学、马术、山野炮战术等。据第一期《湖南陆军讲武堂同学录》《湖南陆军讲武堂职教员题名录》记载，讲武堂堂长、教育长、教官和彭德怀所在的第一队队长、队副，大多毕业于日本陆军大学或士官学校。彭德怀在讲武堂学习10个月，使他在已有丰富的实战经验的基础上，又有了相当的军事素养。

1923年，彭德怀在长沙湖南陆军讲武堂留影

讲武堂实行严格的军事管理和政治封锁，学生很少与外界接触。星期日只有两小时的外出时间。1923年，为收回被日本帝国主义占领的大连、旅顺，各地反对日本帝国主义运动掀起新潮。6月1日上午，长沙民众抵制日货，日本水兵开枪屠杀示威群众，造成“六一”惨案，激起工人罢工，学生游行示威。彭德怀愤慨难忍。这天，他偷偷跑到朋友家，换上学生装，走进游行队伍中，高举拳头，第一次大声喊出“打倒列强！”“收回失地，废除不平等条约！”等反帝口号，兴奋之情，久久不能平息。

1923年8月，彭德怀从讲武堂毕业，回到二师三旅六团一营一连任连长。这时六团直属队和一营驻防湘潭。

时值赵恒惕任湖南省省长兼湘军总司令。赵在1920年末，逼迫谭延闿下台，谭遂去广州孙中山元帅府任职。1923年6月，谭延闿授意湘西镇守使蔡巨猷等宣布湘西独立。7月，蔡等率部从湘西出发，分三路讨伐赵恒惕。孙中山委谭延闿为湖南省省长兼湘军总司令。8月7日，谭在其湖南旧部的掩护下，进入衡阳。

第二师师长鲁涤平，原为谭延闿旧部，掌握着几个团的兵力，在战争中举足轻重。鲁涤平建议谭赵双方停战议和，未成，便在姜畲召开团长以上的军事会议，反对赵恒惕，准备投向孙中山。会上，团长袁植态度暧昧。鲁涤平惧袁植之才，恐袁不为己用，设伏兵于袁植回部途中，将袁杀死。

袁植一死，六团无主，上下不安，唯恐被鲁涤平“吃掉”。团部召开紧急会议，由一营营长周磐代团长；同时，派彭德怀去师部打探情势，向师部表示六团仍听从命令。彭德怀到师部时，袁植已入殓，灵堂上悬着鲁涤平亲笔写的挽联：

“生为我官，死为我殡，同僚十载，英雄流热血。”鲁涤平在接见彭德怀时表示：彝波之遇难，实出于误会，他是我师杰出人才，袁君不幸，是全军的损失。鲁涤平杀袁植，是当时湘军中轰动一时的事件，其居心及手段颇受人非议。彭德怀当时听了鲁涤平的谈话，想：“谁不知袁植是你派人所杀，为了争权夺利，手段如此毒辣，可耻之至。”[①]但于大节说，鲁涤平当时是反赵恒惕而拥孙中山的，如果当年袁植拥鲁去粤，彭德怀的历史会又有不同。

鲁涤平杀了袁植，命令六团立即出发，经衡山、永州入桂转粤。六团更为恐惧。周磐接受彭德怀的建议，将队伍开至湖南湘乡、永丰一带，未听鲁涤平命令。鲁涤平便率其他数团去了广东。不久，周磐任六团团长。

彭德怀对周磐的评价不如袁植。说周磐“有些爱国思想，但志大才疏，遇事寡断，更无预谋”。但周磐很赏识彭德怀之才，对彭德怀十分器重。1924 年 4 月，六团一营营长请假，周磐遂以彭德怀代理营长。

1925 年春夏，六团驻湘北慈利、桃源、南县、华容、安乡一带，征收田赋和落地税，仅能维持伙食。一连 6 个月，士兵只月支 2 元，军官也只支 1/3 的薪饷。官兵一致感到困难。端午节前夕，一营救贫会商议发动一次闹饷。[②]

军阀混战中的湖南，社会凋敝，民不聊生，田赋预征，百货增税，仍不能满足浩繁的军用，部队欠饷越来越经常。彭德怀初入伍，是在陈嘉佑旅当二等兵，不久为一等兵，月饷 6 元。除伙食、零用外，净余 3 元 8 角，每月寄回家 3 元至 3 元 5 角，比一般工人、农民的收入高得多。但这种生活只有半年，以后，战争频繁，月饷常常不发。1919 年到 1920 年末，湘军欠饷达 23 个月之久。近 10 万军队不约而同闹起来，要求发清欠饷。各军呼应，向长沙开发，吓得总司令赵恒惕亲自出面，以田赋作抵，发了欠饷证，方告平息。事态之大，当时报纸均以显著位置予以刊载。在那次“兵变”中，士兵推举代表，行动上丢开了长官，均听命于代表会，秩序井然。团、营、连长虽不参加，大多也表同情。彭德怀被选为连的士兵代表，对那次士兵组织起来实行自治的力量，有很深的印象。

这次，彭德怀想用闹饷的办法来发动和团结士兵，确是一次大胆的尝试。

闹饷紧密联系士兵的实际利益，救贫会会员到各连秘密活动数日，各营、连就选举出代表，提出发还欠饷的要求。所有士兵只听营代表指挥。排长大都同情闹饷，密通情报；少数排长和连长抱观望态度。没有一个军官出来反对士兵的行动。

周磐召集营长、特务连长会议，怀疑士兵这么行动一致，是否有过激党从中操纵；又害怕省当局令一、三、四师前来包围，面对闹饷，束手无策。会上，三个营长都同情士兵。彭德怀乘势陈说：一、三、四师都是欠三个月的饷，唯二师六团欠了六个月，待遇不公，应如实呈报省府请求酌发。周磐采纳彭德怀的建议后，果得赵恒惕回电，同意给六团补两个月的饷，以示一视同仁。

---

① 见 1959 年彭德怀写的《庐山笔记》。

② 旧军队常拖欠军饷，士兵不堪忍受，采取集体行动，要求发还欠饷，叫闹饷。

这次闹饷发动成功，启发彭德怀在团结和教育士兵的工作上继续跨步。

第四节　组织士兵会

1926年5月间，彭德怀所在部队原一营营长久假不归，后又辞职，彭德怀被任为一营营长。

1924年，中国历史揭开了新的一页。中国国民党和共产党实现了合作，革命形势迅速发展。1925年，孙中山不幸逝世，北洋军阀吴佩孚、孙传芳在帝国主义的支持下，盘踞于湖北、湖南、江西、浙江等地，与广东革命政府对峙。1926年7月1日，国民革命军在广州誓师北伐。湘军第四师师长唐生智已于6月2日宣布参加革命，被任命为国民革命军第八军军长、北伐军中路前敌总指挥。7月，唐生智所辖第八军进入长沙，将原湘军第二师改编为国民革命军独立第一师，师设政治部，周磐任师长；原三旅六团改为第一团，设政治指导员，彭德怀任一团一营营长。改编后，经过短期整训，独立一师参加北伐，开往湖北。由南县用小火轮拖帆船运送部队到湘阴登陆，沿长（沙）、武（昌）路北进。

北伐军的先遣队叶挺独立团进攻武昌时，独立第一师一团奉命配合叶挺部作战，攻打武昌南门。一团团长戴吉阶贪财惜命，每遇作战即请假。这次进攻武昌城刘玉春部，是一场恶战，戴请假，由彭德怀代为指挥一团。彭德怀得以有机会和叶挺这位北伐先锋在战场会面，他两次赴青山叶挺驻地，与叶挺商谈配合行动事宜。当时，叶挺已声名远播，彭德怀尚默默无闻。

在武昌之役中，彭德怀由一团指导员米青介绍，结识了第一师政治部秘书长、共产党员段德昌。段德昌字裕后，号魂，湖南南县九都山人。1925年先后加入社会主义青年团和中国共产党，进黄埔军校第四期燕塘入伍生团学习，后毕业于中央政治讲习班，参加北伐战争。段德昌与彭德怀相识后，有多次交谈。段德昌的每次谈话，彭德怀都向救贫会会员传达。段德昌还送给一团不少进步书刊，对彭德怀有很大帮助。

武昌守敌投降后，北洋军阀吴佩孚的残部，由宜昌经当阳玉泉山溃退。周磐派彭德怀率部进占玉泉山，截击逃敌，段德昌与彭德怀同往。到达玉泉山，敌已先一天通过该地。时已临晚，部队就地宿营。

一团一营在独一师战斗力最强，军纪严明。彭德怀勇武刚直，不贪不赌，不抽（大烟）不嫖，不开小公馆，却与士兵打成一片，在湘军青年军官中，可谓特立独行。这些，无疑早引起了段德昌的注意。

玉泉山关帝庙，传说是关云长显圣处。彭德怀与段德昌在关云长塑像前铺草就宿。段德昌指着关云长的塑像，问彭德怀有何感想。彭德怀说，关公不过是封建统治者的工具，而自己的愿望是为工农谋利益，打倒帝国主义，打倒军阀、贪官污吏和土豪劣绅，实行耕者有其田。段德昌告诉彭德怀，一个真正的革命者，不应当停留在耕者有其田上，而应当变生产资料私有制为公有制，由各尽所能、各取所值，再发展为各尽所能、各取所需，实行共产主义制度。共产党就是按照这样的理想而斗争的，共产党员要为实现这个伟大理想奋斗终生。

这一席话，对于苦苦求索的彭德怀，有如茫茫黑夜中看到了曙光。他非常感谢和敬佩段德昌。这次促膝夜谈，成了他人生道路上一个根本转折的开端。直到40年后，彭德怀在被囚禁中还写道："到现在，有时还回忆这次谈话。"

当年冬，国民革命军独立第一师改为三十五军第一师，受军长何键指挥。12月下旬，部队到达宜昌，在宜昌送别了大革命的1926年。

彭德怀在北伐时期使用的怀表、手枪及他所在部队使用的武器

彭德怀在湘军中苦度了10个春秋，打了许多仗，不惜性命，到头来只是为了一个军阀又一个军阀。他幻想救贫，但他的救贫会历时6年，只有20名会友。他缺乏新的思想指导，没有经验。段德昌的启蒙和北伐军中共产党的政治工作，使他豁然开朗，他相信和他一样被饥饿逼上吃粮卖命道路的士兵，能够觉悟起来，便按照这新的思想在一营积极开展活动。在他后来的回忆笔记中，曾以较多的篇幅记述了自己走过的这段路。

武昌之役，救贫会会员有4名英勇牺牲。1927年元旦，彭德怀召集16名救贫会会员，秘密商议将救贫会改为士兵委员会，争取公开活动。这时，北伐战争胜利进行，革命声势浩大。彭德怀认为，现在第一师是国民革命军，不是军阀队伍了，不能用闹饷等办法来团结士兵了。在他的提议下，拟定了一个士兵委员会的章程，其主要内容有这样几条：

一、穿的衣、吃的饭都是工友、农友生产出来的，我们应当为工友、农友谋利益。

二、拥护孙中山总理遗嘱，拥护国民革命，打倒帝国主义、军阀、土豪劣绅、贪官污吏，逐步实现耕者有其田。

三、禁止军官打骂士兵，废除体罚；反对克扣军饷，实行经济公开。

四、连队士兵选举代表组织士兵委员会，连士兵委员会联席会选举营士兵委员会，自觉管理革命风纪，不赌博、不奸污妇女、不扰民，实行士兵自治。

五、士兵委员会有权监督、逮捕反革命分子，解送军事法庭审处，并有陪审权。

经过救贫会会员的秘密活动，两个月后，一营各连成立了士兵委员会，各排成立了士兵会小组，全营士兵都参加了士兵会。

在士兵委员会下，一营各连组织了公开的经济清算委员会，负责清算全连账目，掌管缺额军饷，并由士兵轮流值厨，担任采购，抵制了军官的贪污和克扣。当时，士兵生活很苦，特别是夏季，白天练兵打仗，宿营时蚊叮虫咬，夜不能眠，军队常因疟疾流行而减员。彭德怀把自己的薪饷节省下来，给士兵每两人买一顶蚊帐。一营经济清算委员会把全营经费节省的钱用于改善伙食，补助士兵生活。这些做法深受士兵拥护，使其他各营士兵都羡慕不已，有的甚至跑到一营来当兵。

彭德怀为了教育士兵，采用了大革命时期在部分军队中实行的办法，规定：一营士兵每日早晚点名和饭前站队时，要高呼问答口号。由值星班长问："我们吃的谁的饭？穿的谁的衣？"士兵齐声答："我们吃的农友的饭，穿的工友的衣，我们不要忘记工农。"当年的一营班长，以后成为中国人民解放军上将的李聚奎回忆说，这个口号很感动人，他还把这个口号刻在营房内一张桌子的腿上作为铭言。

在共产党的政治影响下，经过彭德怀和救贫会会员的活动，一营的士兵从吃粮卖命到渐渐产生了为工农的意识，转变了对民众的态度。

1927年1月下旬，三十五军军部和第一师开往湘西北。三十五军军长何键，一方面联络各地军阀、地主武装等反动势力，压制革命群众运动；一方面在军队内实行愚兵政策，在临澧举行"佛法大会"，宣扬三民主义与佛法根同枝别，聘一位"顾和尚"主持法事，令准尉以上全体军官受戒。

彭德怀关于这次佛法大会的回忆，活现了中国近代军阀史上的一幕丑剧：

"这次受戒布置异常辉煌，黄绫铺地，四周异花结彩，醮台高丈余，置以铜烛，佛像百余尊。""军官受戒时，周磐马弁某是一个少尉，异常勇敢，当顾和尚念到戒邪淫那条时，马弁某突然立起，高举右手，五指张开，大声呼曰：'五个老婆！'全场震惊，哄堂大笑（原因是顾和尚有五个老婆）。""耗费金钱何止万元，一呼五个老婆，即破灭无余。但顾和尚和何键仍厚颜无耻，身着袈裟，手持铜铃，俯伏跪拜，念念有词。在坛下者，大家窃笑不已。"①

彭德怀和一营士兵委员会抵制了这个活动，全师只一营军官没有受戒。

3月，何键所部戴斗垣旅驻防石门，打死该县江垭区农会干部。该区农民聚集于旅司令部门外大操坪上，举行哀祭，要求惩办凶手，抚恤死难家属。彭德怀

① 见1959年彭德怀写的《庐山笔记》。

率一营士兵去参加，还在大会上讲了话，迫使戴斗垣向农民道了歉。

从围攻武昌认识段德昌到驻防湘西北约5个月的时间中，彭德怀如饥似渴地阅读段德昌送给他的《向导》、《新青年》、《共产主义ABC》（布哈林著）、《通俗资本论》（李季编）等进步书刊。20余年来，他向往太平军，想做“易参政”，立志打富济贫、富国强兵，这些少年的幻想，青年的追求，在严酷的社会现实中都被撞击得粉碎。以后，他在回顾这一经历时写道：“我从幼年就有求知识的极大愿望”，“我出生在一个偏僻落后的农村和完全没有文化教养的家庭，连最低限度的生活都无法保障，经常挣扎在生死线上，不可能有时间和条件学习文化。”“十多年的军营生活又被严格的军事管理所封锁”，“只有在为自己生活挣扎的实际教训中，才能触发自己的反抗。只有反抗，只有革命的要求和热情，没有革命的理论指导，因此，在革命行动上有极大的盲目性”。[①] 他追求革命真理的愿望是那样执着而强烈，他终于找到了中国共产党。当他一旦被马克思列宁主义理论所吸引，他的追求向往就升华为一种献身的热诚。他毫不犹豫地投入一个新的革命巨流，不再是单枪匹马地在黑夜中奋斗。他曾向段德昌提出加入共产党的要求，希望段德昌派人来一营发展共产党组织。由于当时国共合作顺利，中共为照顾统战关系，决定暂不在第八军中发展党员，他的愿望没有实现。段德昌鼓励他继续在部队集结进步力量，跟着共产党走无产阶级革命的道路。

1927年5月上旬，彭德怀所在的三十五军第一师突然奉命开往岳州。岳州是湘北的门户，它西濒洞庭，北枕长江，为水陆交通的枢纽。何键调一师来驻此地，是他策应反革命行动的一着棋。

半个多月前，4月12日，当轰轰烈烈的北伐战争还在进行的时候，国民革命军总司令蒋介石在上海发动反革命政变。一场对共产党人和革命工农的血腥屠杀先后在上海和东南各省动手。

蒋介石成立了南京政府，与武汉的国民政府对立；指使粤、桂、川、黔四省军阀出兵进攻湘、鄂；又勾结湘、鄂两省反动军官，里应外合，企图颠覆武汉国民政府，消灭革命力量。5月中旬，武汉国民政府独立十四师师长夏斗寅叛变，沿长江南岸向武昌进逼，同叶挺部队激战于纸坊镇。四川军阀杨森部沿长江北岸进占白矶、新堤，配合夏斗寅对付叶挺部队。何键则以第一师驻岳州，与杨森南北策应。

当夏斗寅向武昌进击时，彭德怀向周磐建议北进，配合叶挺消灭夏部。周磐以没有命令为辞，未采纳彭德怀的意见。待夏斗寅打不过叶挺部，周磐又派彭德怀率第一团到城陵矶一线隔江佯动，牵制长江北岸的杨森部，以便在共产党胜利时，他也有话可说。城陵矶是湘江与长江的汇合点，水面宽有六七里。彭德怀为声援叶挺，到城陵矶后，乘暮强渡，攻占城陵矶对岸之白矶。杨森部无准备，向朱河方向溃退20里。周磐此时又按住一师二、三团不动，急令彭德怀收兵返防。一向对彭德怀言听计从的周磐，开始和彭德怀在政治上出现了分歧。

① 见1959年彭德怀写的《庐山笔记》。

5月21日晚10时，在何键的支持下，三十五军三十三团团长许克祥、教导团团长王东原、驻长沙留守处主任陶柳及其他驻长沙的部队，发动了反革命的“马日事变”。《湖南省志》记载：“省、市（长沙）党部及工会、农会等革命机关均被摧毁”，并“捣毁特别法庭，释放全部土豪劣绅，捕杀了共产党员和国民党左派分子及工农革命群众一百余人”。事后，“湖南国民党右派分子组成‘湖南救党委员会’，宣布脱离武汉政府，服从蒋介石命令。并通令恢复全省的团防武装及都团组织。令各地土豪劣绅武装摧毁农民协会组织，捕杀工农群众，所有各色反革命势力，又重新蝇集起来”。革命者被悬头示众，劈尸焚灰，状极惨烈。湖南城乡沉浸在血腥的恐怖中。

“马日事变”，使彭德怀极为愤怒，建议周磐向长沙进军，消灭许克祥部。他认为当时一师控制足够的火车、轮船，可以朝发夕至，突然袭击。但周磐又说没有命令，不敢擅自行动。彭德怀气愤地说：“这两次叛变，都是何键、周斓等人策划的，他们怎么会下命令自己打自己呢？时局关键在第一师，如袖手旁观，革命形势也就不存在了！”①

继“四一二”及“马日事变”后，7月15日，武汉政府汪精卫集团叛变革命，旋即宁汉合流。第一次国共合作全面破裂，持续3年多的中国大革命失败了。轰轰烈烈的北伐战争，又变成了国民党各派新军阀争夺地盘的混战。

1927年6月，武汉第四集团军总司令唐生智发动东征讨蒋。彭德怀的一营时属第四集团军一师，随军进至桐城。唐生智部被南京政府的“西征军”击溃。第一师从桐城撤退，第一团为最后掩护部队，退到黄梅、广济时，遇到桂军和鲁涤平部的进攻。

一师退至汉阳，何键令一师利用汉水阻击追敌。这时，周磐向彭德怀抱怨说，何键对一师太不公道，将汉阳兵工厂武器全部运走，一支枪也未拨给一师。又说，何键与他先后同学，但不讲交情，早就想吞并一师，每次战斗都置一师于危险处，仗是一师打，捷报、功劳归他占。现在又叫一师担任后卫，掩护他向湘西北常德一带逃命。彭德怀建议周磐，集中全师的三个团回驻南县、华容、安乡三县。这一带比较富庶，田粮税收能维持一师而有余。这样，一师偏处一隅，人熟地熟，可以休养生息；而常德为军事要冲，何键难以久踞，他一旦失势，一师仍可保全。

军队是军阀的本钱，周磐欣然同意彭德怀的主意，即下令行动。

第一师到达目的地后，一团随师部驻南县。鲁涤平部尾三十五军向临澧、常德追击。何键果然抵挡不住，向湘西北溃退。

鲁涤平出任湖南省主席，叫曾任一团前身二师六团的团长刘铏来找周磐，将周磐之一师收编为国民革命军独立第五师。周磐师虽数次改编，仍为湖南军阀所掌握。

一师摆脱了何键的控制，对保存一团的革命力量非常有利。因为，早在这次

---

① 见1959年彭德怀写的《庐山笔记》。

撤退之前，何键对彭德怀就心存怀疑，曾多次对周磐说：今年3月，彭德怀一营参加了农民对戴（斗垣）旅的示威，彭德怀还到会上去讲了话，使得农民更加嚣张。在临澧举行佛法大会，军官都受了戒，唯独他那个营没受戒，彭德怀怕是共产党吧？！周磐向何键保证，彭德怀不会是过激党，最多不过是个本党左派。何键要周磐设法将彭德怀调离，给个厘金局局长当，让他多搞些钱，就没有危险了。周磐知道彭德怀不爱搞钱，怕戳了彭德怀的脾气，也未照办。为收彭德怀的心，反而将何键的话一五一十告诉给他。

这时，南县、华容、安乡三县，笼罩在一片腥风血雨之中。团防、土豪劣绅纷纷组织“铲共队”“还乡团”，杀害农协、妇运骨干，剖腹挖心，悬头碎骨，惨绝人寰。华容、安乡的地主豪绅又成立起“清乡委员会”，十家连坐，引诱“自首”。南县的“清乡委员会”也在筹备之中。共产党领导的南、华、安三县的革命活动转入地下。

彭德怀召开一营士兵委员会，根据形势，决定士兵会在名义上取消，骨干成员转入地下。秘密士兵会仍坚持原章程，加上了打倒新军阀一条。

在向一营官兵宣布取消士兵委员会的同时，彭德怀宣布，一营禁止军官打骂士兵，加强士兵自治；保留经济清算委员会，实行财政公开，规定各连每月要召开一次全连大会，报告本营、连的财政开支，包括截旷（吃空额）、办公、杂支、医药等费用的收支情况，伙食费用每日在黑板上公布，月终公布总账目。在中国旧军队中，截旷几乎是军官的不成文的收入，彭德怀的做法独树一帜。一营的经济清算委员会实际上代替士兵会，成为团结士兵的公开形式。

独立五师一团团长戴吉阶仍久假不归，一些人到周磐处告状。10月初，周磐经刘铡同意，批准戴吉阶辞职，委任彭德怀为一团团长。

按例，团长以上军官就任，要去上司处谢委。周磐将任命之事告诉彭德怀，即要他去鲁涤平和刘铡处申谢，又按例给彭德怀1200元就职费，为宴请师部同僚、一团官佐、地方公教团体和犒劳一团士兵之用。还要彭德怀择吉日举行就职仪式。当时，湖南省的军队，独立师已是最高编制，彭德怀就任师的主力团长，即拥有相当实力。这一步擢升，有如登云，故而被这样隆重对待。不料彭德怀既不肯去谢委，又不要请宴，周磐只得嘱师部依了彭德怀，说：“以免戳发石穿这个犟脾气。”

其时，戴吉阶已离职一年，一团事务实际上早由彭德怀代理。彭德怀报告周磐说，团内各项费用节余达6000元，另外还有一营的节余，由于局势多变，这笔钱拟留作一团的公积金，以备补充军需之用。周磐很惊讶，问道：“什么？你们还有什么公积金？”彭德怀解释说，这是为了准备部队不时之需。周磐想了想，表示同意。

彭德怀被任命为一团团长，使李灿、张荣生、李力等士兵会的核心人员一分诧异：周磐如此信任彭德怀！那么，彭德怀当了团长，会不会沿梯子上青云，而逐渐改变救国救民的初衷呢？！彭德怀看出了朋友们的疑惑，自己也面临着抉择：周磐会走什么路？自己今后要走什么路？

11年前，彭德怀入伍当兵时，周磐是连长。以后，周磐把彭德怀调到连部当了一段勤务兵，让彭德怀读史书，练习毛笔字，对彭德怀着意培养。袁植死后，周磐把彭德怀视同心腹，遇事相商，关系更非同一般，这使彭德怀在此时不能不思前想后：过去周磐对自己是言听计从，唯在夏斗寅与许克祥的两次事变中，未采纳自己的关于出兵的意见。这次得周磐提拔，说明他对自己仍然器重、信任；但同时周磐未经商量，就把一个很反动的雷振辉任为一团一营营长，把公认适于接替营长职务、和自己关系密切的李灿撇在一边，这又说明周磐对自己还存有戒心。彭德怀意识到，自己与周磐过去在爱国上还算意气相投。现在，一个一心要当军阀，一个一心要革命，在政治上已各走一端，分手在所难免。他向李灿、张荣生、李力断然表明心迹，和他们一起走共产党的路："决不回头，主意早就定了！"

1927年10月10日双十节，南县县署大张旗鼓成立"清乡委员会"，准备加紧对民众革命活动的镇压。彭德怀发动秘密士兵会进行抵制。这天一早，南县市街到处是醒目的标语："打倒清乡委员会！枪毙清乡委员××！""土豪打不倒，农民活不了！""打倒新军阀！打倒贪官污吏！取消苛捐杂税！""恢复工会、农民协会、学生会！工农兵学联合起来！"周磐早几天就去了长沙，彭德怀又公开拒绝去参加成立大会。这下子，南县官绅由兴高采烈一变而为丧魂落魄，有的吓得赶快逃往长沙。直到第二年6月独立五师一团离开南县，这个县的清乡委员会也没能成立起来。

第五节　入　党

自1927年大革命失败后，中共湖南省委为开展全省的革命斗争，秘密恢复或重新建立省内各地的党组织，在湘北地区重建了南（县）、华（容）、安（乡）特委。此时，特委面对敌人"清乡剿共"的形势，把党的活动重点转入以反"清乡"为主要内容的对敌斗争。特委机关设在南县东堤尾的一所小楼上，以开诊所为掩护。"双十节"前夕，一些中共地下党员，用煮熟的红薯做糨糊，在街上张贴反对"清乡"的标语，发现彭德怀所部士兵也在贴反"清乡"标语。彭德怀所部的情况和他的思想倾向，引起了南华安特委的重视。不久，在南华安特委会议上作出决定，强调在开展各种革命斗争的同时，"尤应注意领导驻军中士兵工作，而且特别加紧"，"在五师中赶紧组织党的秘密士兵支部，并派得力的同志入营工作"。[①]

一天，彭德怀在营部接家中电话，说有姓张的表弟来找。彭德怀放下电话，颇感蹊跷。

这时，彭德怀同他的妻子刘坤模在南县官正街44号2楼租屋居住。自1922

① 1928年国民党湖南档案载：《共党南华安三县会议案》。

年 8 月彭德怀考入湖南陆军讲武堂后，刘坤模留在彭家围子侍奉年老的祖母和病重的父亲。1924 年夏至 1925 年春，两位老人先后去世，彭德怀才把她接出，送她到湘潭女子职业学校读书。以后她又随彭德怀来南县，就学于县立第一高等小学五年级，准备下学期报考中学。

彭德怀回到住所，见是一位身穿长衫的青年，他自我介绍：名叫张匡（化名），汉寿人，中共南华安特委派来的。张匡赞许了一团反对成立清乡委员会的行动，但指出这样做太暴露。彭德怀向张匡又一次表达了加入共产党的愿望，并问及段德昌的去向。张匡告诉他，段德昌在沙市一带组织暴动，眼和手被打伤，只有点草药医治，至今未好。

当晚，彭德怀找来李灿、张荣生商量，让段德昌化名姓章，说是彭德怀的朋友，到南县乡下李灿家暂住，派一团军医官去那里给段德昌治伤。

几天后的一个傍晚，张匡来告诉彭德怀："段德昌同意介绍你加入共产党，也是特委同志集体介绍的。现在已报省委，待批准后即正式入党。"

在张匡第一次来后，彭德怀因为又找到了共产党，和李灿"两人不知为什么那样高兴，越谈越有劲儿，根本忘掉了夜深和疲倦，一直谈到东方发白，李灿才回去"[①]。张匡第二次来，说特委同意他的入党申请，彭德怀和张匡"热烈地握了手，表示高兴和感谢"[②]。

31 年后，1959 年 8 月 4 日，在风雨庐山，当年真诚追求革命的彭德怀，被指斥为"投机革命"。他是以怎样的心绪来回忆当年情景的呢？他只顾伏案疾书，把历史连同对历史的沉重叹息都留给了后人。

在李灿家中，彭德怀看到了段德昌。段德昌感谢地说："有军医官来医治，每天又吃着鸡、鱼、肉，伤已大体好了。"彭德怀关心地问局势究竟如何。段德昌告诉他：这次轰轰烈烈的大革命失败了，蒋介石叛变了革命，现在革命形势是低潮。但是中国共产党和革命人民是杀不尽的。全国革命形势还不会马上到来，需要有相当的准备过程。北伐战争时期，党忽视军队工作，如果当时有 10 个叶挺那样的独立团，蒋介石叛变革命就没有那么容易。段德昌一再叮嘱彭德怀在独立五师的工作要特别注意保密，要作长期打算。如果能做到逐步掌握一个师，在适当时机举行起义，将会发生很大作用。在时机不成熟时，切不可过早暴露，以免损失革命力量。段德昌鼓励彭德怀说："过去一年里，你入党的愿望虽未实现，但独立地坚持了革命立场，是经受了考验和锻炼。"接着，又意味深长地说："不少人在入党前，认为共产党每个成员都是那样的优秀，都高尚得无人能比。入党以后，因看到个别不顺眼的事而丧气。共产党是好的，是革命的，但成员中难免有坏的。把每个成员都那么理想化，那就会感到失望。""现在革命处在低潮，要

① 见 1959 年彭德怀写的《庐山笔记》。
② 见 1959 年彭德怀写的《庐山笔记》。

准备长期艰苦斗争，要准备牺牲，也要准备受委屈，受了委屈不要灰心。”[①]

在这次会面中，彭德怀问段德昌需要什么帮助，段德昌提出需要枪支弹药和路费。那时，段德昌正准备去江北洪湖地区发动群众，开展武装斗争。

彭德怀将一团未上号册的私枪十支和几百粒子弹，派人按约定暗号分别送到特委和段德昌指定的地点。两个月后，彭德怀又给特委一台油印机和一些枪支，枪支是由秘密士兵委员会会员李寿轩送去的。李寿轩以后跟随彭德怀参加平江起义，经过长期革命战争，1955 年，被授予中国人民解放军中将军衔。

段德昌伤愈后，渡江去鄂西，同贺龙、周逸群等一道创建红军，开辟了湘鄂西革命根据地。段德昌为洪湖游击队总参谋长、总队长，后任中央红军独立一师师长、红三军副军长、军长和中华苏维埃共和国临时中央政府执行委员会委员等职。在这期间，他同党内的“左”倾错误进行过针锋相对的斗争。1933 年 5 月 1 日，在苏区“左”倾错误的“肃反”运动中，被冤杀于湖北省巴东县金果坪。年仅 29 岁。

段德昌在这次养伤中，对彭德怀的谈话，包含了他个人的哪些切身体验呢？彭德怀当日虽无从知道，却对此永怀不忘，写道：“我当时听了他那番话，印象是多么深刻！”“觉得身上增加了不少力量，改变了‘马日事变’后的孤立感，觉得同共产党取得联系，就是同人民群众取得了联系，也就有了依靠似的。”“几十年来，段德昌的形象都活在我的生活中，我一刻也没有忘记他，谁也没有想到，那就是同我的最后一次谈话。”[②]

段德昌和彭德怀会晤后，中共南华安特委为加强兵运工作，介绍地下党员邓萍到一团任文书。

1928 年 1、2 月间的一天，张荣生到彭德怀处相告，省委已批准彭德怀加入中国共产党。原定举行入党仪式之日，恰逢师部派参谋长杜际唐等人来催彭德怀去团部就职，入党仪式未能举行。这时，彭德怀才知道，张荣生已于去年 12 月被接受为中共党员了。从最初的救贫会会友，又成为党的同志，他不胜欣喜。

彭德怀一反旧规，自己提着小皮箱，让张荣生背着行军床，被子放在马背上，到团部就职。当时的士兵会会员李聚奎回忆说：“彭德怀当团长的第一天，宣布了两项命令：第一条，全团所有军官今后一律不准打骂士兵；第二条，取消连排长的小厨房，和士兵一块吃饭。”旧军阀部队，军官打骂士兵是家常便饭，残酷的笞刑甚至使士兵丧生。废除打骂，使士兵有了做人的起码尊严，深得士兵之心。一营的士兵听说老营长走了，留恋不舍，有的人哭泣起来。

彭德怀就职后，即将一营实行财政公开的做法扩大到全团。接着，由一营建议，各营、连选派代表，成立全团经济清算委员会，将彭德怀代理团长期间积存的款项清算出来，以三分之二发给各营、连，三分之一为团公积金。

---

① 见 1959 年彭德怀写的《庐山笔记》。

② 见 1959 年彭德怀写的《庐山笔记》。

为了便于秘密开展党的工作，彭德怀任邓萍为团部书记官，张荣生为团部通讯排长。

一天黄昏，张匡、邓萍、张荣生来到彭德怀处，举行彭德怀的入党宣誓。彭德怀“真是心花怒放，说不出的愉快！将预先准备好的糕点和盘托出，大家都以愉快的心情吃了一点儿”[①]。张匡代表南华安特委，接受彭德怀为中国共产党党员，宣读了入党誓词，彭德怀庄严宣誓：愿为中国革命和世界革命、为共产主义事业奋斗终生，牺牲一切，必要时献出自己的生命。特委决定彭德怀、邓萍、张荣生三人成立一团党支部，以彭德怀为支部书记。

中共湖南省委批准彭德怀加入中国共产党约在1、2月间，举行入党仪式的时间为4月份，具体日期无可靠资料。在《彭德怀自述》中写道：1952年4月底，“住在中南海永福堂时，让我填写一份简历，据说是苏联共产党中央要求中共中央政治局委员都写一份简历，编入百科全书。我当时对具体月日记不清，我宁肯向后推，而不要向前提，我就写了1928年4月入党，今后就以4月为根据”。

以后，彭德怀在谈及个人历史时，对入党时间有1928年1月和4月两种说法，在入党介绍人上有段德昌和南华安特委两种说法，相去无几。1959年庐山会议后，特别是十年“文化大革命”中，彭德怀专案审查组抓住这个问题大做文章，说彭德怀将入党时间提前3个月、将段德昌作为介绍人，就是为了“捞取政治资本”云云，使彭德怀无端受到许多折磨。以此，彭德怀在这一时期写的“历史交代”中，对这两件事作了反复的说明。从这些血写的交代中，人们在今天得以知悉他一生中这一转折时期的详细情况。

彭德怀入党后，独立五师一团建立了党的秘密支部。支部成员有彭德怀、邓萍、张荣生和李光。李光是特委派到一团工作的，公开身份是彭德怀的勤务兵，实际担任党的秘密通讯工作。

不久，党支部讨论吸收李灿、李力加入中国共产党，并得到特委批准。从此，一团的士兵委员会在共产党支部领导下开展工作。清算委员会形式上是经济组织，实际上成为公开的士兵会。周末晚上，士兵自编自演各种节目，其内容有反映本连清算委员会活动的，有宣传士兵会的口号的，等等。这些活动开始于一营，逐渐影响到二、三营。

第六节　“四江精粹在湖滨”

彭德怀就任一团团长后，打算在团内办一个学兵连，培养骨干，推动全团士兵委员会的工作。周磐听说一团要办学兵连，也想办一随营学校。彭德怀利用周磐想以此培植和扩大势力的野心，积极支持他办随营学校。彭德怀建议校长由周磐自兼，另设一名副校长。周磐提出要找一个有经验、有学识、有朝气的人充

---

① 见1959年彭德怀写的《庐山笔记》。

任，可又想不出合适人选。彭德怀便向他推荐一年前去黄埔军校高级班深造的黄公略。周磐很满意，叫彭德怀写信给黄公略，要他毕业后回师部。

彭德怀和李灿、李力、张荣生商量，一营如何为随营学校选送有活动能力和政治上可靠的人去学习，以便去做二、三营和二、三团学员的工作；又研究在士兵委员会章程前面加上一条总则：拥护三民主义，遵循总理遗嘱，奉行三大政策，为救国救民的宗旨。把章程中的打倒军阀，改为打倒新军阀，士兵委员会改为学员自治会等，由彭德怀送给周磐，作为代拟的随营学校章程。周磐欣然接受。一营士兵委员会章程的基本内容因而在师里取得合法地位。

师随营学校正在筹办中。一天，黄公略西装革履来到团部，和彭德怀、李灿、张荣生等久别重逢，非常高兴。谈到办随营学校时，彭德怀讲了随校的宗旨、章程，黄公略突然发问："新军阀是指谁呢？"彭德怀回答："是指蒋介石。"黄公略怒气冲冲地说："校长（蒋介石）绝不是新军阀。"大家倏然失色：一切秘密都告诉了他，这还了得！彭德怀正和黄公略争论中，张荣生拿了一条毛巾从后面往黄公略嘴上一捂，颈项上一系，说："你穿着这样好的西装、皮鞋，你就是被蒋介石收买的走狗。你当学生哪来的这么多钱？"黄公略脸色发白，手指着皮鞋后跟。邓萍发觉了，说："慢一点儿，放松一些，横直跑不了。"张荣生把手松开，黄公略连忙说："我有介绍信，是共产党。"抬起脚来，指着："在皮鞋底内。"张荣生用刺刀撬开鞋底，果然有写得很小的墨笔字字条，上面涂着一层薄蜡，防水浸湿。在煤油灯下，看出是介绍信。彭德怀曾回忆当时的情景：这时大家猛吃一惊，继而笑作一团。彭德怀抱怨似的说："公略呀！你这是干什么？开这样大的玩笑。"黄公略说："你现在当了团长，谁知道你是真革命还是假革命！"他指着周围的人说："你们这些人好野蛮呀！我的西服是老彭寄来的路费缝的，并不是蒋介石给的，穿得好些，路上方便，没人怀疑是共产党。"张荣生笑着说："如是反革命，就绑起来扔到洞庭湖里喂鱼去！"

彭德怀与黄公略彻夜畅谈。黄公略告诉彭德怀，他带来了两个同志，一名黄纯一，湖北黄冈人；一名贺国中，湖南湘乡人。纯一很有学问。彭德怀即向周磐推荐，以便帮助黄公略开展随营学校的工作。彭德怀曾回忆见到两个新战友的印象是："黄像一个文雅书生，贺是一个豪放的白胖青年。"[①] 这个回忆成为黄纯一、贺国中两人在历史上留下的仅有写象。

黄公略是彭德怀在湘军中结识最早的、志同道合的朋友，今天又不约而同在革命低潮中参加了党。两人夜则同室而眠，日则找机会去洞庭湖堤上散步，讨论时局，互抒己见。黄公略参加了去年 12 月张太雷、叶挺、叶剑英等共产党人领导的广州暴动。暴动失败后，转经上海、汉口等地回湘。他将一路所见，细细说给彭德怀，并赠诗抒怀："广暴失败旗帜在，树立红军苏维埃。旅沪武岳语弃市，乌云蔽日只暂时。欣谈时局喜春风，柳絮飞舞庆重逢。锦绣洞庭八百里，四江

---

①《彭德怀自述》，人民出版社 1981 年版，第 76 页。

精粹在湖滨。”他对一团革命力量的聚集充满希望。彭德怀在答诗中，对毛泽东在井冈山举起武装斗争旗帜心向往之：“‘马日事变’教训大，革命必须有武装。秋收起义在农村，失败教训是盲动。唯有润之工农军，跃上井冈旗帜新。我欲以之为榜样，或依湖泊或山区。利用周磐办随校，谨慎争取两年时。”[①]

周磐由长沙赶回南县，主持随营学校开学典礼。他在会上的讲话，按照彭德怀起草的随校宗旨章程，强调打倒帝国主义、贪官污吏、土豪劣绅，特别强调打倒新军阀；又宣布黄公略为校长，贺国中为教育长，黄纯一为大队长。这些，使彭德怀、黄公略等出乎意料的满意。随营学校开学后，一团党员开会时，大家谈到了周磐的表现，为什么发生这么大的变化，因找不到什么原因，对周磐取观察态度。

根据随营学校的有利形势，大家估计，在随营学校每期毕业时，能够吸收1/3的学员为秘密士兵会会员，当年做到二、三团每连平均有一个会员，明年按情况再发展一些，做到每团有一两个进步连为核心，全师以一团为核心，在情况有利时，就可争取全师起义。

在特委张匡的主持下，一团成立了共产党的委员会，由彭德怀、黄公略、邓萍、张荣生、李灿5人为委员，彭德怀为书记。随营学校成立分支部，黄公略为书记，受一团党委领导。一团的6名党员成立支部，邓萍为书记。

一团党委的建立，在独立五师形成了共产党的领导核心。

这时，独立五师欠饷又逾5个月，为提高士兵觉悟，彭德怀决心发动闹饷。

自一营士兵委员会宣布取消后，经过一段工作，在一营和一团直属队、机枪连、特务连都成立了秘密士兵会。闹饷由团党委领导，秘密士兵会串联发动，很快把二、三团和随营学校带动起来。周磐惊慌无计，采纳彭德怀的建议，将独五师掌握的渔税、盐税和百货厘金支票作抵，以防兵变为由，向南、华、安三县商会强借10万元，闹饷取得胜利。这次闹饷检验了一团共产党的组织和秘密士兵会在一团的动员力。

6月中旬，独立第五师奉命开赴平江县接替阎仲儒旅的“防务”。平江县是著名共产党人毛泽东去年发动湘赣边秋收起义的地方。鲁涤平签发这项命令，只是想到独五师比阎旅力量强胜，能够有效地“剿灭”共产党领导的农民运动。却不曾料到，独五师的主力——一团的团长彭德怀已经成为一个坚定的共产党人。

彭德怀和他最初的救贫会会友用热诚和勇气，长期不懈地把一支封建愚昧的军阀队伍，逐步革新为一支具有团结力的革命后备军。不惧权势，却尊重、爱护士兵的彭团长，受到全团的爱戴。从崇拜易参政到孙中山到信仰马克思主义，乌石峰下那颗不屈的种子即将破土而出；湘阴道上山洞中的点点细水不停地滴在坚石上，定要将石滴穿。彭德怀痛恨社会的黑暗和军阀的腐败，期待着打破旧世界的牢笼，但根据特委的指示，他还要争取掌握全师，等待时机的成熟。他满怀信心，把自己当团长的薪饷也尽量存蓄起来，准备暴动之用。他的乌石老家，除大

---

①《彭德怀自述》，人民出版社1981年版，第76页。

弟彭金华来要去 400 余元还清祖母、父亲的丧葬债务，和将彭家围子的破茅屋改为 9 间瓦房（即现存的彭家围子故居），他没有置其他私产。

在一团开赴平江之前，彭德怀让妻子刘坤模暂回乌石老家。自从彭家的老人去世后，她通常是在彭德怀驻防时来和他相聚，在部队开拔前回家。这次一团调防，对他们夫妻来说，只是寻常的短别罢了。谁也没有料到，不久以后在紧急形势下提前举行的暴动，使他们之间音讯断绝。

湘军独立五师一团——中国工农红军第五军的前身。当人们看到红五军（及其后的红三军团）在创建后，即以惊人的气势迅速成长为与朱德、毛泽东领导的红四军亲密配合的红一方面军主力之一时，很少注意到起义前这支湘军队伍从内部革新、改造的历史。而这一段历史，实实在在是与其后红五军和红三军团那些辉煌的历史紧密相连的。救贫会会员和秘密士兵会会员，大部分在以后的革命战争中牺牲，幸存者中除彭德怀外，还有四名——李聚奎、李寿轩、田长江、姚喆成为中国人民解放军的高级将领。

1928 年，已届而立之年的彭德怀，经历了漫长的军旅生涯，从二等兵到班长、代排长、排长、代连长、连长、代营长、营长、代团长、团长，走过了旧军队里的每一级阶梯。他跨越的每一级，都成为他军事才能积累和焕发的一步。他对士兵思想感情的亲切了解，对行伍生活的深刻体验，对火线实战的丰富阅历，对统军治军之道的独特体会，不仅铸成了平江暴动的胜利，且深深地影响着他以后数十年的革命军事生涯。

第三章　举义平江

第一节　调　防

1928年6月，独立第五师奉命开赴地处湘鄂赣三省要冲的平江县，接替原驻军阎仲儒旅的防务。

平江县是半殖民地半封建旧中国的一个缩影，农村人口约5%的地主，占有70%的土地。地主重租，官府繁税，农民终年辛劳，仍然“吃的菌拌菜，穿的露脊背”[①]，社会矛盾十分尖锐。当时的平江是湖南农民革命运动的中心地区之一。

1927年5月“马日事变”后，阎仲儒旅到平江县“清乡”。“设匦召告，捕拿革命分子肆意屠杀”。群众称：“阎王清箱（乡）百姓遭殃。”[②]残酷的镇压激起了平江农民的反抗，两次围攻县城（时称为“扑城”）。第二次为1928年3月（农历二月），参加的群众达10余万。终因反动势力强大，扑城队伍缺乏有力的组织和指挥而遭失败。

阎旅和清乡队、挨户团疯狂反扑，平江县哀鸿遍野。革命与反革命的斗争更加激烈，革命力量受到严重摧残。湘军劲旅独立第五师就是在这种局势下被派到平江接防的。

6月19日，独五师师部开抵平江，县长刘作柱、清乡督察员杨鹏翼、挨户团主任黄思岑等一伙官绅兴高采烈，到城西10里恭迎，称师长周磐为“平江70万民众的再生父母”，向周磐献花、赠旗，周磐颇为自得。

周磐在平江反动官绅的簇拥下进入县城，彭德怀骑马随周磐之后，目睹一切，深感这次独五师来平江换防不同寻常。抵近城楼，抬头一望，几颗人头悬挂在城墙上。刘作柱等人的罪恶，彭德怀虽已先有所闻，但如此凶残，使这个热血的青年团长仍不禁顿时怒火中烧，进城后就直去驻景福坪的一团团部，找到打前站的李灿、张荣生等，详细询问平江局势。李灿报告说，湖南反动当局于5月设置“清乡”督办署，将全省划分5个区，平江属于第一区，代理长官为张辉瓒；

①《平江革命斗争史》第二章第一节。

②《滕代远同志向湖南省委的报告》1929年1月23日。

各县设“清乡”委员会，由挨户团担当“清乡”任务。县长刘作柱极其反动，督催清乡队到农村抓人，烧杀抢掠，无恶不作。平江城监狱里关着贫苦农民和青年学生近千人，月池塘刑场几乎天天都在杀人。全县处在白色恐怖之中。

彭德怀召开一团党员紧急会议，研究如何使奉调来平江镇压革命的独五师一团变成保护革命的一团，决定组织前站人员下营连，向士兵讲述县署的暴虐行径，发动士兵反对“清乡”队捉鸡、杀猪、牵牛等土匪行为，号召士兵会会员起积极作用，监督反动民团，不准他们残害民众。

为了掩人耳目，一团不得不例行公事出动“清乡”。其实，只是去乡下走走，动员被迫背井离乡的农民返回家园，从事农耕。有时向空中放枪，或有意散落一些子弹，让游击队拾去。群众十分惊讶，纷纷议论：没有见过这么好的队伍！这样，一团进驻平江五六天后，逃走的农民又陆续回乡种地了。

46 年后，即 1974 年 9 月，彭德怀专案组去平江调查彭德怀团的“清乡”反动活动问题，他们听到的却是平江父老的交口称赞：

“彭德怀的部队调到平江县是执行‘清乡’任务的，但在‘清乡’时，故意朝天放枪，将子弹丢在地上。”

“彭德怀的部队对群众的态度，都反映是好的，不打人，不骂人，不到群众屋中去，借东西送还，有时还帮助群众车水，担东西。”

“听有人说，他的部队明里是国民党的，暗里是共产党的，有的地主也这样说。”

独立五师到平江驻防不久，周磐和平江官绅的往来应酬，就颇为密切。6 月底，周磐设宴答谢平江官绅，与会者争先为周磐敬酒颂德。脑满肠肥的清乡委员会主任、地主兼茶商张挺站起来，又一次称周磐是“解民于倒悬的再生父母”，敬酒说：“端赖师座的鼎力相助，本县才得以维持安宁。平江遍地是匪，走出县城五里之外，贵师随便捉一个人杀掉都不会错。”其言外之意，对一团到平江后未杀人不满。酒席上气氛为之一变。彭德怀冷笑一声说：“照张先生这样说，平江有几十万人可杀啦！”又问张挺：“据我看，如果平江真有这么多共产党人，与张先生有关。你的民团清乡队，到处杀猪牵牛，随便捉人杀人，弄得十室十空，比土匪更甚，张先生能辞其咎吗？”[①] 张挺瞠目结舌，无言以对。其他人等，面面相觑。周磐两头敷衍说：“真正的土豪劣绅要打倒，良民正绅要保护。”[②] 一场宴会从觥筹交错到剑拔弩张，不欢而散。

彭团长怒斥张挺的事传到一团，官兵都说痛快，唯独张荣生等在党员会上埋怨彭德怀不该意气用事，要是暴露了，会误大事。彭德怀接受批评说，这是自己第一次听到党内真诚的批评，十分感动。

---

① 彭德怀：《第三次简历材料》1970 年。

②《彭德怀自述》，人民出版社 1981 年版，第 85 页。

第二节　决　断

一团到平江后，士兵们目睹反动派残杀工农群众的罪行，在党的秘密工作下，由同情工农，发展到倾向工农，倾向革命。三营驻扎在北门城关外，城外栢树坪为三营操场，也是反动当局的刑场。革命者在刑场上高呼口号，大义凛然，深深感动了士兵，引起他们对革命的同情和对国民党的仇恨。有时，彭德怀向士兵讲话，也揭露统治者的反动本质，赞扬烈士的牺牲精神，用事实说明游击队不是土匪，是农民的自卫队，我们不能同他们作战。挨户团押绑群众来行刑，九连连长黄纯一几次率领全连出操占据刑场，阻其动手。夜间，士兵在县城张贴"打倒屠杀工农的土豪劣绅"等标语，以示抗议。工农群众的斗争精神，激励教育了一团士兵，他们的立场逐渐转移到工农群众这方面来。

彭德怀在建议周磐办随营学校，并推荐黄公略等人到随校任职后不久，共产党就控制了随营学校。为将全团要害部门和主管营、连兵权掌握在共产党员手里，彭德怀将南、华、安特委派来的共产党员邓萍安排在一团团部任书记官；又提升张荣生到一团团部担任传令排排长。由于随营学校工作有了基础，一团开驻平江后，彭德怀向周磐推荐黄公略去三团任三营营长，黄纯一到一团三营九连任连长，只留贺国中负责随校工作。这样，共产党员不仅控制了一团主要营、连的兵权，同时掌握了三团三营的兵权，从思想上和组织上为起义创造了有利条件。

7 月 18 日，彭德怀率传令排排长张荣生等人赴思村视察二营。恰在这一天，二营营长陈鹏飞的一个亲戚从长沙来，悄悄对陈说，昨天长沙破坏了共产党的一个机关，从被捕人身上搜出随营学校校长黄公略亲笔开具的通行证，被师长周磐认出笔迹。陈鹏飞是彭德怀和黄公略在讲武堂的同学，思想开明，与黄公略友谊尤深，由于事态严重，万分火急，忙找彭德怀相商，恳求彭德怀设法通知黄公略，让黄赶忙逃走。彭德怀一面答允，一面命人备马，立即返回县城。

时值酷暑，赤日炎炎。彭德怀心急如焚，驱马赶路，入城直奔县电报局。他想如果真有其事，周磐的马弁陈玉成是救贫会会员，会设法给他透信的。果然电报局有长沙陈玉成刚拍来的密码电报，证明陈鹏飞的消息属实，还说周磐已下令逮捕黄公略和经黄公略介绍来五师的黄纯一、贺国中。湖南省主席鲁涤平更怀疑推荐黄公略的彭德怀也是共产党。

事关重大，当天晚上，彭德怀、邓萍、张荣生、李灿、李光、李力，以探望生病的黄纯一为名在医院里密商对策。省特派员滕代远也参加了会议。滕代远系湖南麻阳人。1925 年加入中国共产党，当时为湘鄂赣边界特委书记，奉湖南省委指示从长沙来平浏地区找党的关系，以便恢复被破坏的特委工作。滕代远化装成商人，于 7 月 17 日进入平江城，刚和邓萍建立了联系。

面对黄公略身份暴露的严重情势，一团怎么办？彭德怀主张立即举行起义。有人犹豫，认为时机尚不成熟，准备亦不够充分，不如安排在年关时进行，只要让黄公略等 3 人离开部队，就可应付当前危险局面。彭德怀很坚决，认为一团的条件基本成熟，形势紧迫，鲁涤平、周磐要对一团下手，只有决心起义，才能保存革命力量。他分析一团的力量说："第一营完全可靠，是基本力量。第二营六至七成可靠。第三营只有二成多至三成可靠。团特务连基本可靠。"又分析了二、三团情况："三团主力驻长寿街，离城有一日行程，这个团最反动，但战斗力很弱。第二团驻北乡，主力离城50里，我团起义，该团会暂时守中立，不会马上配合刘济仁第三团来进攻。"[①] 他认为平江周围的敌情不算严重："浏阳方面张辉瓒有一个团，醴陵有陈光中部，长沙约有三个团，岳阳、湘阴均无正规军，茶陵、安仁、攸县等吴尚部队正在部署向井冈山进攻。"起义只要"彻底消灭城内反动武装，就能争取时间，巩固胜利"。最后，他果断地说：必须"决心起义，一点儿也不能犹豫！犹豫就是失败"。[②] 滕代远根据《中共中央关于湘鄂赣总暴动和平江问题决议》的精神，也当机立断，赞同彭德怀立即起义的主张。彭德怀的判断和滕代远的支持，起了很大的鼓舞作用，大家一致决心起义。

一项在中国革命史上影响深远的起义计划，在古老的平江县城内一间狭小、简陋的病房里迅速又周密地制订出来，为黑暗的中国点燃了又一束耀眼的火炬。

起义的日期定为7月22日。尽管一团士兵经过北伐战争的洗礼、来平江后的现实教育和党的秘密工作，进一步倾向工农，倾向革命，但要全团士兵和下级军官迅速起来，掉转枪口，指向自己过去的长官，勇敢地起义，还需要催化。为做到这一点，会议制订的计划是：

一、公开士兵委员会，团结士兵和下级军官参加起义。

二、发动闹饷（独立五师又有几个月没有发饷，士兵怨气很深），作为起义的引线。

三、通知嘉义三团三营营长黄公略和岳州随营学校副校长贺国中于7月22日率部来平江参加起义。

四、分工：滕代远负责政治鼓动，彭德怀负责解决反动武装，邓萍起草宣言、标语、传单、布告等。

仅3天的时间，经过党员、士兵骨干分子的紧张工作，一团就恢复了各级士兵会组织，推选出代表。士兵情绪激昂，强烈要求补发欠饷，枪毙欺压士兵、经济不清、政治反动的三营营长金光侠，要求解散残害民众的清乡委员会，消灭反动军警和挨户团，释放在押的革命群众。还拟出了刘作柱等反动分子的名单，摸清了挨户团、警备队的部署情况和岗哨地址，印制了传单、标语。

21日，起义的各项准备工作全部就绪。

---

① 见1959年彭德怀写的《庐山笔记》。

② 彭德怀：《第三次简历材料》1970年。

第三节　壮　举

1928 年 7 月 22 日 11 时，在盛暑烈日下，湖南陆军独立五师一团 800 勇士，全副武装，颈系红带，精神振奋，集合在平江城东门外一营驻地天岳书院操场上，誓师起义。深受部队拥戴的团长彭德怀雄姿奋发，站在队伍前，颈上也系着和大家一样的红带，愤怒声讨国民党背叛革命、屠杀工农群众的罪行；揭露军阀克扣兵饷，使士兵一贫如洗的腐败现象；大声疾呼："我们再也不为军阀卖命了！"庄严宣布："我们起义了！"高呼口号："打倒国民党政府，打倒土豪劣绅！""解除反动武装，建立红军，实行官兵平等！""建立工农政府，没收地主土地，实行耕者有其田！""拥护中国共产党，为工农大众利益而奋斗！"彭德怀号召全体士兵勇敢地站起来，参加革命，为夺取工农革命最后胜利而斗争；宣布起义的第一个行动是立即出击，全部干净消灭城内民团、警察、警备队和师直属队。士兵们被彭德怀充满激情的讲话所感动，第一次喊出自己的心声：拥护共产党，为士兵解放、为工农利益而坚决斗争！在宣布了新的指挥员，申明了革命纪律之后，彭德怀下令各部向指定目的地进发。

宣誓前，彭德怀在团部召开全团军官会议，揭露国民党反动派镇压工农运动、屠杀无辜群众的罪行之后，宣布一团实行 1927 年士兵委员会章程，将几名反对执行士兵委员会章程的连、排长，扣留在团部停职考察，扫清了起义的内部障碍。

下午 1 时，平江县军警官兵午睡正酣。八百勇士越过浮桥，向县城发动进攻，以迅雷不及掩耳之势，一举解除了城内反动军警 2000 余人的武装，缴获步枪 1000 余支，子弹 100 万发。活捉了作恶多端的县长刘作柱和清乡督察员杨鹏翼，"清乡"委员黄思岑、李铁桓等反动分子 200 余人。五师副师长李慧根、参谋长杜际唐乘乱越墙逃走，因这两个人平日无大劣迹，彭德怀也未命人追索。对师部一般军官和县署一般人员，凡无劣迹者，彭德怀命令一律发给遣散费，听任其回家。起义部队顺利占领平江县城。

午后 3 时，万里无云，骄阳似火，彭德怀骑着战马同滕代远一起进入县城。只见打着红旗、敲着锣鼓的人群涌向街头，欢迎起义部队。人们争先来认识彭团长，向他热烈鼓掌。宣传小组进行街头讲演，散发传单。

当日，一团二营从驻地思村开到平江县城参加起义。翌日，贺国中率随营学校从岳州来平江参加起义。三团三营黄公略接到起义通知，正做准备时，被团长刘济仁发觉。黄公略获悉刘济仁要抓人，于 20 日晚率领三营的两个连在嘉义提前举事。25 日，率部抵城北丹田镇休息，黄公略进城报告情况，三营官兵在九连连长贺仲斌煽动下，向浏阳方向逃走。

这一消息突然传来，大家都觉得是一个意外的打击，黄公略更为难过。彭德怀安慰他说：你去三营还不到一个月，情况不熟，士兵不信任，而刘济仁还有很大影响，这不是短期内可以肃清的。出事并不特别意外，不必难过。从中，彭德怀得出一个教训，必须坚决清洗反动军官，加强士兵会的工作，使其有充分的权力。

7月24日清晨，“一轮红日刚刚从东方升起，光芒四射，鲜艳夺目”[①]，彭德怀漫步汨罗江畔，此时此刻的“高兴心情，从未有过”[②]。忽然传来警卫员的声音，说县委的同志来访，便见一位女同志矫健地走了过来。她个子不高，清秀的面颊上稀疏地长着几颗麻子，目光清澈有神。彭德怀稍一迟疑，她即自我介绍道：“我是胡筠，平江县委的。”

陪同胡筠进城的县委秘书长张警吾向彭德怀介绍了胡筠的身世：出生在平江北乡，公爹是当地有名的大恶霸地主。1927年，胡筠参加了秋收起义，将其公爹交农民协会处决，把家中房屋烧毁，财物分发给贫苦农民，赢得了群众的信任和爱戴。彭德怀对面前的这位女同志不由得肃然起敬。

原来胡筠等在23日下午才获知城内武装起义的消息，随即布置农民进城清查从四乡逃匿入城的土豪劣绅，然后徒步从黄金洞走到城里。从一团开到平江后，彭德怀一直在寻找党组织，始终未能取得直接联系。见到胡筠和张警吾分外高兴。

24日上午举行士兵委员会联席会议，会上宣布成立红军第五军，彭德怀被推选为红五军军长兼十三师师长，滕代远为军党代表，邓萍为参谋长。全军连同新参加的工农群众共2500余人，编为一团、四团、七团及特务连、迫击炮连、重机枪连等单位。经选举，雷振辉为一团团长，陈鹏飞为四团团长，黄纯一为七团团长，李灿为一团党代表，黄公略为四团党代表，贺国中为七团党代表（一说为副团长）。通过这次士兵委员会议，加强了共产党对起义部队的领导，标志着起义部队由旧军队转变为人民的军队。

下午，红五军全体指战员和数万群众在平江城内月池塘举行庆祝起义胜利大会，宣告成立红军第五军，建立县工农兵苏维埃政府，颁布施政纲领。滕代远报告政治形势，宣布中国共产党的主张。彭德怀报告起义的意义和今后任务，率领全体战士宣誓拥护中国共产党，为争取中国革命的胜利战斗到底。胡筠代表县委讲话。

大会执行革命法庭职能，宣判县长刘作柱等血债累累的反动分子死刑，立即执行。

平江起义胜利的喜讯不胫而走，各乡贫苦农民成千上万地涌进县城，慰劳红军，捉拿反动派，庆祝胜利。他们打鼓吹号，挑菜抬猪，手持刀枪，挥舞红旗，以社会主人的姿态参加大会，为消灭地主豪绅、贪官污吏，建立起工农兵自己的政权而欢呼。

斗转星移，30年后，彭德怀在纪念平江起义座谈会上还记得当年写的一首诗：

北伐时期士兵会，

---

① 见1959年彭德怀写的《庐山笔记》。
② 见1959年彭德怀写的《庐山笔记》。

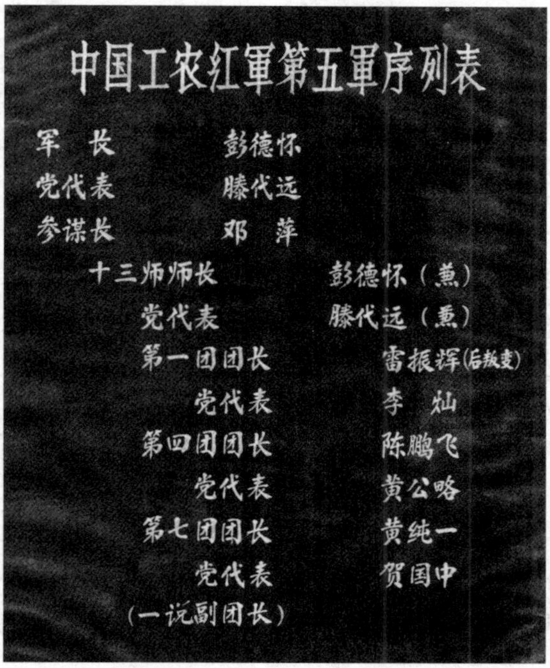

中国工农红軍第五軍序列表

军长　彭德怀
党代表　滕代远
参谋长　邓萍
十三师师长　彭德怀（兼）
党代表　滕代远（兼）
第一团团长　雷振辉（后叛变）
党代表　李灿
第四团团长　陈鹏飞
党代表　黄公略
第七团团长　黄纯一
党代表　贺国中
（一说副团长）

平江起义后成立了中国工农红军第五军和平江县苏维埃政府。图为红五军序列表

秘密活动两三年。
平江起义扬眉日，
工农革命旗帜鲜。

32 年后，即 1959 年，彭德怀在逆境中回忆当年金戈铁马的战斗生活，描绘出那时会场上的动人情景，写道：“群众热情像铁水洪流，火花喷放，革命吼声直上云霄”①，使到会人员受到很大鼓舞。

平江城里的枪声，震惊了反动营垒。湖南省会长沙市的《大公报》，7 月 25 日以醒目的大标题《湘省共祸未已》报道说：“平江驻军与共产党在平组苏维埃政府。”《湖南清乡公报》第五期惊呼平江驻军“叛变”，“聚众逾二万人，将窥省垣”。湖南省主席鲁涤平在官邸阅报，看到“平江匪势，日甚一日，刻甚一刻”，“难民窜投属会几近千人，惊慌万状，面如死灰”等语，大骂周磐无能。

周磐师部在平江被彭德怀遣散，杜际唐等狼狈而回，周磐不得不向鲁涤平递上辞呈。鲁涤平急令第一战区代指挥官张辉瓒飞调朱耀华师并驻浏阳的一个营，及独五师三团的一、二营，由浏阳向平江“堵剿”。又调独立五师之第四、五、六团，由岳州向平江“堵剿”；第二军的一个团由长沙向平江“进剿”。这还不放心，更电请鄂、赣两省派兵“堵截”，企图以绝对优势兵力围攻堵击，消灭刚刚诞生的红五军。

红五军早已派人探得敌人的部署。25 日，彭德怀召开军事会议，决定利用平江群山环抱、峡涧纵横，群众发动充分的有利条件，打击来犯之敌。彭德怀命

① 见 1959 年彭德怀写的《庐山笔记》。

令特务连、机枪连在城西筑工事，引敌向该处进攻；一团从正面出击；四、七团南北夹击，拟歼敌一至两个团，提高红军的士气与威望，然后撤出平江城，向江西、鄂南方向发展。

7月29日，湘军8个团形成对平江城半月形的大包围。其中5个团分两个梯队沿长平大路向平江城西、城南两门推进。

7月30日，湘军第一梯队向平江城西关红五军阵地发动进攻，被红五军一团火力阻截，伤亡颇重。彭德怀率第七团从敌侧向南突击，打破敌人部署，敌军退至公路南侧，激战至黄昏，湘军第二梯队亦接近红军阵地。原计划由南向北配合夹击的红五军四团未到，七团独立难支，彭德怀决定撤出战斗，从北门出城撤往东乡。此役，七团团长共产党员黄纯一壮烈牺牲，战士伤亡100余人。

彭德怀后来总结红五军守卫平江失利的原因说，这是由于25日军事会议确定的战斗部署有错误，“没有认识到革命的长期性”，要能“早一点儿主动撤出，让敌扑空，那就可以避免这些损失。应将部队布置于长寿街和江西省的修水、铜鼓边界，以团为单位分散打土豪、分田地，做好群众工作”[①]。彭德怀多次总结守卫平江的教训，对于平江起义的胜利总是归结于党的领导，归结于井冈山旗帜的影响和平江地区群众的支持。

彭德怀同滕代远、黄公略一起发动和领导的平江起义，是中国新民主主义革命史上的重要一页。它发生在第一次国内革命战争失败、革命处于低潮之际；是继南昌起义、秋收起义和广州起义之后，中国共产党人组织和领导的武装力量，对国民党血腥镇压的又一次反击。

---

① 彭德怀:《第三次简历材料》1970年。

第四章　奔赴井冈山

第一节　会　师

彭德怀率一、七团和军直属队退出平江城后，向东乡龙门转移。沿途受到农民的热烈欢迎，他们把红军看作是自己的救星，是自己的好兄弟。农村的房屋经反动派的反复“清乡”，大部被烧毁，农民仍尽量腾出房屋给红军宿营，说：“不能让自己的军队露宿淋雨。”彭德怀第一次听到农民这样对待和称呼自己的部队，倍感亲切。他由衷地感到，决不能辜负民众的期望，一定要把这支部队保存下来，使其发展壮大，为中国人民解放事业做出贡献。

为在政治上建设红五军，彭德怀等决定部队暂驻龙门，进行整训。首先建立了五军政治部，由党代表滕代远兼主任，张荣生任副主任。然后，从军部到连建立了党代表和党的各级组织。支部建立在连上，加强了部队的政治思想工作，也加强和健全了士兵委员会工作。连队和机关一起开展群众工作，大家拎着灰桶刷写标语，拿着宣传筒宣传党的政策。

起义以前，部队一直驻扎在城镇，到了农村，环境艰苦，常受敌追击，要爬山过坳，夜晚行军。有的人愿意革命，就是吃不了苦，起义后看到群众的亲切关怀，看到首长的以身作则，又通过整训提高了觉悟，便逐步习惯了农村生活，逃亡现象大大减少，全军士气高涨。

红五军退出平江，湖南省主席兼“清乡”督办鲁涤平、“清乡”会办何键急电张辉瓒、刘铏、朱耀华说：“现虽收复平城，而残众尚未扑灭，其逃窜于各乡镇者为数尚多”，“暴动事实时有所闻。近向浏东逃窜，企图联络朱毛，再次猖獗”，如在月底予以“彻底肃清者，即给奖金三万元，以示酬庸”，而“剿办不力”者，则“定予从严撤惩，决不宽贷”。[①] 在重赏兼督责下，湘军十余个团在平江、浏阳集结，向红五军扑来。

彭德怀吸取守卫平江的教训，避免同优势敌人硬拼，挥师江西，攻占修水，消灭守军一个营和民团二三百人。在修水建立了临时县工农兵苏维埃政府，坚持9日。南昌当局调一个团及两个步兵营来袭，红五军放弃修水城，经铜鼓退守平

---

①《湖南全省清乡总报告书》1928年。

江黄金洞。

这时，中共湖南省委指示红五军避免与敌主力部队作战，设法与井冈山红四军取得联络。彭德怀、滕代远遂率部向浏阳、万载边界进发。

9月6日，红五军南下至万载时，遭到鲁涤平部两个团的袭击，上井冈山的计划未能实现，在平江、修水、铜鼓边界一带休整。一面派工作队发动群众进行土地革命，建立苏维埃政权；一面在部队中进行整顿，清洗反动军官，吸收表现坚定的人入党。根据五军军委决定，五军取消团、连番号，编为5个大队和1个特务队。

随后，彭德怀、邓萍率4个大队向鄂南通城、通山、九宫山地区发展，由于未找到地方党，从九宫山一带又返回平江黄金洞。途经渣津时，歼灭江西朱培德1个宪兵营和当地地主武装。

在与敌人周旋的过程中，彭德怀总结了硬拼失利的教训，改用“同敌人打圈子、打推磨（盘旋）仗”战术，“经常跳在敌人侧后方，使敌摸不着头脑，弄得敌人疲惫不堪”。他体会到：“在反革命高潮时”，“只有领导下决心与群众同甘苦，同生死，集中力量作盘旋式的游击才能渡过难关”。[①]“中国交通道途不便，尤其是南方各省多山，我们的部队轻便、行动敏捷，敌则反之”。“敌人兵力较少，我就打他，较多我就避免”，“这是我们多次得来的经验”。[②]这与毛泽东的游击战术思想可谓不谋而合。

红五军在撤出平江后的3个月游击战争中，打了许多次仗，消灭了大批敌人，攻占过铜鼓、修水等十余个重要县镇。这是红五军所经历的最为艰难的时期之一。在这3个多月的转战中，减员1000余人，张荣生、李力英勇牺牲。张荣生弥留之际还说：“共产党的事业一定会胜利。”由于环境险恶，一些意志薄弱者或投机分子，也相继离队或叛变。原独立五师一团二营营长、后任红五军四团团长的陈鹏飞虽同情工农，但委实忍受不了那种艰苦，彭德怀并不强留，任其告别回家了。四大队队长李玉华假传军长命令，以打民团为名拉着全队逃跑了。最严重的是一大队队长雷振辉（起义前为三营营长）的叛变。雷振辉与李玉华串通一气，李叛逃后，彭德怀命人将雷监视起来。翌晨，队伍集合出发前，彭德怀讲话，雷振辉突然夺过警卫员薛洪全的手枪，对准了彭德怀。千钧一发之际，身材魁梧的新党员黄云桥，一手扳倒雷振辉，一手拔枪，将雷击毙。许多人几乎惊呆，彭德怀面不改色，继续讲话说：“三个月的转战，我们受到很大损失，我们的处境是艰险的，但我们起义是为了革命，干革命就不能怕苦、怕流血牺牲，今天如果谁还想走，可以走。”“就是剩我彭德怀一个人，爬山越岭也要走到底！”[③]彭德怀坚定的目光，斩钉截铁的语言稳定了队伍，一声号令出发，没有人离队。

10月，滕代远以湖南省委特派员名义，在铜鼓幽居召开湘鄂赣边五县（平

---

①《红五军军委关于平江暴动前后情况和经验教训向湘委的报告》1929年10月。

②《彭德怀同志给中央的信》1929年4月4日。

③《李聚奎回忆录》，载《中共党史资料》第16辑，第106页。

江、浏阳、修水、铜鼓、万载）县委和红五军军委联席会议，总结经验教训，研究进一步开展斗争的计划。彭德怀在会上主张红五军要以井冈山为榜样，反对乱烧乱杀的盲动主义和宗派主义。会议决定建立中共湘鄂赣边界特委和根据地，征调几个中心游击队与红五军合编，组建成3个纵队和1个直属特务大队（共11个大队）。会议选举滕代远为边界特委书记，彭德怀为特委委员。

会后，彭德怀、滕代远率一、三纵队向南进发，准备与红四军取得联络；黄公略率二纵队留湘鄂赣边界坚持游击战争。南进部队800余人，沿途发动群众打土豪，组织游击队，红军也得到补充。转战中，红军指战员衣服褴褛不堪，也无钱无暇缝制冬衣，就穿着打土豪没收来的各种式样的衣服。队伍中有戴礼帽的，有穿马褂的，有穿呢大衣的。形色各异，信念则一——上井冈。

彭德怀后来回忆说：早在1927年冬，他就注意了井冈山。平江起义胜利后，就想“打通湘东与赣西朱毛取得联络”，“造成罗霄山脉整个的割据，促成湘鄂赣粤四省的总暴动”[①]。他认为，在同拥有现代化交通运输和通讯联络手段的敌军作战，没有根据地是不行的，而建立根据地，又必须实行耕者有其田的土地纲领；在实践上解决了这个问题的就是井冈山。他非常敬仰毛泽东，决心以朱毛红军为榜样，还想亲去井冈山“取经”，弄清革命的性质、分田的办法等。起义后，他率领红五军不畏千难万险，转战数千里，突破敌人的重重围追阻截，历时近5个月，终于实现了上井冈山同朱德、毛泽东会见的愿望。

井冈山位于湖南、江西省交界处罗霄山脉中段，1927年10月，毛泽东率领秋收起义部队来到这里，开创了全国第一个农村革命根据地，逐步开辟了以农村包围城市、最后夺取城市的中国革命道路。1928年4月，朱德、陈毅率领南昌起义保留下来的部队和湘南农军来到宁冈与毛泽东的部队会师，建立了工农革命军（后改称工农红军）第四军，为中国工农红军的第一支骨干部队。

朱德、毛泽东获知彭德怀部队南进，派何长工和毕占云率200余名战士下山，到莲花城北大山中隐蔽等待，迎接红五军。11月下旬，红五军于莲花城北九都与前来迎接的红四军何、毕率领的部队会合，两军相见，分外喜悦。在何长工带领下，彭德怀部经三湾、古城到达宁冈县城，与红四军胜利会师。这时，朱德已经下山等候。在宁冈新城的城隍庙红军驻地，彭德怀与他久仰的红军创始人朱德第一次见面。

彭德怀第一次和毛泽东会见，是在宁冈县茨坪一家中农的住房里。彭德怀走进屋内，看到一个身材颀长的人向他伸出手，和自己一模一样的湘潭口音热情地说：“你也走到我们这条路上来了！今后我们要在一起战斗了！”[②]从说这句话起，便开始了他们之间长达30余年共同战斗的历史。

毛泽东向初上井冈山的彭德怀仔细讲述了他对中国革命道路和前途的看法：

---

①《滕代远同志向湖南省委的报告》1929年1月。

② 彭德怀：《第三次简历材料》1970年。

为什么必须建立革命根据地，红色政权在中国得以存在的独特原因，中国目前进行的民主革命和社会主义革命的关系，等等。这些问题，恰恰是彭德怀在起义后遇到而又没有解决的问题。当时红五军中有些人对民主革命和社会主义革命区别不清，把消灭封建剥削和消灭资本剥削等同视之，在政策上对地主和对资本家也等同视之。彭德怀觉察到这些是错误的，但未能从理论上作出说明。毛泽东的一席话，使他顿开茅塞，给他留下终身不忘的印象。

12 月 11 日，广州起义一周年，在新城召开庆祝两军胜利会师大会。毛泽东、朱德在大会上讲话，热情欢迎红五军。彭德怀在讲话中称红四军是五军的老大哥，号召五军指战员向四军学习。

大会进行得正热烈，忽然讲台坍了，队伍中顿时议论纷纷，有人说这预示不吉利，怎么刚刚会师就坍了呢？只见朱德军长微笑着站到台架上，大声说，不要紧，台坍了搭起来再干嘛！大家听了一起鼓掌，又恢复了热烈的情绪。

这个偶然的事故和朱德不怕台坍的讲话对彭德怀影响至深，以后他几次在斗争的最艰危时刻引用这件事和朱德的讲话，来鼓舞部属和自己。“台坍了，搭起再干！”成了他的战斗铭言。

大会结束后，红五军把在万载筹集的款物，赠送给物资供应更困难的红四军。

第二节 守 山

红军两大主力会师，进一步壮大了井冈山的武装力量，蒋介石的国民政府大为不安，调动湘赣两省 6 个旅，约 3 万兵力，以湖南省主席鲁涤平为总指挥，何键、金汉鼎为副总指挥，分 5 路向井冈山革命根据地发动大规模“会剿”，声称要把红军“一网打尽”，把井冈山“夷为平地”。

湘赣两省“围剿”军队对井冈山实行了严密的封锁，红军的物资供应更陷入极大的困难。时近隆冬，天寒地冻，有的指战员还穿着单衣草鞋，每人每天三分钱的伙食也不能维持，此时生活之艰难，如红五军军委向湘委的报告所说，是“言之痛心，念之酸鼻”。

1929 年 1 月上旬，红四军前委、中共湘赣边界特委、红四军、红五军军委以及中共各县县委领导人在宁冈柏露村举行联席会议。在这次会议上，彭德怀第一次听到传达中共中央的文件。毛泽东传达了中国共产党第六次代表大会的决议案后，对当时存在的乱烧乱杀的盲动主义的危害作了分析，强调对“反水”（指因对乱杀乱烧做法不满而对我持不合作态度）的群众持争取教育态度的重要性。毛泽东的群众观点和政策思想给彭德怀以深刻的印象。会议讨论了形势，决定实行“围魏救赵”的策略，由红四军向敌人后方赣南进军以解井冈山之围和解决红四军的给养问题；还决定将到达井冈山的红五军一、三纵队暂编为红四军三十团（习惯上仍称红五军），由彭德怀任红四军副军长兼任三十团团长，滕代远任红四军副党代表兼任三十团党代表，留守井冈山。

会后，红五军党委连夜开会，彭德怀传达联席会议决定。委员们大感意外，说此次上井冈山本为与四军取得联络，现在任务已经完成，五军就应当返回湘鄂赣边苏区，不然在那里坚持斗争的二纵队会遇到很大困难，也会影响苏区的发展。彭德怀和滕代远向委员们解释说，现在大敌当前，应以保存红军主力和革命根据地为重。彭德怀和滕代远还说明，是我们自愿将自己的部队编入红四军的，是自愿留守井冈山的。最后，大家放弃返回湘鄂赣边界的要求，愿意承担起守山重任。

1 月 14 日，红四军撤离井冈山。湘赣两省“会剿”军队动用两个旅（后又调回一旅）尾追红四军。同时，以其大部兵力从永新、莲花、酃县向井冈山推进。1 月 26 日，向井冈山根据地发起总攻。

时已严冬，连日阴沉，雨雪交加。守卫井冈山的红五军 800 名战士，在凛冽的寒风中，以轻武器和每人 10 余发子弹，凭借新修筑的竹钉阵和土木工事，抗击 20 倍于己的敌人的进攻。守卫在黄洋界、八面山、桐木岭、朱砂冲阵地上的红军战士与来犯之敌展开激战，击退了敌人的多次进攻。29 日进攻黄洋界的敌军，收买一个游民带路，沿山间小路偷偷窜进金狮面、棍子凹，从哨口右翼爬上山，黄洋界告急。

彭德怀在茨坪指挥井冈山保卫战，得知重要哨口黄洋界失守的消息，立即带领教导队和红军学校学员向黄洋界跑去，组织三次反击，均未成功。这时又接到八面山失守、白泥湖告急的报告，彭德怀考虑到，如果继续坚守硬拼，不仅不能阻止敌军前进，而且会全军覆灭，于是决定收拢队伍突围。

当日，彭德怀和滕代远按中共湘赣边界特委 1 月 14 日会议的决定精神，率原红五军大部及伤病、勤杂人员七八百人，集合在茨坪，向荆竹山方面突围。部队在陡峭的山峰上，用马刀砍倒树木开路，步履艰难地攀行。彭德怀干粮袋丢失了，两天没吃一粒米，和战士一道迈着沉重的步伐寻路突围，终于越过敌军的包围线，到达荆竹山。

突围第三天，红军在大汾圩遭敌军三面埋伏。彭德怀把队伍集合起来，对大家说：“大汾圩是我们突围出去的最后一道难关。我们一定要下决心打过去，只要坚决、勇敢，就一定能够冲过去。冲过了这个难关，本军长是有办法的！”指战员深信彭德怀的指挥，一阵猛烈冲锋，突破了敌人伏击阵地，主力冲出了敌人最后一层包围。不幸的是非战斗人员被敌人截住，一部分牺牲，余者分散潜回井冈山继续坚持斗争。

井冈山守卫战虽然失利了，但拖住了来犯敌军的大部分兵力，掩护了红四军顺利地向赣南转移。

第三节　奔袭雩都城

彭德怀率领原红五军继续向赣南前进，在敌军的追击堵截下，越过上犹、崇义，在南康章水上游渡河，2 月 9 日（农历腊月三十）到达新城。地主乡绅正在悬灯结彩，大摆筵席，辞别旧岁。红军一到，他们逃匿一空。红军经过 10 多天的激战，长途跋涉，饥疲已极，正好饱餐一顿，祝贺突围成功，迎接新春。

新城离粤赣公路不过三四十里，渡河哨口有电话，如果敌军得知扑来，夜里 12 点就可能到达。考虑及此，彭德怀催促干部：吃过饭离开此地，走出 5 里也好。但部队实在太累，都不同意，要休息一下，拂晓再走。彭德怀说："过去敌军不敢轻率，现在他们打破了井冈山，气焰高涨，劲头很大呀！不能不提防。"还是说服不了大家，连党代表滕代远也不同意走。

夜深了，爆竹声渐渐稀落，极度疲劳的红军战士沉沉入睡。彭德怀回忆起井冈山突围后的险恶历程，连续同敌人拼死搏斗的一幕幕场面驱走了他的睡意，独自在外为士兵执行警戒。

约莫子夜时分，枪声突起，彭德怀急令号兵吹号，部队刚在村外集合，粤军范石生部已扑来。彭德怀决定向信丰方向前进，命贺国中殿后掩护。天明查点人数，仅剩 283 人枪，李光所率一支部队全部未到（后知李部夜间迷失方向，误入广东南雄地区，被敌消灭，李光被俘遇害）。

部队经信丰东进重石镇，继而去兴国，寻找地方党。在莲塘和东山小憩。赣军刘士毅旅一个营又跟踪来攻，红五军乘夜突围，得知雩都城仅有刘士毅旅一个营驻守。彭德怀决定奔袭雩都城，即率部出发，18 个小时走了 140 里，夜半抵县城，架梯带头爬上城墙，直向敌人营房推进，敌人毫无准备，束手就擒。原红五军以 283 人枪俘敌六七百人，活捉了县长，筹措了军款。夜袭雩都打击了敌人的气焰。赣南群众称彭德怀的部队是长了翅膀的神兵。

在长时期持续行军中，彭德怀总是背着个旧皮包和一个装有军用地图的伞袋，和战士肩并肩地走在一起。他非常关心战士的情绪，在休息时常问大家："怎么样？苦不苦？"战士听了军长的问话，立刻精神振奋起来，愁苦疲劳一扫而光。

攻下雩都城后，彭德怀估计敌军主力一定会回城救援，下午便撤出县城，渡河抵小密宿营，与地方党取得了联系。滕代远在雩都负伤，同 20 余名重伤员留下休养。红军送给地方党百多支枪，后发展成为赣南独立团，成为红六军的一部。不久，彭德怀在安远从报纸上得知，红四军在汀州消灭福建省防军暂编第二混成旅 2000 余人，击毙该旅旅长郭凤鸣，遂改变返回井冈山的计划，率红五军掉头向东北，一举击溃靠近福建边境的瑞金城守军，占领了瑞金县城。

4 月 1 日，红四军从福建长汀开至瑞金，红军的两支主力实现了第二次会合。

朱、毛、彭三人相见，互道分军后的战斗情况。毛泽东和朱德已经得知井冈山失守的消息，听了彭德怀的叙述，沉默良久，毛泽东说，这次很危险，不应该决定你们留守井冈山。这话使彭德怀深感毛泽东襟怀的坦荡。

两天后，彭德怀去红四军军部，毛泽东将中共中央 2 月 7 日从上海写给毛泽东和朱德并转湘赣特委的信递给他看。信中认为革命处于低潮，红军不可能在农村集中存在。要求红四军分散组成小部队，藏匿于群众中，进行游击。各边境工作"必须与目前党的中心任务、中心工作相适应"。来信中还有一个重要决定：

要朱、毛两人离开部队去中央工作。

这就是说，朱德、毛泽东不但要离开红四军，而且要离开苏区。彭德怀十分震惊，认为中央的决定欠妥，尽管他入党时间不长，还是觉得有必要直接写信给中央，遂于 4 月 4 日，亲笔写出他参加党以后第一封给中央的信。信中首先报告平江起义后红五军在湘鄂赣边界转战的经过和教训，汇报了引兵上井冈山和突围的经过，总结了平江起义的缺点和红五军守卫井冈山失利的原因。接着说明："在反革命高潮时不宜分兵，分兵则气虚胆小"，"因红军不是本地人，又不全是好党员，即平日是好党员，到危急时也（想）不出办法，以致被消灭，这是非常危险的"。他认为，"这种严重时期，只有领导者下决心与群众同辛苦、同生死，集中力量作盘旋式的游击，才能渡过难关，万万不能（采）藏匿躲避政策"。信中还分析了民国初年农民起义军首领白朗失败的原因，说明对有党的领导、群众帮助并在山区进行游击战争的红军，敌人虽多，也是没有办法的。

彭德怀给中央的信很简短，但旗帜鲜明地支持毛泽东的战略思想，不同意中央来信基于对形势的悲观估量而做出的关于红军行动策略的"不切实际的想法"。

第四节　二上井冈

4 月 8 日，红四军前委扩大会议在雩都召开。会议根据军阀为争夺地盘而激战的状况，决定了红军的行动方针。其后，前委根据彭德怀的提议同意原红五军（此时，红五军与新组建的红军独立团改编为红四军第五、第六纵队）返回井冈山，恢复湘赣边界，巩固和扩大罗霄山脉中段根据地，并向粤赣边界发展，与闽西相联系，配合红四军各部建立湘赣闽粤根据地。

前委扩大会议后，彭德怀率原红五军出发，又经小密。这时，寄居在这里休养的伤病员均已痊愈，滕代远也恢复了健康。战友重聚，非常高兴，滕代远叙述他们在这里帮助群众建立政权，组织游击队的成果，又介绍了群众对他们尽心照顾的情况。

彭德怀满怀信心地说：3 个月的事实说明，困难到了顶，就是转变的开始。只要我们团结、坚决，不动摇、不涣散，就能战胜困难。在向小密群众致谢和话别后，滕代远等归队重新踏上征途。这时红五军从 283 人枪又恢复到 800 余人。

彭德怀和滕代远率领红五军经信丰、崇义、上犹、遂川等地，于 5 月 2 日抵达宁冈茅坪。井冈山遭到敌人的严重破坏，到处是断垣残壁，疟疾流行，人口不到 2000 人，生活必需品奇缺，一派劫后凄凉景象。为了抚慰受害群众，红五军发给每人 1 块银元，以救燃眉之急。

井冈山人民是坚强不屈的。他们冒着生命危险，在白军占领的日子里坚持斗争。区县两级党政组织基本上保存下来，当时因被敌人分割未能同军部一起撤退的二大队李灿、张纯清部和王佐特务营也都保存下来。彭德怀与坚持斗争的战友重新会见，感到无比欣慰。只有守卫八面山哨口的四大队，听说在突围后脱离苏区至湘

红军时期的彭德怀

东一带被敌人消灭。彭德怀一直关心该部的情况，直到 1955 年，在一次偶然的机会里，遇到了当年的大队政治委员李克玉，才得知还保存下来一部分同志。

5 月中旬，彭德怀和滕代远一起出席于宁冈古城召开的中共湘赣边特委第四次扩大会议。会议确定从发展中恢复和巩固井冈山根据地。会议进行中，赣军金汉鼎部两个团从永新瀚江和宁冈新城两路向古城进攻。当时由于敌情不明，五军又刚改编，为保存实力，彭德怀率红五军和王佐特务营向湘东游击。后又从湘东向南相继攻占广东境内之城口、南雄，缴获 100 多支枪和 10 万来发子弹。因想到井冈山群众正遭疟疾之苦，缺盐缺穿，用所筹之款购买了大批奎宁、盐和布匹。

7 月初，彭德怀回师井冈山。中旬，参加中共湘赣边特委、永新县委、红五军军委联席会议。会上特委书记邓乾元和与会的多数人主张夺取安福。

唯彭德怀独持异议，分析敌情说：安福城虽然不大，但城墙高，又很坚固，不易攻克。我一旦攻城，敌必定从永新、莲花、吉安三面来援，而我力量较敌薄弱，无力打援，可能陷入被动。

后来彭德怀在回忆这场争论时说："争论的结果，他们是全体，我是完全孤立的一个人，就采取少数服从多数，决定了一次非常错误的行动，几乎全军覆灭。"①

不出彭德怀所料，红军向安福城进攻。在离城约 30 里的红福桥和敌军刚一接触，敌军便向城内撤退，红军尾追至城下，始发现该城有重兵坚守。为避免遭敌夹攻，彭德怀率部沿原路撤退，在行军途中遭三面援敌的伏击。幸黄云桥率一个大队，冒敌火力网拼死冲入敌阵，后继部队也随着呐喊向前扑去，将敌阵地打开缺口，杀出一条血路，突出敌围。

这次战役，红军伤亡 300 余人。纵队长贺国中、参谋长刘之志英勇牺牲，纵队长李灿和 9 名大队长负伤，给英雄的红五军造成难以弥补的损失。战斗结束，彭德怀坐在路旁石头上为牺牲的战友和士兵痛哭。

红五军在彭德怀的指挥下，在一年多的艰难战斗中，锻炼得日趋成熟，已成为一支在中国共产党领导下的新型的人民军队。它走过了曲折的道路，积累了以少胜多、以弱胜强的经验，为人民战争的理论和实践作出了贡献。

---

① 彭德怀:《第三次简历材料》1970 年。

第五章　转战湘鄂赣

第一节　袁、王事件

1929 年 8 月，彭德怀率领原红五军两个纵队，从湘赣边长途跋涉，回到阔别将近一年之久的湘鄂赣边根据地，同留在那里坚持游击战争的第二纵队会合。红五军主力上井冈山后，二纵队在黄公略率领下开展游击战争，活动在平江、浏阳、修水、铜鼓、武宁、万载一带的农村和县城附近，袭击挨户团和驻军，不断给敌人以打击，受到群众的爱戴，部队也壮大了。1929 年 4 月，成立湘赣边境支队，由黄公略任支队长，下辖 3 个纵队。

9 月 2 日，彭德怀出席中共湘鄂赣边特委扩大会议。会议决定打通井冈山、幕阜山、九宫山，将湘鄂赣、鄂南和湘赣苏区连成一片，建成巩固的根据地。为适应形势发展，决定重组红五军军部，将彭德怀率领的两个纵队（原红五军一、三纵队）和湘鄂赣边境支队（原红五军二纵队）扩编为 5 个纵队，彭德怀仍任军长兼军委会书记，黄公略任副军长，滕代远为党代表兼政治部主任，邓萍为参谋长。其后，红五军在长寿街召开军委扩大会，决定由孔荷宠率一纵队在湘鄂赣边境活动；李实行率二纵队在浏阳、万载、萍乡一带活动；吴溉之率三纵队在铜鼓、宜丰境内活动；郭炳生率四纵队在湘赣边活动。李灿率五纵队前往鄂东南阳新、大冶、通山、通城地区，开辟新的苏区。

红五军军委扩大会议后，各纵队分别在新划定的地区内开展工作，获得了重大胜利。在短短的三四个月内，红五军迅速发展到数千人，健全了各级党组织，军事、政治素质都有很大的提高；地方武装也有了显著发展，使湘鄂赣根据地逐步得到恢复、扩大和发展，湘鄂赣根据地、湘赣根据地和鄂东南根据地基本连成一片。1929 年 10 月，彭德怀在《红五军军委关于平江暴动前后情况和经验教训向湘委的报告》中总结了红五军游击战术原则。他指出，在革命形势离全国范围总暴动尚远的时候，“红军唯一良好战术，即是力避硬战，打破恃险死守，以避实就虚，专击小敌为上策”。“在敌进剿时，可乘间逃窜至敌人之背后，击其虚处，使敌顾此失彼，鞭长莫及。”“敌军如分散追击时，可作盘旋式的打圈子。”“敌军驻扎时，宜派小部队去扰乱他们，使敌人增加疲劳，揣测不定。”“敌军退走时，便可乘机尾追袭击之。”“总之，红军现时的游击战术，务须按照地形、敌情而采取适当的集中与分散来应付客观环境为妥善，不宜呆板采用何种方式。”中共湘鄂赣边特委书记王首道在年终向中央的报告中，谈到红五军的工作情况时说：“红军的战略是以游击战争为原则。根据客观环境的任务决定集兵或分兵的策略”，红五军以地形熟悉，善于潜伏而“出奇制胜”。

1930年2月，彭德怀率红五军一、三、四纵队进入泰和，进逼吉安，与从万安、吉水、峡江前来的红六军共同对吉安取包围形势。这时，红五军接连打了几个胜仗，缴获许多枪支弹药，装备得到补充，战士情绪日高，斗志旺盛。

正当红五军胜利发展的时候，发生了震动苏区的袁、王事件。

2月中旬的一个深夜，中共湘赣边特委书记朱昌偕和王怀突然来到红五军军部，说袁文才、王佐要叛变，在特委联席会议上，强迫会议改编地方武装，统归他们指挥，王佐讲话时手拿驳壳枪。看样子如果不通过他们提出的要求，出席会议的同志有被一网打尽的危险。情况万分紧急，务请五军即刻出动，挽救危机。

袁文才是江西宁冈县人，属客籍，早年投入农民起义队伍（后改编为宁冈县总保卫团）。1926年9月，袁率部参加国民革命，不久加入共产党。1927年10月，袁文才迎接毛泽东率领的秋收起义部队上山，1928年2月被任命为中国工农革命第一军第一师第二团团长。后任红军第四军第三十二团团长。1929年1月中旬跟随红四军下山，向赣南转战回井冈山后，任宁冈县委常委。王佐，江西遂川下庄人，也属客籍，家境贫寒，原系一支绿林的首领。与袁文才一起迎接工农革命军上山，先后任二团、三十二团副团长等职。

特委主张消灭袁、王由来已久。早在毛泽东率领工农革命军上井冈山伊始，党内对袁、王的看法就存在原则分歧。毛泽东坚持对袁、王采取争取、改造的方针，并取得了成功。1929年初，学习和贯彻中共第六次全国代表大会决议案时，有人又以《苏维埃政权组织问题决议案》第十条“对土匪的关系”的规定[①]为根据，再次提出处理袁、王意见。毛泽东进行抵制，制止了杀袁、王的要求。当毛泽东率红四军离开井冈山，向赣南进军后，湘赣边特委书记邓乾元等在袁、王问题上的“左”倾思想又有新发展，认为“袁、王对我们处处怀疑，与我们的关系日趋恶化，过去采取对土匪的缓冲政策现在已是不能再用了”。显而易见，当时特委领导已把袁、王当成了敌人。另外，湘赣边界各县，素有土、客籍的矛盾。1929年，这种土、客籍矛盾尖锐地反映到党内来。代表客籍的袁文才、王佐与代表土籍的朱昌偕、王怀、龙超清等矛盾愈演愈烈。中共湘赣边特委负责人朱昌偕等以袁文才招降茶陵靖卫团团长罗克绍为口实，指责袁文才、王佐与敌勾结。以整编地方武装准备攻打吉安为由，将袁、王部调进永新城内，准备动手。并以袁、王在联席会上的表现为借口，请红五军去干预。彭德怀开始怀疑，问：情况有这么严重！“去年五六月间，王佐率领特务营和五军共同行动打鄗县、桂东、

①《苏维埃政权组织问题决议案》第十条“对土匪的关系”中规定：“与土匪类似的团体联盟仅在武装起义前可以适用。武装起义后宜解除其武装，并严厉镇压他们。”“他们的首领应当作反革命的首领看待。”

城口、南雄等地表现还不坏，怎么变化得这么快呢？”

朱昌偕解释说：“这完全是袁文才挑拨起来的。他在红四军政治部看了‘六大’决议案关于土匪那一段原文，回到井冈山后对王佐说，我们怎样忠心，也不会被信任。”①

鉴于事态严重又紧急，彭德怀找红五军军委成员讨论后与特委商定，派刘宗义（即张纯清）率四纵队前往永新，稳住局面，待弄清情况后，再决定处置办法。四纵队接近永新县城浮桥时，被袁、王部察觉，王佐率部队从城内冲出，过浮桥被挤落水淹死。袁文才在住处被朱昌偕领人杀死。袁、王部队有几十人冲过浮桥，逃回井冈山，投了国民党靖卫团，经常下山骚扰；另一部分人逃散回家；余下的人少数参加了红军，编入红六军，多数加入自卫团，后改编为湘赣独立团，受特委直接领导。

一个不应该发生的悲剧发生了，袁文才、王佐死在自己同志的手里。这一事件给湘赣边革命造成一定损失。井冈山从此落入国民党之手，直到1950年人民解放军南下才获得解放。

后来，彭德怀在回忆这一历史事件时，承担责任说：“我们也有轻听轻信的责任。”②

第二节　红三军团成立

1930年春，国内统治阶级内部矛盾日趋激化，蒋介石和西北冯玉祥、山西阎锡山之间的大规模战争即将爆发。各派军阀无暇他顾，减轻了对革命根据地的压力。

彭德怀利用有利时机率红五军一、三、四纵队连克安福、分宜、袁州（今宜春），使永新、莲花、宁冈、泰和、遂川、安福全县和茶陵、酃县一部分苏区连成一片，湘赣边根据地进入全盛时期，红五军也发展成为一支几千人的强劲队伍。

不久，红五军一、三、四纵队经浏阳进至长寿街，与从浏阳一带开回的第二纵队和从鄂东瑞昌、阳新返回的第五纵队会合，5月6日向平江城发动进攻，第二次占领平江。

为避免与敌打硬仗，彭德怀决定一纵队暂留平、浏地区坚持游击战争，巩固和扩大根据地。自己率二、三、四纵队于5月8日下午撤出平江。以一部经南江桥向岳州（即岳阳）及湖北通城方向进发，给敌造成要夺岳州或通城的错觉。而主力则向东北开进，夺取修水。不久，又向湖北移动，在大冶、阳新边界处，出敌不备，击溃援敌郭汝栋旅主力，乘胜追击，一举占领黄石港。郭残部惊慌失措，在英、美、日军舰掩护下，渡到北岸，红军无炮，眼看着敌人逃掉了。

6月6日，红五军军委在大冶刘仁八召开扩大会议，听取出席5月在上海召

①《彭德怀自述》，人民出版社1981年版，第142页。

② 彭德怀：《第三次简历材料》1970年。

开的全国苏维埃区域代表大会和全国红军代表会议代表滕代远、何长工传达会议精神。这两次会议都有些“左”的错误，提出红军“无条件扩大”，规定其主要任务是“进攻交通要道、中心城市”。要红五军扩编为三军团，8 月 1 日前扩大到 5 万人，进攻武昌，以配合红一军和二军团夺取汉阳、汉口，一军团夺取南昌、九江。彭德怀认为会议布置的任务脱离实际，在会上直抒己见说：红五军不过七八千人，在一个多月之内怎能扩大到 5 万人呢？武昌城有敌军 5 个团据守，修了坚固的工事，江面上布有各帝国主义国家的军舰；岳州驻有钱大钧 12 个团，罗霖师驻在阳新。在这种情况下，进攻武昌，有全军覆灭的危险。他提出了一个妥协方案：首先消灭鄂东南各县反动武装，然后发动群众，建立政权，扩大红军，为攻打武昌做准备。会议通过了这个方案，决定成立红三军团前敌委员会，由彭德怀任前委书记。

扩大会议后，在大冶马底驿成立工农红军第三军团，下辖五、八两军，彭德怀任军团总指挥，滕代远任军团政治委员，邓萍任军团参谋长，袁国平任军团政治部主任。五军军长、政治委员、参谋长由彭德怀、滕代远、邓萍兼任。八军军长为李灿（后由何长工代理），政治委员为邓乾元，参谋长为卢匿才。6 月下旬，彭德怀率红三军团以风驰电掣般的速度，先后攻占了咸宁、蒲圻、鄂城、嘉鱼、通山、通城，歼灭了大量反动武装，扬言攻打武昌。蒋介石信以为真，把钱大钧两个师从岳州运往武昌加强防务。彭德怀获知岳州空虚，率红三军团乘胜挥师西进直逼岳州。7 月 4 日，一举攻占岳州城。在缴获的大批武器中，喜有四门七五野炮和几门山炮。从此，红三军团建立了自己的炮兵。

占领岳州后，英、美、日军舰欺红军无重火力，十分猖狂，向城内打炮。红军刚刚有了炮，却又不会放，气得咬牙切齿。不料总指挥彭德怀在湖南讲武堂学过炮科，打炮正是内行。他不顾左右的阻拦，冒着猛烈的炮火，直奔野炮，和一位朝鲜族干部武亭一起调整好炮位，当敌舰靠近，便连发数十炮，击中敌舰，迫使敌舰停止了炮轰。红军战士齐声欢呼，斗志大振，对总指挥倍加佩服。

第三节 两打长沙城

红三军团在军事上取得重大胜利后，人员剧增，装备充足，战斗力增强，士气高涨。乘湘系军阀何键与张桂联军正在湘桂边界混战，长沙城守备薄弱之际，红三军团前委决定出其不意，进攻长沙。

7 月 22 日，红三军团从岳州返回平江，在天岳书院门前召开大会，纪念平江起义两周年，誓师攻打长沙。为此在平江成立湘鄂赣工农兵革命暴动委员会，动员平江、浏阳、修水、铜鼓等县的游击队、赤卫队参加作战。各县苏维埃政府亦组织农民群众参战，不过两三天，担架队、运输队、慰问队等从四乡纷纷开来。战士也憋足了劲儿，准备打大仗。

长沙守军获知红军在平江待机，急电何键回省坐镇。何键赶回长沙调遣人马，命十五师师长危宿钟为指挥，率两个旅分两路向平江进攻，先发制人。彭德怀将红军布置成袋形阵地，待敌人来钻。不想敌人进到晋坑一带，忽按兵不前。彭德怀改变战术，以红八军攻正面，红五军为左翼，沿着通往长沙的大路直逼晋坑。7 月 25 日，红八军先头部队与敌打响后，主力迅速占领有利地形；红五军主力插入敌后，从左后包抄，切断其后路，将敌逼在一条狭窄地带内，两军合力从前后两面向敌发动猛烈攻击，歼敌一个整团，余部向金井奔窜。26 日，红军经反复冲杀，突破敌防线，夺占了长沙门户金井。

红三军团攻占金井，何键惊慌失措，急调四个营，沿浏阳河构筑工事，分段固守阻止红军前进。又星夜从湘桂激战前线撤兵，驰援长沙。为稳住局面，何键出示布告曰："市民住户不要惊慌，本人决与长沙共存亡。"

27 日拂晓，红三军团从金井、春华山一带向长沙开进。红五军强渡榔梨河，在七里巷与刚刚从衡阳调回的刘建绪部展开激战。敌人正面火力很强，彭德怀命红八军一部跑步至杉木巷，从左后侧向敌包抄，掩护红五军正面冲锋。在两面夹击下，敌军守不住阵地，纷纷向长沙城内逃窜。红军紧追不舍，经马王堆，小吴门、浏阳门，于当日晚 9 时攻占湖南省会长沙城。

这时，那个信誓旦旦，"决与长沙共存亡"的何键却只身潜渡到湘江西岸，逃了一命。40 年后，彭德怀回忆此事，写道："没有活捉这贼，此恨犹存。"①

红三军团进入长沙，纪律严明，秋毫无犯。红军还注意到对外交人员、传教士、侨民的宣传工作，指派年轻的红八军代军长何长工在长沙圣经学校召集驻长沙各国领事、各主教开会，用法语宣布共产党和红军的政策：只要他们遵守法令，红军保护其生命财产。此举轰动中外，西班牙驻长沙领事馆报道："红军根本不是无组织的散匪，而是有文化、有教养、有礼貌的正规军队。"②

红军进城后，反动分子在城内打枪、纵火、割电话线，进行破坏。彭德怀即从易家湾前线返回长沙，组织清查户口，处决了一批反革命分子，释放了被关押在狱中的数千名政治犯和革命群众，没收了帝国主义和地主豪绅的财产。城内秩序趋于稳定，彭德怀说："对反革命不镇压也是不行的。"③

7 月 29 日，红三军团前敌委员会颁发《告群众书》，阐明革命形势，提出革命主张和任务。红三军团政治部创办了《红军日报》，向长沙市民宣传党的方针政策，刊登《共产党十大政纲》《土地政纲》《告劳苦青年书》《暂行劳动法》和国内外要闻等。

7 月 30 日，湖南省苏维埃政府成立，推举李立三为主席（未到职），由王一芬（即王首道）代理，彭德怀等 13 人为委员。苏维埃政府成立后，宣布了土地法、暂行劳动法和多项施政纲领，成立肃反总司令部，组织没收委员会，恢复和

---

①《彭德怀自述》，人民出版社 1981 年版，第 154 页。

②《访问何长工同志记录》1982 年 6 月。

③ 彭德怀：《第三次简历材料》1970 年。

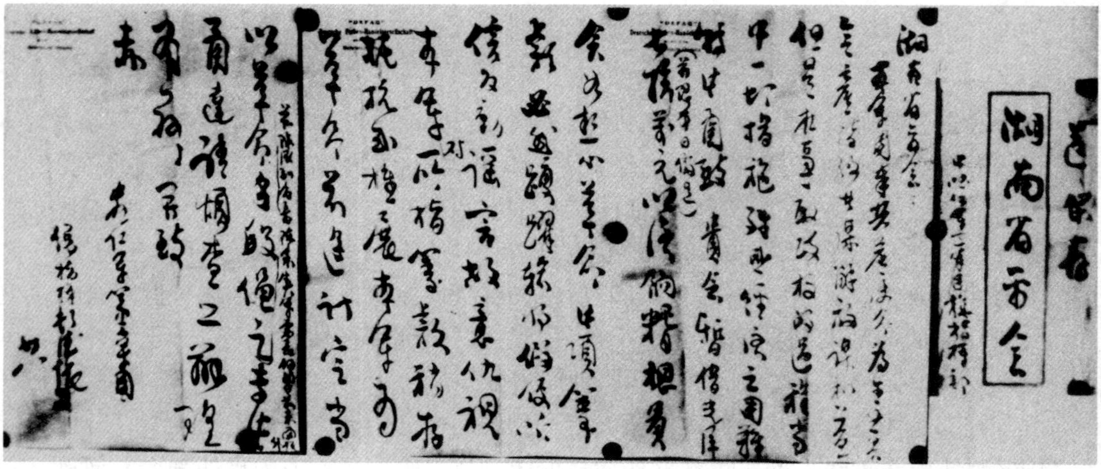

1930 年 7 月 28 日，红三军团总指挥彭德怀为筹措经费给湖南省商会的信

发展各行业工会等。扩大红军七八千人。

红三军团攻克长沙，震惊中外，国民党当局尤为慌乱。武汉行营主任何应钦一面调兵加强武汉守备，一面派军队增援何键。8 月 4 日，在帝国主义军舰炮火掩护下，敌军十几个团渡过湘江，从南北两个方向夹攻长沙。激战一日，红三军团与敌众寡悬殊，又无后援，彭德怀遂决定撤离长沙。5 日晚，红三军团各部和 10 万工农群众放弃长沙向浏阳方向撤去。

这次战役，红军在转战中趁敌兵力薄弱之机，挟连战连捷之威，以迅雷不及掩耳之势，一举攻占长沙，创造了红军史上以少胜多，以弱胜强的光辉战例，是第二次国内革命战争时期红军攻下省会的唯一战例。攻占长沙给敌人以沉重打击，何键从长沙狼狈逃走后，给谭延闿致电说："长沙被陷，本人暂退湘西待罪。"① 平日威风凛凛的洋大人则"避入舰内"，不敢露头。攻占长沙鼓舞了红军的士气，扩大了中国共产党的政治影响。毛泽东认为，第一次打长沙"效果也是可以认为是有益处，因为这对全国革命运动所产生的反响是非常大的"②。

彭德怀对打长沙作了恰当的评价，他说：打长沙取得的"胜利在当时是很大的，否认这些胜利是不符合事实的"，"但这些胜利并不能掩盖立三路线的错误，也挽救不了立三路线的失败"③。

红三军团从长沙撤出后，进至长寿街休整。不久，得知红一军团从江西进军浏阳，歼灭何键 1 个旅。8 月 23 日，彭德怀率红三军团于永和市与红一军团会师。翌日，红一、红三军团党的前敌委员举行联席会议，通过红一军团、红三军团合编为工农红军第一方面军，彪炳中国革命史册的中国工农红军第一方面军宣告成立。同时成立中共红一方面军总前敌委员会和中国工农革命委员会。朱德为方面军总司令，毛泽东为方面军总政委、总前委书记和中国工农革命委员会主席，彭德怀为方面军副总司令，滕代远为副总政委。方面军下辖一、三军团共 3

① 《东方杂志》1930 年 9 月。
② ［美］埃德加·斯诺：《西行漫记》，生活·读书·新知三联书店 1979 年版，第 151 页。
③ 彭德怀：《第三次简历材料》1970 年。

万余人。红一方面军在毛泽东和朱德的统一指挥下，成为第二次国内革命战争时期一支强大的武装力量。自此，湘鄂赣闽苏区的武装斗争逐步由以游击战争为主发展成为以运动战为主，这对创立中央苏区具有重要意义。在这次会议上，彭德怀提议由原一军团领导人为新建立的红一方面军的主要负责人，表明了他对毛泽东和朱德的衷心敬佩。

永和市会议根据中共中央的战略意图决定再打长沙。8 月 24 日，朱德、毛泽东下达了向长沙推进的命令。红三军团任中路，后改左路，在彭德怀、滕代远率领下沿浏阳普迹市、伯仙桥之线向龙头铺攻击前进。

9 月 1 日，红一方面军发布《向长沙总进攻的命令》，彭德怀、滕代远遵照命令，指挥红三军团向杨家山、五里排、胡迹渡一带猛烈进攻，并以持大刀、长矛的敢死队乘夜连续冲锋。但自红三军团一度打下长沙后，何键即在长沙外围赶修了强固工事，做了严密布置。红军经过近三天的激烈战斗，仅突破了第一、第二道工事，未能突破敌阵地，形成胶着状态。敌军乘机从猴子石出击，被红军一举击溃。狡猾的敌人吃亏之后，坚守长沙城，不再越雷池一步。

9 月 10 日，红一方面军发布《强攻长沙的命令》，红三军团任右翼，彭德怀指挥部队冒大雨向二合牌、杨家山一带敌军阵地发起猛攻。红军缺乏重武器，彭德怀命人征集数百头牛，在牛尾系上煤油把，将火点燃驱牛冲击敌人的工事，开始牛被火烧得狂奔，但碰到电网即受惊回窜，反而冲击了红军的阵地，造成伤亡。红军丧失了突然进攻的机会，变成正规的阵地战，以致久攻不下，一、三军团均遭受较大损失。红一方面军总前委当机立断，因势利导，于 9 月 12 日下令撤围。第二次打长沙遂告结束。

彭德怀并不同意第二次打长沙，因为敌人已坚固设防；而从红三军团本身来说，迫切需要整训。从 1929 年 11 月起至 1930 年 8 月，部队扩大了 8 倍，从 5 月以后一直没有得到休整。但他还是积极执行红一方面军的命令，指挥三军团冲锋陷阵，与敌激战。

第六章　保卫中央革命根据地

第一节　力排众议渡赣江

1930 年 9 月下旬，中共扩大的六届三中全会在上海举行，纠正了对中国革命形势的极左估计，停止组织全国总起义和集中全国红军进攻中心城市的冒险行动。

但由于交通不便，六届三中全会精神和决议未能及时传达到红一方面军。

就在这时，中共中央长江局军事部负责人周以栗来到红一方面军司令部，带着中共中央 9 月会议前关于攻占长沙的指示，仍要红一方面军再夺长沙，占领南昌、九江，为会攻武汉创造条件。中央这一指示在一方面军中引起了争论。9 月 28 日，一方面军总前委于袁州开会，毛泽东认为，军阀混战即要停止，蒋介石必定会集中兵力向红军发动进攻，主张按总前委原议打吉安，扩大农村根据地。但少数干部力主进攻南昌。经毛泽东说服，会议决定仍先打吉安。就连为传达中央打长沙、南昌指示而来的代表周以栗也接受了毛泽东的主张。但有的人不过是同意先攻下吉安，然后再说。因而在红军的行动方向问题上，并未能真正取得统一认识。

彭德怀同意毛泽东的主张。

红军占领了吉安，又连克新余、峡江、吉水等城，使赣西南革命根据地连成一片，形势很好。这时，少数干部又急于北进打南昌、九江，于是，是否按中共中央攻打南昌、九江的指示行动，又成了亟待解决的问题。10 月 17 日，一方面军总前委在峡江开会仍未取得一致认识。

这时，蒋介石与国民党第二集团军总司令冯玉祥、山西军阀阎锡山为争夺中国统治权而进行的中原大战，以蒋介石占领郑州，冯玉祥、阎锡山失败宣告结束。蒋介石随即调大军入赣，向江西苏区扑来。在形势急剧变化下，红一方面军总前委和江西省行动委员会于 10 月下旬在罗坊召开联席会议（罗坊会议）。红三军团彭德怀、滕代远、袁国平出席了会议。

会议正在讨论如何对付敌人进攻的方针时，入赣敌人逼近分宜、临江一线，摆开了向红军进攻的阵势。毛泽东根据敌情主张实行战略转变，将红军主力向根据地转移集结，引诱敌人到根据地来，“待其疲惫而歼灭之”。据此，提出红军东渡赣江的作战计划。但红三军团的干部多不同意，他们反对过赣江，主张把战场摆在峡江一带，红一军团在赣江以东，红三军团在赣江以西，“夹江而阵”，分兵击敌。两种意见相持不下，争论得十分激烈。

从长沙撤出后，彭德怀深感打大城市的做法行不通，因而在会议上支持毛泽东的立场。因为持反对意见的多系三军团的干部，当时，彭德怀这一票就非常重要。正如他自己所说："我这一票在当时是起相当作用的一票，站在哪一边，哪一边就占优势。"[①] 最后，会议通过了毛泽东的作战计划。

彭德怀和滕代远回到三军团，立即召开干部会议，贯彻方面军总前委作战方针，准备过赣江。会上部分干部仍不肯东渡，力主一、三军团夹江而阵，认为这样既可集中消灭敌人，又可分兵湘赣、湘鄂赣、湘东南进行游击战争。甚至提出一、三军团分家的意见。红三军团的干部为什么在渡江问题上反应如此强烈？彭德怀认为其原因在于红三军团的五军、八军多数是平（江）、浏（阳）、阳（新）、大（冶）的农民，有地方观念，不愿远离家乡渡江作战；他们还担心过江后，把在湘赣两江之间建立起来的根据地丢掉。针对这些思想，彭德怀向指战员耐心说明，三军团过江后，湘赣、湘鄂赣仍有武装部队坚持斗争，根据地不但不会丢掉，还会得到发展和巩固。大家听到三军团过江后各地仍有红军坚持斗争，情绪就稳定下来了。

几天后，周以栗来红三军团司令部开干部会，进一步动员渡江。会议开了整整一天。彭德怀带领一部分人外出筹备船只，回来会议还没有结束。彭德怀进屋，只听好"放炮"的杜中美慷慨激昂地说："为什么两个军团不能夹江而阵，非要过江？我们有意见，就说是地方主义。"他一说，会议气氛又立刻紧张起来。彭德怀向前一站，果断地说：现在最要紧的是消灭进攻之敌，谁有意见，待过江后再讨论。我彭德怀是一定过江的，前委的决定是正确的，红军要打遍全中国，让全国工农弟兄都过好日子，不要只恋着自己家乡那块苏区。

杜中美等人见军团长态度如此坚定不移，便放弃了夹江而阵的主张，从而避免了红军的分裂。

1936 年，毛泽东在延安同美国作家埃德加·斯诺谈到红军的历史时说：彭德怀对三军团一部分人赞成执行李立三路线，要求三军团从红军分离出来的倾向"进行了坚决的斗争，维护了在他的指挥下的部队的团结和他们对上级指挥部的忠诚"。

1965 年 9 月毛泽东约见彭德怀时，又谈到这个问题，说："在立三路线时，三军团的干部反对过赣江，你说要过赣江，一言为定即过了赣江。"彭德怀这次的"一言为定"，对红军粉碎蒋介石对中央苏区的第一次"围剿"有重要意义。

彭德怀率红三军团渡过赣江，驻在东固东山坝。这时，中央苏区正在开展"肃清""AB 团"[②] 的斗争，许多干部被诬为"AB 团"要犯，红二十军一七四团政委刘敌亦被诬控。他与红二十军独立营密商后，率部冲至富田，包围了省行动委

①《彭德怀自述》，人民出版社 1981 年版，第 161 页。

② "AB 团"是 1926 年冬北伐攻克南昌后，蒋介石指使陈果夫授意段锡明、程天放等人在南昌成立的反革命组织。"AB"是英文 Anti-Bolshevik（反布尔什维克）的缩写。其目的是为了反对共产党、夺取江西省领导权。1927 年 4 月 2 日，共产党领导南昌的群众给予严重打击，该反革命组织即行解体。

员会，缴了警卫连的枪支，释放了大批被错捕的干部，成为震动全苏区的“富田事变”。

“富田事变”后的一天，红三军团前委秘书长周高潮突然收到一个不知姓名的年轻人交给彭德怀的一份材料，其中有毛泽东给古柏的信，信中要古柏在审讯“AB 团”时进行逼供，把彭德怀打成“AB 团”。另附《告同志和民众书》，上写着：“党内大难已经到了，毛泽东叛变投敌了”，要“打倒毛泽东，拥护朱（德）、彭（德怀）、黄（公略）”。

事情如此严重，信不信呢？彭德怀看过材料，回想一年多来对毛泽东的印象，如率秋收起义军上井冈山创建革命根据地的胆识，传达“六大”决议时的认真严肃的态度，对行军中错杀群众者的坚决处理，对红五军守井冈山问题上的自我批评，等等，这一切都说明毛泽东是一个可信赖的同志，决不会背地里搞阴谋，置战友于死地。

彭德怀觉得这封信大有文章，仔细看来信的笔迹，虽然酷似毛体，但落款处的日期是阿拉伯字，而毛泽东一贯是署中文数字的。他又想，信系给古柏的，为何又送到这里？足以说明来信是伪造的，其目的显然是要挑拨一、三军团关系，分裂红军。在国民党军队猖狂向革命根据地进行“围剿”之际，不能对此掉以轻心。在与滕代远、袁国平等商议后，彭德怀写了一篇《红三军团宣言》，声明说：“打倒毛泽东，拥护朱、彭、黄”的口号，是敌人分裂红军的阴谋。一、三军团要团结一致，拥护毛泽东，拥护总前委的领导。宣言草就，立派一个班将宣言连同伪造信一并送到黄陂红一方面军总前委呈毛泽东。毛泽东看过，“增加了对彭德怀的信任”。[①]

接着，彭德怀主持召开红三军团前委紧急扩大会议，公布了伪造信事件，要大家提高警惕。他说：蒋介石调重兵来进攻红军，总前委决定“诱敌深入”，依靠群众和有利地形，战胜敌人的方针是正确的，我完全拥护。彭德怀的坚定立场使红三军团干部坚定了拥护毛泽东的信念，维护了一、三军团的团结。

伪造信件妥善处理后，彭德怀亲自到总前委邀请毛泽东参加红三军团干部会，毛泽东欣然应邀到会。红三军团的干部第一次见到毛政委，又聆听了他的讲话，留下深刻印象。

在保卫局的督促下，红三军团各师也打了不少“AB 团”分子。三师政委黄克诚因为抵制肃反委员会到师里乱抓人，被怀疑是“AB 团”，给抓了起来。战友们为黄克诚捏了一把汗，却又人人自危，束手无策。彭德怀十分痛心，挺身而出，要肃反委员会拿出黄克诚是“AB 团”的证据来。肃反委员会拿不出证据，只好给黄克诚扣了一顶右倾机会主义分子的帽子，免于杀头。为避免黄克诚再次被抓，彭德怀把黄克诚留在军团部工作。这便是以后说彭德怀对黄克诚有救命之恩的由来。

---

① 黄克诚：《丹心昭日月，刚正垂千秋》，载《横刀立马大将军》，人民出版社 1979 年版，第 4 页。

第二节　三次反“围剿”

蒋介石在中原大战中击败冯玉祥、阎锡山两个对手，十分得意。这时，他的心腹之患，就是共产党领导的红军和革命根据地。为给反共战争造声势，国民党策动湘鄂赣等省一批豪绅地主到南京国民党中央总部请愿，要求派兵“剿匪”。

1930 年 12 月上旬，蒋介石到南昌召开“剿匪”会议，决定在南昌设立“陆海空军总司令行营”，任命从湖南调任为江西省主席兼第九路军总指挥的鲁涤平为南昌行营主任，第九路军十八师师长张辉瓒为前线总指挥；调集 10 万兵力，以“分进合击”的战术，由北而南，向中央革命根据地发动第一次“围剿”，形成从吉安、泰和、赣州以东，永丰、南丰以南的一个大弧形包围圈，打算在东固地区歼灭红军。

这时，中央革命根据地红一方面军一、三两个军团共 5 个军，约 4 万余人，根据毛泽东和朱德的部署，向中央革命根据地中心黄陂、小布、洛口一线集结。准备从中间突破，首先攻打“围剿”主力十八师或五十师，然后各个击破。

12 月 29 日，张辉瓒将十八师主力五十二旅、五十三旅和师部开进永丰县龙冈红一方面军的包围圈中。

12 月 30 日上午，红一方面军发起进攻，歼敌军一个师部和两个旅，活捉十八师师长张辉瓒，俘敌 9000 余人。

在龙冈战斗中，彭德怀奉命率红三军团包围龙冈山之上下固，牵制朱耀华部断敌后路。

1931 年 1 月 3 日，红三军团和红一军团十二军追击向东韶逃跑之敌军谭道源五十师，歼灭其一部，打了第二个胜仗。其余各路敌军见势不妙，纷纷撤回。

鲁涤平“围剿”苏区失败，蒋介石大为恼怒，春节刚过，就调兵遣将。3 月，集 18 个师又 3 个旅共 20 万兵力，以何应钦为总司令，采取“稳扎稳打，步步为营”的作战方针，分兵四路，布置成西自赣江，东至闽西建宁一条 700 里长的链形阵地，向中央革命根据地推进，企图将红军围歼于赣南。

在蒋介石向中央革命根据地发动第二次“围剿”前，中共苏区中央局于 3 月 18 日召开第一次扩大会议，彭德怀被增选为苏区中央局委员。不久，苏区中央局又连续召开三次会议，讨论退敌方案。毛泽东仍主张诱敌深入，采取由西向东，先打弱敌，然后各个击破的作战方针。有人提出分兵退敌、先打强敌的方针，经反复讨论，通过了毛泽东的意见。

彭德怀对毛泽东提出的作战方针深为信服。这时，红三军团取消军的建制，直辖一、三、四、六 4 个师。从 5 月 16 日至 5 月 19 日，一、三军团配合作战，全歼敌军四十七师 1 个旅、二十八师大部和四十三师 1 部，缴获大批枪支弹药，取得中洞、白沙两战胜利。

红军继续向东横扫。5 月 21 日，在山高路窄，荆棘丛生的中村东北端与敌二十七师遭遇。红三军团在一军团配合下首先向敌军发动猛攻，多次冲锋，歼灭该师一个整旅，取得了第二次反“围剿”第三次大捷。

5月31日，在红一军团攻克广昌后，彭德怀指挥红三军团出敌不意从建宁城背后，向城内守敌发动猛攻，以一个师从建宁河下游迂回至建宁城前面，前后包抄城内守敌，激战数小时，全歼守军五十六师3个团。取得了第二次反“围剿”最后一战的胜利。

红一方面军自5月16日至5月31日16天中打垮了敌军的三路进攻，从西到东横扫700里，五战皆捷，消灭国民党军队3万多人，缴枪2万余支，胜利地结束了第二次反“围剿”战役。

在中洞、白沙、中村、建宁4次战斗中，彭德怀根据毛泽东的作战方针，以卓越的军事指挥才能和勇敢战斗精神，率领红三军团取得了辉煌的战绩。

蒋介石在用重兵“进剿”苏区之际，也不忘他的另一手——策反。蒋委任黄公略的叔父黄汉湘为江西宣抚使，进驻南昌。黄汉湘受宠若惊，刚到南昌，即派其侄黄梅庄携带蒋介石和他本人写给黄公略的亲笔信，来到红军驻地黎川。黄梅庄是黄公略的同父异母兄，到黎川就亮明身份，声称有事要见黄公略。警卫把他送到红三军团司令部。彭德怀和黄公略早在湘军即情同手足，知道黄公略的母亲系侧室，颇受黄梅庄及其母的虐待，黄梅庄此来实在蹊跷。为探知其意，彭德怀对黄梅庄加意款待。席间套出黄的口风，原来是替蒋介石来招降的，还拿出了委任状。彭德怀得到黄梅庄策反的罪证，马上与滕代远、邓萍、袁国平等人商量，将情况报告红一方面军总前委毛泽东并通知黄公略；同时打电话给黄克诚，处决黄梅庄，把头交其随从送给蒋介石，让他死了策反的心。黄公略来信完全同意彭德怀的处理。这样，黄汉湘当了几天的宣抚使，就又被蒋介石撤了职。

蒋介石发动第二次“围剿”失败后，相隔一个月，又筹划进行第三次“围剿”。蒋介石把前两次“围剿”的失败原因，归咎于非嫡系部队作战不力，将士不肯卖命。遂于6月21日带着外国军事顾问，亲自出马，赴赣部署“围剿”。这一次，蒋介石自任“围剿”军总司令，以何应钦为前敌总司令兼左翼集团军总司令，陈铭枢为右翼集团军总司令。采取“长驱直入，分进合击”的作战方针。“围剿”的主力是蒋介石的嫡系陈诚等部10万人，加上调入江西的非嫡系部队，共约30万人。7月初，由南昌、南丰、吉安齐头并进，向中央革命根据地扑来，企图压迫红军于赣江一带而消灭之。

红一方面军一、三军团在第二次反“围剿”后，未得休整补充，只有3万余人。为打破敌人的“围剿”，红一方面军总前委决定仍采取“诱敌深入，避敌主力，打其虚弱”的作战方针。一、三军团奉命紧急回师中央革命根据地待机歼敌。7月中旬，彭德怀率红三军团随红一方面军各部由闽赣边绕道千里，经瑞金回师兴国，于高兴圩地区集结，完成战略退却的任务，同时与从广西前来中央革命根据地的红七军会合。红七军先归红三军团指挥，参加反“围剿”作战，后正式编入红三军团建制。

红一方面军为隐蔽行动意图，造成敌人错觉，以一部伪装主力向赣江方面佯动。8 月 5 日，彭德怀奉命率红三军团从兴国高兴圩乘夜通过蒋鼎文与蒋光鼐、蔡廷锴等军之间 40 里空隙地带，跳出第一道包围圈转至莲塘，与敌军上官云相四十七师前哨部队接触，随即开始了第三次反“围剿”的第一仗。在兄弟部队的配合下，经过数小时激战，红三军团取得第三次反“围剿”的初战胜利。

此役，红三军团第一师师长李实行身负重伤牺牲，由侯中英接任师长。

国民党郝梦麟五十四师得知上官败逃，慌忙退守距莲塘 30 里之良村。红军不怕疲劳连续作战，当日又挥戈进攻。彭德怀指挥红三军团从湖坝凹配合一军团攻占良村工事，将郝师包围，经过激战，歼其一部，取得了第三次反“围剿”的第二战胜利。一日之内，红三军团打了两个胜仗，俘敌 3500 多人，创造了红军战史上连续作战歼灭敌人的战例。

毛炳文师获知上官云相和郝梦麟师被重创，忙将其第八师集结于黄陂，企图截击红军。8 月 11 日，彭德怀指挥红三军团分两路迂回包抄敌人，断其后路。当日，配合一军团突破敌人阵地，歼灭该师四个团，取得第三次反“围剿”第三战大捷。

中央苏区反“围剿”中的红军战士

蒋介石在南昌得知他的军队在莲塘、良村、黄陂连连失利，便将其向西、向南的主力转旗向东，采取密集的大包围态势接近红军，企图寻歼红军主力于宁都以北地区。这是第一次反“围剿”以来红军遇到的最严重、最艰苦的形势。毛泽东、朱德为此召集了红一方面军的紧急军事会议，决定以罗炳辉率十二军向东佯动，一路扬旗鸣号，丢掉什物文件，诱敌向东，敌军主力果然被吸引过去，尾追罗炳辉部不放。这时，彭德怀率红三军团同红一军团主力偃旗息鼓，衔枚疾走，在人民群众的帮助下，从蒋光鼐、蔡廷锴、韩德勤部和陈诚、罗卓英部之间的一个 20 里间隙大山中偷越过去，返回兴国枫边地区，集中隐蔽休整，待机歼敌。及至敌军发觉红军主力不在黄陂方面，再转向西进时，红军已整休了半个月。而敌军在中央革命根据地来往奔波两个月，即使未遭到歼灭性打击的部队，也都吃尽了苦头，被拖得疲惫不堪，“肥的拖瘦，瘦的拖死”，士气急剧下降，无力再战。这时粤、桂军阀乘机进攻湖南，蒋介石侧面受威胁，不得不于 9 月初下令进攻中央革命根据地的军队由兴国等地向北撤退。

9 月 7 日晚，彭德怀奉命率两个师在距兴国城约 30 里之高兴圩截击十九路军蔡廷锴第六十师和第六十一师。战斗十分激烈，因敌军众多，装备精良，未能得手。当日下午，在红一军团协助下，彭德怀亲赴前线指挥，再次发起进攻。只见他驱策战马，挥舞战刀，身先士卒，直冲敌军。顷刻间，红军指战员士气大振，争先恐后冲入敌阵，给敌以重大杀伤。但因红军兵力不集中，地形不利，加之敌人火力强，形成对峙，为争取主动，将主力撤出战斗。

9 月 12 日，蒋鼎文、韩德勤部从高兴圩退回兴国，企图从崇贤方石岭经东固向吉安逃跑，红三军团紧紧尾随追击。彭德怀和邓萍一路小跑亲往前线指挥。警卫员在前边挥小旗开路。有一个战士大概是太疲累了，就是坐着不动。彭德怀急了，大骂一声：“× × 养的，起来！”战士站起来，朝着彭德怀就是两拳，彭德怀愕然。因战情紧急，也顾不上多说，便匆匆赶路了。

一会儿，传令排长捆着一个战士追了上来，对彭德怀说：“就是他，刚才打了军团长，请军团长发落。”

“谁叫你捆来的？小事情，快放回去！”

吓得发抖的战士含着眼泪给军团长深深施上一礼，转身跟上部队。

9 月 15 日，红三军团在东固南 15 里之方石岭与敌军打响，经过几个小时的战斗，全歼了韩德勤五十二师和蒋鼎文九师的 1 个炮团又 1 个步兵营，俘敌 5000 余人。五十二师师长韩德勤也被俘，红军未查出其身份，韩德勤混在其他俘虏中一起领了路费获释了。至此，蒋介石对中央革命根据地的第三次“围剿”又以失败告终。

第三次反“围剿”胜利后，赣南、闽西两个革命根据地连成一片，中央革命根据地版图扩大，拥有 21 座县城，面积达 5 万平方公里，居民 250 万人，红军也有了较大的发展。

不久，发生了“九一八”事变，全国人民一致要求停止内战，共同反对日本帝国主义对东北三省的侵略。同时，军阀内部矛盾日趋尖锐，蒋介石不得不暂时停止对中央革命根据地和红军的“围剿”。

1931 年 11 月 7 日，中华苏维埃第一次全国代表大会在瑞金叶坪召开，成立中华苏维埃共和国临时中央政府。同年 11 月 25 日，中华苏维埃共和国中央革命军事委员会（以下简称中革军委）成立。朱德为主席，王稼祥、彭德怀为副主席。此前，中共中央派项英带领一部分人进入中央革命根据地，组成中共苏区中央局，周恩来、项英、毛泽东、朱德等人为委员，周恩来任书记。周恩来因工作一时离不开上海，暂由项英代理书记。

第三节　失利赣州

1931 年 1 月，中共中央在上海召开六届四中全会，以王明为代表的“左”倾教条主义在中共中央领导机关占据了长达 4 年之久的统治地位，使党内“左”倾思想得到恢复和发展。

在红一方面军粉碎了蒋介石对中央革命根据地的第三次“围剿”后，以博古为首的中共临时中央对形势作了完全错误的估计，夸大国民党统治的危机和革命力量的优势，加紧推行军事冒险行动，1932 年 1 月发布了《中央关于争取革命在一省与数省首先胜利的决议》，再次提出要集中红军主力夺取中心城市，争取湘鄂赣各省的首先胜利，指示红一方面军“首取赣州”。中革军委根据中共临时中央和苏区中央局的指示，于 1 月 10 日下达攻打赣州的军事训令，以红三军团、红一军团第四军组成主作战军，担任攻城打援任务；红一军团十二军和红五军团①为机动部队；以江西军区、闽西军区的六个独立师为支作战军，游击配合主作战军的行动。以彭德怀为主作战军前敌总指挥，陈毅为支作战军总指挥。

赣州位于赣江上游章、贡两江汇合之处，是个易守难攻之城，素有“铁赣州”之称。守军是金汉鼎第十二师马崑三十四旅 3000 余人，还有赣南各县地主反动武装 5000 余人，共 8000 余兵力。在红军围赣州后，守军撤兵进城，修筑工事，附城背水，准备固守待援。

1932 年彭德怀在江西

彭德怀考虑到赣州三面环水，水势很大，攻城难以奏效，决定以坑道爆破攻占赣城。自 2 月上旬至下旬，以红三军团为主的主作战军连续三次进行爆城，均未成功。

在红军一再攻击下，赣州守敌士气低落，马崑忧心忡忡，一面电上司求援，一面凭借孤城顽抗，蒋介石急命陈诚派兵增援。广东军阀也对赣州守军采援助态势。

3 月 4 日拂晓，红军第 4 次爆城。将东门炸塌，红军指战员在浓烟中攻入城内。马崑军在城内已用沙袋构筑了新工事，以强大火力网进行阻击。红军发

① 1931 年 12 月 24 日，国民党二十六路军 1.7 万余人在赵博生、董振堂等率领下于江西宁都举行起义，加入红军，编为中国工农红军第五军团。

动多次冲锋，伤亡很大，仍无进展，便从城内撤出，对赣州继续围困。援赣敌军乘红军攻城未遂之机偷渡进城，增强了守敌力量。而红军方面，负责全面指挥的中革军委对敌军实力估计不足，把注意力仍然放在攻击方面，忽视了巩固和加强自己的阵地。3月7日，城内敌军趁红军连续作战未得休整之机，在城墙下挖掘坑道，向城外偷袭，发动反攻。红军已鏖战数日，过度疲劳，又处不利地势，被敌人冲破阵地。红一师在突围中，伤亡过半，红一师师长侯中英被俘（后被杀）；其余攻城部队在红五军团的掩护下撤出战斗。

赣州战役历时30多天，红军指战员进行了英勇顽强的战斗，不仅攻城未克，反遭重大伤亡，且丧失了扩大根据地和发展红军的有利时机，给红军以后的作战带来了困难。这次战役的失利，主要是错误的战略方针导致的。彭德怀在《自述》中对赣州战役的经验教训作了深刻的阐述："正处在'一·二八事变'的形势下，应当高举抗日民族革命战争的旗帜"，"红一方面军主力应当开向闽浙赣边区，以援助上海抗战，组织抗日力量，开展政治攻势，揭露蒋介石一切卖国阴谋"。"我在当时没有这种认识，……只想打开赣州，解放赣南，联系湘赣边区，巩固后方，保证瑞金（中央所在地）安全，然后再行北进。这样片面的想法，显然是脱离了当时客观政治形势的。"

3月中旬，彭德怀在赣县江口圩参加苏区中央局扩大会议。会议在关于红军行动方向问题上发生了分歧。毛泽东提出红军主力应向敌人统治比较薄弱、党和群众基础及地形条件有利的赣东北方面发展，在赣江以东、闽浙沿海以西、长江以南、五岭山脉以北的广大地区开展工作。中央局的多数委员坚持红军主力夹赣江而下，夺取赣江流域的中心城市，以红一、五军团组成中路军（后改为东路军），以红三军团、红十六军组成西路军，积极向外发展，分途作战。双方意见相持不下，争论激烈，彭德怀支持了中央局多数的意见。

江口会议后，东西两路军分兵作战两个多月，东路军取得漳州战役胜利，西路军到河西上犹、崇义湘赣边活动。两路军会合后，恢复红一方面军番号，继而连续进行了南雄水口战役，乐安、宜黄战役，建（宁）黎（川）泰（宁）战役，金（溪）资（溪）战役，开辟了几个县的新苏区，使中央革命根据地与红军得到发展。但预期夺取中心城市，实现一省数省首先胜利，和以进攻战略打破敌军"围剿"的设想，都没有达到目的，反而消耗和疲惫了自己，失去了进一步巩固、发展红军和苏区根据地的有利时机。实践证明毛泽东的意见是正确的，彭德怀以后坦荡承认了自己的错误。

9月，红三军团回师宁都，在归途中发生了郭炳生事件。郭是彭德怀在湘军当兵时的老班长、救贫会员郭得云之子。郭得云病逝后，其子郭炳生由彭德怀照顾长大，参加了平江起义，从战士逐步晋升为红二师师长。郭炳生受敌人诱惑，受不了红军战斗生活的艰苦，趁部队开拔之机，拉走1个团和师特务连去投国民党。二师政委彭雪枫闻讯赶去追回了1个团。郭炳生带特务连跑掉。以后，郭又被国民党杀掉。

郭炳生的叛逃使彭德怀非常震惊，也十分痛心。

15 年后，彭德怀的侄儿彭启超参军到延安，第一次和伯伯见面，彭德怀就告诫侄儿要永远忠于革命，“如果有二心，我就亲手毙了你！”“如果我反对革命，你也可以毙了我！”乍听此言，似觉过分，实际就是郭炳生叛变在他心头留下的隐痛引起的。

第四节 痛惜猛将断臂

蒋介石结束对鄂豫皖和湘鄂西根据地的“围剿”后，于 1933 年 1 月，调遣 30 多个师的兵力，分左、中、右三路，向中央革命根据地发动第四次大规模“围剿”。何应钦任总司令，陈诚任中路军总指挥。中路是“围剿”主力，约 16 万兵力，组成 3 个纵队“分进合击”，企图在黎川、建宁地区一举歼灭红军主力，摧毁中央革命根据地。

这时，毛泽东因受“左”倾错误领导的排挤，离开了红军。中共临时中央在上海站不住脚，迁入中央革命根据地，不仅在政治上全面推行“左”倾路线，而且强令红军执行“左”的军事方针。

2 月初，红一方面军进围南丰，拉开了第四次反“围剿”的战幕。南丰城位于江西省东部，抚河西岸，是国民党军从抚河战线进攻中央革命根据地的重要据点，由陶峙岳第八师 5 个团驻守，城墙坚固，上有炮楼，城内外修筑了许多堡垒工事，很难接近。2 月 12 日，红三军团强攻一夜未克，第三师师长彭鳌和两个团长阵亡。红军围攻南丰时，敌中路军一、二纵队来援，企图合围红军于南丰城下。红一方面军总司令朱德和总政委周恩来亲自到前线视察，改强袭为佯攻，从南丰撤围。命一部红军伪装主力东渡抚河，向黎川方向前进，造成敌的错觉，而红军主力迅速秘密转移到广昌西北待机，红军转被动为主动。

果然，敌军以为红军主力已转到黎川地区，命中路军向黎川、广昌迅速推进。2 月 27 日，敌军五十二师进到黄陂以东一带大山中。中革军委决定红一方面军主力出击。红一军团将敌行军纵队拦腰切断，迅速将敌师部和一个团歼灭。第二天拂晓，彭德怀指挥红三军团乘大雾迷漫，以迅雷不及掩耳之势，从右翼绕到敌后背侧，突然发动进攻，一下子冲到敌旅指挥所，经数小时激战，歼敌一个旅。红军继续从四面向敌进攻，将乱作一团的五十二师残部全歼，师长李明重伤被俘，不久毙命。

同日，红军右翼队红五军团等部在霍源一带阵地上将五十九师大部解决，活捉该师师长陈时骥。至此，消灭了蒋介石两个精锐师，获得了第四次反“围剿”初战的重大胜利。

国民党军在黄陂惨败后，陈诚将其“分进合击”的作战方针改为中间突破，将原有的三个纵队缩编为两个纵队，进行重叠作战。慑于红军威力，两个纵队各以一个师前进，两个师掩护，轮番推移。

红一方面军得知敌军意图，以红十一军进至广昌西北地区，吸引敌前纵队加速向广昌方面推进，使敌前、后纵队拉开距离，出现了对红军有利的战机。彭德怀奉命率红三军团等部隐蔽在草台岗南部阵地，等候蒋介石的王牌军十一师。

敌十一师恃强自傲，彭德怀告诉部队，“这一仗，就是要抓住敌人的傲气，还要先养它一养，然后来个反手把他打下马来”[①]。

当敌后纵队抵达东陂草台岗一带大山中时，与前纵队拉开 90 里。彭德怀命红三军团一师一团派出一个连，带上红军游击队的袖标，夜晚出击先打上几枪，然后丢下一些什物和袖标，装成逃路的样子；红一师主力则抢先夺取草台岗的制高点霹雳山。不料派出诱敌之连与敌人一接触，被敌人傲慢的态度所激，竟擅自打起机枪和自动步枪来。彭德怀听到枪声，不禁大怒，一把抓起电话筒，警告一师师长彭绍辉说：若把敌人打跑，你要负完全责任。

霹雳山是草台岗的制高点，地势险要，只有占领主峰，控制住隘口，胜利方能有望。红一师连续发动三次冲锋，均未攻下，彭德怀来到前沿阵地，抓起电话筒高声说：“彭绍辉，我在看你们行动，要特别冷静，一定组织好火力，利用一切机会猛攻。”彭绍辉是平江起义的老战士，原湘军独立五师随营学校的学员，接过电话后，即爬上山头战地指挥。彭德怀也即抵近前沿，命紧紧跟随身旁的军团司号长田长江吹起军号，命令一师迅速、坚决地拿下主峰。彭绍辉回忆说，这一次的冲锋号特别响亮激昂，他一听到号声，便知道是军团长亲到前线来了。在号声中，彭绍辉身先士卒，直向主峰奔去。一师战士齐声呐喊，紧跟师长猛冲。主峰拿下后，红军向敌军阵地发动全面进攻，鏖战一日，歼敌十一师大部，九师一部，十一师师长萧乾被击毙，其残部逃至黄陂。

在这次战斗中，彭绍辉的左臂中弹被打断，成为独臂将军。彭德怀为此倍感痛心，全国解放后还曾抚着彭绍辉的断臂，为当年向彭绍辉发火一事道歉。

这次反“围剿”胜利使中央革命根据地和闽浙赣革命根据地连成一片，发展到鼎盛时期。红军也迅速发展壮大，红一方面军发展到 10 万余人，全国红军发展到 30 万人。

蒋介石在南京接到陈诚惨败的消息，十分懊丧，在给其中路军总指挥陈诚的手谕中说：“此次挫失，凄惨异常，实有生以来唯一的隐痛。”

第五节 东征入闽

第四次反“围剿”取得胜利后，中央革命军事委员会移往瑞金，加委博古、项英为军委委员，并以朱德在前线指挥作战为由，委任项英为代理军委主席，统率全国红军。

这时，“左”倾冒险主义领导者被第四次反“围剿”的胜利冲昏了头脑，不

① 彭绍辉：《霹雳山大战中的彭总》。

顾客观实际情况，提出了红军分离作战的方针，推行“两个拳头打人”的战略。以红一军团为主组成中央军，把守中央革命根据地的北大门，以红三军团为主组成东方军，入闽作战，企图从两个方向打击敌人，实现革命在江西的首先胜利。

1933年7月11日，中华苏维埃共和国中央政府人民委员会授给彭德怀的红星奖章

7月1日，彭德怀被任命为东方军司令员，滕代远为政治委员，袁国平为政治部主任。由红三军团、十九师，组成东方军；以后，红五军团十三师、红七军团二十师等亦编入东方军序列。福建军区三十四师及闽赣军区，宁（化）、清（流）、归（化）军分区所辖的各独立师、团也统归彭德怀指挥。

东方军入闽后，彭德怀根据敌情，决定先取泉上，再攻嵩口、清流，调动援敌，在运动中消灭十九路军之七十八师。

十九路军系由北伐战争时期国民革命军第四军十师扩编而成。“九一八”事变后，调赴上海执行卫戍任务。1932年1月28日日本进攻上海，十九路军不顾蒋介石的不抵抗命令，奋起抗战一月有余，受到全国人民的热烈支持。十九路军总指挥蒋光鼐不满蒋介石“攘外必先安内”的反共政策，愤而弃职返里。当年底，十九路军调赴福建与红军作战，蔡廷锴升任总指挥。

彭德怀在苏区时期积攒下来并一直珍藏在身边的几块银元——“伙食尾子”

泉上位于宁化县东北部，是宁化到归化的交通要冲，位置十分重要。由卢兴邦第三〇七团驻守，还有宁（化）、清（流）、石（城）、长（汀）四县地主武装百余人，储备大批粮食、食盐等物资，是周围各县逃亡地主负隅顽抗的据点，也是东方军向东进军的障碍。

中革军委认为泉上仅是一小土堡，弃取与否，无关紧要，反对攻打泉上的部署，要求东方军不打大城市也要打县城，直接电令东方军只以一个团去打泉上。彭德怀据理力争说：“以一个团围一个团怎么行呢？”朱德、周恩来出来支持彭德怀的意见，致电项英说：“围攻泉上，巩固归化，留一团兵力万万不足”，建议依原“预定计划，有步骤的争取胜利，请勿急。尤请勿直接命令彭、滕，使他们无所适从，时时请命，反束缚其不能机断专行”。经过反复力争，东方军得以按照原来的部署行动。

7月19日，东方军攻克泉上。军威大振，为开辟新苏区创造了条件。中革军委又迫不及待，命令东方军从北向南攻打连城，按地图标示的位置规定了攻城路线。

彭德怀带领一部分侦察人员到前线，亲自侦察敌军布置和连城地势，经过整整一天的实地调查，发现如果按照中革军委的规定从北向南进攻，红军完全处于仰攻地位，地形十分不利，无法完成任务。急电告朱德、周恩来转报项英，提出攻打十九路军应以朋口为突破口，调动莒溪、连城敌人出援，于运动中各个歼灭之。经一再坚持，彭德怀的作战方案得到批准。

朋口在连城南50里，莒溪西北20里，位于龙岩至连城和龙岩至长汀两条大路交叉处，是个四通八达的战略要地。7月30日，东方军集中兵力从前后发动攻击。据守朋口和连城出援的两个团全部被歼。东方军占领朋口，为夺取连城创造了有利条件。

连城原是闽西苏区的一个县，1933年初被十九路军侵占。守军七十八师师长区寿年得悉所部两个团被歼，立即将驻扎连城部队收缩至城内，急电十九路军总部请示对策。十九路军总部唯恐区师被歼，急令弃城，撤向永安。东方军紧追不舍，急行160里至小陶，再歼其1个团。七十八师的惨败，使十九路军受到极大震动。东方军这次出色的追击战，得到红一方面军总部的表扬，赞其为“开创了我们中央红军的新记录”[①]。8月8日，中华苏维埃政府主席毛泽东、副主席项英等联名致电东方军全体指战员，祝贺胜利。

东方军未费一枪一弹，收复了连城，同时开辟了泉上、清流纵横百里的新苏区，胜利完成东征第一阶段闽西作战任务。

不久，中革军委令东方军立即北上，执行第二阶段作战计划。主要任务是：进攻沙县、将乐、顺昌、延平（南平）等地，开辟闽中、闽北新根据地，造成对蒋介石的威胁，创造中路军北上的有利条件。在彭德怀的指挥下，东方军战胜了酷暑、疾病、缺粮、疲劳等困难，于8月26日攻占闽江上游顺昌的洋口和延平的峡阳两个重要商港，击溃了刘和鼎五十六师三个团，取得了东征第二阶段的初战胜利。东方军占领洋口、峡阳后，将顺昌、将乐两座县城包围，主力围攻延平。被围之敌接连向福州十九路军告急，请求增援。

彭德怀对东方军围攻下的顺昌、延平和将乐的地形和敌情作了详细调查，顺昌城三面环水，一面陆路，炮楼坚固高大，不便进行坑道作业；延平是座山城，素有“铁延平”之称，城墙完整，易守难攻；将乐城也是三面环水，一面临山，可以凭险据守。据此，彭德怀和滕代远决定仍采用“围城打援”的作战方针。

十九路军总指挥蔡廷锴于9月初命令其六十师沈光汉部向永安开进，六十一师毛维寿部向沙县集中，亲自率补充师沿闽江两岸向延平接近，以便增援。

9月18日，十九路军最精锐的六十一师三六六团增援途中在芹山与东方军

---

①《粉碎敌人五次“围剿”中央区红军的紧急任务》，载《斗争》第24期。

的一个团遭遇，在红军指战员勇猛冲杀下，号称十九路军最有战斗力，从未打过败仗的三六六团被全部歼灭，团长受伤被俘。红军创造了在运动战中以一个团兵力消灭一个团兵力的战绩。

东方军自1933年7月入闽东征以来，连战连捷。恢复了上（杭）、新（泉）、连（城）各县苏区，发展了泉（上）、清（流）、归（化）纵横数百里的新苏区。在闽中、闽北连占闽江上游重要商港洋口、峡阳。在实战中，彭德怀创造条件，调动敌人，围城打援，于运动中巧妙歼敌，表现了非凡的军事才能。

第六节　同十九路军谈判

十九路军在闽西、闽中与东方军交战连吃败仗，蒋光鼐、蔡廷锴等深感若再服从蒋介石命令积极“剿共”，不仅没有取胜希望，还有被歼灭的危险。同时，十九路军是一支有“一·二八”奋起抗日光荣历史的部队，同蒋介石的矛盾不断加深。在这种情况下，蒋、蔡为寻找出路，与陈铭枢密商决定响应中国共产党“在三个条件下与全国各军队共同抗日”的号召，把反共变为联共，与共产党共同反蒋抗日。

随后，蒋、蔡派陈公培携带一封用绸子写给毛泽东、朱德的亲笔信到前线与东方军取得联络。陈原名吴明，曾在法国勤工俭学，黄埔军校二期毕业生，参加过共产党，后脱党。

1933年9月22日，彭德怀在延平王台东方军司令部接见了陈公培，以诚挚热情的态度与陈晤谈，他说：“你们抗日是对的，来闽‘剿共’是错误的，蒋介石的阴谋是既‘剿共’又消灭蒋光鼐、蔡廷锴，一箭双雕。”陈公培说，十九路军的领导人认识到“反蒋才能抗日”[①]，因此，才想同共产党合作。

当日晚，彭德怀给蒋光鼐、蔡廷锴写了亲笔信，对十九路军响应共产党1933年1月宣言，寻求与红军合作表示欢迎；请他们派代表到瑞金直接同中共中央进行谈判。

十九路军突然前来谋求与红军谈判共同反蒋抗日，彭德怀作为红军高级指挥员，平江起义之后一直与国民党军在战场上作殊死斗争，对国内复杂的政局缺乏了解，对谈判结果如何，未抱多大希望，对十九路军有无诚意，也觉得很不摸底，但他非常重视这一事态的出现，认为对闽北战局有利，所以对谈判持积极态度，并向中央提出了自己的建议：先以个人名义与十九路军接触，在十九路军承诺若干条件下再进行谈判，希望得到指示。9月23日1时中革军委回电，提出与十九路军谈判的先决条件：（一）十九路军停止军事进攻与经济封锁，我军在将（乐）、顺（昌）行动，彼方不能干涉；（二）释放在福建监狱中的政治犯，保证反帝组织的自由；（三）发表反日和反蒋的政治宣言。在接受上述条件后，才能考虑双方订立停战协定。还指示说：“蒋蔡此种行动极有可能系求得一时缓和，

---

① 彭德怀：《第三次简历材料》1970年。

等待援兵之计，我方得警戒，并须严加注意。”

9 月 23 日，彭德怀、滕代远和袁国平遵照中共中央指示在王台与陈公培谈判。当日，彭德怀将谈判情况及与陈公培接触中了解到的十九路军动态电告中共中央及中革军委，说：十九路军主动与红军联系谋求谈判，是因为他们处境困难。陈铭枢与蒋介石积怨很深，矛盾尖锐，因而主张联共反蒋抗日。蒋光鼐支持。其高级军官师旅长们，畏惧红军的英勇，亦都同意。李济深与陈同病相怜，赞成反蒋。可见，彭德怀经过接触已消除了对十九路军意图的某些疑虑。

蒋光鼐、蔡廷锴收到彭德怀 9 月 22 日的回信后，十分高兴。10 月上旬，派陈公培陪同十九路军全权代表徐名鸿前往瑞金与中共中央谈判。徐名鸿在大革命时期，曾任北伐军十一军政治部主任。这次到瑞金带来十九路军领导人给毛泽东、朱德的信，再一次表示愿与红军共同反蒋抗日。在谈判过程中，徐、陈受到毛泽东、朱德、周恩来的热情接见，进一步坚定了反蒋抗日的决心。1933 年 10 月 26 日，由中华苏维埃共和国临时中央政府及工农红军全权代表潘健行（潘汉年）和福建省政府及十九路军全权代表徐名鸿订立了《反日反蒋的初步协定》。其主要内容是：双方立即停止军事行动，暂时划定军事疆界线；双方恢复商品贸易，采取互相合作原则；福建省政府及十九路军方面赞助福建境内革命的一切组织，并允许出版、言论、结社、罢工之自由；在完成上述条件后，双方应于最短期间，另订反日反蒋具体作战协定。

协定签订后，十九路军领导人感到无后顾之忧，遂联合一部分反蒋势力于 1933 年 11 月 20 日，发动了“福建事变”，宣布脱离国民党，成立“中华共和国人民革命政府”，树起反蒋独立的旗帜。“福建事变”后，蒋介石在南昌决定立即兴师入闽，镇压福建人民革命政府，从进攻中央革命根据地的部队和江浙地区抽调十万余人，分几路从苏区边沿地区通过，向福建进攻。这本是红军截敌歼敌，支援十九路军的最好时机，但中共临时中央忽然改变了态度，说福建人民政府比国民党蒋介石还坏，更带欺骗性，“它的一切空喊与革命的词句，不过是一种欺骗群众的把戏”① 等等。

“左”倾错误领导者，就这样轻率地否定了“福建事变”反蒋抗日的进步作用，以致未派红军支援十九路军，也未能利用蒋介石对中央苏区采守势的大好时机歼灭敌人，以打破国民党的第五次“围剿”。

彭德怀这时力主支持福建人民政府，认为“福建事变是国民党内部矛盾的表面化，是‘一·二八’事变后抗日派和亲日派斗争的继续和发展”，“不支持十九路军，中央苏区的一翼失去了依托，政治上就拆去抗日民族统一战线的桥梁”，主张应利用这一新形势，“打破蒋介石正在准备的第五次‘围剿’”②。于是，他再次向中央提出一个经过深思熟虑的建议：“留五军团保卫中央苏区；集中一、三

①《中央六届五中全会政治决策议案》1934 年 1 月 8 日。

② 彭德怀：《第三次简历材料》1970 年。

军团和七、九两个军团，向闽浙赣边区进军，依方志敏、邵式平根据地威胁南京、上海、杭州，支援十九路军的福建事变，推动抗日运动，破坏蒋介石的第五次‘围剿’计划。”①彭德怀提出的这个建议，同毛泽东在《中国革命战争的战略问题》中所说的“福建事变出现之时，红军主力无疑地应该突进到以浙江为中心的苏浙皖赣地区去，纵横驰骋于杭州、苏州、南京、芜湖、南昌、福州之间，将战略防御转变为战略进攻，威胁敌之根本重地，向广大无堡垒地带寻求作战”。“迫使进攻江西南部福建西部地区之敌回援其根本重地，粉碎其向江西根据地的进攻，并援助福建人民政府”②的意见完全一致。可惜彭德怀的正确意见不仅被否定，还被斥为“冒险主义”。

不久，蒋介石以“讨逆”为名调遣10万军队进攻福建人民政府，又以高官厚禄收买十九路军将领，使其内部分化，至翌年1月，历时五十几天的福建人民政府遂告失败。中共临时中央虽已意识到与福建人民政府有唇齿关系，担心蒋介石镇压福建人民政府后，集中兵力对付中央革命根据地，命令彭德怀率东方军再次入闽。这时，时机已被贻误，彭德怀亦无回天之力。东方军再次入闽作战，由于彭德怀的巧妙指挥和指战员的英勇作战，虽屡战皆捷，但临时中央推行错误路线，使东方军在福建浴血奋战所取得的胜利，对反第五次“围剿”未起到什么作用，也未能实现支援十九路军福建事变的战略目的。

第七节 痛斥李德

蒋介石在第四次“围剿”惨败后，不顾日本帝国主义对中国侵略的扩大，积极进行第五次“围剿”的准备。他一面向美英等国大量借款，购买飞机、大炮；一面聘请外国军事顾问在庐山开办军官训练团，培养“围剿”的军事骨干。受训军官毕业后，蒋介石赠送每人一把上刻“不成功便成仁”的短剑，以激励部属为其卖命。

1933年9月下旬，蒋介石调50万军队，分路向中央革命根据地扑来，开始了空前规模的第五次“围剿”。对这次“围剿”，蒋介石强调三分军事，七分政治的战略。在政治上，加紧实行保甲制和连坐法，加强特务活动和组织地主武装；在经济上，对苏区进行严密封锁；在军事上，采用持久战和堡垒主义。军事部署是：北路军共计33个师又3个旅，由顾祝同任总司令，主攻中央苏区。以陈诚为总指挥的第三路军是“围剿”的主力，依托堡垒向广昌推进，寻求红军主力决战；南路军计11个师另1个旅，由陈济棠任总司令，阻止红军向南发展。西路军何键和浙赣闽边赵观涛所部，分别担负拦阻红一方面军向赣江以西和赣东北机动的任务。

9月28日，北路军攻占黎川，“左”倾冒险主义领导者震惊于一城之失，提

① 彭德怀：《第三次简历材料》1970年。

②《毛泽东选集》第1卷，人民出版社1991年版，第236页。

出“御敌于国门之外”，“不失寸土”的错误方针，急令红三军团北上就敌，“首先消灭进逼黎川之敌，进而会合我抚西力量，全力与敌在抚河会战”[①]，推行进攻中的冒险主义。

彭德怀在闽北接到命令，同滕代远率部回师江西，向黎川方向前进。10月6日，红三军团于飞鸢不期与敌周浑元六师遭遇，经过一天激战，占领洵口，生俘旅长葛仲山，取得第五次反“围剿”一个意外的序战胜利。但“左”倾冒险主义领导者不分析这次胜利的偶然性，强令红三军团转到外线，攻打硝石。硝石位于驻有重兵的黎川、南城和南丰之间，处于敌堡垒群中心。彭德怀致电中革军委力陈硝石不易强攻，应以一部作有力佯攻，调动援敌，打击其策应部队。彭德怀的建议幸而获准，避免了严重的损失。

10月24日，彭德怀和滕代远根据敌人改变战术，就红军应采取之战略方针致电中革军委，提出：“敌人正在大举集中的时候，利用堡垒掩护，使我求得运动中各个击破机会减少”，“我军需要充实主力，储集力量”，“切忌主力摆在敌垒周围，疲劳兵力”。而“应采取游击动作，发动群众封锁敌人，截扰敌人，并在群众掩护下才可发挥机动作战作用”。翌日，又电中革军委，提出一、三、五、七军团须要立即充实起来，不宜分离作战的意见，他恳切地说：“望以远大眼光过细考虑这些至关重要的问题。”

上述意见均未被采纳，彭德怀反遭到批评，中革军委要彭德怀对军委的整个战略部署切实执行，不能提出与方面军战役意图相反的意见。

12月12日，国民党军队以5个师的兵力，分3路向团村并进。这时，彭德怀正发疟疾，看到战场上硝烟四起，人仰马翻，战士们英勇杀敌，病情顿时好了一半。但他知道红军兵力寡不敌众，达不到歼灭敌人的目的，要打也只能打个击溃战，遂下令撤出战斗。

后来彭德怀写诗描绘这次战役：“猛虎扑羊群，硝烟弥漫；人海翻腾，杀声冲霄汉。地动山摇天亦惊，疟疾立消遁。狼奔豕突，尘埃冲天，大哥（红一军团）未到，让尔逃生。”

1933年岁暮，滕代远奉命调离红三军团，去瑞金任职。彭德怀和红三军团干部对滕代远十分不舍，彭德怀几次向中央请求让滕代远留任，未获同意，与滕代远依依而别。

新任红三军团政委杨尚昆很快就来了。彭德怀见到这位不过二十五六岁，曾留学苏联的新伙伴，爽快地说：“你来了，我很高兴，我们以后齐心合力干吧！”

从这时开始，彭德怀与杨尚昆也结下深厚的友谊，行军宿营，常促膝长谈到深夜，倾吐彼此的经历，憧憬革命的前程，一起度过了中国革命最困难最艰苦的阶段。

1934年1月中旬，中共临时中央于瑞金召开六届五中全会，“左”倾冒险主义发展到顶点，其路线得到全面推行和贯彻。在军事指挥上撤销红一方面军总部，

①《方面军关于歼灭黎川之敌后在抚河会战给各兵团的行动命令》1933年9月27日。

1933年彭德怀在中央苏区福建建宁县。左起：叶剑英、杨尚昆、彭德怀、刘伯坚、张纯清、李克农、周恩来、滕代远、袁国平

所辖各军团和地方武装统由中革军委直接指挥。虽然朱德仍任军委主席，周恩来、王稼祥任副主席，但实际领导权却控制在博古、李德手中。李德是德国人，原名奥托·布劳恩，1932年受共产国际派遣来到中国，任中国共产党军事顾问。1933年9月进入中央苏区，在博古的支持下，直接指挥第五次反“围剿”。开始，红军几个主力军团被调来调去，在敌人主力和堡垒群中作战，搞得十分疲惫，不仅未能御敌于国门之外，反使红军遭到很大损失，陷于被动地位。继而，从军事冒险转变为军事保守主义，采取消极防御的战略方针，使形势越来越严重。

国民党在镇压了福建“人民革命政府”和十九路军后，将其入闽的部队改为东路军，以蒋鼎文为总司令，协同先期组成的北路军、西路军、南路军，对中央革命根据地形成合围之势，第五次反“围剿”战争陷入最困难时期。在“左”倾冒险主义领导者推行阵地防御战的命令下，彭德怀于3月初指挥红三军团和红一、红五军团向进占南丰西南之敌发起反击，因敌阵地工事坚固，未能攻下，遭到重大损失。

不久，彭德怀又奉命率红三军团急速入闽，转战在崇山峻岭之中。红三军团指战员克服重重困难，爬越悬崖绝壁，抗击进攻之敌。

彭德怀对李德等人在军事上死板的、教条的指挥十分不满。4月1日，写信给军委说：在历次战役中，把战术动作限制得过分严格，失掉了下级的机动，变成了机械执行，致使不能根据敌情变化和地带、地形特点，灵活机动地完成所给予的任务。他再一次建议组织几个有力的挺进游击队，深入敌人大后方进行扰乱，破坏联络、捉土豪、征集款项等，以解国民党的第五次“围剿”。李德等对彭德怀提出的意见和建议，仍不予采纳，继续推行一套不切合实际的作战方针。

4月初，敌北路军和东路军进到黎川南至泰宁一线，沿盱江东西岸在宽一里的广阔地面上，采用“东岸受阻，西岸推进”，“西岸受阻，东岸推进”的战法，交替构筑碉堡，步步为营向广昌推进。

李德等不顾红军连续作战、十分疲劳、减员很大的情况，急调红一、红三军团和地方红军共9个师的兵力，要在广昌及其以北地区同敌人进行“决战”。李德亲临前线督战坚守广昌。广昌位于盱江西岸，没有城墙，周围均是平坦开阔地，红军没有重武器。彭德怀再三说明广昌无法坚守，李德等置若罔闻，坚持保卫广昌。

4月27日，盱江两岸敌人，同时向广昌发起总进攻，不到半天便把李德所谓坚固的永久性工事轰平了，守备在工事里面的一营红军战士，全部壮烈牺牲。红军广大指战员在众敌夹击下经过一天激战，虽发动多次突击，均未成功，受到很大损失，不得不放弃固守广昌的计划。于4月28日撤出广昌，向广昌以西以南转移。

战斗刚停，彭德怀就接到博古打来的电话，说他和李德要回瑞金，要彭德怀和杨尚昆去谈话。

彭德怀对第五次反“围剿”以来李德等人的作战方针，本来就有不同意见。这次广昌战役，李德等又亲临战场瞎指挥，与敌硬拼，造成红军很大伤亡，广昌也丢了。彭德怀憋了一肚子气去见李德。见面时，李德仍然讲战略上怎样分兵把口，战术上如何短促突击那一套。彭德怀火上心头，连珠炮般地问李德：你总是让我们组织火力，请问，没有子弹，怎么组织火力？你总是宣传什么短促突击，请问，在敌人密布堡垒下，我们搞的那么多短促突击，10次就失败10次，一次未能成功，今后还能这样搞吗？越说越气，索性把一肚子意见全倒出来，批评李德说：“你们指挥作战，从开始就是错误的。我们从第四次反‘围剿’以后，就没有打过一次好仗。团村战斗，若一、三军团不分离作战，集中兵力，就能消灭敌军3个师15个团，而你们却坚持分兵，打成了消耗战。你们坐在瑞金，在地图上指挥战斗，连迫击炮放在哪个位置上，都规定死死的，几乎造成一军团全军覆灭。若不是红军有高度的自觉精神，一、三军团就早被葬送了。”说到激动处，彭德怀站起来指着李德说：“中央苏区开创到现在已五年多了，一、三军团活动也四年了，可见创建根据地是多么困难，现在却要被你们给葬送掉。你们是‘崽卖爷田心不痛’。”①

翻译伍修权把彭德怀的话刚翻完，李德暴跳如雷，连声大吼：“封建！封建！你是因为被撤掉革命军事委员会副主席不满。”

倔强的彭德怀回骂：“你无耻。”

李德是共产国际派来的军事顾问，自居于中央之上发号施令，无人敢顶撞，这次碰上彭德怀，却无可奈何。彭德怀回到驻地，把那仅有的一套军装和几本书一卷，准备去瑞金被撤职、公审、杀头。他什么也不怕，反正把意见都说出来了。

李德也许慑于彭德怀的直言，也许因为打仗还得靠彭德怀，没撤彭德怀的职，也没有给处分，只是给彭德怀加上了一顶右倾的帽子。

这时，党内还有许多人对李德的瞎指挥不满。在第五次反“围剿”中，张闻天对李德的错误军事指挥已经开始怀疑。广昌战役后，张闻天说，这样打下去，

---

①《彭德怀自述》，人民出版社1981年版，第196页。

我们能有胜利的前途吗？在一次中革军委会上，他批评广昌战役说：这次战役同敌人死拼是不对的，结果使红军遭到了巨大的损失。但李德等听不进不同意见，对张反唇相讥。

广昌战役后不久，彭德怀指挥红三军团进行了高虎垴、万年亭战斗。

高虎垴是位于驿前北面、半桥镇东北的一座山头，附近多为高低不等的小丘，南面环绕着巍峨群山，地势险要，是扼制敌人南进的孔道。彭德怀指挥红三军团指战员在险峻复杂的地势上构筑工事，外围挖了堑壕，铺设了地雷。为指挥无误，彭德怀冒着硝烟，亲临战场观察地形和敌我部署。红三军团司令部设在高虎垴南端。彭德怀经常告诫指挥员："只有迈开双脚，走上第一线真正洞察敌我情势，才有指挥权。"[①] 由于彭德怀采取了巧妙的防御部署，守备高虎垴的红三军团红五师十三团在团长黄珍、政委苏振华指挥下，沉着应战，给敌人以很大的杀伤。敌人虽几次发动攻击，仍未前进一步，阵地牢牢掌握在红军手中。

8 月 7 日晨，敌军增调德国普福十三号山炮，再次向高虎垴阵地发动进攻，工事被轰毁，红军被迫向南撤退至万年亭，力孤无援，阵地也被攻破。随后，敌人连续攻破红军的三道防御阵地，占领了驿前。红三军团不得不退守石城北的小松。

与此同时，各路国民党军也向中央革命根据地中心地区推进。10 月上旬，其北路军和东路军加紧对兴国、古龙岗、宁都、石城、长汀、会昌进攻，中央革命根据地日益缩小，红军完全处于被动地位。

第五次反"围剿"战役，持续一年之久，红军指战员英勇顽强，连续作战，给国民党军以重创。苏区民众在中国共产党和苏维埃政府领导下，积极参军参战，鼎力支援战争。由于"左"倾冒险主义的错误战略方针，使这次反"围剿"战役遭到严重的失败，迫使红一方面军不得不退出中央革命根据地，突围西征，实行战略转移。

---

①《访问刘志坚同志记录》1979 年 10 月。

第七章　迢迢长征路

第一节　突破封锁线

硝烟弥漫的赣南战场，吹来萧瑟秋风，中央革命根据地被敌军重重围困着。红军指挥员们，带着沉重的心情筹划着摆脱困境的方案。大家企盼中央能指出打破敌人围困，发展和壮大革命力量的道路。

1934 年 10 月 10 日，中共中央、中革军委率中央红军及中央、军委机关和直属队共 8.6 万人，以红一、红九军团为左翼，红三、红八军团为右翼，红五军团为后卫，掩护庞大的中央纵队退出中央革命根据地，向南突围，然后沿赣、粤、湘、桂边去湘西与红二、六军团会合，开辟新的根据地。

红三军团集中于雩都城外准备出发。彭德怀和杨尚昆路过一间小酒铺。彭德怀突然拉着杨尚昆，从口袋里掏出一个银元说："明天就要告别根据地了，我们去喝一盅，今天我请客。"杨尚昆看看素不花钱的彭德怀，跟着他走进去，两人相对而饮，默然无言，心情都非常沉重。

长征时期的彭德怀

10 月 17 日，红三军团乘迷漫大雾渡过于都河，踏上征途。彭德怀为使朝夕并肩作战的战友、部下能一起突围转移，命令凡能行动的伤病员悉数归队，同时开拔。当时军团宣传科长刘志坚正重病卧床，彭德怀命部队硬是用担架抬着他，一起退出中央革命根据地。

蒋介石为阻止红军突围转移，调陈济棠粤军、何键湘军等几十万大军，在通往湘西途中，设置几道封锁线进行阻截。

10 月 20 日，彭德怀指挥红三军团向西挺进，首先突破粤军在信丰、安远间设置的第一道封锁线，占领新城。继而分左右两个纵队进入湘南，接近汝城。形成对汝城的包围。炮兵连发数炮轰城，均未击中目标，恰值彭德怀来到前沿阵地，见此情况，便指挥炮兵作了调整，亲自执炮，只一发，便拔掉敌堡，打开通道。11 月 6 日，从左边突破湘军何键在汝城至思村间设置的第二道封锁线。

时连日阴雨，道路泥泞，崎岖难行。在彭德怀、杨尚昆的指挥下，红三军团全体指战员不顾艰难险阻，昼夜急行军，英勇作战，突破湘粤军在粤汉铁路设置的第三道封锁线，攻占宜章城，保证了中央红军顺利西进。11 月 11 日，中革军委通令嘉奖："赞扬三军团首长彭德怀同志及三军团全体指战员在突破汝城及宜章两封锁线时之英勇与模范的战斗动作。"

蒋介石为阻截红军西渡湘江，又急调几十个师的兵力沿湘江两岸构筑第四道封锁线，任命湖南何键为"追剿"军总司令，统一指挥，准备在湘江东岸围歼红军。

当时，红军在几十万大军密集布阵阻截下，簇拥着庞大的中央机关和非战斗人员队伍作甬道式的前进。彭德怀对这种走法感到十分恼火和担心，认为后果不堪设想。在行军中曾向中央提出关于今后军事行动的建议：三军团向湘潭、益阳挺进，威胁长沙，吸引敌主力，迫使敌军改变部署；中央率一、五、八、九军团进占溆浦，以溆浦为中心，创建根据地；甩掉笨重辎重，运用机动灵活的战术，在运动战中调动、歼灭敌人，变被动为主动。但当时的中央对彭德怀等人的建议不加理睬，仍坚持原定计划，命令红军全力突破第四道封锁线。

11 月 25 日，中革军委决定中央红军分四个纵队前进，在全州、兴安之间渡湘江，消灭敌之第一、第二路军及桂系军队。

在彭德怀的指挥下，红三军团从左翼急行进入广西，西渡灌江，向灌阳逼近；红四师渡过湘江占领界首，牢牢控制了界首渡河点后，进入界首以南的光华铺与敌激战、对峙；红五师主力进到灌江西岸新圩以南地区；红一军团向湘江与灌江汇合处西岸的全州以南前进。红二师涉水渡过湘江，阻击驻在全州的敌人，掩护中央红军主力渡江。

然而，中央还是舍不得扔掉那些笨重的辎重，由成百上千的战士挑着抬着山炮、制弹机以及印刷机、文件档案、家具等，行动十分迟缓，距湘江 100 多里的路程竟走了 4 天。时机被贻误了，敌军十几个师从几个方面压了过来，形势急剧变化。

为掩护中央纵队、军委纵队和红军大部队渡过湘江，突破第四道封锁线，红三军团进行了异常顽强、激烈的战斗。

11 月 27 日，彭德怀命令红五师急速奔赴湘江、灌江之间的新圩，阻击桂军进攻，掩护红军大队人马前趋湘江。28 日，桂军两个师向红五师阵地发动猛攻，红五师仅有两个团，坚守在没有坚固工事的十余里宽阔的阵地上，武器、弹药又不足，指战员知道，如果敌人攻占了新圩，红军将被拦腰斩断，后果不堪设想，个个英勇地与敌拼杀肉搏。苦战两昼夜，伤亡惨重，师参谋长胡浚，十四团团长黄冕昌在战斗中不幸牺牲。坚持到 30 日，终于完成掩护中央纵队和军委纵队渡过湘江的任务。红六师一个团为阻击敌人未及渡江，大部壮烈牺牲。

11 月 29 日，红三军团在渡江点界首南光华铺打响了阻击战。光华铺距界首只有几里路，为一片较为宽广的开阔地，不利据守。为阻击由全州、灌阳出击之敌，保证红军大队人马继续渡江，彭德怀只得不惜一切，背水一战。他把红三军团指挥部设在湘江西岸离界首渡口仅几百米远的一座祠堂里，亲自指挥这场关系重大、异常严酷的战斗。

翌日清晨，敌人正面进攻被红四师十团拼死顶住，便沿湘江西岸向界首逼近，对红军实施迂回。十团团长沈述清指挥发起反击，中弹牺牲。彭德怀命杜中美接任十团团长。当日，杜中美又壮烈捐躯。一日之内，牺牲两位团长，此战是何等激烈！在红军和革命的生死关头，彭德怀指挥红三军团四师在界首光华铺血战三昼夜，付出了巨大的代价，完成了阻击任务，中央红军大部渡过了湘江。担任后卫任务的红五军团三十四师和红三军团十八团被敌围于湘江东岸，全军覆没，指战员大部分牺牲。红军由长征出发时的8.6万人，到渡过湘江，只剩下3万多人了。所带辎重，亦损失殆尽。

湘江战役蒙受重大损失后，自命作战一贯正确的李德一筹莫展，愁眉苦脸，博古也感到责任重大，痛不欲生。红军指战员对中央的指挥从怀疑发展到不满，逐渐觉悟到这是排斥了以毛泽东为代表的正确路线，贯彻执行错误路线所致。随着红军的失利，这种不满情绪早已“日益显著，至湘江战役达到了顶点”[①]。

当此危急关头，被排斥的毛泽东不得不站出来说话。他根据敌人大量集结，阻击红军去湘西，而红军又在突破第四道封锁线时大量减员的情况，力排博古等人坚持原计划的意见，主张改向敌人力量薄弱的贵州进发，以甩掉敌人，使部队有个休整补充的机会。这一主张，并没有被中革军委接受。但是，中央红军由通道进入黔境，奔向黎平，使蒋介石在湘江以西围歼红军的盘算落了空。

第二节　支持毛泽东

彭德怀正在前方指挥作战，收到中共中央政治局黎平会议作出的《关于在川黔边建立新根据地的决议》。决议否定了红军按原计划去湘西与红二、六军团会合的意见，使他心情为之一振。对如何执行黎平会议决议，他和杨尚昆向中革军委提出建议：野战军到黔中后，在川、湘、黔敌人中，川军可能成为正面的主要敌人，阻隔我与红四方面军的联系；湘敌将在东面构成封锁线，威胁我右翼；黔敌会钳制我左方。为能迅速创建新根据地与休养生息，野战军可先赤化遵义及其西北桐梓等六县。以乌江为右支撑点，控制娄山关，凭据娄山山脉、乌江地势扼制敌人，首先给黔敌以痛击。可命四方面军沿嘉陵江向重庆方面发展与中央红军呼应；湘西的二、六军团从川黔湘三省交界处西进，封锁乌江，防止湘军和中央军入川，使新老苏区连成一片。这一建议显示出彭德怀已从能征善战进而具有纵观全局的战略眼光和指挥才能。

---

① 刘伯承：《回忆长征》，载《星火燎原》选编之三。

黎平会议后，中央红军分左、右两纵队，以破竹之势长驱直上，连克十余座县城，进抵乌江南岸。乌江又称黔江，是黔中一条大水，由西南向东北方向流入四川，在涪陵注入长江。乌江流域甚广，支流较多。沿江两岸大都是悬崖峭壁，江水湍急，又多滩险，非在渡口，绝不能渡。因此，乌江素称天险，其渡口为兵家所必争。

红军入黔，黔军慌忙在乌江沿岸严密布防，控制了所有渡口，修筑防御工事。黔军侯之担夸口说，共军远征，长途跋涉，疲惫之师必难飞渡。

然而，红军锐不可当，直指江岸。1935 年 1 月 5 日，彭德怀和杨尚昆率红三军团从桃子台、茶山关首渡乌江，进驻遵义南边之尚嵇场。随后，中央红军渡过乌江，分三路纵队北进。

1 月 7 日，红二师和干部团智取了黔北重镇遵义。中央红军进入遵义城，将十数万追敌甩在乌江以南以东，争得时间，进行休整。

1 月 15 日，中共中央在遵义召开了具有重大历史意义的政治局扩大会议。出席会议的有政治局委员，政治局候补委员，红军总部和各军团负责人等。

彭德怀和杨尚昆从前线赶到遵义参加会议，住在会址（黔军第二师师长柏辉章住宅）堂屋的楼下，这是彭德怀第一次参加中央的会议。他非常激动，深感任重而道远。

会议开始，由博古作《关于反对敌人第五次“围剿”总结的报告》，周恩来作副《报告》，张闻天作了反对“左”倾军事错误的报告，毛泽东作了重要发言。接着，会议展开了激烈的争论，与会者绝大多数对博古在报告中强调客观，为其错误辩护，推卸责任不满，并对他的《总结报告》进行了批评。同时，还批评了博古尤其是李德的飞扬跋扈，独断专横的领导作风，指出他们独揽军委大权，拒绝听取军事上的不同意见，压制民主，发展惩办主义，否定红军过去对敌作战的宝贵经验和教训。毛泽东的发言，受到与会者大多数的支持。从革命战争的严峻实践中，从胜利和失败的反复对比中，大家终于认识了毛泽东代表的正确路线。

彭德怀在会上发言批评李德在军事上的严重错误，拥护毛泽东的讲话。

开会期间，毛泽东给彭德怀介绍了一个举止稳重的高个子战友，说：“这是刘少奇同志，很早的党员，中央委员，党内著名的工人领袖。”[①] 彭德怀很高兴，伸手与他早已闻名的刘少奇紧紧握手。不久，刘少奇被派往三军团任政治部主任。

会议在进行中，红三军团五师在遵义城南刀靶水、乌江沿岸执行警戒任务，突然遭到国民党中央军吴奇伟部的袭击和轰炸，形势十分紧迫。彭德怀离席奔回前线军团司令部指挥战斗，保护遵义会议继续进行。

遵义会议纠正了军事上的错误，撤销了博古、李德等的军事指挥权，增选了毛泽东为政治局常委。会后，常委分工，张闻天代替博古负总的责任。不久，由毛泽东、周恩来、王稼祥组成三人军事指挥小组，负责指挥红军的作战活动。

---

①《彭德怀自述》，人民出版社 1981 年版，第 206 页。

第三节 遵义大捷

当中共中央政治局在遵义开会期间，蒋介石调集中央军和湘、川、滇等省数十万兵力从四面八方向遵义地区逼近包围，阻止中央红军与红四方面军和二、六军团靠拢，企图在乌江西北、长江以南的川黔地区围歼红军。

在国民党重兵云集，敌我力量对比悬殊的形势下，按黎平会议的设想在黔北地区建立以遵义为中心的根据地已不可能，毛泽东等遂决定放弃遵义，北渡长江，与红四方面军会合，在川西北建立根据地。1 月 19 日，红军撤出遵义城分三路纵队向习水、赤水方面进发，准备夺取土城、赤水。

土城位于黔西北，是赤水河东岸的重要渡口。夺取土城，对于实现中央“赤化四川”的战略计划具有关键意义，而且这是遵义会议以后的第一仗，关系到全军的士气。1 月 25 日上午，红一军团一师向土城攻击前进，与守土城的黔军侯之担部发生战斗，仅半小时，侯军主力便向古蔺方向溃去，一小部退往赤水。一师主力向赤水方向追击。随后，一军团开进土城地区，红三军团在后面跟进。

这时，川军封锁了长江，同时进入黔境，自赤水、习水、温水分进合击。章安中旅先头团到达赤水对岸；郭勋祺师攻占了习水县城，向土城逼近。

1 月 27 日，川军王牌郭勋祺师尾追红五军团，于当日下午抢占了土城北面青杠坡和石恙咀东南端，截断红五军团与红四师十一团的联络。28 日，彭德怀亲临前沿阵地指挥向敌发起总攻，与敌反复争夺阵地，双方伤亡都很大。红军背水作战，十分不利，把干部团也投入了战斗，仍相持不下。川军陆续增援。29 日，红军撤出战斗，西渡赤水河。

土城战斗失利，红军未能赢得过江的机会，遂西渡赤水河，向叙永、古蔺前进，经川南进至云南扎西（今威信）进行整编。红三军团取消了师的番号，直辖四个团：十团、十一团、十二团、十三团，张宗逊任十团团长，黄克诚任政治委员；邓国清任十一团团长，张爱萍任政治委员；谢嵩任十二团团长，钟赤兵任政治委员；彭雪枫任十三团团长，李干辉任政治委员。

红军进入云南扎西地区，蒋介石判断红军仍将北渡长江或西渡金沙江，忙调兵遣将，重新调整作战部署。这时红军却出敌不意，掉头东进，重入贵州。2 月 19 日，彭德怀率部在太平渡第二次抢渡赤水河，向东急进，蒋介石围歼红军的企图顿成泡影。

重渡赤水河后，中央红军分左右两路，红三军团为右纵队，红一、五、九军团和军委纵队为左纵队，向桐梓、遵义速进。

红军回师黔北，贵州军阀王家烈连忙由贵阳赶往遵义督战，加强了黔北门户娄山关的防务，防红军再占遵义。

2 月 25 日，中革军委决定由彭德怀、杨尚昆指挥中央红军抢占娄山关，重夺遵义城。翌日拂晓，彭、杨命令红三军团跑步向娄山关进发，抢占了有利地形。

娄山关为黔北军事要隘，位于大娄山脉主峰，北接桐梓县，南临遵义城，海拔 1400 多米。四周崇山峻岭，两侧悬崖峭壁，只有一条陡险的盘山路贯通南北，为入川的孔道，有“一夫当关，万夫莫开”之势。红军只有拿下娄山关，才能进占遵义城，指战员认识到此役是红军能否立足黔北的关键，士气很高。

娄山关守军为黔军柏辉章师杜肇华旅。25 日上午 9 时，红军迫近关口，红三军团的 4 个团同时投入战斗。十二团、十三团与守军争夺关口东侧最险要的点金山制高点，红军冲锋肉搏不克。彭德怀命令十团、十一团从两侧迂回，守军弃关而逃，红军完全控制了天险娄山关，揭开遵义战役序幕。

2 月 27 日，彭德怀下达攻打遵义的命令，红三军团乘胜一路猛追，直逼遵义城下，分别攻打新城、老城。一军团集结主力负责打击增援之敌。

彭德怀在遵义城外山头，正用望远镜观察地形。侦察员跑来报告：从敌人长途电话中听到王家烈向吴奇伟说：“共‘匪’已逼到城下，我们守不住了。”吴回答说：“你必须死守，今晚以后我一定赶到。”① 彭德怀马上下令，务必在当晚夺下遵义城。遵义新城在东，没有城墙；老城在西，有内外两套城墙。彭德怀命令红一军团攻打新城，红三军团攻打老城。军团参谋长邓萍指挥打老城，在观察地形时，被敌人飞弹射中，当即牺牲。

彭德怀闻讯赶来，邓萍已经流尽鲜血，彭德怀抚着战友的遗体，连声呼唤：“邓萍同志，邓萍同志！”泪流满面。三军团指战员在悲痛中奋勇攻城，27 日晚，红军一、三军团攻克遵义新城。28 日拂晓，红三军团攻克遵义老城。十一团政委张爱萍在战斗结束后，挥泪赋诗，悼念邓萍，末句曰：“遵义城下洒热血，三军征途哭奇男。”

2 月 28 日上午，国民党中央军吴奇伟部两个师从乌江南岸驰援遵义。红三军团主力在老鸦山与敌展开激烈的争夺战，将敌击败，紧追不舍。一军团从左翼出击，一举突进敌人指挥所，两面夹击。敌全线崩溃，逃到乌江北岸，争相渡江，将乌江桥压断，人马纷纷落水，未及过江者，大都被歼。至此，红军连克桐梓、遵义两城，击溃黔军王家烈 8 个团，消灭吴奇伟部 2 个师，俘敌 3000 余人，取得长征以来第一个重大胜利，给蒋介石的“追剿”部队以沉重打击，为中央红军西进北上争取了主动。

遵义大捷后，彭德怀于 3 月 2 日给中革军委写了关于红三军团编制的报告。他心情沉重地说：三军团在娄山关、遵义城和老鸦山诸战斗中，减员很多。现在只有一个团能维持原编制，每连也只有五六十人。其余各团，每连仅编四五个班，只有大量补充才能维持 4 个团的编制。还说：2 位团长负伤，6 位营长伤亡，十团参谋长钟伟剑和军团参谋长邓萍牺牲，“现在各团部及军团参谋处一空如洗”，希望军委能够即刻派一位军团参谋长和其他指挥人员，以便继续战斗。从这份报告可以看到，红三军团在夺取娄山关、二占遵义城的战役中所付出的巨大牺牲。

① 见 1959 年彭德怀写的《庐山笔记》。

不久，中革军委派红军名将叶剑英到三军团任军团参谋长，时间不长即离去，由萧劲光接任。

第四节 会理风波

遵义大捷后，蒋介石慌忙飞抵重庆，亲自"督剿"，下达手令曰："本委员长已进驻重庆，凡我驻川黔各军，概由本委员长统一指挥，如无本委员长命令，不得擅自进退，务期共同完成使命。"国民党中央军周浑元、吴奇伟纵队，黔军王家烈及川军等部云集遵义西北地区，企图一举将红军围歼在遵义、鸭溪狭窄地带。

毛泽东将计就计，命红军向黔军和周浑元纵队发起进攻，形成对峙后，出敌不意，突然挥戈北上。3月16日至17日经茅台三渡赤水河，再入川南，摆出北渡长江的姿态。蒋介石深恐红军渡江，急调重兵阻截。中央红军又速回师东进，返回黔省。3月21日至22日，经二郎滩、九溪口、太平渡四渡赤水，然后调头南下，将众敌远远甩在赤水河两岸。四渡赤水之前，就如何摆脱敌军的围追堵截，确定战略进军方向问题，彭德怀曾于3月20日向中革军委建议说：应以一部向西急进至扎西地区，以迷引滇敌；其余各部继向回龙场及其以西吸引川敌向古永移动，然后脱离该敌，速往赤水河掌握上游渡河点，在适当时机渡过赤水河，从毕节以东回到黔西、大定，再寻战机，打击王家烈和周（浑元）、吴（奇伟）两部。同时提出，目前红军应"避免与相等兵力决战"，一定保持自己的优势兵力，更不要"攻坚、乱碰"。这项建议体现了彭德怀善于在敌情十分复杂的形势中纵观战局，灵活转移兵力和变换战术的军事指挥才能。他提出机动灵活，集中优势兵力，争取主动，以少胜多的主张，与毛泽东的战略战术思想是完全一致的。

中央红军把众敌甩在赤水河两岸，南渡乌江。采取声东击西的战术，选派一部向贵阳东北方向佯动，做出与二、六军团会合姿态，而主力则在贵阳北通过息烽、扎佐，脱离敌人向东南机动。

其实，中央红军既不想占领贵阳，也不是东去湖南，而是调虎离山，把滇军引出来，以便西进，抢渡金沙江北上。

4月13日，彭德怀和杨尚昆就红军目前行动问题向中革军委提出建议：北盘江两岸石山耸立，居民多为苗族，地形和环境对我作战不利，应乘敌未到，迅速渡过北盘江，向滇急进，扩大机动区域，以便争取主动。这个建议旨在使中央红军跳出敌军重兵包围，迅速渡过北盘江入滇，实现北渡金沙江的意图。

军委接受了彭、杨建议。4月17日，中央红军跨过北盘江，突进云南，连取数城，直逼昆明。而这时，滇军刚被东调入黔，到贵阳为蒋介石保驾，昆明几乎是座空城。云南省主席龙云，生怕红军抄了他的老家，一面向蒋介石呼救求援，要滇军返回，一面急调各地民团前来增援。然而中央红军只在其附近虚晃一枪，跳出重兵包围，即向西北迅速前进。

中央红军分路向金沙江急进。红三军团为右纵队，先抢占了洪门渡口，因水流湍急，无法架桥，未能渡江。此时，中路纵队先遣队干部团在皎平渡偷渡成功，控制了渡口。5月5日，彭德怀率红三军团赶往皎平渡。9日，红军全部渡过金沙江。至此，中央红军终于摆脱了国民党蒋介石几十万敌军的围追堵截，把敌人抛在金沙江以南，取得了红军长征战略转移中具有决定意义的胜利。

抢渡金沙江成功后，为遏阻追敌，争取红军在长期行军作战后，得到必要的休养和补充，中革军委决定红三军团和干部团主攻会理城。会理城有内外两城，城墙高厚，红军没有足够炮火，子弹每人也只有几发，攻城的唯一办法仍是坑道爆破。彭德怀和战士一起奋战5昼夜，于14日晚起爆，却因炸药不足只将城东北角炸塌，城内守军以几挺机枪交叉射击，红军冲不进城，会理未能打下。

红三军团继续围会理，守军龟缩在城内不敢出击，红军主力得以在城外休整。

这时，在红军领导层中出现了一场风波。遵义会议后，毛泽东为摆脱敌人的重重包围，指挥中央红军与敌人进行了频繁的战斗和大踏步地回旋转移。红军一些指战员极端疲惫，又对中央战略意图不明，产生了埋怨情绪。红一军团军团长林彪基于这种情绪，给中革军委写了一封信，要求改换中央军事领导人。

5月12日，中央政治局在会理城外铁厂举行扩大会议，各军团主要负责人也参加了会议。

会议批评了林彪，又指责了彭德怀，说林彪的信是彭德怀“鼓动起来的”。林彪信的大意是：毛泽东指挥军队作战是不行的，应当解除其指挥权，让彭德怀指挥中央红军北进，与四方面军会合。

此事，毛泽东认为彭德怀的责任重大。毛泽东批评林彪说：“你懂得什么？你不过是个娃娃。”又严厉批评彭德怀说：“林彪的信就是你鼓动起来的！”红三军团政委杨尚昆当时正发高烧，是用担架抬着去出席会议的，可见气氛之紧张。

事情的原委是：一段时间内，林彪对红军在川、黔、滇实行灵活机动的战略战术不满意，说是“走弓背路”“造成疲劳”“拖垮部队”等。一次，林彪在电话中对彭德怀说：“蒋介石和龙云的追兵现在虽然暂时摆脱了，但他们是不会停止追击的。我们前有川军阻截，后面追兵又要赶上，只在这一块狭小地区，是很不利的。我看该由你来指挥，赶紧北进吧！”[①]

“我怎能指挥北进，这是中央的事。”[②]彭德怀便回绝了林彪。

会理会议还根据刘少奇与杨尚昆共同署名给中央的一封电报中所反映的意见，批评彭德怀是“对失去中央苏区不满和右倾情绪的反映”[③]。指责他不在这封由刘少奇起草的电报上署名，是有意向中央隐瞒情况。刘、杨给中央的电报，反映了彭德怀同刘少奇谈到的关于部队指战员因连续作战而产生的一些思想负担，和过度疲劳的情况，以及不同意进行鲁班场和习水战斗的意见。

---

① 见1959年彭德怀写的《庐山笔记》。
② 见1959年彭德怀写的《庐山笔记》。
③ 见1959年彭德怀写的《庐山笔记》。

对于会议的批评，彭德怀觉得突如其来，且与实际情况有出入，但大敌当前，他感到应以团结为重，当时在红三军团指战员中也确实存在着一些怀疑、埋怨情绪，遂承担责任，作了自我批评，还表示："坚决拥护新领导，继续北上，与四方面军靠近。"他批评林彪说："遵义会议才改变领导，这时又提出改变前敌指挥是不妥当的，提出我更不适当。"同时声明："这封信，事先我不知道。"①

1959年庐山会议上，毛泽东重提此事，以说明彭德怀在历史上长期和他有七分不合作。这时，林彪当场声明说，那封信与彭德怀无关，他写信，彭德怀并不知道。历史真相方得到澄清。

就当时形势而言，会理会议通过批判林彪的信，通过批判刘、杨的电报所反映的问题，纠正了当时在红军中存在的消极情绪，统一了全军的思想和行动，是具有积极意义的。

第五节　过雪山草地

中央红军渡过大渡河后，继续北进，击溃在天全河堵截的川军杨森部，攻占了天全、宝兴、芦花。继而，翻越长征途上的第一座大雪山——夹金山。

夹金山又名甲金山，横亘于宝兴与懋功之间，只有翻过夹金山才能进入川西北。夹金山地形陡险，主峰海拔五千多米，终年积雪，空气稀薄，行人呼吸困难。山上气候变化无常，时而大雾迷漫，风雪交加；时而烈日当头，骄阳似火。中央红军长途跋涉，辗转苦战，给养困难，体力虚弱，要翻越大雪山着实困难。为了革命，红军指战员互相鼓励，扶持前进。

红三军团进至雪山脚下，彭德怀下令暂憩，亲自检查部队过山准备。大家吃着各自携带的干粮，彭德怀忽然发现军团教导队队长孙毅没有东西吃，马上把孙毅叫过来，从自己的干粮袋里倒出一半给他。孙毅不肯要，彭德怀笑笑说："有福同享，有难同当，见面分一半嘛！"孙毅后来回忆说："这件事我终生难忘，彭总那颗朴实和善良的心，清澈可见。"②

红三军团警卫通讯班班长邱荣辉回忆说：我拖着沉重的步履往山上爬，每走一步都要使出全身的力气，当走到半山腰时，两眼一黑倒了下去。这时，军团长彭德怀和战士们一样，面色苍白，喘着气大声喊："快，骑上骡子走！"我站起来说："能走。"可没走几步，又摔倒了。这个疲劳得奄奄一息的战士死活不肯骑上驮着文件的军团长的骡子，彭德怀急叫饲养员把骡子牵过来，又大声喊："抓住尾巴！"邱荣辉就紧紧抓住骡子尾巴过了雪山。

红军终于以炽热的革命理想和顽强的意志征服了自然界冷傲的雪山。6月18日，中共中央、中革军委和中央红军主力到达懋功（今小金地区），与红四方面

---

① 见1959年彭德怀写的《庐山笔记》。

②《人民日报》1981年5月15日。

军胜利会师。

两大红军会师后，总兵力达10多万人。毛泽东主张继续北上，建立川、陕、甘根据地，促进抗日民主运动的发展。张国焘反对向北发展，认为川北一带地形、给养不利于大部队行动，主张集中兵力西进青海、新疆或南下。

为决定红军的战略行动，中共中央政治局于6月26日在两河口开会，决定一、四方面军会合后，集中主力向北进攻，在运动战中消灭敌人，首先取得甘肃南部，以建立川陕甘苏区根据地。会议否定了张国焘提出的向川康发展的主张。张国焘接受了会议的决定。

中共中央为维护一、四方面军的团结，任命张国焘为红军总政委。其后，一方面军的一、三、五军团改为一、三、五军，九军团改为三十二军。

8月3日，红军总部制订进军甘南的“夏（河）洮（河）战役”计划，决定一、四方面军混合编成左右两路军北上。左路军（由四方面军的九军、三十一军、三十三军和一方面军五军、三十二军组成）从马塘、卓克基出发，向阿坝地区开进。右路军（由一方面军的一军、三军和四方面军的四军、三十军组成）从毛儿盖地区出发，进入草地，向班佑、巴西前进。

这时周恩来完全病倒了。他随彭德怀率领的红三军团殿后，由于连续发高烧，转为肝脓肿，身体非常虚弱。莫说过草地，就是在平坦的道路上行军也不行了。大家焦急万分，彭德怀苦思一阵，断然说：“抬！”当时，中央三人军事领导小组的成员王稼祥也在重病中，彭德怀深知在那么困难的情况下，“抬”并不是容易的。他把上任不久的红三军团参谋长萧劲光找来，交代说：你具体负责，组织担架队，实在不行，宁可把装备丢掉一些，也要把中央领导同志抬出草地。萧劲光从迫击炮连抽出几十人组成担架队，干部团团长陈赓自告奋勇来当队长。陈赓把担架队编成几个组，轮流抬着重病中的周恩来、王稼祥向草地进发，还常常亲自抬着担架，走得又稳又快。

川西北草原，位于青藏高原同四川盆地的连接段，气候恶劣，变化无常。夏秋雨季，草地泥泞滞水，行人止步，许多地区渺无人烟。红军部队进入草地后，几乎天天下雨，连向导都难以寻找旧路的痕迹。谁一不小心陷入淤泥，就为沼泽所吞噬。彭德怀和战士一样地在队伍中行进，遇到危险路段，他还要赶在队伍前头，指挥排除险情。一次他同几个干部把陷入淤泥中的战士用绳子捆住腰部往外拉，连续救出七八个人。

过草地，红军指战员不仅与大自然作殊死搏斗，还要同饥饿作斗争。过草地前，各部队虽尽力筹备干粮，可行程太艰难，走不到一半，便告断炊。茫茫草原，渺无人烟，到哪里去补充呢？前卫部队还可靠野菜、树皮充饥。后卫部队连野菜、树皮都吃不上。饥饿严重地威胁着红军的生命。

彭德怀把饲养员叫来问：“还有几匹牲口？”

“连军团长那头黑骡子在内，还有6匹。”

彭德怀下令：“全部杀掉。”

老饲养员急了，坚决不让杀掉大黑骡子。

彭德怀心平气和地说：我也舍不得咯，现在连野菜都没有吃的，只有杀了牲口，才能出草地。只要人在，牲口，敌人会给送来的。

牲口杀了，军团部只留一点杂碎，肉全部分给部队了。就是这点肉，救活了许多红军战士。

在茫茫草地上，整整行军7昼夜，历尽了千辛万苦，红军终于看到了草地的边际，到达班佑、巴西地区。右路军停在巴西一带等待左路军的到来。

这时，三军政治委员杨尚昆调到军委任职，李富春接任三军政治委员。

1935年9月3日，张国焘致电中共中央，说葛曲河涨水，左路军不能北渡，已分三路返回阿坝，要求右路军南下松潘。

9月8日，张国焘又致电红军前敌总指挥部政委陈昌浩、总指挥徐向前，命令右路军做好准备南下。

当日，彭德怀恰在前敌总指挥部，觉察到陈昌浩说话的语气与前不同，如说阿坝地区比通（江）、南（江）、巴（中）还好得多等。旋即得知叶剑英已看到张国焘背着中央令右路军南下的电报，并将此事报告了毛泽东。[①] 彭德怀觉得事态极其严重。这时，前卫部队一军已进到俄界地区，只有三军几个团的兵力驻扎在阿西、巴西地区。而中央领导人又都住在前敌总指挥部那里，彭德怀想，如果张国焘有变，毛泽东等人的安全将无法保证。即到毛泽东处请示应急办法。问道："如果四方面军用武力解散我们，或挟持中央南进，怎么办？从防御出发，我们可不可以扣押人质，以避免武装冲突？"[②]

红三军团司令员和三位政治委员合影。左起：李富春、彭德怀、杨尚昆、滕代远

①《彭德怀自述》，人民出版社1981年版，第203页。
② 见1959年彭德怀写的《庐山笔记》。

前敌总指挥部将领。左起：左权、彭德怀、聂荣臻、陈赓、孙毅、聂鹤亭

毛泽东沉思片刻说："不可。"

毛泽东到陈昌浩住处对陈说：军队即要行动，中央是否召开一次会议，做些部署？毛泽东又以周恩来、王稼祥均在病中为由，约陈到彭德怀的三军司令部开会。彭德怀才放下心来。

9 月 8 日、9 日，中共中央两次电令张国焘北上，张国焘复电继续坚持其南下主张。

中央考虑张国焘率部北上已无可能，决定率三军先行北上，向俄界进发，彭德怀和毛泽东在后和十团一起行军，彭德怀问毛泽东："如果他们扣留我们怎么办？"

"那就只好一起跟他们南进吧！我想他们总会觉悟的。"[①] 毛泽东表现出的乐观气概，使彭德怀深为敬佩。

途中，陈昌浩给彭德怀送信，希望三军停止北进。彭德怀把此事报告了毛泽东。毛泽东说，打个收条给他，后会有期。

中央率三军到达俄界后，再次致电张国焘，指令其率左路军向班佑、巴西前进，"不得有误"，张国焘再次拒绝中共中央的命令，并直接电令一、三军领导人"速归来"，说中共中央率红一方面军主力北上是"无止境逃跑"。

为解决张国焘分裂红军所造成的危机，9 月 12 日中共中央在川甘边俄界召开政治局扩大会议。会议决定将一方面军和军委纵队整编为中国工农红军陕甘支

---

① 见 1959 年彭德怀写的《庐山笔记》。

队，彭德怀任司令员，毛泽东任政治委员。支队辖3个纵队。同时成立五人团进行军事领导，成员为：毛泽东、周恩来、王稼祥、彭德怀、林彪。并作出《关于张国焘同志的错误的决定》。

第六节 “唯我彭大将军”

俄界会议后，中共中央、中革军委率中央红军继续北上，渡过白龙江，在沿江残缺危险的栈道上前进。

9月17日，一军先头部队奋勇夺占天险腊子口，中央红军顺利翻过岷山，9月18日到达甘南岷县哈达铺。长征途中，红军所过皆偏僻之地，与外界不通邮，连报纸也看不到。到了哈达铺，从报纸上得知陕北有刘志丹率领的红军和苏区根据地，决定继续北上，前往陕北。彭德怀和李富春为继续争取左路军北上，致电左路军负责人说：右路军在中央正确路线指引下，连日击溃了敌鲁大昌部，缴获甚多，此地物产丰富，汉回族各半，对红军十分热情。希望左路军能消灭敌人北上，创建陕甘根据地，实现中央的战略方针。

9月22日，彭德怀和毛泽东率红军从哈达铺出发，26日突破敌人在渭河设置的封锁线，进抵榜罗镇。中共中央政治局在这里开会，正式决定红军前去陕北，以陕北为基地，促进全国的抗日救亡运动。

会后，毛泽东、彭德怀率陕甘支队先行出发，继续北上，攻占通渭城，在敌人尾追下，连续突破西（安）、兰（州）大路和会宁、静宁间公路及平凉、固原间公路的封锁线，翻越长征中最后一座高山——六盘山，进到环县。10月19日，毛泽东随一纵队首先到达陕北根据地保安县境以战国时代名将吴起命名的吴起镇（今吴旗镇）。随后，彭德怀率二、三纵队也进抵该地区，与红二十六军和先期到达的红二十五军会合。

到达陕北后的彭德怀

至此，中央红军胜利地结束了举世闻名的二万五千里长征，取得了战略转移的落脚点。

彭德怀从二、三纵队驻地到吴起镇与毛泽东商议红军行动方针时，忽得报，一路尾随红军之马鸿宾、马鸿逵和东北军的骑兵部队又来进犯。毛泽东说："我们打退追敌，不要把敌人带进根据地。"这句话成为红军的口号。在彭德怀的指挥下，红军指战员奋起迎战，10 月 21 日在吴起镇西南山上，将马鸿宾的三十五师骑兵团打了个措手不及，纷纷落马溃逃。这时，东北军白凤翔部来犯，其骑兵先头团又被红军打垮，掉头逃命。另外三个团也同时被击溃。红军经过此次战斗，结束了敌人的追剿。

就在这时，毛泽东诗赠彭德怀，赞扬他卓越的军事才能和无畏的作战精神：

山高路险沟深，
骑兵任你纵横。
谁敢横枪勒马，
唯我彭大将军。[①]

彭德怀回忆当年他看到毛泽东写给他的这首诗后，曾将末句改为"唯我英勇红军"，然后将诗还送毛泽东。[②]

这首诗今天已被人广泛传诵，成为不仅是对当年的彭德怀，也是对彭德怀一生的最简洁又最鲜明生动的写照。

---

① 这首诗在先后发表文字上有出入。1959 年第一次发表时为："山高路远坑深，大军纵横驰奔。谁敢横刀立马，唯我彭大将军。"现无原稿核对。本书采用的是《彭德怀自述》中的写法。

②《彭德怀自述》，人民出版社 1981 年版，第 207 页。

第八章　驰骋陕甘宁

第一节　东渡黄河

1935 年 11 月 3 日，苏维埃中央政府决定成立西北革命军事委员会，任命毛泽东、周恩来、王稼祥、彭德怀、林彪、徐海东、程子华、郭洪涛、聂洪钧为委员；毛泽东任主席，周恩来、彭德怀任副主席，统一指挥作战。西北革命军事委员会决定：恢复中国工农红军第一方面军的番号，下辖一军团、十五军团，共 1.1 万多人，任命彭德怀为总司令，毛泽东为总政治委员，王稼祥为政治部主任，叶剑英为参谋长。在恢复一方面军番号时，彭德怀提出为保留井冈山的旗帜取消三军团建制的意见，将原三军团列入一军团序列，即将十团、十一团、十二团编为红四师，十三团编入红一师。他这种顾全大局，不计个人兵权的高尚品德，博得全军的敬佩，也为后来红军的缩编工作做了表率。

这时，日本帝国主义对中国的侵略日深，蒋介石仍然坚持其“攘外必先安内”的反动政策，中央红军到达陕北后，蒋介石即加调东北军 5 个师，分东西两路，向陕北革命根据地扑来。企图消灭中央红军于立足未稳之际。

毛泽东决定集中红军主力歼其先头部队。彭德怀随毛泽东去道佐铺十五军团司令部会见徐海东、程子华，讨论决定将歼敌的地点选在直罗镇。直罗镇不到百户人家，位于鄜县城西葫芦河中游，是陇东通往陕北鄜县、宜川的必经之地。镇址三面环山，地理位置对红军十分有利。彭德怀同徐海东到直罗镇一带视察，走遍附近山头，弄清了四周村庄和道路、河流。决定在镇周设伏，把敌人放进直罗镇来，一举歼灭之。敌人果然中计，进入直罗镇。

21 日拂晓，一军团和十五军团从隐蔽地区向直罗镇发起总攻。毛泽东、彭德怀亲临前线指挥。这天，降着小雪，吹着北风，两路红军直捣敌营。经过半天激战，东北军一〇九师两个团和一个师直属队全部被歼。师长牛元锋被击毙。随后，红军以少数兵力继续围歼残敌，主力转去打援。东北军一〇六师得知一〇九师在直罗镇被歼，立即逃跑。23 日，一军团将一〇六师围堵在黑水寺，又全歼其一个团。敌方被迫退兵，对陕北根据地的第三次“围剿”宣告破产。

直罗镇一仗对中央红军立足陕北至关重要，毛泽东在瓦窑堡会议上评价这次战斗说：“直罗镇一仗，中央红军同西北红军兄弟般的团结，粉碎了卖国贼蒋介石对陕甘边区的‘围剿’，给党中央把全国革命大本营放在西北的任务，举行了一个奠基礼。”①

直罗镇

不久，中共中央决定红军由陕北东渡黄河，进军山西，夺取吕梁山脉，开辟新的根据地。毛泽东认为红军应争取直赴华北前线，对日作战，只有“以发展求巩固”，才能摆脱国民党对陕北根据地军事上的“围剿”和经济上的封锁，解决红军给养和兵员不足等问题。

1936 年 1 月，彭德怀正在甘泉前线指挥作战，收到毛泽东关于东征决策的电报，阅后思之再三，于 1 月 26 日回电毛泽东，陈述了自己的意见。他说：陕北东侧黄河，北靠沙漠，西面人烟稀少，不易形成对红军“围剿”的局面，是红军活动的好后方，应该巩固发展这块根据地。但红一方面军与陕北红军会合后，人数大增，陕北贫瘠，红军发展有一定的困难，向南要同东北军和西北军打仗；还可能把在河南的蒋介石嫡系军队引进西北，对红军不利。东渡黄河，在吕梁山一带创建根据地比较理想，但亦有可虑之处：“一是怕渡不过去，当时红军在大疲劳之后，体质还很弱，且人数也少，包括刘志丹、徐海东两部分才一万三千余人”；“二是东渡黄河后，在蒋军大增援下，要保证能够撤回陕北根据地”。彭德怀以后回忆说：“我这种想法，反映了当时红军体质弱的实际情况以及长征中没有根据地的痛苦教训。”

1936 年 1 月 27 日，彭德怀从前线赶赴延长，参加 1 月 31 日毛泽东主持召开的军事会议，讨论东征问题。会上争论很大，主要是怕红军东渡丢了陕北根据地；也有恶意指责的，李德在他的《对战略意见书》中，说东进是“想挑起日苏战争”。彭德怀在电报中所提出的两条意见，与毛泽东的“以发展求巩固”的主张似乎有些矛盾，但从军事意义上说，它补充、完善了红军渡河东征的战略思想，对作战部署有现实的指导意义。

经过毛泽东的说服，会议统一了认识，同意红军发展的主要方向应放在山西和绥远等省。并决定红一方面军以中国人民红军抗日先锋军名义实行东征，由彭德怀任总司令，毛泽东任总政委，下辖：红一军团，林彪为军团长，聂荣臻为政委；红十五军团，徐海东为军团长，程子华为政委；红二十八军，刘志丹为军

①《毛泽东选集》第 1 卷，人民出版社 1991 年版，第 150 页。

在东征中，红二十八军军长刘志丹不幸牺牲。图为彭德怀为纪念刘志丹题写的挽词

长，宋任穷为政委；红军二十九军和陕北的一些地方武装统由周恩来、博古指挥，留守陕北苏区。

初春虽到，黄河才刚刚开始解冻。河水夹着大块冰排汹涌而下，靠两岸的冰层还没有融化。2月20日，在彭德怀指挥下，红军抗日先锋军渡河战斗打响。先遣队划着小船，乘黑夜穿过敌人弹雨驶达彼岸。21日下午，先锋军全部渡过黄河天险，进入山西。接着，红军越过吕梁山，向兑九峪发起进攻。彭德怀同毛泽东发布《中国人民红军抗日先锋军布告》，向全国再次发出一切抗日军队联合起来，一致对外，打倒日本帝国主义，打倒汉奸卖国贼的号召。

抗日先锋军在阎锡山集中兵力向石楼方面反攻下，分兵三路，南下北上，左路十五军团到达交城，作围攻太原姿态。阎锡山急调重兵来保其老巢。

右路一军团，由霍县南下，占领了赵城、洪洞、临汾、襄陵、曲沃等县的广大农村。

中路十五军团一部、三十军等，总共不过几百人，在晋西地区牵制阎军，控制黄河渡口，保证后方交通运输和红军抗日先锋军的回渡。

蒋介石为拦阻红军东进，先后调遣约10个师兵力进入山西，随后，派陈诚协助阎锡山指挥作战，企图首先夺取渡口，封锁黄河，截断红军退路。与此同时，蒋介石又下令西北军、东北军进攻陕北，威胁红军根据地。

在敌军大举进攻的严重形势下，为避免不必要的决战，以利团结抗日，毛泽东和彭德怀遂命令抗日先锋军回师西渡，撤回陕北。

由于预先有准备，红军控制了各路渡口，只用三昼夜，便于5月5日全部西渡回陕，结束了东征。

毛泽东、彭德怀亲自指挥的东征战役，历时75天，扩大8000红军，筹款30万元。在山西二十几个县的广大农村组织和发动了群众，推动了华北和全国的抗日救亡运动。彭德怀回忆说："进军山西是红军到达陕北后的第二个伟大胜利。"[①]

①《彭德怀自述》，人民出版社1981年版，第214页。

第二节　西征和迎接红二、四方面军

红一方面军刚回师陕北，蒋介石就向陕甘苏区发动新的“进剿”。这次“进剿”兵力有蒋军嫡系、陕北地方军、宁夏“二马（马鸿宾、马鸿逵）”、东北军、晋军，共约154团，25万余人，围攻陕甘苏区，防堵红军西进。红军有被困死在陕甘地区的危险。

1936年5月18日，西北革命军事委员会颁发西征命令，组成中国人民红军西方野战军（以下简称为西方野战军），彭德怀为司令员兼政治委员，刘晓为政治部主任。

西方野战军下辖左、右两路军，后又组成中路军，共约1.7万多人。左路军由一军团组成，左权为代军团长，聂荣臻为政治委员。右路军由十五军团组成，徐海东为军团长，程子华为政治委员。中路军二十八军军长宋时轮，政治委员宋任穷；八十一师师长贺晋年，政治委员张达志。此外，参加西征的还有二十九军等部。

西征的任务是：打破国民党军对陕甘苏区根据地的围攻，消灭宁夏“二马”，扩大苏区，打通和苏联间的国际路线，迎接二、四方面军北上，争取团结东北军、西北军和一切抗日武装，促进抗日民族统一战线早日形成。

初夏的陕北黄土高原，暖风阵阵，彭德怀率司令部随左路军一军团出发。5月31日，首攻陇东曲子镇。曲子镇是国民党环县县政府所在地，是座土城，高墙深壕，为通往宁夏的要隘。守军为马鸿宾一个骑兵团的留守部队，及路经曲子镇的一〇五旅旅长冶成章率领的两个连。冶成章性情暴躁，打仗剽悍，人称野骡子。这场战斗相当激烈。经过反复冲杀和巷战，守敌大部被歼。冶成章受伤后被俘，为了争取该军停止内战，共同抗日，西方野战军对冶成章等给以优待，教育后释放。

西方野战军出师不久，左右两路军频频告捷。左路一军团消灭了马鸿宾的主力，夺取了曲子、阜城、环县、洪德城，控制了南北大道，为西进创造了有利条件。右路十五军团夺取了宁条梁、红柳沟，配合了左路军一军团作战。

彭德怀指挥西方野战军继续前进。6月15日，红十五军团七十八师一举攻占定边城。21日，在中路军主力配合下，七十八师又攻占了长城脚下的盐池城，缴获战马数百匹和大量枪支弹药。7天之内，该师连克两城，彭德怀司令员特给予嘉奖。

在七十八师胜利的鼓舞下，红七十五师于6月26日攻克预旺县，红七十三师攻占了同心城。

6月20日，红一军团主力攻占七营，与张学良的东北军对峙。东北军骑兵军军长何柱国趁张学良去南京开会未回之机，执行蒋介石的命令，攻占了西方野战军控制的三岔、阜城、马岭，向曲子镇推进。

西方野战军原拟避免同东北军作战，以争取其团结抗日。7月2日，彭德怀给一军团四师师长李天佑、政委黄克诚电报指示：“对东北军在原则上不与之决战，多从政治上争取。”但何柱国以为西方野战军软弱可欺，继续北犯。彭德怀遂令一军团二师由北向南，四师由南向北夹击何军。一举歼灭其骑六师的四连，对所俘官兵进行了抗日教育后，归还武器，全部予以释放。被俘官兵临去时依依不舍，说："我们再要和红军打仗，就不算是中国人！"何柱国吃了亏，被迫停止对红军的进攻。

西方野战军深入宁夏回民区时，发布了三大禁令：（一）严禁驻清真寺；（二）在回民地区不准吃猪肉，不提猪字；（三）不在回民地区筹款，不打回民土豪。禁令下达后，各部严格执行。西北高原历来吃水困难，西方野战军为帮助群众解决吃水困难，不惜到十几里以外的山下挑水，每天还把驻地村民的缸装得满满的，回民拥戴红军，称西方野战军为"仁义之师"。

西方野战军经过苦战，给宁夏"二马"狠狠打击，取得重大胜利。随后，主力集中在预旺附近，为接应红二、四方面军做准备。这时，红二、四方面军已顺利北上，进至甘肃地区，形成了三个方面军靠拢夹击敌人的有利局势。

8 月 12 日，中共中央提出夺取宁夏的战略计划，准备与东北军合作，打通与苏联的交通，建立西北政府，出兵绥远，促进全国各派抗日统一战线形成。当日，中央将这个战略计划电告朱德、张国焘、任弼时，要求三个方面军在陕甘大道会师后，共同实现夺取宁夏的任务。

张国焘自率红四方面军南下，在川康边绥靖（今四川金川县）之卓木碉自立中央，自封主席。红四方面军指战员在冰天雪地里二次通过草地，翻越雪山，从实践中认识到张国焘的南下方针是错误的，盼望重新北上。在中共中央和共产国际的责令下，张国焘被迫取消非法中央，同意北上。7 月，红二方面军在甘孜同四方面军会师。经朱德、刘伯承、贺龙、任弼时等人的坚持斗争和中共中央的再三督促，张国焘同意两个方面军共同北上，同中央会合。

但是，张国焘仍然不愿与西方野战军即一方面军合作，想去西北边远地区独树一帜。8 月 22 日张国焘电中共中央，提出四方面军由兰州西渡黄河，一部出宁夏中卫援助一方面军夺取宁夏，二方面军在临（潭）岷（县）一线吸引胡宗南军，任务完毕后，走陕南略阳、眉县，打通与一方面军的联络。中央将张国焘的电报转给彭德怀，征求意见。彭德怀在 8 月 26 日给毛泽东、周恩来的绝密电中说，张国焘部署的目的在于回避胡宗南，使该敌以全力对付我一方面军，破坏我作战部署。因为张国焘所谓"由永靖渡黄河抢占永堡"和"一部出中卫，援助一方面军夺取宁夏"是不可能的，只会使黄河北岸敌军戒备更严。至于所说二方面军吸引胡敌任务完毕后，走略阳、眉县，打通与红一方面军的联络，目的是使二方面军向岷县就张国焘之范，或出陕南，使之在事实上"不能与一方面军会合"。8 月 26 日晚，彭德怀致电二、四方面军，委婉指出张国焘 8 月 22 日电报提出的行动方针"虽周到似觉仍欠完善"，四方面军西进，"虽然安全地区亦颇广大，但雪山草地无发展余地，并且脱离目前政治形势"。且四方面军不控制陕甘大道之静（宁）、会（宁）、定（西）段及其南北地区，"一方面军主力则不能南出镇原、泾川、长武协同任（弼时）、贺（龙）滞阻胡（宗南）敌"，且"我过远南出"，宁夏诸敌则“可乘虚进占盐池、定边、预旺堡诸县”。“二方面军亦不能单独久阻胡敌，在敌威胁下，不是南过汉水，必北来静会”，造成不利形势。电报最后表示完全同意中央决定的三个方面军战略行动计划，真诚希望张国焘重新和冷静考虑四方面军的行动。

这时，四方面军击破了鲁大昌新编十四师及毛炳文三十七师，攻占了漳县、临潭、渭源、通渭县等，威逼兰州。二方面军打破了王均第三军的拦阻，连克成县、徽县、两当等县，直逼天水。二、四方面军与一方面军形成了南北呼应、夹击敌人的有利形势。但是，张国焘按兵不动，徘徊于黄河、洮河之间，贻误战机，未能消灭敌人。

蒋介石为阻止三大主力红军会师，令胡宗南军队截断红军三个方面军会合的通道，毛炳文军向陇西集结；王均军向武山集结；川军孙震由川北向武都、西固一带逼近，协同青海马步芳部进攻红四方面军。同时，强令东北军、西北军向成县、凤县、略阳等地区推进，围堵红二方面军；令宁夏“二马”和何柱国从南北两面夹击清水河以西红一方面军主力。

9 月 13 日，中共中央和军委提出以打击蒋介石嫡系胡宗南军为主的静（宁）、会（宁）战役计划。张国焘以四方面军“在会宁地区与敌决战，西面受敌，颇为不便”为由，拒不执行静会战役计划。9 月 27 日，毛泽东、周恩来和彭德怀致电张国焘等，指出一、四方面军“合则力厚，分则力薄”，合则宁夏、甘肃两处皆可占领，分则两处均难占领，三个方面军会合将不可能。

经过中央说服和朱德、任弼时等人的坚持，红四方面军于 9 月底由岷县、漳县向静会地区前进。但由于推迟了会师时间，预定三个方面军协同进行的以打击胡宗南部为目的的静（宁）、会（宁）战役计划未能实现。

为迎接红四方面军北上，实现红军三大主力会师，彭德怀率西方野战军主力迅速进至西（安）、兰（州）大道以北之海原、固原地区。10 月 2 日凌晨，十五军团特别支队潜入会宁城内，全歼守敌。接着十五军团七十三师进驻会宁城，在城外构筑工事，准备迎击敌人。

10 月 8 日，红四方面军先头部队到达会宁东南的界石铺，与红一方面军红一师、红七十三师会师。翌日，朱德、张国焘、徐向前、陈昌浩率红四方面军总部和第四军、三十一军开进会宁城，受到红一方面军指战员和当地群众的热烈欢迎。

10 月 10 日，古老的会宁城红旗飘舞，气象一新。红军在会宁文庙前举行庆祝大会，会上宣读了中共中央、中央工农政府、中央革命军事委员会联名发出的贺电，两军将士欢呼声响彻全城。一、四方面军自 1935 年 9 月在泥泞的草地上分手，经过一年的艰苦奋斗，又在黄土高原上会合了。两军战友悲喜交集，按不住激动的心情，互相问候，互相拥抱。

这时，红二方面军遵照中央和军委的指示，于 10 月 4 日向北移动，夺路前进，渡过渭水，越过西兰大道，又经过十多天的艰苦行军和奋战，于 22 日到达静宁以北的将台堡，与红一方面军第二师会合。至此，三大主力红军胜利会师，中国工农红军胜利地完成了1934年10月开始的战略大转移。中共中央祝贺红军会师说：这在“国内政治关系上，将要起个决定的作用”，势将推进抗日民族革命战争新阶段的到来。作为西方野战军统帅的彭德怀，对红军三大主力会师格外欣慰，但他无暇和三军将士共享这经历无数险阻而取得的胜利的欢悦。

10月23日，彭德怀同徐海东在打拉池与朱德、张国焘会晤，以商决下一步夺取宁夏的作战计划。

蒋介石对红军三大主力会师，惊恐不安，急调十几个师的兵力追击红军，分别由东、南、西三面向静宁、会宁地区疾进。

鉴于敌情变化，彭德怀于10月29日请示军委毛泽东、周恩来，提出三个方面军主力协同作战，集中力量，在海（原）打（拉池）消灭胡宗南1—2个师，迟滞毛炳文、王均部的部署意见。这一计划如果实现，可扼制南面敌人进攻的势头，为实现宁夏战役创造条件。

1936年，彭德怀（左二）、彭雪枫（左三）与红十五军团军团长徐海东（左一）、政治部主任郭述申在陕北合影

毛泽东同意彭德怀29日的作战部署。30日，红一方面军六个师，红四方面军第三十一军准备从东西两面歼灭胡宗南先头部队一至两个师；其余部队钳制毛王二部。当两军临战关头，张国焘命令四军和三十一军后撤，使一方面军完全暴露在胡军面前，破坏了彭德怀的作战部署，战役计划落空。接着，张国焘又贻误了在海原与同心城之间击敌的作战部署，使诱歼胡军一部的目的未能实现。而胡军则得机进至靖远、打拉池等地，打通了增援宁夏的道路。红军夺取宁夏的战略计划被迫中止，不得不放弃预旺以西的大块土地，丧失了控制西兰公路以至甘肃全省的时机。

为排除张国焘对作战指挥的干扰，中共中央军委在 11 月 15 日授权彭德怀，并下令红军“一切具体部署及作战行动，各兵团首长绝对服从前敌总指挥彭德怀同志之命令。军委及总部不直接指挥各兵团，以便适合情况不影响时机地战胜敌人”。同时指出：“目前中心是打破敌之进攻，然后才能开展局面。”

为诱敌军东进，寻机歼敌，红军开始由同心城、王家团庄、李旺堡之线东移，经过几日行军，红一方面军进至预旺东北地区待机。红四方面军四军、三十一军分别进至红城水、萌城、甜水堡地区待机，红二方面军进至环县地区。这时，胡宗南第一军在攻占同心城后，错误地认为红军不堪一击，十分骄横，急向东进，将所部分成三路追击红军。

11 月 18 日，红军一、二、四三个方面军领导人联合署名发出《关于粉碎蒋介石进攻的决战动员令》，号召一、二、四方面军全体指战员“服从命令，英勇作战，克服困难，并准备连续战斗”，“不怕疲劳，勇敢冲锋，多捉俘虏，多缴枪炮”，粉碎敌人的进攻，开展新局面，作为三个方面军会合于西北后赠给苏区人民的第一份礼物。

当日晚，周恩来由陕北亲赴前线河连湾，代表中共中央热烈欢迎和慰问红二、四方面军。在彭德怀的要求下，周恩来暂留前方，同彭德怀一起指挥作战。

彭德怀根据军委指示精神，于 11 月 19 日赶赴陕甘两省交界甘肃境内的山城堡前线。这里川塬相交，沟壑纵横，地形复杂，便于大部队设伏。山城堡住户很少，却有一股笔孔大的、在这干旱地区难得的泉水。彭德怀预计胡宗南军为得到饮水，非到此地不可。随即召开前敌总指挥部会议，拟定山城堡作战部署。当日，各部迅速到达指定地点，就地构筑工事，隐蔽待机，群众坚壁清野，封锁消息，军民协同，布下阵势，准备打击深受蒋介石倚重、一贯骄横的胡宗南的第一军七十八师。

11 月 20 日，胡军七十八师果然开来，占了山城堡，翌日放胆向东进攻，红军突然发起攻击，全歼该师一个旅又两个团。进攻盐池之部，也被红二十八军击溃。这次战斗，迫使胡军撤到萌城、甜水堡以西地区，停止了对陕甘根据地的进攻；还进一步争取了东北军，促进了抗日民族统一战线的发展。

山城堡战役后，彭德怀率军在长城南盐池、洪德之间待机，准备乘胡宗南军通过沙漠饥渴之际给以伏击。这时在数百里外的古都发生了震动中外，影响中国历史进程的“西安事变”。数十年后，彭德怀还记得这历史转折时刻的情景，在其《自述》中写道：“十二月十二日深夜，我和任弼时（此时，中央刚指定任为前敌政治委员）住在一个一米高、两米宽的土洞（牧羊人住的）内，聊避风沙，点灯看地图。外面狂风、飞沙、迷雾，译电员送来电报，高叫‘蒋介石被张学良捉起来了！’以后，中央又来电征求对蒋处理意见。我和弼时经过反复交谈，一致同意中央放蒋方针。”

在中国共产党的正确主张下，西安事变获得和平解决，国民党军队随即向潼关、天水撤去。历时半年的西征胜利结束。东北军向西安集结，将洛川、庆阳放弃。红军遵照军委指示迅速南下，进驻庆阳、西峰镇一带，向东北军、西北军靠拢，为争取停止内战，实现对日作战，继续进行斗争。

西征在中国共产党和红军作战史上占有重要地位。这次西征，粉碎了蒋介石消灭红军的计划，使苏区的面积发展到东西长 1200 余里，南北达 600 余里；也使神府、关中苏区以及陕南几个游击区，获得不同程度的巩固与发展；西征实现了三大主力红军会师，壮大了革命力量，推动了中国革命的发展。

彭德怀在西征中，运用人民战争思想，根据中央军委的部署，结合敌情变化，正确制订了各个阶段的具体战役计划，亲赴前线组织指挥，取得整个战役的胜利。他认真贯彻中央关于抗日民族统一战线的决策，将打击重点放在蒋介石的嫡系胡宗南和西北军阀马鸿宾、马鸿逵上，而致力于争取和团结要求抗日的东北军和其他抗日武装。在西征中，彭德怀十分注意部队的政治工作和群众纪律，严格贯彻少数民族政策，得到西北民众的支持和拥护。

第三节 联友军共赴国难

1935 年 9 月，蒋介石在西安设立“西北剿匪总司令部”，自兼总司令，委任张学良为副总司令兼代总司令，利用东北军向陕甘革命根据地大举进攻。东北军在与红军作战中连吃败仗，遭受了重大损失。

早在 1931 年的“九一八”事变中，张学良接受蒋介石“不抵抗”的命令，丢掉了东北三省，遭到全国人民的唾骂。张学良代蒋受过，几年来，东北军几无容身之地。“剿共”毁了自己的部队，从蒋介石那里不仅得不到补充，反被取消番号。张学良国恨家仇集于一身，开始厌恶内战。为复仇雪耻，抗日救国，盼望找到一条新的出路。

中国共产党决定争取张学良，促使东北军停止内战，一致抗日。1935 年 11 月，毛泽东和彭德怀共同署名发表《告围攻陕甘苏区的各部队官长与士兵书》，提出只要东北军不打红军和陕甘苏区，红军便愿意和他们互派代表，订立抗日作战协定，组成抗日联军与国防政府。还表示，不论哪一派的军队，也不论从前有没有打过红军，都一律欢迎同他们联合起来共同抗日。

在全国抗日救亡高潮下，彭德怀亲自对东北军进行联合抗日工作。这一工作是从争取高福源取得重要进展的。高福源是东北军六十七军一一〇师一个主力团团长，原系北京大学学生，后毕业于东北军官讲武堂，又东渡日本就读于士官学校，当过张学良的卫队长，有强烈的抗日要求，深受张的信任。不久前，高福源在榆林桥为红军所俘。

1935 年 12 月，一军团开始围攻甘泉。几次攻击，均未成功。这时，彭德怀让把押在瓦窑堡的高福源送来前方，多次到高的住处同他谈话，说明红军抗日救国的诚意，请高观看红军演出的抗日节目。随后又派政治部秘书长周桓继续做高的工作。高福源深受感动，对红军心悦诚服，愿意去甘泉说服守军指挥东北军一

○七师参谋长刘汉东与红军合作抗日。

周桓将高的意见报告彭德怀，彭德怀慨然允诺，并派周桓同高福源到甘泉。在甘泉城下，高向城内喊话，刘汉东答话说："高福源能进城来面谈吗？"刘汉东本意将高福源一军，没想到高福源甘愿冒生命危险进城。

高福源在甘泉向刘汉东介绍自己在红军中的见闻，并说共产党是爱国爱民的，使刘对中国共产党的抗日救国政策有所了解。[①]高福源从甘泉回到红军驻地，向彭德怀反映说，驻甘泉城内的东北军被围得很苦，没吃、没烧。彭德怀即派周桓带着二三十垛猪牛羊肉和柴米等物到甘泉慰问，并解答了刘提出的很多问题。

数日后，高福源来到彭德怀的住处，对彭德怀说，张学良、王以哲都要求抗日。打回东北老家去，是东北军普遍的要求。张学良如果能够了解红军的真实情况，是可以同红军合作抗日的。他提出："你们要相信我，我愿回东北军去劝说张学良放弃反共政策，与红军停战，联合抗日。"彭德怀爽快答复高福源说："我们相信你。"

第二天清晨，彭德怀派骑兵护送高福源到东北军王以哲六十七军防线边，并赠送了路费。

不久，返回东北军的高福源从洛川乘飞机到甘泉，骑马来到红军政治部，高说："这次是奉命而来的，少帅要面见你们的代表，商议抗日大计。他已到洛川等候。"周桓听后，十分高兴。[②]

彭德怀接到周桓电话，立即报告中央，建议派人同张学良会见。中央回电要彭德怀从周桓、伍修权两人中选一人为代表去洛川，如张学良确有诚意，即派全权代表前去与张会谈。

这时，恰值李克农从道佐铺做情报工作回来，因李克农长期做白区工作，彭德怀接受周桓建议向中央提出派李去洛川。1936年1月19日，李克农与高福源一起前往洛川会见张学良。同日，彭德怀、毛泽东致东北军六十七军军长王以哲转张学良将军电：日本在包头、五原等地遍设特务机关，加紧活动，华北五省危机加深。"日本灭亡中国之行动，均得到南京政府蒋介石之赞助与拥护"，对"贵军与敝军之联合抗日含恨甚深，希望贵方不为奸人谣言所动，胁利所屈，坚持联合抗日之立场"。

李克农同张学良在洛川第一次会面，便取得了良好的进展，李克农向彭德怀汇报时说："如我方站在诚意方面，张学良愿奔走，将走甘肃、南京斡旋。"张学良还约彭德怀或其他人在延安、洛川见面，以商谈两方各就原境划作疆界，并在可能范围内恢复经济通商等问题。

2月中旬，李克农代表中共再次赴洛川，时张学良去南京，便与王以哲真诚友好地谈判了十数日。2月28日，双方取得谅解，先与东北军六十七军订立了

① 访问周桓同志记录，1982年夏。

② 访问周桓同志记录，1982年夏。

局部口头协定。同东北军的整个协定，则待张学良返回后再议。口头协议的内容是：为巩固红军与六十七军一致对日，互不侵犯，各守原防线，在防区恢复通商关系，彼此负有保护责任等。

3月5日，双方口头协定正式生效。彭德怀、毛泽东致电王以哲，我方已通知红军及地方党政机关执行。要求王通知甘、鄜、洛等地军政机关立即实行。指出此虽系口头协定，但双方出于抗日救国诚意，会比"寻常外交上之文字协定更为诚信无欺"。红军与六十七军订立和实施口头协定，增强了双方的信任，为中国共产党领导人和东北军统帅张学良就抗日救国大计作进一步会谈创造了条件。

不久，张学良从南京回来，表示希望和中共最高级人士会谈，以解答他的某些疑问。4月9日，周恩来赴延安与张学良举行了著名的肤施（延安）会谈。在会谈中，周恩来阐述了中共抗日民族统一战线政策，分析了国内外形势，解答了张学良提出的各种问题，张学良深为折服。双方对联合抗日的许多重大问题达成了一致意见。这次会谈的成功对于西北地区统一战线的形成，促进全国统一战线的实现，具有重要意义。

彭德怀非常重视教育部下贯彻党的抗日民族统一战线政策。他向西方野战军提出，统一战线工作和"消灭敌人的战斗任务一样的重要"[①]。在彭德怀的号召下，野战军从上到下对敌方开展了争取工作。他们给敌方官兵写信，提出停止内战，一致对外的号召；交战时，向对方喊话："中国人不打中国人！"被俘的敌军经过教育后，归还武器，全部释放。"在曲子、马岭、阜城几次战斗中，对俘虏的纪律是前所未有的。""掏腰包、虐待的事，个别现象也未发现。"[②]在红军同东北军对垒的前方，两军渐渐地熟悉起来，白天阵地上鸦雀无声，夜晚，抗日歌声从

彭德怀同刘少奇（右）、杨尚昆（左）在三原县云阳镇红军前线指挥部门前合影

①《西征中抗日统一战线的工作》1936年7月15日。

②《西征中抗日统一战线的工作》1936年7月15日。

双方的阵地上传出来，此起彼和，悲愤激昂。以后双方官兵在阵地上开联欢会，变成要求抗日救亡的朋友，建立了友邻关系，体现了抗日民族团结的感召力。

山城堡战斗后彭德怀曾会见王以哲，和王以哲推心置腹地交谈。8 月中旬，彭德怀给东北军将领何柱国去信，说明停止内战，共同抗日救国的道理，请他将部队撤到固原城及其以南地区，不要阻拦红二、四方面军北上抗日，红军保证在其部队移动时给予方便，决不进攻。同时，派朱瑞为红军代表前去同何谈判。由于红军的努力达成了口头协议。

马鸿宾部一〇五旅旅长冶成章夫妇在曲子镇被俘后，不吃不喝，默不作声。红军给他精心治伤，彭德怀同冶谈话，讲抗日救国，停止内战的道理，将冶氏夫妇放回。这对后来在回族军队中开展统一战线工作，起到了作用。对极其反动的宁青“四马”（即马鸿宾、马鸿逵、马步芳、马步青），彭德怀也曾通过各种方式进行工作。

12 月 28 日，彭德怀和任弼时就张学良放蒋介石回南京后的形势和推动抗日运动问题致电中央军委。电报说：“西安事变”和平解决，放了蒋介石，中国局势有走向停止内战、一致抗日的较多可能，但美帝国主义的动摇态度，会影响南京。所以蒋介石回南京后，可能产生新的动摇；不过，“西安事变”后，再组织大规模进攻红军的战役可能性小了。但蒋介石仍不会放松限制红军的发展。我们

1936 年 12 月 12 日，“西安事变”发生，为防备国民党的进攻，西方野战军于 1937 年 1 月开抵西安附近待命。图为前敌总指挥彭德怀（左七）、政委任弼时（左四）和杨尚昆（左三）、陆定一（左五）等与前来访问的国民党友军将领在陕西三原县合影

认为应用最大力量和方法扩大红军，巩固抗日根据地，加强白区义勇军的发展，以实力促进全国抗日民族统一战线的早日建成，推动全国抗日运动的迅速发展。彭德怀、任弼时的电报与中共中央在西安事变前后所采取的方针完全一致。后来彭德怀率红军主力驻在陕西三原、耀县地区，继续做了大量的争取东北军、十七路军将领的统战工作，收到明显的成效，对促进全国抗日民族统一战线的形成，为全民抗战，做出了巨大的贡献。

第二次国内革命战争时期，是中国共产党历史上的一段非常重要的时期。中国共产党从血的教训中走上了武装革命的道路，达到了政治上的成熟。列宁说："无产阶级革命第一次使过去单枪匹马进行革命斗争的英雄有了真正的基础、真正的群众、真正的无产阶级军队，使这些领袖能够大显身手。"彭德怀便是这样的革命所造就的领袖人物之一。他在军事上的卓越才能，作战中的英勇无畏，政治上的忠诚坚定和坦率正直的秉性、艰苦卓绝的作风，使他在党内军内获得了很高的威信，也使他在以后更为壮阔激烈的抗日战争中，能够身当大任，建立卓著功勋。

第九章　与华北共存亡

第一节　旗开得胜

1937 年 7 月 8 日晚，陕西省三原县云阳镇红军营地一片静谧。在红军前敌总指挥部的油灯下，政委任弼时、总指挥彭德怀和政治部主任杨尚昆收听到南京中央社广播的重要消息：日本军队 7 日晚 10 时在卢沟桥演习，演习后称有日兵一名失踪，无理要求进入宛平县城搜检。8 日，日军更无理要求我方撤退卢沟桥宛平驻军。我二十九军已举兵抗击，誓与城共存亡。[①]

在全国人民抗日怒潮的影响下，驻守卢沟桥的二十九军将士奋起抵抗日本帝国主义的侵略，揭开了全面抗战的帷幕。当晚，中共中央发表宣言大声疾呼：平津危急！华北危急！中华民族危急！全国同胞团结起来，驱逐日寇出中国，为保卫国土流最后一滴血。彭德怀和参谋长左权连夜部署红军调查渡河点，准备随时出动抗日。9 日，彭德怀、贺龙、刘伯承、林彪、徐向前、叶剑英、左权、萧克、徐海东和全体红军将士通电南京政府，请缨杀敌。彭德怀要求红军加紧练武，把刺杀、投弹、射击列为主要的项目，准备在未来的抗日战争中，发挥机动灵活的游击战术特长来打击敌人。

红军时代快要结束了。国民党和共产党正在重建统一战线，以便团结抗日。根据中国共产党向国民党提出的为实现联合抗日的四条保证中的第二条："苏维埃政府改名为中华民国特区政府，红军改名为国民革命军，直接受南京中央政府与军事委员会的指导"，红军在 7 月下旬开始按国民革命军编组改编，兵力总计为 4.5 万余人。7 月 22 日，红军前总召开团以上干部会，彭德怀在会上作《红军改编的意义和今后工作的报告》，历述从"九一八"事变以来，中国共产党一贯的抗日主张，阐明红军改编的意义。彭德怀回顾了红军 10 年艰苦斗争的历史，强调说，改编后要保障党对红军的单一领导、绝对领导。没有党就没有红军，政治工作是红军的生命线。他要求大家保持红军的特长和优良传统，做友军的模范。

1937 年 8 月 22 日到 25 日，彭德怀出席了中国共产党在陕西省洛川县冯家村举行的政治局扩大会议，这次会议通过了中国共产党向全国民众提出的著名的

---

① 彭德怀、任弼时、杨尚昆致各兵团电报，1937 年 7 月 8 日夜。

洛川会议期间的彭德怀

《抗日救国十大纲领》和向全党提出的《关于目前形势及党的任务的决定》，会议还讨论确定了红军在抗日战争中的任务和作战方针。

根据敌强我弱的抗战形势，洛川会议提出了进行持久战的抗日战略。决定红军只留少数兵力驻守陕甘宁边区，主力3.2万人开赴晋绥前线，和国民党军共同支持华北。万一国民党军队放弃黄河以北，红军仍然要拖住日军，坚持华北抗战，挽救危亡。

这时，北平、天津已相继沦陷，进攻华北的日军达到5个师团、10万人以上。以3万余红军而决心支撑华北，说起来，这是一个难以令人置信的要求。红军将如何去实现这个战略要求呢？

8月22日晚，毛泽东在冯家村头一个权充会场的私塾小学的土窑洞内，从容道出他的深谋远虑：

“红军的作战地区在晋察冀之交，受阎锡山节制，红军的基本任务应当是：（1）创造根据地；（2）牵制与消灭敌人；（3）配合友军作战；（4）保存与扩大红军；（5）争取民族革命战争的领导权。”

关于红军的作战方针，毛泽东提出：红军要“进行独立自主的山地游击战——包括有利条件下消灭敌人兵团与在平原发展游击战争——但着重于山地”。

毛泽东关于红军的任务和作战方针的意见，引起了大家的讨论。红军前敌总政治委员任弼时在发言中提出红军应当采用独立自主的山地运动、游击战。

彭德怀即将身赴前线，正思索着红军怎样以3万之众，在广阔的华北战场上打开局面，实现毛泽东提出的红军的基本任务。他接着发表意见说：“红军出去，基本的是打胜仗，树立声威，开展统一战线。只有这样，才能提高党与红军的地位，也可使资产阶级增加抗战的决心。”关于红军的战略问题，他说：“我基本上同意毛泽东同志的报告。”对任弼时提出的运动战游击战的问题，他说：“一般说，运动战的可能减少了一些，但发动群众，麻痹敌人，调动敌人是可能的，游击战与运动战是密不可分的。”

会议进行到深夜，气氛严肃而热烈，大家畅所欲言。关于红军的作战原则，有了三种意见：独立自主的山地游击战；独立自主的游击运动战；独立自主的运动游击战。由于出师紧迫，这个问题在会上没有进一步开展讨论。

8月22日，蒋介石以南京国民政府军事委员会委员长的名义，委任朱德、彭德怀为国民革命军第八路军总、副指挥（9月11日改称十八集团军总司令、副总司令）。8月25日，中共中央军事委员会命令，依据与国民党谈判结果，宣布红军改名为国民革命军。红军前敌总指挥部改编为八路军总指挥部（9月11日改为十八集团军总司令部简称总部或集总），以朱德为总指挥，彭德怀为副总指挥；叶剑英为参谋长，左权为副参谋长；任弼时为政治部主任，邓小平为副主任。八路军下辖一一五师、一二〇师、一二九师。一一五师师长林彪，副师长聂荣臻；一二〇师师长贺龙，副师长萧克；一二九师师长刘伯承，副师长徐向前。准备开赴山西前线，加入第二战区（晋绥）序列。

同日，朱德、彭德怀向全国通电就职。

1937年9月初，朱德总司令在三原北的耀县举行红军抗日誓师大会，彭德怀陪同周恩来，并林彪、徐向前一行人于5日先抵太原，准备和第二战区司令长官阎锡山会商红军参战事宜。

卢沟桥事变后，日军在华北未遭到严重的打击，长驱直入，凶焰正炽，山西即将成为华北的西战场。

面对日军进攻的山西省地方实力派阎锡山——红军出师后的第一个和主要的合作者，当日本帝国主义的势力在华北步步扩张之际，从反共转而同意与中国共产党联合抗日，邀请共产党人薄一波等到山西，帮他组织山西救国同盟会和另建新军——山西青年抗敌决死队。阎锡山想利用共产党的经验来保持他经营多年的山西“王国”。这样，山西的民众抗日运动在“七七”事变前已开展起来。

平津失陷后，中共华北党组织动员了大批党员和爱国学生到山西参加抗战，山西的救亡运动更形高涨，一时成为华北抗战的中心。彭德怀在其回忆录中曾谈到，当年赴太原一路所见民众抗日情绪之高：“沿途人民夹道欢迎，送水送茶，拥塞于途，馒头烤饼，扔满车厢。”① “……街谈巷议，无不希望红军早日参战。到太原时，人民盼望共产党和红军参战之心更切。”②

在日军即将闯入山西之际，阎锡山把他的旧军（晋绥军）部署于大同一带，准备与日军一战。红军出师，也准备首先开赴大同前线。但当周恩来、彭德怀等赶赴晋北时，阳高、天镇相继失陷，山西形势急转直下。阎锡山眼看日军长驱入晋，他战无信心，不战又无以回答山西民众。他知道，挽救晋局，必须借重八路军之力，急请周恩来、彭德怀等与他共商防守之计。

周恩来、彭德怀、徐向前从大同驱车，直抵雁门关下太和岭第二战区前线司令部。阎锡山拿出了他筹划的方案：以晋绥军六个军的兵力在平型关、沙河、繁峙一线上布置一个口袋阵，要求八路军与高桂滋军共同防守平型关。

周恩来同意阎锡山的计划，同时指出，八路军将发挥特长，运用运动战与游击战的结合，配合友军围歼日军。彭德怀具体提出，以友军坚守平型关正面，八路军一一五师隐蔽集结于敌前进道路的侧面，从敌侧后夹击进攻平型关之敌；八

① 见1959年彭德怀写的《庐山笔记》。

②《彭德怀自述》，人民出版社1981年版，第221页。

路军一二〇师则位于晋西北地区，待机侧击进攻雁门关之敌。阎锡山表示同意。

9月19日，一一五师劳师远至，即奉总部命越五台、出长城，于平型关西之大营镇集结待命。21日，朱德、任弼时、左权率总部抵太原，中共中央军委前方军分会立即举行会议。会议讨论山西战局及八路军的作战计划，大家一致同意彭德怀关于配合友军侧击进攻平型关之敌，争取打胜仗，鼓舞士气民心的意见。23日，总部进抵五台之南茹村。当日，朱德、彭德怀下令一一五师选择地形，进入伏击状态，相机出击。

24日，一一五师师长林彪，副师长聂荣臻亲临前线，指挥所部三四三旅之六八五团和六八六团，在平型关外设伏。25日晨，部队向正在开进的日军板垣师团二十一联队一部及辎重部队发起突袭。以勇敢顽强的近战肉搏，歼灭日军1000余人，缴获大批军械物资。八路军也付出重大牺牲，伤亡600余人。

自抗战以来，日军在华北横冲直撞，至此，遭到八路军的痛击。英国路透社报道说，日军以前没有与中国有名的红军作战，现在碰上了，就不容易占便宜。[①]

早在洛川会议上，由于对红军作战方针存在着不同的看法，彭德怀和毛泽东曾就红军出师问题个别交谈。彭德怀认为，红军的游击战与运动战有不可分割的关系。而毛泽东作战方针的基点是游击战，这对于驰骋湘鄂赣闽，以劣势装备动辄整团、整旅地“吃掉”国民党政府军的红军将领来说，无疑将是一个战略性的转变。9月12日，毛泽东电告彭德怀：“在和国民党谈判中，应着重解释我军独立自主的山地游击战争这个基本原则”，红军则要“坚持依傍山地与不打硬仗的原则”。9月21日，毛泽东向彭德怀再次强调他的看法：“今日红军在决战问题上不起任何决定作用，而有自己的一种拿手好戏，这就是真正独立自主的山地游击战（不是运动战）。”毛泽东提醒八路军前方将领：“目前情况与过去国内战争根本不同，不能回想过去的味道，还要在目前照样做。”[②]

平型关之战红军付出了重大的牺牲，但给全国带来了华北战场上第一个振奋人心的胜利，在一直被动应战的抗日战场上，树立了一个主动出击挫敌的范例，证明日本皇军并非不可战胜。共产党、八路军的英勇精神和神奇战术，在全国获得很高的声誉。八路军的平型关之捷，为八路军的深入广泛发动群众，开展抗日游击战争，创造了有利的条件。

1937年9月28日，朱德、彭德怀根据在五台山的实地考察，向洛甫、毛泽东、周恩来建议说：“河北涞源，山西灵丘、广灵地区山脉很大，地形比晋西北好，人口不少，粮食不缺。可在上述地区连同浑源、繁峙、五台、盂县，河北阜平一带创建根据地，与晋西北相呼应。这无论对现在和长远来说，都是上策。”[③]一个月后，在聂荣臻的领导下，敌后第一个抗日政权——晋察冀边区政府在这一地区诞生。

---

① 转引自左权《坚持华北抗战两年中之八路军》，载《八路军军政杂志》1939年7月。

② 毛泽东致彭德怀的电报，1937年9月21日。

③ 朱德、彭德怀致洛甫、毛泽东、周恩来的电报，1937年9月28日。

第二节　决不过黄河

9 月 29 日，当日军板垣师团在平型关受阻之际，一支日军从茹越口突破内长城南下。阎锡山退军忻县，晋北地方官吏纷纷南逃。朱德、彭德怀率总部仍驻五台县之南茹村。日本的飞机常常从南茹村上空掠过，但并不知道这里驻着八路军的指挥部。因为群众已经组织起来，奸细混不进来。猖狂南进的日军更没有料到，就在同一时刻，朱德、彭德怀部署八路军一二〇师、一一五师主力位于日军在平型关、雁门关攻取太原之两翼侧外；另以 4 个游击支队挺入日军后方，一部分深入察（哈尔）南、冀西活动，广泛开展游击战争，破坏交通线路，袭击日军的运输队。1937 年 10 月 3 日，朱德、彭德怀在给南京国民政府军事委员会的报告中说："敌白天已不敢运输，改由夜间行动。""敌后极为空虚，民众抗日情绪很高，对我军热烈欢迎与帮助。"

在这一段时间，彭德怀还陪同周恩来从太原到大同，从雁门关到五台、石家庄、保定各处，与阎锡山、黄绍竑（第二战区副司令长官）、程潜（第一战区司令长官）等人会谈。早在云阳前线指挥部，他已把华北地形摄入他的脑海。他能整日地站在地图前仔细地看着、沉思着。曾多年跟随他作战的红军指挥员李寿轩回忆说："彭老总不是在看地图，是在读地图，'吃'地图呢！"[①] 现在，晋北、晋东地形更详尽地展现在他的眼前——山西的地形是极不利于依靠飞机、坦克、大炮的日本侵略军的。友军节节败退，除去畏敌、军纪败坏等因素外，其呆拙的战法也使彭德怀愤慨不已，在总部与朱德、任弼时、左权论及时说："'日本皇军不可战胜'是神话。如果八路军经常有二十万，有蒋介石嫡系军的装备，再附加若干炮兵，国民党军依险防守，我军机动作战，灵活打击敌人，把群众发动起来参加抗日斗争，山西是难以打进来的。"[②]

抗日战争初期的彭德怀

1937 年 10 月 5 日，日军越长城南下，猛攻崞县，进逼忻口。忻口为太原平原的北大门，相传因汉朝的第一个皇帝刘邦在平城（今大同东北）被匈奴围困 40 日，脱险后回师驻跸该地，将士忻然而得名。现在，这里却硝烟弥漫，成了华北战场最吃紧的地方。阎锡山以 50 个团守忻口中央阵地；以 10 个团为右翼，归朱德、彭

---

① 访问李寿轩谈话记录，1981 年 7 月 9 日。

②《彭德怀自述》，人民出版社 1981 年版，第 224 页。

德怀指挥，实行侧击。由中央军之十四集团军总司令卫立煌任忻口前敌总指挥。

10月6日黎明时分，在搏动着中国共产党心脏的延安凤凰山下，毛泽东坐在窗前，尚未就寝。忻口战役即将开始，他经过一夜熟虑，提笔同意前方总部积极出击，配合阎锡山、卫立煌正面阵地作战的意见。毛泽东提出以一一五师主力北越长城，从东线袭击敌人后方交通线，与一二〇师主力在西线之行动配合，阻止日军向山西正面之攻击。他估计：如此，则一一五师“因转移与作战频繁，要准备付出相当代价，即准备减员二千至二千五百”。毛泽东认为，这在支持山西作战，支持华北作战较长久之战略目的，有很大意义。

10月上旬的后几日，八路军英勇挺进敌后，不断出击；中央军卫立煌部由平汉前线源源开赴忻口布防；从抗战以来，华北战场上相持最久，规模最大的一次战役，随即在忻口以北展开。

当日军在忻口正面遭到守军抗击之际，八路军一一五师把从代县经平型关、灵丘至张家口的敌后东路交通要道完全破坏，收复灵丘、广灵等数座县城，并以一部深入河北，收复冀西数县，直逼保定。一二〇师卡断了日军从代县到大同的西路交通，两度攻占雁门关，收复雁北数县，使忻口之敌陷于孤立无援、前后被包围的困境。10月24日，卫立煌在给蒋介石之密电中称：“敌自雁门关被截断，粮秣极感困难……”

10月8日，彭德怀赴忻口，陪同周恩来与卫立煌商谈忻口布防及八路军配合问题。卫立煌心情焦灼地谈道：敌机每日清晨即来我方阵地侦察，继即以数十架飞机轮番轰炸，对阵地威胁最大，一天几乎要损失一个团的兵力。

当夜，彭德怀返回总部。翌晨，天色微明，彭德怀就到院子里，仔细听在重峦叠嶂中隐隐回响的敌机声。原来，大家以为敌机是从北平飞来。彭德怀根据飞机的航速、续航能力和轮番到达忻口的时间判断，忻口附近必有日军的临时机场，即下令侦察。12日，朱德、彭德怀电告蒋介石、阎锡山等：“代县已有敌机着陆场，因我袭击敌人后方交通，故连日敌机运输粮弹中。”同时，彭德怀命令刚开入晋北的一二九师之七六九团（团长陈锡联）进入代县，实地侦察。[①]19日，七六九团的赵崇德第三营夜袭阳明堡机场，一举烧毁敌机20余架，取得平型关之捷以来又一次振奋人心的胜利。忻口上空一度日机息影，消息传至友军营连，“官兵闻讯，高兴欢呼：‘中华民族万岁！’”[②]

日军受阻于忻口，乃采取大迂回战术，集中平汉路兵力强攻娘子关，沿正太路西进，太原市腹背受敌。11月2日，忻口友军被迫撤离，转移太原。8日，太原失守。太原失守后，国民党各军争路西退南逃。阎锡山脱下戎装，换上棉袍马褂，坐在汾河西岸的一座天主堂内收容溃散部属。[③]一度兴奋乐观的舆论，陡然冷下来。

---

① 访问陈锡联谈话记录，1983年7月4日。

② 李文沼：《在忻口浴血抗战的第九军》，载《忻口战役亲历记》，山西省忻州市人民政协编印，1985年8月，第31页。

③ 王新民：《忻口撤退至隰县途中所见》，载《忻口战役亲历记》，山西省忻州市人民政协编印，第279页。

11 月 12 日，华东战场上上海失守，南京危急。国民政府准备着西迁重庆。华北的前途又将如何？全国都在焦急地等待着消息。

1937 年 11 月 15 日，几个满怀抗日热忱的青年，来到晋东南前线沁县开村八路军总部驻地，会见彭德怀，希望得到他的回答。从黄昏到深夜，彭德怀详细回答青年提出的问题，从中国目前的形势，抗战的前途，山西的局面，到八路军的任务、决心。他告诉青年们："我们决定在任何困难情况下，都要留在山西、河北和整个华北，一直到把日本帝国主义者赶出华北、赶出满洲的时候为止。我们愿意和华北人民共生死，和他们亲密合作，来与侵略者周旋。""第八路军决定永远不过黄河。"

"虽然日本强盗占领了太原和其他几座空城。可是我们并没有后退，我们的军队还是整个占领了晋东北、晋西北……加上察哈尔和河北西部。""这些地方，合计有近千万人口。""我们正在组织和武装华北的男女，我们要使得华北一万万人民的每一个人，都是日本帝国主义的敌人！"

在仔细聆听彭德怀这一庄严宣告的青年中，有一个名叫周立波的，用他的笔，将"第八路军决定永不过黄河"的决心传遍了全中国。

彭德怀的讲话使来访的青年深受鼓舞，周立波在结束他的访问记时，写道："归来时，骑在牲口上，觉得很冷，但路上是满天星星。我们也真感觉到，光明是在我们的面前。"①

11 月 26 日，彭德怀从前方回到延安，参加中央政治局扩大会议。延安的记者报道说："八路军副总司令彭德怀从前方回来了，这消息迅速的雷鸣似的传遍了延安城，使大家兴奋而愉快，忙着慰劳、欢迎。那位跟普通士兵形式上并无特异之处的彭德怀将军，也相当的忙于接待客人。"②

彭德怀向抗日军政大学学员发表了《争取持久抗战胜利的几个先决问题》的著名演说。在演说中，彭德怀分析中国在持久战争中，政治上、经济上、军事上能够由弱变强的条件，和日本帝国主义必将从各方面由强变弱的根据。他指出，中国将由现在的劣势地位逐渐地转变为优势地位，最终战胜日本强盗。彭德怀提出的敌我双方在战争过程中强弱关系相互转化的论断，在以后毛泽东著名的《论持久战》著作中，得到系统的阐述和高度的理论概括。

在这篇演说中，彭德怀还提出了对整个抗日战场的作战方针的设想。他强调要争取抗日战争的主动权，通过"发动群众的游击战争，与在敌人后方建立小块小块的根据地，来分散敌人的力量，削弱和疲惫敌人。这是从战略上着眼的争取主动，以造成战役上各个击破敌人、取得胜利的必要条件"。

根据国民党在正面战场上第一期作战的教训，他提出，在正面战场使用兵力上，当前，"主力应用于突击方面，而不应以多数或半数兵力作用于防御与钳制方面。

① 周立波：《彭德怀将军论抗战形势》，载《驱逐日本出中国》1938 年版。
②《彭德怀谈前方游击战争》，载《前线巡礼》1937 年版，第 45—51 页。

在防御时，主力应控制为预备队，待机出击。在进攻时，主力应用在突击方面，不必多留预备队，以求一举而歼灭敌人，以大步前进的战术原则，深入敌人后方，攻敌要害，调动敌人，在敌后方左冲右突，破坏敌人的作战计划，争取主动”。

彭德怀痛心地说：“但是不幸得很，在华北抗战的已往三个月中，我们完全处于被动的地位。敌人展开正面进攻时，我军亦逐渐延伸抵抗，消耗于敌飞机大炮的火力下。”

怎样才能求得以强攻弱的战术原则呢？彭德怀答道：“很简单。假设敌我都是四百人作战，这是相等的兵力，我们应该采取进攻的战术，以小部（百人）向敌积极进攻，吸引敌人主力应战，我以少数兵力钳制敌人的主力，以自己的主力采取迅速、坚决、勇猛的手段从敌侧后突击，首先消灭敌一部。假设首先消灭了敌之一百人，敌已由均势而变为劣势，则我集四百人再以同样手段，最后解决敌人。如此，虽是相等兵力作战，我仍维持战术上的优势。”

在彭德怀的军事生涯中，我们常常可以看到他这一战术思想的巧妙运用和出色战绩。

关于正面战场的防御，彭德怀认为：“我国原无巩固要塞，多半是野战筑城。我们一般的防御，在于保持战略战役上的重点，及经济政治中心和交通枢纽。在防御的配备上，应该是纵深的、据点式的、不整齐的、极隐蔽的和独立自主的。”“工事的本身，应避免线式的”，“采用圆周形或马蹄形，以班排为单位，火力能互相交叉、互相支援。各个工事本身要能独立”。“敌即包抄到侧背，亦能与正面一样，发挥防御作用，我守兵并不必因之而恐慌。”

“控制强大的突击队（预备队）于自己纵深侧翼之适当地点，待敌向我包围、暴露其侧翼时，即以迅雷不及掩耳的手段，给以猛烈的突击；工事纵深内控制的预备队，采取适时的配合，施行反突击。这样常常可以收到很大的效果。也只有这样的防御，才能完成防御本身的任务。”

在这篇演说中，彭德怀还详细论述了发动游击战争与全民抗战的意义和方法。

彭德怀的这篇演说发表后，曾被广泛刊载，和他以前发表的《论游击战争》[①]一文，成为他在抗战初期军事思想的代表作，也成为抗日战争时期的重要历史文献。

1937 年 12 月初，王明和康生从莫斯科飞回延安，中共中央政治局举行会议。具有共产国际代表身份的王明，在会上批评了毛泽东的独立自主的路线，提出“一切通过统一战线，一切服从统一战线”的主张。王明的发言使彭德怀第一次在一个重大的是非前保持了沉默。一边是共产国际的指示，这在彭德怀当时的心目中，是应当遵从的；一边是毛泽东，这是从遵义会议以来，使他越来越敬佩的、党的事实上的领袖。一向对问题态度明朗，直爽敢言的彭德怀所以沉默，是因为他感到自己对这个问题还没有成熟的看法。

但当王明对毛泽东以山地游击战为唯一方针的意见提出批评时，彭德怀表示

① 彭德怀：《论游击战争》，载《游击战术与游击活动》（重庆图书馆藏书），第 1—3 页。

1937 年 12 月 13 日，彭德怀参加了中共中央在延安召开的政治局扩大会议。前排左起：项英、凯丰、王明、陈云、刘少奇；后排左起：康生、彭德怀、张闻天、张国焘、林伯渠、博古、周恩来、毛泽东

1938 年 1 月，为国共合作共同抗日，彭德怀赴武昌商谈八路军支援徐州会战问题，在汉口车站与周恩来（左一）、郭沫若（左三）、叶剑英（左四）合影

赞同。他认为，八路军“在战略上应该是运动游击战，在应用上要利用山地打游击战”。

彭德怀是八路军的副总司令，在前方协助朱德总司令分管军事工作，八路军的作战部署，多由彭德怀行之。毛泽东必须使彭德怀完全了解并执行他的战略方针。在这次中央政治局会议以后，毛泽东和彭德怀详细讨论研究了八路军四个月来的作战情况，和华北战场的形势。毛泽东向彭德怀再次阐述了他在洛川会议上提出的游击战争在抗日战争中的战略地位和八路军应采取的作战方针。彭德怀以后回忆他对毛泽东制定的八路军的战略方针的认识过程时说：“八路军应当是‘独立自主的游击战争，不放弃有利条件下的运动战’。洛川会议这一原则指示是正确的。我在洛川会议是同意这一方针，可是‘在有利条件下的运动战’，这一句是我加的，我也就老记得这一句。在一个时期中，运动游击战或者游击运动战，把两个概念主次不分的混淆起来。”①

1938 年 5 月，经过八路军在华北战场上 8 个月的战争实践，毛泽东在其著名的《论持久战》一书中明确提出八路军在抗日战场上的战略方针是：“基本的是游击战，但不放松有利条件下的运动战。”

从红军时代的运动战向抗日游击战争的转变是一个重大的战略转变。从认识上到实践上完成这一转变，赖于毛泽东正确的指导思想和八路军在华北战场上英勇战斗实践的结合。在这一过程中，关于八路军的作战方针、战略部署等重大问题的讨论和决策，体现了毛泽东的远见卓识，凝聚着中共中央政治局、军委、八路军前方将领的经验智慧，也反映了当时党的领导集团中民主讨论，服从真理，集思广益的良好气氛。

1937 年 12 月下旬的一天，彭德怀参加中共中央政治局会议之后，就要启程回前方了，在延安城北门的宿舍里，他看到了离别近 10 年的妻子刘坤模。刘坤模泣不成声，彭德怀安慰她：“这些年，你吃苦了咯！”

然而，他们未能团圆。1928 年 7 月彭德怀在平江举行起义后，刘坤模在国民党官府的追查迫害下，经过 7 年的颠沛流离，无奈与人另组家庭，已经有了一个刚满周岁的女儿。

她等了近 10 年，她为他经受了多年的困苦。她没有怨他，他又怎能怨她呢？

彭德怀回前方去了。临行，他勉励刘坤模好好学习，追求进步。

几十年后，当彭德怀谈起和刘坤模的这一段往事时，说：“这不能怪我，也不能怪她。”

1938 年秋，彭德怀从前方再赴延安，参加中共第六届第六次中央委员会。在这次会议上，王明受到了批评，毛泽东的抗日游击战略和在抗日民族统一战线中坚持独立自主的方针取得完全的胜利。经过一年的实践，中共中央委员会在上述重大问题上取得新的统一，增强了党的团结，设在延安桥儿沟天主教堂内的全

① 见 1959 年彭德怀写的《庐山笔记》。

彭德怀与夫人浦安修

会会场，气氛远较去年的政治局扩大会议活跃开朗。

会场外，彭德怀还另有一番喜氛。

一天，彭德怀到中共中央组织部去。组织部副部长李富春邀请从前方和大后方回延安开会的几个领导干部在那里聚会，中央组织部的一些青年干部也在座，彭德怀高兴地坐下来，和大家打招呼。

座中一个曾在北平师范大学上学的姑娘似乎引起了彭德怀的注意。她面目清秀，仪态文静，在北平念书时就参加了中国共产党；21 岁的年纪，已经有 3 年党龄，经历了在北平做党的秘密工作的严峻考验。

她就是不久后成为彭德怀妻子的浦安修。彭德怀和浦安修初逢之后，李富春做了他们之间婚姻的介绍人。滕代远拿出自己 1 个月的津贴费——5 元钱为老战友祝贺新婚。几个消息灵通的战友一起来吃了一餐较平素略为丰盛的晚饭，热闹了一番。

几天后，战争又把彭德怀召回太行。他新婚的妻子也很快去到前方，在中共北方局工作，和他共度敌后漫长的烽火岁月。

第三节　屹立太行

1938 年 2 月初，日军从太原沿同蒲路两侧大举南下。17 日，阎锡山把同蒲线东曾万钟（第三军）、李家钰（第四十七军）等外省军队的指挥权交给朱德、彭德怀，自己到黄河边上的吉县去了。

日军在沿同蒲线南下的同时，又以大迂回的战术，用平汉路的第一军一〇八师团自邯（郸）长（治）路直趋临汾。日军的目的在于打通同蒲线，夺取风陵渡，逼中国军队渡过黄河，以占领整个华北。面对日军的三面进攻，朱、彭决定八路军总部向晋东南敌人的后方挺进。这是朱德、彭德怀根据中共中央“与华北共存亡”的号召，为挽救华北危局做出的一个极具胆略的重大决定。

2 月 24 日，从长治向洪洞猛扑的 2000 余日军，在安泽县府城镇东 10 余里处，遇到了一支中国军队的顽强抵抗。骄横的日军万万想不到，他们遇到的是将使他们在这块土地上陷于泥淖、最后陷于灭顶之灾的八路军总司令部。威名赫赫的朱德总司令，正率领着这个司令部和总部特务团向他们进攻矛头的逆方向前进。左权副参谋长指挥总部特务团和抗敌决死队一部与日军激战两日，掩护总部安全转移。这时，彭德怀正以第二战区右翼集团野战司令部的名义，在高平、晋城地区，部署一一五师三四四旅出击日军侧背，帮助在上党地区陷入危境的友军转入太行、太岳和中条山中。

朱德、彭德怀在华北抗日前线

正面战场呈瓦解之势，阎锡山、卫立煌对在同蒲路东正太路南的国土和各部队实际已无法顾及，遂进一步将分散在这一地区的中央军、地方军和八路军一二九师、一一五师三四四旅，决死队的一、三纵队，划为二战区的东路军，请朱德、彭德怀分任总、副指挥。

3月1日，彭德怀从高平前线赶回驻安泽县南山交镇的八路军总部，带回了国民党友军的情况：徐州吃紧，潼关告急，蒋介石恐华北日军南下，增加中原战场的压力，严令华北各军一兵一卒不许过黄河，全部留在山西打游击。但国民党将领从来没有打过无后方的仗，对运动战、游击战更感神秘莫测，十分惶恐，希望得到八路军的帮助。

一周前，毛泽东、任弼时曾致电朱德、彭德怀，要八路军力劝近百万友军“万万不可过河”；要八路军和友军协同坚持晋南晋西战局，转入外线，反过来攻敌之背。

为鼓励和帮助友军坚持山西，3月24日，朱德、彭德怀在沁县以南的小东岭召开东路军将领会议。国民党将领李家钰（第四十七军军长）、李默庵（第十四军军长）、曾万钟（第三军军长）、朱怀冰（第九十四师师长）、武士敏（第一六九师师长）、赵寿山（第十七师师长），八路军将领刘伯承、张浩、徐海东、李达、王新亭和决死队薄一波等38人从各地赶来开会。阎锡山和卫立煌的代表、蒋介石的联络参谋也赶到会所。

国共的第二次合作处在黄金时代，过去在战场交手的人，今日济济一堂，共商御敌之计。

会议在小东岭村关帝庙内举行。朱德在开幕词中详细分析抗战形势，号召东路军将领齐心协力，建立敌后抗日根据地，开展游击战争，坚持华北。

彭德怀在会上作关于东路军作战纲领的报告。

在详细分析了敌我双方的形势后，彭德怀要大家接受南京、太原沦陷的惨痛教训，采用新的作战原则：实行战略上的防御战，战术上的进攻战；战略上的持久战与消耗战，战术上的速决战与歼灭战；运用运动战以消灭敌人有生力量，发展游击战以造成我基干军队在运动中大量歼敌的机会。

彭德怀在报告中向友军详细讲解运动战和游击战的战术、部队的政治工作、民众工作、敌军工作和建立根据地的要求等，同时向将领们提出希望。

针对一般国民党将领的封建性统御，彭德怀忠告他们：要了解、巩固、团结部队，须从实行合理统御，自觉纪律，禁止打骂，及与士兵同艰苦做起。要解释、说服、规劝、感动、以身作则去统御部下，而避免威吓、打骂、欺骗和无理由的服从，要使士兵知道为什么要守纪律，自觉地去遵守纪律。

针对国民党将领对八路军官兵同心、军民团结的钦慕，彭德怀说："士兵与长官要风雨同舟，尤其是长官与士兵间的生活距离应尽量缩小……与士卒同艰苦，是团结部队的重要条件之一。""对待民众有几件基本的事，就是实行买卖公平，说话和气，借物要还，损物赔偿，离开驻扎地时，实行纪律检查。我们只要做到这几项，就可以获得民众的好感与帮助，军民也就可以慢慢团结一致了。"

彭德怀的报告感动了与会将领们，特别是早年追随孙中山、在西安事变中又积极支持张（学良）、杨（虎城）义举的一六九师师长武士敏，他积极抗日，但部队旧习气很重，军民关系不好，使他十分苦恼。饭后，彭德怀到各处看望，武士敏向彭德怀倾吐心曲，长谈竟夕。以后，他对人说："当了几十年的兵，真正懂得为国报效，是在小东岭会议上听到了彭副总司令的教诲后才认识的。从此，我才懂得怎样做一个真正的军人。"[①] 此后，武士敏学习八路军的经验，与八路军亲密合作，部队改观，在中条山坚持抗日，直至1941年5月在对日作战中壮烈殉国。

小东岭会议经过热烈讨论，通过了彭德怀所作的作战纲领报告，划定了各军、师活动和建立根据地的地区，协同打通了与后方的交通线。会后应友军的要求，八路军总部由左权主持为友军举办了游击训练班，政治工作讲习班等。朱德、彭德怀、左权都亲自给训练班讲授课程。

小东岭会议是山西战场上抗日民族统一战线规模最大的一次高级军事会议。也是以中国共产党的战略思想为指导的一次会议。这次会议为以后粉碎日军对晋东南的九路围攻奠定了基础。

日军在2月间分路扑向晋西南，本想以疾风骤雨式的进攻，将我军逼过黄河，或压入黄河急转弯处的三角地带，一举而歼灭之。不料中国军队在朱德、彭德怀指挥下，稳稳转入了敌后，利用太行天险，建立起新的抗战支点。3月8日，日军攻到风陵渡，还没有发现中国军队的主力，方感恐慌。战后日本防卫厅战史室所编《华北治安战》一书中述及这一段战况时说："有力的中国军退入山西省内的山地，会同原来盘踞该地的共军，扰乱我占领地区，其威势已不容轻视。"

小东岭会议刚结束，一二九师在涉县东阳关下响堂铺对日军打了一个漂亮的

① 李国庆：《粉碎日军九路围攻晋东南始末》，载《山西文史资料》1986年第2辑，第27—39页。

伏击战。在缴获的物品中发现了一份有关日军动向的重要文件。内称："共军猖獗，4月上旬，将由潞安（长治）以北400华里内施以痛剿。"

4月4日，日军果然调集一〇八师团全部及一〇九师团、十六师团、二十师团各一部共3万余兵力，北从正太路之昔阳、平定，西从同蒲线上之临汾、榆次、太谷，东从河北之元氏、赞皇、涉县，南从屯留、长治出动，分九路大举围攻晋东南，企图歼灭中国军队主力于辽县、榆社、武乡地区。

4月6日，朱德、彭德怀紧急向东路军发布关于部队和民众动员的训令。根据这一训令，八路军和友军各部普遍召开军人大会，说明粉碎这次围攻的意义，讲解新的作战要求，各军同仇敌忾，士气大振。八路军总部派出政工人员，和地方党组织、牺盟会、战地动员委员会等抗日团体协同，深入乡村宣传群众，实行空舍清野，组织担架队、运输队、破路队，支援反围攻。

为迎击各路来犯之敌，朱德、彭德怀连夜拟订作战方案，以八路军的一部，决死纵队一、三纵队，和国民党友军，在地方游击队的配合下，分别钳制各路之敌，掩护八路军主力隐蔽待机。待敌人消耗疲乏到一定程度时，即集中主力击破敌之一路，再扩大战果。

部署就绪，彭德怀说："我们先到鬼子眼皮底下去游一圈，游到有一两股敌人胆大妄为了，再一锤子收拾它。"

4月8日，自屯留北犯之敌进入沁县，总部从容离开小东岭，向武乡石盘山转移，设指挥部于山上的义门村。

各路进攻之敌受到我军阻击。唯由屯留北犯的日军二十五旅团，在凶残狡诈的旅团长苫米地的率领下，未受打击即占据了沁县，又放火烧毁了历史悠久的武乡县城。11日，朱德、彭德怀令待机的一二九师主力从涉县北星夜赶赴武乡，准备予该敌以严惩。

苫米地烧了武乡，激起军民的极大愤怒。该旅团在窜往榆社时，遭到一五师三四四旅和集总特务团的有力截击，不得不折回。沿途群众空舍清野，敌人又疲又饿，处处挨打，再次扑向榆社，寻我主力决战；不料又扑个空，不得已，再沿武乡境之浊漳河谷，向襄垣后撤。此时，奉总部令严密监视着这股敌人的刘伯承师长，抓住战机，下令一二九师七七一、七六九两个团沿漳河南岸，七七二、六八九两个团沿河北岸山地，隐蔽快速猛追，同该敌平行前进，寻机歼击。16日晨，在武乡东长乐村一带之河滩地向敌发起猛攻，经一日激战，歼敌二十五旅团一一七联队等部2200余人，缴获大批军用物资。七七二团团长叶成焕在战斗中英勇殉国。

长乐村急袭，歼灭了九路敌军中最骄纵、精锐的一路，一战而震动全局，各路敌军闻讯，纷纷后撤。八路军及友军各部奋起追击，相继收复了榆社、武乡、辽县、长子、屯留、潞城、襄垣、壶关、子洪口、沁源、沁县。

4月27日，长治、高平、晋城之敌向同蒲南段撤退，一一五师三四四旅与决死一纵队追击歼敌近千人。至此，九路围攻被彻底粉碎。整个战役历时20余日，歼敌4000余人，收复县城18座，将敌人赶出了晋东南。[①]

此后，八路军一二九师以太行山脉的千山万壑为依托，开辟晋冀豫（以后发展为晋冀鲁豫）抗日根据地。八路军总部和中共中央北方局也一直转驻于晋东南太行山上，指挥整个华北的敌后抗战，直至胜利。

在反九路围攻中，朱德、彭德怀以游击战和运动战相结合的战术，使主力军在广泛的群众游击战争的配合下，运动自如，寻机歼敌。这是红军在苏区反围剿作战经验的发展，也是毛泽东全民抗战思想的一次胜利实践。1945年，彭德怀在总结抗战近八年的经验时说："八路军领导机关从这次反九路围攻中，直接取得了国内战争转变为民族战争的成功经验，即，敌人的围攻是可以打破的。"

反九路围攻战役有力地配合了正面的徐州会战。在向八路军学习打游击战、运动战后，国民党部队"一般官兵深感打游击战比较灵活，比绑在山头上遭敌大炮飞机轰炸好得多。在太岳期间官兵振奋，干得起劲儿"[②]。

1938年5月，徐州失陷，正面战场推移到陇海线和黄河南北，中国军队在华北的三个主要部分一晋绥军、中央军（及各地方军）、八路军（及决死队）在华北正面战场结束以后，各自分离。阎锡山的晋绥军在日军不断进攻下，退缩至紧靠黄河的离石、石楼、吉县一线。卫立煌部进入中条山区。与此同时，原东路军中的中央军和各地方军，不堪孤悬敌后的困苦转战，大批退至黄河以南。一部进入中条山区。华北广大国土敌后抗战的重担，落到了八路军及其领导的抗日武装身上。

反九路围攻胜利后，朱德、彭德怀在华北敌后广阔的地域内放手分兵。八路军的三支主力，在山西牢牢控制了晋东北、晋西北、晋东南的广大山区和乡村，一部分进入晋西吕梁山脉活动。同时又北越长城，东下太行。宋任穷、陈再道等率部挺进冀南、鲁北，宋时轮、邓华纵队远出冀东，杨成武支队北进云雾山，吕正操部开辟冀中平原，晋察冀游击支队深入平西。日军在华北的30万兵力，实际只据守着城市和铁路沿线。八路军的出击遍及华北。

在民族解放战争的历史上，第一次出现了一个由强有力的正规军开辟和支持的敌后战场，与正面战场配合呼应；也第一次出现了一个巍然屹立于敌人占领区内的正规军的指挥系统——从八路军总指挥部到各师、旅、团部，领导华北民众为捍卫自己的每一寸国土而浴血战斗。

1938年10月，八路军在敌后发展到15.6万人。1939年春，八路军控制了华北的103个县。晋西北、晋察冀、晋冀豫、冀鲁豫、山东数块大根据地基本形成。敌后抗日根据地人口达3900万之众。由朱德、彭德怀指挥的八路军抗击着在华日军的五分之二以上。

---

①《粉碎敌人九路围攻晋东南的经过》，载《解放》第39期，1938年5月22日。

② 高建伯1965年回忆材料，陕西省人民政协文史资料。

第十章　反摩擦

第一节　河北问题

抗战初期，国共双方在山西战场上实现了良好的合作，取得了忻口战役和反九路围攻的胜利。太原失守后，国民党大军纷纷南渡黄河，西过汾河，八路则深入敌后，开辟了广大的抗日根据地。蒋介石不甘心，想从八路军手中“收复”丧失于日军的失地，以河北事件为发端，不断制造反共摩擦。

1938 年 5 月，河北的抗日武装以吕正操部为主，在冀中 38 个县地区创造了抗日根据地，成立了冀中行政公署；以八路军一二九师东进部队为主，在冀南 20 余县建立了抗日政权。为合作抗日，中共同意由国民党方面派鹿钟麟去河北省担任省政府主席。鹿钟麟为安全计，取道山西，请八路军护送，通过日军封锁线，进入敌后八路军开辟的冀南抗日根据地。在路过山西长治时，鹿钟麟曾访问故县镇八路军总部，与彭德怀举行会谈，议定冀中、冀南行政专区人选暂照八路军所任不变。

蒋介石对原属西北军的鹿钟麟不大放心，又由其军统特务系统推荐了河北一支反共武装的头目、自号河北民军总指挥的张荫梧出任河北省民政厅长。

1938 年 9 月，鹿钟麟到冀南南宫县，毁弃前约，要撤销冀南公署，将八路军开辟的冀南 20 余县作为河北省府属地，由国民党和共产党各辖一半，遭到冀南行政公署主任杨秀峰的反对。为团结抗日，八路军总部同意划出南宫等 3 个县为鹿钟麟的机关驻地。

鹿钟麟到冀南后，尽力收编地方武装。国民党军残部、地主土匪武装纷集于其下，借势向八路军挑衅。

八路军原想与鹿钟麟合作发展河北抗战力量，由于鹿到冀南即行反共，合作发生问题。但八路军仍未放弃对鹿的争取。10 月 27 日，毛泽东、王稼祥、刘少奇、彭德怀共同致电冀南朱瑞、徐向前等人，要他们向鹿极力解说目前形势之严重。在广州失守，武汉不保，敌人已开始其“肃清”华北计划的状况下，各方只有依靠已得成绩，加紧工作，才能支持难局，否则只有失败。嘱咐朱瑞等“主任公署（冀南）及军区均应与鹿建立密切关系，请其指示方针”。并估计“武汉失守，局势变化，我有更大可能促鹿觉悟，求得亲密合作。届时当可对鹿作某种让步”。

对于八路军和冀南民众艰苦创建的抗日民主政权冀南行政公署，中央和总部则持坚决态度，指示朱瑞、徐向前等："不能以任何交换条件取消。"

11 月，鹿钟麟突然发布公告，撤去冀南行政公署主任杨秀峰的职务。鹿手下的一伙人，即向各县另行委派县长，抢官夺权。与此同时，张荫梧也以其民政厅长的名义委派县长。于是在冀南地区出现了一个县有二个县政府、三个县政府的局面。日伪乘机而入，也在一些县委派伪县长。有的县出现了 4 个甚至 5 个不同背景的县长。这些委派县长，各据数村，要粮抽丁，老百姓叫苦连天。才两个多月，就把八路军刚刚开辟的抗日根据地，弄得乌烟瘴气，鸡犬不宁。

随后，鹿钟麟又设法将国民党在山东的石友三部 2 万余人调来河北。蒋介石加委鹿为冀察战区司令长官。于是，集合于鹿的战区司令部名下的武装达到六七万人，到处袭击八路军驻地，杀害抗日军民，河北事态愈演愈烈。

1938 年 12 月下旬，彭德怀到西安，准备参加蒋介石原定在西安召开的西北和华北将领会议，同时见蒋面谈解决河北问题。

这时，中国战局正经历着一个重大的转折变化。

日军侵华 15 个月来，战线愈长，兵力愈分散，后方受到八路军的威胁就愈大；对重庆政府遂由过去的以军事打击为主，改变为以政治诱降为主，其诱降的一个重要内容为共同防共。

在日本的诱降下，重庆国民党政府在全国掀起了一股防共、反共的逆流。

彭德怀和夫人浦安修在延安机场合影

彭德怀是带着中共中央解决河北问题的诚意来到西安的。12 月 23 日，毛泽东指示彭德怀等参加将领会议的立场："坚定各将领之抗战信心，强调团结统一之重要。特别是在敌后方，斥责制造摩擦之有害。介绍八路军抗战之各方面经验。"关于河北问题，毛泽东指示彭德怀等在要求划某些地区行政权给八路军而谈判顺利时，或有必要时，可以表明放弃某些地区，以求实现以划分区域为基础的增进合作与消弭摩擦。这是一个比较大的让步方案。

24 日，蒋介石在西安接见彭德怀、王明和林伯渠，略谈数事，即起行返渝。并不提开将领会之事，只约彭德怀到重庆详谈河北问题。

实际情况是，蒋介石已经在陕西省之武功开过了西北和华北师以上的将领会。但没有八路军和山西新军（决死队）的将领参加。因为这次会议的一个重要内容就是防共。

1938 年 12 月 28 日，彭德怀在重庆会见蒋介石。同年初，蒋介石在洛阳召开的第一、二战区将领会上曾约彭德怀去武昌和他单独会谈，要求八路军在敌后出击配合徐州会战，八路军作了积极的响应。现在，蒋介石关心的是要限制八路军，见了彭德怀就根据鹿钟麟、张荫梧等人告的状，责怪八路军建立冀南、冀中抗日政权是破坏行政系统。彭德怀列数鹿、张在河北破坏抗日团结的事实作答，列举八路军在敌后的战绩，陈述敌后战场对牵制日军向正面战场进攻的重要。最后商定，河北摩擦问题由蒋介石致电天水行营主任（辖一、二战区）程潜派大员与彭德怀一起赴冀南解决。

彭德怀（右）与蒋介石在洛阳

当彭德怀在为维护国共团结而奔走之际，1月下旬，蒋介石在重庆召开国民党的五届五中全会，会后秘密下达了《防制异党活动办法》《沦陷区防范共产党活动办法草案》等反共方案。又密令鹿钟麟训示各县禁止八路军招兵买马；取消冀中、冀南两行政公署。鹿钟麟等更无顾忌，从滥委县长，到滥委专员、乡长、村长。与此同时，河北的张荫梧和山东的秦启荣等部，到处袭击八路军，制造流血事件。反共分子公开宣扬："宁亡于日，不亡于共"，"八路军一定要交出政权才行"。

张荫梧等部拒绝与八路军配合，在日军的进攻下屡遭损失。河北战局仍不得不赖八路军来坚持。蒋介石致电彭德怀，希望彭德怀赴河北与鹿钟麟会谈。其电文曰："彭副总司令德怀兄：某日电悉，艰难奋斗，至念贤劳！冀省为华北敌伪之心脏，吾人必须坚决把握，严重打击。所赖以维系人心，号召抗战者，端赖我军政长官同舟共济，密切合作，保持机动之优势。务盼兄速即前往，与瑞伯（鹿钟麟字）会谈，在精诚亲爱合作，共同杀敌，保全冀省原则之下，消除隔阂，解决误会，免为敌乘为要！中正。"卫立煌亦致电慰问。彭德怀遂与鹿再约，在辽县下庄八路军的驻地举行会谈。

鹿钟麟到河北引起抗战营垒的摩擦，举国关心。彭、鹿会谈，各方注目。八路军总部和中共北方局研究后，请示中共中央，提出了解决河北问题的八大纲领。要点为：坚持河北抗战，发动游击战争；两党派代表，组织共同委员会；开放民主，改善民生；统一行政，发展经济事业；合理统一军事指挥；承认各县抗日群众团体等。根据过去双方争论焦点在统一行政问题上，纲领提出撤销双专员、双县长；对各地民主选举产生的专员、县长由省府加委。撤销破坏团结的顽固分子张荫梧等人的职务。

鹿钟麟在会谈前陷于狼狈境地。他的老上司、主张国共团结抗日的冯玉祥从重庆给他发来一封长电，责备他："不尚容人用人，过去方法已不适宜"，嘱鹿"诚恳、合作、坦白，以坚持河北抗战"。[①] 程潜亦自天水行营给鹿发长电，令鹿："本民族利益第一、抗战团结第一之旨，忍耐精神，无偏无党。"还说："民军（指张荫梧等部）到处索粮索款，亦有割据嫌疑，党政人员有时褊袒，亦造成冲突主调"。"以武力限制共产党发展为不可能，亦不必要……"[②]

另一方面，鹿钟麟连接蒋介石四道密电，要鹿必须撤销冀中、冀南两公署。

鹿钟麟两面为难，无心考虑如何通过会谈促进团结抗日。见八路军提出了八大纲领，令随来诸人也草就一个纲领，送到彭德怀那里。彭德怀看后问道："鹿先生和我不惮路途辛劳，来下庄见面，原为坚持河北抗战，为何纲领中没有抗日内容？"鹿钟麟无言对答。

由于有蒋介石的密令，鹿钟麟坚持要撤销冀中、冀南两个主任公署，彭德怀则坚决维护冀中、冀南抗日根据地，会谈无结果。临别前，为争取鹿钟麟，彭德怀对鹿说："河北问题鹿先生固有失当，但朱德总司令和我素知问题不在先生，而在张荫梧等顽固分子，须将这些顽固老朽分子撤掉，团结合作方有希望。"鹿钟麟感于彭德怀的直言，也向彭德怀直告自己的难处：撤换张荫梧是得经过蒋介石批准才能办到的。以后张荫梧不但未能撤掉，反而猖狂愈甚，鹿钟麟则有所收敛。

国民党当局想以河北省政府的名义取消八路军抗日根据地的计划宣告破产，便依靠河北民军张荫梧、侯如墉、王子耀等部向八路军发动武装袭击，由政治摩擦转向军事摩擦，制造了一连串惨案。其后，张在给蒋介石的电报中竟说："日军扫荡八路，在他人以为大难，在我以为军政开展之机会。"[③] 不久，八路军截获了张荫梧致国民党当局的电报，电报说："柴恩波在文安、新镇与八路军不两立，同时又被倭寇重兵压迫，势甚孤单，……现该部为保存实力及施行曲线救国计，已与日寇接洽，被委为冀中剿匪总司令，名虽投日，实际仍为本党做抗建工作，俟时机成熟，定率队反正，予日寇以重大打击。"[④]

张荫梧倡言的"曲线救国"论被八路军截获后，彭德怀在纪念抗战三周年发表的《三年抗战与八路军》演说中公开给予严正的揭露和批判，这一汉奸理论，连同张荫梧其人，从此为国人所不齿。

8 月 17 日，朱德、彭德怀根据毛泽东"人不犯我，我不犯人，人若犯我，我必犯人"的自卫反击原则，下令一二九师、晋察冀军区和冀南部队，对河北民军中最反共而又宣扬汉奸理论的张荫梧、王子耀等部实行自卫反击。迄 8 月底，张、王各部大部被歼，张荫梧落荒而逃。面对张等的罪证，在朱德、彭德怀的强烈要求下，蒋介石于 9 月 19 日撤了张荫梧的职。

---

① 彭德怀给朱德、杨尚昆并转中央书记处及周（恩来）、博（古）的电报，1939 年 6 月 8 日。

② 彭德怀给朱德、杨尚昆并转中央书记处及周（恩来）、博（古）的电报，1939 年 6 月 8 日。

③ 朱德、彭德怀转吕正操致蒋介石、程潜、鹿钟麟的电报，1939 年 8 月 19 日。

④ 彭德怀：《三年抗战与八路军》1940 年 7 月 6 日，第 28—29 页。

鹿钟麟到河北反共，结果在政治上和军事上都自行垮台，只好向蒋介石提出辞呈。

1939 年 11 月，国民党派朱怀冰率九十三军之三个师并庞炳勋军北上入冀，与石友三部及张荫梧残部结合，企图以赤裸裸的武力，从八路军手中夺取冀中、冀南。河北摩擦与反摩擦的斗争，一波方平，一波又将掀起。

第二节　山西事变

1939 年 10 月，彭德怀放下他正着手进行的八路军的整训和兵工厂的建设工作，从总部西行。25 日，来到薄一波领导的山西省第三行政专区的住地沁源县吴家窑村。

从 7 月到 8 月，八路军和决死纵队在朱德、彭德怀的统一指挥下，经过大小 70 余次战斗，打退了 5 万日军对晋东南的第二次九路围攻。根据地民心振奋，部队士气旺盛。但抗战营垒内，却因阎锡山的反共而呈黑云压顶、山雨欲来之势。

阎锡山的反共是从牺盟会、决死队下手的。这使牺盟会、决死队内的共产党员和进步分子既担心，又气愤。这次彭德怀来沁源，名义上是以八路军副总司令的身份路过，实际是代表中共北方局，来研究如何抵制阎锡山的反共逆流。

1939 年 3 月到 6 月，阎锡山在陕西宜川县秋林镇召开“晋绥高级军政民干部会议”。会议中，阎锡山向他的心腹提出他对国内形势的分析是：“中日不战而和，国共不宣而战。”说：“武汉失守后，二战区削弱了，只有共产党八路军壮大了。”他要“自谋生存之道”。在会上，阎锡山发动旧军（晋绥军）攻击新军（抗敌决死队），旧派（新军内阎锡山派来的军官）攻击新派（新军内多由共产党员和进步分子担任的政工干部），挑起新旧军之间和新军军政干部之间的公开摩擦。

秋林会议以后，阎锡山采取了一系列反共措施：宣布取消山西省抗日统一战线的民众组织战地动员委员会；撤换牺盟会派出的抗日县长；改编新军决死队，企图把新军置于旧军的管辖之下。这些措施遭到牺盟会和决死队的坚决反对，于是，阎锡山向旧派放出他准备发动反共事变的有名暗语：“天要下雨了，要准备雨伞！”

如何对待国民党内顽固派掀起的反共逆流，毛泽东制定了明确的方针：“坚持抗战、反对妥协；坚持团结、反对分裂。”毛泽东要八路军和进步力量加强自身工作，准备应付阎锡山发动突然事变。

在吴家窑村青龙庙里，彭德怀根据毛泽东的指示精神向牺盟会和决死队内的共产党员和进步分子发表了题为《克服目前政局主要危险，坚持华北抗战》的长篇讲话，然后和决死一纵队政委薄一波进行详细讨论。薄一波告诉彭德怀，阎锡山很狡猾，声言他不反共，也不反对八路军，只是要整顿决死队和牺盟会，实际是要搞垮决死队、牺盟会。彭德怀笑说：阎锡山说不反共，我们也不要说反阎嘛，要提出“拥护阎锡山，反对旧势力”。

彭德怀高度评价决死队、牺盟会在山西抗战中的作用，说，这是运用抗日统

1939年彭德怀在八路军干部会议上讲话

一战线的一种特殊形式，也是很成功的形式。一定要坚持决死队，坚持牺盟会，争取中间势力，打击最顽固的分子。彭德怀叮嘱说：阎锡山说天要下雨，要准备雨伞，我们也要准备雨伞。对于坚持顽固立场的旧军官，要坚决撤换；情况紧急时，要把他们集中起来，防止里应外合；一旦有事，决死队就向八路军靠拢。

1983年，薄一波在回忆这一次会见的情形时说：和彭老总这次谈话，对以后一纵队胜利地应付十二月事变起了很大的作用。我们两人的看法相同，觉得当时山西局势有大革命时期蒋介石发动"四一二"事变前夕的味道。国民党是决心要吃掉牺盟会、决死队的，但我们也有了经验，只要掌握住武装，就不怕。[①]

12月2日，彭德怀从沁源南行到沁水，会见决死第三纵队和山西第五专区的党员负责干部戎子和、董天知、杨献珍等，传达中央政治局和北方局对时局的看法及应付突然事变的方针。三纵队所在的第五专区，南有阎锡山的孙楚军进驻阳城，虎视眈眈。孙楚军的背后太南地区，还有国民党的数军之众。一旦蒋、阎勾结进攻，五区便首当其冲。彭德怀对三纵队的情况很不放心，切切嘱咐戎子和、董天知对阎派反共军官保持警惕，早下决心。

12月6日，彭德怀奉中共中央之命，到宜川秋林和阎锡山面谈，劝阎锡山坚持团结抗战，停止反共。彭德怀回忆这次会见的情况说："调停，就是给他讲讲利害问题。我对阎锡山说：你依靠牺盟会、决死队，你有前途；你要依靠反动势力、顽固分子，那你就要当空军司令了。你要把决死队、牺盟会搞垮了，那你跟共产党也拌不成朋友了，蒋介石也不把你放在眼里了。"阎锡山默然。

彭德怀在秋林向阎锡山陈说利害，力劝阎不要反共，要团结抗日。无奈这时阎锡山已骑上虎背了。

就在几天前，12月1日，阎锡山令驻晋西的决死二纵队，向同蒲线灵石、

① 访问薄一波记录，1983年7月23日。

霍县段举行破击；同时，密令晋绥军陈长捷、王靖国与日军勾结，里外夹击，准备将二纵队消灭于同蒲线西侧。二纵队政治部主任韩钧，在王靖国军进攻下举行自卫反击，电阎锡山："将在外，君命有所不受。"阎锡山当即宣布二纵队为叛军，蒋介石也立即同意阎提出的"分汾东、汾西，借剿叛军名义北上，肃清共党势力"的方案。这就是抗日战争中蒋、阎密契制造的山西十二月事变，亦即国民党顽固派发动的第一次反共高潮的开端。

第三节 打出"第二枪"

12 月 8 日清晨，彭德怀从秋林南下，准备取道西安洛阳，与程潜、卫立煌会晤，然后返山西前线。途中接毛泽东的电报，方悉阎锡山已经动手。

在这个关头，受程潜、卫立煌节制的中条山区六万余中央军和地方杂牌军持何态度，如何行动，举足轻重。

到了西安，彭德怀会见程潜，揭露各地的反共事件，对程潜说："上海'四一二'事变，长沙'马日事变'，把第一次大革命变为反共反人民的十年内战，反得好吧！送掉一个东北，把日本人接到武汉来了。""今天谁要反共，他先放第一枪，我们立即放第二枪，这就叫做礼尚往来。还要放第三枪。"程潜说："放第三枪就不对了。"

彭德怀回忆说："程潜是国民党元老派，带典型的中间派。他说，放第三枪就不对了，这就等于中间派批准了反摩擦斗争，而且是武装斗争。但是不要过分。"①

到洛阳，彭德怀最关注的是卫立煌和中间派的态度。在《彭德怀自述》中，说到这一段的情形：

"从西安乘车到洛阳，见了卫立煌，拜访了一些民主人士，如李锡九等。在李处不意中遇到了孙殿英（新五军长），我把上述反共摩擦情况，又说了一遍。李锡九是个老好人，他很着急。孙殿英是土匪出身的，极狡猾，他意味深长地说，照你们的方针办事，'人不犯我，我不犯人'。我懂得了他的意思，你们打他呗，我新五军是守中立的。"在卫立煌处谈了好几次。"我向他说了国民党的反共情况，他不置可否，只劝我要相忍为国。我说，我忍，顽固分子不忍怎么办？我说，有打内战的危险？他说，内战是打不成的呵！再打内战就完了。""'再打内战就完了'，这是当时国民党中抗战派的心情。"

彭德怀决定在返总部前先去阳城决死三纵队处看看，他仍然对决死三纵队和第五专区不大放心。三纵队的旧军官很多，纵队领导下不了决心撤换这些人。

正在这时，爆发了晋东南事变：孙楚军包围袭击阳城、晋城、沁水、浮山等县的抗日政府。牺盟会干部和抗日群众遭残杀者 100 余人，被捕者 300 余人。孙军散兵四出抢劫，城里城外，山上山下，一片恐怖。

---

①《彭德怀自述》，人民出版社 1981 年版，第 231—232 页。

明知山有虎，彭德怀仍旧向事变的中心地进发。他必须找到戎子和，弄清情况，稳住局势。

在阳城东露宿了一夜之后，12月25日，彭德怀在沁水东柿庄的沙门口见到从沁源开会返防的戎子和，得知三纵队的游击八团已在旧派军官的把持下实行反共，中央军已进驻阳城。彭德怀即命令戎子和马上返部，把各团不可靠的旧派军官控制起来，带部队迅速向高平黄克诚旅（三四四旅）靠拢。①

身临事变，彭德怀看到，和阎锡山的一场较量已不可避免。稍后，蒋介石必乘隙进攻，更将进而危及太行根据地。

这时，孙楚军最凶狠之独八旅和国民党二十七军，已进入沁水县境，到处抓人、杀人，形势一发千钧。彭德怀立即与总部通报。向朱德、左权、杨尚昆（并报中央）提出，以陈赓为司令员，黄克诚为政委组织晋豫边八路军第二纵队司令部，将现在太（行）南的八路军各部和决死第三纵队统一指挥起来；令贺龙、关向应立即率部返回晋西北，统一指挥同蒲线以西的八路军和决死队；令决死一纵队进入安泽以南，以抗击顽军的进攻。

阎锡山的“雨”倾盆而下，彭德怀及时张开了“雨伞”。

27日，彭德怀在高平县陈洰村黄克诚旅向总部、北方局和中央报告：“决死三纵队八团、九团、十一团已叛变。”彭德怀请中央和总部令当时在屯留附近的决死三纵队第十团迅速靠拢八路军，“万勿迟延”。十团因此得以保全。

28日，决死三纵队二百余骨干在戎子和率领下突围到达陈洰。

天气很冷，人多屋少。彭德怀把三纵队的干部叫来，和自己住在一个炕上，仔细询问情况，鼓励他们要“败不馁”。②决死三纵队的沉痛教训，成为彭德怀决心发动一场反摩擦战役的起点。

像在每一次采取重大行动前一样，在身旁人的鼾声中，彭德怀在炕头盘腿端坐到天明。他凝神闭目，慎重地筹划着怎样胜利地打出他所说的“第二枪”。

毛泽东指示了反摩擦斗争的策略：“有理、有利、有节”。彭德怀反复地琢磨这六个字：八路军自卫反击充分有理，这一点中间派也不能不承认。现在需要的是造成有利的反击条件。八路军在敌后，随时遭日军“扫荡”，自卫反击必须选中要害，一举成功，速战速决。但是，太行、太岳的兵力，还不足以造成优势。他需要解决这个矛盾。他决心命晋察冀军区司令员聂荣臻乘日军“扫荡”的间隙，密率晋察冀主力南过正太路，和一二九师会合，以优势兵力迎击必将扩大的反共高潮。

1939年是国民党顽固派发动反共“摩擦”的一年。艰难战斗于敌后的八路军又在国民党顽固派发动的反共高潮中迎来了1940年。

从鹿钟麟主冀以来，为消弭摩擦，周恩来、朱德、彭德怀、刘伯承出面与蒋

---

① 访问戎子和记录，1982年1月16日。

② 访问戎子和记录，1982年1月16日。

介石、阎锡山、程潜、卫立煌、鹿钟麟分别进行过多次电商、面谈，提出过多次解决方案，中共方面作过多次让步，终于无效。十二月事变后，八路军的处境空前险恶。除日军的封锁、扫荡外，从晋西北到晋东南，从中条山到晋冀豫边和山东半岛，蒋、阎对八路军和决死队形成了一个半圆形的大包围圈。

八路军退无可退，忍无可忍。1940 年对八路军来说，也以向蒋、阎军实行反击开始。

在晋西北，自晋西事变后，决死第二纵队和八路军晋西独立支队突破阎军包围，在八路军罗贵波、彭绍辉部接应下到达晋西北。2 月，贺龙率一二〇师主力返回，2 月底，全部肃清了晋西北地区反共的旧军。晋西北抗日根据地得以巩固，成为陕甘宁边区的可靠屏障。

在晋东南，决死一纵队因在事变高潮中将旧军官集中控制起来，未遭到损失。1 月中旬，蒋介石以五个军进犯太南太岳。19 日，朱德、彭德怀下令陈赓率三八六旅主力移驻太岳，统一指挥太岳之八路军及决死队："如对方进犯时，则坚决打击之。"太岳阵地得到巩固。朱德、彭德怀又令黄克诚指挥八路军及决死三纵队恢复了太岳南的部分阵地。

阎锡山苦心导演的以旧军吞并新军、以旧派搞垮新派的反共戏，至此进入尾声。阎锡山通过事变完全控制了晋西南，占领了晋东南的部分地区，退出了晋西北；拉走了决死队的 3 个团，却逼使山西新军的 40 个团完全过渡到共产党的领导之下。

在对阎锡山的这一场严重斗争中，毛泽东十分注意掌握斗争的策略和分寸，使彭德怀由衷敬佩。1939 年 12 月 30 日，在事变高潮之际，彭德怀在给毛泽东的一封长电中，估计时局将有大逆转，提出一切工作必要放在蒋、阎"投降妥协成为事实上"。毛泽东则不然，他答复彭德怀说，"德怀同志：……目前还不是全国下雨之时"。"日本在华军人的政策还是硬的，此事不能不影响国民党的态度，故好转的可能还未断绝。"于是，在对阎锡山的反共气焰给予有力打击之后，新军继续拥阎抗日，山西方面和阎锡山的摩擦趋于缓和。

1940 年 2 月 7 日，彭德怀在晋东南纪念京汉铁路工人"二七"大罢工 17 周年集会上发表演说，谈到经过 17 年革命斗争的中国共产党"有了富于政治远见，预见事变，并且善于处理事变的中央，有了英明的领袖"，领袖，就是指的毛泽东。这个由衷之言，包括着抗战以来在民族矛盾和阶级矛盾的交织中他的切身体会。他自己也在这场尖锐、复杂又时而微妙的斗争中，在政治上日臻成熟。

阎锡山的"骤雨"方过，八路军总部又不得不掉过头来对付国民党中央军在太北和冀南的进攻。

在冀南，虽然鹿钟麟提出了辞呈，蒋介石对河北是意在必得。国民党《异党政治设施概况》中称："河北土肥人众，非陕北地广人稀。""中央对共应采取之政策，令无条件交出政权。"①

---

① 左权致各兵团和中央的电报，1940 年 1 月 14 日。

1940年1月，蒋介石另委四十军军长庞炳勋为河北省主席。接着，庞炳勋、朱怀冰、石友三等军自南而北，向太行、冀南抗日根据地发动进攻，与日军自北而南的扫荡相配合。太行根据地处于虎狼夹击的危急局面。

这时，聂荣臻和晋察冀军区的两个团跨越日军封锁线南下，到达太行。一同来到的，还有冀中军区司令员吕正操和冀中的一个旅。

军情紧急，朱、彭、左、聂、吕、刘（伯承）、邓（小平）立即研究这场反摩擦战役如何打法。一致的看法是，应集中力量打击进攻抗日根据地的急先锋朱怀冰。

朱怀冰军在供应较为充足的中央军中，也称得上武器精良。但朱并不积极抗日，凭其武器优势，专门进攻八路军，搞反共摩擦，号称“摩擦专家”。八路军总部朱、彭、左，一二九师刘、邓，曾经多次对朱怀冰会谈争取无效。但其下层官兵在和八路军的接触中受到教育，反投降、反内战的情绪却日益增长；加以朱怀冰的军阀作风和腐化生活，官兵关系、军民关系都十分恶劣，打朱怀冰，具有十分有利的政治条件。不过，朱怀冰是中央军，从反“磨擦”斗争开始，直接和中央军打，这还是第一次。打不打，需要慎重考虑。

刘伯承的态度十分坚决，说：“他们从太南把我们挤到太中，又要把我们挤到太北，那我们在地球上就没有地方立脚了，成了空军，只有到空中去。空军还得在地上有个机场哩！”

彭德怀说：“好！就收拾这个‘摩擦专家’。叫黄克诚他们在西边打，你们在东路打！”

朱德说：“这回嘛，我和老彭、伯承都不出面，由小平同志来干，到时候好说话。”

彭德怀、刘伯承（右）和朱怀冰（中）在八路军总部合影

3月5日，一二九师和晋察冀军区共13个团的兵力，在晋冀豫边的磁县、林县、武安、涉县地区，向朱怀冰部发起攻击。仅4天，就歼灭朱怀冰2个师及其他地方反共军1万余人。朱怀冰丢下家眷率残部逃脱。总部派人将其家眷送还。

打朱怀冰的同时，八路军在平汉铁路东击溃了勾结日军的石友三部。以后，八路军截获了石友三与其弟石友信秘密降日的罪证，又连续给石以打击，并将证据送蒋介石和卫立煌。卫立煌下令将石友三密捕处决。

打朱战役前，鹿钟麟因在河北已难立足，率残部二余人从冀西南撤，到磁县正遇上朱部被歼。鹿一行逃到陵川险道，被八路军发现，报告彭德怀。彭德怀

彭德怀等与冯玉祥将军（左一）合影

说，国共还要合作，放他去吧，以后好见面。鹿钟麟跑回重庆，冯玉祥责问他：去年（1939年1月）彭德怀来看我，介绍八路军在敌后的政策，我还要向八路军学习哩！你为什么不好好和八路军合作？鹿以遵照蒋介石的《限制异党活动办法》来解释。冯玉祥骂道："我叫你深入敌后，是为和八路军密切合作，发展一些部队，抗战对敌。谁要你管他那些混账办法！"

打朱战役后，中共中央书记处和中央军委指示朱德、彭德怀："反摩擦斗争必须注意自卫原则，不应超出自卫范围……尤其对中央军应注意此点。因国共合作就是同中央军合作"，"目前山西、河北的反摩擦，即需告一段落，不应再行发展"。朱德、彭德怀即停止追歼朱怀冰残部，派代表与卫立煌谈判，达成协议：以临屯公路和长治、平顺、磁县之线为界，以南为中央军驻区，以北为八路军驻区。

《彭德怀自述》中，谈到这一段历史时说，打朱一役"巩固了太行山根据地，保证了太行山根据地和山东、苏北、皖北、河北平原的联系，这是一个伟大的胜利"，"从此太行山结束了武装摩擦，打退了第一次反共高潮。"

国民党反共，搬起石头打了自己的脚，对此，没有大做文章。为团结抗日，八路军也没有声张。彭德怀回忆朱德当时谈到这历史的一幕时说："他们不作声，我们也不作声。他们打败了不作声，我们胜利了，何必那样来宣传呢！"[①]

①《彭德怀在中共第七次全国代表大会上的发言》1945年4月30日。

第十一章　百团大战

第一节　破袭正太路

1939年秋到1940年春，八路军不得不用很大的力量来对付来自抗战营垒内部“友军”的进攻，这是民族的不幸。乘国共摩擦之机，日军华北方面军司令官多田骏，对抗日根据地加紧“扫荡”，在华北大力修建公路、铁路，挖壕筑堡，由点连线，由线成面，扩大其占领区。抗日根据地日益被封锁、切割。1939年秋，抗日根据地有近百个县城，至1940年夏，只保有几个山区偏僻小县城。八路军活动日渐困难，物资供应尤为紧张。

1939年12月，冀中军区政委程子华，政治部主任孙志远给总部的一份密电，引起朱德、彭德怀的特别重视。

程、孙报告中央和总部说：“敌最近修路的目的同过去不同。”其修法：“一是以深沟高垒连接碉堡。由任丘到大城、河间的公路修得比地面高五尺，两旁沟深八尺到一丈，沟底宽六尺，沟面一丈六，把根据地划成不能相互联系支援的孤立的小块，部队也不能转移，便于敌逐次分区搜剿。第二种修法是汽车路的联络向外连筑，安国县已完成三层，敌汽车在路上不断运动，阻挡我军出入其圈内。”

程、孙十分紧迫地说：“绝不能让敌修成”，否则，“将造成坚持游击战争的极端困难局面”。

敌人这一套不仅在冀中，而且在全华北实行。深谙兵法的一二九师师长刘伯承曾形象地比喻说：这是敌人企图以“铁路为柱，公路为网，据点为锁”，对华北敌后军民实行的“囚笼”政策。

敌人近乎疯狂的筑路挖沟行动使朱德、彭德怀、左权十分焦虑，三人经常在作战室看情报，研究到深夜。整整占满一壁的华北地形图上，新旧铁路线、公路线交织连贯，像一张巨网正向各抗日根据地合拢。朱德、彭德怀提醒八路军各部指挥员说：“敌人的筑路行动有战略上和战术上的重大含义，丝毫不能忽视，要提醒大家从总体上来认识和对付敌人的阴谋。”①

1940年2月，在部署反摩擦战役的同时，朱德、彭德怀下令八路军各部对

---

① 朱德、彭德怀致各兵团首长的电报，1940年2月7日。

敌人筑路的起止地点、修筑方法、沿路设施、守备兵力、组织情况等进行详细侦察，为下一步行动做准备。

3月，八路军反摩擦战役取得胜利。4月1日，朱德、彭德怀就发布命令，要求八路军各部配合，从4月10日开始动作，对敌人的交通线发动一次总破袭。

命令下达的第二天，毛泽东给彭德怀一封急电："目前局势相当严重，蒋介石似已下了决心，即是挂抗日的招牌，做'剿共'的实际。目前对我最威胁的是绥德、皖东两点。"毛泽东告彭德怀和晋西北的贺龙、关向应，须以主力对付威胁延安之国民党第九十军，同时，要彭德怀除三四四旅外，再抽兵力南下华中，打通与新四军陈毅的联系。

根据毛泽东的指示，彭德怀再次转过头来对付国民党的反共摩擦。朱、彭4月1日关于发动交通总破袭的计划暂时搁置，各部分散出击，未形成统一的战役。

在4月2日的电报中，毛泽东希望朱德早日动身前往洛阳，与卫立煌谈判停止国共摩擦问题，然后秘密返回延安，参加中共第七次代表大会。

4月中旬，朱德从王家峪八路军总部启程，越过白晋铁路敌人的封锁线，经中条山国民党防区赴洛阳。四个月前，彭德怀从这条路回总部，阎锡山的部队四处打枪抓人，现在局势虽趋好转，尚未稳定。彭德怀十分不放心，亲自安排了朱德从总部到洛阳的路线和沿途的警卫工作。

朱德启程前，彭德怀把随从朱德的周桓找到自己屋里，亲自交代一番，怎样照顾好总司令的行路安全和起居饮食。谈完又加意叮嘱周桓："总司令年纪大了，一路上要多加小心。有紧急情况，要先轻轻叫醒，等总司令坐起来，再报告。如有急电，先把蜡烛点好，再请总司令起来看；等总司令处理完毕再离开……"以后，周桓回忆这一情景时说："叱咤风云的彭老总，对总司令的关怀这样细致入微，感动得我一时竟说不出话来。"①

彭德怀在王家峪

彭德怀又拿出一封信交给作战科参谋潘开文，要他在护送总司令过白晋路时，将它丢弃在敌人的封锁线内。这是一封给国民党军庞炳勋的信。"透露"八路军和国民党军在这一地区还将发生严重摩擦。②

这是一封为转移敌人注意的假情报，

① 访问周桓谈话记录，1985年4月26日。

② 访问潘开文谈话记录，1983年12月8日。

王家峪八路军总部旧址

八路军预定的出击矛头是在另一个方向上，对准的是日军。

4 月末的一天，左权受彭德怀之托，来到一二九师师部。师部设在太行山深处黎城县谭村一家院落内。山高春迟，“人间四月芳菲尽”，在这里，院里院外，桃花盛开。刘伯承、邓小平、聂荣臻、吕正操、陈锡联、陈赓等人，晚饭过后，坐在充满春意的院子里，谈论形势。

打垮了装备优良的国民党反共“摩擦专家”朱怀冰军，根据地军民迫切要求集中力量来打破日军日益加紧的封锁。彭德怀形容当时根据地的形势是“前门打虎，后门进狼”，十分严峻。4 月 25 日，彭德怀签发了朱、彭致各兵团首长的指示：“日寇现正在拼命修筑道路（据各地报告统计之多殊为惊人）”，“此种阴谋若不积极求得阻止与粉碎，待其完成，将会予我坚持敌后之抗战以极大困难和不利。”指示要求“各兵团首长应就当前实际情况，确谋有效之对策，予以破坏”。

总部提出要各兵团谋取对策，大家的议论自然集中到这个问题上。三八六旅旅长陈赓提出：“正太铁路我们搞了它好多次了，这次大家集中力量先把它给搞掉，如何？”

聂荣臻想了想说：“要彻底打掉嘛，目前还不可能，打掉了它还会修起来的。不过，打断它一个时期也是有利的。”①

左权听过大家的议论。笑道：“彭老总要我到这里来，正是为和大家商量这件事。他有个想法，由荣臻和伯承同志再次协力，从南北两面对正太路来个大破袭，打通晋察冀和太行区的联系。”

① 聂荣臻回忆，1983 年 10 月 5 日周均伦传达。

左权的话使谈论热烈起来。有人提出聂和刘、邓可以一个负责破袭东段，一个破袭西段。大家认为这个想法甚好，要左权把这个设想带回，供彭老总考虑。

从 4 月份以后，八路军总部挂着白布门帘的作战室内，增添了一份正太铁路的地形图。这是按彭、左的指示准备的。彭德怀和左权常常在这间屋子里，聚精会神地翻阅敌情资料，在地形图前凝视、沉思。正太、同蒲、平汉、津浦、平绥、北宁、胶济 7 条铁路干线，成了敌人对根据地构筑交通网——企图困死八路军的“囚笼”的纵横支架，正太路正处于中心位置。左权带回的建议说明，总部和刘、邓、聂众将领不约而同地都把目光投射在这条铁路上。

正太路从平汉路上的正定（河北）开始，通过井陉，爬上巍巍太行，经娘子关天险入山西，西行至榆次与同蒲铁路接轨，上抵太原。全长 240 余公里。正太路横贯太行山脉，沟通河北平原和山西高原，联结平汉、同蒲二线。同蒲路从大同到蒲县，把山西切为东西两半，正太路则把山西省东半部又切为南北两半，具有重要的战略意义。

在八路军的不断破袭下，敌人以 3 个混成旅团担任正太路全线的守备，在沿线筑了数十个据点，在铁路南北还筑了一层外围据点。铁路上以装甲车往来运行巡逻，铁路两侧不许农民种植高秆作物（高粱、玉米），以防八路军的袭击。

八路军在敌后的两个大战略区——晋察冀区和晋冀豫区隔正太路相望，搞掉它，是两大区军民的共同愿望。

经过两年多的“交通战”，八路军破路的经验越来越丰富，敌人防备的手段也越来越严密了。怎样一举搞掉敌人重兵守护的正太路，打击敌人的“囚笼”政策，这是彭德怀考虑的中心问题。

不久，这条被日军号称为“钢铁动脉”的正太路，在彭德怀的眼里便化成一条熊熊燃烧的火龙；而敌人苦心经营的“囚笼”，在他的心中也变得千疮百孔。这不是幻景，一个大破袭的战役方案，在他面对的地形图上，已渐渐显现出宏伟的清晰的轮廓。

这个方案巧妙地抓住了敌人的一个无法克服的弱点：“敌伪深入我根据地后，普遍筑碉堡，兵力分散，反而形成敌后的敌后。主要交通线空虚，守备薄弱，这对我是一个有利的战机。”①

转眼 7 月中旬，一天，彭德怀和左权在总部驻地村外纵论时局。这一年的夏季，世界形势风云险恶。在欧洲，法国政府向德国法西斯投降。希特勒在席卷半个欧洲之后，向英伦海峡进军。在亚洲，英、法屈服于日本的压力，相继关闭了中国的西南国际交通线滇越铁路和滇缅公路。日军在攻占扼长江入川门户宜昌（湖北）重镇之后，又扬言要进攻西安，切断我西北国际交通线。据重庆国民政府和八路军各部情报，关外日军大批入关，津浦沿线日军向陇海线集中，太原日军亦沿同蒲路南下，有进窥潼（关）洛（阳）之意。与此同时，日机狂炸重庆。

①《彭德怀自述》，人民出版社 1981 年版，第 235 页。

一时大后方震动，投降派活跃，中间派对时局悲观。中共中央在“七七”三周年，号召全党全军克服投降危险，争取时局好转，争取 200 万友军继续抗战。中共中央重庆办事处建议八路军在敌后打胜仗，以鼓舞人心。

从上次左权去一二九师师部回来，4 月的烂漫山花已换成眼前茂密的青纱帐，正是游击健儿显身手的黄金季节。彭德怀对左权说：“大家老盼着打，我看可以开始行动了。”

不几日，左权受彭德怀之托，再次来到一二九师师部。刘伯承、邓小平仔细倾听了彭德怀和左权的战役设想，欣表赞同。[①] 处事一贯明确果断的邓小平说：“这个设想我看行，可以这么干！”左权返回总部后，刘伯承指示师参谋长李达立即收集部队的破路经验进行战役准备。[②]

接着总部召开军事会议，北方局书记杨尚昆参加了会议。[③] 从初议到酝酿、决策，一次不寻常的军事行动即将掀动华北。

1940 年 7 月 22 日清晨，从山西武乡太行山脉的小小山村砖壁发出一束束无线电波，把八路军总部一项极其重大、秘密的作战命令，传达到分处敌后的各师、军区领导人聂（荣臻）、贺（龙）、关（向应）、刘（伯承）、邓（小平），同时上报中共中央军委。这便是有名的由朱（德）、彭（德怀）、左（权）签署发布的破袭正太路战役预备命令。

命令提出：为打击敌人“囚笼”政策，打破敌进犯西安之企图，争取华北战局更有利的发展，影响全国的抗战局势，“决定趁目前青纱帐与雨季时节，敌对晋察

彭德怀等在晋东南阅兵大会上。右起：聂荣臻、刘伯承、左权、杨尚昆、彭德怀、陆定一等

① 李达：《抗日战争中的八路军一二九师》，人民出版社 1985 年版，第 184—185 页。
② 李达：《百团大战——中外战史上光辉的一页》，载《星火燎原》丛刊 1981 年 5 月。
③ 访问杨尚昆记录，1983 年 7 月 23 日。

（左起）彭德怀、朱德、彭雪枫、萧克、邓小平在王家峪八路军总部

冀、晋西北及晋东南‘扫荡’较为缓和，正太沿线较为空虚的有利时机，大举破袭正太路”。“其他各重要铁道线，特别是平汉、同蒲，应同时组织有计划之总破袭，配合正太铁道战役之成功。”“定八一三以前（约八月十号左右）为开始战斗期限。”

命令要求直接参加正太线作战之总兵力不少于22个团，定于8月10日前完成侦察、器材准备、部队调动等准备工作。

这一注明“十万火急”的绝密电报发到延安，立即被抄送毛泽东、王稼祥、朱德、洛甫、王明、康生、陈云、邓子恢、任弼时、谭启龙和作战局。1959年庐山会议以后，彭德怀曾被指责为背着毛泽东发动百团大战，由于7月22日的预备命令延安收文原件在案，“文化大革命”以后得以澄清真相。

8月8日，朱、彭、左向聂、贺、关、刘、邓发出战役行动命令。规定：聂集团主力约十个团破坏平定（县不含）东至石家庄之正太线，同时，分派部队对津浦、平汉、德石、沧（州）、石（家庄）路的指定地段进行宽正面破袭，阻止可能向正太路增援之敌，相机收复某些据点；

刘、邓集团以主力8个团附总部炮团一个营，破击平定（含）至榆次段之正太路，同时，分派部队对平汉、德（州）石、邯（郸）大（名）、同蒲、白（圭）晋（城）、临（汾）屯（留）路之指定地段进行宽正面破袭，阻止敌人向正太路增援，相机收复某些据点；

贺、关集团破袭同蒲北段及汾（阳）离（石）公路，并以重兵置于阳曲南北，阻敌向正太线增援，同时派部破袭晋西北交通，相机收复若干据点。

命令规定：“上列各集团及总部特务团统由总部直接指挥之”，“限八月二十号开始战斗”。

正如彭德怀在其自述中回忆的：“在敌后碉堡密布的情况下，组织这样统一有计划的破袭，是不容易的。”[1] 7月22日和8月8日，总部相继下达了关于侦察工作和破坏战术的详细指示，要求对每一个攻击目标都经过侦察，做出计划。对需要特殊破坏技术的水塔、隧道、桥梁，还要求派出便衣组，配以技术人员出动，以

①《彭德怀自述》，人民出版社1981年版，第241页。

计算药量和作业。指示说“战役成果之大小，主要是看破坏正太路之成果而定”。

总部的战役行动命令下达后，各根据地军民情绪热烈，出击兵团迅即掀起练兵爆破热潮，从总部到各师旅团，参谋人员都出动侦察。一二九师三八五旅旅长陈锡联回忆说：“我们这些旅干部，当时都化装去铁路沿线侦察了地形。”侦察人员还深入虎穴，在群众的掩护下，在敌人的交通线两侧村庄、大小据点实地侦察。有的还乘上正太路的列车，把沿线情况一览无余。日军华北方面军参谋长在战役发动后的10月13日向日本陆军次长所作的报告中，在《袭击前的一般征兆》一段内加注说：“独立混成第四旅团司令部所在地的阳泉，在盂兰盆会期间发现很多平日未曾见过的健壮男子前来游逛，市场上卖东西的人，有半数改换了新人。事后查明，从8月前后经常出入阳泉车站的一个男子，据说是共军某部的参谋长。”①

战役的其他准备工作，如粮食和破路器材的筹集，兵站的建设，伤员的转运，向敌占区的宣传等，都按总部要求迅速完成。

一二九师师长刘伯承，政委邓小平，把师前线指挥部设在抵近正太路的和顺县石拐村。晋察冀军区司令员聂荣臻，把前线指挥部设在井陉煤矿附近的小山村洪河槽。

一切就绪，只待时辰一到，给万恶的日本侵略军以沉重的打击。

日军觉察到八路军在集结兵力，但它收集到的情报欺骗了它，它上了彭德怀的当。事后，它的参谋部懊丧地总结说：共军移动和集结兵力，扬言是要与中央军一战，这就巧妙地转移、引诱、欺骗了日军的注意力，从而大规模地集结其兵力。②

第二节　“定名为百团大战”

8月20日，总部所在地上空浓云密布，过午下起了小雨。总部作战室弥漫着紧张的气氛。所有无线电台译电和有线电话，都编组好轮流值班的顺序，以保障战斗指挥和联络的畅通。

彭德怀和左权不时交谈，或听参谋人员汇报情况，或对地图沉思。晚上8时整，各兵团按预定时间发起攻击。各路指战员如猛虎下山，迅速扑向敌人控制的据点、车站、桥梁、碉堡。枪炮声、爆炸声、喊杀声，震撼着正太路和同蒲路、平汉路等交通线的指定地段。彭德怀一夜没合眼，等待着前线的消息。③

21日天明时分，消息陆续传来。首先收到刘伯承师长发来的电报：陈赓旅连克碉堡四座，全歼守敌。完全占领了寿阳西南之芦家庄车站，将车站西10里的铁道、桥梁全部破坏。

---

① 日本防卫厅战史室编：《华北治安战》（上），天津人民出版社1982年版，第298页。

② 日本防卫厅战史室编：《华北治安战》（上），天津人民出版社1982年版，第297页。

③ 王政柱：《中国人民抗战史上光辉的一页——回忆百团大战》，载《解放军报》1985年8月25日。

八路军破袭娘子关下的铁路

紧接着，聂荣臻司令员来电，杨成武连克乏驴岭、北峪、地都等据点，歼守敌200余名。据点段内铁路、桥梁、碉堡、电线悉被破坏，万余民众参加了破袭。聂所属另一部，则完全占领了井陉煤矿，歼守敌百余，解放工人2300余人，矿井机器全部炸毁；郭天民部正猛攻娘子关；冀南军区徐绍恩团破坏平汉路邯郸至磁县段铁路五里。

晚上8点钟，贺龙师长发来战报：张（宗逊）旅全歼静乐东康家会守敌，毙敌200余，俘日兵10余名，缴获甚多……

21、22日，正太、同蒲、白晋、平汉、平绥、津浦、北宁各铁路及各公路干线上的捷报一份份发至总部。根据彭、左指示，即向前线各部通报战况，并上报中央军委。

22日午饭后，彭德怀和左权在作战室内听取战况，作战科长王政柱汇报实际参战兵力，正太路30个团，平汉线卢沟桥至邯郸段15个团，同蒲线大同至洪洞段12个团，津浦线天津至德州段4个团，邯郸至济南公路线3个团，代县至蔚县公路段4个团，北平至大同线6个团，辽县至平定公路线7个团，宁武、岢岚、静乐公路线4个团……共计105个团。

王政柱话音刚落，左权说："好！这是百团大战，作战科要仔细查对确数。"彭德怀说："不管是一百零几个团，就叫百团大战好了。"[①] 当即和左权一起拟电发各兵团，并报中央军委，将此次破袭战役定名为百团大战。同日，《新华日报》华北版和新华社华北分社发布了十八集团军司令部参谋处关于百团大战的第一号捷报，以后逐日发布战报。百团大战的战况成为举国欣闻的消息。

百团大战第一阶段的破袭取得了巨大的成功。

亲临前线，担任正太路西段指挥的一二九师三八六旅旅长陈赓，在他1944年写的自传中，曾热情描写了这一阶段作战的情景：

---

① 王政柱：《中国人民抗战史上光辉的一页——回忆百团大战》，载《解放军报》1985年8月25日。

“1940 年 8 月，奉命参加百团大战，我以精锐之师，半月内毁灭（坏）了所谓敌人的‘大动脉’之正太路。”“一条完整的铁路，一时变成了破烂不堪的荒地。迫令敌寇尽数月之力重新建筑此路。百团大战遍及华北，敌寇兵力备受牵制。”

在这次破袭战中，聂部曾两度攻占娘子关，把国旗插在娘子关上。聂荣臻回忆说：“在侵略军铁蹄下生活了近三年的娘子关地区的同胞，看到八路军的红旗高高地飘在关头，兴奋得流出泪水。”①

1940 年 10 月 15 日，日军华北方面军向日本陆军省提出的《破坏修复情况》报告中说：“石太线被破坏之广泛及其规模之大，远非其他地方可比。”② 在对八路军所用破路战术进行一番分析后又说：“关于爆破，从其实施效果判断，（共军）事前对干部曾进行过相当教育。”③

第一阶段战役中，一个重大的胜利，是聂集团由杨成武指挥的中央纵队，在矿工的配合下，严重破坏了日军侵占的燃料基地井陉煤矿。日军独立混成第八旅团参谋泉可畏翁回忆说：“所谓井陉煤即炼铁用的粘结煤，当时是供给满洲鞍山炼铁厂重要的、不可缺少的原料。在井陉三矿中，最重要的是新矿，所受破坏最大。至少半年以上不能出煤。”④

与破袭正太路同时，敌人在华北的交通动脉北宁、同蒲、平汉铁路被截断，

八路军战士攻占娘子关

①《聂荣臻回忆录》（中），解放军出版社 1984 年版，第 497 页。
②《百团大战史料》，人民出版社 1984 年版。
③《百团大战史料》，人民出版社 1984 年版。
④《百团大战史料》，人民出版社 1984 年版。

其他纵横于华北的白晋、沧石路及各地公路线亦被截肢碎骨。北同蒲线铁路“受到了严重破坏”[①]。

“同蒲线以西的各警备队大部分受到共军袭击，孤立的小据点有些被全部消灭”。“共军第一次攻势以破坏交通、通讯为目标，同时为取得精神的效果，在这些方面的破坏是相当严重的。”[②]

八路军发起的突袭，使华北日本驻军一时间陷于慌乱之中。

8月20日夜，晋中地区大雨，正太路各据点的日军有的在睡梦中就一命呜呼，有的惊起抱枪赤身应战。

守备正太路东段之日军独立第四旅团司令部“开始根本弄不清楚各方面的情况，经过二三天后，才逐渐判明”[③]。

负责正太路守备的日军一一〇师团“20日夜接到独立混成第八旅团的电话报告，得知石门附近情况，但以后电话不通，情况不明”。21日该师团长饭沼守（中将）“得悉石太路全线遭敌袭击”，23日方派兵“前往井陉地区增援”[④]。

日本在山西的最高军事当局、驻太原的第一军司令部，“21日从旁系电话中收到第一次报告说：‘石太路到处正遭八路军袭击……’，但以后再无更详细报告。有线、无线电话完全不通，立即陷入情况不明状况”[⑤]。

日军华北方面军在其《作战记录》中记载说：“盘踞华北一带的共军，根据十八集团军总司令朱德的部署，发动了所谓百团大战，于昭和15年8月20日夜同时奇袭我交通线及生产基地（主要是矿山）。尤其在山西，其势甚猛”。“这次奇袭完全出乎我军意料之外，损失重大，恢复建设需要相当时间与大量资金。”[⑥]

日军从华北方面军司令部到军、师、旅、联队，据点守备都受到强烈震动。

百团大战第一阶段的破袭战完成了预定任务，这次破袭巧妙而又大胆地利用敌人以小国凌大国、兵力不足的弱点。日军华北方面军在其1940年制定的华北《肃正建设实施纲要》说明中，虽已看到自身在军事上的“长期分散配置，使各部队很容易陷于被动守势”[⑦]。但由于兵力不足，惧怕“过早地将分散配置集中，治安将会重新恶化”[⑧]。针对敌人的分散配置、集中使用，彭德怀以同时发动、分散出击，使其陷于首尾不能相顾的境地。敌人不得不承认，八路军取得了“奇袭的成功”[⑨]。

在第一阶段战役胜利的形势下，8月31日，彭德怀给各兵团发出扩大战果、

---

①《百团大战史料》，人民出版社1984年版。

②《百团大战史料》，人民出版社1984年版。

③《百团大战史料》，人民出版社1984年版。

④《百团大战史料》，人民出版社1984年版。

⑤《华北治安战》（上），天津人民出版社1982年版，第305页。

⑥《百团大战史料》，人民出版社1984年版。

⑦《百团大战史料》，人民出版社1984年版。

⑧《百团大战史料》，人民出版社1984年版。

⑨《华北治安战》（上），天津人民出版社1982年版，第297页。

彻底毁灭正太路和同蒲路的忻县—朔县段，使三个根据地（晋察冀、晋西北、晋冀豫）连成一片的建议。

这个建议低估了敌人对交通线的修复能力，低估了敌人利用现代化交通工具迅速增援兵力的能力。在这个建议发出后的第三日，即9月3日，敌援兵两万余人抵正太路东西两端，企图夹击八路军。此前，小批援兵已陆续进入正太路作战，日军驻太原飞行大队连续出动，与其地面部队联络，猛炸八路军阵地。彭德怀和左权看到“扩大战果已不可能”[①]，放弃以上建议，命出击兵团即日转移兵力，准备完成第二步计划。

第三节　后方的振奋

华北敌后的胜利消息传到延安，群情欢跃，延安街头到处贴着祝捷标语。9月20日，延安各界举行万人大会，纪念“九一八”九周年和庆祝百团大战的胜利，大会通电慰问八路军前方将士，毛泽东和朱德代表中共中央出席了大会。

1940年9月10日，八路军总部接到中共中央书记处发来的《关于时局趋向的指示》。指示分析了抗战阵营中存在的对日妥协危险倾向后说：“我党五十万大军积极行动于敌后（尤其是此次华北百团战役），则给了日寇以深重的打击，给了全国人民无穷的希望。”同日，中央书记处在《关于击敌和友的军事行动总方针的指示》中要八路军、新四军“在目前加强团结时期，应集中其主要注意力于打击敌人”，要求“仿照华北百团战役先例，在山东及华中，组织一次至几次有计划的大规模的对敌进攻行动。在华北则应扩大百团战役行动”。“给予二百万友军及国民党大后方与敌占区内千百万人民以良好之影响，给予敌人向重庆等地进攻计划以延缓的作用。”

在百团大战中，八路军的百团兵力包括相当一部分地方武装，经过第一期破袭战，需要休整与补充，无力扩大作战；在华中和山东方面，亦不具备发动大战役的条件，延安的这一指示未能实现。这时，日军大批援兵已由东西两端进入正太路地区，在正太路扩大战果亦不可能。彭德怀、左权决定转入第二阶段作战，于9月16日命令各部，在继续破袭交通的同时，将重点放在攻占交通线两侧和深入各根据地内的日军据点。

根据总部的命令，从9月20日起，晋察冀军区在晋冀边发起了涞（源）灵（丘）战役，一二九师在晋东南发起了榆（社）辽（县）战役，一二〇师在同蒲路宁武之南北段发起第二次破袭战役，冀中军区发起了任（丘）河（间）大（城）肃（宁）战役，冀南军区发起德石路、邯济路破袭战役。

第二阶段战役发起时，敌正调集兵力向八路军各出击兵团实行反击作战，在八路军再次发起广泛突袭的情况下，敌军顾此失彼，被八路军拔除的据点达

---

① 彭德怀、左权致各兵团电报，1940年9月3日。

2000余个，一二九师在第二次战役中攻克了榆社县城。

日军第一军派赴阳泉前线的参谋朝枝回忆说："八路军的抗战士气甚为旺盛，共产地区的居民，一齐动手支援八路军，连妇女儿童也用竹篓帮助运送手榴弹。我方有的部队，往往冷不防被手执大刀的敌人包围袭击而陷入苦战。"①

在八路军胜利的影响下，"伪军伪组织动摇加剧，纷纷派人来与我们接头"②。"使平、津、太原、石家庄等大城市人民大为兴奋，影响伪币大跌价"③，为1941年后开展敌占区工作创造了有利的条件。

1940年的秋季，八路军在华北出击，正值敌机170架狂炸陪都重庆，市区大火。迁都之说，妥协之议，甚嚣尘上。日军中国派遣军司令部对国民政府实施诱降的"桐工作计划"也正加紧进行。④

大后方在悲观空气的弥漫中，突然听到八路军在华北前线胜利出击的消息，顿时反响强烈，气氛为之一变。重庆《大公报》《新蜀报》《新民报》《力报》《国民公论》等，竞相刊载百团大战的战绩，发表社论。《新蜀报》9月20日社论中说："我们每天看到如雪片飞来的条条捷报，真是兴奋感动得流泪。"

远在边陲的《新疆日报》社论写道："在全国各战场相当沉寂的今天，华北出击胜利是有着重要意义的"，"提高了抗日根据地与游击战的地位"，"粉碎了诬蔑游击队'游而不击'的种种滥调"。⑤

同日，中共重庆办事处给中共中央关于目前时局特点的报告中写道："敌将进攻重庆、云南，尤其是宜昌失败教训及当局缺乏守住重庆的信心，人心惶惶然发生悲观与愤激两种情绪，而妥协之要求和危险，在敌寇诱降、亲日派的直接影响之下，使时局更加严重。不过妥协条件一时断难有成。目前令人兴奋的，则为华北的百团大战……"

弹了一年多反共调的国民党最高当局，也对八路军的胜利表示欢迎。9月13日《新华日报》华北版头条刊载了蒋介石的嘉勉电，以突出国共团结抗日的气氛。电文如下：

"朱副长官（第二战区）、彭副总司令：迭电均悉，贵部窥破好机，断然出击，予敌甚大打击，特电嘉勉。除电饬其他各战区积极出击，以策应贵军作战外，仍希速饬所部，积极行动，勿予敌喘息机会，彻底断绝其交通为要！"

但蒋介石的嘉勉不过是迫于舆论，实际他是不高兴的。10月20日，国民党中央宣传部向重庆军委会战时新闻检查局正式抄发了蒋介石的一份密令：

"查近来报上常有记载'百团大战'字样……此项名词及有关之新闻，以后

---

①《华北治安战》（上），天津人民出版社1982年版，第312页。

②《杨尚昆在中共北方局高级干部会上的讲话》1940年10月3日。

③《晋冀豫区党委关于开展沿线工作之补充意见》1941年。

④［日］堀场一雄：《支那事变战争指导史》（摘译本）。

⑤《八路军军政杂志》第2卷第10期，1940年10月。

绝对禁止登载，即饬遵。”[①]

第四节　关家垴之战

八路军连续一个多月向敌人发动袭击，给日本侵略者以沉重打击。但连续40余天的紧张战斗，部队极度疲劳，伤亡减员很大。10月2日，总部发出命令，结束第二阶段作战，10月6日，日军开始对各抗日根据地发动大规模的“扫荡”。

1940年10月14日，刚从砖壁转移到王家峪村的八路军总部，仍回驻地形隐蔽险要的砖壁村。第二天，在绵绵秋雨中，北方局和总部机关再次转移。百团大战艰苦的第三阶段——反“扫荡”作战开始了。彭德怀率总部指挥机关转驻黎城县拴马、宋家庄一带指挥作战。

在八路军第一期破袭中，受到最惨重打击的敌独立混成第四旅团五六千人充当“扫荡”的先锋，由旅团长片山带领，向总部和一二九师活动的中心地区武乡、辽县进攻，被一二九师各部和决死一纵队节节阻袭。片山恼恨之余，又增兵沿清漳河岸进行所谓“毁灭扫荡”。日军所到之处，见人即杀，见屋即烧，见粮即抢，声称“报复”，“企图变我根据地为焦土”，“民众受害极大”。[②]

10月下旬，第四混成旅团之冈崎大队600余人窜犯总部的水腰兵工厂。水腰厂设在太行山脊黎城县的黄崖洞谷中，四面险峰环抱，只南面有一天然裂缝，可以容人出入。1939年，朱德、彭德怀、左权亲自察看地形，把总部的军械所迁到谷内，经过精心规划，艰苦创业，发展成为1个月产400余支步枪和大量枪弹的兵工厂。八路军在敌后，武器弹药的补充是最大的困难，蒋介石、阎锡山一向以少发武器弹药来限制八路军的发展。随着八路军的发展壮大，战争的缴获自然不可能满足部队的需要，为了建设自己的军事工业，朱、彭、左不知花费了多少心血。

这一天，彭德怀在黎城指挥部得报，冈崎大队窜进了黄崖洞兵工厂。彭德怀大怒，亲自追查情由，下令部队监视冈崎大队的行动。28日，冈崎大队在根据地军民袭扰下成困顿之势，夺道武乡准备退回沁县，进到蟠龙镇关家垴附近宿营。29日下午，彭德怀赶回武乡县蟠龙镇之石门村。

从黎城到武乡，一路村落被敌人践踏的悲惨景象，咬噬着彭德怀的心。这时攻打榆社城的一二九师陈赓旅和决死一纵队正有一部分部队在关家垴附近集结休整。彭德怀当晚发出了歼敌命令。

冈崎大队乘夜摸上了关家垴高地，这块高地三面断崖，只有一条很窄的坡路通向顶处。敌人凭据靠垴顶的窑洞顽抗，八路军指战员冒着飞机的投弹扫射和由垴顶倾泻的火力向上冲。彭德怀把总部特务团的警卫连也投入了战斗。依靠着顽强与勇敢，八路军终于将武器优良的冈崎大队歼灭过半。11月1日，日

① 国民党政府军委会新闻检查局档案，存南京第二历史档案馆。
② 彭德怀、左权致中央的电报，1940年10月19日。

彭德怀在关家垴前线观察敌情（徐肖冰 摄）

军大批出援，彭德怀下令撤离，残敌数十人逃走，日军的“扫荡”亦被打退。

在关家垴战斗中，彭德怀到距敌人控制的垴顶500米处作近距离观察，当他足抵壕沿，手捧望远镜，仔细观察敌人阵地时，记者徐肖冰拍摄下了这一历史的瞬间，为人们留下了八路军在敌后艰苦卓绝、英勇战斗的写照。这一照片被广泛地刊登、转印，为人们所珍爱，成为人们熟悉的彭德怀形象。

关家垴战斗中，八路军以劣势装备对敌实行攻坚战、阵地战，与敌鏖战两昼夜，敌人虽大部被歼，八路军亦遭受很大的伤亡，陈赓旅之七七二团一营三个连伤亡过半。

关家垴战斗是百团大战中引起争议的一次战斗。彭德怀在其自述中谈到为什么要发动这次战斗时说：

“在敌军‘扫荡’时，日军一般的一个加强营附以伪军为一路，我总想寻机歼灭敌军一路，使敌下次‘扫荡’不敢以营（编者按：日军大队相当于营）为一路，以使其‘扫荡’的时间间隔扩大，有利于我军民机动。我这一想法是不符合当时实际情况的。因部队太疲劳，使战斗力减弱了，使一二九师伤亡多了一些。”①

对冈崎大队，可否用八路军擅长的伏击战术歼灭之，从而减少部队的伤亡呢？陈赓在关家垴战斗开始时，曾向彭德怀提出这样的意见。陈赓对彭德怀说：“彭老总，现在拼了，以后怎么办？可以把冈崎放下山去，另选有利地形，打他的伏击嘛！”彭德怀没有接受。战斗过程中，刘伯承又建议彭德怀暂时撤围，另觅战机。彭德怀在电话里对他一向十分尊重的战友咆哮：“拿不下关家垴，就撤掉你一二九师的番号！”这使一向宽和大度的刘伯承，也不免气恼。

关家垴战后，彭德怀和左权、刘伯承、陈赓等都到垴上仔细巡视过战场，查看敌人的临时工事、暗堡掩体、火力配置，总结经验教训。有人说，关家垴战斗，彭老总来了犟劲儿。几十年后，曾参加这次战斗的八路军总部特务团团长欧致富回忆说：“彭老总坚持要打关家垴战斗，还有一个意图：八路军是坚持敌后抗战的主力军、正规军，不但要会打游击；必要时，也得猛攻坚守，顽强拼杀，敢于啃硬骨头。”② 当时任决死一纵队政委的薄一波回忆说：“彭老总向我调决死队

---

①《彭德怀自述》，人民出版社1981年版，第239页。

② 访问欧致富，1983年4月13—19日。

两个团参加战斗，我是很积极的，战斗中损失固然大，但这两个团也打出来了，成为决死队战斗力最强的两个主力团。”[①]

12月5日，十八集团军（八路军）总司令部野战政治部公布百团大战总结战绩。在105天的过程中，总计进行了大小战斗1824次，毙伤日军20645人、伪军5155人，俘日军281人、伪军1.84万余人，拔除日伪军据点2993个，缴获步马枪5400余支，轻重机枪200余挺，及其他大量武器弹药。破坏铁路948里，公路3000余里，桥梁、车站、隧道等260余处，破坏煤矿5所。

在这次战役中，八路军亦付出了巨大的牺牲，伤亡1.7万余人。

以正太路破袭为发端的百团大战在敌后分割、艰难的条件下，以其运筹之巧妙、发动之隐蔽、指挥之有效、作战之英勇、群众支援之热烈，在抗日战争史上写下了光辉而富于特色的一页。其中，也渗透着彭德怀的独特的军事胆略、指挥艺术和作战风格。

1940年12月22日，毛泽东、朱德、王稼祥给彭德怀去电：“百团大战对外不要宣告结束，蒋介石正发动反共新高潮，我们尚须利用百团大战的声势去反对他。”毛泽东再一次肯定了百团大战。百团大战不仅取得了军事上的重大胜利，也取得了政治上的重大胜利。

反摩擦战役和百团大战取得胜利，彭德怀的家庭却因此付出了惨重的牺牲。就在蒋介石向朱德、彭德怀发出嘉奖电后不久，1940年10月4日，国民党武装特务半夜闯入彭德怀的老家彭家围子，彭德怀的三弟彭荣华被当场杀害，三弟媳龙国英被打伤。二弟彭金华被抓，于同月11日被害。彭金华是在1937年11月和刘坤模一起到延安找哥哥彭德怀时参加党的，彭德怀要金华回老家发展党的组织。彭金华建立了乌石乡第一个党的支部，发展了龙国英、彭荣华等人入党，在群众中宣传抗日救国，帮助家乡青年投奔八路军抗日。彭德怀对两个从小一起在苦难中长大的弟弟有深厚的感情，但音信阻隔，一个多月之后，方才获悉噩耗。彭德怀在悲痛中立电蒋介石要求严惩凶手、追究缘由，蒋介石避不作答。两个弟弟牺牲后，彭德怀的侄儿女和他们的寡母又过着困苦流离、一夕数惊的生活。

---

① 访问薄一波，1983年7月23日。

第十二章　艰难转折

第一节　新回合

1940年11月，八路军总部在百团大战的第三阶段——反“扫荡”作战中几经转移，从武乡县的砖壁村改驻于辽县的武军寺村，在清漳河源、太行山脊的一带巨石峰下，迎接了抗战的第四个年头。在这里，彭德怀送走了又一个亲密的战友——中共北方局书记杨尚昆于11月上旬奉中央指示返回延安，准备参加中国共产党第七次代表大会。此后，彭德怀实际上全面担负起华北敌后党军政民抗战的领导重任。

百团大战后的1941年和1942年，是全世界法西斯势力最猖獗的两年。1941年6月22日，德国法西斯进攻苏联。同年12月8日，日本偷袭美国在太平洋的军事基地珍珠港，太平洋战争爆发。在这一场世界范围的殊死搏斗中，亚洲中国战场上的八路军在日本侵略军占领圈内的作战，与整个人类命运息息相关。

日军在侵华战争之初，虽然在华北吃了八路军的几次苦头，但它以为八路军不过3万之众，尚未特别重视。随着八路军抗日活动的发展，日军的认识方逐步升级。1939年，日军华北方面军参谋长笠原幸雄提出：“今后华北治安的致命祸患就是共军。”[①] 在该方面军制订的1940年“肃正建设计划”中，确定“讨伐重点必须全面指向共军”。[②] 对敌后抗日根据地的“扫荡”和封锁也逐年升级。

百团大战使华北敌人的全部神经都紧张起来。在对抗日根据地进行了一番疯狂报复之后，总结其痛苦经验，筹谋新策。

战后日本防卫厅战史室追述当时的情形说：“共军乘其势力的显著增强，突然发动百团大战，给了华北方面军以极大打击。因而促使方面军，特别是情报工作负责人作了深刻的反省。从此以后，对共情报机构进行了空前的改革和加强……”[③] 日军华北方面军一面请求增兵华北，一面把过去对八路军和根据地的“扫荡”升格为“正式的剿共治安战”。将此列为其“空前未有的大事”。[④]

---

①《华北治安战》(上)，天津人民出版社1982年版，第177、223页。

②《华北治安战》(上)，天津人民出版社1982年版，第177、223页。

③《华北治安战》(上)，天津人民出版社1982年版，第295、363页。

④《华北治安战》(上)，天津人民出版社1982年版，第295、363页。

百团大战的兴奋冷却下来后，彭德怀和敌后军民面对的是新的更残酷的斗争。

日本侵略军的报复“扫荡”给抗日根据地留下了极其凄惨的景象。太岳区的富庶之乡沁源县，“房屋全部烧光，被杀死者七千人，数十万群众无衣无食无房子”①，根据地“许许多多的村庄成了废墟”②。

国民党乘八路军根据地之危，于1940年11月停发了八路军的薪饷和武器弹药供应。1941年1月，国民党发动第二次反共高潮，突然袭击奉命北移的新四军，制造了震惊中外的皖南事变。一度缓和的国共矛盾又处于破裂边缘，加剧了八路军在敌后所处的严峻形势：经济上，八路军没有自己的后方供应，孤悬于敌人的占领圈内；军事上，日军配合国民党的反共，对八路军抗日根据地的压迫变本加厉。在一一五师三四四旅等部奉中央和总部之命南下增援华中后，八路军在抗击日军之际，还要用一部分主力来准备应付蒋介石对延安下毒手。

彭德怀经历了苏区的艰难创业和撤离、转移，备尝长征中无根据地作战之苦，对敌后抗日根据地的建设倾注了极大的热情。在百团大战的紧张战斗中，彭德怀在中共北方局高干会议上，就巩固抗日根据地问题作过长篇报告。他根据中央的方针，总结根据地三年的工作经验教训，对如何坚持抗日民族统一战线、建立“三三制”抗日政权和加强财政经济建设提出了一系列适合敌后条件的具体政策措施。抗日根据地依靠自力更生，在敌人的封锁下支持抗战，扶助被敌人摧残地区的民众重建家园。敌后200余县的农村陆续进行了村民普选，把毛泽东提出的由共产党人、进步分子和中间派各占1/3员额的“三三制”政权，建立到社会的最基层。

形势的发展使彭德怀对毛泽东的游击战争战略有了更深的领悟，在军事建设上，从过去偏重于对主力军的扩军整训，进而致力于加强地方武装和群众游击武装的建设。

1941年2月22日，彭德怀向华北各大小战略区发出关于军区工作的指示，要求把八路军的基干兵团与军区组织系统分开，建立起军区独立的组织机构与系统，在军区领导下加倍发展地方武装和组织各种群众性的抗日武装队伍，以便在任何情况（即使主力部队转移）下坚持本地区，保卫根据地。3月28日，彭德怀在北方局干校发表关于《抗日根据地的武装斗争》的重要演说，根据毛泽东人民战争的思想，红军10年斗争和八路军3年抗战的经验，提出建立正规军、地方军、民兵三结合的武装体制；对三者各自的性质、任务、作用和相互关系作了明确的规定。彭德怀的这一方案，使敌后抗日武装的几个方面在毛泽东抗日游击战略的思想指导下，组成为一个有机结合的整体，得到毛泽东、朱德的赞同。同年11月7日，中共中央军委发出《关于抗日根据地军事建设的指示》，肯定和普遍实行这一武装体制。这一体制成为以后解放战争时期到中华人民共和国武装体

---

① 彭德怀致杨尚昆并报中央政治局的电报，1941年1月 × 日。

②《彭德怀对美军观察组的谈话》1944年8月6日至8日。

制的基本形式。

百团大战后的半年多内，敌后根据地军事、政治、经济、文化各方面的建设整顿工作，在彭德怀雷厉风行的领导下加速进行。彭德怀常常对干部说，我们处在敌后，敌人天天在进攻，不战则亡。只有这一个战役和下一个战役间存在相持的瞬间。敌人的这一次“扫荡”和下一次“扫荡”之间，就成为敌后根据地建设的黄金时刻。敌人怀着深刻的恐惧在其《对共产军的观察》情报中说：“共军……埋头于恢复战斗力及重建根据地的工作……彭德怀说：‘以游击根据地的经济建设作为本年度的中心课题。’”

在同一时间内，敌人也在加紧制定新的谋略。

日本帝国主义华北方面军通过加强其情报系统，在几个月内收集整理了关于华北抗日根据地党政军各系统的情况，进行了“彻底的讨论”①。然后制订出一个以灭共为目标的“三年治安肃正计划”。但对于能否“制止中共势力的扩大进而将其消灭”，这一计划的起草人、时任日本帝国主义华北方面军作战室主任参谋的岛贯武治大佐回忆说：“方面军幕僚内部出现了悲观和乐观两种意见的对立。”②

1941 年 7 月，八路军总部得到情报，华北敌酋多田骏卸任回国。八路军的新对手将是谁呢？

日本大本营给它的华北方面军派来了新的司令官——一个中国通、反共老手冈村宁次。从“七七”事变以来，冈村是第六任华北敌酋。

受百团大战打击的多田骏，名义上被晋升为大将，其实是黯然归国。接替者冈村宁次（大将），则在日本大本营的特意安排下，由日本陆相东条英机率陆海军将领、达官贵人数百之众亲自送行，以显示其担负的“重任”。③

冈村一到华北即出行巡视。经周密策划，以五万兵力对晋察冀边区进行了长达两个多月的持续“扫荡”，号称“百万大战”，以示对八路军发动百团大战的报复。同时，发动了所谓第二次“治安强化运动”。过去，广大地区在日军的“不知不觉”下变成了抗日根据地；第二次“治安强化运动”以后，却出现了抗日根据地在抗日军民不易警觉中不断缩小的局面。彭德怀注意到了冈村，这是一个比多田骏更为老练、更为毒辣的对手。

彭德怀曾经分析多田骏的“囚笼”政策说，这是曾帮助蒋介石“围剿”红军的德国人塞克德的堡垒主义加清朝的曾国藩对付太平军的战略。湖南军阀素以曾国藩所创的湘军后继者自诩。彭德怀 12 年的湘军生涯，懂得曾国藩总结的“结硬寨，打呆战”六个字，不仅把深沟高垒用于防守，还用于长期围困太平军的坚城，也是一种以守为攻的战略。多田骏利用现代手段，把筑路挖沟、筑垒修堡结为一体，用来围困八路军，受到了百团大战的打击。冈村继其前任的经验，一方

① 日军参谋部第二课特务机关：《剿共指南》1941 年 6 月。

②《华北治安战》（上），天津人民出版社 1982 年版，第 411 页。

③［日］稻叶正夫编：《冈村宁次回忆录》，天津市政协编译委员会译，中华书局 1981 年版，第 311 页。

面强化“囚笼”政策和军事进攻；又吸取国民党对苏区五次“围剿”和他自己在朝鲜、中国东北三省多年“剿共”的经验，推出了更为狡猾、更为狠毒的一套办法。从敌人实行第二次“治安强化运动”以后，富有经验的八路军将领都注意到，敌人对付共产党和八路军，在战略指导上有很大的发展。

为对付敌人的新策谋，彭德怀建议中央军委给总部派来战略情报小组，由他直接领导。同时要求各战略区加强对敌人的战略情报的收集研究。很快，弄清了敌人治安强化的实际内容。

所谓“治安强化运动”，目的在于强化日本对华北的占领，使华北变为它巩固的殖民地，充当它进行大东亚战争的兵站基地。其方针是由过去的军事进攻为主，变为七分政治三分军事，实行政治、军事、经济、文化一体化的“总力战”。

在第二次“治安强化运动”中，日军将华北分为治安区（即敌占区，主要是城市、交通命脉及其附近）、准治安区（八路军的游击区，为敌我争夺地带），未治安区（抗日根据地）三类地区，分别施策。

对所谓“治安区”，以清乡为主。建立各种伪组织，并村编乡，实行保甲连坐，强化其奴役统治。

对所谓“准治安区”，以蚕食为主，一步步逼上伪化、特务化道路。广修封锁沟、墙，筑碉楼，制造无人区，防止八路军的深入活动。

对所谓“未治安区”（即抗日根据地）则以“扫荡”——军事进攻为主，实行残酷的“三光（烧光、抢光、杀光）”，摧毁和破坏抗日设施，袭击抗日的党军政领导机关。

在“治安强化”中，日军使“清乡”“蚕食”“扫荡”三者配合，以“清乡”巩固其占领，以“蚕食”缩小我根据地、扩张其占领区，以利于对抗日根据地发动军事进攻——“扫荡”。①

后来，1945 年 2 月，彭德怀在延安召开的华北地方、军队负责人座谈会上，谈到华北敌后以冈村为对手的一段严酷斗争时说：

“他的这一套极其残酷复杂的斗争形式、方法，我们都是一直不熟悉的，这套办法给我们造成的痛苦是很大的，也因此被动。华北根据地缩小（五台只有阜平；太行只剩涉县、黎城、平顺；冀鲁豫只剩范县、观城，共剩六个县城）。根据地人口，1941 年 10 月统计，只剩 1300 万，为最低时期。根据地遭到了严重的损失、破坏，人民生活突然降低，敌特、K（国民党）特大肆活动。人民中积极分子更加仇恨敌人，落后的悲观，甚至有被骗向敌占区偷跑的，干部也有逃跑的。但也有另一方面，就是铁路两侧附近人民在敌人统治下，真有活不下去的愤慨。”

冈村，这个从青年时期即效命日本侵略政策的中国通，1938 年任日军十一

① 关于日军“治安强化”的情况，据彭德怀 1941 年 11 月所作《敌寇治安强化运动下的阴谋与我们的基本任务》和 1944 年 8 月《彭德怀对美军观察组的谈话》。

军司令官时，以攻占武汉有功，曾受日本大本营殊奖。[①] 对冈村其人，彭德怀曾特别提到说："冈村这个家伙，是很厉害的一个人，他有许多地方也值得我们学习的。山田（山田一郎为在华日人反战团体'日本士兵觉醒联盟'成员）医生告诉我，他是日本三杰之一，要注意他，这使我得了些益处。冈村有很多本事，能实事求是，细致周密。每次进攻，他都要调查半年之久，做准备工作。没有内线发动配合'维持'，他不进行'蚕食'。他不出风头，不多讲话，不粗暴，你从他的讲话里看不出他的动向来。他经常广泛的收集我们的东西，研究我们的东西。他是朝鲜、东北的参谋长（按：应为副），老练得很，是历来华北驻屯军六个司令官里最厉害的一个。"[②]

1941 年是华北日本侵略军十分得意的一年。这一年，八路军从各方面转变了自己的战略，寻找对付敌人的办法。5 月 9 日，毛泽东、朱德、王稼祥、叶剑英共同致电前方，提出：对敌寇实行"蚕食"最严重的冀南平原，采取隐蔽自己、保存实力、保护民众的方针。要中共党组织、八路军各部帮助群众想出办法来对付敌人，使民众不吃亏。特别提出，在这些地区可以采取两面派（明维持、暗抗日）的政策，避免尖锐对立、痛快拼命，引起敌人对群众的残酷镇压。针对敌人大量发展伪军的情况，八路军总部发布了对伪军反正者不缴枪，不编散，帮助其扩大的三原则。为适应根据地日益被分割的局面，八路军大力发展地方武装和民兵，纠正过度编并地方武装的偏向；大量制造适合民间生产和民兵使用的地雷、手榴弹。

在一段时间内，从总部到各师、军区都开始注意研究敌人的新谋略，采取相应的对策。但彭德怀深感形势不容乐观。根据地的退缩还在加剧，冀南平原根据地已大部变成游击区，过去的游击区很多渐渐成了敌占区。对于敌人的一整套新谋略，八路军尚未形成一整套与之针锋相对的斗争方针和办法。

第二节 敌进我进

1941 年 11 月 1 日清晨，初冬的第一场雪为太行群峰披上淡淡的银装。彭德怀骑着他那头从日军手中缴获来的红战马，和左权并辔，沿着清漳河耀眼的白石河滩徐徐而行。经过近两个月的废寝忘食，调查、总结、研究，总部对今后的斗争方针，已有成竹在胸。

转过河湾，彭、左一行策马进入一个村庄——北方局所在地下南会村。

狭街小院，石块堆砌的低矮围墙、木格窗、土炕、陶缸、瓦盆……一切是上千年传留下来的模式。但村头的标语、村民的活动，却传递着时代的信息：村里的男人组织起民兵游击队，妇女也走出家门，成立妇女救国会……日军用近代文明生产的武器，对太行山千百个村庄倾泻兽性；八路军则用近代文明产生的马克

---

① [日] 稻叶正夫编：《冈村宁次回忆录》，天津市政协编译委员会译，中华书局 1981 年版，第 316 页。

② 彭德怀在华北地方、军队同志座谈会上的报告记录，1945 年 2 月 1 日。

思主义理论，发动农村民众与之展开一幕又一幕动人心魄的斗争。

新的斗争即将从这里开始。中共北方局定于这天在这里举行扩大会议。北方局委员邓小平、李大章，八路军总部左权、罗瑞卿，一二九师刘伯承、蔡树藩（师政治部主任），中共太行区党委书记李雪峰等与会。同日，日军在华北开始了第三次“治安强化运动”，并以万余日军集于太行区周围，准备发动大“扫荡”。其情报机关正在千方百计地侦察八路军的首脑机关，准备实行“捕捉奇袭”。

在一个普通农舍里，会议开始。彭德怀代表北方局作题为《敌寇治安强化运动下的阴谋与我们的基本任务》的报告。

彭德怀指出：“我们的许多机关未能及时识破敌寇这一新阴谋的严重性，因而在斗争中表现出许多缺点，甚至犯了一些错误，使某些地区遭受了一些不必要的损失。”他说：“今天召集这个会的意思，就是针对着敌寇的新阴谋，根据中央指示，重新考虑我们的对敌斗争政策，这是一个非常重要的问题。”

彭德怀详细分析了敌“治安强化”的内容和实行情况，说，敌人的阴谋固然是十分毒辣的，但不论其如何善于“以华治华”，如何善于总结经验，日本帝国主义进行民族压迫的落后性质，决定了他们仍然不能跳出威胁与利诱的老套之外。因而并不是无法打破的。

彭德怀说：华北总人口 8800 万。抗日根据地主要在农村，人口约 2200 万；敌占区主要在城镇和交通线两侧，约 6000 万；敌占区和根据地之间还存在着广泛的敌我争夺区。我们应把对敌占区和接敌区的工作与对伪军伪组织的工作，提到重要地位，成为今后布置工作的着眼点；改变过去关门建设根据地，到敌占区去捞一把的做法。

针对敌人的阴谋，彭德怀提出三个基本任务，并对其相互关系做了详细说明。

一、关于伪军伪组织的工作问题。彭德怀分析说，由于敌人残酷压迫，民族矛盾激化，和全国抗战、特别是敌后抗战的坚持，伪军伪组织发生不安和动摇。但由于敌强我弱的形势，使得一般汉奸尚不愿立刻跑到我们方面来，这就产生了伪军伪组织中的“两面派”——动摇于敌我之间，既照顾敌人，又照顾我们。彭德怀指出，过去对这种人一律打击是不对的。正确做法应当是，推动其进步，使他从两面照顾到对敌应付，而对我真诚。要替这些人寻找办法应付敌人，替他保守秘密，尊重其人格。而对于伪军伪组织这一傀儡组织本身，则应反对之、打击之、孤立之，对死心塌地的汉奸，还要坚决镇压之。彭德怀说，要在中国人不打中国人、中国人爱护中国人的口号下，去争取“两面派”，诸葛亮“七擒七纵”的办法是有极深刻意义的。

二、对于敌占区和接敌区的群众工作，彭德怀提出要广泛运用革命的“两面派”的政策，打入一切有群众的组织，利用一切合法手段，开展救国工作。团结一切中国人，保护一切中国人的利益。反对痛快一时，使群众遭受不应有的打击。敌人特别注意收买和胁迫知识分子参加汉奸特务组织。彭德怀强调，知识分子联系的社会阶级面最广，是敌占区、接敌区工作的桥梁。他坚信中国知识分子大多数有强烈的民族意识。执行正确的政策，进行艰苦的工作，必能争取其为民族服务。

针对敌人对华北实行自首政策以瓦解我抗日组织的阴谋（如强迫群众写反共口号，策动秘密自首等），彭德怀提出要加强气节教育，同时对被胁迫叛变者，仍争取其回头抗日或保持中立。改变过去对自首者一律打击的做法。

三、关于坚持根据地的工作问题，彭德怀着重指出：由于敌人的封锁、切割，运动战的机会已大大减少，甚至在平原地区成为不可能。普遍的游击战将成为最基本的战争形式。要求大家把武装建设的重心放在地方武装的建设上，建设数百支脱离生产的、强有力的游击队，和百万不脱离生产的有战斗力的民兵。彭德怀还设想，根据地边沿区的游击队和正规军，可以有计划地到敌占区去开展游击活动。利用乡村的散漫性，在新伪化的地区，组织起秘密的抗日武装。

11 月 3 日，当会议继续进行之际，从黎城出动的 2000 余日军直扑根据地中心。傍晚，日军进至距会址 30 里处，会议暂告结束。彭德怀和开会的人离开南会村，转入反“扫荡”作战。日军对于这里刚刚举行过的一次重要会议一无所知。

由于敌人的“扫荡”，这次会议没来得及展开讨论。但彭德怀报告中的基本分析和各项斗争方略，在各军区、根据地的执行中，得到创造性的发挥。八路军在敌后，除抗日根据地这一主阵地外，又开辟了新的阵地。这个新战场出现在敌后的敌后，即在敌人构筑于敌后抗日根据地周围的封锁沟墙、堡垒、据点、交通线的后面，在敌人的治安区和准治安区（即敌占区和接敌区）里。这个由开展伪组织的工作和敌占区接敌区的群众工作而开始的新的进军，在敌人的心脏里播下了抗日火种。华北到处都是抗日军民斗争的前线，华北一切有爱国心的中国人都成为日本侵略军的对头。这一场没有固定战场的战役，自不像百团大战那么迅猛，那么轰轰烈烈；对敌人却是致命的，其激烈和尖锐程度更有过之而无不及。

1941 年 11 月北方局会议后，华北敌后的“扫荡”与反“扫荡”，“蚕食”与反“蚕食”，构成敌我之间空前尖锐复杂的斗争局面。其中，突出而带有转折性的，是反“蚕食”斗争。

1942 年的最初几个月，华北抗日根据地继续严重退缩。令人不安的是，有的接敌区变成游击区，游击区变成敌占区，是在一种不知不觉的情况下发生的。经过深入的分析，彭德怀指出，根据地的退缩，由敌人的蚕食造成者占十分之七八。

在 2 月反“扫荡”作战中，彭德怀和左权就特别注意考察行军所过辽县、黎城、武安、涉县等县的接敌区的状况。彭德怀感到在模糊不清的状态后面，隐藏着敌人精密策划的一套做法。和对付敌人的“治安强化运动”一样，首先需要弄清敌人进行蚕食的具体策略。

3 个月以后，敌人的“蚕食”政策对八路军来说，已不再诡秘莫测。彭德怀和左权以其丰富的经验和锐利的目光，从各地的经验和大量情报中研究分析，得出结果：敌人的“蚕食”政策在实施上十分灵活，变化多端，但仍有其一般的步骤可循。大体是：

第一步：向准备“蚕食”的地区——根据地边沿进行秘密活动，建立特务组织，发展暗“维持”。配合残酷的“扫荡”、镇压，造成人人自危的恐怖状态，做蚕食的准备。

第二步：准备完成后，依托其据点迂回30到40里建立新据点，将被“蚕食”地区变成一个个被敌封锁包围的方格。一个个格子连结起来，形成格子网。在网内公开其秘密组织，捕捉抗日干部。先以很低的条件迫使群众建立公开“维持”，上钩后即行强化，这是根据地变为游击区（即敌所谓“准治安区”）敌我斗争最尖锐、最复杂的阶段。

第三步：敌第二步如得手，即深入巩固，使这些地区变为完全的敌占区。抗日组织和民众遭受严重摧残，而敌人又利用这些地方再向根据地内进行新的“蚕食”。[①]

为了修路、挖沟、筑碉堡、造据点，敌人拆民房、毁民田、抓劳工，耗尽民力。

1942年5月4日，由彭德怀授意，左权执笔，起草了北方局和华北军分会共同签署的、发向华北全党全军的《关于反对敌人蚕食政策的指示》。《指示》在分析揭露了敌人“蚕食”政策的三个步骤之后，提出，敌人的“蚕食”政策在政治上、军事上有其极严密的配合，但空隙还是很多。敌人的根本弱点——兵力不足，前进则后方空虚，不能不更多地利用伪军伪组织。这就予我更多的机会，以广泛的游击活动和政治进攻使敌人顾此失彼。

《指示》针对敌人的“蚕食”步骤，提出了具体的方针办法：在敌人准备“蚕食”的阶段，发动群众开展反奸细斗争，杜绝暗“维持”。在敌人蚕食阴谋已实现的第二阶段，以武装斗争为主，乘敌立足未稳给以有效打击，阻挠敌建立据点，肃清敌伪组织，镇压汉奸，发动群众反“维持”。在敌已达到“蚕食”目的的第三阶段，则转变斗争方式，深入秘密工作，积蓄力量，待机恢复，打击敌之出扰部队和深入根据地的点线，停止敌之继续扩张。

《指示》强调，在反“蚕食”斗争中，要以坚强的武装为核心，坚持武装斗争，坚持阵地。为此，决定各地（特别是平原地区）的正规军，以三分之一或二分之一的力量，以连、营为单位，分散到各县活动，发挥武装工作队在反蚕食斗争中的作用，加强地方武装及民兵游击小组的建设。

在晋西北，一二〇师政委关向应仔细研究了这一指示后说：“北方局军分会反蚕食斗争的指示，不啻是一剂起死回生的对症药。”[②]

北方局和华北军分会关于反蚕食斗争的指示是敌人“蚕食”政策的克星，对扭转敌后根据地退缩局面起了重大的指导作用，被习惯地称为《五四指示》。1943年1月，邓小平在太行分局高干会议的报告中，谈到敌后困难时期的斗争时说：“特别是北方局、军分会指出反‘蚕食’斗争之后，收效很大。所以一九四二年五月以前，根据地还始终是退缩的，五月以后则完全改观。”

---

① 中共北方局和华北军分会《关于反对敌人蚕食政策的指示》，1942年5月4日。

② 关（向应）、甘（泗淇）、周（士第）等致彭德怀、左权的电报，1942年5月22日。

令人痛心的是，左权没有能够看到《五四指示》开花结果。《五四指示》成为他为保卫根据地做出的最后一个重大贡献。

1942 年，在向敌后的敌后进军、打破敌人蚕食中，敌后武装工作队发挥了巨大的威力。

1941 年 11 月北方局会议上，彭德怀在报告中，曾提出八路军和游击队应有计划地到敌占区去组织秘密武装的设想。这一设想在他的心中尚未形成具体的方案。他竭力要寻找一种方式来实现这一设想。

很快地，他从各地的经验中找到了答案：[1]

冀中区报告说，有的侦察员依靠群众的掩护，可以在敌人警戒森严的保定城内一住就是好几天。

三八六旅旅长陈赓告诉他，该旅有 1 个连，在太谷敌占区活动了很久，从刺探情报到破坏交通，等等，搞了很多名堂。

冀南有一批干部到北方局来学习，彭德怀问他们："敌人封锁那么严，你们是怎么跑来的？"干部回答："是从'维持村'过来的，在那些村子里，还可以召开抗日会哩！"

晋察冀军区报告，1941 年夏，军区曾组织过一种宣传队，在武装的掩护下，深入敌占优势的地方开展政治攻势，名为武装宣传队，取得了很好的效果……

1942 年 1 月，彭德怀向军区、军分区提出组织武装工作队到敌占区活动的建议。2 月，北方局和八路军野战政治部联合下达了关于组织武装工作队的指示，规定每个军分区（旅）要组织一个到两个 30 至 50 人的武装工作队，队长和政委由政治上强又懂得军事、相当于地委或强的县委书记的干部担任，另配以知识分子及懂日文日语的干部。工作队经过训练，越过敌人的封锁线，进入敌占区或敌人的格子网内，发动群众起来开展政治的、军事的、经济的、文化的全面的对敌斗争。

武装工作队使敌占区的群众抗日活动有了政治核心和武装支持。这年春天，冀南区部分根据地被敌摧毁控制，但同时，在武工队的支持下，这部分地区有一部分村庄的抗日政权，仍然公开存在。彭德怀对这一情况十分兴奋，总结武工队的经验，给武工队制定了更成熟的方案。对武工队员的要求、数量，工作队的性质、任务，到活动方法，应掌握的政策、纪律等都有明确的规定。最重要的是，武工队由一般的宣传抗日、调查敌情、保护民众、打击汉奸，进而至担负起在被敌人蚕食变质的地区再度恢复抗日政权，建立隐蔽根据地的任务。

根据彭德怀拟订的方案，八路军各部派出的大批武工队，组织精干、纪律严明，政治强、觉悟高，又熟谙军事，每个队员既是战斗员，又是指挥员、组织员，能打仗又能独立做政治工作。他们潜越封锁线，进入格子网，三五人一个小组，分合自如，出没无常。敌人找不到他们，他们却和老百姓经常见面，和群

---

① 彭德怀在华北地方、军队同志座谈会上的报告记录，1945 年 2 月 1 日。

众一起创造出许多方法来与敌人进行明的、暗的、文的、武的各种斗争。如利用机会与日本士兵直接通话——上夜课；突袭占领敌之会场，宣传盟军和我军的胜利；访问伪军属，通过伪属给伪军组织人员发“回心抗日证”，记“善恶录”等，促使其少做坏事，争取进步；对破坏抗日的分子则发出警告。在八路军和群众的秘密帮助和争取下，伪军伪组织中的“两面分子”实行“身在曹营心在汉”，采取许多办法对付敌人。如敌人要伪军放哨，“两面分子”就盘假不盘真，放走抗日分子，却故意与特务汉奸为难；敌人要伪军去“扫荡”，烧民众屋，“两面分子”不得已，就实行烧杂（猪羊圈、牛房等）不烧正（人居所）；敌人到游击区去清乡，“两面分子”就把那里的抗日干部弄到据点内去隐蔽；伪情报机构中的“两面分子”，则向敌人报假不报真，或“借刀杀人”，以假情报打击死心塌地的汉奸。为保护民众，有时，抗日游击队的秘密小组在敌岗楼附近四处打枪，叫各村伪情报点一致报告：八路军大部队来了！吓得敌人不敢外出骚扰，群众减少损失，抗日组织则可乘机活动。武装工作队在敌占区和格子网里组织起民众的抗日自卫团体，由一村到数村，由数村到数十村，互相联合，互相声援，齐心对敌，神出鬼没，妙计百出，搅得敌人惊恐不安，说：“皇军大大的来，八路军小小的有；皇军小小的来，八路军大大的有。”

彭德怀对群众的斗争智慧和胆量赞叹不已，收集了许多事例来研究总结，指导推广。以上，就是他谈到过的一些例子。他衷心称道说：“人民群众由于客观环境的要求，凭其固有的机智，有许多天才创造。办法之多，运用之妙，远非局外人所能想象。”[①]

“武装工作队在一个地区活动得久了，在老百姓中间生了根，就创造了隐蔽的根据地，把敌人占领的土地，再从敌人的口中挖出来。”[②]

对1942年这一新的斗争形势，一二九师刘伯承师长称为“变敌进我退，为敌进我进”。八路军总部迅即将这一口号推向全华北。“敌进我进！”“向敌后的敌后进军！”成为突破敌后最艰难岁月的号角。

“1942年秋，隐蔽根据地在华北敌后，如雨后春笋相继出现，到1942年冬臻于相当普遍”[③]，敌人的蚕食政策终于被打破。

1941年至1942年，日本侵略军自诩是“肃正建设的全盛时期”和“中共最穷困的时期”[④]。但1942年，在它的情报中，越来越多的出现“民怨沸腾”、“民心叛离”的惊呼。敌人不得不承认，“自1942年秋季以来，大东亚战争的局势，转化为对日方不利，而华北治安战也随之一蹶不振”，[⑤]“此时共军则逐渐扩大了势

---

① 彭德怀：《关于敌占区与游击区的工作》1943年1月。
②《彭德怀对美军观察组的谈话》1944年8月6日至8日。
③ 彭德怀：《关于敌占区和游击区的工作》1943年1月。
④《华北治安战》（上），天津人民出版社1982年版，第99、100页。
⑤《华北治安战》（上），天津人民出版社1982年版，第99、100页。

力，地下活动继续深入，同时表面活动又像两年前那样活跃起来”[①]。

1942年末到1943年初，新任日军六十三师团长的野副昌德（中将）到达北平，听取了各方情况后，在其笔记中写道：“最初的印象是民心叛离，日军虽占有点与线，但处处薄弱，宛如赤色海洋中漂浮的一串念珠，情况十分严重……”[②]

第三节　咬紧牙关

八路军在敌后的日日夜夜，是在大大小小的反“扫荡”作战中度过的。1942年年关刚过，日军就以3万余兵力“扫荡”晋东南八路军根据地，号曰：“驻晋日军总进攻”。2月中旬，日军闯入辽县，袭击武军寺八路军驻地，彭德怀率总部人员向黎城方向转移。

从冈村到任以后，华北日军对各抗日根据地的“扫荡”，动辄兵力数万，持续两三个月，所用战术层出不穷。其要者如“居坐战术”（泡蘑菇战术）、“辗转抉剔战术”、“梳篦战术”、“铁壁合围”、“捕捉奇袭”等，规模之大，时间之长，手段之毒辣变化，都达到空前的程度。

这段时间彭德怀经常沉着脸，一言不发。他须用全部精力、经验、智慧，根据延安中央的指示，结合敌后的实际，寻找出如何打破这空前困难局面的答案。

在过去的战争中，他主要是指挥部队作战。但今天，华北敌后战场上领导党军政民斗争的重担落在他身上。毛泽东号召敌后党军政民“咬紧牙关，渡过困难”。他觉得这个号召真是再形象、再真切、再有力不过了。他在向干部、战士、民众的讲话中，不断用这八个字来鼓励大家。

从皖南事变到太平洋战争爆发，由于国内、国际局势的变化，八路军在敌后的处境更加困难。根据中央指示，在一个时期中，八路军曾减少对敌人主要交通线的威胁，以期减弱和缓和敌人对根据地的过重压迫。但敌人的军事进攻变本加厉，而自己方面反而滋长了麻痹退缩情绪。在武安、邢台接敌区，彭德怀看到，由于干部麻痹退缩，群众悲观消极，有的村庄过年大吃大喝，只顾眼前一饱；有的地方吸毒赌博等又发生起来。还有人对抗战前途丧失信心，偷偷兑换伪钞。[③]

在转移途中，彭德怀向左权谈到他的一个看法：在敌后，“和敌人和平相处基本上是不可能的！我们应当叫敌人感到处处受威胁，有所顾忌”[④]。左权完全同意彭德怀的看法：“越是在这个局势下，越要提起全军的高度战斗意志。”

2月23日，八路军总部发出致各兵团首长的命令，要求华北各根据地更密切地协同配合，粉碎敌人对任何一个根据地的“扫荡”。命令要求各地：“采用各种方法——从谣言攻势、政治游击队之积极活动，到小部队向敌袭扰，破路翻

---

①《华北治安战》（上），天津人民出版社1982年版，第282、291页。

②《华北治安战》（上），天津人民出版社1982年版，第282、291页。

③ 中共北方局给邓小平、李雪峰的信，1942年3月2日。

④ 八路军总部给各兵团的命令，1942年2月23日。

车，乘虚袭击据点、城镇，摧毁伪组织和敌伪商业机构，破坏敌伪统治秩序，一直到真正全面配合作战等，以造成全华北风声鹤唳之势。使敌人顾此失彼，感到处处受威胁，而不敢过多集中兵力对付一隅。”

八路军总部和各级指挥机关致力于发动全面游击战争来回击敌人。与此同时，日本侵略军着力谋划着摧毁八路军首脑机关本身。

到 1941 年末，华北的 398 个县中，有 366 个县建立起了傀儡政权，冈村宁次颇得意于自己的“战绩”。但深究一步，这些政权的实际统治力量，只能达到县城及附近地方。边远的乡村实际仍在共产党、八路军手中。特别是山西的五台山、太行山脉，河北平原、津浦、平汉铁路的中间地带，和山东省中部的山岳地带，仍为中共根据地的中心。⑤尽管用一切手段试图摧毁那里的生存条件，八路军和民众仍然顽强地生存着、抵抗着。

日军的小分队、小据点，经常出现被歼的惨状。冈村乃令收集各类被歼的例子来作精细的研究。其中有一个例子使他终生不忘：

“有一天，一座碉堡上发现由村子那边过来一支送葬行列。如此大殡实在少见。当行列走近碉堡旁时，分队长等人完全不假思索，放下吊桥，武装整齐地走出碉堡。刚刚来到行列近旁，突然送殡人群大乱，许多手枪一齐射击，分队长等应声而倒，随后冲入碉堡，残兵均被消灭。”⑥

专门对付中共的日本情报机关“黄城事务所”曾给冈村送来一份新获得的中共北方局刊物，上面登着彭德怀的重要报告，彭德怀在报告中提出，要用两面政策来对付他的自首政策。冈村警惕起来：怪不得最近对冀中“扫荡”时有人出来自首、“维持”，原来是共产党的策略，休得上当。冈村马上下令把出来“维持”的人抓起来杀掉。实际，“两面政策”在冀中尚未实行。冈村这一杀，却把一些畏敌、投敌的人杀反了，杀抗日了。冈村老奸巨猾，暗知吃亏，表面不动声色。⑦

诡计多端的冈村，在经过对八路军战略战术的半年多研究之后，学习八路军的游击战术，直接指导制订了一套对抗日根据地的进攻计划，其重点是对居于华北心腹地区、号称华北粮仓的冀中开刀。冈村认为，冀中是太行山八路军的“兵站基地”，摧毁了冀中，就可置八路军总部所在的太行区于死地。

从 4 月开始，敌人开始散布假消息、假计划，声东击西。先以万余兵力进攻冀东，再以万余兵力“扫荡”冀南。当冀东冀南吃紧之际，5 月 1 日，日军以 5 万余兵力对冀中区实行“铁壁合围”。冈村亲至石门（石家庄），设临时指挥所坐镇指挥，意在一举摧毁冀中抗日根据地。

日军将冀中首脑机关压缩在小范围内，正图一举而歼之，不料冀中主力部队和首脑机关仍跳出重围。冀中军区司令员吕正操奉八路军总部命令率主力暂向

⑤ 日本华北方面军参谋部第四课的调查报告。

⑥［日］稻叶正夫编：《冈村宁次回忆录》，天津市政协编译委员会译，中华书局 1981 年版，第 325 页。

⑦ 彭德怀在华北地方、军队同志座谈会上的报告，1945 年 2 月 1 日。

太行转移，八路军各部奉总部命令向华北各交通线发动广泛出击，支援冀中的反“扫荡”作战。冈村琢磨着他那些和八路军已打过数年交道的幕僚的意见：“破坏中共组织，中枢机关乃为至要，应尽量逮捕其主要人物。”于是，冈村将目光从冀中又转向了太行山。冈村要求他驻山西的第一军好好研究八路军的游击战法，革新自己的战术。第一军司令长官岩松义雄，费尽心机，制订了一个“C号作战计划”[①]。决定集中第一军所属各兵团主力3万余人，从5月15日开始，进攻太行、太岳，对八路军和一二九师首脑机关实行“捕捉奇袭”。

岩松从日军第三十六师团挑选了两个联队，组成两支“挺进杀人队”，在日军主力的进攻中执行特殊任务。一支叫“益子队”，其任务是破坏八路军总部，刺杀彭、左等；一支是“大川队”，破坏一二九师师部，刺杀刘、邓等。

“挺进队”行动采取严格保密措施。人员身着便衣，自带粮秣和雨衣行囊，不许宿村住店。

为掩护作战意图，在发动进攻前，日军以部分兵力向正太路和平汉路东发动“扫荡”，转移八路军的视线。

5月中旬，日军第一军司令部在长治设立指挥部，印刷了彭德怀、左权、罗瑞卿、刘伯承、邓小平、李达等人的照片、简历，发给挺进队和特工队员。[②]

第四节 突 围

当冀中军民和日本侵略军展开生死搏斗之际，错综的消息涌向武军寺村八路军总部：大批日军在河北、山西间频繁调动，冀中、晋西北发现敌四十一师团番号，浓云滚滚，扑朔迷离。[③]

5月以来，八路军总部日夜注视着冀中的形势，部署各部在平汉、津浦、正太各线出击，牵制日军后方，减轻日军对冀中的压力。此时，日军的动向是真的要增兵冀中呢？还是“扫荡”晋察冀呢？还是别有企图呢？

5月22日，情报表明，从太原向和顺方向，从邢台向武安方向，从襄垣到潞城方向，都有日军活动的迹象。

当晚，又获悉，敌四十一师团主力从晋西北乘大批汽车，连夜经太原向辽县、和顺方向开来。彭德怀和左权慎重商讨后，决定八路军主力立即转移到外线，准备反“扫荡”作战，第二天开始行动。

向部队下达命令后，左权连夜计划第二天总部转移的具体事项。

除了作战科值班人员，左权常常是总部院子里最后休息的人。曾随八路军总部转战数月的作家刘白羽写道：

---

①《华北治安战》(下)，天津人民出版社1982年版，第175—183页。

② 彭德怀回忆：《左权阵亡情况》1970年3月20日。

③ 彭德怀致刘(伯承)、邓(小平)、陈(赓)、薄(一波)并请军委速转其他各战略区的电报，1942年5月29日。

“在这掌握半个中国战场的八路军总指挥部里，左权同志的确是最忙的人了。”[①]

这位毕业于黄埔军校第一期、曾在苏联莫斯科中山大学和伏龙芝军事学院深造的八路军副参谋长，年仅 36 岁，学识丰富，久经战阵，身体因积劳而瘦削，却总是以过人的精力和惊人的效率工作着。彭德怀对这位寡言深思、机敏沉毅、文武兼备的战友和助手十分敬重，凡重大军事问题都与左权共同研究决策。从朱德回延安以后，“彭左”就代替“朱彭”，成为八路军指战员对自己前方最高指挥的亲切称呼。

有一件事使彭德怀深为不安。左权在 1931 年王明“左”倾路线时期，曾被指在苏联期间有“托派”嫌疑，问题一直未澄清，使左权因负历史的委曲，不能一展担任方面指挥之雄才。经过 5 年的并肩战斗，艰难与共，1942 年的春天，彭德怀决然给毛泽东、张闻天写了一封信说：“左权同志对党忠诚，富有才干，实为我党好同志，望中央解除对他的怀疑，给予完全的信任。”

左权并不知道彭德怀写信之事，他也永远地不会知道了。

在总部开始转移的第二天，24 日午，总部在郭家峪得报，日军增兵辽县、和顺。下午陆续得报，武乡、襄垣、潞城日军也增了兵。不出两个小时，各地续报：平汉路方面，武安、涉县、内丘、邢台，敌同时增兵，辽县敌已分路出动。

以往，日军大“扫荡”前两三日，总部即可准确侦知，唯这次事先没有确切信息。[②]而此时，日军的两个挺进杀人队，于日军出动前，化装成八路军，已从潞安（长治）潜入太行区。杀人队昼伏夜动，假冒八路军番号，“敌采取鱼目混珠，亦打扫房屋，帮助春耕，买物给钱，俨然与八路军一样”[③]。挺进队虽曾引起根据地军民一些怀疑，因伪装巧妙，未受阻挡。

24 日夜，北方局总部机关、野战政治部、后勤部、党校、报社 2000 余人，根据总部命令，分路继续向麻田以东隐蔽转移，准备敌人接近其预定的合围圈时，从敌人的合围缝隙分散突围，这是八路军在敌后总能脱出敌人合击的成功经验。其诀窍在于掌握“利害转换线”，即掌握敌人在运动中进至最有利于我突围的位置。敌人分进合击，我突围行动过早，转不到敌后；突围迟了，敌空隙小，突不出去。突围成功的保证，则在于八路军的情报的准确及时，指挥员的沉着决断，和队伍成员的勇敢坚定、高度自觉。无论何等艰难，何等危险，突围后都分而能合，散而复聚。

然而，这一次情报工作不利，敌人的伪装使八路军广泛的群众耳目，一时失灵。

这天夜里，云幕低垂，星月无光，总部和北方局大批人马，翻山越岭，在崎岖狭窄的山路上摸黑移动，后勤部门包括被服厂等的骡马驮着辎重，一夜只走了

---

① 刘白羽：《纪念左权同志》，载《解放日报》1942 年 6 月 26 日。

② 彭德怀回忆：《左权阵亡情况》1970 年 3 月 30 日。

③ 彭德怀致刘（伯承）、邓（小平）、陈（赓）、薄（一波）的电报，1942 年 5 月 29 日。

20多里。至25日拂晓，总部、北方局和野战政治部与后勤部门的队伍，不期同时进入南艾铺、窑门口、偏城地区。[①]而敌独立混成第三、第四旅团主力，独立混成第一、第八旅团之一部和第三十六师团主力共万余人，已根据挺进队的报告，从四面八方迅速奔进，对该地区构成合围。窑门口、偏城、南艾铺地区，位于山西辽县与河北涉县界上，紧靠太行制高点峻极关西南，大山连绵，方圆不过10余里。一条大岭东西横架于呈南北走向的众山之上，状如十字，故名十字岭。岭东南一道大沟10余里，可到南艾铺村，岭西北一道大沟直下数里，通往北艾铺村。

日军袭击八路军机关，多在白天，以发挥其武器优势。总部决定上午隐蔽，于25日午后敌合拢前穿插突围。然而2000余人马，挤在十字岭下，若被敌发现，施以轰炸，后果将不堪设想。左权把各路负责人找来，指出这个严重情势。由于人马较多，决定后勤部队单独一路，往东北羊角、黄泽关先走突围，其余听候命令。近午时分，果然有敌机前来低空侦察，接着敌机数架轮番扫射、轰炸。掩护部队也与地面敌人接火，枪声一阵紧似一阵。

彭德怀、左权、罗瑞卿等在南艾铺村外树丛中紧急碰头，20分钟后，彭德怀下令开始突围：总部和北方局由左权率领向西北方向突出，从和顺、辽县间通过公路转入外线，野战政治部由罗瑞卿率领向东突围转武安方面。作战参谋分随两路，各携电台联络，由警卫连掩护，各自为战。必要时机关人员化整为零，冲出去以后再集合。口授命令毕，左权提出由他留后指挥，彭德怀则要左权带电台突围，左权十分着急，催促说："你是副总司令，你先冲出去，总部就跳到圈外，就主动了！"

彭德怀沉默刹那，翻身上马。

北方局秘书长张友清身患肺病，体质很弱，彭德怀不放心。勒马回头向左权说了声："我再去北方局看看。"就骤马下坡，向东驰去。[②]左权指挥部队掩护总部机关北进，敌机发现运动部队，开始猛烈轰炸。

配合飞机的投弹扫射，东面之敌以山炮、机关枪对准十字岭开火，集结在十字岭南及西面的队伍中，有些非战斗人员和后勤单位人员，初次遇到这样激烈的战斗场面，四下躲避飞机。

飞机轰鸣，枪弹横飞。岭东是北方局的队伍，大家在突围中看到，在横岭西面的山坡上，一个人一手握枪，一手勒缰骤马，后面紧随10余骑，向着敌人火力交织的岭头冲去。那宽阔的肩背，娴熟的骑术，正是副总司令彭德怀。敌人注意到了为首那匹枣红马，马上把火力对准了它。警卫员王传和在彭德怀身后拼命地奔赶、呼叫："11号，下马！11号，下马！""敌人射击！敌人射击！"彭德怀伏在马背上，头也不回。许多人屏着气，忘记了自己，只顾看对面山上枪林弹雨中那匹大红马，和那个矫健的身影。大家看到他从南艾铺方向冲上十字岭，又

---

① 彭德怀回忆：《左权阵亡情况》1970年3月30日。

② 彭德怀回忆：《左权阵亡情况》1970年3月30日。

沿山路直下北艾铺，把敌人的火力封锁网抛在身后。

“好了，好了！彭老总冲出去了！”“总部有救了！我们能冲出去了！”有人竟欢叫起来，忘记了自己的危险。

从东面袭来的6000敌人接近了十字岭。在正岭西南，突围的人流朝着彭德怀冲出的方向，从沟底向岭上涌去。这时大家看到左权披着一件缴获的日本黄色军大衣，站在半坡上左右指挥着。

左权一面扬手向上，一面向人群高喊：“冲啊，冲出山口就是胜利！”“莫怕飞机，快冲！部队在前面接应大家！”

人群镇定下来，跟着左权高喊：“冲啊！冲啊！……”

斜阳映红了十字岭长长的横梁，大部分人员终于突过山口，冲出了敌人的包围圈。最后一部分总部的人员，也冲到敌人最后一道火力封锁线前，突围胜利了。

这时，左权发现挑着总部文件箱的人没有跟上，命令警卫员前去寻找。一架日机突然转过头来搜索扫射。左权发现总部几名女译电员在向树下跑，那里正是敌人扫射的目标。左权直起身来，大声喊：“小鬼，不要怕飞机，冲出去！”

就在大家闻声的瞬间，从南艾铺方向射来的一发炮弹在她们身旁炸开。一块弹片击中左权头部，左权血染青山，壮烈殉国。

他倒在如巨梁般横架于众山之上的十字岭头，离山脊仅数十步的地方。只消几分钟，翻过这条巨梁，就是安全地带。

年轻的译电员伏在他的身旁，恸哭悲唤：“参谋长！参谋长！”

最后的突围者冒着炮火，流着眼泪，将左权的遗体掩藏在横岭南坡的树丛中，悲泣着翻过山梁，掩护部队同时撤离。

晚霞消尽，夜幕降临。当南艾铺方面的敌人冲到十字岭时，发现岭上已阒无一人。①

第五节 “台搭起来再干”

5月末的延安，天气微热。26日黎明时分，毛泽东在枣园窑洞里面色冷峻，略露倦容。他已经一天一夜没有入睡了，一直在等候着太行前线的消息。

25日，一二九师报告，八路军总部遭敌袭击，北方局总部人员分路突围。总部电台中断，情况不明。

5月21日夜，在总部被袭之前，日军大川挺进队伪装八路军新编第六旅（实无此番号），潜入一二九师师部驻地黎城县之会里村。村中空空如也，刘伯承已率师部转移了。前后只差3个小时！日军不甘心，仍在向刘师转移的方向跟踪追击。

27日晚，毛泽东又是彻夜未眠，他不只担心总部的安全，还不能不从最坏

① 本节据一二九师和八路军总部给中共中央的电报、彭德怀在“文化大革命”被囚禁中写的材料和王政柱、李琦、欧致富、张之轩、罗健、浦安修、王传和等人的回忆。

处着想：万一总部不保，如何处置。东方渐白，刘师来电，总部在遭敌合围后，彭德怀率部由石灰窑西北方向突出，左权在突围中阵亡，罗瑞卿、杨立三向黑龙洞方向突围后，再次与敌遭遇。

毛泽东拿着电报向朱德处走去。两个老战友在无言中交流着深沉的悲痛和不安。左权牺牲，北天折柱，罗、杨安全未卜，所幸彭德怀已经突围，总部就必定在战斗。不论形势多么危急，处境多么困难，彭德怀从不丧失信心。这一点，毛泽东和朱德都毫不怀疑。毛泽东坐下来，提笔蘸墨，起草了一封电报：

刘邓转彭：

感日五时电悉。总部被袭，左权阵亡，殊深哀悼。瑞卿、立三已否脱险？甚念。目前总部电台已全部损坏，建议总部暂随一二九师行动。如何望复？

毛泽东　朱　德

二十七日

5 月 25 日夜，太行清漳河畔，小南山村中，彭德怀向随他突围的总部人员讲话。他的周围只有十几个干部和百余名战士。

“同志们！台坍了不要紧，搭起来再干！”他接着说下去：“这是总司令说的。”“1928 年红五军上井冈山，在宁冈和红四军开会师大会，主席台忽然塌了，好多人议论：不吉利，怎么台刚搭起来就塌了呢？这时候，朱总司令站起来，说：‘同志们，台坍了不要紧，搭起来再干嘛！’”

25 日到 27 日，彭德怀一面部署部队在敌人的严密搜索下寻找收集失散的突围人员，一面回想分析着这次敌人奔袭得手的原因。

27 日夜，总部和北方局突围人员在小南山村集结。

牺牲是惨重的。北方局秘书长张友清尚未找到，新华社华北分社社长何云，刚刚成立的北方局调查研究室主任张衡宇和全室 10 余名工作人员牺牲。朝鲜共产党的领导人之一金白渊，亦在突围中不幸牺牲。

彭德怀站在打麦场上点着一个个名字问：×××，到了吗？×××，到了吗？周围的人一个个回答着。

大家注意到，他没有问到一个人——浦安修——他的妻子。她刚刚找到总部，因为饥疲过度，倒在一个小屋的炕上昏昏睡去，谁也没有发现她。

北方局的队伍被敌冲散了。她那么瘦，一定是牺牲了……大家默默地想，望着彭德怀，心里说不出是更难过，还是更为感动。

左权和数十名战友的牺牲带来了巨大的悲痛，场里场外，都有人在落泪、抽泣。

一声集合令，人们马上振作起来，聚集到打麦场上。皓月当空，万籁无声，只有彭德怀那不更改的湖南话，重锤铿锵，震人心弦：“……同志们，让我们擦干眼泪，咬紧牙关，为参谋长报仇！为牺牲的战友报仇！为惨死的同胞报仇！”

彭德怀的话扫除了悲观、阴霾，人人都牢记住了这一天，记住了彭老总那坚定的、愤怒的吼声。

总部通讯科长海凤阁在突围开始就不幸中弹牺牲，总部与中央的电台联络一时中断。到 28 日，八路军总部方恢复和中央的联络，彭德怀根据几天的亲历和所获情报，向中央和各战略区报告了敌人奔袭总部采用的新战术，同时，部署八路军各部在外线广泛出击，命太行部队袭击长治机场，以示对该基地飞机空袭总部的惩罚。太行区出击告捷，击毁敌机 3 架。

分而能合，散而能聚。台没有塌，暂时被拆散，马上又搭起来了。

自平江起义以来，16 年的革命战争，无数的流血牺牲，亲密的战友一个一个在彭德怀身旁倒下，彭德怀为战友洒下热泪。

这一次，左权和许多优秀干部牺牲，他没有掉泪。极端残酷的敌人，极端残酷的战争，使他必须忍住自己的眼泪。左权是为保卫总部而献出自己的生命的，能够告慰于烈士的，是总部和北方局仍然屹立，仍然指挥着半个中国战场上的战斗。他对左权的怀念，在以后他对左权的妻子和女儿的长期关怀中，才深沉地体现出来。

日军周密计划的这次大规模“扫荡”——“C 号作战计划”，历时 30 余日，终未达到摧毁太岳、太行抗日根据地和八路军总部、一二九师师部的目的。①

没有谁比彭德怀更深切、更痛心地感到左权牺牲的损失。谁来弥补这个空缺呢？

在彭德怀案头摆着一份电报，短短两行字，使这个问题似乎成为不必要。这是 7 月 14 日北方局书记杨尚昆从延安发来的，询问彭德怀：“中央曾有一电，提出前总机关转移晋西北的问题，征求你的意见，收到否？你的意见如何？请复。”

彭德怀虽然还没有收到中央的电报，但中央提出总部转移晋西北，无疑是考虑敌后的困难局势，顾虑总部的安全。他没有想错。

7 月 3 日，中共中央书记处在给彭德怀的电报中说：“今明两年内，敌后斗争将异常残酷，我们要更善于熬过困难才能避免极大的损失与牺牲。敌人‘扫荡’多注意摧毁主要首脑机关。此次袭击，左权阵亡就是极大的教训。”我们认为总部有移晋西北之必要。”“此种移动并未脱离敌后，对外是有理由说明。如不移动而受损失，则影响甚坏。”

总部和北方局被袭，左权和多名重要负责干部牺牲，是抗战以来八路军首脑机关遭受的最大一次损失。彭德怀痛心反省，总结教训：对敌人在战术上的高度灵活变化估计不足；5 月以来，总部集中注意于敌对冀中的空前残酷的“扫荡”，对敌人同时发动对太行区的突袭警惕不够；总部、北方局机构与年俱增，非武装人员过多，根据地边沿民众发动不充分，民主建政与减租减息工作不落实……

彭德怀向中央如实报告华北敌后特别是河北平原的严重形势。在 6 月 15 日给中央书记处的报告中说：“敌后战争空前紧张，平原根据地之主要地区已变为游击区。军事力量与地方干部严重损耗。山岳地带根据地在敌‘蚕食’、‘三光’

---

① 上据王政柱、李琦、罗健、浦安修、张之轩等人的回忆。

政策的‘扫荡’摧毁下，有重大部分的紧缩。”但同时，反“蚕食”斗争、武工队工作亦在有成效地开展：“这种积极防御政策，近两月在太行已取得显著成绩，山岳区基本停止了飞速紧缩的现象。这表明敌后斗争坚持到胜利完全可能。但力量削弱、根据地紧缩也不可避免。”为应付严重环境，他向中央建议野政与北方局机关合并，同时提出：“北方局直属单位过多，我个人兼职过多，能力固不胜任，精力亦难持久，如在严重环境发生意外，即会领导脱节，使工作受到损失。”

彭德怀向中央提出三个来前方工作的参谋长人选：兼备文韬武略的中共中央军委参谋长叶剑英；能征善战，刚从苏联养伤回国，也恰恰是36岁的林彪；党性坚强、熟悉敌后情况的抗日军政大学校长滕代远，等候中央的答复。

总部被袭后，刘少奇从中原返延安路过华北，根据沿途了解的情况，对华北的群众工作提出了尖锐的批评。刘少奇认为华北的群众发动不够，减租减息不彻底，在敌占区表面应付敌人、实际为抗日工作的村政权不应叫“两面政权”，而是非法斗争和合法斗争的结合；彭德怀则认为，在敌占区不存在合法斗争的形式，是我们利用敌人的组织来欺骗敌人、发展自己，只能是“两面政权”。尽管他们之间对工作估计和对“两面政权”的提法存在不同的看法，原则上，彭德怀接受了刘少奇的批评，决心以总部所在的麻田为点，深入开展减租减息，使广大贫苦农民经济状况得到实际的改善，把根据地建立在更坚实的群众基础上。

彭德怀从各方面考虑怎样扭转局面，怎样战胜敌人，但没有考虑总部后撤的问题。

中央郑重地提出总部迁晋西北，又十分着重地征求他的意见，他必须排除一切感情因素，完全冷静地估计形势、权衡利害，对这个明确的问题作出明确的答复。

“谁能熬过最后的五分钟，谁就能获得最后的胜利。”这是延安《解放日报》1942年7月17日社论《外强中干的敌奇袭战术》中的一句话，彭德怀深信黑暗的时刻即将过去。尽管敌猖狂愈甚，敌后的斗争正在从政治、军事、经济、文化各方面深入，转机就要到来。

在延安枣园，朱德、毛泽东等人一直等着彭德怀的回电以定大局。毛泽东十分着急，和朱德、王稼祥研究一阵，于7月15日再电催问。同时，答复关于代替左权的人选问题：“林病仍重，不能工作，叶不能离开军委，总部参谋长以滕为宜。”

16日晨，毛泽东收到彭德怀详细陈述关于总部问题的复电，彭德怀提出：如对外及实际还须保留集总，移晋西北只是为了避免损失，八路军总部仍在晋东南为宜。列举了几个理由：

（1）华北山区最大之太行山、太岳山、中条山之根据地，从其地位（较之五台山偏僻，对敌威胁较小）、地形、物资等条件来看，将形成坚持华北主要重心。北方局、集总可利用此地经验，帮助其他地区。

（2）冀鲁豫区、中条山领导均较弱，须具体帮助者甚多，此间与冀南及冀鲁豫秘密交通甚顺利。

（3）开封、新乡、济南、太原、临汾、石家庄伪政权工作在建立与开展中，总部移晋西北对于工作有损失。

（4）夏季夜间短，不到 10 点须通过祁、太、文水数道封锁线，事实上很困难，当敌后局势艰难时期，总部撤走不无某些影响。

机关正在缩小中，总部、野政、北局全部共约 500 人（2 个警卫连在外），较前减少 2/3，今后行动轻便小心，想可避免损失。

中央书记处同意了彭德怀的意见，同时，决定彭德怀兼任中共中央北方局代理书记。

8 月 29 日，滕代远到麻田就任八路军参谋长。

两个共同领导了平江起义、1933 年在红三军团依依分手的老战友，在民族艰危的 1942 年秋，又一起并肩作战了。

第十三章　大将理财

第一节　无盐同淡

八路军出师华北，彭德怀除分工负责军事，还受朱德之托，掌管八路军的供给和抗日根据地的财政经济工作。

红军改编为八路军，按4.5万兵员之数，由国民政府每月拨饷50万元，全部开支包括伙食被服等等，平均每个兵员为11元。为节约军费，八路军出师之始，从士兵到总司令朱德，每人每月只发2至5元的津贴费。八路军挺进敌后，不断壮大，蒋介石想以军费来限制八路军的发展，对八路军的扩军增饷问题，总是或拖或否。威名远扬的八路军总、副司令朱德、彭德怀就常因经费不继而受困窘。1938年1月，朱德、彭德怀曾向驻武汉的陈绍禹（王明）、周恩来告急："部队扩大，使用费亦大增加，此刻已陷于极端困难，以致无法解决的严重状态中。"数日后，朱、彭在给毛泽东的一份报告中也提道："目前经济已极困难，特别新兵服装问题，不易解决。"

经费如此困难，彭德怀掌管全军经费的分配使用，铁面无私。在他的主持下，1938年1月，全军首次规定了统一的供给标准，伙食标准按战斗生活的最低需要，每人每天为小米1斤半、油3钱、盐3钱、肉3钱（按16两秤计，合市斤每人每月肉、油、盐各为5.6两）、菜1斤，津贴费大体（困难时酌减）为：师旅级5元，团营级4元，连级3元，排级2元，上士1.5元，士兵1元。全军之首、年高德劭的朱德，坚持和彭德怀、左权一起，只拿和师旅长一样的5元津贴费。规定标准后，2月份一一五师直属部队单位和三四三旅开支稍大，3月12日就受到总部的查问。

实际上，一一五师直及三四三旅，在2月份所用经费，按人平均不过8.3元，尚不及当时国民党中央军士兵月饷钱20元之半数。

在八路军的机关里，有一些小勤务员担任杂务，这些小兵多是坚决跟八路军走的贫苦少年，被亲切地称呼为"小鬼"。随着部队的扩大，机关的"小鬼"也增加了，连队也设了勤务员。1939年2月14日，朱、彭正式下达命令，取消八路军各级首长的特务员和连队中的勤务员制，各机关禁止用17岁以下的勤务人员；命令将抽出的青少年，组织成青年教导队或青年学校，培养他们做儿童工作或卫生工作。

1939年3月，由于根据地财政困难，八路军总部决定当月全军只发给每人鞋袜费5角。5月，每人只发给津贴费1元。5月30日，彭德怀在晋东南纪念“五卅”大会上发表演说，当他挥动右臂，放开洪钟大嗓，说道，“我们共产党人是不怕困难的，……在八路军本月每人只发津贴1元，我们的总司令，今年50多岁了，也只领得1元。有人说，八路军特殊……这就是我们的特殊，这个特殊我们永远保持！”与会各界代表，莫不为之动容。

以八路军为榜样建立的敌后抗日政权，也同样最大限度地节省着民力、财力。彭德怀为纪念“七七”三周年发表的《三年抗战与八路军》一文中特别提道：“晋察冀边区县政府，从县长、审判官以至伙夫、勤务员，不过50余人，月月经费800多元，其中县长零用费（无工资相当于津贴费）最高每月10元，伙夫每月2元，虽然这里的县长优待不大，比我们的总司令朱德同志的零用费还多着一倍。”

彭德怀在讲话中常提到朱德的榜样，他对比他年长10岁、艰苦卓绝的总司令由衷敬佩。面容温和、性格宽厚的朱德，和面带威严、性格刚毅的彭德怀，同以普通士兵的生活水平，指挥八路军的千军万马、驰骋于华北，坚持于敌后。他们或在一起阅读电报文件，或在一起研讨军情，或在崎岖的太行山道上驱驰，有时又为节省马力而一起爬山越岭，总部人员称之为“慈总严副”。“慈总严副”，实为中国革命军事史上一曲动人的指挥和弦。

八路军上上下下都知道，彭德怀下部队，谁要给他做了特殊的饭菜，他不吃，还要骂人。有时做了好菜好饭，也没有人敢给他端去。在战争的艰苦生活中，彭德怀拒绝给他以特殊的生活待遇，常说：“大家有盐同咸，无盐同淡。”彭德怀痛恨用公家的钱互相请客，大吃大喝，痛恨贪污浪费。有的干部说，我也不贪污，不过多吃多享受罢了。彭德怀在干部会上狠狠批评这种观念是“流氓观点”、“流氓意识”。

有人把彭德怀当成秉性苦行，这当然是误解。刘伯承、邓小平做的四川菜，他最喜欢吃。刘、邓请他吃豆花饭，他和妻子欣然前往。一次，彭德怀去陈赓三八六旅驻地，陈等人凑钱买肉吃。干部怕挨骂，不敢去叫彭德怀，偏偏又被彭德怀碰上了。彭德怀指着陈赓问：“好啊，你陈赓偷偷吃肉不叫我！”陈赓边吃边笑，说：“人家说你彭老总见着肉就要骂娘，我怕骂娘嘛！”彭德怀拿起筷子哈哈大笑，又骂起来：“哪个××养的说我彭德怀不晓得肉好吃！”

第二节 “中国老百姓的生活真苦啊”

尽管八路军的供应十分菲薄，在频繁的转战中，每到一村一镇，总部的工作人员都要了解驻地群众的生活，对最贫苦者给以帮助。如果工作人员顾不上去，彭德怀有时就会找他们来嘱咐：村里某处某家没有饭吃，送点子小米去；某家有病人吃不起药，叫医生或卫生员去看看——彭德怀已经替他们查访过了。

1938年5月，八路军总部曾在沁县南底水村驻过一段时间，在村北一所低矮的农舍里，住着一个王老汉。一天，王老汉遇到一个八路军和他拉家常。谈到日子光景，王老汉对这个朴实可亲的“八路”说：“不怕老总（对大兵的称呼）笑话，俺今年50多岁，还是在民国元年时吃过一次肉呢！”老汉不禁叹了一口气：“唉，有27年没吃过肉了！”

“那次是怎么吃上肉的呢？”“八路”真诚关切地问。

“那年，是我和人抬轿子，送一位老爷去上任，抬到黄河边，老爷就要上船过河了，说：看你们抬了几天轿辛苦，赏几斤肉给你们吃。打那以来，就没有尝过肉的味道。”

王老汉不知道，和他谈话的这个“八路”，乃是八路军的副总司令彭德怀；更不知道他的这番家常，是怎样震动了这个也曾饱经困苦的八路军副总司令。以后，彭德怀和总部工作人员左漠野谈起这件事，也不禁深深叹了一口气：“唉，中国老百姓的生活真苦啊，我们要多多关心人民的生活。”①

“中国老百姓的生活真苦啊！”这一声叹息，贯穿在彭德怀主持华北敌后财经工作的整个过程中。

土地革命时期，红军没收地主官绅的财产可充军费；平分土地和地主阶级的浮财，使千百万贫苦农民迅速改善经济状况，提高生产积极性。进入抗日统一战线，停止了土地革命。在中共向全国宣告的抗日救国十大纲领中，提出战时的财政政策是有钱出钱，合理负担，没收汉奸财产。在改良人民生活方面提出废除苛捐杂税、减租减息等，这是一个重大的转变。

开始，打汉奸和合理负担，由各部队分散进行，政策界限不清，有的习惯于打土豪，产生了过火行为，还滋长了随筹随花的不良习气。山西人本来省吃用、重积蓄，日本军劫掠、政府军征索，战争破坏，使当年收成和原有窖藏或消耗或损毁，群众生活骤降，生产情绪十分低落。根据地建立之初，整理财政以恢复民气，是十分棘手的问题。

大将理财，首先统一号令，严明纪律。在纷乱如麻的经济局面下，彭德怀提议并主持成立以晋东南为中心的华北财经委员会，实行军政民费用在各战略区内的统筹统支，实行量入为出和量出为入相结合的财政原则，既保证军政民各费得到适度保证，又尽量节约民力民财。为贯彻统筹统支，建立起金库制度和预决算制度。由政府统一财政收入，各种收入统归金库，未经正式手续，任何人不得随便开支。部队由供给机关成立有主要首长参加的预决算审核委员会。

在彭德怀的支持下，八路军总部以杨立三为首的后勤部，逐步建立起全军的后勤工作系统和后勤工作制度。

1940年9月，八路军发展到40万人，地方游击队也相应扩大，而八路军的军饷只有61万元，国民党当局还时时扬言要停发八路军的军饷。为使部队的供给完全建立在根据地自力更生的基础上，除千方百计促进根据地的农副业生产、小工业、手工业生产，建设根据地的军事工业，彭德怀感到，有必要在根据地人

---

① 访问左漠野记录，1985年4月30日。

民的实际负担能力和保卫根据地的必要兵力费用之间，找到一个适当的比例。

彭德怀和总部后勤部长杨立三等人一起算了一笔账：按当时的生活水准，八路军每个士兵，每年需约 470 元（包括武器消耗），以当时民众的负担能力计，每人每年负担 10 元左右，约需 50 人负担 1 个兵员。当时，抗日根据地人口为 3000 余万。①

根据这个计算，彭德怀在北方局高干会上阐述根据地的财政经济政策时提出，八路军的主力和地方部队，应当不超过根据地全人口的 2%。党政人员不超过 1%，即根据地全部脱离生产人员总数不超过全人口 3%之数。这样根据地可以保持必要的兵力，又不使民众承受更多的负担。1941 年末，中共中央在向全党发出的精兵简政的号召中，要求各根据地做到总兵员不超过人口的 2%，党政民工作人员不超过 1%，总脱产人员不超过 3%。这凝聚着对人民生活深刻体贴之情的百分比，对密切军民关系，共度敌后艰难岁月，起了重大的作用。

在负担政策上，彭德怀主持采取的另一个重大步骤，是改革田赋制。为实现合理负担，各根据地进行了田赋税收的整理。从整理田赋中，发现田赋按亩摊派，表面上似属公平，实则由地主富豪操纵，很大一部分负担，被转嫁到地少或占有薄田的贫苦农户身上。

1938 年秋，敌后抗日根据地丰收在望，彭德怀决心使占乡村人口多数的贫苦农民真正享受到丰收果实。在秋收征赋前，他向中央书记处毛泽东、朱德建议废除田赋制，改行按地租所得的累进税制。经中央同意，在根据地内全面推行。由阎锡山最先提出的合理负担的口号，却在中国共产党领导的抗日根据地内得到具体实现。②

第三节　经济战

华北敌后抗战是一场以军事为中心，包括政治的、经济的、思想文化的全面战争，敌人称之为“总力战”。敌人对抗日根据地的封锁与敌后军民的反封锁，敌人对全华北的经济掠夺与敌后军民的反掠夺，构成了一场生死攸关的经济战。

斗争是从货币战、贸易战开始的。彭德怀在挂帅经济工作之初，并没想到他要学做生意。

一接触根据地的经济问题，彭德怀发现自己面对着一个十分混乱的市场。在这个市场上，除国民党的中、中、交、农（中国、中央、交通、农民）四大银行发行的法币外，有山西、河北两省银行发行的省钞，有县银行的县钞，还有一些地方银号、商号以至当铺发行的票子。各类杂钞纸质低劣，有的发行人已经逃之

---

①《彭德怀在中共北方局高级干部会议上的报告提纲》1940 年 9 月 25 日。

② 彭德怀致中共中央书记处毛（泽东）、朱（德）、王（稼祥）、胡（服）、杨（尚昆），并一二九师的电报，1938 年 8 月 27 日。

夭夭，信用不保，群众不敢使用。华北的汉奸银行“中国联合准备银行”发行的伪币“联银券”乃乘机打入市场。日本侵略军一面用伪币吸收法币，套取外汇；一面用伪币吸收根据地的山货土产、粮食、棉花。中央军也经过太行山区大量走私日伪货物。这些都严重影响根据地经济的稳定。

为保护根据地的经济，彭德怀在1939年2月向毛泽东建议成立冀南银行，发行冀钞，作为冀南和太行地区的本位币。在建议中，他请求中央派遣懂行的干部来前方进行筹建工作。这一建议得到毛泽东的赞同和支持。当年10月，冀南银行成立，发行了冀钞。

冀钞的发行曾引起国民党当局的不满，也引起根据地一些人的不解，为什么不用法币而要自己另发行本位币？彭德怀说，这是研究了晋察冀区发行地方流通券和山西第三、第五专署发行上党票的经验而决定的。因为地方本位币没有外汇，敌人不能利用它套取外汇，可以保护根据地的贸易。发行地方本位币后，根据地内禁止法币流通，个人的法币可向银行兑换不受损失；而敌人不能吸收根据地的法币，我们手里的外汇就不会丧失。在根据地内只许单一的本位币流通，我们就可严格控制发行数，平稳物价；可以用本位币发放工农商业的低利贷款，以扶植根据地的经济。

从整个抗日战争时期敌后的经济看，发行本位币是形势必需，也是成功之举。经过多方研究，彭德怀提出，把冀钞的流通量，限制在不超过根据地人口人均3元之数。1942年后，敌人开展疯狂的粮食掠夺，彭德怀又提出统制粮食，使粮食这一农村中的主要商品、战争中的主要物资，成为冀钞的有力的准备，巩固了冀钞的币值，形成了独特的以粮食为本位的币制，使冀钞长期保持稳定。太行山物价之低，在很长一段时间内，为他区所不及。冀南币币值亦高。太行山物价上涨指数，始终低于货币发行上涨指数，与国民党统治区和敌占区物价的飞腾，形成鲜明的对照。

日军在华北占领着城市和交通线，掌握着工业生产技术条件。八路军恢复了广大农村，掌握着物产资源。根据地为军需民用，不能不设法到敌占区城市去采购必需的工业品，土产也要运到城市市场去销售以获得资金。由于敌人自“速战速决”的美梦破灭，就转而采取“以战养战”的方针，加紧了对华北的开发掠夺。以后又对抗日根据地实行“囚笼”政策，进行经济封锁，致根据地内工业品价格暴涨，敌占区即可以少数工业品换取山区廉价的土产。敌人还利用群众怕“扫荡”损失物资的心理，在收获期间，压价收购农副产品，扩大工农产品的剪刀差，掠夺根据地的资源。敌我之间，开展了一场复杂、持久的贸易战。

早在1938年秋，薄一波领导的山西第三行政专署和戎子和领导的第五行政专署，首先建立了贸易统制局，征收出入口税，公布禁止出入口的物资，以保护根据地的经济。彭德怀肯定了第三、五专署的做法。但他认为，对统制贸易的认识不能简单化，不能把统制理解为关闭政策——只要敌人要的就不许出，抗战不需要的就不许入。这样做，断绝了华北地区间传统的资源与市场，会严重损害人民的生计。他举例说，过去曾因蛋清、蛋黄是工业原料，就不许出口，结果打击了群众的养鸡业；有的地方怕生铁到敌人手里而忽视铁业生产，又使河北平原和西北各省民用铁器缺乏，等等。这都是要重新考虑的办法。

在根据地，曾以合作社经济取代传统商业，来收购土产与城市进行交换。经过一段时间，这种做法也出现了问题：排斥商人活动，本意是要减少农民所受的中间剥削，结果合作社成了官办，不能深入山区村户组织土产出口，进口的货物也多系机关部队的需要，反而助长了走私活动，苦了农民。走私活动还助长了奢侈品的入口。

总结各方面的经验教训，彭德怀提出在根据地边境建立关税制，实行对外统制贸易和对内贸易自由，并制定了一套原则：出入口货物对我利大者、对敌利小者轻税；对敌我均利者，斟酌需要及缓急，课以较重之税；对敌利大、对我利小者，则课以重税50%—100%，直至禁止入口。

在根据地内实行贸易自由，恢复商贩的活动，保障商品所有者的财产权，取消苛捐杂税，允许自由经营；但坚决反对一切利敌行为，如走私、贩毒、套取外汇等黑市活动。

彭德怀在实践中，逐步形成了指挥这一场对敌贸易战的指导思想：通过统制贸易，用政治力量与经济力量的有机结合，组织物资去冲破敌人的封锁，开展对敌斗争。1942年夏，彭德怀在回顾太行区五年来贸易斗争的经验教训时说，敌占区亦是我们的同胞、我们的群众，和敌占区完全断绝来往，是不可能而且是有害的。敌占区只是某一段时期为敌暂时占领，这不可能根本改变华北各地区经济的历史关系和相互依赖的历史规律。我们应当通过贸易战，有计划地组织对我有利的物资交流，维护群众的经济利益，去发动群众来反对敌寇的经济掠夺，才能打破敌人的封锁政策。他反对关门建设和以封锁对封锁的做法，说：这种做法造成的根据地财富的损失，比人们容易见得到的敌“扫荡”造成的损失，还要大许多倍。

人们很难想象叱咤风云、决战疆场的彭大将军，为解决八路军的供给，建设根据地的经济，付出了多大心血。1937年秋，彭德怀往来于同蒲、正太、平汉各线，跋涉于恒山、五台山、太行山之间，他的目光就不限于战场。他留意到，民众在日军的肆意劫掠下，将手中物资纷纷拍卖，换取现金逃难；富商大贾先将存货转至山区乡村，见政府军不断撤退，又争先抛售，因而山区物价反低于战前，货源也较战前丰盛。当年12月彭德怀回延安开会，途经临汾南下，又见汾河两岸农民争售粮棉，棉花每斤八九分钱，1元钱足可购得12斤新棉；粮价比棉价还要贱。随行的人说，山西真不错呀，东西又多又便宜。彭德怀说，山西固然比陕北富庶，但粮棉如此之贱，却是反常现象。现在日本帝国主义意在速战速决，政府军对支持华北并无信心，群众对战争又没有经验，注意力都不在物资上，倒是我们应抓住这个机会。

从风陵渡换车到西安，彭德怀马上给朱德、任弼时、毛泽东报告这一情况，准备从八路军经费中挤出十余万元收购粮棉。其后，又嘱咐部队在用兵之际，注意收集粮食储藏于山地，以备持久。[①]

1938年春，日军在占领较久的冀中地区征购战略物资，散驻之敌开始四出掠粮。朱、彭于指挥东路军作战、戎马倥偬之际，注意到敌人这一动向，立即下达命令，要八路军各师“用一切方法与努力，将铁路两旁之粮食搬入山地”，“尽力购买医药、通讯器材、布匹、棉花，妥为储藏”。特别是提醒聂荣臻领导的晋察冀区“在由娘子关到门头沟的六七百里大山中，分段储存各种军需品”。指示一二九师刘伯承，务将储存战略物资的山内公路销毁。[②]

1938年，华北全区风调雨顺，农业丰收，虽然遭受战争的严重破坏，由于八路军先敌一步，使大批社会物资不致落入或毁于敌手，而支持了华北敌后军民的抗战。这一点，无论是蒋介石的中央军，还是阎锡山的晋绥军或其他进入华北的抗日军队，是既没想到也做不到的。

从现存的电稿中，可以看到经济问题是怎样牵系着彭德怀。1939年2月，彭德怀为解决“摩擦”问题赴河北。24日晚，由陈赓部护送，通过敌人的严密封锁线，进入冀南。就在中央和总部都在等候他安全通过封锁线的消息之际，彭德怀却利用行路时间筹划着一件事。进入安全地带，他就报告延安和总部：估计4月份敌将大举进攻长治，须动员部队帮助群众提前春耕，免受损失。又建议组织医院、学校、工厂、机关人员利用时间开荒。他计算可能增产瓜菜15万担（150万斤），马料50万斤。如此，在困难时不发马料、菜金亦能坚持战局。

3月，彭德怀在从冀南返总部途中，又将他一路上反复考虑的问题向毛泽东提出：（一）在年内组织50万军队轮训，改善装备；（二）利用晋东南地形复杂，煤铁硫矿丰富等条件建设军事工业；（三）加强抗大分校培养干部；（四）筹设冀南银行。

同年10月，国民党军事反共迫在眉睫，彭德怀赴陕与阎锡山会晤，沿途部署应付突然事变，仍不忘了解经济形势。他发现各地物资紧张，即电总部“在同蒲路东速购粮盐100万斤，棉50万斤”，并催促根据地“筹办织布、纺纱、肥皂、牙粉等生活必需品工厂，要克服一切困难开工”。在洛阳和西安，他独自跑上街去观察市面，打听商情，警卫人员着急万分，四下寻找。他已对国民党区物资匮乏的严重形势有了更深的感受，当即去电向朱德、杨尚昆报告情况，请总部加意敌后经济建设、军事工业和物资储备，“万不可轻视”。

旅途、行军，是彭德怀思考问题、计划行动、调查研究的好时机。他从不放松机会亲自打听当年收成好坏、群众负担轻重、物价高低，以至货币比值、流通情况等，并一一记在心中。可能是长期军事生活养成的习惯，彭德怀说他一生不喜欢用笔记本，他的口袋里没有干部通常不离的小本子，但他的脑子里装满了各种计划设想、各种情况数字，在研究工作的时候，在向干部作报告的时候，脱口列举，其精确程度，常常令专管财经工作的干部吃惊。

---

① 彭德怀致贺（龙）、萧（克）的电报，1938年2月1日。

② 朱德、彭德怀致刘（伯承）、徐（向前）、邓（小平）的电报，1938年4月23日。

第十四章　心　碑

第一节　生死粮食

在敌后，生死存亡的最后一仗是争夺粮食。

从1942年秋季以来，太行地区少雨少雪，一场持续的干旱无情地袭击华北。枯焦的庄稼、龟裂的土地、干涸的河床，给刚刚有了转机的敌后战场笼罩上一层阴影。

抗战已进行到第5个年头，敌后根据地在共产党的领导下已学会了怎样在战争中生存。敌人发动“扫荡”，情报会通过各种抗日组织传到每个村庄、家庭。大家迅速埋藏好物资，设下地雷，布下暗哨。然后，民兵配合部队打击敌人，老弱妇孺上山进沟。生于斯，长于斯，太行山的一峰一壑，群众都是熟悉的，不愁藏身无所。敌人兵力有限，在八路军和游击队的打击下，仍然不得不撤走。房屋被烧了，窑洞还在；门窗被毁了，用草帘遮风。只要土地上长出庄稼，群众就能守住家园。

但是，干旱却是无法躲藏的。特别是三五年一旱，本来就缺水的山区，历史上一次次灾荒，留下悲惨可怖的记载和回忆。清末光绪年间，辽州大旱，“所存凋残遗黎，仅有平时三分之一”，连吏役也“因饥馑逃亡无踪”。[①]

抗战第五周年——1942年7月7日，八路军总部在麻田举行纪念大会，追悼左权和其他在5月反“扫荡”中牺牲的烈士。

漳河水只剩下潺潺细流，宽阔的河滩作了会场，白底墨染的巨幅烈士画像，从左权开始，一个接一个，悬挂在岸壁，“为左权参谋长复仇！”“踏着烈士的血迹前进！”的口号声此起彼伏。

唯有胜利才能告慰死者。无论敌人“扫荡”“奔袭”“蚕食”“封锁”多么厉害，都摧毁不了根据地。但能不能熬过灾荒呢？在河南省，严重的干旱加上贪财的国民党将军汤恩伯的搜刮，赤地千里，上百万人已开始逃亡，涌向收成较好的陕西。彭德怀沉入思索中，重要的问题是怎样变激昂的号召为实际行动。

会终人散。深夜，彭德怀还在翻阅着大叠的情报。一个月前，他曾下令部队帮助挑水抢种，但许多地方已经无水可挑。彭德怀提笔向延安毛泽东、朱德报告旱情。此时此刻，对党中央，他毫不掩饰自己无限焦灼的心情：“太行山、太岳、

---

①《辽州志·艺文志》，存左权县文化局。

冀南均大旱，至今未下雨。不仅秋苗未种，且许多地方饮水亦甚缺乏，人心惶惶，粮价大涨，前途不堪……”①

灾荒使敌人更加残酷。1942 年秋，敌人计划在面临饥饿的华北征收 2000 万石粮食，以供其侵略战争的需要。从 10 月开始的第五次“治安强化运动”，即以夺取粮食为重要内容。敌人在其占领区实行全面的物资统制和粮食配给，强买强征；对根据地，则是赤裸裸地毁割庄稼，抢劫粮食。11 月 29 日，彭德怀向毛泽东、朱德报告：“根据地粮食大成问题。”“目前（敌）在太行山‘扫荡’中，表现最毒辣者为抢粮、捕壮丁、赶牲口、杀弱小。”“华北相当普遍的旱灾，冀鲁豫、冀南均很严重，秋收不及平常的四分之一。太行山五、六两分区武安、邢台、磁县地区尤为严重，有 30 万人无法维持。”“武乡、襄垣、黎城及太岳较好，秋收有六七成，但敌却在该区反复‘扫荡’与抢掠。”

华北敌我之间，一场殊死的战役——粮食争夺战，在敌占区、游击区、根据地全面展开。

1942 年秋，在太行区召开的贸易工作会上，彭德怀向到会者指出了与敌人争夺粮食的严重性：“今天，谁有了粮食，就会胜利。”

彭德怀分析，尽管有严重的自然灾害，但“敌寇的残暴统治，对中国人民的压榨、掠夺，驱使群众背井离乡，致人力缺乏，生产情绪降低，是造成饥馑的最重要原因”。

他号召军民奋起，不仅要保护根据地的粮食不被敌人抢去，还要打击敌人在占领区的掠粮行动，保护敌占区的人民。

八路军总部、北方局和各根据地的党政军民领导机关紧张地研究着粮食问题，帮助群众抗旱。保卫粮食成为保卫根据地、坚持敌后抗战的头等大事。

到岁末年初之际，总部所在的太行地区，灾情虽然十分严重，救灾保粮的斗争已取得成果。彭德怀给朱德并中央写了一份关于太行区农业和财政状况的报告，这是敌后军民给延安中央送上的一份最厚重的新年献礼。彭德怀在报告中说：“1943 年六万五千军政民脱产者以及约五千退伍、残废军人之粮食已得到解决。”

1942 年，太行山西部产粮区收成较好，敌人在占领区以低价强购粮食，总部根据情报仔细研究这一局势，最后彭德怀下决心，暂用军费以高于敌人的价格，从西部大量购进粮食，组织灾民运到平汉路东缺粮区售出。这原是历史上华北物资流通的一个自然渠道，为群众所熟悉，抬高西面粮价收进，帮助了产粮区农民；向东部出售，又帮助了灾区的人民。尽管都是敌占区，得利的是中国人，受打击的是日本侵略军。原计划收进 18 万石，实际收进了 21 万石，向东卖出 12 万石，为太行山根据地增进了 9 万石——2300 万斤粮食。②

敌人发现八路军的收粮活动，慌忙提高西部地区粮价以图破坏。但敌人晚了

---

① 彭德怀致毛泽东、朱德的电报，1942 年 7 月 8 日。

② 彭德怀致朱德并中央的电报，1942 年 12 月 23 日，见《杨立三日记》。

一步，八路军在群众的积极配合下，已超额完成了收购计划。

这一年，武装工作队发动群众抗征抗抢、保卫粮食，也取得传奇式的胜利。

1942 年敌人在华北计划征粮 2000 万石，实际完成不到 1/10。我方公粮计划为 100 万石——只及敌征计划的 5%，则大体完成，敌占区人民通过斗争减轻了负担，从交粮利敌变为交粮抗日。[①]

1943 年 3 月，太行山区打退了敌人又一次年关“扫荡”，春回大地。

在根据地内，一冬开展的垦荒、救灾、修渠筑堰、减租减息，给农民带来了希望。可寒冷的华北，还要苦撑到夏收新粮方能入口。一方面春耕劳作，一方面青黄不接，缺粮的人家开始捋树叶、挖野菜。八路军总部驻地麻田和附近村庄，也常常可以看到提筐挖菜的妇女和孩子。饥饿正在猛烈地袭来。

彭德怀看到，村党支部锄奸委员赵小泉家的晚饭是一锅野菜。村里开减租减息的积极分子会，大家饿得坐不住，彭德怀让大家躺在炕上说话，节省力气。[②]

这时，从敌占区和国民党区涌入太行、太岳区的灾民达 25 万，更加重了根据地的粮荒。社会上出现各种流言：“天旱是因为八路军不信鬼神”，“天旱是因为彭德怀压住了龙脉”。村庄里又搭起了神棚，烧香拜佛，请龙王。有的干部悲观，对抗战前途信心动摇。[③] 在无数次强敌进攻前镇定自如的彭大将军，在群众的饥饿前忧心如焚。

一个念头在彭德怀的心头萌动了多日——由部队节省一部分粮食来救济饥肠辘辘的饥民。但这个问题关系重大，他还在斟酌，未下决心。

彭德怀爱引用德国军事家克劳塞维茨的名言：“战斗力系于胃。”八路军的供给本来就仅保持最低需要，再节粮，战士饿着肚子怎么打仗？战斗力的削弱，意味着根据地人民要遭受敌人更大的蹂躏。

早在 1939 年 2 月，彭德怀就曾有过这样一次难于下决心的时候。那一个月，八路军只能给每个指战员发 5 角钱的鞋袜费，连津贴也说不上了。彭德怀十分不安，说：“我们的战士太苦了！”他和朱德、左权几次盘算，千方百计，想在 3 月份给每人增加五角钱的零用，仍然无法落实。到月末，彭德怀转侧通宵，第二天早上懊恼地对总部工作人员何廷一说：“各种办法都想了，还是办不成咯！”

这次，他把精于计算的后勤部长杨立三找来一起研究。杨立三报告，机关和部队垦荒生产成绩很乐观，预计可以自给两个月的粮食。太岳太行两区以 6 万人计，可得 540 余万斤粮，约莫能给农民每人减轻 3 公斤粮的负担。

彭德怀计算：“看起来数字不大，但太行区的贫农常年吃盒子饭，粮菜掺半，还有柿子、土豆等杂食。据我计算，每人每天粮食消耗量不过 6 两。3 公斤粮就

---

①《彭德怀对美军观察组的谈话》1944 年 8 月 6 日。

② 访问左权县麻田镇抗战时期的村干部和民兵、妇救会积极分子李米焕、申相魁、赵清华、赵彩云、方玉兰等，1982 年 7 月 4 日。

③ 访问左权县麻田镇抗战时期的村干部和民兵、妇救会积极分子李米焕、申相魁、赵清华、赵彩云、方玉兰等，1982 年 7 月 4 日。

率领太行军民战胜灾荒时的彭德怀

够一人维持十天，也不是一件小事。”“只是……”彭德怀沉吟说，“眼下还有什么办法呢？”

眼前，确实没有更多的办法了。彭德怀下定决心：机关的粮食还要减，战斗部队必要时，也须节出粮来。

4月1日，彭德怀指示八路军总部直属队各单位，从即日起，每人每日节约一两小米救济饥民。

4月27日，彭德怀下令总部直属队全体指战员，每人每日节约二两小米救灾。各村公所可用公粮熬粥，救济过往灾民。

这样，总部直属队的干部每日口粮只合今7两，战士每天口粮也不足1斤。彭德怀规定，北方局和总部的干部每日采一斤半树叶、野菜，交炊事班与粮食掺做。

几天之后，彭德怀再次指示，直属队不得在村庄附近采集，他带领干部攀崖越岭到仙人峰、南洞山一带寻野菜，把近处、平坦处留给群众。就是野菜、树叶，也不得与民争食。

细心的参谋长滕代远提醒彭德怀，没经过长征的人，特别是知识分子干部，对遍山百草，分辨不清哪些可食，哪些有毒。于是，在滕代远的主持下，八路军总部举办了一次别开生面的野菜展览。

从4月直到秋收，彭德怀、滕代远、罗瑞卿等领导人，和北方局总部人员一起，每日两餐菜粥、榆叶面条，或玉茭芯、黑豆皮做的饽饽，个个面有菜色。彭德怀痔疮时发，经常便血。总部如此，太行、太岳、冀南等重灾区的领导机关和部队也纷纷节食。

为支援中国的抗日战争而牺牲的印度医生柯棣华，在他的日记中写着：“这些人即使在战争中失利也不会被摧垮，八路军吸引着人民。”

3月初，八路军总部作战科长王政柱奉命回延安学习，行前，彭德怀抱着一个特制米袋来到王政柱处。米袋里装的都是金子！王政柱知道，这是打仗缴获和没收汉奸积存的190两黄金。彭德怀郑重嘱咐王政柱把“米袋”带回延安：“这是送给中央的。”[①]

艰难的敌后，190两黄金可以派多少用场！但彭德怀知道，中央在贫瘠的陕北，这笔经费对中央更为重要。

---

① 王政柱回忆，1988年10月24日。

第二节 曙 光

1943年秋，华北继续干旱。干旱之后，又遭蝗灾。根据地群众在共产党的领导下，秋菜却取得了较好的收成。总部所在地的麻田一带，修了水渠，粮食亩产可达二三百斤，这在当时就是可观的产量了。减租减息运动使60%以上的贫农、下中农，从自己的劳动中得到更多的果实。部队机关的垦荒生产，可以自给粮食3个月，还收获了大量的菜蔬、南瓜。

这时，日本帝国主义在太平洋战争中败局已定，美军转入战略反攻。华北战场上，日军深深陷入人民战争的汪洋大海，不得不逐渐收缩兵力，退守城市和交通线。华北抗日根据地从逐渐恢复到扩大。根据地的军事、政治、经济、文化、群众工作各方面，都比两年前健全和巩固。日本的战史记述说："中共方面自百团大战以后，用两年多的时间，极力扩充势力，进行地下渗透与政治工作，最近为了策应盟国方面的攻势，在军事政治思想各方面，再次积极行动，并取得多数民众的同情，从而迅速扩大了势力。"①

1943年5月，日军对太行区发动了它最后一次大规模"扫荡"，日军再次向麻田扑来。等候它的只是一座空村，彭德怀率领总部转入太岳地区指挥外线作战。北方局、总部和一二九师的伤病员、妇女、体弱干部，包括彭德怀、滕代远、邓小平等人的妻子，都坚壁于黎城以北的南委泉一带高山之上。敌人在山下搜索，呼叫声山上清晰可闻。但敌人既聋且瞎，老百姓再也不会上当。日军要再演1942年5月奔袭合围的一幕，只是妄想罢了。

5月25日，彭德怀率总部回到麻田，太行军民打退了敌人的"扫荡"，恢复一片生机。

自1942年5月敌人发动中条山战役以后，国民党正规军降日者，少将以上竟有数十人，兵力计15万。而八路军开辟的敌后抗日根据地，这时，在战胜了日军的"封锁""蚕食""扫荡"和连续5次、长达1年又3季的"治安强化运动"之后，正得到恢复和发展。在华北、华中、华南战场上，中国共产党领导的八路军、新四军，抗击着在华日军的一半以上，伪军的90%。

1943年7月，太行明月之夜，麻田镇漳河滩黑压压坐满了人，锣鼓笙箫，热闹非凡。八路军总部剧团为庆祝减租减息和反"扫荡"作战的胜利演出节目，下麻田、军寨、云头等附近村庄的人，扶老携幼而来。

一年前的7月7日，总部为左权参谋长和数十名烈士举行追悼大会，漳河滩上一片啜泣、怒吼。今天的气氛完全不同。为烈士复仇的誓言化为实践，敌后最艰难的时刻即将过去，太行山已透露出胜利的曙光。

八路军指战员和村民一起坐在河滩上，看得兴致勃勃，彭德怀也杂坐在人群中。

---

①《华北治安战》(下)，天津人民出版社1982年版，第340页。

一出晋察冀区打退日军六路围攻的戏开场。锣鼓声起，只见一员大将身披战袍，头戴雉翎，脚蹬高底靴，阔步雄视，出台道白："吾乃八路军一一五师副师长、晋察冀军区司令员聂荣臻是也。"彭德怀目不转睛地看着，不禁笑起来："我们的聂司令员是这副装扮呀！"他忘记了，1937年底他回延安开会，延安的戏台也曾如此这般地扮演过他。

谁都知道，聂荣臻将军和他们眼前的彭德怀、刘伯承一样，身上是用槐树叶、核桃皮染的灰布军装，脚下是山区妇女做的双梁厚底布鞋，但台上那个忠肝义胆、威风凛凛的将军，又确符合八路军的英雄形象。浪漫主义和现实主义在并不探究艺术原则的观众心中奇妙的沟通，戏台上和生活中的英雄自然地融为一体。谁也不去想，在敌后抗战这部威武雄壮、惊险奇绝的历史长剧中，自己正演出着动人心弦的一幕。

一代才子郭沫若从大后方重庆给八路军总部的友人写信说："你们是在天堂里受苦，我们是在地狱里享受。……你们如果把这些记载下来，将来抗战胜利后，就是一部很好的文学。"

第三节　回延安

1943年9月10日，彭德怀应中央之召从麻田镇动身赴延安，准备参加中共第七次全国代表大会。滕代远留总部主持工作。北方局书记由邓小平代理。

敌后根据地已度过了最艰危的时期。经过两年的严酷战斗，八路军的兵力恢复到40万人，战斗力大大超过了百团大战以前，而且有了百万民兵做后盾，不仅有绝对把握保卫住华北，而且向豫北、皖北扩展着根据地。

9月17日，在同蒲路东榆次、太谷间的一个小村里，彭德怀与刘伯承一行会合。敌人对太行区的封锁沟、墙，被远远地甩在身后。日军自夸在八路军各根据地周围修筑了1.1万公里的封锁沟、墙，7700多个据点。但这并没能阻挡中国共产党的人员和物资，通过地下交通站，在延安和敌后根据地之间往来输送。从1941年以来，杨尚昆、陈毅、刘少奇等陆续返回延安参加中共第七次全国代表大会的代表，数以百计，无一次失误。

同蒲铁路是敌人严密防护的交通命脉，八路军太行二分区的地下交通队已在封锁线上往返侦察了几遍。

大家按交通队的要求换了装。彭德怀白布包头，身着灰色对襟布褂、青布裤，浦安修头裹白毛巾，身穿黑色大襟短衫，一对农民夫妇的模样。刘伯承和他的妻子汪荣华，也是一副农民打扮。

在交通队的周密安排和保卫下，经过两夜一天，彭德怀和刘伯承一行穿越星罗棋布的敌区堡垒群和同蒲铁路、汾河、汾太公路3道封锁线，于19日黎明时分进入晋西北的清源县。此去便是到延安的坦途。彭德怀和刘伯承一行人站在山坡

彭德怀（右）与毛泽东在延安

上，向终年出入于敌人占领区的交通队无名英雄挥手告别，[1]直到交通队的人转过山坳，大家才回身向延安走去。

到延安，彭德怀向中央军委详细汇报了华北前线的工作，又将自己在北方局党校整风学习会上的发言——《关于斯大林论党的布尔什维克化十二条》送给毛泽东求教。毛泽东阅后写了一些眉批。彭德怀在这篇发言中检讨华北 6 年的工作时说：“我们华北党基本上是执行了中央路线，但还存在着严重的缺点……”毛泽东用毛笔将这一句中的“基本上”三个字圈去，在眉批中写道：“就华北全党来说，就整个六年来说，应该说，执行了中央路线。”随后，毛泽东和任弼时邀彭德怀一起到王震三五九旅开垦的南泥湾——被誉为陕北的江南小住。

彭德怀的心仍在前方。他把积存的 76.6 元稿费交给党，希望后方的同志也为前方将士捐献。

此后，彭德怀住在延安杨家岭、枣园，协助中央军委毛泽东、朱德继续指导华北敌后抗战。

1945 年 2 月，在延安开展整风运动的过程中，举行了华北地方与军队工作同志的座谈会，总结华北工作。彭德怀在会上的报告，系统总结了华北斗争各个阶段的经验教训，从严检查了个人在工作上的缺点和失误。由于整风运动中一度发生的“左”的过火斗争的影响，座谈会发展为对彭德怀的不公正的批判，从 2 月到 7 月，断断续续开了 43 天。虽然座谈会没有结论，但在会上提出的对彭德怀的一些错误指责，如平江起义是入股革命，一贯站在毛泽东的对立面，执行王明“左”倾和投降主义路线，背着中央发动百团大战等等，在 14 年后中共中央召开的庐山会议上重被提起，使他蒙受了更大的冤屈，构成了那个影响全民族命运的巨大历史悲剧的一部分。

1945 年 4 月，彭德怀参加中国共产党第七次全国代表大会，在会上被选为中央委员，随后又被选为中央政治局委员。

4 月 30 日，彭德怀在代表大会上的发言中对华北八年抗战作了简要叙述。彭德怀说：“七七”事变后，国民党不断南溃，不半年，华北即沦为敌后。我军深入敌后，在八年血战中解放了六七千万人口，建立了六大解放区，八路军发展了 15 倍，达 50 万人以上。民兵大约有 160 万余。八年中与敌人进行大、小战斗 91000 余次，打死敌人 2 个中将（整个抗日战争打死敌 3 个中将），毙、伤敌 17

① 据张芷、赵增寿、李琦、浦安修等人的回忆。

彭德怀和聂荣臻（左一）、陈毅（左三）、刘伯承（右一）合影

万余人，伪军十七八万人。缴获 23.7 万支步枪，四五千挺机关枪。八路军从没有炮到现有炮 800 多门。华北战场经常牵制敌在华兵力的半数或半数以上。建立了 438 个“三三制”县政府，9 个战略区的边区政府。根据地没有土匪，很少见到乞丐。

彭德怀在发言中总结华北抗战的军事工作说：在执行毛泽东同志关于“基本的游击战，但不放松有利条件下的运动战”的战略方针中，锻炼出来一套比较完善的适合敌后犬牙交错的游击战争环境的军事政策，其实质表现为密切联系农民的切身利益，表现在战斗与生产结合，发挥群众性的农民游击战争的特长，而没有被农民的地方性、保守性所限制。既继承了过去 10 年内战的经验，又有些地方发展和丰富了过去的经验，如军区制的建立、主力军与地方军的适当分工、民兵的作用、武工队的作用、军队的整训等。发言具体阐述了这些经验的内容及其中的教训。

1945 年 8 月 15 日，日本宣布无条件投降，伟大的抗日战争取得胜利。八路军的时代过去了，但“八路”这一光荣和亲切的称呼，作为中华民族英勇精神和中国共产党优良传统的象征仍然留传。领导和表率全军的八路军总、副司令朱德、彭德怀，也仍然被人们深怀爱戴地称呼为朱老总、彭老总。抗战八年，在广阔的民族革命战场上，在交织着民族矛盾和阶级矛盾、国共合作和国共摩擦的复杂历史环境中，彭德怀在中共中央、毛泽东的正确路线指引下，展其雄才大略，奋其艰苦卓绝、坚韧不拔的精神，舍身忘我，为中华民族立下不朽的功勋，进入他革命历程的成熟时期——从英勇善战的红军指挥员、横刀立马的大将军，成为中国人民军队的杰出帅才，中国共产党的著名领导人物之一。他在这个时期所作的大量演讲，起草的大量文电、报告、总结，具体阐述了从敌后游击战争的战略战术、八路军的建设，到根据地的政治、经济、文化教育各方面的斗争情况和方针政策，反映了中国共产党领导的华北敌后抗战的壮阔场面与艰险历程，反映了中共中央及其领袖毛泽东的路线方针在华北的具体运用及其伟大成功。

在这场光耀千秋的民族解放战争中，就彭德怀来说，还有其恒久不变的方面，

彭德怀在中共七大上发言

就是他始终如一地和士兵同甘苦，与人民共呼吸。在延安，辛亥革命元老、抗日英雄续范亭将军见到彭德怀，有感于彭德怀的艰苦卓绝、肝胆照人，题诗相赠：

爽直将军贵姓彭，
志如铁石气如鲸。
三军一致称模范，
粗布征衣半老兵。

在八路军总部居住过的地方——山西潞城的北村，武乡的王家峪、砖壁，辽县的武军寺、麻田……流传着许多感人的故事，彭德怀为群众饥送食、寒解衣，为村庄筑堰修渠，替老弱担水挑柴，做了数不尽的好事，表现了他对旧社会苦难人民的无限同情。太行山的群众把他的名字刻在自己的心碑上，即使是以后“反右倾”和“文化大革命”的狂暴，也未能把他的形象从这个丰碑上挖掉。1959 年中共中央庐山会议后，全国大批彭德怀，八路军总部曾驻留过的麻田村支部书记刘米贵被指定去太原批彭，一言未发，回村后忧病而殁。麻田村当年的民兵王福臣，为躲开会卧床不起，不久也抑郁死去。王福臣临终时，把当年“老彭”从自己肩上取下来，披在他冻得瑟瑟发抖的身躯上的旧棉大衣留给儿子做传家宝（按：这件军衣现收存于中国革命军事博物馆），把“老彭”在全国解放后写给他的信和送给他的照片端端正正放在胸前，带向他冥冥不可知的去处。1978 年 12 月，中共中央为彭德怀平反昭雪，“老彭”被迫害致死的消息传到太行，当年的村干部、民兵、妇救会员及抗日群众不禁痛哭失声。[①]

① 访问八路军总部和中共北方局在太行山的驻地山西省潞城县北村，武乡县王家峪、砖壁，辽县武军寺、上麻田、下麻田、上南会、下南会等村庄的抗日干部和群众及其家属马明静、马作观、李焕兰、李作银、牛焕黎、李堂锁、席元华、彭钢旦妻、刘米兰、邢小白、申相魁、李米增、赵清华、赵彩云、方玉兰、王福臣妻、王福富、姚玉娥、王子荣、刘秀余、李彩廷、刘锁柱、张玉祥、张麻成、张云发、岳兆瑜之孙岳根东等记录。

第十五章　临危受命

第一节　在中央军委

1945 年 8 月 23 日，中共中央政治局扩大会议决定，毛泽东任中共中央军委主席，朱德、刘少奇、周恩来、彭德怀任副主席，彭德怀兼总参谋长。至 1947 年 3 月，彭德怀一直在中央军委协助毛泽东、朱德等运筹帷幄，决策军机。他胸怀全局，审时度势，根据中共中央的战略方针，代中央军委起草了许多重要文电，指导推动了有关地区和部队的斗争。

抗战胜利后，蒋介石坚持独裁和内战的方针。他一面电邀中共中央主席毛泽东赴重庆谈判，一面加紧向华北和东北运兵，加快内战步伐。蒋介石调兵沿平绥路、同蒲路、平汉路、津浦路，进攻华北解放区。为了迟滞和阻止国民党军前进，巩固和发展解放区，必须破袭运送国民党军和战争物资的铁路交通。为此，中共中央和中央军委陆续发出了有关指示。彭德怀在 8 月下旬和 10 月中旬先后起草了中央军委关于华北军事部署和破路指示，指出：破路、破车、袭击、阻击，迟滞顽军前进，在有利时机集中力量歼灭其一部至大部，这种交通战将是长期的。“在交通线上纠缠顽军愈久，削弱消灭顽军愈多，就可推迟与破坏顽军的大举进攻，便利解放区的扩大与巩固。”要求有关部队彻底破路，歼击沿铁路线向解放区推进的国民党军。

国民党的局部军事进攻受挫后，在 1946 年 1 月 10 日同中国共产党签订了停战协定。但是国民党政府以接收东北主权为名，顽固坚持东北不在停战范围之内，加紧运兵抢占城市与交通线，企图占领整个东北。1 月 16 日，彭德怀拟稿的中央军委致彭真、伍修权[①]的复电指出：东北的武装冲突前途是难以避免的。我军必须坚持自卫原则，才能有理；利用时间训练军队，在顽军进攻时给以歼灭性打击才有利。掌握住有理、有利两个原则，才能立于不败之地。

彭德怀对国民党蒋介石的反动本质及其出尔反尔的狡诈伎俩有清楚的认识，对当时的形势有着清醒的估计，对于国民党军的进犯保持着高度的警惕性。从 1946 年 1 月 10 日国共双方下达停战令，到 1 月底的 20 天里，彭德怀代中央军委

---

① 彭真当时任中共中央东北局书记、东北民主联军政治委员，伍修权任东北民主联军第二参谋长。

草拟了十几份指示电，一再强调既要遵守停战协定，又要坚持现有阵地，坚持自卫原则。1月15日致电陈赓[①]：顽军自14日（按：停战令规定至迟在1月13日午夜，双方军队各自停止一切军事行动。）以后继续向我进攻者，必须坚决自卫，彻底歼灭进攻之敌，收复14日以后被顽军占去之城镇乡村。这一自卫原则必须坚持到底。否则不仅成了无条件退让，丧失人民已得的利益，且内战亦无法停止。

1月17日，彭德怀写了中央军委致中原局郑位三、李先念电[②]，明确指出："我们的对手是有经验的，而且很狡猾的反动派，在任何情况下都不会放松消灭我们的企图。"停战令公布后，一方面要开展和平民主的攻势，一方面又要随时提高警惕性，坚持自卫原则，防止对方的突然袭击。抗战胜利后，国民党军加紧对中原解放区进行包围和蚕食，伺机消灭中原军区部队。所以该电又说：你们的处境是艰苦的，一切计划要放在克服困难、长期坚持斗争的基础上，不要过多寄托在停战和平的希望上；要放在独立坚持、自力更生的基础上，不要过分放在希望外援上。中央军委关于这个对顽固派斗争方针的指示，"为中原我军用革命的两手反对反革命的两手指明了政治方向，提供了思想武器"[③]。

国民党当局依仗美帝国主义的支持和援助，在完成战争准备后，彻底撕毁停战协定和政协决议，在1946年6月，悍然向解放区发动全面进攻，又一次把人民推入内战的火海。彭德怀根据当时敌强我弱的形势，在他拟稿的中央军委电报中指出："对优势之敌作战，必须从战役战术上去分散敌人，才能取得各个歼敌的机会与胜利。"强调"防御是为着集结主力，消灭敌人"，要以少数兵力防御阻击，集中绝对优势兵力、兵器，击破敌人一点，各个歼灭。只有歼灭战才能培养我军战斗作风，打出威风，提高士气[④]。

中央军委在国民党军的全面进攻尚未被粉碎时，已经着手筹划战略出击、经略中原的问题。1946年11月3日，彭德怀起草的中央军委致薄一波、王宏坤、杨立三[⑤]电即指出：来年春或初夏向中原出击，须预先密筹经费，主要是衣服、油、盐、小菜钱。可否筹10万至15万兵一年的上述经费？1947年1月2日又致电刘伯承、邓小平、滕代远、薄一波[⑥]，明确指出："根据现在情形，打退敌战略进攻和自己的必要准备，战略出击须在今年6月或更迟一点。但各项准备工作须分别轻重缓急开始进行。"在2月1日的中央政治局扩大会议上，彭德怀报告了军事斗争形势，指出，敌可能被迫停止全面进攻，我军在6、7、8月就可以打

① 陈赓当时任晋冀鲁豫军区第四纵队司令员。

② 郑位三当时任中原局代书记兼中原军区政治委员，李先念任中原军区司令员。

③《胜利的中原突围》，载《人民日报》1981年6月28日。

④ 1946年9月23日中央军委致聂荣臻、刘澜涛电；1946年10月1日中央军委致张宗逊、许光达电；1946年10月11日中央军委致聂荣臻、刘澜涛电。

⑤ 薄一波当时任晋冀鲁豫中央局副书记、晋冀鲁豫军区副政委，王宏坤当时任晋冀鲁豫军区副司令员，杨立三任晋冀鲁豫军区后勤部长。

⑥ 刘伯承当时任晋冀鲁豫野战军和晋冀鲁豫军区司令员，邓小平任政治委员，滕代远任晋冀鲁豫军区副司令员。

彭德怀与夫人浦安修在延安枣园

出去一些。后来出击中原的历史性转折表明，彭德怀这些意见和论述是经过深思熟虑的远见卓识。

在蒋介石发动全面内战后，彭德怀以很大的注意力集中于保卫延安的部署上。1946 年 10 月间，长期包围陕甘宁边区的胡宗南集团蠢蠢欲动。为挫败国民党军偷袭延安的计划，10 月 19 日，彭德怀代中央军委起草了关于保卫延安的部署，指出：胡宗南部正积极准备进攻延安，我必须破坏此阴谋。为此，令晋绥军区张宗逊迅即率领两个主力旅开延安，愈快愈好。同时致电陈赓、谢富治：望布置晋南地方兵团在三角地区加紧活动，牵制推迟胡宗南进攻延安。

为了进一步加强战备工作，彭德怀和习仲勋受中共中央的委托，于 1946 年 12 月中旬到山西离石高家沟，主持召开有贺龙、陈赓、李井泉、王震、罗贵波等参加的陕甘宁、晋绥和晋冀鲁豫的太岳地区的高干会议。会上研究了加强统一领导，两区的联防部署和密切配合作战，开辟吕梁区工作等问题，以回击敌人对陕甘宁边区的进犯。随后，彭德怀即代中央军委拟电规定：陈赓第四纵队的建制仍属刘邓集团，军事指挥暂直属军委。

到 1947 年 2 月，国民党军胡宗南部已是箭在弦上，即将进攻陕甘宁边区。2 月下旬，彭德怀再次写了关于保卫延安的部署，要求防御部队利用第一线坚固阵地，有利地形，依靠优越的群众条件，顽强抗击，消耗疲惫敌人，以利主力出击。在 3 月上旬写的军委指示里，调整了延安的防卫力量和守备任务。同时令王震率三五九旅及独四旅从延水关西渡，隐蔽集结在延长附近，以增强保卫边区的力量。

在中共中央和中央军委领导下，在彭德怀的具体指导下，陕甘宁边区军民为

彭德怀（左一）与贺龙（左二）、陈赓（左三）、王震在延安

粉碎国民党军的重点进攻做了大量的准备工作，为以后西北解放战争的胜利创造了条件。

第二节　延安保卫战

国民党政府向解放区发动全面进攻8个月之后，美式装备的国民党军被小米加步枪的人民解放军歼灭了71万，被迫放弃全面进攻。国民党军统帅部握紧拳头，把兵力集中于解放区的东西两翼，企图先占领陕北和山东，割断解放区两臂，然后在华北与解放军的主力决战。

1947年2月28日，蒋介石把他的西北军政大员胡宗南召至南京，具体部署进攻延安，想以攻占延安来实现其“摧毁匪方党、政、军神经中枢，动摇其军心，瓦解其斗志，削弱其国际地位”的心愿。蒋介石把在西北的34个旅25万兵力组成南、西、北3个集团，以其“西北行辕”的马鸿逵、马步芳和“晋陕绥边区总部”的邓宝珊军在西线和北线钳制配合，以第一战区[①]胡宗南主力从南线突破，夺取延安。其意图是，驱逐中共中央和人民解放军总部出西北，在延安及其附近围歼西北解放军，或逼解放军东渡黄河，由胡宗南部与黄河以东的国民党军夹击而歼灭之。

胡宗南是蒋介石的得意门生，黄埔军校第一期毕业，为蒋介石嫡系亲信。早在30年代，他就在陕西、甘肃一带担任“剿共”军务，红军在长征北上和西征中都和他交过手。抗战初期，胡宗南曾参加淞沪战役。但从1938年秋后，他就脱离抗日前线，率第十七军团驻防陕甘地区。名为防日军西渡黄河，实为包围和封锁中共中央所在地的陕甘宁边区。以后胡宗南的官越当越大，升任为国民党第三十四集团军总司令，第八战区副司令长官，归他指挥的部队越来越多。胡宗南部也由数万人扩充为二三十万人的庞大军事集团，对日本侵略军消极避战，却对边区发动了几次大规模的军事进攻。蒋介石这支养精蓄锐的王牌军，现在就要对延安和整个陕甘宁边区采取“犁庭扫穴”的行动了。

1939年初，彭德怀去重庆与蒋介石会谈后路过西安，为解决国民党反共摩擦问题，曾与胡宗南有过接触。当时，胡宗南30岁出头，颇负盛名。彭德怀回到前方，有人问他对胡宗南印象如何？彭德怀回答：此人志大才疏。

身经百战的彭德怀，尽管过去对胡宗南有“志大才疏”的4字评价，此时，他绝无轻敌之意，在枣园日夜研究着来自前方和地下工作者发来的一切有关胡宗南的情报，分析胡宗南进攻延安的兵力配备和部署。

3月8日，延安各界在南门外大操场举行保卫延安万人大会。中共中央领导人朱德、周恩来、彭德怀在会上发表讲话，和大家一起振臂高呼：保卫延安，保卫边区，保卫党中央，保卫毛主席！彭德怀在讲话时，习惯地挥动着粗壮的右臂。当他

---

① 1947年6月，第一战区改为“西安绥靖公署”，胡宗南当主任。

以洪亮的声音说道：11 年前红军和敌人是一与二十之比，我们打了胜仗，现在我们要打胜仗，将来还要打胜仗！“胡宗南的 35 个团有很大可能被消灭在这里。……那时恐怕我们要打到西安去了。”万名干部、群众报以雷鸣般的掌声和口号声。

会后，彭德怀即赴延安南边金盆湾至鄜县（今富县）一线的主要防御地带观察地形，检查工事，和前线指挥员研究作战方案。彭德怀对重要防御地段的每一片山林，每一条小路，每一个山口崾岘[①]都认真察看一遍，对担任金盆湾重要防御阵地的教导旅的团以上指挥员说：我们面对的敌人是强大的，要准备打硬仗，打恶仗。

3 月 10 日晚，胡宗南到洛川召开旅以上军官会议，宣布进攻延安的作战计划，成立了前进指挥所。胡宗南对众将领说：领袖授命我们进攻延安，彻底摧毁共产党的根据地，大家要不负领袖重托，奋勇作战，建立奇功。胡宗南信心十足地说：3 日之内占延安，只要占了延安，共军就得过河。

两日后，胡宗南以近百架飞机对延安及附近地区狂轰滥炸。同时以其第一和第二十九两个整编军（6 个整编师，15 个旅）共 14 万余兵力，由董钊、刘戡率领，分左右两路从洛川宜川之线出动，采用钳形攻势直扑延安。

当时陕甘宁边区的部队，除抗战后期从晋察冀调来的教导旅和由太行调来的新编第四旅外，第一纵队（辖三五八旅、独立第一旅）及正在西渡的第二纵队（辖三五九旅、独立第四旅）都是从晋绥军区调来的。全部野战军仅 6 个旅，2.6 万多人，与国民党军的 25 万兵力之比约为 1∶10；加上地方兵团警备第一旅和第三旅，也只有 3 万多人，约为 1∶8。不仅兵力处于绝对劣势，而且武器装备差，枪炮少，弹药奇缺。陕甘宁边区只有 150 多万人口，土地贫瘠，野战军的兵员补充和物资供应都极为困难。中共中央在全面分析了敌我情况后，确定基本的作战方针是：诱敌深入，必要时放弃延安，与敌在延安以北的山区周旋，陷敌于十分疲惫、十分缺粮之困境，然后抓住有利战机，集中优势兵力在运动中逐批加以消灭，钳制胡宗南集团主力于陕北战场，以利解放军在其他战场打击与消灭敌人，收复失地。

根据中共中央军委的部署，教导旅及警三旅第七团共 5000 余人，在富县、临真镇以北地区，采取机动防御抗击进犯之敌。张宗逊第一纵队为右防御兵团，新四旅为预备队，位于富县西南地区待机。防御部队在“保卫党中央，保卫毛主席”口号的鼓舞下，从 3 月 13 日起，依托既设阵地，交替掩护，节节抗击进攻之敌，并不断实施反击。经过 6 天激战，予敌重创。部队在完成掩护党政军领导机关转移和群众疏散的任务后，于 3 月 19 日主动撤出延安。撤离延安前，毛泽东对保卫延安的部队指挥员说：“敌人占领延安绝不是他们的胜利，而是搬起石头砸自己的脚。要向战士们讲清撤出延安的道理。”“告诉大家，少则一年，多则两年，我们还要回延安来的。”[②]

---

① 崾岘，陕北方言。崾，地名。岘，指小而高的山岭。

② 袁学凯：《英明的预见——记撤出延安前夕毛主席的一次谈话》，载《英明的预见》，解放军文艺出版社 1961 年版。

第三节 战火中的任命

延安保卫战的日日夜夜，是西北战场处于极端困难的时刻。胡宗南的十几万兵力，利用其优势装备，气势汹汹地杀向边区。至 3 月 16 日已突破我防御部队的第一线阵地。延安处在敌人重兵压境的危急情势之中。要拖住胡宗南集团，保卫陕甘宁边区，进而解放大西北，需要一位有威望的强有力的指挥员来统率边区的部队。毛泽东选中了彭德怀。

3 月 16 日，中央军委发布命令：边区各兵团及一切部队，“自三月十七日起，统归彭德怀、习仲勋同志指挥”。彭德怀乃出任西北野战兵团统帅，直接指挥西北战场上的野战部队作战。

根据军委命令，以张宗逊、廖汉生的第一纵队、王震的第二纵队和罗元发的教导旅、张贤约的新四旅，组成西北野战兵团（7 月 31 日定名为西北野战军）。彭德怀任司令员兼政委，习仲勋任副政委。和彭德怀一起受命的习仲勋，当时任中共西北局书记。他长期在西北地区工作，深谙陕甘宁地理民情，与边区干部和群众有密切联系。

陕北战场的战况，关系着中共中央的安危，牵动着全国的战局。彭德怀受命于陕北危难之际，不难想象，他肩上的担子该有多重。在 1949 年 1 月召开的西北野战军党代表会议上，彭德怀曾回顾道：当我回到延安，在王家坪开会，中央命我负责西北。有的同志说，队伍只 2 万多人，是不是太少了呢？我在会上讲了，不是人少的问题，问题在于我能不能代表这 2 万多人的勇敢，做他们的表率。

3 月 18 日，胡宗南部兵临延安城下。毛泽东、周恩来等中央领导人仍在王家坪。彭德怀把毛泽东的警卫参谋和警卫排长叫到他的窑洞里，神情十分严肃，郑重地对他们说：现在，全党、全军和全国人民都关心党中央、毛主席的安全，很多同志希望毛主席早过黄河。可是毛主席不同意，不愿在敌人打来的时候离开陕北人民，而要留在陕北指挥作战。你们是直接保卫党中央、毛主席安全的战士，一定要保证毛主席的绝对安全。最后，又断然嘱咐：“毛主席一向不顾自己，必要时，你们抬也要把他抬走！”

当天下午，中央和中共西北局的部分成员，在王家坪毛泽东住处的窑洞里开会，研究撤出延安后的工作和西北野战兵团的作战部署。10 年来，延安是中共中央所在地，而现在就要告别了。毛泽东和大家一样，心情很难平静。会后，彭德怀、习仲勋等再三催请毛泽东启行。直到黄昏，毛泽东才走出窑洞，对彭德怀说：“胡宗南占领延安，也挽救不了蒋介石灭亡的命运。”他伸出一个指头对着彭德怀，又说：“你只要一个月能消灭敌人一个团，不用三年就可以收复延安。”随后，毛泽东和周恩来等离开王家坪，坐汽车经飞机场、桥儿沟、拐峁，沿咸（阳）榆（林）公路向东北转移。

彭德怀和习仲勋送走毛泽东、周恩来，转回王家坪住处，第一纵队司令员张宗逊、政委廖汉生等着汇报情况，接受任务。彭德怀对心情沉重又焦急的指挥员们说：要告诉我们的干部和战士，放弃延安是中央和毛主席的决定，是暂时的。我们的指战员对党中央、毛主席感情深，就应该听毛主席的话，不在乎一城一地之得失。把胡宗南放进来，正是为了消灭胡宗南。

彭德怀派人继续了解延安机关和群众的疏散转移情况，又亲自到杨家岭等地进行检查。他按照党中央、毛主席的意图，“同前方部队首长都通了电话，规定了撤退路线，告诉了意图和撤退时间”①。这时敌人离延安越来越近，枪炮声清晰可闻，而这位沙场老将仍然镇定自若。参谋长张文舟说：“撤电话吧！”彭德怀答：“不忙！我们高级机关撤得早，下边也就撤得早，这对监视敌人不利。”

夜里，枪炮声越来越紧，敌人的炮弹已经落到延安城东的飞机场，从王家坪顺大路往东撤走已经很难了。周围的人又焦急催促。彭德怀环视了一下身边的人，说：“你们不要催，延安不是平常的地方，这一撤退，对部队和群众都有很大影响。我们的指挥机关一定要坚持到最后，这样大家心里才稳当。”直到 19 日拂晓，在一切部署停当以后，彭德怀在窑洞里踱了一圈，伸手摸了摸桌子、椅子和床板，然后把手一摆，说声：“走！”即率领西北野战兵团的指挥机关，从王家坪后沟一条小路翻过山头，向东北方向走去。这条小路，是彭德怀平时散步时发现的。这种随时留心对地形、道路的观察，可说已经成为他的习惯。

巍巍宝塔山，清凉的延河水，铭刻着革命的深情。那一排排窑洞，留下了无数革命者的辛劳汗水和前进的脚印。一旦离开它，谁的心情不沉重！一路上，彭德怀发现有的干部很悲痛，有的沉默不语，有的频频回首，眺望朦胧中的宝塔。彭德怀边走边沉思着，不时对大家说：“延安撤得好，把胡宗南引进来了。我们这里虽然苦一点，晋南陈赓那里却减轻了负担，可以放手发展。”

“胡宗南志大才疏！不要看他这么疯狂，赶得我们丢了老家，还得走夜路。敌人占领延安没有什么了不起，我们还要回来的。”“延安是我们的，谁也搬不走；不久全中国都将是我们的。”他的话把大家的情绪鼓了起来。

20 日中午，彭德怀率领指挥机关抵青化砭西北的梁村。他在这里召开司令部全体人员会议，正式组成西北野战兵团指挥机构，张文舟和王政柱分任正副参谋长，徐立清任政治部主任，陕甘宁边区政府副主席刘景范兼野战兵团后勤司令。司令部工作人员共五六十人。

在广阔的西北战场上，彭德怀率领着这样一个精干的、高效率的司令部，指挥不到 3 万的英勇子弟兵，开始了万里转战的壮举。

---

①《彭德怀自述》，人民出版社 1981 年版，第 246 页。

第十六章　三战三捷

第一节　巧布口袋阵

国民党胡宗南部在 3 月 19 日占领延安后，蒋介石得意忘形，21 日致电嘉奖胡宗南，并授以二等大绶云麾勋章。5 月 15 日，蒋介石在南京对其将校军官说：攻占延安，中共军队的“首脑部就无所寄托，只能随处流窜，即使他们还有广播宣传，但是任何人都不能和他发生联系，为此就绝对不能建立中心的力量了”。蒋介石对美国驻华大使司徒雷登夸口说：“到 8 月底或 9 月初，共产党人不是被消灭，就是将被驱往僻远的内地去。”国民党的宣传工具也大肆宣扬“陕北大捷”，声言“中共已成流寇”。胡宗南更是趾高气扬，认为这是他有生以来第一大功，又出“捷报”又开“庆祝会”，把西安的鞭炮燃放一空。他亲自给“有功人员”授奖章，委任了延安行政督察专员，还请人到内政部活动要把延安改名为宗南县。

中共中央撤离延安后，经延川到清涧，在清涧枣林沟召开了政治局扩大会议。会议决定中央分成两套班子——由毛泽东、周恩来、任弼时代表中央，坚持在陕北指挥全国的解放战争；由刘少奇、朱德、董必武组成中央工作委员会，前往华北，进行中央委托的工作。随后，又以叶剑英为书记、杨尚昆为副书记，率中共中央及中央军委大部分工作人员，到晋西北地区，统筹中央后方工作。3 月 27 日，毛泽东电告彭德怀：“中央决定在陕北不走。”

中共中央和毛泽东留在陕北，彭德怀深知其分量：西北战场能否粉碎敌人的重点进攻，关系着解放战争的全局。他每到一地，住处尚未找好，即催促通信科迅速架设电台，同中央电台保持联系。部队准备行动或转移时，凡接到中央军委、毛泽东发来的注有“AAAA”或“AAAAC”的十万火急的电报，彭德怀就把译电员和警卫分队留下来，等到收完、译完之后才走。每次重要的战役战斗，他都及时向中央报告请示，认真执行中央和中央军委对野战军的指示。这样，陕北战场和中共中央意图息息相通，并与全国各战场紧密配合。中央留在陕北，陕北战场的胜负进退，都关系着中央的安全，牵动着亿万人民的心，并为中外所瞩目。彭德怀对身边的工作人员说：中央把这么重的担子交给我，我要是指挥不好，犯了错误，那就是我彭德怀无能，对人民犯了罪，对不起中央的重托。又说："带兵打仗是十分严肃而责任重大的事，稍一不慎就要死人，人命关天呀！"[①]

中共中央在撤离延安时，预计敌占延安后必然非常骄横，指示西北野战兵团集中兵力打运动战，以一部兵力同敌军保持接触，诱敌深入，主力隐蔽延安东北方向待机。彭德怀和习仲勋将野战兵团主力集结延安东北的甘谷驿、青化砭地区，以第一纵队独一旅的二团二营在延安西北诱敌迷敌，并同敌人保持接触，佯作掩护主力撤退之势，诱敌主力上安塞。

胡宗南部在进占延安后忘乎所以，认为西北野战兵团"不堪一击"，已"仓惶北窜"，随即将其前进指挥所由洛川移至延安。除以一部兵力巩固所占领的交通线外，将主力集结延安附近，急于寻找野战兵团主力决战，妄想"肃清延水以北"[②]共军，但却侦察不出野战兵团主力的动向。由于野战兵团的一部分兵力在延安西北的积极活动，边战边退，敌人误认为野战兵团主力向安塞方向撤退。随即以整编第一军的第一师、第九十师5个旅的兵力，由延安沿延河两岸向安塞前进。24日占领安塞。为保障其主力的侧翼安全，另以整编第二十七师之三十一旅（欠第九十一团），由临真镇向青化砭前进，建立据点。

3月21日晚，野战军电台截获并破译了胡宗南发给三十一旅的电报。彭德怀为抓住战机，不顾已是三更半夜，和习仲勋、张文舟、徐立清到作战值班室查看地图，分析研究敌情。在判明敌军动向后，彭德怀决心采取伏击战术，歼灭侧翼之敌三十一旅，打好撤离延安后的第一仗。

3月22日上午，彭德怀和习仲勋接连向中央军委报告：胡宗南21日令三十一旅经川口渡延水，进至青化砭筑工据守，限24日到达。"我军拟以伏击或乘其立足未稳彻底歼灭该敌。"同时令野战兵团各纵、旅于22日晚和23日拂晓前，按指定地点隐蔽集结，看好地形，并封锁消息。

彭德怀把部队部署于青化砭附近蟠龙川东西两侧及以北地区。第一纵队在川之西山，第二纵队和教导旅在川之东山，北面新四旅在青化砭东北。布成了对沿咸榆公路北进的敌军张开口的口袋阵。待敌后尾通过房家桥后束紧袋口，截断敌之退路，进行两侧夹击。另以独一旅为预备队，并监视安塞、延安方向之敌。

为确保初战胜利，彭德怀和习仲勋、张文舟、徐立清及旅以上指挥员到青化砭四周察看地形，在现地分配战斗任务，具体部署了兵力。

青化砭位于延安东北50余里处，在一条40多里长南北走向的蟠龙川中。咸榆公路沿大川而上，穿过青化砭。公路两侧为连绵起伏的山地，便于隐蔽的部队出击，是打伏击的理想战场。观看地形后，指挥员们都佩服彭德怀的这个布阵。认为三十一旅只要钻进"口袋"，等待他们的只能是灭亡的命运。但这一带山地都是光秃秃的，不容易隐蔽好，彭德怀一再交代："一定要注意隐蔽。敌人来了

---

① 王政柱：《彭总在西北战场》，陕西人民出版社1981年版，第10页。

②《西安绥署瓦窑堡会战经过概要》，引自中国科学院历史研究所第三所南京史料整理处选辑：《中国现代政治史资料汇编》第4辑第19册。

就不顾一切地杀下去！要突然，要猛，一鼓作气把敌人歼灭在这沟槽子的公路上。”边说边挥手做出围歼的姿势。

24 日拂晓前，野战军各旅进入伏击阵地。当时陕北高原的山地尚未完全解冻，春寒料峭，冷气袭人。指战员们伏在冰冷的山岭上，紧握钢枪，严密注视着河川，随时准备出击。可是从天明等到下午 5 时未见敌军踪影。彭德怀命令各部于下午 6 时后撤出阵地休息。

指战员们埋伏了一天而敌人没来，预定的歼敌计划未能实现。这下子，议论纷纷。有些人担心离延安这么近，会不会走漏了消息；有的人沉不住气，怀疑情报的可靠性。有的战士还说：准来？哪有那么准，敌人听你指挥啦！彭德怀了解了这些情绪，说：老根据地的群众是不会去向敌人告密的，情报也是不会错的。敌人是一定会来的。今天伏击不成不要紧，就当成咱们的一次演习。告诉大家要有耐心。他分析道：你们要掌握敌人的心理嘛！胡宗南虽然是个草包，但是他的主力由延安北上安塞之后，需要派兵保障其侧翼安全，这一点军事常识他还是有的，不然他怎么能捞一个陆军上将当呢？何况他有大炮、坦克，有汽车，又想捕捉我主力部队，这陕北唯一的一条公路，他能不走吗？所以说，他一定要来。

当晚，彭德怀和习仲勋向毛泽东和中央军委报告：敌三十一旅 24 日到运拐峁，停止前进，可能是待补粮食（按：事后得悉，三十一旅在川口宿营补给）。我们明日仍按原计划部署待伏三十一旅。同时电令各纵旅首长：“明日我军仍以伏击之势，按 24 日部署坚决执行伏击。必须耐心认真布置，勿因敌一二次不来而松懈战斗准备。”彭德怀再三强调：要严格做好伪装保密工作。

3 月 25 日凌晨 4 点左右，寒星闪烁，群山灰蒙。西北野战兵团主力进入原地区设伏。上午 6 时许，胡军第三十一旅由川口、拐峁沿公路向青化砭前进，其空中侦察和地面的火力搜索，都没有发现野战兵团的伏击部队。于是大模大样朝前走，机枪、小炮裹着枪衣、炮衣，还捆在驮子上。10 时左右，其先头部队进至青化砭附近，后卫过了房家桥，整个行军纵队完全进入彭德怀布下的伏击圈内。在信号枪发过后，西北野战兵团按预定部署，在石绵羊沟紧紧封住袋口，拦头断尾，东西两侧部队以排山倒海之势，猛烈夹击敌人。迅速将敌压至不到 7 公里长，只有二三百米宽的川沟里。敌军首尾不能相顾，兵力尚未展开就完全丧失指挥，顷刻间乱作一团。经过一个多小时的激战，三十一旅直属队及九十二团 2900 余人全部被歼灭，旅长李纪云被俘。整个战斗打得非常快速，干脆利索，子弹消耗少，缴获多，当时被新华社称为“模范战例之一”。

战斗结束后，彭德怀兴奋地说：“敌人气势汹汹，可是在眼前这小小的战场上，我们以绝对优势兵力压倒了它。在具体战斗中，就得杀鸡用牛刀！”

彭德怀高度赞扬边区群众的作用，说：“古人写信，信封上写‘如瓶’两个字。边区群众对敌人真是守口如瓶，不是自己人就不给你说真话。青化砭这一仗，要不是在陕北，是很难打的。”

青化砭之战是西北野战兵团撤离延安后，彭德怀依靠优越的群众条件和有利地形，彻底干净歼灭敌人的第一仗，既打击了胡宗南军的嚣张气焰，又振奋了西北野战兵团的斗志，提高了边区军民的胜利信心。

第二节 虎口夺食

当蒋介石、胡宗南正起劲吹嘘攻占延安的“大胜利”之际，青化砭歼灭战给了胡宗南当头一个闷棍。他不敢吭声，总结教训是因兵力分散而被歼。西安绥署在其“得失检讨”中认为：三十一旅之所以被歼，一因兵力单薄，再因疏于搜索警戒，三因未走山地而专用川道，遇伏击不能立即占领高地作坚强之抵抗而使全军覆没，是为前车之鉴。于是采取其国防部制定的“方形战术”，实行宽正面集团式的“滚筒”前进。队伍开进时集结几个旅为一路，数路并列，缩小间隔，互相策应。白天走山窜岭，轻易不下山沟；夜间露宿山头，构筑工事，稳扎稳进。认为这样既可以避免分散孤立而被歼，又可以找到西北野战兵团主力进行决战。

彭德怀识破胡宗南的新战术，采取了相应的对策：组织小部队在敌兵团的前后左右不断进行袭扰，长时间地疲惫消耗敌人。野战军主力选择有利于机动的地点隐蔽，耐心等待敌人弱点暴露和兵力分散再行聚歼。彭德怀说，你大部队滚筒式一跃再跃，我就让你在滚动中推磨转圈，把你当小毛驴那样牵着走。

青化砭战斗后，胡宗南判断西北野战兵团主力在延安东北地区，即于 3 月 25 日令其整编第一军、第二十九军共 11 个旅，由安塞、延安、临真镇地区，兵分三路，经延长向延川、清涧地区前进，企图在这一线寻歼野战军主力。西安绥署命令：要“以主力由延川、清涧地区先切断黄河各渡口，尔后向左旋回包围匪军于瓦窑堡附近而歼灭之”。

3 月 26 日，彭德怀向中央军委报告：“胡宗南目前寻我主力决战”。“我们拟顺应敌人企图，诱敌向东。以新四旅之两个营，宽正面位置于青化砭东及其东南，节节向延川方面抗击”。

从 3 月 29 日至 4 月 3 日，敌人先后占领延川、清涧、瓦窑堡（子长）三城。但连连扑空，未找到西北野战兵团主力，其部队却被拖得疲惫不堪，给养也严重困难。

4 月初，毛泽东给彭德怀、习仲勋来电提出：“我军歼击敌军必须采取正面及两翼三面埋伏之部署方能有效，青化砭打三十一旅即是三面埋伏之结果。”彭德怀认真思考电文意见，认为敌人已改变战法，重兵集团密集行动，我以不足 3 万的兵力，对挤成一团的 8 万敌军，既难包围，也难分割，因而我方也需改变战术。他同习仲勋等商量后，即向中央军委报告，说明自青化砭战斗后，敌异常谨慎。不走大道平川，专走小道山梁；不就房屋设营，多在山头露宿；不单独一路前进，而是数路并列，纵横三四十里以 10 个旅布成方阵。以致三面伏击已不可能，任何单面击敌均变成正面攻击。敌人此种小米碾子式的战法，减少了我各个歼敌的机会，须耐心长期地疲困他，消耗他，迫其分散，寻找弱点歼灭之。彭德怀的这个作战指导思想，为后来毛泽东提出的西北战场的作战方针做出了贡献。毛泽东对彭德怀的意见深为赞许，说，作为一个指挥员，就是要善于根据情况的变化，独立地做出决断。即给彭德怀、习仲勋回电：敌 10 个旅密集不好打，你们避免作战很对。数日内仍以隐蔽待机为宜。

彭德怀以少量兵力同敌人周旋，使胡宗南的数万军队，在延长、延川、清涧、子长一带兜了个大圈，处处扑空。敌军在陕北的千山万壑之间转了 12 天，“武装大游行”400 余里，也不知西北野战兵团主力在何处。胡军士兵在无数山梁之间爬上爬下，睡野地、啃干粮，还经常挨游击队袭击，筋疲力尽，士气沮丧。4 月初，陈赓部在晋南展开强大攻势，晋南之敌告急。胡宗南不敢再北进转圈，便以整编第七十六师守备延川、清涧，以第一三五旅留守瓦窑堡，主力于 4 月 5 日南下蟠龙、青化砭集结补给。尔后，视情况变化再定下一步行动计划。

彭德怀乘敌主力南撤之机，于 4 月 6 日，在永坪地区对刘戡的整编第二一九军打了一次伏击，歼敌 600 多人后撤出战斗。这时，胡宗南判断西北野战兵团主力已转移到牡丹川（延安市）、李家川（子长县）地区，遂决定彻底“扫荡”牡丹川以北并摧毁我游击根据地。于是集中主力 8 个旅，分别由蟠龙、青化砭向西北方向移动，调一三五旅南下策应，企图“逐次扫荡牡丹川以北各山沟并向右回旋，会同瓦窑堡南下之一部包围匪军而歼灭之”[①]。

在瞬息万变的西北战场上，西安地下党组织发挥了重要作用。4 月 11 日，中央军委收到西安来的情报：清涧敌第二十四旅 1 个团于本日调赴瓦窑堡。该团到后，一三五旅可能调动。中央军委当即将此情报电告彭德怀。

12 日，野战兵团司令部查明董钊、刘戡两个整编军的主力，正由蟠龙、青化砭向西北方向移动。经对胡军调动情况的综合分析，判断敌一三五旅可能南下向其整编第二十九军靠拢。歼敌的机会已经到来，彭德怀决心来一个“虎口夺食”，在该旅同第二十九军会合前把它消灭掉。他预计这个旅沿瓦窑堡、蟠龙大道行动的可能性大，因其路程短，距敌主力近。为此，彭德怀部署第一纵队于蟠龙西北牡丹川、云山寺一线，坚决阻击敌八个旅，迟滞其北进；以第二纵队、教导旅、新四旅设伏于瓦窑堡以南，准备伏击一三五旅。根据 4 月 12 日敌军主力前进态势，显示一三五旅必经瓦窑堡、蟠龙大道南下。彭德怀当即决定，将南面进攻之敌主力吸引到蟠龙西北，把一三五旅歼灭于瓦窑堡以南。为了不暴露意图，他命令伏击部队让出一三五旅可能经过的高地，务必诱其就范。

4 月 13 日，彭德怀在后四湾野战兵团司令部驻地召开旅以上干部会。会上他分析敌军态势及其企图，具体提出歼灭一三五旅的作战方案。他风趣地说：“敌人游行了 10 多天，寻找我军主力，到处扑空。他们认为这次找到了，急匆匆扑

---

①《西安绥署牡丹川会战经过概要》，引自中国科学院历史研究第三所南京史料整理处选辑：《中国现代政治史资料汇编》第 4 辑第 19 册。

了过来。好吧，这次就答复他们的要求，就在这个地方来个虎口夺食。”边说边在地图上的羊马河一带画了一个圈。

接着，各纵、旅领导干部各抒己见，热烈讨论。普遍认为我军的兵力有限，将要两面作战，弄不好会遭到敌人夹击。彭德怀听完大家的意见，指出：这次羊马河战役必须将敌主力吸引于西，歼灭一三五旅于东。他特别强调两点：一是要坚决阻住南线敌军主力的进攻，不让它同一三五旅会合；一是要速战速决，不能拖延时间。否则敌人增援上来，不但不能歼灭一三五旅，我们自己还会陷于腹背受敌的境地。所以各部队都要好好配合，坚决打好这一仗。

在一切部署停当以后，已是深夜，窑洞外呼啸的冷风卷着沙土，不时钻进来。彭德怀半躺在炕上，反复琢磨：全歼第一三五旅，关键在于能不能把敌军北上的八个旅拖住，不使其增援。他觉得有必要具体了解一下阻击地区的情况。于是起身走出窑洞，跨上马，带着随行人员，直奔第一纵队独一旅旅部，查看阻击地区地形和作战部署。他询问了独一旅旅长王尚荣关于阻击的准备情况后，指着地图上蟠龙西北的榆树峁子、云山寺、元子沟一线说：“你们一纵队今天就在这一线摆出一个决战的架势来，把敌人一大坨坨引过去。”“三五八旅已把第一军吸引向西，你们如能把二十九军阻在羊马河以南，歼灭一三五旅的任务就完成了一半。只要你们能坚持到下午两点钟，就算完成了任务。”王尚荣表示：再大的困难也保证完成任务。

佯装野战兵团主力的第一纵队，在“每天只让敌前进 5 到 10 里”的命令下，采取运动防御，积极顽强抗击。以两个旅的兵力拖住了董钊和刘戡 2 个军共 8 个旅的主力。坚守阵地的指战员高兴地说：敌人执行彭总命令的准确性与我们差不多!

胡宗南根据我抗击部队的坚强阵势，断定西北野战兵团主力在蟠龙以西地区，命令整编第一军和第二十九军猛进；同时命令一三五旅火速南下，以便围歼野战兵团主力。

4 月 14 日 8 时，奉命迅速南下的胡军一三五旅离开瓦窑堡，沿瓦、蟠大道两侧高地逐山跃进。上午 10 时左右，同西北野战兵团担任诱敌之小部队接上了火。胡军且战且进，全部进入羊马河以北高地，被预先埋伏在这一地区的第二纵队和教导旅、新四旅包围。野战兵团形成了以 4 个旅围歼敌人 1 个旅的绝对优势。一三五旅前不能进，后不能退，急电胡宗南速派援兵解围。

下午 2 点左右，彭德怀到前线的 1 个团指挥所，具体观察战斗进展情况。他看到三五九旅和独四旅打出去的炮弹净在敌群中开花，胡军像丧家犬一样乱跑瞎撞，连声赞扬：“打得好，打得好！”由于对敌情判断准确，部署周密，指挥果断，部队机动勇猛，至下午 4 时，全歼一三五旅 4700 余人，创西北战场歼敌一个整旅的先例。彭德怀得知敌代旅长麦宗禹已被俘，笑道：“这会儿就不需要他代理了！”

这时董钊、刘戡所率 8 个旅主力，正遭野战兵团第一纵队的顽强抗击，几乎寸步难行。在野战兵团围歼一三五旅于前后李家滴哨、羊马河地区之际，胡军主力才进到瓦窑堡西南的南山、高山。南北对进的两部胡军，相距不及50余里[①]，却再也“会合”不上了。

中共中央军委在接到彭德怀、习仲勋全歼一三五旅的报告后，向各战略区发出通报说：这一胜利证明，仅用边区现有兵力，不借任何外援，即可逐步解决胡军。证明忍耐等候，不骄不躁，可以寻得歼敌机会。望对全军将士传令嘉奖，并通令全边区军民开庆祝会，鼓励民心士气，继续歼敌。

4月15日，毛泽东致电彭德怀、习仲勋，根据前一段的作战经验，提出西北战场“蘑菇”战术的作战方针。指出：我之方针是继续过去办法，使敌达到十分疲劳和十分缺粮之程度。“将敌磨得精疲力竭，然后消灭之。”强调此种办法是最后战胜敌人必经之路。彭德怀说：我们贯彻毛主席的方针是采取不即不离，把敌人缠住，找准机会消灭它。他正确地解决了磨和打的关系，磨是为了消耗疲劳敌人，达到消灭敌人的目的。

第三节　蟠龙攻坚

国民党军进入边区后，很难搞到西北野战兵团行动的情报，成了聋子和瞎子。其部队行动主要根据空中侦察，往往主观推断。4月下旬，国民党军空中侦察，发现绥德、米脂以东黄河各渡口集中了一批船只，解放军多路小部队向绥德方向前进。敌军统帅部根据所获情报，断定共军主力正向绥德附近集结，准备东渡黄河。就命令胡宗南部迅速沿咸榆公路北进，又令驻榆林的邓宝珊部二十二军南下米脂、葭（佳）县策应，企图南北夹击，将野战军一举歼灭于葭县、吴堡地区，或逼野战军东渡黄河。胡宗南除以一六七旅旅部带一个团加一个保安总队，加强蟠龙的守备外，命刘戡、董钊率九个旅于4月26日从蟠龙、永坪分左右两路向北进犯。董、刘两军主力开始出动的当天，彭德怀、习仲勋即令有关部队派侦察队迅速查明敌军去向。次日19时，彭德怀和习仲勋向毛泽东报告：“董、刘两军27日15时进抵瓦市，有犯绥德模样”。“我野战军本日隐蔽于瓦市东南及西南，拟待敌进逼绥德时，围歼蟠龙之敌”。毛泽东复电：“计划甚好，让敌北进绥德或东进清涧时，然后再打蟠龙等地之敌。”

为了“调虎离山”，造成敌军错觉，彭德怀还“投敌所好”。以三五九旅一部，并从其他旅中各抽出一个排，配合绥德分区部队，扮演主力向北撤退，节节抗击敌人。沿途故意丢弃一些部队的臂章、符号、破旧鞋袜和衣物，制造假象，诱敌加快北上。

延安东北的蟠龙镇，是胡宗南部集散的战役枢纽，前方补给基地，储存着大

---

① 1947年4月16日，彭德怀、习仲勋致电中央军委，报告羊马河战斗，称：“南北对进之敌，相距不及五十五里，仍歼敌一旅。”据有关同志回忆只相距十里左右。陕北沟壑起伏，电文可能指路程，或由于其他原因发生差误。

量军用物资。胡军每次“武装大游行”之后，就到这里进行补给。守敌一六七旅是蒋介石嫡系整编第一师的主力旅，装备精良，火力强。加上地方反动武装陕西人民自卫军第三总队，兵力近7000人。蟠龙是个小盆地，群山环抱，地势险峻，易守难攻。敌人利用蟠龙周围高地，修筑许多大、小地堡，组成地堡群，形成交叉火力网；环绕地堡群挖有宽、深各六七米的外壕。其东山主阵地集玉峁，更是工事坚固，明碉暗堡，星罗棋布。

攻打蟠龙是西北战场第一次攻坚作战。彭德怀分析，野战兵团南下攻打蟠龙，敌军必然回援，但最快也要三四天才能到。必须抢在敌军之前攻下蟠龙。他在作战会上说：“最少我们有四天的攻击时间。但这是场攻坚战。如果说青化砭、羊马河两仗我们是吃了两块肥肉，那么，蟠龙这一仗我们要准备啃骨头，要切实做好攻坚、打硬仗的各项准备。”

当胡军摆成纵横几十里的“方阵”尾随野战兵团“主力”向北疾进时，彭德怀率领野司机关，就驻扎在敌“方阵”边的一个叫新庄的小山村里。侦察员和参谋不断送来十万火急的报告。这里同敌人仅隔几个山头，相距才1000米左右，随时都可能遭到敌人的袭击。司令部的人员都荷枪实弹，严密注视着敌人的行动，准备随时同敌人战斗。彭德怀说：“敌人怕我们打它的埋伏，是不敢下到山沟来的。”他若无其事，躺在土炕上，筹划着打击敌人的方案。当侦察员报告：敌人过去了。他从炕上一跃而下，说：“‘大路朝天，各走一边’，敌人向北，我们向南，各走各的路，各办各的事噢！”即命令队伍向蟠龙进发。

4月29日，彭德怀、习仲勋发出围攻蟠龙的作战部署。以一纵队、二纵队之独四旅及新四旅攻歼蟠龙守敌，三五九旅一部和教导旅分别阻击南北可能增援之敌。30日，野战兵团以迅雷不及掩耳之势，包围了敌人重兵把守的蟠龙镇。5月2日晚，进攻蟠龙的战斗打响。野战兵团缺少攻坚火炮，主要靠土工作业和爆破作业来摧毁敌人的坚固工事。从2日夜晚打到3日晨，只夺取了敌人的前沿据点，外壕不能通过，几次攻击都未能奏效。西北野战兵团确实碰到了硬骨头。

这时，彭德怀下令停止攻击，巩固已得阵地，主力进行休整，发扬军事民主。各攻击部队召开连排干部会、战士会，讨论如何夺取主阵地，准备黄昏再攻。指战员纷纷献计献策，提出采用对壕作业逼近铁丝网、外壕和敌堡，攻击部队编组轮番佯攻，以消耗敌人火力等多种有效办法。根据这些建议，彭德怀调整了攻击部署，集中火力，改进战术，再次发起猛烈攻击。当天打下集玉峁，动摇了守敌。

在攻打蟠龙的紧张时刻，彭德怀及时同王震通电话说：“万一敌人想跑，不论从哪一个方向突围，都要坚决围歼，绝不能让跑掉一个人。”当部队报告，敌人开始向西山逃跑时，他马上致电第一纵队张宗逊、廖汉生：“现敌向核桃坪方向逃窜，必须堵击、截击、追击，务求彻底消灭。”彭德怀的意图很明确，就是力求全歼，不使一人漏网。

5月4日，野战兵团夺取了蟠龙之东山、北山主阵地，黄昏后从四周居高临下向蟠龙镇敌人猛攻。夜晚12时，蟠龙攻坚战胜利结束，全歼一六七旅6700余人，活捉了旅长李昆岗等。缴获夏季军服4万套，面粉1万余袋，子弹100余万发。

5月9日，当疲惫不堪的敌军主力从绥德赶到蟠龙时，街上已空无一人。5月8日，新华社记者在《评蟠龙大捷》一文中，写了一首打油诗，刻画胡宗南军的狼狈相："胡蛮胡蛮不中用，延榆公路打不通；丢了蟠龙丢绥德，一趟游行两头空！官兵六千当俘虏，九个半旅像狗熊；害得榆林邓宝珊，不上不下半空中。"

战斗结束后，彭德怀召集营以上干部，到集玉峁察看，研究敌人防御特点，对比前后几次攻击的利弊，做实地战斗总结，以吸取经验教训，提高干部的指挥能力。

西北野战兵团在战斗中实行军事民主，发动指战员献计献策和及时总结战斗经验的做法，得到毛泽东的充分肯定，并给予很高的评价。1948年初，毛泽东曾对陈毅说："你们要好好学习西北部队的民主作风，特别是战斗指挥上的民主。"陈毅也说："这样的民主是正确的，适合打胜仗的要求。"1948年1月30日，毛泽东在其撰写的《军队内部的民主运动》一文中又提道："此项军事民主，在陕北蟠龙战役和晋察冀石家庄战役中，都实行了，收到了极大效果。"第二天，毛泽东再次在一个批示中写道："这些军队中的民主生活，有益无害，一切部队均应实行。"

撤离延安后一个半月内，西北野战兵团在敌强我弱、力量对比悬殊之下，接连取得了青化砭、羊马河、蟠龙三战三捷，歼敌1.4万余人，稳住了陕北战局，极大地鼓舞了我西北军民的胜利信心，为争取更大的胜利奠定了基础。彭德怀善于领会中央的战略意图和作战方针，准确掌握敌情，一再诱使敌军犯错误；充分利用陕北的有利地形和良好的群众条件，以"蘑菇"战术牵大吃小；善于集中兵力，巧设伏兵歼敌于运动中，或以攻坚手段歼灭孤立据点之敌，屡战屡胜。野战军指战员对彭德怀的指挥艺术高度信赖，说：这是老鹰抓小鸡，一次一个旅、两个旅，一个个地把敌人收拾干净。就连敌人也不能不承认彭德怀指挥之高明。刘戡曾对其一六五旅旅长李日基说："彭德怀有实战经验，指挥相当谨慎，又非常灵活。"

5月14日黄昏，在安塞县真武洞举行了5万余军民参加的祝捷大会。从真武渠到山坡上，坐满了充满胜利喜悦的西北野战兵团指战员、民兵和四乡农民。周恩来、陆定一从百里外翻山越岭赶来参加。会上，周恩来代表中共中央祝贺西北军民的巨大胜利，并宣布了一个使人们更加激动的消息：党中央和毛泽东同志自从撤出延安后，一直留在陕北与边区军民共同奋斗！他号召边区军民下定决心，全部消灭胡宗南军队，收复延安，解放大西北。并同全国军民一道，将卖国的蒋家军全部消灭。

彭德怀检阅了主力部队和游击队，并在大会上讲话，说：我们有党中央、毛主席的直接领导，有兄弟解放区的配合；我们有广阔的良好的回旋地区，有边区人民的拥护和帮助，有忠实于人民解放事业的全体将士的艰苦努力。只要我们不犯错误，不骄傲，和人民团结一致，共同努力不懈，就能全部消灭蒋胡军，解放大西北[①]。习仲勋也在会上讲了话。15日，大会在夜色苍茫中闭幕。与会者大大

①《人民日报》（晋冀鲁豫）1947年5月23日。

增强了消灭胡宗南集团的胜利信心。离开会场时，有的战士兴奋地说：现在是晚上开，明年一定要到延安开庆祝大会，到那时就是白天开啦！

3 月中，趾高气扬地进占延安的胡宗南军，到 5 月初已连吃 3 个败仗，有的人感到情况不妙。原整编第二十九军参谋长文于一说：在陕北作战，补给困难，情报不灵，地形不利。“我们得不到老百姓的帮助，总是摸不到敌情，老打青光瞎子仗，致常坐失战机，并易为共军所乘。”整编第一师师长罗列在致胡宗南电中报告敌军损兵折将、人困马乏、士气低落的情景，说：“竟日行军，每于拂晓出发，黄昏入暮始克到达。夜则露宿，构工戒备，毫无休息。是以人则疲劳，马则困顿，伤落倒毙者日渐增多，战力消耗极剧。”“人马时致枵腹。故不特军纪日坏，且士气亦远非昔比。”胡宗南集团这支蒋介石的战略总预备队被拖在陕北，连遭沉重打击，被磨得精疲力竭，进退维谷，而蒋介石 3 个月解决西北问题的计划亦告破产。

第十七章　扭转西北战局

第一节　时刻想着战士

胡宗南集团进占延安后，国民党政府“西北行辕”之青海军阀马步芳（青马）、宁夏军阀马鸿逵（宁马）趁火打劫，不断进攻陕甘宁解放区。至5月中旬，先后侵占了陇东地区的庆阳、合水、环县和三边地区的盐池、定边、安边等城镇。青宁“二马”集团在占领区进行野蛮的“清剿”，烧杀抢掠，甚至把捉去的民兵、干部和战士，割头破肚，残暴异常。

蟠龙战役后，胡宗南部集结于蟠龙、青化砭地区整补，主力缩集一团，野战兵团一时难以寻得各个歼敌的战机。在真武洞祝捷会期间，彭德怀、习仲勋同周恩来、陆定一接连开会，分析西北战场的局势，制定下一步作战方案。决定6月份集中全军主力西出陇东，歼击青宁“二马”有生力量，收复庆阳、合水，然后相机南下关中或北上三边，以调动胡宗南集团主力，寻找战机歼敌。

1947年5月彭德怀作三边战役动员报告

5月21日，彭德怀率领野战兵团各纵、旅自安塞地区西进。至7月7日，先后进行了陇东、三边战役，收复了环县、定边、安边、靖边等地，歼灭马步芳、马鸿逵所部2400余人。

三边分区的定边、安边（今安边堡）、靖边，位于陕甘宁边区的西北部，大都坐落在古长城脚下，处于毛乌素沙漠的边沿，干旱多风，缺少植被，一派荒凉。气候变化无常，昼夜温差很大，往往风吹沙起，搅得天昏地暗。

出发之前，野战兵团司令部要各部自带饮水。当地出产一种葫芦，晾干后可做水壶用。彭德怀看到直属队的同志身上背着水葫芦，高兴地说："你们是革命的李铁拐。李铁拐那个神仙葫芦里装的不知道是什么药，连自己的脚也治不好。你们葫芦里装'甜水'，能治渴，还能治脱离群众的毛病，这才是真正的宝葫芦。"一番话把大家都说笑了。

6月下旬，部队由环县向三边地区进发。光秃秃的黄土高原，水源奇缺。大部队连续行军，饮水极端困难。全军以惊人的毅力，冒炎热，战干渴，越过荒凉的苦水（水为盐碱质，涩苦而不能饮用）地区，于6月底进入定边南山。

时值盛夏酷暑，骄阳似火，把浩瀚的沙漠烤得滚烫。战士们把烫热的步枪，从这个肩头换到那个肩头，迈着沉重的脚步前进。干渴成了前进路上的大敌。由于极度干渴，许多人鼻孔流血，嘴唇干裂，呼吸困难。有的战士因中暑而牺牲了。

彭德怀已是近50岁的人了，白天和部队一道行军，晚上同睡在沙窝里，劳累缺水，嘴唇血肿。一次，警卫员从沟底提上来一壶水，准备给他润喉。有个战士渴得难受，想要喝一点，警卫员不乐意。彭德怀说，一口水就是一条命啊！要给更需要水的战士！他自己一口也没有喝，继续往前走。经过新四旅四十九团，团里送了一杯甜水给他。他仍然说："给战士喝吧！我到前边能找到水。"

一天，彭德怀又要警卫员拿水壶来给一个干渴难耐的战士喝水，警卫员急了，说："喝光了你喝什么？看你的嘴唇都肿得那么高了。"彭德怀说："你跟我在一起，还不晓得我本来就长着厚嘴唇吗！"警卫员苦笑着，只得把水壶交出来。

和战士同甘共苦，"有盐同咸，无盐同淡"，这是彭德怀从红军时期以来始终坚持的8个字。从延安撤出后，他就命令取消了司令部的小灶，说："大灶吃啥我吃啥。"自此以后，司令部管理科的干部常因给彭德怀改善一下伙食而受到他的严厉批评。

这次进军三边，极为艰苦。7月中旬，司令部进驻靖边张家畔。管理科的干部看到彭德怀辛劳过度，日益消瘦，都很焦急。一天，炊事员杨应国超过了伙食标准，以每条2000元边币的价钱，在集市上买了20条新上市的黄瓜（按：相当于半斤小米一条黄瓜），想给他增加点营养。彭德怀把管理科长高克恭找来，问道："战士们能吃到黄瓜吗？吃不到！战争打得这样苦，二纵队过沙漠时就渴死了人，我们应当多为战士着想呀！老百姓勒紧裤腰带来支援我们，他们的负担已经够重了。多浪费一分钱，我们也应当觉得惭愧！"第二天，他在团以上干部会上，就此事作了自我批评，吩咐把凉拌黄瓜送到参加会议的各个小组。事隔五年之后，彭德怀在一次谈话中提及这件事时，还说："黄瓜本是极普通的菜，黄瓜虽小，影响事大。在大家艰苦困难时，都吃苦没话说。可大家连饭都没得吃，你买几千元一条的黄瓜，事就大了。"

由于国民党军抢劫，战争破坏，加上这年陕北先旱后涝，边区人民生活很苦，不少群众以榆树皮、槐树叶、野菜充饥，却把保存下来的一点粮食拿出来供给部队，说："宁愿饿肚子，也要让部队吃饱打胡儿子。"所以彭德怀常说：边区人民对我们的恩德如同父母。以后，在沙家店战役时，部队的粮食供应时断时续。有的团1天只领到7斗黑豆，连队以黑豆、粗糠糊糊为食。战役结束后，彭德怀听说有个营没有粮食做饭，立即命令管理员把司令部仅有的4斗小米全部送去，自己和司令部人员却以一些粗糠和黑豆“钱钱”（压扁了的黑豆）充饥。有的人实在不忍心让日夜操劳的司令员吃这样的饭。可是彭德怀却乐呵呵地说:“这就很不错了！长征时，要是有它就好了！”

这时，他因忙于指挥作战，眼睛熬得发红，已经两天两夜没有睡觉了。

第二节　诱敌北上

中国人民解放军经过一年的内线防御作战，歼灭了国民党军112万人，转入战略进攻的时机成熟了。为组织和发展全国的战略进攻，中共中央决定召开会议进行研究。7月16日，彭德怀和习仲勋一道，从野司驻地张家畔出发，到靖边小河村出席于7月21日至23日召开的这次重要会议。

靖边小河村是个绿树掩映、依山傍水的小山村。会场设在一顶用柳枝、草席搭成的凉棚下。从陕北、晋绥和太岳区来的将领们在这里欢聚一堂，议论战局，互通情况，交流经验。会议总结了第一年的作战形势，研究了第二年作战的基本任务，即进行全国范围的战略进攻，部署了各解放区的配合作战问题。

西北野战军统帅——彭德怀

会前，中央领导人分别同先后到达靖边小河村的彭德怀、贺龙、陈赓等，研究太岳纵队的使用方向。原来中央军委准备调陈赓纵队由晋入陕，和西北野战兵团一起歼灭胡宗南部与解放大西北。鉴于晋冀鲁豫刘（伯承）邓（小平）野战军强渡黄河实施战略突破后，战局已有重大变化。中央改变了在陕北打大仗的计划，决定陈赓纵队改为南渡黄河出豫西，协助刘邓出击经略中原，从相反的方向牵制敌人，配合陕甘宁边区军民击破胡宗南部的进攻。

毛泽东指出，现在决定边区、陈赓两部分开打，从战略上与粮食上均有利。对蒋介石的斗争，计划用5年解决。西北战场今年只能削弱胡宗南，到明年可以造成消灭他的条件。陕甘宁边区在军事上与财政上均以依靠晋绥为主。敌人寄希望于我们不能长期支持这一点上，我们的对策就是主力转入外线，内部精简节约。

彭德怀完全赞同中央军委和毛泽东的战略决策。在会上说：陕甘宁、晋绥两个区统一，很有必要，财政统一也很重要。精简非厉行不可，前后方均应有严格的编制与制度。陕甘宁以90万人养9万人，甚至不能维持3个月。有人寄希望于陈赓部来陕，而不认真准备艰苦奋斗，这种思想必须切实解决。彭德怀建议野战军成立党的前线委员会，以讨论重大方针政策和执行战略任务。毛泽东当即表示同意。7月31日，中共中央军委给彭来电，同意前委以彭德怀、习仲勋、张宗逊、王震、刘景范五同志组成，彭为书记。西北野战兵团定名为西北人民解放军野战军，彭德怀任司令员兼政委，习仲勋任副政委。

会议决定将晋绥军区重新并入陕甘宁晋绥联防军（1948年2月改称联防军区），由贺龙任联防军司令员，习仲勋任政治委员，统一领导陕甘宁和晋绥两个解放区的地方武装。贺龙还兼任西北财政委员会和财经办事处主任，以他为核心，统一领导两区的地方工作和财经工作，加强陕北作战的后勤支援。

小河会议后，习仲勋留中共中央西北局工作。在贺龙、林伯渠、习仲勋的领导下，通过统一金融贸易、整顿税收、实行统筹统支等措施，迅速实现了两区财政经济的统一。集中两区的人力、物力，全力支援西北解放战争。毛泽东在1948年1月赞扬说：你们前后方合作，团结得很好。

7月下旬，中央军委调晋绥军区许光达第三纵队西渡黄河，参加陕北作战，归西北野战军建制。至此，野战军共辖8个旅，约4.5万人。

为调动胡宗南集团的主力北上，以策应陈赓、谢富治纵队南渡黄河，挺进豫西；并相机夺取榆林战略要点，以取得兵员、物资补充，巩固解放军的后方，西北野战军前委和彭德怀遵照中央军委的决定，部署进攻榆林。彭德怀对干部讲：毛主席说过，这里是战略牵制区，要把蒋介石的战略预备队牵在这里。我们就是要把敌人拖住在陕北，不让他走。我们拖他，毛主席、党中央也在这里拖住他，胡宗南的部队就走不了。①

7月30日，彭德怀指挥西北野战军由大、小理河向榆林开进。8月6日，对榆林外围进行攻击。到7日，肃清了敌军外围据点，但攻城战斗却遇到了很大的困难。

榆林是国民党政府“北平行辕张垣绥靖公署晋陕绥边区总部”的所在地，西与宁马集团，南与胡宗南集团形成掎角之势，北与绥远傅作义相依，是绥远、陕西的重要门户。有“晋陕绥边区总部”总司令邓宝珊部第二十二军、胡宗南的1个旅及地方团队1.5万多人守备。

蒋介石得悉西北野战军围攻榆林，认为如榆林不保，则宁夏孤立；胡宗南一旦失去北面的作战配合，必将影响整个西北战局。即令榆林守军坚守待援，急调在安塞、保安地区的胡宗南主力整编第一、第二十九军共8个旅，分两路向绥德、葭县方向急进。另以钟松的整编第三十六师组成援榆“快速兵团”，轻装日夜兼程，限于11日进抵榆林，路上靠空投和抢粮补给。

彭德怀获悉援敌急速前进后，在8月9日向中央军委请示：榆林城坚，东、

① 访问张文舟记录，1982年4月28日；甘肃省军区座谈会记录，1982年10月22日；兰州军区座谈会记录，1982年10月25日。

北两面沙漠，西、南两面水坑水道，不易进行攻城。现钟松增援甚急，决以 2 个旅继续围城，集中 6 个旅先歼灭援军再攻城。当天，中央军委同意以一部围城，主力先打钟松后打榆林。随后野战军得悉整编第三十六师在 8 月 9 日进抵距榆林 320 里之龙州堡，10 日继续向横山前进。于是彭德怀决心争取先攻克榆林，尔后再打援。8 月 10 日和 11 日，西北野战军对榆林进行两次爆破与强攻，由于野战军缺少炮火的有力支援和周密的组织准备，攻击均未能奏效。中央军委在 11 日来电：榆林非急攻可下，而钟松仍有可能迅速增援。似宜决心暂停攻城，集结 7 个旅打钟松。

钟松很狡猾，他率整编三十六师走长城外沙漠地驰援，绕过西北野战军阻援部队，8 月 11 日已进抵横山以北地区。敌军靠拢，野战军围城打援已不可能。为争取主动，另行寻机歼敌，彭德怀决定 12 日撤离榆林。有的指挥员要求再攻一次，彭德怀斩钉截铁地说："说不打就不打，再有一个钟头能打下也不打了。再打下去就要被动，撤出来是主动的。撤出去，打的机会有的是，还可以打援兵。问题不在邓（宝珊），而在胡（宗南）。我们要放长线钓大鱼。把敌人来回拖，找准时机再钓他上来。"①

10 月 21 日，彭德怀总结说：打榆林，战役目的是引诱敌人北过无定河，给陈、谢渡河南进造成有利形势。榆林虽未打下，但吸引敌人北进目的是达到了，此役是胜利了。

第三节　关键的一仗

从榆林撤围后，中央军委指示西北野战军在榆林、米脂间休整待机，隔断刘戡、钟松两部，吸引该敌，以利陈赓谢富治集团行动。所以，彭德怀把主力集结在榆林东南、米脂西北地区。为了保障后方机关安全，并进一步迷惑敌人，诱使胡宗南在指挥上再犯错误，中共西北局和各后方机关根据中央军委指示，从葭（佳）县移至黄河以东，陕甘宁晋绥联防司令部的一些电台也过了河。同时以一部兵力掩护，显示大军将要过河的样子。

胡军果然又上钩。根据其电台测向及侦察报告，说西北共军正"仓惶逃窜"；还说什么共军到了佳县已经弹尽粮绝，把大炮都埋了。胡宗南断定西北野战军主力将渡河东去，严令各军"迅速追击，勿失此千载良机"。令刘戡率 5 个旅向佳县急速前进，于 8 月 16 日进到绥德义合镇地区；又令钟松率整编三十六师由榆林南下，与北进主力会合。胡宗南的意图是："迫敌于两河（黄河、无定河）之间决战"，在榆林、米脂、佳县三角地区歼灭西北野战军。

钟松的整编三十六师，是胡宗南部进攻陕北的主力师之一。自吹："共军可以吃掉别的军队，就是吃不掉三十六师。"钟松自恃援榆有功，异常骄傲，声言

---

①《西北战场资料有关彭总部分》（内部印刷本），第 2、3、42 页。

要“一战结束陕北问题”。13日进入榆林城，14日即马不停蹄地率两个旅经归德堡南下，16日到达镇川堡。

彭德怀对这个整编三十六师特别“关注”，下令准确侦察其编制、兵员实数和轻装程度；又部署部队严密监视它和刘戡部的行动方向，将情况随时向他报告。他说：“决心是建筑在准确掌握情况的基础之上。”现在，他决心要先来敲整编三十六师。他认为这个师虽是胡宗南三大主力之一，但经过长途行军，严重减员，也已是疲惫之师；而钟松刚愎自用，利令智昏，为再立“战功”，竟远离主力，孤军冒进。因此，它又是一支“骄兵”。彭德怀说：“‘骄兵必败’！要利用三十六师的弱点消灭它。”17日，彭德怀把野战军主力隐蔽集结于镇川堡东北地区待机，命令各部观察地形，准备战场。

这时，毛泽东、周恩来和任弼时率领的中央机关，刚经过乌龙铺向北转移。而南北对进的刘戡、钟松两部敌军，相距只有百里左右。如南北之敌会合，东向封锁黄河各渡口，并控制无定河及米脂、佳县之线，中共中央机关和野战军将被挤在佳县、米脂、榆林三县间南北三四十里，东西五六十里的狭小地区内。这里，北面是浩瀚的沙漠，东面是滚滚黄河，西、南是无定河和敌军，野战军将处于侧水侧敌、回旋余地很小的困难处境。中央领导的处境更是异常危急严峻。一贯镇定的彭德怀在和参谋长张文舟等人研究如何保障毛泽东和中共中央的安全时，也不禁满头是汗，把军帽摘下来放在桌子上，时而细看地图，时而来回踱步。他对张文舟说：“必须切实保障党中央的安全，要给中央以安全感。”为确保万无一失，立即派许光达率领第三纵队，到乌龙铺、曹庄一带接应和掩护中央机关转移。后来又急电中央军委和毛泽东，请中央机关向佳县西北方向转移，靠近野战军主力。

彭德怀（右）与林伯渠在延安

8月17日，刘戡率主力北进至吉镇以南地区。同日，钟松将该师分为两个梯队，以第一二三旅为前梯队，由镇川堡向佳县西的乌龙铺突进。乌龙铺距刘戡和钟松两部都只有几十里，是敌人的会合点。依据钟松部分路前进情况，彭德怀断定其主力必将经沙家店地区东进，决心在其未与刘戡靠拢前，在运动中歼灭之，以粉碎敌人的合围夹击计划，确保中央机关的安全，改变西北战局。

8月18日3时30分，彭德怀发布“以伏击姿态歼灭该敌三十六师”的命令。命第三纵队（并指挥绥德军分区2个团）以一部兵力吸引钟松的前梯队，以主力抗击刘戡所部，阻止该敌与三十六师会合。集中一、二2个纵队和教导旅、新四旅，先歼灭三十六师的后梯队，再歼其前梯队，以收各个歼敌之效。当天上午，野战军主力与敌交锋，因天降大雨，敌之后梯队仓皇撤至沙家店地区。

当日晚，野司接电报得知，葭芦河因大雨水涨，不能徒涉，毛泽东和中共中央机关无法向北转移，改为向西北方向冒雨行进，尚未脱离险境。彭德怀用手指在地图上估量着两路敌军相距的里程，板着脸一言不发。他坐坐站站，对着地图沉思。作战值班室里鸦雀无声。参谋们进出窑洞，都是轻手轻脚，生怕打扰了他运筹歼敌的思路。彭德怀要参谋通知部队，继续严密监视敌人，一有情况，立即报告。这几天，他每天只喝几口小米粥，很少睡眠。

18日战斗后，刘戡并未增援钟松而率主力5个旅继续北进。19日占领神泉堡和佳县城。钟松率整编三十六师师部及一六五旅，在沙家店附近高地构筑野战工事。这时钟松发现西北野战军主力并未渡河，而在他部队的附近，急电其前梯队一二三旅回撤沙家店。彭德怀分析两部敌军态势，判断敌军并未摸到西北野战军意图，决心仍先行歼灭第三十六师。同时，适当调整了部署，以新四旅抗击回援之一二三旅。

19日戌（19—21）时，彭德怀报告中央军委："拟于明号（天）拂晓包围沙家店附近敌之两侧而歼灭之。得手后逐次向东北各个歼击之。"20日3时，毛泽东亲拟中央军委复电："完全同意你对三十六师的作战计划。"毛泽东和中央机关是在19日转移至"镇川堡正北80里之梁家岔地区（老苏区）与主力会合"的，从而结束了自小河出发以来19天的长途艰险行军。中央在8月21日特电告中央工委、中央后委及各战略区说："大家都安全"，以解除各方的挂念和忧虑。

8月20日拂晓，第一、第二纵队向整编三十六师发起攻击。该师第一二三旅为解其师部之围，由乌龙铺折回。午后被野战军教导旅和新四旅包围于常家高山附近。彭德怀命令：坚决把一二三旅消灭掉，不能让它往西靠。就这样，敌整编三十六师的2个旅被分割两地，全部被包围，前后2个梯队无法相顾。

为了在刘戡赶到之前迅速消灭被围之三十六师，彭德怀发出了歼敌动员令："彻底消灭三十六师，是我西北战场由战略防御转入战略反攻的开始，收复延安解放大西北的开始。"要发扬无限英勇的精神，"立即消灭三十六师，活捉钟松，号召你们本日黄昏以前胜利完成战斗任务！"全军振奋，斗志昂扬，向钟松师展开猛烈冲杀。

胡宗南接到钟松的呼救电报，即令刘戡增援。又急电一二三旅旅长刘子奇："固守待援，将派飞机参加战斗。"刘戡也致电钟松："已令五十五旅就近来援，主力继后即到。"但是刘戡所率主力被我第三纵队及绥德分区的四、六团奋力阻击，难以前进。连他的警卫部队也一度被冲散。直到黄昏前，距离钟松的阵地还有30多里。孤军突进的整编三十六师，如今只能孤军做垂死挣扎了。

骄横一时的钟松，盼援军无望，暴跳如雷。眼看形势急转直下，阵地相继丢失，电台亦被击毁，各方联络断绝，便和一六五旅旅长李日基等换衣化装，乘黑夜逃跑。野战军经过激战，当天黄昏歼灭了整编三十六师师部及 2 个旅，共 6000 余人，俘旅长刘子奇。

沙家店战役粉碎了敌人对陕北的重点进攻，化险为夷，是扭转西北战局的关键一仗。彭德怀说：这“是陕北战局的转折点”，“基本上改变了敌我形势”。西北战场由被动转入主动，野战军开始转入内线反攻。敌人则开始走下坡路。整个陕北军事形势为之改观。中共中央高度评价沙家店战役的影响，说：“经此一战，局势即可改变，利于陈（赓）谢（富治）南进。”22 日，陈谢集团相机强渡黄河，挺进豫西，转战豫陕鄂边地区。

8 月 23 日，彭德怀在前东原召开旅以上干部会。毛泽东、周恩来、任弼时等中央领导人亲临会场，向指战员们祝贺胜利。毛泽东在会上说：沙家店这一仗确实打得好，对西北战局有决定意义，最困难的时期已经过去了。用我们湖南话来说，陕北战争已经过坳了。他称赞说：侧水侧敌本是兵家所忌，而我们的彭老总指挥的西北野战军英勇奋战，在短短一天时间里，就取得了空前的胜利。毛泽东讲话后，彭德怀站起来说：“毛主席讲过坳了，这是对我们的鼓励。我们要真正过坳，还要多打几个胜仗。”24 日，毛泽东致电贺龙和习仲勋：昨日我到前委参加会议，彭及各纵首长对于继续在现地区歼敌信心甚高，部队士气高涨，均愿先在现地歼敌，然后南下。该电要求贺、习派几批得力人员大力动员粮食，以完成作战计划。

8 月 26 日，绥德以北敌军主力开始南撤。彭德怀指挥西北野战军乘机“击其惰归”，于 9 月中旬进行了岔口、关庄追击战，歼敌四千余人，迟滞了敌军行动，使敌人迅速抽兵东顾潼关、豫西的计划流产，策应了陈谢集团在豫西的作战。

第四节　活捉廖昂

西北野战军组建时，陕甘宁边区的警备第一旅、第三旅编为地方部队。在王世泰率领下于关中分区开展游击战争，袭击公路运输，牵制敌军兵力，配合主力作战。根据中央军委指示，9 月，以陕甘宁边区的地方部队警一旅、警三旅和骑兵第六师组成第四纵队，王世泰任纵队司令员兼政委，阎揆要任副司令员兼参谋长。10 月 11 日，又将教导旅、新四旅组成第六纵队，由罗元发任司令员，徐立清任政治委员，张贤约任副司令员。至此，西北野战军发展为 5 个纵队、10 个旅另 1 个骑兵师，共 7 万多人。

胡宗南部主力于 9 月 20 日撤到延安地区，而作为延安外围据点的绥德、子长、清涧至延长的 100 多公里交通线上，只有廖昂率整编七十六师师部、第二十四旅及一六五旅残部等不足两个旅的兵力担任守备。黄龙山区仅有 6 个团的兵力分散防守。

中央军委在 9 月 22 日和 23 日，连续电示西北野战军主力暂留内线，肃清清涧、子长、延川、延长之敌，筹集粮草并准备打援。根据军委指示和陕北粮食极端困难的情况，彭德怀决定野战军各部内、外线配合作战，先攻延川、延长；同时准备打援，得手后再攻清涧、子长（瓦窑堡）。一个月后打出去。24日，彭德怀令王震率第二纵队由甘（泉）、富（县）、洛（川）线节节击敌，逐渐转向关中，与王世泰第四纵队靠拢，进行外线作战。第二、第四纵队会合后组成外线兵团，统归王震指挥，开辟黄龙山区工作。这个部署既可以适时转向外线，解决粮食困难，又能迷惑敌人，使胡宗南部误认为西北野战军主力南进，而分散其主力，有利于野战军在内线各个歼灭延安以北孤立据点之敌。

10月1日，第三纵队及教导旅攻克延长、延川两城，全歼守敌。第一纵队攻占清涧城南之三十里铺，割断清涧、子长、绥德守敌与延安之敌的联系，创造了围攻清涧的有利条件。

清涧城位于延安、绥德之间九里山以南，是北上绥德、榆林，南下延安、西安的交通要冲。清涧河夹城东西，在城南汇合向东南流。城西的笔架山与城东北部的制高点隔河相望，构成东、西屏障，地形险要。廖昂军侵占清涧后，在城周大修碉堡，以交通壕相连，并设置大量障碍物，企图凭险固守。

10月3日，彭德怀召开西北野战军前委会，研究攻打清涧的部署。他认为收复清涧是收复瓦窑堡和绥德，巩固后方，夺取榆林，向关中进军的关键。由于清涧的地理位置，我攻清涧，敌必来援。会议决定以第一、第三纵队坚决夺取清涧，新四旅、教导旅分别阻击南、北来援之敌。10月4日完成对清涧的包围。

彭德怀根据清涧守敌纵深配备、并有相当强的工事，野战军则缺乏攻坚火器和攻坚经验的情况，向部队发出作战指示：必须准备数日的连续战斗，要不怕疲劳，发扬高度英勇顽强的战斗精神；在战术上，攻击每一据点事先要有充分准备，隐蔽运动，突然攻击与短促火力相结合，集中优势兵力、火力突破一点，割裂敌人阵地，各个包围歼灭。各兵团必须协同动作，先打弱敌，后打强敌，争取在敌人援兵到达之前歼灭守敌。攻城部队按照彭德怀的指令，于10月6日黄昏同时发起冲击，至7日攻克外围据点10余处。

清涧城的整编七十六师师长廖昂，一日数电向胡宗南求援。10月8日，刘戡率5个半旅的兵力，由延安出动增援清涧。9日，敌援军到永坪，距清涧仅一日行程。而野战军进攻部队尚未肃清清涧的外围据点，尤其是可以瞰制全城的城西险要高地笔架山尚在敌手，对攻城部队构成很大威胁。

笔架山，当地老百姓称它“耙子山”，周围是数丈高的陡崖峭壁。加上廖军多次进行人工切削，攀登极为困难。担任攻击的三五八旅由于炮火不足，加上开始时选择目标不准确，因而连续数次攻击均未能占领。如不及时拿下这个屏障县城的山峰，必将影响逼城夺取清涧的战斗。彭德怀打电话给纵队副司令员贺炳炎说：你要赶快给我拿下“耙子山”。贺炳炎强调攻击部队伤亡大，有困难。两人在电话里顶了起来。彭德怀的作风是果断，雷厉风行，在下决心前欢迎人家提意见；下了决心作出部署后，就要坚决执行，但给下面一定的机动处置权。这时他压下火气，立即带了副参谋长王政柱和几个参谋、警卫人员，直奔三五八旅指挥所，同旅长黄新廷、政委余秋里等，到攻打笔架山的前沿阵地，观察地形和敌军火力点分布。

彭德怀站在一条横向的堑壕里观察。这里常遭受敌人火力袭击，机枪可以打到。余秋里说："彭总，这里危险，快换个地方吧！"彭德怀说："你们经常在这里观察都不怕，我怕什么！"黄新廷、余秋里见时间长了要出危险，只得上前把他硬架了下来。刚离开，一梭子弹就打在刚才站的位置上。彭德怀风趣地说："看来任务没完成，马克思不要我。"

从前沿回来，彭德怀和三五八旅领导一起，重新调整部署，集中组织了攻击火力，于10日上午一举拿下了笔架山，全部肃清了清涧的外围据点。

当天，彭德怀根据中央军委指示和刘戡援军前进速度，调教导旅主力协同新四旅坚决抗击敌之增援部队。同时命令攻城部队做好准备，在10日晚上发动总攻，争取11日拂晓前解决战斗。他说："绝不能功亏一篑！要在敌援军到达前攻下清涧，活捉廖昂。"当晚，攻城部队连续炸开城东门和北门，部队同敌人展开激烈的巷战。11日晨，全歼守敌整编第七十六师师部及二十四旅主力，俘敌中将师长廖昂、旅长张新。刘戡所率领的援军，在野战军阻援部队顽强抗击下，这时还在20公里外，对整编七十六师被歼束手无策。胡宗南军因连续被歼，绥德、瓦窑堡方面更加孤立。刘戡率领的援军害怕遭到围歼，连清涧城也没敢进，急忙把守备绥德、瓦窑堡的部队接应出来，一同撤回延安。延（延长、延川）清（涧）战役共歼敌8000余人，收复了绥德、子长、延川、延长等城及延安东北广大地区。

廖昂是个反共老手，本是彭德怀的手下败将。1936年11月，彭德怀在红军西征中指挥山城堡战役，全歼廖昂旅，廖昂落荒而逃，仅以身免。现在廖昂升了官，当上中将师长，但打仗的本事却没多大长进，又遇上彭德怀，这次没能逃脱当俘虏的命运。廖昂被俘后，提心吊胆，睡不着觉。彭德怀找他谈话，他埋怨胡宗南指挥不当，说："清涧工事虽多而坚固，但胡宗南竟拿我1个整编师部和1个旅部来守据点，简直是和我开玩笑。"彭德怀说："你们的失败主要并非指挥问题，而是由于你们进行的是反人民战争，士兵厌战，人民反对你们。"谈话后，彭德怀留廖昂吃饭。警卫员端来一盆面条，廖昂惊讶地说："副总司令太艰苦了。早就听说彭副总司令生活俭朴，万万想不到你就吃这样的饭，名不虚传！名不虚传！"彭德怀沉下脸，说："这样的饭不好吗？中国老百姓吃不上这样的饭有的是。我彭德怀吃这样的饭已经是享受了。你们这些达官显贵看到这样的饭大惊小怪，觉得难以下咽，正说明国民党腐朽透顶，注定要被人民打倒。"谈话后廖昂连声赞叹解放军，称彭德怀为英明的将领。

延清战役前后，野战军在外线作战的两个纵队，在王震、王世泰指挥下，于9月下旬至10月下旬进行了黄龙战役。南北两军相互策应，内线反攻与外线作战密切配合。黄龙战役歼敌三千余人，一度解放了黄龙（石堡）、白水、韩城、宜川等县，俘宜川守敌中将指挥官许用修，打开了开辟黄龙新区的局面。随后，第四纵队撤至固临地区，第二纵队由宜川东的圪针滩东渡黄河休整待机。

10月11日，中央军委向各军区、各野战军通报关于西北战场的情况和作战经验：西北我军在彭副总司令指挥之下，全军共计4万余人。边区人口150万，三分之一左右沦于敌占。本年荒旱，近数月粮食极端困难。七个月作战，未补解放区新兵，补的都是俘虏，即俘即补。七个月中没有做过一次超过两星期的正式整训，绝大部分时间都在行军作战中。然而，我军战斗意志极其坚强，士气极其高涨，装备火力大大增强。利用边区地方广大人民拥护，七个月内击破了胡宗南中央系步骑24个旅及杂牌10个旅的攻势，被我歼灭及受歼灭性打击者达11个旅，加上敌人拖疲饿瘦，使我转入了反攻。望各首长转知所属，加以研究，建立一切从打胜仗中解决问题的思想，争取大反攻胜利。毛泽东写的这个军委通报，是对半年多来西北解放战争的评价和精辟总结。

延清战役前夕，中央军委调一纵队张宗逊任西北野战军副司令员。同时，甘泗淇到野战军政治部接替徐立清任主任。

第五节　新式整军

从1947年11月下旬至1948年2月上旬，西北野战军在彭德怀和前委的领导下，利用冬季战斗间隙，在清涧、绥德、米脂、靖边地区（第二纵队在山西曲沃地区），进行冬季整训。在整训中放手发动群众，发扬解放军政治、军事、经济三大民主，同中国共产党正在进行着的整党运动、土改运动相结合，开展以“诉苦”和“三查”（查阶级、查思想、查斗志）为主要内容的群众运动。

从撤出延安以来，西北野战军经过九个月作战，部队得到了扩大和锻炼。但也出现了一些新问题：新成分不断增加，特别是补充了大批解放战士（俘虏兵）。有的连队达80%，平均在70%左右。加上在严酷的战争环境中，战斗频繁，政治思想教育跟不上，党的工作较弱，不少解放战士阶级界限模糊，不知为谁当兵，为谁打仗，存在“吃谁家的粮就当谁家的兵”的雇佣思想，情绪极不稳定。在部队的物资供应极端困难的情况下，少数人怕艰苦，违反群众纪律的现象不断发生。个别干部骄傲自满，斗志不强，厌倦战争，贪生怕死，“造假情况，打滑头仗，阳奉阴违，不负责任”①，不能坚决完成战斗任务。上述情况在1947年10月至11月间第二次攻打榆林时集中地暴露出来，严重影响部队战斗力的发挥。

当时解放区正进行轰轰烈烈的消灭封建剥削的土改运动。农民的翻身解放与诉苦斗争激励着部队的指战员。这对解决存在的问题是非常有利的。

11月27日，彭德怀和张宗逊向中央军委报告：部队需要有一段时间训练。需要普遍深入诉苦运动与土改教育，提高阶级觉悟，增强团结，排除某些人对俘虏兵的恐惧心理。29日，彭德怀召开一、三、六纵队旅长、政委以上干部会，安排了整训计划。要求进行民主检查，“表扬优点，揭发缺点，总结过去，策划将来”。通

①《彭德怀军事文选》，中央文献出版社1988年版，第230页。

彭德怀（右）和第一野战军副司令员张宗逊

过整训，扩大党的组织。他强调“工作重点在连队，旅、团、营干部要深入连队，尤其深入支部。健全支部生活，发挥支部的积极性”。反对过去只有政治工作人员做政治工作，而没有发动全体指挥员做政治工作的非群众路线的方式。

冬季整训开始就从土改教育入手，发动士兵诉苦，开展诉苦运动，提高阶级觉悟。解放军大多数指战员都是穷苦农民出身，亲身遭受过地主与富农、国民党政权及其军队给予的各种痛苦。有的家里卖儿鬻女，逃荒要饭，家破人亡；有的几辈子当牛做马，到头来房无一间，地无一垅，衣不蔽体，食不果腹。他们都有一本血泪账。经过诉苦，挖穷根，算剥削账，再从大量典型事例中，归纳出问题一层层深入讨论，搞清楚阶级剥削、阶级压迫是怎么回事，反动统治阶级代表谁的利益，劳动人民的共同敌人是谁，天下穷人为啥是一家，等等。讨论具体深入，有情有理，生动实际，紧扣人们心弦。广大指战员通过诉苦这个深刻而实际的阶级教育，把苦变成恨，把个人仇恨变为阶级仇恨，知道了“苦从何来，仇向谁报”，发自内心地喊出“穷人要翻身，消灭国民党军”。大家纷纷表示：“一定要在战场上报仇。”彭德怀指出：诉苦运动还清算了地主、富农思想影响，“大体的划清阶级与敌我界限”，“达到挖穷根坚定斗志”，“建立明确的为土地而战的意志”，“建立彻底打倒蒋介石的思想”。

第一纵队三五八旅的忆苦三查搞得较早，彭德怀非常重视，亲自指导。一天，他和甘泗淇来到三五八旅，听了汇报，又去参加诉苦大会，还找干部战士座谈，了解情况。听到解放战士于德水的悲惨遭遇，他的心情非常难受。沉默了好久，然后转头对三五八旅政委余秋里说：“翻身农民参军的子弟兵，受地主老财的剥削压迫，只受一重苦；俘虏过来的解放战士，绝大多数是贫雇农，他们在家受地主剥削，在国民党军队里又受压榨打骂，受的是双重苦，是我们的阶级弟兄。”这次调查，彭德怀印象非常深。事隔 20 年之后，彭德怀在“十年动乱”被囚禁中回忆这次调查，写道：“一纵队三五八旅战士中有一名四川人，是俘虏来的。深夜，一个人在野地，写着他母亲的神位，哭诉他母亲是怎样惨死的，仇恨国民党和当地的恶霸地主，他参加了人民解放军，要如何为母亲报仇。一位连指导员悄悄在旁听着，他也有类似苦难，结果他们拥抱相诉相哭。”[1] 他写得如此真

①《彭德怀自述》，人民出版社 1981 年版，第 251 页。

切动人，可见这次诉苦大会给他留下了深刻的印象，在他受尽旧社会苦难的心中引起了强烈的共鸣。

彭德怀充分肯定三五八旅的经验，对余秋里说："你们搞的忆苦三查很有意义，这是政治工作的一种新样式。有了彻底的群众路线，就能充分发扬民主。你们要决心抓下去，抓出成效来。"回到野战军司令部后，即通知附近的纵队组织团、营干部去参观学习，推动全军的诉苦运动。

在诉苦和讨论提高认识的基础上，转入"查阶级、查思想、查斗志"的三查阶段。在群众发动起来后，有的更主动地查经济、查纪律、查领导以及查支部与党员的作用，开展严肃认真的批评与自我批评。群众称"三查"运动是"过秤"——看你够不够党员标准、干部条件；"照镜子"——找出自己的缺点、错误。

彭德怀指出：通过三查，揭露了思想作风上的不纯问题，检查了违反群众纪律的具体事件和有关人员，批判了个人主义享乐思想、贪生怕死的思想和官僚主义作风；清查出暗藏在部队中的敌军军官和混进党内来的坏分子；撤换了一些斗志不强，坚持地主、富农立场的干部，达到"纯洁思想、纯洁组织，加强工作效率，提高战斗力"的目的。

在三查过程中，也存在着运动发展不平衡，有的一度发生过火的捆、吊、打和逼供信的错误。彭德怀指出，虽时间很短，共有几天即行纠正，但真正的奸细不易除根，其罪恶也未充分暴露，不易教育群众[①]。针对那种过多地把注意力放在追查成分，忽视思想教育的情况，彭德怀明确指出：查阶级、查思想、查斗志的三查运动是有联系的。查阶级查思想，查的目的是为提高阶级觉悟，坚定斗志，提高战斗力。过分地强调成分，就会走上唯成分论的偏向。

1948 年 1 月，彭德怀和前委召开团以上干部会。各纵队首长汇报前一阶段诉苦、三查的情况，交流了经验。会后，部队在诉苦、三查的基础上，转入第三阶段，即开展群众性的练兵运动。通过练兵，使勇敢与战术、技术密切结合起来，进一步提高了指战员的战术、技术水平和干部的指挥能力，为转入外线进攻作了思想上、军事上的准备。

关于这次运动，彭德怀在整军报告中总结道：经过诉苦和三查，"部队中的气象焕然一新"，党在部队中的威信大大提高了。过去解放兵、子弟兵间的隔阂和不团结的现象，被阶级友爱代替了。它提高了指战员的阶级觉悟和战斗意志，增强了部队团结，加强了群众纪律，更加密切了军民关系，发扬了群众创造性，提高了部队战斗力。同时，发扬了民主作风，部队中的管理教育方式，亦有很大改善。这"是我军有史以来第一次伟大的群众运动"，是继承了古田会议的精神，是我军新的整军方式，是毛主席建军思想的坚持和继续。

1948 年 1 月底，毛泽东和周恩来等中央领导人，听取了野战军进行诉苦三查的汇报。毛泽东高兴地说：我们从中央苏区起，就想找到一个教育俘虏兵的好

---

①《彭德怀军事文选》，中央文献出版社 1988 年版，第 266 页。

形式，这次诉苦三查的办法把这个问题解决了[①]。毛泽东把它称为新式整军运动。经过他的倡导，全军都开展起来了。其后，西北野战军取得宜川战役的胜利，毛泽东又指出："这次胜利，证明人民解放军用诉苦和三查方法进行了新式整军运动，将使自己无敌于天下。"[②]周恩来则赞扬诉苦三查做得很好，是"壮大军队"的法宝，说这是"创造了政治工作的新方式"[③]。

部队开展新式整军运动过程中，彭德怀于1947年12月还参加了中共中央在陕北米脂县杨家沟召开的会议。这次会议讨论并通过了毛泽东所作《目前形势和我们的任务》的报告。报告阐明了革命战争转入战略进攻以后所需要解决的军事、政治、经济等方面的方针政策，提出了著名的十大军事原则。

彭德怀以实事求是的态度，联系当时党内军内存在的偏向和政策上的具体问题，提出了很中肯的意见。他在26日发言说：在贯彻中央指示时，要注重调查研究，区别对待。革命斗争在胜利中易于轻敌，在受挫时易于怯敌，军事上如此，地方工作也是如此。土改中"左"倾是当时要解决的主要错误倾向。对此，彭德怀又说：土地问题已上轨道。"团结中农是一个十分重要的问题。""城市工商业一定不要破坏，即使政治上必须没收的，也不必性急。"他特别强调发扬民主，指出：部队要放手发扬民主，政治教育靠民主，军事上也要民主。战役检讨也必须充分民主化，何以胜，何以败，这个教育最有效。彭德怀预计西北的军事形势在1948年将发生根本变化。

根据十二月会议的精神，1948年1月，彭德怀在杨家沟主持召开西北野战军前委扩大会议。彭德怀在报告中回顾了从延安以南抗击战到二次攻打榆林的战斗历程，简明扼要地总结了四点经验："指挥者对敌、我、民情及地形要熟悉"，这"是下决心的根据"；"要善于根据敌人之企图来诱惑敌人，以达到自己的目的"；"要善于各个击破敌人，先打弱的后打强的，不要想一口吞"；"兵不要太大，只要齐心；要练得好，用得法"。会上，彭德怀强调要执行好党的城市政策，指出：我们城市政策执行的好坏，将影响西北大中城市工商业家的向背。在农村"宁肯饿肚子也不能动中农"。要求各纵、旅党委一定要注意纪律教育。

前委扩大会议提出西北野战军转入外线作战的基本任务，一是大量消灭敌人；一是建立根据地。会议从方针政策上为在西北开展新区和城市工作，作了具体规定和必要准备。

---

① 余秋里：《思想政治工作是我军的传家宝》，载《人民日报》1983年12月21日。

②《毛泽东选集》第4卷，人民出版社1991年版，第1291页。

③ 周恩来：《在西北高干扩大会上关于全国战争形势的报告》1948年1月11日。

第十八章　外线歼敌

第一节　西北大捷

中国人民解放军转入战略进攻后，到1947年12月，处于外线作战的刘（伯承）邓（小平）、陈（毅）粟（裕）、陈（赓）谢（富治）三路大军完成了在中原的战略展开。纵横驰骋于江淮河汉之间，开辟了广大的中原解放区。内线的华东、晋冀鲁豫、晋察冀及东北等战场的解放军，在反攻与进攻作战中，收复了大片失地，扩大了解放区。迫使国民党军队进一步向点线收缩，重新划分绥靖区，实行分区防御。胡宗南也先后从陕北调三个师至潼关及其以东地区，连同整编第六十五师统归裴昌会指挥，企图配合顾祝同集团打通陇海路和平汉路，与解放军逐鹿中原。

彭德怀指挥西北野战军经过9个月作战，歼灭蒋介石正规军6.1万人，非正规军1万余人，迫使胡宗南部困守一些点线，采取"机动防御"部署，陷入被动地位。这时，陕甘宁解放区失地已大部收复，与晋西南解放区相联结，支援前线的能力有了提高。野战军增加到7.5万余人。敌我兵力对比已由约10∶1变为5∶1。虽然敌大我小的形势仍然存在，但西北野战军已开始掌握战场主动权。在大量歼灭敌人和新式整军的基础上，执行中央军委关于举行战略进攻，将战争引向国民党统治区，在外线大量歼敌的主客观条件完全具备了。

1948年1月在野战军司令部讨论战略进攻方向时，彭德怀提出转入外线作战，有北攻榆林、西出陇东和南出陕中三个方向可供选择。他发扬军事民主，鼓励大家各抒己见。与会者纷纷发言，有的建议打延安，说收复延安政治影响大；有的说应向陇东出击，打击"二马"。还有的主张直插关中，捅胡宗南的老窝去。彭德怀善于集思广益，博采众议，在听完议论后说：敌人在延安盘踞近一年，修筑了坚固的工事，又有一万多兵力守备，攻打延安要付出较大的伤亡代价，还不到火候。向陇东出击，路上缺乏粮食；同"二马"骑兵打仗，可能打不成歼灭战，胡宗南的力量又没有消耗，两头一夹击，我们就会打消耗战。他走近地图，在延安以南一带的地图上画了一圈，说：胡宗南在宜川、韩城一带的工事虽强，但比延安差，且兵力不足。黄龙山道路崎岖难走，如敌人增援，便于我们伏击。现在敌人占据黄河渡口，如我们利用得好，就会出其不意来一支奇兵（指当时在山西的王震第二纵队）。他分析了敌我态势，权衡了各种利弊，提出向延安以南出击，插到敌人后方去，向黄龙山进军。认为咸榆公路和黄河西岸的中间地带，是实施战略进攻的最好方向。彭德怀画龙点睛地说：我们是打宜川、调洛川（敌人）；歼灭刘戡，收复延安。经过讨论，大家认为南出陕中，向黄龙山进军确是把握全局，高瞻远瞩的一招好棋。

1948 年 1 月下旬，彭德怀和张宗逊致电一、三、四、六各纵首长：派副旅长或参谋长，率有力侦察部队附测绘员，到延安以南进行敌情、地形侦察，绘制敌军配备要图，捕捉俘获逃兵，搞清敌人的实际兵力及位置，向野司报告，要求在 2 月 10 日前完成一切出发准备。

当时，胡宗南集团以整编七十六师一部守备韩城及禹门口，阻挡在晋南的第二纵队西渡；以其第二十四旅防守宜川；以整编第十七师两个旅及陕西保安十一团守备延安及延安至富县的公路线；由刘戡率主力整编第二十七、第九十师集结于洛川、黄陵（原中部）、宜君、临真镇地区机动，以便北援延安，东援宜川，阻止西北野战军南下，实现其所谓“监视三面”，并保护其后方补给供应线。

宜川东依黄河，西连洛川、富县，是陕东战略要地，胡宗南视之为关中屏障。宜川像是黄龙区同晋绥、太岳解放区之间联系的一个钉子。拔掉这颗钉子，解放黄龙山诸城，可进一步打通与晋西北的联系，巩固后方，造成解放大西北的有利态势。

1948 年 1 月 29 日，彭德怀在米脂县吕家沟召开野战军旅以上干部会，根据毛泽东和中央军委关于向延安、宜川线出击，得手后向该线以南、渭水以北进攻，以建立渭北根据地的指示，决定第一步以围城打援的战术攻宜川。彭德怀说：宜川是胡宗南棋盘上的一个重要棋子，我们打宜川，胡宗南必然派兵来增援。敌人一向对我军实力估计不足，刘戡还有股蛮劲，所以一定会来增援。这就便于我军以逸待劳，选择有利地形，在运动中各个歼敌。指挥员一致赞同，说：这一招把刘戡的坟墓都准备好了。

会议确定进行宜川战役，先以一部兵力围攻宜川，调动黄陵、洛川等处敌军来援；野战军集中优势兵力，在运动中先歼援敌，然后再夺城。彭德怀明确提出，在战术上，攻城部队应积极动作，但勿急克，逼敌驰援；打援部队应发扬英勇顽强的战斗作风，速战速决。彭德怀把这个“围城打援”的方案报告中央军委和毛泽东，迅速得到批准。

彭德怀在部署攻打宜川的同时，即着手进行打援的准备。他依据侦察的材料，分析敌军从黄陵、洛川等地增援宜川，可能走三条路线：一条是经瓦子街到宜川。这是条公路，便于大部队机动，距离近，增援快，可迅速解宜川之围，但有遭野战军伏击的顾虑。二是经石堡（黄龙）到宜川。虽也是一条公路，但路况差，距离远，不利速援。三是沿第一条道路以北的进士庙梁到宜川，这是条山间小路，地形复杂，翻山越岭，行动缓慢，重武器不易通过。

敌人究竟会走哪条路呢？彭德怀在野战军司令部全神贯注地估量着，像是问自己，又像问其他同志："来不来呢？可能从哪条路来呢？"一科副科长接着他的话茬儿说："敌人胆小，我估计不敢走小路。"彭德怀说：你这个估计基本正确。根据敌军过去的作战行动规律，刘戡从自身的安危出发，是会走小路的。但下命令的是胡宗南，而刘戡上次增援清涧时来得慢，受了处分。这一次他一定要走得快，要走公路。彭德怀进一步分析，胡宗南要兼顾守军与援军，经瓦子街往宜川，既近且好走，可以达到迅速解围；此人又主观成性，对下骄横，必然命令刘戡经第一条道路驰援。因而决定把部署打援的重点放在第一条路线上。另一方面，也准备"如敌不援，则夺取宜川后继续南进，夺取韩城、白水、合阳、大荔等城"。决心下定，彭德怀风趣地说："围城打援，钓大鱼。我们钓刘戡，钓来钓不来两种可能。刘戡只要进来，就别想出去。"

按照围城打援的作战意图，西北野战军主力于 1948 年 2 月 12 日，分别由志丹（保安）、米脂、绥德、清涧地区向南开进。16 日到达甘谷驿、延长待机地域集结，进行战役准备工作。同一天，第二纵队由晋南曲沃地区西进，准备由禹门口渡河，参加宜川地区作战。2 月 20 日，彭德怀和副司令员张宗逊、赵寿山联名发出宜川战役"进字第一号"命令，令各纵队于 24 日到达指定位置。命令所作的兵力部署，构成三个歼敌方案，不论增援宜川的敌军是取道瓦子街或经石堡（黄龙），或者走进士庙梁，野战军均能从所在地区出发，进入预伏区，合围歼灭增援之敌。为了不暴露野战军的企图，彭德怀把打援部队集结于离预伏地区二十多里之外，待确实弄清敌情后，再令各纵队以急行军进入伏击地区。

按照野司的部署，第三纵队和第六纵队的任务为"协同歼灭宜川守敌，夺取宜川并准备打援"，于 24 日完成对宜川城的包围。27 日，占领了宜川外围主要据点。准备打援的第一、第四纵队也于 23 日到达瓦子街以北进攻的出发位置。同日夜，王震率领第二纵队开始由禹门口强渡黄河，集结于宜川以南约 50 里的圪台街附近。

西北野战军包围宜川后，彭德怀带了副参谋长王政柱和几个参谋、警卫人员，到城北的塬上观察城内外敌军的防御工事。由于城郊烟雾缭绕，看不真切。彭德怀说："咱们再往前走走。"他边说边走，一直走到敌军的炮火射程以内。忽然有一发炮弹在离他十几米处爆炸，弹片从他头顶飞过，尘土落满全身。彭德怀骂了一声："耍什么威风，你们很快就要完蛋了！"他转过身对王政柱诙谐地说："敌人的炮镜比我们的望远镜强，我没看见他，他倒看见我了。"在阻击打援打响前，他又同副司令员和各纵队首长，到瓦子街一带察看地形。

瓦子街是洛（川）、宜（川）公路咽喉。由此到宜川西南的铁笼湾，长约 15 公里。在狭窄的公路两侧，山高坡陡，沟深谷狭，遍布梢林，便于野战军隐蔽集结，进行野战。彭德怀察看地形后十分满意，说："敌军如走这条路，可打他个措手不及。这真是歼敌的天然好地形啊！"但直到深夜，他仍在反复推敲作战方案，检查是否有什么漏洞，还将身旁刚到职不久的副司令员赵寿山推醒，问："你看还有什么漏洞没有？"赵寿山回答说："嘿！就看胡宗南肯不肯往里钻了。"

这时，在西安绥署的胡宗南，正接连收到守宜川的二十四旅旅长张汉初的电报，呼救求援。胡宗南又一次低估了西北野战军的力量。据当时缴获的刘戡整编第二十九军军部命令和通报等材料，胡宗南认为彭德怀只有五个纵队，部队经连续作战伤亡大，又无重炮，不能攻坚。他判断二纵队渡河后必先夺取韩城、合阳，不可能用在宜川方面。其余四个纵队，可能以 3 个纵队的兵力围攻宜川，只有一个纵队用于阻击援兵。因此，胡宗南命令张汉初依据宜川的险要地势和巩固工事，坚守待援，令刘戡率整编第二十七、第九十师 4 个旅的兵力，即日前往解围。刘戡接命令后，连会都没有来得及召开，就下达出发命令。于 2 月 26 日，由洛川、黄陵出发，沿洛宜公路经瓦子街，日夜兼程增援宜川，27 日进到瓦子街地区。

由瓦子街到宜川西南的铁笼湾，洛宜公路的两侧是东西走向的两道山脉。刘戡的参谋长刘振世建议，不要直往东走，可先向北绕打共军一翼。刘戡对这一带地形熟悉，怕西北野战军打伏击，也想从左侧向观亭绕进。请示西安绥署，胡宗南回电：宜川紧急，按原定计划，不顾一切，兼程向东驰援。还说：找共军大队找不到，现在到了你们面前了，不打还行。

2 月 28 日晨 4 时，彭德怀等下令：决于明日拂晓发起总攻，歼灭来援之敌。命令适当调整了部署，以三纵、六纵各一个旅继续围攻宜川，诱使援敌深入就范。全军集中九个旅的兵力，在瓦子街至铁笼湾之南北高地按预定方案进入阵地。同时电令二纵队集结于圪台街与瓦子街之间，准备由南向北侧击瓦子街及以东的援敌。

28 日，刘戡率援军继续东进，在任家湾、丁家湾地区遭西北野战军第三纵队与第六纵队部分兵力的阻击。刘戡判断阻援部队只有一个纵队，几千兵员，不能阻其驰援，命令部队继续攻击前进，限于当天到达宜川。这样，连其后续部队均于当日进入瓦子街以东的隘路。28 日下午，天空阴云密布，开始下毛毛雨，后变成小雪，入夜，鹅毛大雪漫天飞扬。野战军第一、四纵队和第三、六纵队各一部，冒雨雪由预伏地区隐蔽接敌。

2 月 29 日晨，彭德怀致电中央军委：“敌整编二十七师、九十师进到宜川西南之王家湾、任家湾以南高地。昨晚大雪数寸，本晨敌未动。我无粮不能等待，故决向该敌围攻。”同日晨 2 时，负责扎口袋的第一纵队于瓦子街以西尾敌前进，6 点攻占瓦子街，断敌后路。这时一纵队司令员贺炳炎、政委廖汉生发现第二纵队因距离远，雪路难行，尚未占领瓦子街以南高地，而敌人正向该地集结。如不迅速堵塞这一缺口，敌人将有突围逃窜的可能。于是在前卫独一旅一团插过公路开始攻击之后，又命令三五八旅一部向瓦子街东南高地攻击，以切断敌人南逃退路。三五八旅的七一四团附七一五团 1 个营，与敌五十三旅 1 个团的兵力，反复肉搏，将敌击溃，占领了阵地。并向东发展，同友邻部队一起，完全截断了敌军回窜的道路。

同一天，第一、第四纵队和第三、第六纵队主力击退了企图夺路突围之敌。担任攻击敌右翼的第二纵队亦赶到投入战斗。到黄昏，野战军紧缩包围圈，将敌人压缩在乔儿沟、任家湾、丁家湾及其附近高地的东西不到 10 公里长，南北宽约5公里的狭小地区内，形成铁桶合围的态势。当天夜里，部队冒着大雪严寒露营，不顾疲劳饥饿，积极准备第二天总攻。刘戡也命令其所部各旅连夜构筑工事，继续顽抗。

3月1日拂晓，彭德怀下达总攻击命令。第一纵队沿公路及其两侧高地由西向东，二纵队由南向北，四纵队由北向南，六纵队一部由东南向西北，三纵队一部由东北向西南，向敌人发起总围攻。枪声、炮声、军号声、冲杀声，震天动地。这一天，全线战斗十分激烈。刘戡的援军顽强抵抗，与西北野战军反复争夺位于公路南侧、居高临下的东南山。彭德怀在当天的一份文电中写道："每攻一山峰，须反复数次，用刺刀才能取得。"名闻全军的刺杀英雄刘四虎，原是苦大仇深的翻身农民，也是新式整军中提高阶级觉悟的典型，一个人刺死7个敌人，自己身上也挨了11刀，负了重伤。七一四团团长任世鸿，带领特务连夺取敌军指挥所盘踞的山梁土寨子，身先士卒，英勇牺牲。

彭德怀一直注视着战斗的进展情况，对广大指战员鏖战东南山，英勇拼搏的战斗作风深为满意。他在前线指挥所观察到，敌人死守丁家湾的一个山头阵地，我攻击部队多次进攻受阻。而在附近担任"阻敌东进"的1个旅，只顾阻击，没能见机行事，协同兄弟部队出击。彭德怀在电话上批评该旅旅长表现迟慢。旅长即带1个团出击。彭德怀又踏着烂泥直奔该旅指挥所，对在场的旅参谋长说：把机枪布置好。你带领这个团顺山沟下去，再往对面敌阵地冲击。他对旅首长说："打仗，战机非常重要，指挥员要有战场的全局观点，善于协同配合，狠狠打击敌人，不给敌人以喘息的机会。"

经过连日激战，至3月1日下午4时，西北野战军占领了公路两侧全部阵地，整编二十九军军部被歼。残敌都被驱赶到沟里，狼奔豕突，争相逃生。但到处都是解放军，哪儿也跑不出去。下午5时，增援宜川的胡宗南军全部被歼。

3月2日，西北野战军包围宜川的部队发起总攻。3日上午8时，全歼宜川守敌二十四旅，旅长张汉初跳山逃跑时，腿摔坏被俘。至此，宜川、瓦子街战役胜利结束，歼灭胡宗南集团1个整编军部、2个整编师部、5个旅共2.9万多人，取得了西北战场的空前大捷。

一年前率部进攻陕北的国民党中央候补委员、蒋介石嫡系高级将领刘戡，从丁家湾山梁的土寨子往外逃跑，走投无路，以手榴弹自毙，充当了蒋家王朝的殉葬品。另一个曾扬言他一个师可打共军两三个纵队的整编九十师师长严明，见大势已去，坐了滑竿（即轿子）逃跑，被西北野战军击毙。随后在西府战役中，宝鸡守敌整编七十六师师长徐保受伤被俘后因伤重而毙命。国民党军3个高级将领接连丧命，所以当时西安流传这样一副对联：上联是"刘戡戡'内乱'，'内乱'未戡身先死"①；下联为"徐保保宝鸡，宝鸡不保命也亡"；横额是"纪律严明"。

---

① 国民党政府诬蔑解放军的自卫战争为"内乱""叛乱"。1947年7月宣布实行"戡乱总动员令"，声称要"从速戡平叛乱"。

此联辛辣地嘲讽了那些为大地主大资产阶级卖命，与人民为敌到底的国民党将领的可悲下场。

西北野战军在打扫战场时，发现了刘戡、严明的尸体。彭德怀交代："要把尸体包裹好，在掩埋的地方做个标志，我们还要通知胡宗南和死者的亲属来认领咯！"不久，陕北新华广播电台受野战军司令部的委托，通告刘戡、严明的家属和亲友说，如来运回刘、严的尸体，解放区军民将予以方便。这使胡宗南十分难堪。他认为这是中共的一颗"政治炸弹"，目的在瓦解其军心。但不去接运，又无法向全体将士及死者家属交代。不得不派人把刘戡、严明的棺材运回西安，予以厚葬。

宜川战役对蒋介石、胡宗南的打击是沉重的。败讯传到南京，蒋介石极为震怒，为敷衍国大代表对胡宗南的责难，给胡宗南以撤职留任的处分。3 月 13 日，蒋介石给胡宗南的"手启电"悲叹："宜川丧师，不仅为国军剿匪最大之挫折，而其为无意义之牺牲，良将阵亡，全军覆没，悼痛悲哀，情何以堪！"

原整编二十七师师长王应尊说："彭德怀的口袋战术，使我们走进了死胡同。"敌空军第三军区司令部在其《宜川会战史》检讨部分承认："战略上处于被动"，"对共军企图、兵力无正确判断"，行动过于迟缓，"致使共军王震部亦能参加宜川附近作战"，加以指挥上错误，导致全军覆没。

宜川战役开辟了黄龙分区，使黄龙区与关中打成一片，奠定了以后作战的有利态势。刘戡部被歼后，西北野战军大举南进，胡宗南不得不将位于潼关以东的裴昌会兵团向西安回调。这就减轻了中原野战军的负担，有力地配合了中原战场和其他战场的战略进攻。毛泽东在 3 月 7 日发表的《评西北大捷兼论解放军的新式整军运动》一文中写道："这次胜利，改变了西北形势，并将影响中原的形势。"

宜川战役之后，不论在全国、在西北，形势都已起了根本的变化。中共中央坚持在陕北的任务已经胜利完成，为适应解放战争胜利发展的需要，决定离开陕北，东渡黄河转到华北。3 月 21 日，毛泽东、周恩来、任弼时率领中共中央机关及解放军总部，从米脂杨家沟出发，由吴堡县川口东渡黄河，进入山西。四五月间相继到达河北平山县西柏坡，与刘少奇、朱德领导的中央工委会合。

第二节　挺进西府

宜川战役之后，为乘胜扩大战果，彭德怀指挥西北野战军进行黄龙山麓战役。因洛川久攻不下，增援洛川的裴昌会兵团滞留于合阳、澄城、白水及其以南地区，不敢北进。彭德怀打援不成，遂决心西进。他设想，野战军大踏步向胡宗南的后方挺进，把主力插到凤翔、宝鸡一带，夺取麟游山脉各县，可以调退延安、洛川守敌，调动、分散裴昌会兵团，寻机各个歼敌，巩固黄龙新解放区；又能夺取敌人的军需物资和武器弹药，解决给养，改善野战军的装备。

西安以西，泾河和渭河之间地区，古称西府，首府凤翔。包括现在宝鸡市和咸阳等市县，地处陕西关中、汉中和四川的咽喉要冲，向为兵家争夺之地。国民党在这个地区兵力空虚。胡宗南集团重要补给基地宝鸡，仅有第七十六师（清涧被歼后重新编成的）师部率一个团2000余人驻守，其余地区都是地方团、队守备。所以西府既是胡宗南的战略后方，又是他统治区的薄弱环节。

根据彭德怀的部署，西北野战军以第三纵队继续围困洛川，迷惑敌人，第一、二、四、六纵队于4月7日由黄陵、澄城地区向西移动，12日集结于马栏、转角、照金地区。13日，彭德怀在马栏镇召开的旅以上干部会上，称这次西府作战为调虎离山，说：我们威胁胡宗南的战略后方，搞他的补给基地，他就顾不上延安了，可以逼使敌人不战自退，撤出延安。只要能把敌人调过来，就可以在运动中寻找战机消灭他。彭德怀部署以二、四纵队为左路，一纵队为中路，六纵队为右路，渡泾河后攻击前进。左、中路相机夺取宝鸡，右路切断西（安）兰（州）公路，抗击可能来援的马步芳部。16日，部队开始分三路西进。

彭德怀在20日致电中央工作委员会转毛泽东，报告夺取麟游、陇山山脉的计划说：黄龙区缺粮；黄陵、宜君打援，敌徘徊不进。"我无粮不能久待，故决提前夺取麟游山脉与陇山脉诸县及断西兰与川陕交通。相机夺取宝鸡。以打击胡宗南为主，站稳脚，建立麟（游）陇（山）两山脉根据地雏形，预计两三个月。第二步入甘肃。求得在广大地区解决给养，减轻老区负担。"毛泽东在26日复电："你们第一步向泾渭之间，第二步向甘肃，甚好。"并告诉彭，中央已和中央工委会合，这里一切很好。

西府战役初期的战斗进展顺利。先后攻克泾河以南、渭水以北的麟游、扶风、岐山等9个县，切断了西兰公路。25日夜，第一、二纵队向宝鸡之敌军发起总攻击，至26日全歼守敌，占领宝鸡。整编七十六师师长徐保重伤被俘，第二天毙命。缴获的武器弹药、军用物资堆积如山。

西北野战军南渡泾河，切断西兰公路，蒋介石、胡宗南闻讯大为震惊。按照蒋介石的命令，胡宗南急电延安守敌弃城南撤，以缩短防线。4月21日拂晓，何文鼎率整编第十七师南逃。被敌人占领1年1月又3天的民主革命圣地延安，重新回到人民手中。彭德怀以外线进攻，逼敌自撤的战略意图顺利实现了。延安城内外一片欢腾。路口、崖畔、窑顶、街头，到处是欢呼的人群。干部和乡亲们兴奋地互相道贺："延安，我们回来了！"

在彭德怀率部西进后，蒋介石也看到，西北野战军的正规部队远离解放区，处境不利，乃命令胡宗南"彻底以大军轻装尾匪穷追，不使稍有喘息之能力，尤应不分界域越境追击，马继援部应协力向西南堵击，务将匪军完全歼灭"，各部"勿因补给与疲劳迟滞行动"。根据蒋介石的命令，胡宗南急调裴昌会率所部配合马步芳之整编八十二师共11个旅兵力，分两路驰援宝鸡。

当时，面对来势汹汹的敌人，彭德怀决心在运动中再歼敌几个旅。他部署六纵队教导旅于长武、彬县（原邠县）地区转入机动防御，保障主力右侧后之安全；四纵队及二纵队之独六旅在武功至凤翔地区转入机动防御，保障主力左侧后的安全。但四纵队在扶风杏林镇地区的防御，兵力分散，被裴昌会兵团突破阵地。27

日，裴部经岐山西进，直逼宝鸡。与此同时，马步芳的整编八十二师突破了教导旅的长武、亭口阵地，向崔木镇急进。宝鸡地区的野战军主力反处于敌人左右夹击的不利形势。一、二纵队更陷于背水侧敌的被动地位。既无时间准备以粉碎敌军的反突击，也搬不走在宝鸡缴获的物资。为摆脱敌人，彭德怀果断命令部队，在 28 日拂晓前撤出宝鸡，向陇东转移。

27 日这天，彭德怀率野战军司令部驻在凤翔南的屈家山村。与胡宗南的先头部队相距只有几十里，前线的枪炮声已依稀可闻。司令部的工作人员为了彭德怀的安全，极力催促他转移。他却岿然不动，命令电台继续工作。他为四纵队抗击不力而震怒，为足够野战军使用两年的弹药物资未能大量运走而痛惜。更重要的是，他需要当机立断，使野战军主力迅速摆脱危险的处境。

当天，野战军攻克宝鸡的部队未料想敌军骤至，正分散做群众工作，运送和处理战争物资。彭德怀让电台叫通每一个纵队，亲自布置撤离的路线和集结地区，交代一、二纵队：集中 1 个团、撤 1 个团，集中 1 个旅、撤 1 个旅。这时天已渐黑，野司一些单位已准备出发。但有个部队的电台未联系上。从传来的枪炮声判断，敌人更为逼近了。彭德怀背着手踱来踱去，决然说："电报发不出去不能走！"警卫营紧急挖工事警戒，随时准备投入战斗。彭德怀把警卫员的左轮手枪要去，带在身上，说："只要部队撤出去，我个人没什么。我还可以带警卫营打游击。"[①] 直到给各纵队的紧急电报发完后，他才让撤天线，率司令部向北转移。28 日中午，彭德怀向中央军委报告了撤出宝鸡及今后行动计划，准备提前实现第二步，转向陇东。中央军委复电：你们的行动由你们按情况临时决定。

西北野战军左路阻援未成，右路抗击也受挫。马步芳部非常猖狂，整编八十二师又一再袭击六纵队教导旅，至 29 日进占旧永寿县、栒（旬）邑及彬县，截断野战军与陕甘宁根据地的联系，继续向麟游地区急进。由于东面的裴昌会兵团兵力集中，野战军不易捕捉战机。彭德怀于 5 月 1 日率主力北上，以摆脱被动，寻机消灭八十二师。3 日夜晚，通过西兰公路，涉过泾河继续北进。这时裴昌会部一改过去密集方阵推进，实行数路并进长追不舍的战术，在其途经地区不留兵守备，企图挟其优势兵力围歼西北野战军主力。

鉴于胡宗南部尾追不放，马步芳部积极配合，敌人的兵力占明显的优势，预定各个歼灭整编八十二师的计划无法实现。彭德怀率西北野战军主力向东转移，于 5 月 12 日转移至老解放区马栏、转角、高王镇地区，才完全摆脱了敌军的追堵。

从挺进西府到转向陇东，在一个月里，彭德怀率领西北野战军转战 1500 余里，取得了重大胜利，也受到相当损失。他清楚地看到部队存在的一些问题，必须切实地加以解决。5 月 15 日，彭德怀和张宗逊、赵寿山致电各纵首长，指出此次出西府的行动中有严重缺点，在战役上、战术上犯了某些错误，主要原因是轻敌（亦有怕敌者），造成个别纵队的相当损失。"我们确定彻底自上而下，自下

---

① 访问陈玺记录，1987 年 2 月 25 日。

而上民主的检讨经验教训。”

5 月 26 日，在洛川县土基镇，彭德怀主持召开了西北野战军第二次前委扩大会议。贺龙、林伯渠、习仲勋、王维舟等参加了会议。这是西北战场在这次西府战役中遭受到较大挫折之后召开的，出席会议的纵、旅领导素知彭德怀严于治军，所以会议一开始，气氛就比较紧张，连平时爱说爱笑的人这时也很严肃。

会上，彭德怀作了春季攻势概况的总结讲话，指出：出击西府的方针是正确的，取得了很大战果：光复延安，夺取洛川，扩大与巩固了黄龙分区，歼敌 2.1 万多人，一度攻克县城 14 座，摧毁敌人西北供应基地宝鸡，扩大了我党在蒋管区的政治影响。同时，对“未能完成建立麟（游）千（汧山）根据地及收复陇东、收复三边的任务”，他作了严肃的自我批评，认为这是因为在战役指导上犯了若干错误，说：“特别是我应负主要责任。”彭德怀总结西府战役在指导上的错误是：过分强调突然性的一面，怕暴露我军企图，行动前因粮食困难，时间仓促，战役的准备不充分；对四纵队党委会中存在严重自由主义，对干部迁就放任，内部不团结，斗志不坚强等问题，未深刻了解；在敌情判断上，对胡宗南能集结 11 个旅增援宝鸡估计不足；对马步芳实力亦估计过小，特别是对胡、马两部积极配合认识不深刻。由于敌大我小的客观情况，主观上总想利用敌人阵营的若干矛盾，过分强调利用敌人矛盾才吃了亏。说到这里，彭德怀用手指着自己的脑门说：“彭德怀呀彭德怀，你的马列主义就是没有学通，一格一格的。只看到胡马互相矛盾的一面，忽视胡马两军在反共反人民这一基本点上完全一致的一面。”他十分沉痛地说：“出动前准备不充分，个别纵队内部情况了解不深刻，对敌人估计不足等三项，战役领导机关与战役直接指导者应负责任，也就是我个人应负更多的责任。”在停顿片刻之后，他感慨说：我们打了礼泉，应观望一下再打出去，没停。打了扶风，应该背靠麟游，钳制马军，消灭胡军一部，可是我们又前进了。一个人哪，“悬崖勒马”是不容易的。

事过 20 余年后，在《彭德怀自述》中，他又一次总结了这次战役在指导上的深刻教训，写道：“当时想乘胜进攻宝鸡，破坏胡宗南后方，缩短西北战争时间。这就是思想上的急躁病，产生了轻敌思想。”“过急求成，在思想上是主观主义，在行动上是冒险主义，而且往往发生于连续大胜之后。”

在土基前委扩大会上，彭德怀对造成战役被动局面负有直接责任的部队负责人，也毫不留情，当众严责。他说：四纵队负责同志采取严重的自由主义态度，已影响其内部团结，以致邪气抬头，正气受到压制，发展到不执行命令，几次丧失有利战机，放弃与放走可能与应该消灭的敌人。在历数了一件件失职行动后，彭德怀声色俱厉地说：“这是严重的犯罪行为。从给革命所造成的损失说，是应该砍脑壳的！”彭德怀越说越怒不可遏，质问四纵队负责干部：你有电台，完全可以请示报告，敌人力量大抗不住也可以报告。而你既不抗击于岐山之东，又不抗击于岐山之西。你撤，既不通知友邻部队，又不告诉我们，总该打个招呼吧！部队在行军路上住老乡的房子，走时还给房东打招呼嘛！你们的组织纪律性哪里去了？！一席话说得纵队负责人羞愧沉痛，不敢抬头正视台上的彭德怀。参加会议的人也一个个屏息静气，会场鸦雀无声。

彭德怀话语尖锐，但件件是事实。为帮助犯错误者提高认识，他剖析了部队中存在的个人主义、无政府主义思想。指出其本质是“缺乏阶级责任心，考虑问题不从全局出发，从个人得失出发，局部安危出发”，“以致违犯纪律，损害革命利益在所不顾”。彭德怀环视会场，看着一张张饱经风霜的熟悉的面孔，加重语气说：“战争是流血的斗争，要求各级军事指挥员、政治委员要有高度的责任心，不能丝毫疏忽。”指挥员失职，必然带来意外的损失和不应有的流血牺牲！

陕甘宁晋绥联防军司令员贺龙到土基镇后，同纵队首长广泛交谈。经过调查研究后，他在5月31日讲话指出：西府战役“彭总的决心是正确的。我们缴获了不少弹药、武器、汽车和物资，特别是因此收复了延安，对全国全世界影响很大”。“但是，在实现彭总这一正确决心的过程中，某些将领出了毛病，造成了美中不足。……至于不执行命令，那是平时治军不严造成的，党纪军纪所不容。问题在下面，责任在上头，纵队首长要承担主要责任”。最后，贺龙指出要搞好整训，检讨经验教训，准备再次打出去。

前委扩大会议贯穿了严肃的批评和自我批评，对西府、陇东战役，认真地从战役、战斗指挥，部队协同作战和战斗作风方面，分析总结了经验教训。对失职的干部进行了严厉的批评。个别人对抗击不力的干部非常气愤，要求按军法从事，进行严办。四纵队指挥员在会上作了检讨。在分清是非，明确责任，提高认识的基础上，会议决定对因不执行命令而造成整个战役失利的个别旅、团干部，给予了纪律处分。

彭德怀的脾气很多老同志都了解。他坚持党的原则，赏罚严明，不徇私情。不论哪级干部，只要损害了党和人民的利益，就当面批评，而且“火力”很猛，毫不客气。特别是对高级指挥员，谁要是不考虑全局，搞本位主义，玩忽职守，打滑头仗，他是绝对不容忍的。他说：“你不恨敌人，我就恨死你。”以后，在9月间的第三次前委扩大会上，他再次说道：土基会议我对四纵队的问题那样凶，为的是他们的自由主义相当严重，用猛火一烧以提起他们的警惕。不严格批评整顿，不能把这个纵队的士气和战斗意志鼓起来。我们高级干部中应讲原则，不看面孔。当犯错误的干部认识提高了，检查改正了错误，他就高兴地说：“对啦！就是要这样。”一旦发现批评过头了，在冷静下来后，他又自责地说：“我是很粗的，有点像李逵。”“我这个人是高山倒马桶，臭气远扬。”“我是阎王老子开饭店，鬼都不上门。我以后要注意这点。”有时，自我批评说：“我头上长着角，常常碰着人，使别人不高兴。我脾气不好，有缺点，有错误，希望和我一道工作的同志不顾情面地给我指出来。咱们赤诚相见，我愿意接受和改正。”但也有人对彭德怀的严厉态度和率直的批评有意见，说他太威严了。为此，陕甘宁边区政府主席林伯渠在土基会上寓意深长地说：“彭德怀同志是有德可怀，有威可畏啊！彭总有坦荡的胸怀，你愈是了解他，甚至受他的批评越多，便越能深刻地感受这一点。”当时对彭德怀的严厉作风不大习惯的副司令员赵寿山也说："彭总忠诚感人！""他能打大胜仗，也能打好败仗，化险为夷，转危为安，是真正的大将军！"

前委第二次扩大会议通过了《关于春季攻势总结与目前工作指示》。6月30日中央军委电示，同意前委这个决定，并已发西北以外之各中央局、分局，各前委参考。8月10日，中共中央转发了彭德怀在土基会议上的讲话。

西北野战军根据前委扩大会议决定，于6、7月间在黄龙、韩城地区进行了1个多月的政治、军事整训。开展了评斗志、评政策、评工作、评作风，评功查过的运动（简称"四评运动"）。

土基会议对西北野战军严肃军纪、提高战斗力起了重大作用，产生了深刻影响，也显示了彭德怀严格治军的巨大才能和魄力。

第三节 渭北打胡

1948年8月至11月，彭德怀指挥西北野战军按中央军委的指示，先后进行了澄（城）合（阳）战役、荔北战役和冬季战役，粉碎了胡宗南军在渭北地区的"机动防御"，进一步削弱了胡宗南集团，使其不能抽兵增援其他战场作战，并为最后消灭胡宗南集团创造了条件。

彭德怀在部署澄合战役时，以一部抗击敌4个整编师大部，集中11个旅的绝对优势兵力，采取中央突破两翼包围迂回的作战指导原则，粉碎了敌军以整编师为单位，以攻为守的机动防御体系。在战术上集中兵力、火力攻敌一点，以重点突破、割裂围歼敌人的战术手段，给整编三十六师又一次歼灭性打击。整个战役歼敌近万，收复了韩城、合阳、澄城，扩大了黄龙分区。

在澄合战役中，正当攻击整编三十六师主阵地壶梯山的紧张时刻，彭德怀又冒着炮火到了第二纵队司令员王震的指挥所。这里距离前沿部队很近，只构筑了一些简单的防弹掩蔽部。王震发现他来，顾不上汇报前面的战斗情况就说："这里太危险，你还是到后面去。在这里出了问题我可负责不起。"彭德怀举起望远镜，一边看一边问："怎么你在这里可以，我在这里就不行？你死得，我就死不得？"这时，战斗正激烈进行，不断有炮弹在指挥所附近爆炸，硝烟腾起，弹片横飞。彭德怀听完汇报，又到掩蔽部外面观察，王震实在急得无法，大声说："你是不是不相信我的指挥？"彭德怀笑答："我看我的，你指挥你的，保证不干预你的指挥。"事后，王震深情地说："彭总太不爱惜自己的身体了。打起仗来，哪里是前方，他偏偏就往哪里钻。"而彭德怀谈起他同王震的关系时，则作了个诙谐的比喻："我和王胡子（指王震）像一个槽里吃草的两头湖南骡子，吃着吃着就踢起来了。但我们拉起套来，使的却是一股劲。"

澄合战役后的休整期间，彭德怀深入部队，了解到有些搞后勤工作的人员不安心，认为没有前途。工作很累还时常招来埋怨和批评。为此，彭德怀在8月中旬召开的野战军后勤工作会议上，首先肯定了搞粮食、做财经工作的成绩，指出，从延安保卫战以来，由于后勤工作人员的努力，任劳任怨，使部队的粮食、被服等基本问题解决了，保证了全军的需要。接着谈到了对为人民服务的体会，说："庙里的泥菩萨和屋里的扫帚都是工具。我们革命干部在人民群众中，时时刻刻要像扫帚一样的供人民使用，为人民群众谋利益，让群众感到我们是人民生活中最实际最有用的。不要像泥菩萨一样让人民恭敬我们，抬高我们，赞颂我们，害怕我们。""有人想当菩萨不愿做扫帚，这是个人主义的虚荣心。所以我希望我们所有的革命干部，都要诚心诚意为人民服务，要做人民一把有用的扫帚。"他要后勤工作人员坚持制度，坚持原则，不能眼睛里只看见首长，夹着私心杂念给首长送东西。还批评那种"在首长面前毕恭毕敬，背后则各自干各自一套"的阳奉阴违的坏作风。这番话是彭德怀对干部的告诫，也是他自己一贯奉行的准则。

8 月中旬，中央军委致电彭德怀指出：敌军摆成一线，利于我各个歼灭。在渭北再歼几部胡军，对于抑留胡宗南部在陕西不向中原进犯，又是一大利益。目前一个长时期，宜在渭北打胡。"九月起全国各区均将有大战，希望你们能配合。"根据军委指示，彭德怀决定秋冬两季在渭北作战，再歼胡宗南部几个旅，使其完全处于被动。并确定于 9 月间发起秋季攻势作战，本着出其不意地分割围歼敌人的战役思想，歼灭大荔以北之整编第十七师及三十八师。

当时胡宗南为阻止西北野战军南下潼关或再出西府，在洛河以东、大荔以北、大峪河以南地区，以 3 个整编师分散守备在蒲城、澄城、大荔间正面 20 公里，纵深 30 公里的防御地带。以城镇及平原村落为据点，形成纵深配备，但各据点之间间隙很大。

彭德怀预定的荔北战役作战方案，是由一纵队沿澄城大荔公路攻击敌人正面，二、三纵队在左，四纵队在右面配合。一纵队在讨论这个方案时，三五八旅旅长黄新廷认为从敌人防御正面攻击比较困难，不易得手；如从敌人侧翼打进去，插入敌人心脏地区，出敌不意，行动突然，可以减少伤亡，又利于消灭敌人，会加速战役进程。当时一纵队侦察科副科长刘桐树曾率领侦察人员进入敌人心脏地区做详细侦察，摸清了敌人的兵力分布、据点工事结构和地形特点，也建议把正面攻击改为从侧翼楔入，然后割裂包围，各个歼敌。本来，穿插、迂回、分割、包围，各个聚歼，是彭德怀指挥作战的一个特点。这次，他仔细听取了一纵队的汇报，赞许地说："战争的目的是消灭敌人。谁提的方案好，就用谁的方案。在这个关系重大的问题上不能搞将帅尊严。黄新廷同志的意见很好，就照这个主意办。"遂改变作战方案，取得了歼敌 2.5 万余人的胜利。

随后，按照中央军委的统一部署，为钳制胡宗南部，配合淮海战役，并解决粮食问题，便于以后冬季整训，彭德怀指挥西北野战军于 11 月中下旬进行了冬季战役。彭德怀把野战军分成东西两个集团，不断制造与捕获战机。胡宗南的几个军被牵着来回转，拖过来，打过去，兵力分散，疲于奔命。胡宗南东奔西窜的所谓"机动防御""重点增援"，在西北野战军的机动迅猛打击下，一败再败。对此，彭德怀当时就写道：自我荔北战役胜利以后，胡宗南集中 9 个军番号（国民党军从 1948 年 10 月 1 日起，将整编师、旅恢复为军、师番号）的兵力以对付我们，自以为得意。其结果在东至洛河以东，西至咸（阳）同（铜川）铁道，12 天中往返奔驰 3 次，平均每日走 80—100 里。像乒乓球一样，被打得东西奔跳，其疲惫之状可想见。他幽默地说："打敌人要像打乒乓球一样，来回都能打他。那边打过来，这边打过去，过来也打，过去也打，不使他清醒，不让他喘息，而要他乱蹦乱跳，兵力分散，各个被歼。"

冬季战役歼灭胡部第七十六军等共 2.5 万余人。七十六军军长李日基及两个师长被俘，十七师师长被击毙。胡宗南集团进攻延安以来，在一年多一点时间里，七十六军（原整编七十六师）三次被歼，三任师、军长（廖昂、徐保、李日基），1 人丧命，2 人做了西北野战军的阶下囚。

渭北三个战役共歼胡宗南集团 6 万人。如毛泽东和中央军委所要求的，西北野战军不仅使胡宗南不能抽一兵一卒增援中原战场，还得抽调部队到关中地区，以保卫其老巢的安全。

第十九章　解放大西北

第一节　太原“带兵”

从 1948 年 9 月至 1949 年 1 月，东北、华东、中原野战军和华北军区部队，相继进行了辽沈战役、淮海战役和平津战役的战略大决战。三大战役共歼灭国民党军 154 万余人。国民党赖以发动内战的精锐部队基本上被消灭。全国处于革命胜利的前夜。

1948 年，彭德怀率领的西北野战军以 8.1 万兵力向优势数倍之敌进攻，全年消灭敌军约 16 个师 11 万余人，收复延安，解放黄龙分区；牵制了胡宗南、马步芳、马鸿逵等部，使中原与华东两大野战军减少西顾之忧，顺利地进行淮海大会战，并获得伟大胜利；使华北一兵团和晋绥军区部队无南顾之忧，顺利肃清晋南阎军。西北野战军本身亦发展壮大，战斗力更加提高了。

1949 年 1 月，在西北野战军第一次党代表会议上，彭德怀在《1948 年几项工作的基本总结和 1949 年的任务》的报告中说：敌人目前总的军事方针是依托巴山，扼守长江，以保守江南及西南各省。从全局看，西北还有几个大仗要打。他向全军提出 1949 年的任务是集中力量消灭胡宗南的兵力，扩大解放区；要占领一连串的城市，必须有一套城市政策；必须进一步加强纪律性，克服胜利途中的困难，将革命进行到底。

根据中央军委的决定，西北野战军从 1949 年 2 月 1 日起改称中国人民解放军第一野战军，彭德怀任司令员兼政委，张宗逊、赵寿山任副司令员，甘泗淇任政治部主任，阎揆要任参谋长。同时，纵队改称军，旅改称师。同年 6 月间，以所辖的一、二、七军编成第一兵团，王震任兵团司令员兼政委；以三、四、六军编成第二兵团，许光达任兵团司令员，王世泰任政委。全军约 11.5 万人。

西北野战军兵力少，转入外线作战后更感到兵力不足。1949 年 1 月中旬，毛泽东致电彭德怀，说，华北部队参加西北作战问题，待你们来中央时面商。2 月 8 日，彭德怀在赴中央开会前致电毛泽东，报告西北敌军动态和野战军概况，提出本年春、夏的作战方针。说明如 3、4 月间在山西的第一野战军部队能归还建制，徐向前、周士第部能入陕西，夺取潼（关）渭（南），进逼西安，则一野 4、5 月间即可攻击西府、宝鸡。如此，胡宗南必弃西安，退汉中，我军可乘敌撤离之际，在追击截击中歼灭其主力。毛泽东 12 日复电说：太原解放后，华北 3 个兵团中，至少两个兵团 17 万人可以用于西北。毛泽东早已筹算增兵西北一事，他告诉彭德怀说：要彻底解决胡、马，占领潼关、西安、汉中、天水、兰州，有待于两个兵团之到达。

2 月 17 日，彭德怀同王震一道离开战火纷飞的西北前线，到河北平山县西柏坡村，参加于 3 月 5 日至 13 日召开的中国共产党七届二中全会。彭德怀在 3 月 11 日的全会上发言说：毛主席的报告是发展胜利，争取新民主主义在全国胜利的纲领性文件。文件指出了防止左右的倾向，尤其是这时提出不骄不躁，特别重要。他在谈了土改政策、克服无政府无纪律状态和西北战场的作战情况后，说：我个人这两年在西北战场上，基本上是执行了政策的，但有缺点。去年 4 月间毛主席给我来电，要我不急性、不硬性。可是我尚未克服。他说：今后应动员全党着重学习毛泽东思想。学习马列主义、毛泽东著作必须联系实际，这样可以防止骄傲，使自己进步，做好工作。

会后，彭德怀奉中共中央和毛泽东的指示，于 3 月 28 日到达太原前线徐（向前）周（士第）罗（瑞卿）司令部。当时华北军区副司令员、太原前线司令部司令员兼政委徐向前患肋膜炎，经中央军委批准，彭德怀代替徐向前指挥攻打太原的作战。徐向前后来深情地回顾道：七届二中全会结束，“毛主席要彭德怀返西北途中，来太原前线看一看，解放太原后，即可将十八兵团调往西北作战，归彭指挥。他到峪壁村（引者注：位于榆次以南十多公里）看望我，讲了二中全会的精神，我也向他介绍了攻打太原的部署和准备情况。我说：我的肋膜两次出水，胸背疼痛，身体虚弱得很，没法到前边去，你就留下来指挥攻城吧，等拿下太原再走。他表示同意，报请军委批准后，彭总便留在太原前线指挥作战。为避免影响军心，那时下命令、写报告，仍用我的名义签署，实际上是彭老总在挑担子。他新来乍到，对敌我情况都不熟悉，但慨然允诺，勇挑重担，实在难得”①。

4 月 5 日至 7 日，彭德怀参加了太原总前委扩大会。代替徐向前负指挥总责的彭德怀，在会议上热情直爽，毫不见外。一开始，他就开门见山地说：“我这次来太原前线办两件事：一是总攻太原。太原敌人城防坚固，我参加此役，主要是学习攻坚战的经验。二是来带兵的。打下太原以后，十八兵团和十九兵团将调西北战场参加对胡、马军的决战，争取在一年左右的时间里，全部解放大西北。”会议分析了敌我形势，讨论了作战方案，统一了战役思想，研究了敌人战术特点及我军的战术要领，强调各兵团、各部队相互间的团结和协作。会议结束前，彭德怀明确指出：“这次战役的规模大，参战兵种多，战役战斗样式复杂，一定要有坚强的集中指挥，特别要注意搞好兵种、部队间的协同动作和各种保障，把胜利建立在稳妥可靠的基础上。这是华北最后一仗了。我们要用新的胜利向毛主席、党中央和中央军委汇报！”

---

① 徐向前：《历史的回顾》（下），解放军出版社 1987 年版，第 794 页。

太原前线总前委扩大会议后，彭德怀（左）同华北第十八兵团政治部主任胡耀邦（中）交谈

随后，彭德怀同总前委几位负责人一道，指挥了太原战役的后期战斗。

4 月 20 日，经过充分准备的攻城部队按预定计划，在猛烈炮火掩护下分 10 路向太原发起攻击。至 22 日，摧毁了敌军城外的全部据点，直逼太原城下。24 日拂晓总攻开始，至 10 时全歼守敌，华北重镇太原城解放。6 个多月的太原战役，共歼敌 13.5 万余人。

毛泽东在 25 日复电彭德怀，同意他于 5 月初回陕。要彭德怀在回陕前对十八、十九两兵团的部署加以确定，再次告彭:“尔后该两兵团即由你直接指挥。”于是，华北军区的第十八兵团（司令员兼政委周士第）、十九兵团（司令员杨得志、政委李志民）拨归第一野战军建制，先后由山西入陕参加解放大西北作战。

5 月 25 日，彭德怀回到乾县第一野战军司令部，指挥陕中战役。

太原解放后，胡宗南料知解放军华北部队必将西进，他害怕被歼，开始实行战略退却，企图与青宁“二马”配合，以陕中、陇东为防御重点，保住西北，屏障西南，迫不得已时则退踞陕南、川北。第一野战军不失时机，于 5 月 16 日发起陕中战役。5 月 20 日解放了胡宗南长期盘踞的西安市。至 5 月底，虢镇以东、渭河南北广大地区均获解放。胡宗南集团主力撤至宝鸡及秦岭西段布防。在粉碎胡宗南和青宁“二马”精心策划的联合反扑后，6 月 17 日，陕中战役结束。

6 月上旬，中共中央根据西北形势的发展，决定由彭德怀等 23 人组成中共西北局委员会，统一领导西北党政军工作。以彭德怀、贺龙、习仲勋为中共西北局第一、第二、第三书记。

第二节　钳马打胡

1949 年元旦，蒋介石发表求和声明，企图争取时间，重整旗鼓。在粉碎国民党反动派的假和平阴谋后，中国人民解放军遵照毛泽东、朱德发布的向全国进军的命令，分别向西北、东南、中南和西南进军。处于穷途末路的蒋介石，这时把一线希望寄托在盘踞西北的胡宗南和马步芳、马鸿逵身上，寄托在退缩中南的白崇禧集团身上。想依靠他们尚存的几十万兵力保住西北，屏障西南，待机反扑。

5月23日，中央军委在关于向全国进军的战略部署中，确定第一野战军的任务是：向西北进军，消灭西北地区之敌，解放并经营陕、甘、宁、青、新五省。要求年底前占领甘肃、宁夏、青海。然后兵分两路，一路由彭德怀率领位于西北，解放并经营新疆；一路由贺龙率领入川，配合第二野战军解放川、黔、康诸省。这样，消灭胡宗南集团和青宁“二马”，解放大西北五省的重任，落在了彭德怀指挥的第一野战军肩上。

6月中旬至7月初，第十九、十八兵团先后取道禹门口、风陵渡，进到西安、咸阳、三原地区。西北、华北兄弟部队胜利会师关中。这时，西北战场上第一野战军的兵力由15万人增加到34万人，连同地方武装达40万人。而西北地区国民党军的总兵力还有30多万人。敌我双方相比，野战军兵力仅占相对优势，而不是绝对优势。因此必须把胡、马两部分割开来，集中兵力一个一个地歼灭。

在陕中战役结束，胡、马兵力后撤之际，中央军委在6月下旬给彭德怀等来电指出：马、胡军之行动给我军以首先歼灭胡军的机会，希望你们针对先打胡宗南的方针，集中三个兵团主力，取迅速手段包围胡部四五个军，并以重兵绕至敌后，切断其退路，然后歼灭之。杨得志兵团应立即西进，迫近两马筑工据守，担负钳制两马任务，并严防两马回击。

胡宗南和青宁“二马”6月中旬的联合反击受挫，又见解放军华北两个兵团陆续到达西北，便改变方针，向后收缩兵力。6月下旬，青宁“二马”退守彬县、长武、永寿一带。胡宗南主力由武功、周至向扶风、郿（眉）县收缩。另一部撤至宝鸡，由斐昌会统一指挥，转入防御。胡、马两集团这一部署的特点是互相利用，都想要借助对方力量，互为犄角，便于联合作战；又各怀鬼胎，企图保存各自的实力，摆脱被歼的命运。

彭德怀分析胡宗南把五个军部署在扶风、眉县地区渭河两岸，其意图是作战中可以南北呼应，无论是进攻、坚守或退却，兵力都相当集中。但是存在严重弱点，即没有战役预备队，摆在秦岭的少数兵力只能起钳制作用；而且渭河两岸并无大军渡河设备，在第一野战军进攻时，南北之敌不能渡河迅速增援。如野战军能在扶风、眉县地区将其主力分割包围，其纵深无预备队可援，必招致全军覆没。中央来电提出的“先胡后马”的方针是完全切合实际的。

7月6日，彭德怀在咸阳主持召开有各军党委书记参加的前委扩大会议，讨论如何执行“先胡后马”的作战方针。彭德怀说，消灭胡宗南和“二马”这两股敌人，不是一个战役能解决的。我们的方针是“钳马打胡，先胡后马”，力争于漆河、千河之间歼灭胡宗南的主力。会议确定以第十九兵团钳制两马，集结第一、第二兵团全部及第十八兵团主力，实行大迂回大包围，歼灭胡宗南部主力，再集中全力歼青马。彭德怀特意提醒第二兵团司令员许光达说：“最关键的是二兵团。你们要隐蔽开进，路上如遇小股敌人不要纠缠，突然插入敌后，直逼渭河。在占领青化镇、益店镇后即向罗局镇、眉县车站进攻，抢占蔡家坡，切断陇海路，阻击敌人向宝鸡撤退。”

7月10日，扶眉战役打响。第十九兵团为迷惑敌人，掩护主力运动，于10日进入西安西北的乾县、礼泉以北高地修筑工事，以一部逼近“二马”所部，形成将对“二马”部队开展进攻之势，使其不敢轻举妄动。卫戍西安的第六十一军向西安南的子午镇地区之敌发起进攻作战，使胡宗南无法判明第一野战军总的作战意图。野战军主力部队于11日拂晓开始进攻，像一把巨大的铁钳，夹渭河两岸插向扶眉地区。

第二兵团由集结地区越漆水河绕道西进，向敌侧后迂回。担任穿插作战任务的第四军，隐蔽急进，一昼夜前进140多里，于12日拂晓占领罗局镇与眉县车站，截断敌军西逃退路。彭德怀得知四军行动迅速，出色地完成预定计划后，十分高兴，当即发电嘉勉，并电令全军迅速合围，歼灭敌人。

第一野战军以雷霆万钧之势向敌发动攻击，使胡宗南集团猝不及防。战役发展异常顺利、迅速，只一天多时间已从东、北、西三面将胡部之第十八兵团部及第六十五、第三十八军，以及西北军政长官公署的第一一九军等包围于扶风、眉县地区。12日，胡部第六十五、第三十八军集全力向罗局镇突围，企图撤向宝鸡。坚守罗局镇是第一野战军歼灭胡宗南主力的决定性一环，而对胡宗南部来说能否夺取罗局镇是其生死存亡的关键。一场激烈的战斗在罗局镇地区展开。胡军轮番冲击10余次，企图突围。第一野战军第二兵团第四军在罗局镇展开了顽强的阻击战。指战员在“寸土不失”“堵住敌人就是胜利”的口号鼓舞下，与敌军反复拼搏，阵地屹立不动。

与此同时，第一野战军第二兵团的第三、第六军向罗局地区之敌右侧背进攻，第十八兵团附第七军由东向西进攻，逐渐紧缩包围圈。在第二兵团和十八兵团前后夹击下，到12日中午，敌三个军大部被压缩于午井以西、高王寺以南、罗局镇以东之渭河河滩上。下午3时，野战军发起总攻，8时左右，胡宗南部除一部南渡渭河逃命，大部被歼。第一兵团在全歼敌九十军的二十四师等部后，攻占眉县以西地区，将泅渡渭河的8000多敌人全部俘获。12日午夜，第二和第十八兵团在罗局、午井地区胜利会师。接着各兵团乘胜西进，至14日先后占领蔡家坡、岐山、凤翔、宝鸡和益门镇等地。

彭德怀针对胡宗南兵力集中但没有战役预备队的弱点，采取以一个兵团的兵力迂回敌侧后，两翼牵制，大胆插入敌纵深，断敌后路，然后包围分割歼灭敌人的战术，使敌无兵可援，无路可逃，更无法形成有组织的抵抗，实为他军事指挥上的又一奇招。由于这一战术完全出敌不意，实际战斗时间比预计的要短，战果也比预计的要大，只花了1∶10的代价，就把敌人4个军解决了。当他听到逃往渭河南岸的残敌也被消灭时，高兴地把拳头往桌上一击，说：“很好，这才叫全胜！”一年前在土基会议上受到严厉批评的四军（当时的四纵队），在这次战役中，一昼夜前进 140 多里，穿入敌后，在罗局镇顽强抗击，完成堵敌重任，他给予热情表扬：四军这次打得很出色，立了功。为夺取战役的全胜起到关键作用。

扶眉战役经四天战斗，共歼敌 4 个军 4.3 万余人，解放扶风、眉县、凤翔、宝鸡等 8 座县城，控制了秦岭以北广大地区。胡宗南主力被重创，残部退守秦岭，陷入“泥菩萨过河——自身难保”的境地。青宁“二马”为保存实力，继续往西撤退至平凉地区。胡马之作战联盟实际已被粉碎，“二马”彻底孤立。彭德怀抓住这个有利时机，决定追歼“二马”。

第三节　歼灭“二马”

扶眉战役后，退至陇东平凉地区的青宁“二马”，在国民党反动集团策划下，由国民党西北军政长官马步芳召集军事会议，制定了平凉作战计划，准备负隅顽抗，以保甘肃、宁夏、青海三省。

7 月中旬，彭德怀在虢镇北文广村召开军以上高级干部会，总结扶眉战役和讨论确定下一个战役目标。他说：胡宗南虽然还有十多万兵力，但已无进攻关中的能力。彭德怀分析，青宁“二马”退守陇东地区，在未受我军歼灭性打击的情况下，将凭借平凉一带天险进行抵抗。西北地区雨季逼近，陇县南北山高路险，人烟稀少，认为战役行动应尽量提早，推迟则困难更多。经会议讨论，决定以第十八兵团主力位于宝鸡、西安一线钳制胡宗南部，集中第一、第二、第十九兵团进行陇东战役，歼灭“二马”主力于平凉、泾川地区。

会后，彭德怀向毛泽东报告了扶眉战役情况和平凉战役部署。23 日毛泽东复电说：打胡胜利极大，甚慰。不顾热天，乘胜举行打马战役是很对的。只要平凉战役能歼两马主力，则西北战局即可基本解决。往后占领甘（肃）、宁（夏）、青（海）、新（疆）四省基本上只是走路和接管问题，没有严重的作战问题。

7 月下旬至 8 月上旬，彭德怀指挥了陇东追击战。由于青宁“二马”均想保存实力，马鸿逵不想给马步芳当“马前卒”打头阵，“二马”的“平凉会战”计划流产，分向兰州、宁夏撤退。第一野战军 20 多天的追击，前进近千里，歼敌万余人，解放了陇东广大地区，分割了青宁“二马”，打开了进军兰州、宁夏的大门。

在追击“二马”，向兰州进军的途中，彭德怀目睹当地农民的极端贫困状况。那食不果腹、衣不蔽体的悲惨景象，使他情不自禁地回想起自己的童年，深深地被震动了。一次，在一个破旧的窑洞里，他看到一家老小 5 口，包括一个十几岁的姑娘，都是赤身裸体，全家只有一条供出门穿的裤子。这种人家一旦有外人来，只好钻到破被里或蜷缩一团。彭德怀说：我知道饿饭是什么味道，我从小就饿怕了。这一次，我看到了一种比我童年经历过的更为可怕的贫穷。青宁“二马”的黑暗统治，给西北人民带来的是多么深重的灾难！为解放饱受痛苦煎熬，处于饥寒交迫之中的大西北各族同胞，彭德怀率领一野大军，加快了进军的步伐。

8 月中旬，人民解放军的几路大军前出赣南，进军福建，挺进湘中，威逼两广和四川。这时国民党又幻想以“天府之国”四川为中心，由云南取得帝国主义的支持，苟延残喘或卷土重来。为阻止第一野战军主力南越秦岭、巴山，向四川进军，极力策动“二马”与野战军决战，把野战军拖在西北。逃到广东的国民党政府为此召集“二马”和胡宗南到广州举行“西北联防会议”，策划“兰州决战计划”。即以青马据守兰州，吸引和消耗第一野战军主力，以宁马和胡宗南部进行侧击，合歼野战军。

青海军阀马步芳部是以家族世袭统治和宗教控制为特点的封建军事集团。是一支剽悍的、有战斗力的部队。士兵长期受反共灌输，异常凶残野蛮。作战时往往前有敢死队，后有督战队。由于土地革命战争时期红军西路军吃过它的亏，在西府战役中它又占了点便宜，因而气焰仍很嚣张。

青马把兰州决战看成是自己生死存亡的关键，周密地研究对策，布置兵力，拟定了详尽的作战方案。以其战斗力最强的第八十二和第一二九两个主力军五万多人据守城区，其中以八十二军的三个精锐师分守南山的马架山、营盘岭、沈家岭一线；另以第九十一军、一二〇军等3个军3万余人为左翼，于兰州东北的靖远、景泰及打拉池地区布防，相机侧击野战军；以新组成的骑兵军约2万人，控制临洮、洮沙地区，保障右翼安全。青马企图依托兰州的强固工事正面抗击，由宁马和胡宗南军两翼包围，歼灭野战军于兰州城下。

兰州是甘肃、宁夏、青海、新疆四省的交通枢纽，是国民党西北军政长官公署所在地，西北的政治军事中心。彭德怀分析，敌人必然死守兰州。在兰州同青马决战，将是一场艰巨的攻坚战，但拖住青马在兰州决战对野战军有利。在西安解放之后，解放西北这个第二大城市和反共中心，就基本上解决了西北问题。如果让青马跑回他的老窝青海，那里是辽阔的少数民族地区，人烟稀少，粮食短缺，就将增加进军作战的困难，势必延长解放大西北的时间。彭德怀对部队说：“我们不怕他守，而是担心他跑掉。如果他真的不跑，就到了我们把他消灭的时候了。”

8月4日午，彭德怀同张宗逊、阎揆要向第一、二、十八、十九兵团，发布了进军兰州歼击青马的命令。以一部兵力钳制宁马和胡宗南，集中绝对优势兵力首先歼灭青马军。命令要求各兵团于8月9日前完成进攻兰州、西宁的战斗准备。8月6日，中央军委复电说：预备命令，一般甚好。唯请注意左兵团所取之路线似过于迂回。青马残暴，对我敌意甚深，故深入青马老巢寻其主力作战，必须谨慎从事，大意不得。

8月10日前后，第一野战军各兵团紧接着陇东追击战，不顾酷暑灼热，战胜狂风暴雨，冰雹洪水，分左中右三路向西进军。途中，部队纪律严明，秋毫无犯，随时利用空隙做群众工作。沿途群众积极热情支援解放军。各部队互相鼓励:“英雄好汉，兰州再见。”第二兵团和十九兵团于19—20日顺利进抵兰州城郊，从东、西、南三面包围了兰州。

兰州三面环山，北有天险黄河、白塔山可依托；南有南山作屏障。国民党军在抗战期间就修筑了坚固的工事，青马又不断构筑加固。主阵地修有钢筋水泥

西北野战大军通过黄河，继续追歼残敌

碉堡，形成碉堡群，通向城里的环山公路与各主要阵地相连接。外斜面有环形人工削壁1—2道，高6—10米，削壁腰部有暗藏的侧射机枪火力点，削壁外有一两层3—6米深的外壕，各壕间又有暗堡和野战工事。阵地前埋设大量地雷及铁丝网。马步芳部凭借坚固工事，既能发扬火力，又便于组织反扑。兰州战役打响前，马步芳在对其部属的命令中宣称："本署以诱敌于有利地形与之决战，凭天然屏障筑工严密部署，如敌来犯，决举全力一鼓而歼灭之。"敌兰州总指挥马继援则扬言兰州是"攻不破的铁城"。

第一野战军陇东追击顺利，产生了轻敌麻痹思想，认为敌有可能放弃兰州，怕失去战机，急于歼灭之。部队抵兰州外围的第二天，在准备很不足的情况下，野战军司令部就下令向"兰州锁钥"古城岭、营盘岭、狗娃山等几个外围阵地发起试攻。因对地形侦察不细，没查明敌军的兵力火力部署，对敌之坚固工事和敌军的顽强性估计不足，野战军步炮协同不够，所以在外围攻打了一天，未夺得一个阵地，双方均有不小的伤亡。

扫清外围主阵地的试攻没有奏效，彭德怀断然下令全线停止攻击。要求各兵团总结经验教训，仔细侦察敌情，查看地形，开展军事民主，讨论攻击战术。根据彭德怀的命令，部队用三天时间做了各方面准备。普遍进行阵地总结，深入政治动员，克服轻敌思想；发扬军事民主，研究进攻战术；认真侦察地形，反复夜摸道路，挖壕沟接近敌人阵地；大力组织骡马和勤杂人员，动员一切人力、物力运输物资器材。

8月23日，中共中央军委根据彭德怀等关于试攻兰州的报告来电指示：马步芳既决心守兰州，有利于我军歼灭该敌。为此，“似须集中三个兵团全力于攻兰战役”。攻击前似须有一星期或更多时间做充分战斗准备，“并须准备一次打不开而用二次、三次攻击去歼灭马敌和攻占兰州”。

彭德怀在23日到猪嘴岭第十九兵团指挥部。兵团司令员杨得志、政委李志民向他报告：十九兵团部队的历史上还没有遇到过这样的情况，攻敌几个阵地，一天多没拿下一个。军、师、团的干部都很憋气，觉得非出这口气不可。接着，检讨说：“这次仗没打好，责任主要在我们兵团领导人身上。”彭德怀说：“部队试攻受阻，主要原因是轻敌，次要原因是敌工事坚固，敌人顽强。这次试攻是我决定的，时间仓促，部队准备不够。不过通过这次试攻也达到了了解敌人的目的。你们要告诉部队沉住气，总结经验教训，仔细研究敌人，扎扎实实地做好准备工作，待命向敌人发动总攻。”

当时有的干部仍认为当前形势已是“秋风扫落叶”，马步芳未必会固守兰州。彭德怀在一次会上又提醒说：马步芳、马继援都是反动透顶的家伙，他们就像输红了眼的赌棍，把最后一点赌注全押在兰州。我们部队大部分还没有同他交过手，不是有个“困兽犹斗”的成语吗？对敌人切勿疏忽大意。马军惯打反扑，在占领敌阵地后，改造工事未完成时，最需要注意。他还意味深长地说：兰州这一仗打好了，西北可以早一点解放。打不好，让敌人跑掉，我们就是对人民犯罪。

经严密侦察，敌人主力在南山，东西两翼薄弱，分兵把守；北面黄河铁桥是敌人唯一退路。这样，攻占南山就成为攻打兰州的重点，能否夺取黄河铁桥是能不能全歼敌人的关键。据此，彭德怀又适当调整了兵力部署。8月24日21时，彭德怀和张宗逊向中央军委报告：“二兵团、十九兵团攻城准备工作已妥。疲劳尚未恢复，粮食不足，油、菜更难解决。青马军不断反袭，故很难得到休息。以现在的准备工作看，攻占兰州有六七成把握，故决定在25日晨开始攻击。”毛泽东在26日复电：如25日攻城得手，则局势起了变化。如不得手，则作为侦察性质之作战，按来电确定先打援，后攻城。

野战军做了充分准备后，于25日拂晓发起总攻。敌军坚固工事一个个被突破。经过异常激烈的战斗，沈家岭主阵地上的上、下狗娃山，首先被第四军攻占。下午，第六军攻克了南山最高峰营盘岭的主阵地三营子；六十三军攻占敌另一主阵地豆家山。六十五军于黄昏占领古城岭、马架山。至此，兰州的“锁钥”已全部掌握在野战军手中了。在战斗中，敌军指挥官用机枪和大刀督战，连续向野战军发动反冲击。进攻部队攻占每一条壕沟，攀登每一道削壁，夺取每一个阵地，都经过艰苦的战斗和反复的争夺，多次拼刺刀，同敌人肉搏。

皋兰山的主峰营盘岭，敌之工事最强。当六军十七师五十团冲锋到第一道削壁时，突破口未被炸开，敌人凭借钢筋水泥暗堡拼命抵抗，几次爆破和攻击均未成功。这时七连指导员曹德荣挺身而上，抱起炸药包，趁着手榴弹升起浓烟雾之际爬到削壁下，身贴崖壁，手托炸药包炸开了缺口。这位舍身炸削壁的英雄，以自己的身体开辟了前进的通道。随后部队又突破二、三道削壁，在十六师密切配合下，胜利地攻占了三营子阵地和皋兰山主峰营盘岭。后来彭德怀多次谈道：打兰州是一场恶战，是艰巨的攻坚战。有的团一千五六百人的建制，战斗结束时只剩下几百人。这些战斗英雄们为了人民事业，粉身碎骨，英勇的自我牺牲精神，永远值得我们学习和怀念。

在兰州鏖战之际，野战军左路第一兵团于8月22日解放了临夏。马步芳深感后方空虚，老巢危急，不得不由兰州抽调骑兵第八、第十四师回西宁，同时急派亲信赴宁夏求援。但马鸿逵为保存实力，虚与委蛇。马步芳又于24日急电国民党政府：请火速分催陕署、宁夏友军行动。并于当天自兰州飞回西宁。行前叮嘱其子马继援：如马鸿逵、胡宗南及空军再不来援，则迅行撤守青海。这时兰州的南山阵地均被攻占，青马军伤亡惨重，城中没有预备队，宁马和胡宗南的援兵一个也没有来。25日下午，那个发誓"与兰州共存亡"，嚣张一时的"马家军"总指挥马继援，秘密从阵地上撤走主力，趁夜幕降临之际，想通过黄河铁桥退至北岸。

第二兵团三军七师首先发觉敌人开始逃走。他们一面报告上级，一面发起追击。26日凌晨，攻占西关，抢占铁桥，堵死了敌军的唯一退路。经过巷战，野战军于当日中午肃清了城内残敌，越过铁桥占领白塔山，被国民党倚为金城汤池的兰州宣告解放。西北解放战争史上规模最大、战斗最激烈的一次城市攻坚战，西北战场上最后的一次大战役胜利结束。青马主力基本上被消灭。

兰州解放，分割了西北国民党军各部的联系。彭德怀决定不给敌人以喘息机会，猛追穷寇，全部干净歼灭之。接着部署野战军左路先取西宁，右路夺取宁夏，中路进军永登，沿河西走廊逐次解放武威、张掖、酒泉等城，然后进军新疆。

9月5日，王震率第一兵团解放青海省会西宁。马步芳等逃往香港。青马集团被彻底解决。

野战军第十九兵团在兰州解放后稍事休整，即挥戈北上，进军宁夏。彭德怀对杨得志、李志民说："人民共和国就要成立了。我们这片地方，还有一个新疆，一个宁夏没有全部到手。大家加把力，在共和国成立前拿下这两个地方，来个锦上添花，喜上加喜。"这时，毛泽东致电彭德怀：马鸿逵残杀陕北人民甚多，从来没有做过好事。对宁马军"力争全部缴械，其次则争取大部缴械，一部改编。总之，改编的部队愈少愈好"。

9月初，第十九兵团以排山倒海之势，兵分三路向宁夏进军。17日，在常乐堡歼敌两个团。19日，敌第八十一军军长马惇靖率部起义。至21日，宁马布置的三道防线全部被突破。野战军乘胜西渡黄河，直捣银川。宁马军指挥失灵，四散溃逃。马鸿逵之子、宁马军总指挥马敦静无计可施，乘飞机逃往重庆。第一二八军军长卢忠良等率残部投诚。23日，第十九兵团的杨得志、李志民，同宁夏方面代表卢忠良、马光天和马廷秀[①]，在中宁签订了《和平解决宁夏问题之协议》。当天，第十九兵团进驻银川。残酷统治宁夏17年的马鸿逵集团被彻底

① 马光天当时为宁夏保安司令部参谋长，马廷秀当时为宁夏省政府秘书长兼民政厅长。

消灭。宁夏战役共歼灭与和平改编国民党军4万余人，圆满地完成了毛泽东关于“应尽可能解决马鸿逵部，越彻底越好”的指示。

第四节 进军新疆

早在1949年4、5月间，毛泽东即考虑以和平方式解决西北问题的可能性。8月6日①，他致电彭德怀指出：对西北敌军除用战争方式解决外，尚需兼取政治方式解决，以为战斗方式之辅助。8月19日，彭德怀向毛泽东报告：在我攻占兰州、西宁、凉州（武威）后，以政治、军事双管齐下，争取某一部或大部放下武器和平改编的可能性是增加了的。9月上旬，彭德怀向中央军委报告了进军新疆的计划。拟在占领玉门以后，由王震率二军和六军向新疆进发，争取在12月底以前分驻于南疆和北疆。毛泽东于10日复电指出：陶峙岳、赵锡光②等已准备与我们和平解决。新疆主席包尔汉已派人至伊犁（今伊宁）附近接洽和平谈判，我们已令邓力群率电台日内进驻迪化（乌鲁木齐），故新疆已不是战争问题，而是和平解决的问题。

兰州解放后，为迅速追歼残敌，解放大西北，彭德怀命令许光达、王世泰的第二兵团，于9月4日沿兰新公路向河西走廊挺进。第一兵团部率第二军由西宁地区北进，迂回河西走廊。9月21日，跨越祁连山的第一兵团和第二兵团在张掖会师。河西地区之敌在野战军威逼下，在兰新公路截断后，纷纷起义和投降。24日，国民党西北军政长官公署、后方联合勤务第八补给区司令部、第九十一军、第一二〇军等残部在酒泉宣布起义。随后第一野战军第三军一个快速部队抢占和保护了玉门油矿。第二军一部乘汽车进驻酒泉、玉门、安西等地，河西地区追击作战胜利结束。

中共中央、毛泽东对和平解决新疆问题非常重视。9月10日，毛泽东亲自约见正在北平的前国民党西北军政长官张治中将军，希望他致电新疆军政负责人，要他们认清形势，顺从民意，率部起义。这时，第一野战军第一兵团已兵临玉门关下，紧叩新疆大门；加上省内伊犁、塔城、阿勒泰三区革命的民族军③的长期斗争的配合；以及中国共产党的一系列争取工作，使已经势孤力单的7万多国民党驻新疆军队，内部发生了剧烈分化。骑五军军长马呈祥、整编七十八师师长叶成以及钟祖荫、罗恕人等反动分子，于9月下旬离开迪化（乌鲁木齐），经南疆出走国外。以陶峙岳为代表的爱国将领和广大官兵，接受共产党的和平条

---

① 该电复印件所署日期为7月6日。电文内容谈到国民党政府长沙绥署主任、前湖南省政府主席程潜、第一兵团司令官陈明仁已宣布起义。而程潜、陈明仁起义是8月4日。据此，作者认为原电月份有误，应为8月6日。

② 陶峙岳当时任国民党军新疆警备总部总司令，赵锡光任国民党军新疆警备总部副总司令。

③ 新疆的伊犁、塔城、阿山（今阿勒泰）三区人民，为反抗国民党的反动统治，于1944年发动起义，组织了民族军。

件，愿意走和平解放的道路。9月25日和26日，陶峙岳和包尔汉分别通电宣布率军政人员起义，新疆和平解放。26日，彭德怀复电陶峙岳："将军等率部起义，脱离反动阵营，甚为欣慰。希望坚持进步，彻底改造部队，为共同建设各族人民的新新疆而奋斗。"

10月6日至8日，彭德怀、王震、许光达、甘泗淇在酒泉同陶峙岳举行会谈。彭德怀同陶峙岳一见面，就紧握他的手说："你们起义，对中国革命有功。""我们现在是朋友了。今后我们在一块共事，不要有什么顾虑，你可以放手大胆工作"。希望带好部队，共同努力，把新疆工作搞好。9日，彭德怀向中央军委报告与陶峙岳会谈的结果。准备将陶部整编为步兵四个师、骑兵一个师，实行人民解放军的政治工作、供给制度。

自10月10日起，王震率领第一兵团二、六两军，在陶峙岳派来的"欢迎解放军入疆代表团"的前导下，由酒泉、玉门、安西地区向新疆进发。10月20日进驻迪化。当天，彭德怀致电毛泽东：新疆陶峙岳、包尔汉来电，"希望迅速进军全疆维持秩序"。"迪化各界约两三万人至数十里外欢迎解放军已第三天了。"人民群众箪食壶浆，"表示最高热忱"。

11月下旬，彭德怀由西北军政委员会副主席张治中、财经委员会主任贾拓夫陪同，自兰州飞往迪化会同中共新疆分局书记王震等，同陶峙岳、包尔汉、赛福鼎等座谈协商整军、整财、整政三大问题。随后，彭德怀又主持召集各有关人士研究讨论，并在省政府委员会上通过了《新疆目前施政方针》。它是解放初期在新疆进行各项工作的指导性文件。

12月12日，彭德怀对第一兵团部分指战员、新疆起义官兵、机关干部讲了话，正式宣布起义部队编为中国人民解放军第二十二兵团，陶峙岳任司令员，王震兼政治委员。下辖3个步兵师、2个骑兵师。

年底，第一野战军第一兵团把五星红旗插到了天山南北。至1950年3月，二、六军先后进驻南疆、北疆，胜利完成了进军新疆的任务。

消灭青宁"二马"后，国民党反动派稳住西北，屏障西南的梦想完全破灭。胡宗南残部向四川逃窜。根据中央军委指示，第十八兵团改归西南军区指挥，在贺龙、李井泉、周士第率领下，紧追胡军入川，配合第二野战军解放大西南。位于陕南地区的第十九军及第七军，也暂归西南军区指挥，配合第十八兵团，参加解放汉中和陇南的战役。

11月底，第一野战军与西北军区合并。彭德怀兼军区司令员，习仲勋为政治委员。

西北野战军在中共中央和毛泽东的正确领导下，在彭德怀的直接指挥下，依靠全体指战员英勇奋战，人民群众的全力支援，野战军战胜了强大的、装备精良的敌人，取得了解放大西北的伟大胜利。从1947年3月至1949年12月底，西北野战军和西北军区部队，计歼敌1个长官公署、3个兵团部、4个省保安司令部、2个警备总部、1个补给区司令部、25个军部、61个整师、15个师部、85个

彭德怀在旅兰维吾尔族同胞请宾会上讲话，宣布新疆即将解放

彭德怀在新疆各族人民欢迎人民解放军大会上

整团、43 个营，共计 51.36 万多人。

每当谈到西北人民的支持和后方的支前工作，彭德怀总是很动感情的，常说："没有他们的支援，哪能取得战争的胜利！"这是千真万确的事实。

第五节　在西北军政委员会

1949 年 9 月，在北平召开了中国人民政治协商会议第一届全体会议，选举产生了以毛泽东为主席的中央人民政府。彭德怀当选为中央人民政府委员，全国政协委员，随后，被任命为中国人民革命军事委员会副主席和西北军政委员会主席。经历了数十年戎马生涯的彭德怀，告别硝烟弥漫的战场，开始指挥一场不用枪炮的新战役——恢复和发展西北地区的经济。

新疆和平解放后，彭德怀就思考如何迅速医治战争创伤，恢复工农业生产。9 月 27 日他致电在西安主持日常工作的习仲勋，提出：各项工作必须有一个全盘（五省）筹划，尤其是经济建设，使生产运销逐渐走上比较计划性。贾拓夫同志应立即交出西安市长、军管会工作，把全部精力放在计划西北经济建设上。他明确地说："在战争结束后，财经开支必须做到量入为出，银行发行（货币）尽可能用在发展生产。"

经过一段时间的准备，11 月 15 日，彭德怀向毛泽东报告了 1950 年西北区生产交通建设的初步安排，特别是恢复发展中国唯一的王门油田的石油生产，"在中央人民政府铁道部帮助下修筑天（水）兰（州）铁路"，把横贯中国的交通动脉陇海铁路延伸到甘肃省会兰州。毛泽东同意彭德怀所提的工作方针。1950 年 3、4 月间，毛泽东又进一步指示：西北铁路要修到迪化，不超过 10 年，愈快愈好。这一年，彭德怀调动近 10 万军队参加修筑天宝（鸡）、天兰铁路。他对筑路工程十分重视，经常直接检查进展情况，还邀请铁道部吕正操副部长和苏联专家视察筑路工程，征询对西北交通建设规划的意见。彭德怀仍然保持着战争年代亲临前敌的作风，在 1950 年 4、5 月间，深入甘肃、宁夏、青海、新疆四省视察工作。他不辞辛劳，踏上雪积冰封的青藏高原，亲自勘察进军西藏的路线。肯定由青海入藏和修筑青藏公路的意见，确定以军队为主组织人力、物力施工。

为解决新疆和西北地区紧张的财政经济问题，彭德怀由贾拓夫陪同，于 1949 年 12 月 28 日飞北京。当天晚上在中共中央的会议上，彭德怀汇报了新疆的情况和面临的问题，建议在自力更生基础上，积极争取苏联支援新疆的开发建设。根据中央负责人的意见，第二天，彭德怀写了报告，由中共中央发给正在苏联访问的毛泽东。他写道：新疆目前严重的问题是财政经济问题。要解决困难及将来建设新疆，我觉得必须有苏联的大力帮助。具体要求是：请苏联帮助解决明年新疆部队的服装、器材、交通工具；同苏联正式通商，以土产交换必需品；实行新疆与苏联地方性的经济合作，合组石油公司，合组稀有金属和有色金属公司，以及把阿拉木图、迪化、哈密民航协定延长与延伸到兰州、西安和北京。中央采纳了彭德怀的意见。中苏两国政府经过谈判，于1950年3月27日在莫斯科签订了《关于在新疆创办中苏石油股份公司协定》《关于在新疆创办中苏有色及稀有金属股份公司协定》《关于创办中苏民用航空股份公司协定》，圆满地解决了互通有无和争取外援问题。

1950年1月间，彭德怀在中央人民政府委员会第五次会议上和在西北军政委员会上，先后报告了西北地区的工作和今后的任务。他说，总的任务是进行民主改革和发展生产，提高文化，建设新西北。“目前的中心问题是生产，为了社会安定，医治战争创伤，生产是第一。”“在一定时期内，西北地区的经济建设，应以农业和畜牧业为主”，同时要抓紧工矿生产与交通运输，准备建设新的铁路。

在领导工农业生产时，彭德怀一直很重视调查研究，反对官僚主义和主观主义的思想作风。西北军政委员会农林部在1950年春发放棉籽工作中，事前研究计划不周，工作中又缺乏具体指导和深入检查，造成关中地区十几万亩棉田断垄缺苗，给人民群众和国家财产造成损失。这件事受到他的严厉批评和严肃处理，并在报上公布了对主要负责人的处分决定。此后，他多次以此为鉴，告诫干部一定要深入实际，深入到生产第一线去，而不能坐在办公室里，靠发号施令去指导生产。

为研究制订西北地区“三年经济建设计划（草案）”，彭德怀在1950年8、9月间，接连主持召开中共西北局常委会。他对工矿企业的布点、农业机器的制造、石油和有色金属勘探，提出了具体明确的意见。指出计划尚不完整，只是个轮廓，还要逐渐充实。但总的目标要规定下来，发西北五省一市（西安市）征求意见。他强调计划的实施，最重要的是干部问题，要培养一批经济建设的新干部。

在生产建设中，彭德怀非常重视发挥军队的作用，多次传达中共中央和毛泽东关于军队既是战斗队，又是工作队的指示精神。他说：“这么多部队，全靠国家养，是个大问题，应该搞生产。”“在和平时期，人民解放军要继承以往艰苦奋斗的传统，成为生产建设中的生力军，成为建设新西北的重要力量之一。”在动员从军队中转业一部分人员，以加强地方各种工作时，他鲜明地提出：“在战胜反动派之后，就应与自然作斗争”，我们要学会进行这场斗争。

1950年彭德怀在西安

1949年12月5日，中国人民革命军事委员会颁布关于1950年军队参加生产建设工作的指示，指出："军队不仅是一支国防大军，并且是一支生产大军，以克服长期战争所遗留下的困难，加速新民主主义的经济建设。"为贯彻上述精神，第一野战军和西北军区在12月27日发出指示，要求西北部队的绝大部分必须积极参加生产建设，"应同战争一样的勇敢坚决、积极负责，充当大西北的先锋"。

彭德怀在西北各省检查工作时，一再号召全体干部和当地驻军要在边疆地区"安下心、扎下根"，和各兄弟民族一起把西北建设好。他说：今天咱们成了土地的主人，一定要搞好生产。我们要一手拿枪，一手拿镐，平时能生产，战时能打仗，这样我们就可以无敌于天下。

彭德怀常说：大西北是我的第二故乡。从1935年中央红军长征到达陕北以来，他的大部分岁月是在西北地区度过的。西北人民在艰苦的战争年代支援和养育了红军、八路军和解放军，西北的高原山川到处有他和子弟兵的足迹。他经常深入群众，对西北地区人民生活的艰辛困苦有深刻了解，决心以坚强的毅力和艰苦奋斗的精神，带领各族人民改变西北地区贫穷落后的面貌。

西北是多民族聚居的地区。解放前，反动统治阶级实行大汉族主义的统治，造成各族人民之间的隔阂，有的甚至彼此戒备，互相仇恨。个别地方时有械斗和仇杀现象发生。妥善处理历史遗留下来的问题，搞好民族团结，是关系政治安定、生产发展和人民生活逐步改善的重大问题。彭德怀深切了解处理好民族问题的极端重要性，强调必须"建立各民族间友爱合作的新关系"。早在戎马倥偬的战斗岁月里，他就挤时间翻阅了大量地方志和历史资料，浏览了左宗棠的《左文襄公全集》，还经常找熟悉边疆情况的人询问和座谈，了解西北地区的历史和现状。为了切实尊重少数民族的风俗和习惯，根据彭德怀指示，第一野战军政治部编写了《回民问题工作手册》和《入城守则》。彭德怀说："一定要让指战员了解他们和汉族不同的生活习惯，尊重他们的宗教信仰。他们忌讳什么，我们就不要做什么。"后来干脆做出规定：在进军路上，凡是清真寺，一律不准干部和部队进去。

为着开发建设大西北，彭德怀以极大精力，关怀与培养少数民族干部。1949年9月野战军前委发出的一个文件，就要求"县以上各级党委必须设立少数民族学校或训练班，大量培养各族干部"。随后根据毛泽东11月间关于"要彻底解决民族问题，完全孤立民族反动派，没有大批少数民族出身的共产主义干部，是不可能的"的指示，要求各省应举办少数民族的干部学校和训练班。1950年2月3日，在彭德怀主持的军政委员会第一次行政会议上通过决议，报请政务院在兰州设立民族学院，以利于"有计划地培养民族干部"。由于彭德怀十分重视，工作抓得紧，西北地区在一年之内，培养了近万名少数民族干部，各民族间团结合作互助友爱的新关系开始建立。

1949年10月中旬，毛泽东关于成立中共新疆分局的指示电指出，新疆"应该建立党的组织"。11月中旬，中共中央致电彭德怀并告王震、西北局，进一步指出：在少数民族中已有一些先进的共产主义分子或同情者。在新疆少数民族中建立共产党的组织，已有相当基础。开始吸收少数民族中的先进分子入党，我们认为是适宜的。可是当时有少部分汉族干部，只看少数民族几乎都信仰宗教，又不吃猪肉，错误地认为这是落后的表现，很难在他们中间发展党员。彭德怀批评持有这种错误看法的干部，又耐心进行启发教育，说：我们共产党人是唯物主义者，主张无神论。但我们又坚持具体情况具体分析，必须看到少数民族的一些风俗习惯是长期社会历史条件形成的。吸收少数民族中的先进分子入党，要从当地的具体情况出发，主要根据他们的觉悟，在过去革命斗争及当前实际工作中的表现，不能光看是否信仰宗教，是否吃猪肉。他风趣地说："蒋介石吃猪肉是反革命，马步芳不吃猪肉也是反革命。"强调要严肃批评干部中一切不利于民族团结的错误观点和言行。中共中央关于在新疆少数民族中建党的指示，在彭德怀和以王震为首的中共新疆分局的努力下，得到了顺利贯彻。民族军的军长副军长几位领导人，在1950年3月加入了中国共产党。到1950年7月，全区已发展共产党员520多人，建立了一些基层党组织。

在西北军政委员会，彭德怀仍过着十分简朴的生活。他和妻子住在军政委员会机关会议厅旁一间小小的休息室里。军政委员会其他负责干部也都居住简陋。总务处的工作人员想给他调整住处，一再被拒绝。他说："我这个人没有什么，要说有一点长处的话，那就是不忘本。"他的廉洁奉公、以身作则，为西北党政机关树立了榜样。

1949年11月在兰州召开的中共西北局扩大会议上，彭德怀就提出了反对铺张浪费问题。他说：各级领导机关和干部，在5—10年内必须特别节俭。并明确宣布除建设工厂必需房屋外，一般军、政、党机关，在数年内不打算另建房子。他号召西北全体干部，节衣缩食，艰苦奋斗；号召党员干部要做刻苦节约的模范，准备继续过一段艰苦的生活。

但是在全国胜利的新形势下，共产党处于执政党的地位，人们已从战争转入和平建设，从乡村进到城市，面临着新的考验。一些干部以功臣自居的情绪，贪图享受的思想，铺张浪费的现象开始冒出来。彭德怀及时抓住刚刚露头的危险倾向，反复教育干部要发扬党的优良革命传统，"厉行廉洁朴素的作风"。他严肃指出：要把老资格的包袱放下，不要压得自己喘不过气来。"个人有什么了不起！如果不依靠劳动人民，没有共产党的领导，没有马列主义科学武器，我们将是一事无成的。""如果没有共产党，我们这些人还不是住在牛圈里，打牛屁股的。"

为了克服不良倾向，发扬廉洁作风，1950年3月，彭德怀在西北军政委员会的行政会议上，先后两次作了《精简机构，厉行廉洁朴素作风》和《反对铺张浪费、反对贪污腐化》的长篇发言。他指出：铺张浪费就是抵抗勤俭建国，本位主义就是抵抗统一领导，游击习气就是抵抗法制命令。铺张浪费，甚至贪污，是对人民事业、对祖国建设的一种罪恶。我们的革命同志如果沾染上这种可耻可憎的思想习惯，就是危害人民利益的罪恶行为，就必须受到党纪国法的制裁。如果我们不坚决反对，就是学国民党反动派的作风。所以一定要把"严惩贪污，禁

1950 年 10 月 1 日，彭德怀就任西北军政委员会主席

止浪费，反对脱离群众的官僚主义”，作为每个政府工作人员的座右铭，忠实执行。

根据彭德怀和中共西北局的决定，从 3 月开始，在西北大区一级的党政军民各机关、团体开展了反不良倾向的运动。5 月底，中共西北局发出整顿干部作风的指示，使整风更明确、更有计划、更普遍地进行。到 9 月初，参加整风的人在检查工作的基础上写个人检查。9 月 6 日，彭德怀在西北区一级整风座谈会上作了反对错误倾向，改进领导作风的系统总结。

在庆祝新中国成立一周年时，《人民日报》和西安《群众日报》，先后发表了彭德怀写的《新西北一年来的工作》的特约文章，从军事、财政经济、政权建设、民族团结、改革与发展文化教育等五方面，总结了军政委员会成立以来的工作。

国庆活动一结束，彭德怀又全神贯注地考虑 3 年建设计划的落实问题。10 月 4 日，中央派专机接他到北京参加中央政治局会议。这次会议讨论研究派志愿军支援朝鲜的抗美战争问题。中共中央和毛泽东决定派彭德怀率中国人民志愿军

1950 年 10 月 1 日，彭德怀等在西安阅兵典礼上

朱德、聂荣臻等在北京南苑机场迎接彭德怀。右起：刘亚楼、聂荣臻、彭德怀、朱德、贾拓夫、许光达、杨尚昆、李涛、赖祖烈

赴朝参战。他坚决执行中共中央的决定，肩负全国人民的重托，率领英雄的中华儿女，跨过鸭绿江，抗美援朝，保家卫国。

这位刚卸战马，指点江山的大将军，来不及向其他西北党政军领导交代工作，也没有时间向中央负责人汇报西北经济建设的设想，甚至顾不上同他的夫人浦安修告个别，又踏上硝烟弥漫的抗美援朝新征程。

第二十章　受命援朝

第一节　友邻烽火

历史的进程常常出人意料。彭德怀建设大西北的宏愿刚刚起步，就被发生在朝鲜半岛的激烈战争打断了。随着这场战争的发展和演变，他征衣方解，又不得不奉命率师跨入一场惊心动魄的国际战争风云之中。

朝鲜半岛位于亚洲大陆的东北部，向东南伸入黄海与日本海之间，三面环海，背连大陆，地形狭长。1910 年 8 月，朝鲜沦为日本帝国主义的殖民地。第二次世界大战后期，美苏两国商定，在朝鲜半岛上以北纬 38 度线作为两国军队对日军进攻和受降范围的临时分界线。

1945 年 8 月 15 日，日本宣布战败投降，朝鲜人民从日本帝国主义铁蹄下获得解放，美、苏两军遂以北纬 38 度线为界，分别驻扎在朝鲜半岛的南北地区。1948 年 8 月 15 日，朝鲜南部在美国的扶持下单独成立了“大韩民国政府”，朝鲜北部也于 1948 年 9 月 9 日成立“朝鲜民主主义人民共和国”。从此，朝鲜半岛一分为二，“三八线”成了南北对立的界线，北部“朝鲜民主主义人民共和国”实行社会主义制度，南部“大韩民国”实行资本主义制度，南北矛盾日益加深，政治和军事摩擦日益尖锐，终于在 1950 年 6 月 25 日凌晨爆发了内战。

战争爆发后，6 月 27 日，美国总统杜鲁门发表声明，宣布他已命令美国驻远东部队对南朝鲜军队提供“掩护”和“支持”，公然入侵朝鲜。又命令美国海军第七舰队开进中国的台湾海峡，侵占了中国的台湾。在此严重的形势下，6 月 28 日中华人民共和国主席毛泽东发表讲话，指出：“全世界各国的事务应由各国人民自己来管，亚洲的事务应由亚洲人民自己来管，而不应由美国来管。”“中国人民既不受帝国主义的利诱，也不怕帝国主义的威胁”。同日，中华人民共和国政务院总理兼外交部长周恩来发表声明指出：“杜鲁门二十七日的声明和美国海军的行动乃是对于中国领土的武装侵略，对于联合国宪章的彻底破坏。”

7 月 7 日，美国操纵联合国安理会通过紧急决议组成“联合国军”①，授权

---

①“联合国军”是以美国为首由 16 个国家组成的军队。计有美国、英国、法国、加拿大、澳大利亚、新西兰、土耳其、泰国、菲律宾、希腊、荷兰、比利时、卢森堡、哥伦比亚、埃塞俄比亚、南非联邦。多数国家只是象征性地派出了部队。

"由美国指派司令官"统帅"联合国军"去协助南朝鲜政府军作战。7月8日，美国总统杜鲁门任命麦克阿瑟[①]为"联合国军"总司令。

由于美国出兵干涉，朝鲜半岛局势日益复杂和严重。

为了应付朝鲜战场可能发生的变化，中华人民共和国中央人民政府人民革命军事委员会（简称"中央军委"）副主席周恩来根据毛泽东主席的指示于7月7日主持召开"保卫国防第一次会议"，决定立即组建东北边防军，开往与朝鲜相邻的鸭绿江以北地区布防待命，以备支援朝鲜和保卫中国边境的安全。

8月中旬，朝鲜民主主义人民共和国人民军解放了南朝鲜约80%的地区。进到洛东江边时，在美国陆、海、空军和南朝鲜军的阻击下，双方形成胶着状态，人民军的处境越来越不利。

毛泽东估计朝鲜战局会发生重大的曲折变化，于8月27日给彭德怀发去一电，说："德怀同志，为了应付时局，现须集中12个军以便机动（已集中了4个军），但此事可于9月底再作决定，那时请你来京面商。"

从朝鲜人民军进攻到南朝鲜南端的洛东江一带后，远在中国内地的彭德怀就对朝鲜局势表示不安，说："这样向南打下去可能会出问题。"[②]

不出所料，"联合国军"总司令麦克阿瑟，从日本和太平洋地区集中7万余兵力在海、空军的运送、掩护下，于9月15日在朝鲜的西海岸仁川港登陆，将朝鲜人民军的后方交通线拦腰截断。此时，在洛东江布防的美军和南朝鲜军队约10个师，配合仁川登陆部队向北反攻，形成南北夹击之势。人民军腹背受敌，后方供应断绝，遭受严重伤亡，被迫后撤。以美军为首的"联合国军"乘胜前进，于9月28日攻占汉城。美国参谋长联席会议指示麦克阿瑟：假设俄国人或中国人没有宣布进行干涉的意图或没有进行实际干涉，他可越过"三八线"，消灭北朝鲜军队。[③]

9月29日，"联合国军"和南朝鲜军队进至"三八线"附近。9月30日，中华人民共和国政府总理周恩来警告美国政府说："中国人民密切关心着朝鲜被美国侵略后的形势，中国人民绝不能容忍外国的侵略，也不能听任帝国主义者对自己的邻人肆意侵略而置之不理。"

麦克阿瑟认为中国国内战争刚刚结束，战争创伤尚未恢复，不可能出兵援朝与美军作战。10月1日，麦克阿瑟发出"最后通牒"，要求朝鲜人民军无条件"放下武器停止战斗"。朝鲜民主主义人民共和国金日成首相向毛泽东紧急提出：在敌人进攻"三八线"以北地区的情况下，急盼中国人民解放军直接出动援助我军作战。

1950年10月1日，这是新中国成立一周年纪念日。入夜，北京的国庆焰火尚未熄灭，欢乐的人群还未离开天安门广场，中南海颐年堂的会议厅里，毛泽东

---

① 麦克阿瑟为美国五星上将。

② 访问彭德怀秘书张养吾记录，1985年4月12日。

③［美］小克莱·布莱尔：《麦克阿瑟》，战士出版社1983年版，第340页。

主席和中共中央领导人已在紧张严肃的气氛中讨论出兵问题和朝鲜民主主义人民共和国面临的严重局势，一直到天亮。就是在这天夜里，麦克阿瑟命令南朝鲜军队首先越过了“三八线”向北进攻。

10 月 2 日凌晨 2 时，毛泽东电召东北军区司令员兼政委高岗来京面商朝鲜局势，并下令边防军随时待命出动。

10 月 2 日下午，中共中央书记处在颐年堂开会。毛泽东认为出兵援朝已是万分火急，原拟派林彪率军入朝，但林彪不大赞成出兵，称病推辞。中央书记处遂改派彭德怀来挂帅。毛泽东要周恩来速派专机去西安接彭德怀来北京，参加准备于 4 日召开的政治局扩大会议。不巧，10 月 3 日华北地区细雨蒙蒙，云层很低，当时国内只有小型飞机，不宜航行。接彭德怀的飞机 10 月 4 日上午才从北京起飞。

第二节　应召进京

1950 年 10 月 4 日近午时分，彭德怀正在西北军政委员会办公室内埋头审阅西北地区三年经济恢复计划，准备赴京向中央汇报。中央派来的两名干部进来报告说：“毛主席请您立即乘飞机去北京开会。”彭德怀一愣，问：“我已接到北京的电话，是原先通知的汇报会吗？”来人回答说：“不清楚。周总理交代说，飞机一到西安，就马上接彭老总来，一刻也不能耽误，还要严格保密。”彭德怀说：“那我总要给其他同志打个招呼吧？”随后，马上把西北局秘书长常黎夫找来，让常分头转告西北局其他负责干部。此时，遇事沉着的彭德怀也感到不解，难道到中央汇报三年经济恢复计划还这么紧张吗？不管开什么会，他还是叫秘书把西北地区各单位报来的经济规划方案、调查报告统统带上。

下午 4 时，专机飞抵北京西郊机场。彭德怀快步走下舷梯，几辆小汽车早在等候着。前来迎候的人传达毛泽东的交代，要彭德怀先到北京饭店休息一下，彭德怀说：“不是说不能耽搁吗？先去中南海！”①

车到中南海“丰泽园”，周恩来迎出来与彭德怀握手，解释说：会议在下午 3 点就开始了，来不及等你。彭德怀随周恩来进入颐年堂会议厅。毛泽东首先发话：“你来得正好，美军已开始越过‘三八线’了，现在正在讨论出兵援朝问题，请你准备谈谈你的看法。”彭德怀坐定，发现会议的气氛很不寻常。他来京前，脑子里装的是如何建设开发大西北，这时只好侧耳静听。从几个同志的发言中，他才知道对支援朝鲜有不同意见。有的主张不出兵，或暂不出兵，理由主要是：国内战争创伤亟待医治，部分地区尚未解放，新解放区尚未进行土地改革；我军的武器装备远远落后于美军，更无制空制海权；经过长期战争，有些干部和战士有和平厌战思想；等等。基于上述情况，参加会议的多数人认为出兵问题应慎重从事。时任中国人民解放军代总参谋长的聂荣臻元帅，后来回忆这次会议中大家

① 访问原中央办公厅警卫处长李树槐记录，1985 年 8 月 24 日。

发言的倾向是："不到万不得已的时候，最好不打这一仗。"[①] 毛泽东在会议最后讲了一段话："你们说的都有理由，但是别人处于国家危急时刻，我们站在旁边看，不论怎么说，心里也难过。"[②]

第二天上午9时左右，邓小平受毛泽东委托来到北京饭店，约彭德怀同车去中南海。因4日下午政治局会议上彭德怀未发言，毛泽东想听听他的意见。

彭德怀来到毛泽东的办公室，两人在沙发上坐下，毛泽东说："老彭，昨天你没来得及发言。我们确实存在严重困难，但是我们还有哪些有利条件呢？"彭德怀说："主席，昨天晚上我反复考虑，赞成你出兵援朝的决策。"毛泽东又问："你看，出兵援朝谁挂帅合适？"彭德怀问："中央不是已决定派林彪同志去吗？"毛泽东谈了林彪的情况后说："我们的意见，这担子，还得你来挑，你思想上没这个准备吧？"彭德怀沉默片刻，说："我服从中央的决定。"毛泽东略带感慨地讲："这我就放心了。现在美军已分路向'三八线'北冒进，我们要尽快出兵，争取主动。今天下午政治局继续开会，请你摆摆你的看法。"[③]

10月5日下午，中央政治局在颐年堂对是否出兵援朝问题再次进行讨论。发言中，仍有两种意见，彭德怀讲了自己的观点，即出兵援朝是必要的，打烂了，最多就等于解放战争晚胜利几年。可是，如让美军摆在鸭绿江岸和台湾，它要发动侵略战争，随时都可以找到借口。如让美国占领了朝鲜半岛，将来的问题更复杂，所以迟打不如早打。聂荣臻元帅在其回忆录中写道："彭德怀10月4日到北京，第二天参加了政治局会议。彭德怀同志历来勇敢果断，中央决定他去指挥志愿军，他表示坚决执行命令。""彭德怀在会上的坚决态度，给我以深刻印象。"[④]

政治局会议结束后，毛泽东对彭德怀说：给你10天做准备，出兵时间初步预定10月15日。

10月6日上午，彭德怀到中南海去参加中央军委周恩来副主席主持召开的军委会议，讨论志愿军入朝方案和更换武器装备、后勤供应及组建指挥所等问题。朱德总司令参加了会议并讲了话。

关于彭德怀指挥所设立的位置，毛泽东的意见，为保证安全，免遭敌机轰炸，可设在鸭绿江北岸一个隐蔽位置。但彭德怀不同意，他主张过江入朝，与金日成在一起，以便协调两军，统一指挥作战。对于志愿军出国前后的宣传报道问题，彭德怀向主席建议："在战斗打响之前，应绝对保密。打响之后，新华社在报道和广播方面也应注意分寸。要设法转移敌人的视线，使其产生判断上的错觉，以便我军各路部队迅速隐蔽过江，取得战斗的主动权，力争初战的胜利，以提高士气，稳定人心，扭转被动局面。"[⑤]

---

①《聂荣臻回忆录》(下)，解放军出版社1984年版，第735页。

②《彭德怀自述》，人民出版社1981年版，第257页。

③ 访问杨尚昆记录，1984年7月20日。

④《聂荣臻回忆录》(下)，解放军出版社1984年版，第736页。

⑤ 原彭德怀指挥所参谋龚杰1985年2月21日来信。

10月8日，中国人民革命军事委员会主席毛泽东发布命令：将东北边防军改为中国人民志愿军，迅即向朝鲜境内出动，协同朝鲜向侵略者作战，并争取光荣的胜利；中国人民志愿军辖十三兵团及所属之三十八军、三十九军、四十军、四十二军及炮兵一师、二师、八师。须立即准备完毕，待命出动；任命彭德怀同志为中国人民志愿军司令员兼政治委员；中国人民志愿军以东北行政区为总后方基地，统由东北军区司令员兼政治委员高岗指挥并负责保证之。同一天，毛泽东将中国人民志愿军即将出国援朝的事项致电中国驻朝大使倪志亮转告金日成，请他派人立即前往沈阳与高岗、彭德怀会晤。

第三节 毛泽东最终决断

1950年10月8日上午，彭德怀根据毛泽东的命令与高岗率临时指挥所人员乘飞机到沈阳。同日，中共中央根据事先与苏联方面的协商，派周恩来秘密飞往莫斯科会见苏联部长会议主席斯大林，商谈购买苏方武器装备和苏联出动空军支援中国人民志愿军入朝作战问题。

10月8日黄昏，金日成派朝鲜内务相朴一禹来到沈阳与高岗、彭德怀会谈，朴一禹转达了金日成首相要求志愿军迅速出动，首先控制咸兴和新安州的意见。9日上午，彭德怀和高岗在沈阳召集志愿军军以上干部开会，宣布中央出兵援朝的决定。彭德怀在会上讲话说："我们的敌人不是'宋襄公'，他不会愚蠢到等待我们摆好阵势才来。敌人是机械化部队，有空军和海军的支援，进攻速度很快，我们要和敌人抢时间。中央派我到这里来，也只是3天前才决定的。"彭德怀要求各军克服困难，在10天之内，完成一切出国作战的准备工作。

在会议上，各军干部最担心的是在出国作战时有无空军支援。于是，会议还在进行中，9日11时彭德怀和高岗就急电毛泽东询问："我军出国作战时，军委能派出多少战斗机和轰炸机掩护？何时能出动并由何人负责指挥？盼速示。"

这时，以美国为首的"联合国军"和南朝鲜军总兵力达40万，拥有各型飞机1000多架（海军飞机除外），各型军舰300多艘。其先头部队13万余人越过"三八线"，继而分兵多路向中朝边境推进。麦克阿瑟再次向朝鲜人民军发出最后通牒，要求人民军立即放下武器，停止作战。10月10日下午4时，印度驻中国大使潘尼迦转交了英国外交大臣贝文致中国外交部部长周恩来的电报，称："如果北朝鲜不愿放下武器，那么'联合国军'统帅将无他途可循。"当日深夜，金日成紧急召见中国驻朝鲜大使馆临时代办柴军武（后改名柴成文）表示："我们决不会放下武器，决不会投降，我们要抵抗到底。"

彭德怀面对危局心急如焚。为使志愿军在地面兵力上占绝对优势，以保初战获胜，当日，他在和十三兵团领导人邓华、洪学智等详细研究了志愿军入朝部署方案后，致电毛泽东说："原拟先出动两个军、两个炮师。恐鸭绿江铁桥被炸毁，不易集中优势兵力，失去战机。故决定将四个军三个炮兵师全部集结江南待机歼敌，改变原定计划，妥否盼示。”毛泽东回电同意。彭德怀又深感8日在沈阳与朴一禹的匆匆会谈，内容不够详细具体，于10日20时，再电请示毛泽东，他拟于11日渡江赴德川与金日成面商。

10月11日，彭德怀率领临时指挥所人员抵安东。不顾连日疲劳，翌日即前往鸭绿江北岸察看渡江地点，听取驻军领导汇报部队渡江准备情况。晚上突接聂荣臻电话，说情况又发生了变化，苏联方面表示空军未准备好，暂无法支援中国志愿军入朝作战，要彭德怀火速回京开会。紧接着毛泽东来电指示十三兵团各部就原地进行训练，不要出动；要高岗、彭德怀翌日回京。于是，彭德怀12日深夜又乘火车由安东返沈阳。

10月13日中午，彭德怀和高岗回到北京。下午，毛泽东在颐年堂主持中央政治局紧急会议，对出兵和不出兵的利害关系再次展开讨论，会议最后决定，即使没有苏联空军的支援，在美军大举北进的情况下，不论有多大困难，必须立即出兵援朝，迎击向北冒犯之敌。聂荣臻元帅在回忆录中写道：“对于打不打的问题，毛泽东同志也是左思右想，想了很久。毛泽东同志对这件事确实是思之再三，煞费心血的，最后才下了决心。”[①]中央作出最后决定后，彭德怀为防止部队对出兵援朝产生怀疑和松懈情绪，当天即给志愿军参谋长解方发急电，要求志愿军各部继续做好出国准备。14日，毛泽东与彭德怀、高岗详细研究了志愿军出兵后的作战方案。最后，确定已集结在鸭绿江北岸的志愿军4个军12个步兵师、3个炮兵师及汽车团、高炮团、工兵团等，于10月18日或19日分批渡江，先在平壤至元山线以北适当山岳地区组织防御，待机歼敌。

15日，朝鲜民主主义人民共和国首都平壤告急。金日成派外务相朴宪永来沈阳会见刚从北京飞回的彭德怀，要求中国尽快出兵，并希望与彭德怀早日会面。彭德怀告诉朴：“我们中央已最后决定，预定自10月18日或19日部队分批渡江，希望人民军继续阻击敌人进攻，迟滞敌人。”16日上午，彭德怀和高岗赶到安东，召开志愿军师以上干部大会，宣布中央的决定。他根据朝鲜北部山高林密，地形狭窄，东西临海的特点，指出：“过去我们在国内战争中所采取的大踏步前进和大踏步后退的运动作战方式，在今天的朝鲜战场上不一定适用。志愿军在战术上要采取阵地战与运动战相结合的形式，如敌人来攻，我们要把敌人顶住；一旦发现敌人的弱点，即迅速出击，插入敌后，坚决包围歼灭之。我们的战术是灵活的，不是死守某一阵地；但在必要时，又必须坚守阵地。”他针对出国作战的新情况，特别强调：“我们进入朝鲜后，千万不要骄傲，不要以大国援助者的身份自居。对朝鲜的党、人民政府、人民军队和广大人民群众要切实尊重。”彭德怀最后强调对入朝作战要做相当长期艰苦的打算，要发扬人民解放军的光荣传统，严格遵守三大纪律八项注意。

会议结束后，彭德怀到十三兵团司令部研究渡江方案，说：“麦克阿瑟越猖

---

①《聂荣臻回忆录》（下），解放军出版社1984年版，第935页。

狂，对我们越有利，我们可以利用敌人的错误判断，隐蔽渡江，对敌人进行突然反击。”

10月17日，彭德怀和高岗飞回沈阳，正与东北局、东北军区领导人研究志愿军出国作战准备问题，又接到毛泽东急电，要他和高岗于18日火速回京，并告：“对出兵时间，以待周（恩来）18日回京向中央报告后确定为宜。”10月18日清晨，彭德怀、高岗再次乘专机返回北京。

此时敌进甚速，平壤被困，危在旦夕。在当天召开的中央会议上，由周恩来和彭德怀各自汇报了情况。毛泽东最终决断说：“现在敌人已围攻平壤，再过几天敌人就进到鸭绿江了。我们不论有天大的困难，志愿军渡江援朝不能再变，时间也不能再推迟，仍按原计划渡江。”[①]随后，彭德怀奉毛泽东指示，以毛泽东的名义，拟发了给十三兵团司令员邓华，副司令员洪学智、韩先楚，参谋长解方及东北军区副司令贺晋年的特急绝密电报。电文如下：“四个军及三个炮师决定按预定计划进入朝北作战。自明（19日）晚从安东和辑安线开始渡鸭绿江。为严格保守秘密，渡江部队每日黄昏开始到翌晨4时即停止，5时以前隐蔽完毕，并须切实检查。为取得经验，第一晚（19日晚）准备渡两个至三个师，第二晚再增加或减少，再行斟酌情形。余由高岗、德怀面告。毛泽东，10月18日21时。”

① 访问随周恩来赴苏联谈判的翻译师哲记录，1989年3月10日。

第二十一章　扭转危局

第一节　跨过鸭绿江

1950年10月19日拂晓，从北京饭店开出几辆小汽车，驰过寂静的长安街直奔西郊机场。坐在车内的彭德怀睡着了，高岗也昏昏欲睡。昨夜，毛泽东、周恩来和他们一起反复研究入朝作战的方案，几乎彻夜未眠。汽车到达机场，彭德怀才猛然醒来，说："啊哎，这辆车可帮了我的大忙！"

9时左右，专机降落在沈阳机场。彭德怀和高岗即驱车去东北军区司令部。李富春、贺晋年、李聚奎等早已在此等候，彭德怀来不及坐下就说："从今天起，我国就开始进入战争状态。这次志愿军入朝作战，可比辽沈战役的规模大得多，任务要艰巨得多。过去我们在国内作战，物资弹药主要靠敌人'供应'，现在是靠我们自己。东北地区是志愿军的后方基地，你们要紧急动员，全力以赴。"

当天下午，彭德怀和高岗乘专机在四架战斗机护航下到安东，这时，各路渡江部队正等待着出发的命令。为抢在渡江部队之前入朝和金日成面商，彭德怀到了志愿军镇江山招待所，来不及进屋，就在院子里向十三兵团领导人传达了在北京研究的作战方案。

10月19日傍晚，安东地区冷风夹杂着细雨。彭德怀在江畔与前来送行的高岗和志愿军领导人匆匆握手告别。说话间，司机踩开了油门，随行参谋杨凤安和警卫员郭洪光、黄有焕都上了车。彭德怀跃进车内，吼了一声："开车！"汽车冲上鸭绿江大桥。这时北风大作，雨雪交加，夜幕笼罩了鸭绿江两岸的山河大地。经过整整10天分秒必争的工作，彭德怀来不及换上人民军将军服，仍身着从西安穿来的旧粗呢子黄军装，就乘车离开了祖国。在吉普车后面，只一辆装电台的卡车紧紧跟随。

汽车进入朝鲜国土，彭德怀突然命令司机停车，将头伸出车外，默默向大桥北方瞭望片刻。他是想再望一眼祖国的大好河山呢，还是望一眼这随时可能遭敌机炸毁的鸭绿江铁桥呢？或是瞭望即将跨江而过的志愿军先头部队呢？他没说一句话，即将车门关好，命令司机："开车！"他是率先踏上朝鲜前线的志愿军成员，也是亲手揭开"抗美援朝，保家卫国"战幕的志愿军统帅。从此，志愿军军歌"雄赳赳，气昂昂，跨过鸭绿江"响遍了全中国。

汽车在雨雪中抵达朝鲜边境城市新义州，因敌机空袭，市区一片黑暗，没有行人。汽车停在一个十字路口。这时才发觉在安东匆忙上车时，没把翻译带上，语言不通，无法问路。正焦急为难时，朴宪永遣人来街口迎接。朴宪永一见到彭德怀，就焦急地说："今天敌人占了平壤，现在金首相已撤离德川，我正与金首相联系，请彭司令在此稍候。"听到这突然变化，彭德怀立即让杨参谋把五万分之一的朝鲜地图铺在地上，拿过蜡烛来仔细查看。根据朝鲜人民军的现状和敌人进攻的速度，他估计志愿军过江后，难以抢占平壤到元山的原定防线，可能要在德川、宁远线以北和敌人打一场遭遇战。

约两小时后，朴宪永请彭德怀同去水丰发电站与金日成联系具体会面地点。彭德怀经过十个昼夜的紧张工作，已是面颊消瘦，两眼红肿，十分疲劳。杨参谋劝他趁坐车去水丰的机会再睡一会儿，可形势如此严重，哪能睡得着呢？彭德怀感慨地对身旁的参谋说："我带兵打仗几十年，还没有遇到像今天这样既不明敌情，又不明友情和地形的被动情况。不过我已告邓华、洪学智通知各军要有打遭遇战的准备，那时还得要采取以运动战大胆穿插分割包围的老办法去歼灭敌人。"①

10 月 19 日晚，中国人民志愿军三个军（第三十九、四十、四十二军）于始分三路秘密渡过鸭绿江。第三十八军作为二梯队，尾随四十二军渡江开进。为保证战役发起的突然性，彭德怀规定各部要控制电台，封锁消息，严密伪装，夜行昼宿，隐蔽地向指定作战地区开进。

经过几个小时的颠簸行程，彭德怀一行于 20 日黎明前到达鸭绿江南岸的水丰发电站，得到前线报告，敌军继续北犯，形势更加恶化。在与金日成取得联系后，傍晚又乘车向平安北道昌城郡之北镇进发。彭德怀、朴宪永乘小车同行，和迎面北撤的朝鲜党、政、军、民的人畜车辆碰头挤在一起。小车还可勉强开进，但电台卡车却掉了队。经过一夜走走停停的艰难行程，彭、朴于 21 日黎明前到达金日成指定的会晤地点：位于东仓和北镇之间山沟内的小村庄大洞。朴宪永领着彭德怀下车步行，在一间草房里找到了我国驻朝大使馆临时代办柴军武。抗日战争时期，柴曾在八路军司令部参谋处工作，这时看到阔别多年的彭老总冒着敌人的进攻独自来到这炮火连天的前线，真是由衷的敬佩。彭德怀在一个破瓦盆里洗脸提了提神，就向柴详细询问前线情况，一直谈到天亮。

上午 8 点半左右，金日成派人来请彭德怀，柴军武陪同前往。两人在田埂上边走边谈，突然，彭德怀停步问："军武：你身上带着小剪刀没有？"说着抬起两臂，两个破袖口上掉着一些长短不齐的线头。柴军武会意地笑了，就摸出一把指甲刀给他修理起来。指甲刀剪不齐，彭德怀把头一摇，说："算了！实在太紧张了，没时间换衣服。反正是战争时期，就这样去见吧！"②

两人来到一所整洁的朝鲜式房屋前，早已在室外等待的金日成微笑着迎上前

---

① 访问随彭德怀入朝的参谋杨凤安记录，1984 年 5 月 21 日。

② 访问柴军武（柴成文）记录，1985 年 6 月 10 日。

来，说："我代表朝鲜党和政府及朝鲜民主主义人民共和国人民，热烈真诚地欢迎彭德怀同志！"即引导彭、柴脱鞋入室，开始了首次会谈。[①]

彭德怀在转达了毛泽东、周恩来的问候后，向金日成介绍：中国志愿军先头部队共有4个军和3个炮兵师。此外，还有高射炮团、工兵团、汽车团等部共25万余人，已于19日晚开始分批自安东、长甸河口、辑安3个方向渡鸭绿江入朝。根据敌军兵力装备占绝对优势的情况，已建议毛泽东再调2个军尽快入朝参战，这样第一批入朝的志愿军将达到6个军共30多万人。中央军委准备再调2个兵团共6个军作为第二批志愿军入朝，以后根据实际情况还可继续增调。金日成面露笑容，感谢中共中央和毛泽东主席的全力援助。彭德怀根据金日成介绍美军大规模北进的情况和人民军的现状，分析志愿军原定在平壤以北的龟城、德川一线构筑防御阵地阻敌北进，保持一块歼敌基地的计划，已难以实现。他认为麦克阿瑟占领了平壤，绝不会到此为止，下一步肯定就会向鸭绿江边进犯。为使朝、中两军能协调作战，彭德怀希望金日成率人民军总司令部和志愿军司令部住在一起，以便随时协商处置重大问题。金日成表示还有许多问题亟待他去解决，故派朴一禹作为朝鲜代表住在志愿军司令部，重大问题可通过朴协商解决。中国志愿军入朝后的作战行动，则请彭德怀指挥处置。[②]

就在金日成、彭德怀会谈的前一天，前线战况发生了重大变化。10月20日，美军空降兵第一八七团1000多人在平壤以北的肃川、顺川地区实施空降。麦克阿瑟称此举的目的是要包围从平壤向北撤退的北朝鲜士兵和官员。[③]

这时，麦克阿瑟还没把中国放在眼里，判断"中国出兵的可能性极为微小"，命其空军掩护地面机械化部队分东、西两路以最快速度北进。西线南朝鲜的三个师抢先前进到顺川、成川、破邑之线；东线南朝鲜的首都师攻占了志愿军原定进行防御的五老里、洪原等地。而过江入朝的志愿军5个师，距离原定防御地区尚有120—170公里。

但美军实施空降和大举北进的消息未能及时传到大洞。因为，10月21日上午金日成和彭德怀在大洞会谈时，金日成未带电台，彭德怀带的电台车掉了队尚未赶到。他们只看见大批敌机掠空而过，听到隆隆的炮声由远渐近，对前线的情况却不明。志愿军司令员彭德怀上不通中央，下不联部队，急得在茅屋内踱来踱去。下午，他索性跑到房后小山头上去瞭望，希望能发现志愿军的先头部队。但他看见的是身背各式包裹，沿着山路向北逃难的人群。彭德怀回到屋内，气呼呼地坐在土炕上说："我现在真正成了个光杆司令了！"

因为此时此刻，彭德怀身为中国人民志愿军司令员，包括他自己在内总共只有5个人：1个司令，1个参谋，1个司机和2个警卫员。

---

① 访问柴军武记录，1985年6月10日。

② 访问柴军武记录，1985年6月10日。

③［美］小克莱·布莱尔：《麦克阿瑟》，战士出版社1983年版，第348页。

彭德怀在朝鲜前线

正是人少目标小，也给他们带来了幸运。1968年9月25日，彭德怀在被监禁受审中回忆当时的情景，写道："我与金日成会谈时，问了当前敌情，金答：'还在德川附近，离此约二百里。'其实敌军异常骄横，如入无人之境。当时敌先头部队由德川经熙川窜到我与金会谈的大洞东北方向的桧木洞，已绕到我们住的大洞后边去了。我志愿军刚过江不远，即与该敌遭遇，我与金（日成）幸免被俘。"①

10月21日下午，由通信处长崔伦带的电台车终于赶到大洞。彭德怀即跑到电台旁，看着发出他入朝后第一次给邓华并毛泽东、高岗的急电，报告他已于本日晨9时在东仓北镇间之大洞与金日成见面，"前面情况很混乱，由平壤撤退之部队已三天未联络"。根据美军速进，志愿军已不可能进入原定防御地区的情况，彭德怀向毛泽东提出："目前应迅速控制妙香山、杏川洞线及以南构筑工事，保证熙川枢纽，隔离东西敌人联络，异常重要。""我能确实控制熙川、长津两要点，主力即可自由调动，集中绝对优势兵力打击东面或西面之一路。""请邓（华）、洪（学智）、韩（先楚）三同志带必要人员速来我处商筹全局部署。"彭德怀的这一意见和10月21日晨3时毛泽东给彭德怀的电报指示精神正相符合。因电台未到，彭德怀未能接到这个指示。因而，毛泽东又于22日电邓华等同意彭德怀的意见，说："敌进甚速，请照彭电立即用汽车运一部兵力去占领妙香山、杏川洞，先运几个营去也好。"毛泽东令邓、洪、韩迅速与彭会合，"在彭领导下决定战役计划并指挥作战"。毛泽东还切切电示彭德怀和邓、洪、韩："此次是歼灭李伪军三几个师，争取出国第一个胜仗，开始转变朝鲜战局的极好机会，望彭、邓精心计划实施之。彭、邓要住在一起，不要分散。"

第二节　初惩骄敌

10月23日，炮声由远渐近，成群的美机低空掠过。这时，朝鲜人民军正向北撤退，而中国志愿军尚未赶到。位于大洞的志愿军指挥所仍然只有彭德怀和一

① "彭德怀专案组"档案材料，1968年9月25日。

个参谋、两个警卫员、几名电台人员；另有朝鲜代表朴一禹带来的人民军一个警卫班十余人。傍晚，志愿军第四十军一一八师前进到大榆洞山沟口。该师师长邓岳回忆说："这时，听到东南方向几十里外有咚咚的炮声，我们判断是温井方向。但规定军、师电台不准开机，敌情不明，地形不熟，既无上级指示，又无友军通报，此仗怎么打，我们非常着急。于是，我和政委张玉华乘吉普车朝山沟内几间茅草屋开进。发现在茅屋周围有几个人民军站岗。正要打听，在屋外亟望的杨参谋首先看见了我们，他高兴地带领我俩快步走向一幢大窗户房屋去见彭总。我们在门口喊了声'报告'，杨参谋向彭总介绍，彭总马上紧紧握住我们的手，情绪非常激动地说：'你们率部队来到这里太好了，太好了。'又问：'你们吃饭没有？'然后让我们坐下，亲自给我们倒水喝，我真想不到彭总对下级竟是这样亲热。我向彭总报告说：'我们一一八师共有一万三千多人，现在听到温井方向炮声不断，但前面情况一概不知，请彭总指示我师到那个方向去作战。'彭总非常生气地说：'现在敌军正跟踪追击，到处乱窜，情况很危急，你师赶快去温井以北占领有利地形，埋伏起来，形成一个口袋，大胆把敌人放进来，然后猛冲猛打，狠狠煞一下敌人的气焰，掩护我军主力集结展开，这是志愿军出国后的第一仗，你们师是打头阵的，看看你们行不行。'彭总明确而坚定的指示，使我俩增强了信心，立即率领部队迎着炮声朝东南的温井方向跑步前进。"[①]邓岳又回忆当时彭德怀在大洞的处境，说："敌人是乘坦克和汽车进攻，速度很快，非常猖狂。大洞离温井只有几十公里，真危险啊！"虽然几十年过去了，彭老总为党为国身先士卒，大敌当前临危不惧的精神，我仍记得很清楚，那危急的情景真是永远忘不了。[②]

10月24日晨，彭德怀和朴一禹率指挥所人员由大洞转移到附近的大榆洞金矿。该矿已停产无人，矿址坐落在两面大山之中，矿洞口外山坡上有几处简陋平房。其中一幢较宽大的铁皮顶木板工具棚，做了彭德怀的宿舍和司令部作战室。其他几处工棚，做了司令部的宿舍和办公处。

24日中午，原留在安东指挥志愿军渡江的邓华、洪学智、韩先楚及司令部机关人员到达大榆洞。下午，在作战会议上，确定了彭德怀提出的大胆实施战役迂回，以分割包围穿插的战术在运动中寻机歼敌，力求稳定局势，站稳脚跟，然后再反击敌人的战役方针。这时，麦克阿瑟指挥的东西两路第一线军队共10个师1个旅又1个空降团共约13万之众，被朝鲜北部的高山峻岭隔断，在北进中互不联系，中间出现了80多公里的空隙，他也不在意；而南朝鲜军队为抢先攻到鸭绿江，又各以一两个营为一股放胆而进。彭德怀根据敌军态势，决定集中三十八军、三十九军、四十军全部及四十二军的一个师于西线的云山、熙川地区，以优势兵力在运动中围歼敌人；东线山高林密，则由四十二军军部率两个师在长津以南进行阻击，保障西线各军侧翼安全。

① 访问邓岳记录，1984年10月15日。
② 访问邓岳记录，1984年10月15日。

10 月 25 日，中共中央决定将十三兵团司令部、政治部改为中国人民志愿军司令部、政治部。以彭德怀为中国人民志愿军司令员兼政治委员，邓华（兼副政治委员）、洪学智、韩先楚为副司令员，解方为参谋长。以彭德怀为志愿军党委书记，邓华为副书记。自此，正式组成了中国人民志愿军的领导核心。

10 月 25 日，西线“联合国军”分多路毫无顾忌地北进。7 时左右，南朝鲜军第一师先头部队沿云山至温井公路北犯，遭到志愿军四十军一二〇师迎头痛击。10 时左右，南朝鲜第六师先头部队 1 个加强营和 1 个炮兵中队，由温井北进到两水洞地区，正闯入彭德怀部署的志愿军四十军一一八师口袋阵里。一一八师师长邓岳，根据彭德怀“千万不能让敌人跑掉”的指示，采取拦头、截尾、斩腰的战法，不到两个小时，将大摇大摆的几百敌人全部歼灭，从而打响了震惊世界的中国人民抗美援朝战争的第一仗。这具有历史意义的 1950 年 10 月 25 日，后来即被定为中国人民志愿军抗美援朝，保家卫国作战纪念日。

10 月 25 日晚，彭德怀根据敌人兵力分散且尚未判明中国军队是否入朝的情况，又决意改变作战方案，给毛泽东去电说：“敌以坦克数辆和汽车十数辆组成一（个）支队到处乱窜，我企图一仗聚歼两三个师甚困难，亦再难保守秘密。故决定以军和师分途歼灭敌之一个团和两个团（今晚已开始），求得在第一战役的数个战斗中歼灭敌一两个师，停止敌乱窜，稳定人心……”毛泽东翌日复电，完全赞成彭德怀“分途歼敌”的方针。

麦克阿瑟对南朝鲜第六师 500 多人在温井以北被歼一事置若罔闻，对李承晚一再吃惊的喊叫已遇到中国军队的呼声也满不在乎。仍令其第一线主力部队 10 余万人继续向鸭绿江推进，要按原定计划在 11 月 23 日美国的“感恩节”前占领北朝鲜。后来担任美军第八集团军司令的李奇微，回忆当时东西两路敌军的情况道：“联合国军在沿着多条不同的路线朝鸭绿江前进时，他们无法相互支援，甚至无法保持地面联络。”①

10 月 26 日下午，彭德怀召开志愿军紧急党委会，讨论歼敌部署，他针对敌人进攻的特点说：“我军必须依据麦克阿瑟的战役企图，采取相应的对策。现在后梯队第五十军和六十六军已开始过江向指定路线前进，我们地面兵力已占绝对优势，关键是各军能否抓住战机和敢于大胆穿插围歼敌人。”会后，彭德怀指示参谋长解方再次电令各军避开主要道路，隐蔽开进，诱敌深入，分散敌人。主力隐蔽展开，占领有利地形待机歼敌。同时四十二军的两个师亦已奉命在黄草岭、赴战岭一线钳制东线之敌，配合西线作战。

10 月 31 日，西线敌军分路向新义州和朔州方向进攻，先头部队进到距中朝边境仅 30 公里的大馆洞和南市洞一线。彭德怀迅即抓住战机，以三十八军断后，三十九军、四十军分歼云山、宁边之敌，新入朝的六十六军钳制美、英军队，对敌分割包围。

---

①［美］李奇微：《朝鲜战争》，军事科学出版社 1983 年版，第 65 页。

11 月 1 日 15 时，志愿军各军、师遵照命令，对当面之敌发起围攻。三十九军提前发动攻击，经一夜激战，攻占了云山，歼灭美军骑一师第八团大部和南朝鲜军一部，缴获大批物资。志愿军与美军的第一次交锋，取得胜利。

在志愿军各军的连续突击下，敌人深恐后方交通被切断，遂于 11 月 3 日在大量飞机、火炮和坦克的掩护下全线撤退。彭德怀即令各军“采取一切办法迅速抓住敌人，不让敌人逃脱”，又命三十八军迅速向军隅里、新安州方向切断敌人与后方的联系。由于三十八军没有按时到达指定歼敌位置，敌人大部漏网逃走。11 月 4 日，西线敌军除以小部兵力阻止志愿军进攻外，其主力全部撤至清川江以南。彭德怀对这次精心部署的歼敌方案没有完全实现大为恼怒，考虑到歼敌机会已失，部队所带粮弹消耗将尽，如渡过清川江追击，势必陷于不利态势；同时敌人主力未被歼灭，很可能再次发动进攻。为保持下一战役的主动，即于 5 日下令西线各军停止进攻，结束战役。

东线志愿军四十二军奉彭德怀之命，以两个师的兵力阻击“联合国军”的进攻。在咸兴以北之黄草岭凭险据守，敌军用几十架飞机和大量坦克配合，对四十二军阵地进行连续而猛烈的攻击，四十二军在朝鲜人民军的配合下，依托野战工事，与敌连续激战 13 个昼夜，歼敌 2700 余人，粉碎了敌人进犯江界的企图，有力地配合了西线的作战。彭德怀特电四十二军之一二四师全体指战员予以嘉奖。由于志愿军主力在西线反击作战已告结束，彭德怀命令该军于 7 日凌晨转移休整，准备再战。至此，中国人民志愿军和以美军为首的“联合国军”之间的第一次战役结束。

第一次战役是在朝鲜民主主义人民共和国极端危急、志愿军仓促入朝的情况下进行的。经过连续 13 个昼夜的战斗，志愿军获得初战胜利，计歼敌 1.5 万余人，把“联合国军”从鸭绿江边打回清川江以南，打破了麦克阿瑟在“感恩节”前占领全朝鲜的计划，稳定了朝鲜战局，志愿军也站稳了脚跟。

中国人民志愿军突然出现在朝鲜战场，给骄进之敌当头一棒，体现了毛泽东的英明决断和彭德怀高超的指挥艺术，也体现了志愿军敢于以劣势装备歼敌的英勇顽强的战斗作风。后来接替“联合国军”总司令的美军上将李奇微对此评论说：“中国部队很有效地隐蔽了自己的运动。他们采取夜间徒步运动的方式，在昼间则避开公路，利用隧道、矿井、丛林和村落进行隐蔽。每个士兵都能做到自给自足，携带由大米、豆类和玉米面做成的干粮，他们避免做饭的火光暴露自己的位置。因为中国人没有留下一点运动的痕迹，所以统帅部怀疑是否有中国的大部队存在是有一定道理的。”① 李奇微又写道：“迅猛而突然的打击接踵而至，以致于很多部队还未能弄清楚究竟发生了什么事情就被打垮了。”② 美国的战史学家也对此评论说：“联合国军在同他们接触以前，一直没有发现他们。我们的飞机在上空

① ［美］李奇微：《朝鲜战争》，军事科学出版社 1983 年版，第 66 页。
② ［美］李奇微：《朝鲜战争》，军事科学出版社 1983 年版，第 68 页。

彭德怀在志愿军司令部山洞前

搜寻时，伪装得十分巧妙的中国军队都隐蔽起来了。”[①] 这是毛泽东和彭德怀在部队渡江之前规定务必严格保密和伪装的效果。

但彭德怀对与“联合国军”初次交锋的结果并不满意，为了总结经验，第一次战役结束后，彭德怀就在大榆洞召开志愿军第一次党委扩大会议，在会上作了“第一次战役的基本总结及第二步作战方针”的报告。他说：“这次战役之所以击溃敌人多（14 个营），歼灭敌人少（11 个营），客观原因是时间仓促，准备不充分，山大林密、道路不熟、语言不通、散兵难俘等。但主要原因还是我们战术上有缺点，有的部队在敌我相等的情况下，不是采取以小部挡正面，主力从敌后和侧翼攻击；不懂得首先完全断敌退路，把自己的主力插到敌背侧攻击是最有效歼灭敌人的战法。”他表扬了担任正面攻击的三十九军、四十军及时捕捉战机，打得勇猛顽强。四十二军两个师在东线顶住了敌军多次猛烈进攻，完成了牵制东线之敌的任务。彭德怀严厉批评三十八军的领导对敌估计过高，不敢大胆截断敌人退路，使这次可能歼敌两三个整师的战役计划未能完成。彭德怀说着说着，火气越来越大，将右手重重地往桌案上一拍：“我彭德怀别的本事没有，斩马谡的本事还是有的！”怒声震动会场。当时参加会议的一位指挥员回忆说：“彭总的讲话，真有‘叱咤则风云变色’的威力。”顿时，会场鸦雀无声。稍停，彭德怀的语气缓和下来，说：“当然，这次战役打得不理想，我彭德怀也有责任，不能把责任完全推给你们。”关于下一步行动，彭德怀说：“此役未歼灭敌军主力，敌人也还没有摸清我军的兵力，一定会组织反攻，我军应作好迎敌进攻的准备。在我空军、炮兵、坦克未组成前，我们仍以分散敌人，尔后采取运动战、阵地战、游击战相结合，内线和外线相结合的方针，分割包围，各个歼灭敌人。”在这次总结会议上，彭德怀对参加这次战役的各部队有表扬，有批评，功过分明，不讲情面，使各军指挥员深为信服。

会议结束后，彭德怀邀第一副司令员邓华在大榆洞外散步。自从受命担任志愿军司令员以来，彭德怀还没有像今天这样轻松过。抗日战争中，彭德怀是八

---

① [美] 罗伯特莱基：《冲突》。

路军副总司令，邓华是八路军下属的支队指挥员，现在却并肩共事。两人边走边谈，有说有笑，邓华要彭德怀谈他的战争经验，彭德怀说：“我一辈子打仗，没有什么高招，只懂得指挥千军万马打仗，可不是儿戏，必须精心策划，周密部署。指挥员多用一分心血，战士就少流一分鲜血，不能以战士的生命去无谓冒险。要牢记，任何父母，当知道自己的孩子牺牲了，那痛苦和悲伤都是难以忍受的。”返回司令部时，彭德怀又说：“今后指挥打仗要学更多的科学知识，这主要要靠你们及年轻的同志啊！”

第三节 “钓鱼”清川江

中国人民志愿军在第一次战役中还没有把麦克阿瑟打痛。麦克阿瑟判断中共只派出少数志愿军象征性的出兵，不过是为了保卫边防和鸭绿江边的电力设施；中国遭受了长期战争的破坏，经济贫困，百废待兴，无力支援这场战争。断言“中国人现在没有参战，战争在两个星期之内就会结束”①。随即调集大量兵力，凭借强大的海、空军支援，发起“圣诞节回国总攻势”。

这时，麦克阿瑟指挥的第一线作战部队共5个军13个师另3个旅和1个空降团，约22万人，飞机1200余架。其部署是，东线以美军第十军为主力经长津湖西进，西线以美军第八集团军为主力由清川江北上，计划在江界以南之武坪里衔接后，围歼在朝鲜北部战场的中国人民志愿军和朝鲜人民军，于“圣诞节”（12月25日）前攻占全朝鲜。

11月3日，彭德怀电毛泽东，建议将华东的第九兵团之二十七军开新义州东北地区隐蔽集合，准备“联合国军”再攻。4日，彭德怀又向毛泽东报告：“拟采取巩固胜利、准备再战的方针。当前具体工作是消除疲劳，总结经验，加强运输，储存粮食，利用大山深沟处挖窑洞，打土坑、糊泥棚，解决住宿困难。在内线要点构筑必要工事，如敌再进，诱其深入后歼灭之。”

11月7日，被志愿军击退到清川江以南的敌军，经过重新整顿，以部分兵力对志愿军阵地实施试探性进攻。与此同时，麦克阿瑟为阻止志愿军继续增兵，命令空军“全部出动，以最大的力量摧毁鸭绿江上的所有桥梁和沿江一带北朝鲜的城镇和村庄”。美国空军每天出动各型飞机达1000架次，对鸭绿江大桥和朝鲜边境城市新义州等地进行毁灭性轰炸。鸭绿江南岸一片火海，浓烟滚滚，所有城镇都化为废墟。

就在美机狂轰滥炸之时，志愿军后续部队第九兵团（二十军、二十六军、二十七军）15万人于11月7日、12日、19日先后巧妙地由辑安、临江秘密渡过鸭绿江，担任东线作战任务。志愿军第一线作战部队达到9个军30多个师约40万人，为“联合国军”第一线兵力的1.7倍，东西两线志愿军的地面兵力均占敌优势。

---

①［美］李奇微：《朝鲜战争》，军事科学出版社1983年版，第74页。

为了下次战役歼灭大量敌人，彭德怀在大榆洞召开志愿军党委会议，研究第二次战役的作战方针和部署。彭德怀分析说："麦克阿瑟虽遭到第一次战役的打击，但美军主力未受损失，同时他对我军的兵力还不清楚，所以，肯定还要向鸭绿江大举进攻。我军虽在兵力上占优势，但装备太差，如和敌军死拼硬顶，肯定要吃亏。不如先避其锐气，故意示弱，边打边退，迷惑敌人，诱其深入。我军可以后撤30至50公里以分散敌人，然后在运动中寻机歼敌，这是我军的拿手战术。我们要在清川江畔钓大鱼！"经过讨论，大家同意彭德怀的方案。会后，彭德怀命令各军，把清川江、大同江以北的德川、戛日岭、杜日岭、球场之间的地区全部让给敌人，诱敌上钩。根据彭德怀的指示，各军在后撤时沿路丢弃一些枪弹衣物，似已溃不成军。而志愿军主力则转移到敌人侧翼，进入山林，严密伪装。昼不冒烟，夜不露光，消除各种可疑痕迹。

当时，朝方领导人对彭德怀后撤几十公里诱敌深入的战役部署十分不解，询问彭德怀为什么不乘胜向清川江以南追击。彭德怀后来回忆说："他们当时忽视了在武器装备上敌优我劣的具体条件，极力主张乘胜追击。我们当时如果不坚持自己的意见，而同意他们的意见，那肯定不会取得第二次战役那样大的胜利的。"[①]

"联合国军"自7日开始试探性进攻后，前线指挥官接受第一次战役中被围歼的教训，前进谨慎，边进边看，进攻速度十分缓慢。至15日，平均每天只前进两三公里，迟迟未进入志愿军预定歼敌地区——东起宁远、德川，西至云山、纳清亭之间。后来接任美国第八集团军司令的李奇微在回忆中写道："前线指挥官在向鸭绿江接近时很清楚前面的危险。因此，他们一面不折不扣地服从麦克阿瑟的命令，一面尽力防备灾难的发生。"

为"在清川江畔钓大鱼"，围歼更多的敌人，彭德怀根据毛泽东的指示和敌我态势，确定集中9个军共30个步兵师，在东西两个战场同时对敌发起第二次战役，而以西战场为主。西线集中6个军18个师，东线集中宋时轮兵团的3个军12个师参战。彭德怀接受第一次战役的经验教训，认为必须加强对第一线迂回部队的指挥，遂决定由副司令员韩先楚组成志愿军前进指挥所，直接指挥三十八军和四十二军作战。韩先楚当时不过40岁，善打硬仗恶仗，屡建战功。17日临行前，彭德怀对他说："在第一次战役中，三十八军动作迟缓，没有按时完成阻敌任务，让敌人逃跑了，使整个战役没有达到预期的目的，战果十分的不理想。我听说三十八军过去在国内战如猛虎，很能打仗，这次我要再考验他们一次，看看他们的战斗作风到底怎么样。所以，仍让三十八军担任西线迂回阻击任务。这次阻击关系到整个战役的成败。你们沿途遇敌不要恋战，必须不顾一切，直插交通要道三所里，这是我军截断敌军南逃北援的一道'闸门'，一定要按规定的时间插到底。你要亲自到前线指挥该军行动，如插不到指定位置，别回来见

① "彭德怀专案组"档案材料，1968年10月。

我！”[①]彭德怀来回踱了几步，又继续说：“沿途可能会遇到小股敌人的纠缠，能避则避，不能避时就冲过去。在占领三所里和龙源里后，要不惜一切代价，像钢钉一样，狠狠地钉在那里。没有我的命令，不准后退！”[②]

11月17日，彭德怀指示志愿军政治部主任杜平，挑选一批俘虏放回去，争取在第二次战役中被围的敌军官兵缴械投降，减少我军不必要的伤亡。彭德怀的这一决定立即得到毛泽东18日的回电赞扬，说：“你们释放一批敌俘很好，应赶快放走，今后应随时分批放走，不要请示。”18日晚第一次释放100名战俘后，在国际上引起强烈反响，11月23日，美联社记者报道被释放的美国俘虏说：“他们得到和中国军队同样的口粮，中国军队待他们很好，并对受伤者进行治疗。”“中国士兵不搜美国士兵的口袋，不拿他们的香烟和手表等日用品。”释放美军战俘对美军震动很大，在第二次战役中，有两起共280名美军士兵向中国人民志愿军投降。

鉴于“联合国军”行动变得谨慎缓慢，16日，彭德怀电令各军继续北撤，一律停止向前进之敌进行反击，以诱敌放胆向我预定战场前进。麦克阿瑟及其司令部果然判断志愿军继续后撤是“因兵力不足，装备低劣而怯战败退”，又吹嘘：“联合国军对鸭绿江沿岸实施的空军突击，已迫使中共后续支援部队不能进入战场”，仍断定入朝志愿军“最多不超过六、七万人”,“不是一个不可侮的势力”。[③]于是，命令东西两路军队加快北进速度。美国合众社记者自前线报道说：共军对前进的美军未加抵抗，但是零下20摄氏度的严寒几乎和敌人一样厉害，滴水成冰的气候阻碍了现代化装备的运动。大批手指冻伤和口粮不足的军队向北急进。第八集团军从左翼向清川江以北进攻，第十军从右翼向江界进攻，左右两路直奔鸭绿江。此时，隐蔽在西线的志愿军六个军的主力部队已分别转移至龟城、云山、德川以北地区，东线三个军也全部秘密地到达指定位置，完成了战役集结。西线由韩先楚组成的前进指挥所根据彭德怀的指示，详细制订了歼敌计划。11月22日，西线冒进之敌薄弱部位在其右翼的南朝鲜第七师第八师。而该敌对面，正是志愿军左翼的三十八军和四十二军。彭德怀高兴地手拿放大镜在地图上看来看去，认为诱敌上钩之方案确已实现，敌军正向志愿军预定的战场前进，赶快把副司令邓华、洪学智和参谋长解方找来一起研究，认为这次战役选择在这里开刀十分恰当。即日，令韩先楚和三十八军、四十二军以先切断、后包围的战术，求得全歼德川、宁远地区的南朝鲜七、八两师。攻击时间仍按21日下达的命令定于25日晚开始。

这时，“联合国军”正气势汹汹地急速北进。24日，其东西两路地面部队在数百架飞机的配合下发起全面进攻。面对敌军的攻势，又有人对志愿军是否能顶

① 原三十八军政委刘西元：《回忆抗美援朝第二次战役》。
② 原三十八军政委刘西元：《回忆抗美援朝第二次战役》。
③《朝鲜战争敌军资料汇集》，中国人民解放军总参谋部编印。

住飞机、坦克加大炮的敌人十分担心。彭德怀则胸有成竹，镇定自若，对司令部的人说："要诱鱼上钩，你必须让鱼尝点甜头。麦克阿瑟吹嘘说他从来没打过败仗，看看这次战役究竟谁能把谁吃掉。"[1]为进一步造成敌人的错觉，彭德怀再次电令各军仍以小部队与敌人保持接触，诱其深入，为分散敌人创造有利战机。麦克阿瑟在日本东京总司令部得意地说："'联合国军'猛烈的钳形攻势已经开始，全面的空中突击均已达到了目的。"他高兴地收看来自前线的电报："中国人似乎在全线撤退"，"最后胜利即将到来"。[2]11 月 24 日 10 时，麦克阿瑟向全世界发表公报宣布："联合国军已开始发动圣诞节结束朝鲜战争的总攻势。"随后，他乘飞机到朝鲜上空"亲自侦察一下朝鲜北部的地形，并寻找敌人行动的迹象"。但他"看到的是那广阔无垠、十分荒凉的乡野，起伏不平的山丘、和张着大口的裂谷。而鸭绿江满江碧绿的江水被无声无息的厚厚的冰雪所覆盖了"。[3]随后，麦克阿瑟返回东京总部对他的部队广播说："中国人现在没有参战，战争在两星期之内就会结束。要迅速打到鸭绿江，回去过圣诞节。"

11 月 25 日，即麦克阿瑟发表公报的第二天，西线"联合国军"各路被志愿军诱至预定战场，翼侧暴露，后方空虚，完全中了彭德怀之计。西线志愿军各军则按彭德怀的命令完成攻击准备，定于当晚对敌发起大规模反击。当此紧要时刻，却"祸从天降"。驻在大榆洞南山坡上的志愿军司令部，突遭美国飞机的轰炸。这是由于几天来志愿军司令部收发电报甚多，美军通过空中侦察和无线电测向，发现了志愿军总部的位置。25 日上午 11 时左右，4 架美国轰炸机突然飞临司令部上空，投下大量凝固汽油弹。作战室的木板房和周围的山林、小屋，顿时浓烟滚滚，烈火腾空而起。翻译毛岸英、参谋高瑞欣二人正在木屋内值班，来不及逃出，不幸牺牲。大家围着遗体痛哭，彭德怀脸色苍白，眼含热泪，悲愤交加，默不作声。想到毛泽东和周恩来曾几次来电督促他，"你们的指挥所应建筑可靠的防空洞，保障你们司令部的安全"，"你们指挥所应速建坚固的防空洞，立即修建，万勿疏忽"，"请你们充分注意机关的安全，千万不可大意"等等，词义急切。而他每天只忙着指挥打仗，没想到发生了如此重大的不幸，他既内疚又追悔莫及。

中午，司令部机关几乎没人去吃午饭。下午 3 时，彭德怀和志司党委成员商量后，决定把这次不幸事件报告军委。电文如下："军委并高（岗）、贺（晋年）：我们今日七时已进入防空洞，毛岸英同三个参谋在房子内。十一时敌机四架经过时，他们四人已出来。敌机过后，他们四人返回房子内，忽又来敌机四架，投下近百枚燃烧弹，命中房子，当时有二名参谋跑出，毛岸英及高瑞欣未及跑出被烧死。其他无损失。志司二十五日十六时。"中央机要室收到电报后，先送给周恩来阅。周恩来在电报上写道："刘（少奇）、朱（德），因主席这两天身体不好，故未给他看。"

① 访问原志愿军参谋长解方记录，1983 年 11 月 8 日。
② [美] 小克莱·布莱尔：《麦克阿瑟》，战士出版社 1983 年版，第 357 页。
③ [美] 小克莱·布莱尔：《麦克阿瑟》，战士出版社 1983 年版，第 357 页。

第四节　再获大胜

在美机轰炸大榆洞的25日黄昏时分，第二次战役按照彭德怀的命令打响。西线志愿军三十八军、四十二军在韩先楚指挥下，乘敌立足未稳，出其不意地对进犯到德川、宁远地区之南朝鲜第七师、第八师发起猛烈攻击。一夜之间，三十八军一一三师从敌右翼涉过大同江，到达德川以南，切断了敌南逃退路。一一二师从敌左翼进攻，迂回到德川以西，切断了德川与军隅里敌的联系。从正面进攻的一一四师则进据德川以北，从而完成了对德川之敌的包围。敌人在大量飞机掩护下，企图向西南突围，均被打退，激战至26日黄昏，南朝鲜第七师5000余人大部被歼，美军顾问7人全部被俘。

志愿军四十军主力担任配合三十八军方向作战，于25日晚向球场以北之美军第二师一部发起进攻，歼敌数百人，余敌向南溃逃，该军未完成穿插分割的任务。这又使彭德怀坐卧不安，在作战室里踱来踱去，指示参谋长解方立即发电，令四十二军向三十八军靠拢，配合该军堵截南逃之敌。四十二军三个师与敌展开激烈战斗，至26日拂晓，攻占了宁远城，将南朝鲜第八师大部歼灭。

经过26日一天的战斗，志愿军在德川、宁远地区打开了战役缺口。27日晚，东线志愿军第九兵团为配合西线各军作战，按预定计划向当面之敌发起攻击。彭德怀判断，在东线志愿军开始攻击后，西线之敌可能退向清川江南岸阻止志愿军南进，即令西线各部向当面敌军进攻。28日晨，各军均占领了预定目标并歼敌一部。三十八军攻占了德川、戛日岭后，整个清川江北面的美军数万人见势不妙，企图南逃。而此时，三十八军根据彭德怀事先的命令，已于27日夜派一一三师一夜长驱70公里，于28日晨8时抢占了敌军南逃北援必经的交通要道三所里。三所里扼平壤向北通往价川的公路干线，是西线美第八集团军的心腹地带，也是志愿军截断敌军南逃的一道“闸门”。一一三师出敌不意出现在三所里，犹如一把利剑，刺进了美第八集团军的心脏。使拥挤在西线的美、英、土军几万人乱成一团，部署在清川江附近的美军3个师和南朝鲜、英、土军一个师两个旅残部全线动摇。上午9时，美军骑一师在飞机、大炮、坦克的支援下向占领三所里的一一三师阵地猛攻，企图突破一个缺口南逃。志愿军前线指挥员韩先楚立即电令四十二军夹击驻守顺川附近之骑一师，以减轻一一三师的压力；又电令一一四师，从东往西侧击从三所里、龙源里方向突围的敌人。志愿军参谋长解方受彭德怀的委托，当天三次用无线电报话机激励一一三师不惜一切代价，截断敌人的退路，配合主力在大会战中歼灭敌人。[①] 该师三三八团前仆后继，守住了阵地。当晚一一三师估计敌人在三所里突围失败后，有可能由龙源里方向逃跑，又派三三七团连夜向龙源里奔袭，在29日拂晓前抢占了龙源里阵地，截断了敌人的另一条退路。这时，一一三师远离主力，孤军深入敌后80公里，在严重伤亡

① 刘西元：《回忆抗美援朝第二次战役》。

的情况下，靠低劣的武器装备，紧紧卡在“联合国军”几个师的后方。

这时，“联合国军”蜂拥向南突围，平壤附近的英军二十九旅，沿公路向北接应。南逃之敌为打开通路，以数百辆汽车组成庞大车队，在飞机和坦克引导下向三三七团龙源里阵地连续突击。该团指战员英勇奋战，始终坚守阵地。彭德怀三次电令三十八军军长梁兴初、政委刘西元指挥主力迅速向一一三师靠拢，又电令四十二军迅速向顺川、肃川方向进攻，指示该军说：“能否乘敌撤退混乱中消灭敌人主力，关键在于能否先机占领肃川，断敌退路。”根据彭德怀的命令，西线志愿军六个军在西起安州，东至军隅里，南至龙源里、三所里地域内，展开了围歼敌人的大规模战斗。刘西元在战后回忆写道：“11 月 29 日 13 时，在龙源里激战的一一三师指挥所无线电报话机里，响起了急促的讯号，师政委于敬山拿起话筒，听见一个湖南口音很浓的人大声说：‘我是彭德怀！你们那里的情况怎么样？现在向南逃跑的敌人已全涌向你们那里去了，你们到底卡得住卡不住？’于敬山大声回答：‘报告彭总，我们虽伤亡很大，但完全有信心把敌人卡在这里。’彭德怀高兴地说：‘很好！要告诉战士们，你们打得蛮好！我们的主力部队正在向你们那边靠拢，你们要加把劲，继续把美国人卡住，不让敌人跑掉！’于敬山立刻把彭司令员的鼓励，传到硝烟滚滚的战壕里。统帅和战士的心紧紧地联系在一起。”①

11 月 30 日是志愿军第二次战役最关键的一天，也是战斗最激烈的一天。被围困在价川、安州以南，三所里、龙源里以北狭小盆地内几个师的敌人四处乱窜，拼死突围。此时，彭德怀再次电令一一三师坚决堵住逃敌；同时，志愿军各部从三面向三所里、龙源里地区合围，各军逐步紧缩口袋。麦克阿瑟见势不妙，集中 100 多架飞机，400 多门大炮，对志愿军各路战斗部队狂轰滥炸，以坦克为前导，采取“波涛式”的集团冲击实施突围。而志愿军一一三师犹如钢柱钉在三所里和龙源里两条交通要道上，坚持了 50 多个小时，使南突北援之敌，双方相距不到 1 公里，却始终可望而不可即，无法会合。

经过 30 日白天的鏖战，“联合国军”突围未成，最后丢弃汽车和重装备，企图沿公路两侧南逃。30 日晚上，志愿军前进指挥所司令员韩先楚，根据彭德怀的命令，指示各军对被围之敌再次发起猛烈围歼。刘西元回忆当时的情景：“在十几公里长的战线上，敌人丢弃了几千辆汽车、炮车和被炸毁的坦克。在公路两侧还有上万桶的汽油，近万吨的军用物资，被美军的猛烈的炮火击中，炸声如雷，烟柱冲天，火光染红了天空和山峦，漫天灰烬飘落在战场周围十几里的田野里。这场浓烟烈火，一直到第二天傍晚才渐渐熄灭。”②

12 月 1 日凌晨，枪炮声渐渐减弱，烈火沿着公路和山冈仍在燃烧，战场到处都是敌我厮杀后的惨烈情景。彭德怀连续 6 个日夜几乎没有合眼，得悉三一八

---

① 刘西元：《回忆抗美援朝第二次战役》。

② 刘西元：《回忆抗美援朝第二次战役》。

军围歼敌人的消息，非常兴奋。回想在第一次战役时，该军没有完成歼敌任务，他曾对该军领导人进行了十分严厉的批评；而在这次战役中，三十八军打得英勇顽强，完成了阻敌任务，对整个战役的胜利，起了关键的作用。他即于12月1日以志司领导人彭、邓、洪、韩、解、杜的名义，起草了一封给三十八军的嘉奖电并通报全军。电报写完后，觉得意犹未尽，又在电稿最后的夹缝内加写了“三十八军万岁”几个字。有人劝说：“在我军历史上还没喊哪个部队万岁的，这样写不好吧？”彭德怀说：“这次战役胜利，三十八军起了关键作用，打得好，就可以喊万岁嘛！”此后，三十八军被称为“万岁军”，在全军美名传扬。

12月1日，溃不成军的敌人丢弃大量装备和伤员，在一百多架飞机的掩护下，转向三所里以西经安州方向突围南逃，此时整个西线“联合国军”朝“三八线”及其以南实施总溃退。彭德怀即命令西线志愿军转入追歼战。后来，美国军方描绘这次溃退的狼狈情景说：“我们有的被包围，有的被渗透到背后的中国人截断了退路……在这里已分不清哪里是前线，好像到处都有中国人。”败退的“联合国军”在飞机的掩护下，依赖摩托化车辆急速撤退，而志愿军是以徒步追击，难以奏效。彭德怀遂于12月2日电令各军主力就地集结，休整补充，各以一个师追击敌人。12月5日，“联合国军”被迫退出平壤，继续向南溃退了260公里。6日，志愿军收复平壤。尔后，又乘胜南进抵达“三八线”附近。与此同时，人民军占领了“三八线”以南的延安半岛和瓮津半岛。原留在“联合国军”战线后方的朝鲜人民军第二军团和第五军团各一部乘机越过“三八线”，占领了春川、加平等地。此役西线志愿军共歼敌2.3万余人，缴获与击毁各种火炮500余门、坦克100余辆、汽车2000余台和大量军用物资。

当西线志愿军于11月25日晚对敌发起大规模攻击时，东线“联合国军”尚未查明志愿军的意图，仍根据麦克阿瑟“圣诞节总攻势”的命令向长津湖方向进攻。而志愿军第九兵团3个军根据彭德怀的战役部署，已隐蔽构成对敌三面包围的态势，于11月27日晚向进犯到长津湖以南之敌发起突然攻击。“联合国军”在空军和坦克的配合下，连续向志愿军阵地猛攻突围。志愿军九兵团原驻华东长江以南地区，指战员服装单薄，入朝时间仓促，准备不充分。而此时朝鲜东北部气温已降至摄氏零下20多度，部队除战斗伤亡外，冻死冻伤很多。彭德怀对九兵团的困难十分关切，电九兵团司令员宋时轮，要其在歼灭美陆战一师全部或大部后，乘胜进攻咸兴和新兴，迫使美李军从海道向“三八线”撤退，使九兵团能在较温和的咸兴、新兴地区过冬。

第九兵团冒严寒与敌连续战斗，至12月12日，被围之敌在美军第三师接援下突出包围，陆续撤至连浦、兴南港地区，其残部乘船从海上向“三八线”以南逃跑。第九兵团乘胜收复了兴南地区及沿海各港口，先后共计歼敌万余人。至此，彭德怀部署和指挥的第二次战役以歼灭“联合国军”3.6万余人而结束。在第一次和第二次战役中，敌人虽曾施用空中和地面各种现代化的侦察手段，竟然没有发现志愿军几十万人马的踪迹。李奇微在战后回忆及此，说：“这在当代战争史上也可称为是一件奇迹。”①

经过第二次战役，中国人民志愿军收复了朝鲜民主主义人民共和国的全部领土，将“联合国军”和南朝鲜军自鸭绿江边打退到“三八线”一带转为防御；使朝鲜民主主义人民共和国转危为安。美国和资本主义世界各国感到十分震惊，纷纷发表评论。

12月5日，美国《纽约先驱论坛报》评论说：“这是美国陆军史上最大的失败。”美联社惊呼：“这是美国建军史上最丢脸的失败。”美国前总统胡佛在12月20日发表的广播演说中说：“美国在朝鲜被共产党中国击败了。世界上没有任何部队足以击退中国人。”

中国人民志愿军取得了两次战役的伟大胜利后，中央军委考虑志愿军已打出了国威军威，对志愿军及其统帅不需再行保密。12月5日，新华社广播了中国人民志愿军在彭德怀将军指挥下，与朝鲜人民军并肩作战正向平壤进攻的消息。这一新闻播出后，大批慰问信、各种包裹、食品源源不断寄到朝鲜战场，慰问志愿军和亲临朝鲜前线指挥的彭老总。时任中共湖南省委书记的黄克诚，在信中亲切地写道：“敬爱的彭总：每当哪里最危险，哪里最艰苦，哪里最困难。你就在哪里出现，你真不愧为伟大的共产主义战士，我党的优秀党员，中华民族的英雄儿子……”一堆堆的慰劳品使得彭德怀身边的工作人员为难了。大家都知道他的脾气，而他的栖身之地也只能放一张行军床和当桌子用的炮弹箱，于是慰劳品就堆积在警卫员的小屋内。彭德怀看到了，叮嘱警卫员说：“把这些慰劳品通通分到志司的领导同志和机关各部门去，让每个人都能吃上一点，特别要多分给机要处和电台的同志们，因为他们的工作最紧张、最辛苦。我和大家一样，该分多少就分多少，绝不能多分多留。”②

第二次战役取得胜利后，彭德怀那严肃紧张的脸色松解了一些，有时也在潮湿的涵洞里和人下下象棋。一天，彭德怀正和洪学智棋盘对阵，作战处副处长成普过来说：“彭总，国内给你寄来一封亲收信。”彭德怀随即说：“慰问信，你拆开看看吧！”拆开信一看，原来是他夫人浦安修寄来的。从1950年国庆节后，彭德怀匆匆离开西安去北京，浦安修和其他人一样，只以为他在北京开会，直到第一次战役后，她才知道彭德怀又踏上了烽火战场。她曾和彭德怀一起在华北敌后和西北战场度过10个春秋，这次她也认为应当和他一起上前线，在信中问他是否需要她到朝鲜来。彭德怀接过信看完，笑道：“千军万马正在打仗，她来干什么哟。”洪学智插话：“这可是好消息，安修同志是关心你呀！千里之外一线牵嘛！”涵洞内一片笑声，这反映了大家对取得第二次战役胜利的喜悦和司令部上下级之间亲密的感情。③

---

①［美］罗伯特莱基：《冲突》。

② 访问彭德怀警卫员李振吉，1987年4月20日。

③ 访问成普，1985年5月13—18日。

第二十二章　突破“三八线”

第一节　出任联军司令

第二次战役后，麦克阿瑟遭到美国各界严厉的抨击，要求解除他“联合国军”总司令的职务，说麦克阿瑟“发动的‘圣诞节总攻势’几乎把我们引向灾难的深渊”[①]。“联合国军遭遇的是第一流的军队。令人吃惊的是，中国人纪律严明，指挥有方”。[②]麦克阿瑟于是在12月2日给杜鲁门的电报中说：“我们面对的是一场完全新型的战争”，“以往那么成功地用来指导作战的战略思想，现在继续用来对付这样的强国就不行了。”此后，为挽回败局，麦克阿瑟向美国参谋长联席会议提出对中国进行报复的四项措施：（1）封锁中国海岸；（2）轰炸中国的军事设施；（3）派台湾国民党军入朝作战；（4）要台湾国民党军对中国大陆进行牵制性进攻。美国参谋长联席会议认为他的建议“可能会导致一场世界大规模的全面战争”，没有表态。而杜鲁门又暗示可能要在朝鲜战场使用原子弹。这一信号吓坏了英国，英国首相艾德礼匆忙飞往华盛顿同杜鲁门会谈，双方才一致表示“决不自动撤出朝鲜，但也不同意扩大战争范围”。这一态度与彭德怀早已估计的“朝鲜战争仍是长期的，艰苦的，甚至是残酷的，在其主力部队未被消灭之前，决不会轻易撤出朝鲜半岛”是相符的。

在中国人民志愿军进行两次战役期间，朝鲜人民军重新组建了一、二、三、五等4个军团的部队。为使中朝两军在对敌作战中能互相配合，协调一致，彭德怀曾向毛泽东和朝方提出中朝两军应实行统一领导和统一指挥的问题。12月初，金日成应邀赴北京与毛泽东商谈，双方决定组成中朝两军联合司令部，推荐彭德怀担任中朝联军司令员兼政治委员，朝方由金雄担任副司令员，朴一禹担任副政委。

12月7日，金日成来到大榆洞，和彭德怀就朝、中军队组成联合司令部后的具体问题进行协商，根据毛、金会谈的原则，双方商定：“中朝联军总司令部下辖中国人民志愿军司令部及朝鲜人民军司令部，但中朝联军总司令部不对外公布。凡属作战范围及前线一切联合行动，均以中朝联军总司令部的名义下达之。”

---

① [美] 李奇微：《朝鲜战争》，军事科学出版社1983年版，第152页。

② [美] 小克莱·布莱尔：《麦克阿瑟》，战士出版社1983年版，第358页。

自此，中朝联军总司令部正式成立。

12 月 8 日，志愿军党委对第三次战役如何打和何时打的问题进行讨论，大家认为敌人虽遭两次战役打击，但主力未削弱；敌人为防止中朝军队再次反击，除在“三八线”部署了约 20 万兵力外，还每天出动飞机对志愿军后方供应线轮番轰炸。志愿军大部车辆被毁，物资被烧，几十万人的粮弹被服靠夜间突击抢运，不能按时供应。而志愿军经过两次战役后，减员数万人，急需休整补充。为此，彭德怀于当日致电毛泽东，建议志愿军在“三八线”以北数十里休整补充，让敌人占“三八线”，以便明春再战时歼灭敌主力。彭德怀在电报中又提出此役结束后，共需补充新兵 6.5 万人，请高岗加紧抽调；特别强调目前部队粮弹油盐鞋均不能按时补充，为争取对敌下一次决战的胜利，要求中央军委速派空军掩护后方运输线。

这时，印度等亚非 13 个国家向联合国安理会提出了一项建议：“先在‘三八线’停战，然后举行有关各大国参加的会议，就和平解决朝鲜问题进行协商。”12 月 13 日，毛泽东复电彭德怀说：“目前美、英各国正要求我军停止于‘三八线’以北，以利其整军再战，因此我军必须越过‘三八线’作战。”“此次南进希望在开城南北地区即离汉城不远的一带地区，寻歼几部分敌人。”

12 月 14 日，联合国大会通过成立“朝鲜停战三人委员会”① 的决议。但彭德怀为执行毛泽东南进的指示，不予敌人以喘息时机，放弃了原来休整过冬的设想，经志司党委讨论，于 12 月 15 日电告金日成和毛泽东说：“决以六个军向开城、涟川、金化线攻击前进，求得在汉城、原州线以北歼灭一部美伪军②，得手后再看情况而定。”

志愿军两次大胜，朝鲜党政军民情绪与中国人民志愿军的影响大为提高，但速胜情绪也在各方面生长。有的人认为美军将速逃，要志愿军速进。彭德怀于 12 月 19 日致电毛泽东反映了这一情况，再次表明自己的态度说：“据我看，朝鲜战争仍是相当长期的，艰苦的。敌人由进攻转入防御，战线缩短，兵力集中，纵深加强，对联合兵种作战有利。美伪军士气虽较前低落，现在还有 26 万多兵力。从政治上看，敌人马上放弃朝鲜，对其阵营是很不利。如再被消灭两三个师，可能退守几个桥头阵地，也不会马上全部撤出朝鲜。我军目前仍应采取稳进，对部队不要太伤元气。现已开始战役接敌运动，此役除运输困难，气候寒冷，相当疲劳外，特别是由山地运动战转为对阵地攻坚战，还没有进行很好的普遍的教育。因为上述种种原因，我 8 日给你的电报中，提到暂不越‘三八线’作战，以便充分准备来年开春再战。得你 13 日复电后，现已遵示越‘三八线’作战。如无意外变故，打败仗是不会有的，但攻击受阻或胜利不大的可能性是存在的。为避免意外过失，拟集中四个军（五十、六十六军在两翼牵制敌人）首先歼灭伪一师后，

---

① 三人委员会成员是：五届联大主席安迪让、印度代表劳氏、加拿大代表皮尔逊。

②“伪军”：指南朝鲜军。

相机打伪六师，如发展顺利，再打春川之伪三军团，如不顺畅，即适时收兵。能否控制‘三八线’，亦须看当时具体情况再行决定。上述各项妥否盼示。”

彭德怀将上述问题报告毛泽东，目的是使中央进一步了解当时朝鲜战场敌我双方客观情况和可能出现的问题。21日，毛泽东复电同意彭德怀的看法和作战部署，说：“你对敌情估计是正确的，必须作长期打算，速胜的观点是有害的。在打法上完全同意你的意见，感到不顺利，则适时收兵休整再战。”

新上任的美第八集团军司令李奇微接受第二次战役中被歼的教训，在兵力部署上的特点是：将战斗力较弱的南朝鲜军8个师和土耳其旅部署在第一线，把战斗力较强的美、英军部署在第二线，集结在汉城周围及汉江沿岸的交通要道上。在东西全线摆出了能守则守，不能守则随时按计划撤退的姿态。

根据毛泽东继续南进的指示，彭德怀将志愿军6个军组成左、右两路突击纵队，在朝鲜人民军3个军团的协同下突击进攻，两路在兵力上均占敌人优势。

经过周密讨论，志愿军决定利用1951年新年敌军度假疏忽之际，于12月31日17时发起进攻。12月28日，彭德怀致电毛泽东并高岗说：“前电示此役后，‘三八线’仍让敌占领。但须看此役结果。如能歼灭伪军两三个师及美军一部，估计敌人不仅不要‘三八线’，还有可能放弃汉城，退守南汉江。此役在部队中动员，强调越过‘三八线’的政治意义（实际上政治意义不大），而占领‘三八线’后，又不要‘三八线’还须作一番解释。我意既已占领了，如无其他特别原因就占领之，不去威胁汉城，让敌占领。如敌像平壤一样，自动放弃汉城，即令人民军一军团前往占领，志愿军撤至‘三八线’以北，就粮整补等。妥否盼示。”翌日，毛泽东复电同意彭德怀的方案。

第二节　飞渡汉江

1950年12月31日，在朝鲜北部成川郡君子里一个大矿洞内，中朝联军指挥部格外紧张忙碌，但不是为了迎接1951年元旦，而是为迎接一场几十万大军投入的进攻战役。时针越来越向攻击时间接近，彭德怀低着头，在矿洞内来回踱步，第三次战役的作战部署是否得当，将在今夜见分晓。

下午5时，沿“三八线”两侧风雪交加，白茫茫一片。突然，炮声震天动地，中朝联军30多万人分左、右两个纵队，向西起临津江，沿汉滩川及“三八线”一带的“联合国军”阵地发起猛烈进攻。正在平壤附近举行新年招待会的金日成得报，当即举杯祝贺战役胜利，与会者报以热烈的掌声，并向中国驻朝使节敬酒祝贺。[①]

这天夜里，风狂雪大，气温骤降。各军根据彭德怀预定的攻击目标英勇突击。战士冒着敌人的猛烈炮火，徒涉冰水迅速突破临津江，登上滩头，抢占了“联合国军”的炮兵阵地，敌人顿时慌乱一团，不战而逃。这次战役是中朝联军

---

① 访问柴成文记录，1985年7月2日。

向预有防御准备的“联合国军”发起的大规模进攻战役。自除夕之夜至元旦拂晓前，右纵队的三十九军突入敌人防御纵深10公里，四十军突入12公里。三十八军至元旦中午突入敌人纵深20公里。左纵队四十二军、六十六军攻占了敌方阵地。中、朝军队大胆穿插分割，英勇突击，将敌军整个防御部署打乱。

在中朝联军的攻势下，“联合国军”十几万人拥挤在汉江北岸背水作战，生怕再陷于被歼之命运，1月2日开始全线撤退。彭德怀当即命令左右两路纵队乘胜转入追击。消灭了拼命南逃的南朝鲜一、二、五、六师和美军二十四、二十五师，英军二十九旅等零散士兵各一部。“联合国军”前线指挥官、美国第八集团军司令李奇微在战后回忆当年向南溃退的情景时写道：“元旦上午，我驱车由北面出了汉城，结果见到了一幅令人沮丧的景象。南朝鲜士兵乘着一辆辆卡车，正川流不息地向南涌去。他们没有秩序，没有武器，没有领导，完全是在全面败退。有些士兵是依靠步行，或乘着各种征用的车辆逃到这里来的。他们只有一个念头——逃呀！逃得离中国军队愈远愈好。他们扔掉了自己的步枪和手枪。丢弃了所有的火炮、迫击炮、机枪以及数人操作的武器。我知道要想制止这些吓破了胆的士兵大规模溃逃，那是枉费心机的。”①

1976年南朝鲜出版的《韩国战争史》，则对美、英等国军队的溃退也作了淋漓尽致的描述：“联合国军士兵扔掉所有重炮、机关枪等支援火器，爬上卡车向南疾驶。车上的人挤得简直连个小孩子都不能再挤上去了，甚至携带步枪的人也寥寥无几，他们只有一个念头，把那可怕的敌人甩掉几英里！拼命跑呀！控制不住的‘后退狂’迅速蔓延开了。”

在中朝联军的猛烈进攻下，美、英、土耳其军和南朝鲜军队经过两天败退，溃不成军。1月3日，“联合国军”前线指挥官李奇微通知南朝鲜总统李承晚，说他已下令于当天下午3时开始自汉城撤退，并由他自己亲临汉江大桥桥头指挥。李奇微竟给第八集团军官兵下令：如果南朝鲜难民争夺汉江大桥，影响其撤退，就开枪射击。

1月3日下午，志愿军司令部的情报参谋跑来向彭德怀报告说：“刚才收听到美国无线电报话机里传出要撤离汉城的对话。”彭德怀立即下令向汉城进击。1月4日中午，志愿军三十九军一一六师和人民军一军团占领了汉城。为防止敌人向汉城反攻，彭德怀决定一鼓作气，逼退汉江南岸之敌，下令以人民军一个师留守汉城，主力于5日渡过汉江。志愿军五十军一部控制汉江桥，主力抢占了汉江南岸滩头阵地。这时，彭德怀考虑不能追击过远，即电令中朝军队如敌继续南逃，则尾追至“三七线”即停止待命。中朝联军于1月5日到8日相继攻占金浦、横城、原州、骊州、水原、利川和西海岸的仁川港，一直将“联合国军”和南朝鲜军驱赶到“三七线”附近。

这次战役，中朝军队共9个军30多万人，冒着狂风大雪和零下20摄氏度的

---

①［美］李奇微：《朝鲜战争》，军事科学出版社1983年版，第109页。

严寒，在冰天雪地里，忍饥挨饿，连续八昼夜迅猛追击，向南推进了80—110公里，但因敌军主力不战而退，只歼敌人1.9万余人。彭德怀分析，敌人显然是企图诱我南下，造成中朝军队后方供应困难，侧翼暴露，以便其利用海空优势，重演仁川登陆。乃于1951年1月7日夜断然命令左、右纵队各军自8日起停止追击，占领有利地形，严阵以待，防敌反扑。第三次战役即告结束。

中朝联军一连串胜利的消息，由新华社即刻广播到全世界，中朝两国人民走上街头，热烈欢呼。1月5日，《人民日报》第一版头条大字标题：《朝中军队发起新攻势，光复汉城向南急进》，同时，刊载通讯《午夜的欢声——记北京大学同学庆祝汉城光复大游行》和社论《祝汉城光复》。1月6日，《人民日报》第一版大字标题：《中国各民主党派致电朝鲜人民："祝贺光复汉城大胜利！"》，同时刊登大幅照片《北京市学生、工人、妇女庆祝汉城光复》；1月7日，又以头条大字新闻刊登《全国各地人民欢庆汉城解放》的报道。

身为中朝联军统帅的彭德怀，从收音机里听到国内人民欢庆胜利的消息后，却感到寝食不安，又喜又愁。祖国人民为志愿军取得的胜利表现如此高兴，这对志愿军指战员是极大的鼓舞；但他感到国内对志愿军在朝鲜前线面临的严重困难并不了解。他对政治部的工作人员说："新华社不应该这样大张旗鼓地宣传报道光复汉城，因为敌我力量并没起明显的变化，这次我军虽然前进了一百多公里，但未能大量歼灭敌主力部队，我们是一军（陆军）对敌人三军（陆、海、空军），敌人的武器装备占绝对优势，放弃汉城不过是应急措施，肯定还会反攻的，目前我军并无力防守，如果敌军重占汉城，我们可怎么向祖国人民交代呢？"

以后，彭德怀在"文化大革命"时期被关押受审中，曾就当时他为什么决定中朝联军停止追击一事写道："我军将敌驱至'三七线'后，敌改变计划，从日本和国内抽调新生兵力共约四个师，又从欧洲抽调老兵补充部队，集结在洛东江的预备防线。从东线战场方面撤退之兵力，亦集结于洛东江。总之，敌军一切一切都在诱我南进攻坚，待我军疲劳，消耗殆尽，再从正面反击，从侧翼登陆截击，以断我军归路。志愿军入朝后，不到三个月，连续经过三次大战役，又值严冬，全无空军掩护，也未曾休息一天，疲劳之甚可以想见。战斗的和非战斗的减员已接近部队的半数，急需休整补充，准备再战。"①

彭德怀果断地命令部队停止追击，已被历史证明是正确的战略决策，但苏联和朝鲜方面都有人表示不解。他们看到敌人南逃，认为只要中朝联军继续向南追击，美军很快就会退出朝鲜半岛。而此时，在中朝两军内部轻敌速胜的观点也在迅速增长，一些人议论："美军要速逃，美军要撤退"，"由北向南，一推就完"，"快打，快胜，快回国"等等。

针对这种局势，金日成于1月10日到君子里中朝联军司令部，与彭德怀讨论中朝联军继续向南追击问题。经彭德怀详细汇报志愿军面临的困难后，金日成

---

①《彭德怀自述》，人民出版社1981年版，第260、261页。

和彭德怀取得了一致的意见。双方决定军队就地休整补充，召开中朝两军高干会总结经验以利再战。苏联驻朝鲜大使得知会谈的结果，向斯大林报告，说彭德怀“右倾保守，按兵不动，不乘胜追击”。与此同时，毛泽东同意彭德怀的意见并将朝鲜战场的情况电告了斯大林。斯大林回电苏联驻朝大使说：“彭德怀是久经考验的统帅，今后一切听彭的指挥。”并称赞彭德怀是当代天才的军事家。[①]

第三节　奋力抗击

李奇微诱中朝联军南进不成，即改变了作战方案，急速进行调整部署，将其在第一线地面部队增至 25 万余人。为了查明中朝联军阵地情况，李奇微乘飞机在上空进行侦察，发现中朝联军前进到“三七线”后，运输线延长，物资补给更加困难，认为：“中共部队已不能有效地进行作战，短时间内不可能发动进攻”；“中国士兵虽有英勇顽强的斗志，但他们致命的弱点是：没有飞机、没有重炮、没有后方供应的保障，每个士兵随身携带的干粮，只能吃五至七天，不可能连续作战。”于是他积极准备重夺汉城。

1 月 25 日，彭德怀在君子里中朝联军司令部主持了中朝两军高干会议。金日成出席了会议。中共中央特派东北人民政府主席、东北军区司令员兼政委高岗由国内赶来参加。这是中朝两军高级干部第一次相聚交流经验的会议，也是庆祝一、二、三次战役胜利的大会。会议正进行中，“联合国军”完成反攻部署。于 1 月 25 日开始，在大量空军的支援下，以步兵、坦克组成的多路纵队，对中朝联军阵地进行大规模反攻。1 月 27 日，中朝联军被迫停止休整，立即转入防御作战。

“联合国军”发起大规模攻势的目的是重占汉城，将中朝联军再压回“三八线”以北。其部署是将主力部队集中于西线，以汉城为主要突击方向，东线为辅助突击方向。在前三次战役中，美军和南朝鲜军常采用混合编队。中国人民志愿军针对敌人部署，首先从南朝鲜军阵地实施突破，然后穿插分割，迂回包围，大获胜利。李奇微接受教训，这时改变了部署，用美军打头阵，将兵力分为四路，采取齐头并进，稳扎稳打，各路互相支援的战术，以避免被歼的危险。

李奇微发现志愿军经过三次大的战役尚未休整补充，粮弹供应又十分困难，即采用地面部队始终同我军保持接触的战术，以其猛烈的炮兵、坦克和空军的火力杀伤志愿军前线部队；同时，对志愿军后方运输线实施猛烈的轰炸。

彭德怀对敌人的反攻并不感到意外，但敌人由溃退到反攻，如此之快，却出乎他的意料。联司领导对形势进行分析后，经与朝方商议，认为中朝联军极需休整补充，以利再战。根据 1951 年 1 月 11 日“联合国朝鲜停火三人委员会”的决议，彭德怀于 1 月 27 日，密电毛泽东说：“为增加帝国主义内部矛盾，可否播发中、朝两军拥护限期停战，人民军与志愿军从乌山、太平里、丹邱里线北撤

---

① 洪学智：《抗美援朝战争回忆》，解放军出版社 1991 年版，第 111 页；雷英夫：《抗美援朝决策的回忆》。

15—30公里的消息，如同意请由北京播出。”翌日，毛泽东复电彭德怀，主张向南打下去。复电要求：“我军必须立即发起第四次战役，以歼灭两万至三万美李军[①]，占领大田、安东之线以北区域为目标”；“中朝两军北撤15—30公里，发表有限期停战的新闻是不适宜的，敌人正愿我军撤退一段地区，封锁汉川，然后停战”；“我军没有补兵，弹药也不足，确有很大困难。但集中主力向原州打下去，歼灭几部分美军及四五个南朝鲜师的力量还是有的。请你在高干会上进行说明”。彭德怀收到毛泽东复电，当即决定中朝联军停止休整。

“联合国军”于1月25日发动反攻后，美军两个军、英军两个旅及土耳其、希腊和南朝鲜军沿南汉江西岸至水原线，拼命向北猛攻。彭德怀将中朝联军组成东、西、中三个集团，与敌进行第四次战役。29日，中朝两军高干会提前结束，彭德怀在会上做了紧急作战动员，决定采取“西顶东放”的作战方针，即西线在汉江两岸顶住敌人，东线将敌人有计划放进来，在运动中寻机歼敌。经请示毛泽东，复电说：“部署甚好，预祝胜利。”经8天的激烈战斗，志愿军坚守了主要阵地，但敌人攻势猛烈，志愿军五十军、三十八军伤亡较重，从而被迫节节抗击，阻止敌人前进。

中国人民志愿军在新年前夕举行的第三次战役，由于前进过远，供应线延长，再加冰雪路滑，气候严寒，敌机轰炸，致物资供应极为困难，造成志愿军在第四次战役中的被动局面。鉴于此种情况，彭德怀于1月31日给毛泽东发电说：“第三次战役即带着若干勉强性（疲劳），此次战役则带有更大勉强性。如主力出击受阻，朝鲜战局有暂时转入被动的可能。”

中朝联军凭少量小型火炮和步兵武器抗击敌人的猛烈进攻，彭德怀接连不断地收到前线发来的告急电报和电话。他十分焦急，致电中央军委请速调第十九兵团入朝，并希尽快设法解决志愿军的后方供应和空中掩护问题。

2月4日，金日成来联司与彭德怀会谈，了解中朝联军的防御作战情况和下一步计划。彭德怀详细汇报情况，听取了金日成的意见。经过商谈，金日成对他目前力争停止敌人前进、从各方面加紧准备、仍作长期打算的方针，表示完全同意。

西线“联合国军”在占领志愿军第一线阵地后，继续猛烈进攻。中朝联军奋勇抗击。此时，因敌机猛烈轰炸，汉江开始解冻，为避免背水作战，彭德怀于2月7日命令人民军第一军团和志愿军五十军主力撤至汉江北岸组织防御，三十八军仍留汉江南岸掩护主力向横城地区集结，并保障东线部队的侧翼安全。

2月8日，“联合国军”向汉江逼近。10日，占领了仁川港，以数师兵力猛攻三十八军阵地，战斗空前激烈，在敌炮火猛烈轰击下，三十八军指战员既无坚固工事依托，又无炮火支援，仍前仆后继，不畏牺牲，守住了阵地，大量杀伤了敌人。

在东线，“联合国军”于1月31日发起进攻，彭德怀电令邓华指挥的东集团主力于5、6两日相继出动，向洪川以南地域迅速开进。这时，“联合国军”被志

---

① “李军”指李承晚的南朝鲜的军队。

愿军阻止在砥平里和横城以北地区，形成突出态势，造成志愿军从其侧面反击的有利战机。彭德怀遂决定对横城和砥平里地区之敌实施反击。关于攻击目标，他在征求邓华、韩先楚意见后，原拟围歼砥平里之敌。但随即得知砥平里之敌兵力集中，战斗力较强，且已构筑了工事，不易迅速分割歼灭。考虑到如一昼夜不能解决战斗，则利川及原州附近的敌军可能来援；如两昼夜还不能解决战斗，则水原方向之美军，亦可东援，这样就会打成消耗仗；志愿军将处于极为不利境况。因此，联司迅速改变部署，决以志愿军四个军和人民军两个军团先攻横城地区战斗力较弱的南朝鲜军五、八两个师。

2 月 11 日晚，志愿军邓华集团和人民军金雄集团共 7 个军，根据彭德怀的命令，对横城附近之敌开始战役反击。经过两夜一天的激烈战斗，围歼了向北猛进的敌人，狠狠地打击了敌军进犯的气焰。美军第八集团军司令李奇微回忆道：“2 月 11 日夜间，共产党发动了反攻。在中共军队进攻面前，美二师遭受重大损失，尤其是火炮的损失更为严重。这些损失是由于南朝鲜第八师仓惶撤退造成的，该师在敌人的一次夜间进攻面前彻底崩溃，实际上是全军覆没。”[①] 这次反击作战于 13 日晨结束，邓、金集团密切配合，共歼敌 1.2 万余人（其中俘敌 7800 余人），使向该区进攻的美军和南朝鲜军被迫撤退。只有西面砥平里之敌仍在原地未动。中朝联军的猛烈反击震惊了麦克阿瑟。13 日，麦克阿瑟乘飞机亲临朝鲜战场观察，当天返回东京后，承认美军的新冒险惨败。

横城反击后，为扩大战果，阻止敌军的攻势，彭德怀决定以机动兵力于 13 日晚向砥平里之敌发起攻击。但这一次攻击对敌情判断有误，实际上，该地“联合国军”兵力较估计的多，且已构筑了较强的防御工事，而此役志愿军火炮少，虽参战部队建制多，但协同动作差，以致当晚未能解决战斗。14 日，集结在西线的美、英军开始东援，当晚又未解决战斗。15 日，美、英军大批援军开始逼近砥平里，彭德怀认为要大量歼灭敌人或迫使敌人全线退却，可能性已很小。为避免处于被动，遂于 2 月 15 日命令部队停止进攻。自 16 日开始，部队先后撤出战斗向北转移，转入防御。至此，第四次战役的第一阶段结束。

中朝联军经过 23 天作战，歼敌 2.2 万余人，但志愿军部队伤亡亦较大。而此时，应补充的新兵和增调入朝的后续部队第三兵团、第十九兵团尚未赶到。彭德怀考虑，如“联合国军”乘势突入“三八线”及其以北地区，中朝联军将陷入十分不利的地位。经过联司领导人讨论，决定中、朝联军全线转入运动防御，采取“积极防御，纵深设防，利用良好地形节节抗击，迟滞和杀伤敌人，赢得时间，改善交通运输，屯集作战物资，以待后续作战部队到来进行战役反击”的作战方针。彭德怀在作战指挥上灵活多变，根据敌我态势，指示各军：“在敌优势火力下，不应死守一地不动，也不应在一个阵地堆很多部队，以避免过多过早消耗自己的力量为原则。各部可依据情况，分成数个梯队，轮番阻击，换班整补。

---

① [美] 李奇微：《朝鲜战争》，军事科学出版社 1983 年版，第 121 页。

只要我们能争取两个月的时间，后续部队即可赶到前线，新兵亦可补充到部队，作战物资也可屯集起来。第二番兵团即可接替第一番兵团连续作战。”

第四节　回京陈词

1951 年 2 月 16 日，志愿军三十八军和五十军，根据彭德怀的指示相继向北撤至汉江北岸。李奇微立即令美、英军主力，向中朝联军阵地步步进逼，攻势更加猛烈。针对敌人进攻的特点，彭德怀指示各军应采取的防御战术是：“采取重点设防，梯次配置，扼守要点，以点制面的部署。各级实行兵力前轻后重，火力前重后轻的原则。”彭德怀将多数兵力分散隐蔽在阵地两侧或稍后。在火炮配置上则适当靠前，有层次地分散隐蔽配置，以避开敌人攻击前的炮火袭击。当敌人步兵、坦克发起攻击时，志愿军各种火炮突然集中开火，支援部队反冲击，与敌人展开近战。这样，既可有效地减少自己的伤亡，又可发挥志愿军近战的特长。在争取到一定时间，或已无力防守时，即利用夜间主动转移阵地。彭德怀这一战术，减少了中朝联军的伤亡；同时，使敌人每前进一公里都要付出惨重的代价。连敌人也不得不承认：“中共志愿军是一支纪律严明，训练有素，指挥有方，堪称为世界上第一流的军队。”

但是，中朝联军第一线兵团连续作战，大量减员，而第二番轮换兵团还远在鸭绿江边。前线部队衣鞋粮弹均未补充，很多战士赤脚作战，这使彭德怀对当前的严重局势和中朝军队的处境愈加焦虑和担忧，他深感战场情况用电报说不清楚，16 日急电毛泽东要求回京向中央面报，毛泽东复电同意。彭德怀即于 18 日先赴平壤附近，与金日成商谈拟定了中朝联军在“三八线”以南的作战方案：西线汉城方面，力争沿汉江北岸抗击时间越久越好；东线横城方面，集中三十九军、四十军力争在运动中歼灭南朝鲜两个师和美军一部，以推迟敌人进到“三八线”的时间。19 日，彭德怀回志司电邓华速回志司主持全面工作。

2 月 20 日晚，彭德怀带两名参谋、两名警卫员，乘两辆吉普车，冒着敌机的轰炸，连夜向北疾驰，21 日晨到达安东，聂荣臻派来的专机已在机场等候。11 时，飞机降落在沈阳机场加油，时任东北军区司令部办公室主任的郭瑞乐在回忆录中写道：“我们看到彭总很疲劳，请他在机场休息室休息一会儿，他说：‘我不累，你们别管我！’他不进休息室，既不吃饭，也不喝水，就一直站在飞机旁，等着飞机加完油，即刻向北京飞去了。”

21 日午后，彭德怀在西郊机场下了飞机就乘车赶赴中南海，不巧毛泽东当时住在西郊玉泉山静明园，彭德怀又命车折返西郊。当他急急进入静明园时，毛泽东正睡午觉。秘书和警卫人员劝他等一等，彭德怀面色严肃，大声说：“我有急事要向毛主席汇报！”他不顾警卫的拦阻，推门而进，将毛泽东唤醒。

毛泽东事先已收到彭德怀要回京的电报。立即起床，一面穿衣，一面打趣说：“只有你老彭才会在人家睡觉的时候闯进来提意见。”毛泽东得知他还没吃午饭，说：“你必须先吃饭，你若不吃饭，我就不听汇报。”彭德怀只好到食堂匆匆吃了几口，回来即向毛泽东详细汇报，说明从敌我现实情况分析，朝鲜战争不能速胜。彭德怀说：“我军现在是出国作战，与在国内作战突出的不同之处：一是兵员补充不能取之于敌。抓到的敌人俘虏不能补充自己，也不能就地动员朝鲜青年参加志愿军。现志愿军伤亡很大，得不到及时补充，战斗力已越来越削弱。二是敌机轰炸，道路、车辆毁坏严重，物资得不到及时补充。即使缴获了敌人的装备，因缺乏技术人员，不能使用，几乎全部被敌机炸毁。三是部队越过‘三八线’作战，正是严冬季节，朝鲜东西两面是海，寒风袭人，东线更冷，战士衣服单薄破烂，有的连鞋袜都没有，大量生病和冻伤。四是几十万志愿军既得不到充足的粮食供应，更得不到新鲜蔬菜，断炊现象经常发生，指战员靠的是一把炒面，一把雪坚持作战，营养不良，体力下降，许多人得夜盲症，严重影响作战行动。我们现在一无空军掩护，二无足够的高射火炮，运输车辆大部分被中途炸毁。第一次和第二次战役，一个多月共损失汽车 780 多辆，真正能够送到前方的物资粮食为数很少。我们如不能有效地保障后方的交通运输，是无法坚持长期作战的。”毛泽东听后沉思了一会儿说：“中央对志愿军在朝鲜前线的困难处境很关心，根据现在的情况来看，朝鲜战争能速胜则速胜，不能速胜则缓胜，不要急于求成。”彭德怀在追述这次谈话时写道：“这次主席给了抗美援朝战争一个明确的指示，即‘能速胜则速胜，不能速胜则缓胜’。这就有了一个机动而又明确的方针。”①

最后，彭德怀十分不安地向毛泽东详细汇报了毛岸英在朝鲜牺牲的经过和处理情况。在毛岸英牺牲的当天（1950 年 11 月 25 日），志司即将这次不幸事件电告中央军委。其时，毛泽东身体欠佳，又忙于国内外重大事务，周恩来把电报暂时搁下，直到 1951 年 1 月 2 日，才将毛岸英牺牲的电报送给毛泽东和江青看，并附一信安慰说：“毛岸英的牺牲是光荣的，当时因你们都在感冒中，未将此电送阅，……胜利之后，当在大榆洞立纪念志愿军烈士墓碑。”

彭德怀十分内疚地对毛泽东说：“主席，你让岸英随我到朝鲜前线后，他工作很积极。可我对你和恩来几次督促志司注意防空的指示不重视，致岸英和高参谋不幸牺牲，我应承担责任，我和志司的同志们至今还很悲痛。”毛泽东沉默一阵慢慢抬起头来，反而宽慰彭德怀：“打仗总是要死人的嘛！中国人民志愿军已经献出了那么多指战员的生命，他们的牺牲是光荣的。岸英是一个普通的战士，不要因为是我的儿子，就当成一件大事。现在美国已使用在朝鲜战场上的各型飞机约一千多架，你们千万不能疏忽大意，要采取一切措施保证司令部的安全。”

2 月 24 日，根据毛泽东的指示，中央军委副主席周恩来和彭德怀一起召集军委各总部负责人在总参谋部开会，讨论各大军区部队轮番入朝和如何保障志愿军物资供应的问题。彭德怀介绍了志愿军面临的严重困难，要求国内各方面想办法大力支援前线。讨论到具体问题时，有些人强调国内机构刚刚建立，许多问

①《彭德怀自述》：人民出版社 1981 年版，第 216 页。

题难以落实。彭德怀本来就为前线的供应不继焦急不满，会前苏联军事顾问表示不能派空军掩护志愿军的交通线，更使彭德怀十分失望。此时，会议又出现这个情况，彭德怀十分恼怒，猛地站起来，把桌子一拍，说："这也困难，那也困难，就是你们爱国，难道志愿军不爱国！你们去前线看看，战士吃的什么，穿的什么！伤亡那么多人，他们为谁牺牲？现在既没有飞机，火炮又很少，后方运输根本没保障，粮食服装运不上去，又饿死、冻死了很多战士，难道国内就不能克服困难吗？！"彭德怀火冒三丈，会场气氛骤然紧张，主持会议的周恩来，虽大度维持，会议还是不欢而散。[①]会后，周恩来连续主持召开中央军委会议，对加强志愿军第一线兵力和后方供应作出了一系列重要决定，即凡国内的部队，都要轮番到朝鲜作战。一则替换第一线部队休整，二则锻炼部队，提高全军现代化作战指挥能力。会议决定，将刚改装的空军和高射炮部队调到朝鲜北部掩护后方交通线，再向苏联购买几十个师的武器装备；调用国内各种物资大力支援前线，由几个大城市为志愿军制作炒面和罐头食品；号召国内各行各业增产节约和捐款购买飞机大炮。这些措施对减少志愿军的困难，增强战斗力起了巨大作用。

彭德怀在北京停留的一周内，除和毛泽东、周恩来商谈决策重大问题外，又和军委各总部负责人研究具体实施办法。日夜奔跑，十分紧张，本来已经消瘦的身体更显疲劳消瘦，毛泽东见状要他在北京休息几天，因前线正紧张，彭德怀仍于3月1日匆忙离京。当天，毛泽东致电斯大林，说明志愿军在朝鲜作战中所面临的严重困难，要求苏联方面尽快派空军掩护中朝军队后方运输线。3月5日，斯大林复电同意派2个驱逐机师和3个高炮师参战，并同意给中国增供6000辆汽车的合同。

彭德怀离京后，从3月1日至3日，周恩来夜以继日地召开一系列会议，将所定各项措施迅速部署完毕。3月3日即将具体落实方案电告彭德怀和高岗。彭德怀对周恩来惊人的工作精神和工作效率大为佩服。

彭德怀在沈阳和安东两地与军政领导人研究了落实中央各项决定的措施后，于3月5日晚乘吉普车返回朝鲜。这时，正值入朝的第十九兵团后续部队也沿公路向南开进，人车拥挤，凡遇阻塞时，彭德怀就命令司机在路旁停住，让部队的车开过去，说："部队是开到前线打仗的，应让他们先过去，以便争取时间休息和作进攻准备。"他坐的车沿途挤来挤去，走走停停，随行人员万分担心，彭德怀则借机观察。他看到后勤各分部在沿途建立了许多对空监视哨，发现敌机就打信号弹，汽车立即闭灯躲避，大大减少了损失。彭德怀高兴地说："我们没有飞机，这个土办法也能减少很多损失呀！有了困难就要发动群众想办法，这也是我军历史上好传统咯。"

3月9日晨，彭德怀回到上甘岭志愿军司令部，还没有来得及脱大衣吃早饭，邓华、朴一禹、解方等就来报告：敌人已自7日开始，集中20多万兵力在

---

① 彭德怀给中共中央和毛泽东的信，1962年6月16日；访问雷英夫记录，1987年3月。

几百架飞机支援下向联军阵地发动了代号为“撕裂者行动”的攻势，并于当日晚分两路强渡汉江。彭德怀一手拿着警卫员送来的烤馒头干，一手端着杯茶水，站在地图前，边听边看。他分析，这次“联合国军”是企图从中朝联军阵地中间突破，迂回包围，重占汉城，进而向“三八线”以北推进。当即决定各军于3月10日后撤，缩短供应线，等待后续部队，吸引敌军深入进至中朝联军歼敌的有利地区，然后对敌实施战役反击。

“联合国军”全线进攻后，中朝军队几十万人物资粮弹供应仍未得到改善。3月11日，彭德怀急电周恩来说：“敌7日又开始全线进攻，为缩短我军防线，决定放弃汉城，采取运动防御，保持有生力量。现运输情况未改善，部队仍经常断炊吃不上饭，就地筹粮亦不可能。而敌方空军又有增加，我空军如不能相应掩护交通运输，此种困难不会减少，反而会增加，这将影响有决定性的下一战役。”

3月14日，中朝联军被迫撤出汉城。朝鲜人民军中一时思想波动，彭德怀特邀朴一禹谈话说：“我在一月间曾对金首相谈过，我们不要计较一城一地的得失，关键是能消灭敌人的主力部队，只有消灭了敌人主力，才能得到城市，请你转告各军团领导，让他们对人民军指战员做些宣传解释工作，以稳定情绪。”

中朝联军撤出汉城，彭德怀预料在国内也会产生震动，他身为中朝联军司令员，同样是坐卧难宁，有时发牢骚说：“我们要是有足够的飞机大炮，有可靠的物资供应，能把汉城丢掉吗？可现在我们没有那样的装备呀！我早就估计到汉城

彭德怀视察高炮阵地

是保不住的。”他在指挥所里反背着手，走来走去，想来想去，最后掏出钢笔，伏在炮弹箱子上，起草了一份绝密电报发往中央：“周总理、陈（云）、薄（一波）并高（岗）：为便利消灭敌人，缩短供应线，我军已于14日撤出汉城。如敌继续前进，拟逐步诱敌进至‘三八线’以北，此一行动可能引起国内市场波动，请注意。彭德怀，3月16日9时。”

3月中旬，“联合国军”猛烈北进，彭德怀指示各军暂时避免与敌大打，以待后续部队到后进行反击。同时，按原定方案命令新入朝的第十九兵团所属3个军在南川店、兔山地区集结；第三兵团的3个军向伊川、新溪地区集结；原在朝鲜休整补充的第九兵团3个军向金化、平康地区开进。彭德怀要求各兵团各军必须于4月10日前到达指定地区待机歼敌。

这时，中央军委增调的野战炮2个师、反坦克炮2个师、火箭炮1个师、高射炮4个师、坦克团及后续补充兵员12万人先后入朝。

“联合国军”重占汉城后，采取所谓“磁性战术”——依靠机械化部队紧随中朝军队之后保持接触，以猛烈火力进行杀伤，逐步向北推进。彭德怀根据敌人进攻的特点，在给中朝联军各军的命令中强调指出：“要在宽大正面上采取重点设防，梯次配置，按预定计划依托每一防御阵地节节阻击杀伤敌人，使敌人每前进一公里，必须付出很大的代价。”美国后来出版的《韩战决策》一书中，谈到志愿军这种节节防御的战术时写道：“第八集团军的一些军官们认为，中国军队在防御方面比广为人知的进攻方面干得更出色一些。他们很善于隐蔽和伪装，一个整师的部队能在荒野中从我们的眼皮下消失了。……撤退时他们经常在盟军主要前进路线的两侧山上留下一些小股袭击部队，这些部队常常在夜间出来捣乱，有时还给人以反攻的错觉。”

第五节　美军易帅

在敌人的强大攻势下，中朝联军节节阻击至3月底，战线逐步转移到“三八线”以北。“联合国军”前进到西起汉江口，沿临津江经“三八线”以北向东直至襄阳一线。历时两个多月，“联合国军”由“三七线”推进到“三八线”附近，伤亡7.8万余人，被歼人数超过了前三个战役的总和，平均每天前进13公里，付出900多人的代价。这时，彭德怀命令中朝联军坚守阵地，不准再后退一步，以争取时间，掩护第二番兵团向进攻地区集结，准备对敌发起反击。

由于中朝联军顽强阻击，“联合国军”在难于前进的情况下，对于是否再次越过“三八线”以及用何种方式结束朝鲜战争，又发生争论。英、法等国政府，认为此时正是结束朝鲜战争的有利时机，提出在“三八线”建立“事实上的停火”，谋求同中、朝两国通过谈判，结束朝鲜战争。在美国也有些人认为，美国的战略应是“欧洲第一，亚洲第二”。美国总统杜鲁门即主张在朝鲜战场上如恢复到战前双方的态势，可以通过谈判来解决问题。

但“联合国军”总司令麦克阿瑟自恃拥有绝对优势的武器装备和海、空军支援，坚持以武力建立“统一的朝鲜”。3 月 24 日，麦克阿瑟发表了一项违背五角大楼原则的声明，声称：“如果联合国决定改变把战争限制在朝鲜境内而作的容忍的努力，把我们的军事行动扩展到中国的沿海地区与内陆基地的话，肯定会使赤色中国在军事上面临迅速崩溃的危险。”麦克阿瑟还主张派遣空军轰炸中国沿海城市和内陆工业基地，鼓励台湾蒋介石反攻大陆。

杜鲁门听到麦克阿瑟的声明后大为生气。美国第八集团军司令李奇微在其回忆中写道：“麦克阿瑟将军擅自发表的声明，拆了总统的台，激怒了我们的盟友。”[①]4 月 6 日，杜鲁门紧急召集白宫高级顾问马歇尔、艾奇逊等对麦克阿瑟的声明进行了深刻讨论。马歇尔等一致向总统建议，立刻解除麦克阿瑟的职务。杜鲁门以后写道：“麦克阿瑟这一举动逼得我无可选择，我再也无法容忍他的抗上行为了。我认识到我本人除了解除这位国家的最高战场指挥官外，没有别的选择……”[②]1951 年 4 月 11 日凌晨 1 点钟，白宫新闻秘书肖特召见白宫记者团，散发了杜鲁门总统致麦克阿瑟一份非同寻常的文件：“我以总统和美军最高统帅名义，非常遗憾地免去阁下驻日盟军总司令、联合国军总司令、远东美军总司令、远东美国陆军总司令的职务。请阁下将指挥权移交给李奇微将军并立即生效。”[③]这则消息首先通过无线电广播于 11 日中午到达东京，并以特急新闻在全日本广播。“这时麦克阿瑟正在他的官邸招待客人共进午餐。他的秘书锡德·赫夫满脸愁容，眼泪汪汪带着这撤职的消息来到餐厅门口，立即将这不幸的消息告诉了麦克阿瑟的妻子，然后她走在餐桌旁轻轻拍了拍她丈夫的肩膀，俯下身子悄悄地将这灾难性的消息告诉了她的丈夫，麦克阿瑟的面部表情一下子呆滞了，他像石雕一样地沉默。随后，赫夫亲自拿着正式命令送给他的将军”。[④]“麦克阿瑟接过命令，立刻目瞪口呆无言可谈”。这个在第二次世界大战中身任高级统帅，名扬天下的“常胜将军”，不得不灰溜溜地返回美国，结束了他 50 多年的军事生涯。彭德怀得知麦克阿瑟被撤职的消息后说：“麦克阿瑟年已 70 高龄，吃了败仗就发疯，早该回家养老了，看来杜鲁门要比他明智些。”

接任“联合国军”总司令的是原美国第八集团军司令李奇微，他已觉察到要从地面进攻占领朝鲜全部领土是十分困难的，妄想组织两栖作战部队企图在中朝军队侧后登陆，配合正面进攻，将战线推进到北纬 39 度线，在朝鲜半岛蜂腰部（东起元山西至新安州）建立新的防线。李奇微认为，这条横贯朝鲜半岛只有 170 公里的狭窄地带，进可攻，退可守，又是朝鲜北部的腹地，占领这一线后，在军事上和政治上均为有利。为实现这一企图，李奇微命令美空军机群对中朝军队后方交通线、物资囤积地和军队集结地域进行猛烈的轰炸；命令美海军对朝

① ［美］李奇微：《朝鲜战争》，军事科学出版社 1983 年版，第 157 页。
② ［美］小克莱·布莱尔：《麦克阿瑟》，战士出版社 1983 年版，第 370 页。
③ ［美］小克莱·布莱尔：《麦克阿瑟》，战士出版社 1983 年版，第 375 页。
④ ［美］小克莱·布莱尔：《麦克阿瑟》，战士出版社 1983 年版，第 376 页。

鲜北部东西海岸岛屿进行侦察袭扰和炮击；计划从日本及美国本土增调部队到达朝鲜。此时“联合国军”在朝鲜第一线地面作战部队（不含勤务部队）增加到约40万人。

新上任的“联合国军”总司令李奇微，是美国西点军校的优秀生，被美国人称为“战场上的风云人物”，他的企图虽比麦克阿瑟高明，但志愿军对他的计划也早有预料。在麦克阿瑟还未被撤职之前，彭德怀即在志愿军党委扩大会上分析说，敌人可能在我侧后登陆，我军应准备在4月下旬、最迟在5月上旬对“联合国军”实施大规模的反突击战役，打破敌人的登陆企图。

彭德怀原设想继续诱敌深入一步，但敌人通过各种侦察手段发现志愿军第二番兵团已到达朝鲜前线，遂令各路进攻部队逐步停止攻击，迅速构筑工事，准备抗击中朝联军的进攻。至此，长达两个多月的第四次战役以“联合国军”停止攻击而告结束。这次战役中朝联军歼敌7.8万人，自身伤亡5.3万余人。

第二十三章　全线反击

第一节　转守为攻

1951 年 4 月初，中国人民志愿军第二番入朝部队第十九兵团和第三兵团共 6 个军先后到达朝鲜战场，加上原在朝鲜作战的 9 个军，共有 15 个军约 100 万兵力（含后勤部队）。

4 月 6 日，彭德怀主持召开志愿军第五次党委扩大会，讨论和部署第五次战役。参加会议的除先期入朝的 9 个军的领导人外，增加了新入朝的第三兵团和第十九兵团各军领导人，同时邀请朝鲜人民军前线指挥员金雄、金一等列席会议。会场设在上甘岭一个大矿洞里，由十几个炮弹箱垒成的会议桌摆在矿洞的中央。会议开始，彭德怀环视坐在两旁那些熟悉的和不熟悉的面孔，面带笑容说："美帝国主义纠集十几个国家的军队号称'联合国军'。其实我们志愿军也可称得上'联合国军'，我们为了抗美援朝、保家卫国，汇集到朝鲜战场上来。有来自东北地区的，有来自华北地区的，有来自华东、华南、西南、西北地区的。我们一个兵团住的地区比它们当中的一个国家还大。"① 他概括了前四次战役的经验教训，说：在打第三次战役时，曾考虑是否过"三八线"，现在看来当时不急于打过"三八线"也没什么不利。如加以准备，可以伤亡小些，胜利更大些。

在分析了敌我情况后，彭德怀告诫指挥员们说，不能用过去的眼光看今天的战争，我们的战士是用两条腿来和敌人的摩托化部队比赛，你跑得再快，也是追不上的。所以，被包围住的敌人往往又乘车逃跑了。彭德怀坦率地说："我们现在是被迫后撤，下次战役我们要根据毛主席的指示，消灭敌人几个师，粉碎其登陆计划，夺回战场主动权。"彭德怀提出第五次战役的指导思想说："这次战役，必须采取战役分割和战术分割相结合。我们必须从金化至加平线劈开一个缺口，将敌人东西分割；如不能分割敌人，我们就要失败。战术分割是小块小块地分割，大的包围迂回同小的迂回包围必须密切结合。""要有完全的主动权，要有绝对的优势，不管敌人有何变化都能行。"彭德怀特别强调了后勤工作的重要性，

① 访问原志愿军政治部主任杜平记录，1985 年 5 月 6 日。

说，这次打胜了，全体指战员的功劳算一半，后勤工作算一半。[①]

会议结束后，为便于指挥，志愿军司令部于4月9日转移到伊川郡空寺洞，矿洞滴水不能挂图，彭德怀只得又住在山下的平房里。因转移中车辆多，美机临空侦察，第二天拂晓，又有两架美机来袭。彭德怀刚起身，一架敌机俯冲下来，火箭炮、子弹射向平房周围，警卫员把彭德怀拖起来就跑。紧接着，第二架飞机又射下一串火箭炮和燃烧弹，平房中弹起火。此时彭德怀刚被参谋和警卫员拖着趴在山坡上一个临时防空洞内，他急得大喊："不要管我！赶快去寻找邓副司令、洪副司令！"美机飞走后，大家返回平房，看到不仅门窗墙壁中弹起火，连电话机和脸盆也中了弹，彭德怀的行军床被打穿4个洞，被子还在冒烟。大家又气愤又庆幸。不知谁喊了一句："彭老总真是命大呀！这次又平安无事哟！"彭德怀说："美国飞贼的炮口打得还真准，不过他并不认得我姓彭的。"

当天下午，在空寺洞一个阴暗潮湿的矿洞内，几根蜡烛闪闪发光，弹药箱上铺满了地图，四周坐着邓华、洪学智、韩先楚、解方等志司领导人和作战、情报、通信、机要等各处处长，志司作战会议照常举行。彭德怀一进会场先批评了一顿，说蜡烛点得太多。会议开始，彭德怀讲话，说："第五次战役，志愿军将有11个军33个师和炮兵、高射炮兵、工程兵等部队70多万人，及朝鲜人民军3个军团8万多人，加上后勤部队、兵站、医院等共约100万人参加。一场大恶战即将开始，我们必须遵照毛主席的指示，消灭敌人几个师，打几个大胜仗，夺回战场的主动权。"

4月12日，彭德怀电告毛泽东并下令各军准备于20日左右开始出击，如敌停止不进，则于5月上旬再行出击，以便有充分时间进行休整补充。4月13日，毛泽东复电同意彭德怀对敌情的判断和下一战役的部署方案。

鉴于"联合国军"主要兵力部署在西线，彭德怀将志愿军主力集中于西线实施突击，东线由人民军担任牵制美军的任务。西线志愿军又分为左、中、右三个突击集团，各配属一部炮兵支援作战。

4月22日17时，中朝联军在西线以12个军的优势兵力，突然向"联合国军"全线发起猛烈的反突击。各兵团、各军根据中朝联军司令部21日的命令，向敌防御纵深连续突击，发展进攻。左翼第九兵团（辖二十、二十六、二十七、三十九、四十军）迅速突破敌人防御，于23日午夜，突入敌纵深30多公里。突击到"三八线"以南地区，完成了战役分割任务。担任中央突击集团的第三兵团（辖第十二、十五、六十军）从国内到达出发阵地仅10天左右，还没有和美军作战的经验，在突破敌人纵深后，遭敌顽强抵抗，几经激战歼灭美三师一部。担任右翼突击集团的十九兵团（辖六十三、六十四、六十五军）和人民军第一军团发起进攻后，于23日凌晨突过临津江，攻占了江南几处要点。人民军第一军团攻占了开城和长湍。

① 志愿军第五次党委扩大会记录。

担任东线作战的朝鲜人民军第三和第五军团为配合西线作战，分别向杨口、元通里一线南朝鲜军发起进攻，先后歼灭其第五、第七师各一部。

4 月 24 日，西线中朝联军全线向南发展进攻，全部抵达或越过“三八线”。

根据毛泽东的指示，彭德怀原设想以 14 个军的绝对优势兵力，以猛烈地突击，一举再将敌军打回“三八线”以南，相机重新攻占汉城。但李奇微掌握了志愿军战士必须自带粮食、白天大兵团不能作战、只能乘夜间采取迂回穿插分割包围战术的规律，嘲笑志愿军的进攻不过是“一礼拜攻势”。在中朝联军开始进攻后，李奇微采取节节抗击，逐步撤退的战术，其主力部队每天下午先撤退，留少数摩托化部队与志愿军保持接触作掩护；当志愿军利用黄昏发起攻击时，其掩护部队即迅速撤退 20—30 公里布防；当志愿军步行追击至拂晓停止时，恰好暴露在敌炮火控制之下，被其炮火杀伤而难以活动。这样，中朝联军经过三天三夜的进攻，虽然迫使“联合国军”逐步撤至“三八线”以南的锦屏山、县里、加平、春川第二线阵地，但其被围部队大部在飞机坦克的掩护下跑掉。中朝联军歼敌不多，没有达到预期的目的。

4 月 26 日，彭德怀向军委和毛泽东报告说：“新到日本之敌军共有 15 万余。估计敌或以一部加强正面，同时有在我后方登陆的可能。此役原拟于 5 月上旬开始，但为了推迟敌之登陆，避免同时两面作战，因此提前于 4 月 22 日开始。但各项准备均不充分，敌在战术上前进时步步为营，后退时节节抗击。致作战三昼夜，没有达到迂回议政府、截断敌人退路的计划，估计战果有限，不足以打破敌登陆企图。朝鲜地形狭窄，海岸线长，港口多，敌有强大海、空军，这些是其登陆的便利条件。志愿军党委多次考虑下一战役须准备打敌登陆部队，因此我军主力目前不宜南进过远。敌军一旦登陆成功，我之咽喉即被扼住，我正面部队即使能打到釜山，亦最终不得不被迫撤退。此次我军拟在突破敌军抵抗后，以五个军相机追击至‘三七线’为止，如敌扼守汉江及汉城桥头阵地，我则以小部队监视袭击之，使敌后备兵团部队增援正面，推迟其登陆时间，减弱其登陆力量。为应付万一，我必须立即修好熙川至阳德公路，以保障主要运输供应线。深盼军委对空军加速准备，配合作战。”

从彭德怀的报告可以看出，他最担心的是“联合国军”重演仁川登陆，占领朝鲜蜂腰部。使中朝联军陷入腹背受敌、两面作战的局面。而此时，在北京中南海，毛泽东和周恩来等最为担心的也是这个问题，故复电彭德怀说：“目前自应以敌人会很快登陆作准备，免陷被动。”

对于彭德怀决定提早发起第五次战役，事后有两种不同的评价。有些人认为：为了粉碎敌人登陆计划，这个决定是正确的；有些人认为：这次战役打得太急，如迟打一些日子，准备得充分些，战果会大一些。

4 月 26 日，中朝联军继续向敌纵深发展进攻。28 日，“联合国军”主力被迫撤至汉城及北汉江、昭阳江以南，继续组织防御。这时，新任美军第八集团军司令范佛里特将美骑一师也调到汉城，组成密集火网，诱我攻城。彭德怀揣度其意，认为在汉江以北歼敌的战机已失，即命西线主力停止进攻，只派一部兵力逼近汉城，一部逼近汉江，一部渡过昭阳江，与敌保持接触，掩护主力准备转移到东线作战。至此，第五次战役第一阶段作战结束。中朝联军连续进攻 7 天，歼敌 2.3 万人。因装备太差，新入朝部队经验不足，使被围之敌大部逃走，没有消灭美军一个整团的战例。

这时，彭德怀为什么将战场从西线转移到东线呢？在第一阶段的攻势中，中朝联军西线右翼集团向南前进了 50 多公里，直抵“三八线”以南的汉城地区，将整个战线形成了由西南逐渐向东北延伸的一条斜线态势，使防守在东线的南朝鲜 3 个师侧翼暴露。彭德怀判断美军主力 8 个师决心死守汉城，我军难以取胜，而东线南朝鲜军的战斗力较弱，比较好打。他临机应变，决定立即向东转移兵力，围歼南朝鲜军。

彭德怀在改变战役决心后，担心被敌人发觉。为迷惑与钳制西线美军，于 4 月 29 日急电人民军一军团在汉江下游汉江北岸作渡江佯动。以小部队向当面之敌袭扰，令十九兵团在汉城以东汉江上游同时实施佯动；令三十九军主力南渡昭阳江，进至春川、洪川间，以掩护志愿军第三、第九兵团于 5 月初从东线出击。

范佛里特发现中朝联军主力集结休整，为查明我军动向，自 4 月 30 日始，以一部兵力向中朝联军阵地反攻。敌人判断我军可能向中部战线发动新的攻势，遂即调整兵力在中线转入防御。5 月 6 日，彭德怀命令志愿军主力隐蔽向东转移。

5 月 9 日，中朝联军利用敌人尚未准确判明我军动向之机，遵照彭德怀的部署，挥师东移。志愿军战士穿过高山峡谷和丛林密布的小路，至 15 日相继隐蔽进入春川至兰田间的北汉江和昭阳江两岸地区，朝鲜人民军第二、三、五军团亦同时进占麟蹄及以东地区，按时完成了战役展开和进攻准备。5 月 16 日傍晚，在东线战场上，中国人民志愿军第三、第九兵团 6 个军及朝鲜人民军 3 个军团以优势兵力一齐出动，乘敌不备，向县里周围地区的南朝鲜第三、第九两个师迂回，实施钳击合围。

东线围歼战役开始后。彭德怀昼夜守在指挥部里，不断接收来自前线的战报。5 月 17 日凌晨，他给朝鲜人民军前线司令员金雄和志愿军九兵团司令员宋时轮电指示：“此战役第一阶段付出了相当大的代价，才将美军调到春川及其以西至汉城线，使我在第二阶段中才有机会以消灭李伪军为主。因此必须克服一切困难，坚决贯彻多消灭李伪军的精神，即是孤立美军、分散美军，创造今后消灭美军的有利战机。必须贯彻大胆迂回与分割包围，以达全歼敌人的作战思想。应利用天候和敌人混乱时，不放松白天作战的任何机会，并须配以适当战斗部队，认真搜索溃散之敌和武器弹药。预祝你们胜利。”17 日上午，中朝联军形成合围，惊恐万状的南朝鲜军，向东南突围逃窜，但此时，退路已被志愿军切断。中朝联军密切配合，对被围之敌发起攻击，激战至 19 日，将南朝鲜第三、第九两个师大部歼灭，缴获了该两师的全部重装备。中朝联军还击溃了南朝鲜第五师和第七师残部，共歼敌 1.7 万余人。

与此同时，在中线的志愿军第三兵团也发起攻击。歼灭美军两个营和法国营大部及南朝鲜军一部，牵制了美军第七师，使其无法东援。

中朝联军在东线发起进攻后，部署在西线的第十九兵团 3 个军和朝鲜人民军第一军团于 5 月 16 日夜以一部兵力在汉城方向和汉江下游实施佯动，对敌军阵地积极攻击，形成迂回汉城和渡江南进的姿态。彭德怀预先部署的这一着妙棋，果然见效。当人民军第一军团派出一部兵力在汉城以西渡江时，敌军连声惊呼："汉城正面临着第二次危机。"

直至 5 月 20 日，美军第八集团军司令范佛里特才发觉志愿军主力已东移。急令西线美军 3 个师及 3 个旅于当日向西线志愿军十九兵团阵地猛烈攻击。十九兵团各军遂逐步转入防御。同日，美军第十军主力沿战线向洪川方向逐次东移，美军第三师也自汉城东南方向迅速东援。美军是摩托化部队，速度甚快，西线至东线 150 多公里的距离，不到一天就全部到达，堵塞了中朝联军的战役缺口。此时，南朝鲜第八师亦由大田北调平昌、堤川，建立纵深防线，于是"联合国军"又形成了东、西相接的完整防线，再次阻挡了中朝联军的攻势。5 月 21 日，彭德怀电毛泽东并高岗说："以前各役携带五天粮食可以打七天仗，因就地可筹借部分补充之。现在携带七天粮食，只能打五天仗，因在战斗中消耗，就地不能筹补。现洪川之敌顽抗不退，使我东线作战部队无法运输接济，而美第三师东调后堵塞了洪川、江陵间缺口。我军第五次战役西线出击伤亡三万，东线出击伤亡万余。一月之内进行了东、西两次作战，部队有些疲劳，需休整总结经验。现第一线运输极端困难，且雨季已近，江河湖沼尽在我军之后，一旦山洪暴发，交通全断，顾虑甚大。此役未消灭美军的师、团建制，敌还有北犯可能。根据上述，我军继续前进，不易消灭敌人，徒增困难，不如后撤，使主力休整，以逸待劳，寻机歼敌。妥否盼示。"翌日，毛泽东复电说："根据目前情况，收兵休整，准备再战，这个

彭德怀亲临前沿阵地观察

处置是正确的。”5 月 22 日，中朝联军停止对敌攻击，结束了第二阶段战役。

在中朝联军发起第五次战役之前，从毛泽东的指示和彭德怀的战役决心看，都设想要歼灭敌人几个师数万人，为什么没有实现就收兵后撤呢？原因仍是武器装备太差，无制空能力，后勤供应发生严重困难。朝鲜地形狭长，东西两面临海，河流纵横，由北向南只有几条公路，敌机终日空袭，道路桥梁随修随被炸，大批车辆损坏于途。每次进攻，战士主要依靠自携的粮弹作战，最长只能持续一个星期（这次战役第一阶段自 4 月 22—28 日；第二阶段自 5 月 16—21 日均未超过一礼拜）。李奇微在回忆此役第一阶段的情景时写道：“在阻止中共军队进攻的过程中，炮兵和空军的轰炸给地面部队以巨大的支援。从 4 月 21 日到 29 日，‘联合国军’的飞行员们执行了 7420 次飞行任务；我军的大炮持续不断的轰击则使整个地面布满了弹坑。”[①] 中朝联军英勇奋战，前仆后继，付出了巨大牺牲，在敌猛烈炮火的杀伤下，在粮弹供应十分困难的情况下，彭德怀不得不命令部队停止攻击，后撤休整，以利再战。为防止在后撤时被敌人尾追，彭德怀规定各兵团后撤时要留一个师至一个军的兵力监视敌人，节节阻击，掩护主力转移。彭德怀在规定了各兵团后撤路线及休整集结地区后，仍不放心，又于 5 月 22 日电示各兵团各军，要警惕敌人再用“磁性战”消耗疲劳我军。明确规定“北撤时中朝联军的最后抵抗线”，以“第五次战役反攻发起时的阵地线为限”。

李奇微发现中朝联军北撤，集中 4 个军 13 个师的兵力，以摩托化步兵、坦克、炮兵组成的“特遣队”为先导，于 23 日清晨对中朝联军多路反扑，跟踪追击。由于志愿军对敌人以新形式进行的迅速又大规模的反扑估计不足，在转移时出现了多处空隙。敌军“特遣队”即乘隙而入，将部队隔断，志愿军第三兵团六十军所属一八〇师在 5 月 26 日转移到春川西北地区时被敌三面包围，部分阵地被敌占领。彭德怀多次电三兵团和六十军速派部队救援，均受阻未果。一八〇师师长和副师长在组织突围失败后，信心动摇，即采取在国内作战时各自分散突围的办法，致使部队遭受严重损失。有些突围出来的战士粮尽弹绝，沿途挖草根吃树叶，又有一部分因饥饿和吃草叶中毒牺牲于途中。彭德怀在给兵团副司令王近山打电话时得知这一情况，心情十分沉重。志愿军副司令员洪学智回忆说，“彭德怀只穿一条短裤，急得满头大汗，他一夜未睡，睁开发红的双眼对我说：‘一八〇师的电台联络不上了，从来没有过的事情都出现了’。”[②] 他下达的转移命令本已明确规定了防敌追击的措施，竟出现了这种令人痛心的事件。彭德怀愤而痛斥该军的指挥员说，这是志愿军的耻辱！一八〇师正副师长因临危动摇，指挥失措，受到军纪处分。其后，彭德怀在志愿军党委会和其他一些会议上也多次公开检讨，主动承担责任。

在“联合国军”紧紧跟踪追击下，中朝联军处于被动的态势。为稳定局势，

---

① [美] 李奇微：《朝鲜战争》，军事科学出版社 1983 年版，第 178 页。

② 洪学智：《抗美援朝战争回忆》，解放军文艺出版社 1991 年版，第 162 页。

阻击敌人的进攻，彭德怀毅然决定部队于 27 日停止后撤，立即转入防御，重点部署，封锁敌军主要进攻路线。彭德怀要求指战员发扬英勇顽强的战斗作风，杀伤进犯之敌。在中朝联军全线进行英勇阻击后，各路敌军很快停止了进攻，整个战线逐渐趋于稳定。中朝联军在 20 天的转移和阻击战中，歼敌 3.6 万余人。战斗到 6 月 10 日，将敌人阻止在“三八线”附近的汶山、铁原、金化、杨口、明波里一线。到此，双方均转入防御，中朝联军发起的第五次战役全部结束。

在第五次战役中，中朝联军以百万之师，连续奋战 50 天，共歼敌 8.2 万余人，粉碎了“联合国军”在朝鲜半岛蜂腰部建立新防线的计划，摆脱了第四次战役中所处的被动局面，但中朝联军也付出了伤亡 8.5 万人的重大代价。经过这次战役的较量，迫使美国五角大楼的将军们对中朝人民军队的力量重新做出佑计，认识到想要占领朝鲜民主主义人民共和国是根本不可能的，不得不令“联合国军”转入战略防御。

第二节　阵地对峙

1951 年 6 月中旬以后，在朝鲜战场上，交战双方沿着“三八线”地区形成了相互对峙的局面，战线亦随之相对稳定下来。这时，各方面关于停战和谈的呼声愈来愈高。6 月 23 日，苏联驻联合国代表马立克提出“交战双方应该谈判停火”的建议。30 日，“联合国军”总司令李奇微奉美国政府之命发表声明，表示愿意举行停战谈判。7 月 1 日，朝鲜人民军总司令金日成和中国人民志愿军司令员彭德怀复电李奇微：“同意举行朝鲜停战谈判。”7 月 10 日，朝鲜停战谈判双方代表终于在“三八线”上的开城举行第一次会议，这标志着朝鲜战争进入了一个新的时期。

谈判开始前，毛泽东来电指示部队要“极力提高警惕，第一线各军必须准备应付敌军可能的攻击和空降，迫我订立城下之盟”。彭德怀亦预计到停战谈判不会是一帆风顺的，向部队提出要求：“打的坚决打，谈的耐心谈，必须树立持久作战和积极防御的思想，绝不能对敌人停战谈判抱有幻想。”他命令第一线部队利用朝鲜有利地形，构筑坚固的防御阵地，相应提出“以运动防御与反击相结合的拉锯战形式，即积极防御与短促出击相结合的作战形式，以求大量杀伤敌人，配合谈判”。

7 月下旬，朝鲜半岛连降暴雨，特大洪水冲毁了许多公路和桥梁，使中朝联军物资供应又处于十分困难的境况，“联合国军”趁机于 8 月 18 日向朝鲜人民军第二、第三、第五军团防御阵地发动了“夏季攻势”，以大批空军对中朝联军后方交通线进行猛烈轰炸，目的是夺取东线由朝鲜人民军防守的突出部阵地。“联合国军”的进攻遭到朝鲜人民军的英勇抗击，战斗异常激烈，有的阵地反复争夺 10 余次之多。至 8 月 31 日，人民军毙伤俘敌 2.4 万余人，“联合国军”突入人民军阵地 2—6 公里。激战延续至 9 月 18 日，“联合国军”在东线对人民军阵地发动的第二阶段进攻又以损兵 2.2 万余人告终。

“联合国军”在东线发动夏季攻势后，西线的志愿军根据彭德怀的命令，配合东线人民军作战，对敌第一线部队开展战术反击，攻占了对方许多制高点和前沿阵地，改善了中朝联军中部战线平康地区的防御态势。自 8 月 18 日至 9 月 18 日，东西两线共毙伤俘敌 7.8 万余人（内美军 2.2 万余人），“联合国军”在东线突入中朝联军阵地 2—8 公里，占据了 179 平方公里土地。彭德怀估计敌人还会利用中朝方面因山洪暴发而加重的供应困难，依靠其空中和地面炮火的优势，继续发动进攻，即要求各军指战员学会阵地攻坚和阵地防御战。他指出：在防御中应是积极防御、节节抗击，对每一阵地进行反复争夺，用不断的阵地反突击杀伤敌人；在阵地攻坚中，应对突出部之敌，进行小型攻坚战，稳扎稳打，求得每次歼灭美军 1 个连至 1 个营（此即毛泽东形容为“零敲牛皮糖”的著名战术）。彭德怀还决定立即构筑东、西海岸纵深工事，以防止敌人从东、西海岸登陆配合正面进攻。经与朝鲜人民军总部协商，组建了东海岸和西海岸中朝联合指挥所。分别指挥东、西海岸的反敌登陆作战行动。

在遭到中朝联军反击后，李奇微为压迫中朝方面在谈判中让步，又于 9 月 29 日向西线志愿军阵地发动了“秋季攻势”，采取“逐段进攻，逐步推进”的新战术，向志愿军阵地猛烈进攻，企图夺取位于“三八线”以南被中朝联军占领的开城地区。此时，志愿军第一线阵地已开始挖掘坑道式的掩蔽部，敌人虽以大批飞机和坦克掩护进行多梯队的轮番攻击，志愿军依托坑道掩蔽部，仍能抗击敌人，给敌以很大杀伤，初步显示了坑道工事的优越性。彭德怀认为，在敌人飞机和火炮占绝对优势的情况下，坑道工事是保存自己杀伤敌人的最好措施，指示志司在全军推广。由战士开始挖掘的单人防炮洞，逐渐连接成有通风口的坑道体系。彭德怀根据抗日战争中八路军地道战的经验，指示各军设法解决坑道通气、伪装、防毒、防炸、防淹、防困的种种办法。他对在朝鲜战场新形势下形成的坑道防御工事所起的作用倍加赞赏，说：“这是革命军队优良的政治素质和军事素质相结合的表现，为持久的阵地战创造了极为有利的条件。”

中朝联军在“坚守防御，节节抗击，反复争夺，歼灭敌人”的作战原则指导下，利用坑道与进犯之敌进行了激烈战斗。双方激战至 10 月底，中朝联军终于顶住了敌人对西线发动的秋季攻势。英国路透社记者自前线报道说：“中国军队的战斗技术与效率已经有了显著的改进，……联合国军要付出重大代价，才能取得一点点的进展。”经过一个月的激战，中朝联军毙伤俘敌 7.9 万余人，联合国军占领了中朝联军阵地 467 平方公里。

1951 年 10 月 14 日，志愿军入朝作战将届一周年，毛泽东以中共中央名义给彭德怀及志愿军党委发来一封慰问电，电中认为中国人民志愿军取得伟大的胜利是与以彭德怀为首的志愿军党委领导分不开的。

1951 年 10 月 23 日，毛泽东在中国人民政治协商会议第一届第三次会议上说：“抗美援朝的伟大斗争现在还在继续进行，并且必须继续进行到美国政府愿

彭德怀到前沿阵地了解战况

意和平解决的时候为止……”在毛泽东主席讲话后的第三天，即志愿军入朝作战一周年的10月25日，美国重新回到谈判桌上，已经停止了63天的停战谈判又复会，双方再次讨论军事分界线及非军事区问题。谈判的新地址是板门店。美方对军事分界线仍坚持让中朝方面退出1500平方公里的地区，并要把开城划归美方，致使谈判再陷僵局。在此情况下，为对美方施加压力，促进停战谈判，彭德怀命令第一线各军乘敌疲惫之际，依托坑道工事，选择敌之弱点，集中绝对优势兵力和适当火力，举行局部战术反击。每次以消灭美军之一两个连和南朝鲜军的一个营为目的，开展小规模的阵前战术反击，逐渐向前推进与敌接触线。这种打法减少了中朝联军的伤亡，又大量歼灭了敌人，稳定了阵地。毛泽东对这一‘零敲牛皮糖战术”的成功给予高度的评价。

第三节　勋章授给谁

1951年10月23日，朝鲜民主主义人民共和国最高人民会议常任委员会为纪念中国人民志愿军入朝作战一周年，“决定以一级国旗勋章授予中国人民志愿军司令员彭德怀将军，因为他在朝鲜人民反抗美帝国主义武装侵略的解放战争中，以卓越的指挥艺术，指挥英雄的中国人民志愿军给予美国侵略者以歼灭性的打击，给了朝鲜人民军以莫大的帮助”。彭德怀得知后说：“我有什么功劳值得授勋的，我不过在后方做了些具体工作，这个勋章应该授给那些战斗英雄，我哪能比得上他们的功劳大？”为这件事，彭德怀给中央军委发电提出他不愿接受勋章的意见，中央军委复电命他尊重朝鲜政府的决定。10月25日，朝鲜政府代表团来到桧仓，当晚，在志愿军司令部驻地大矿洞内，举行了隆重的有各军战斗英雄

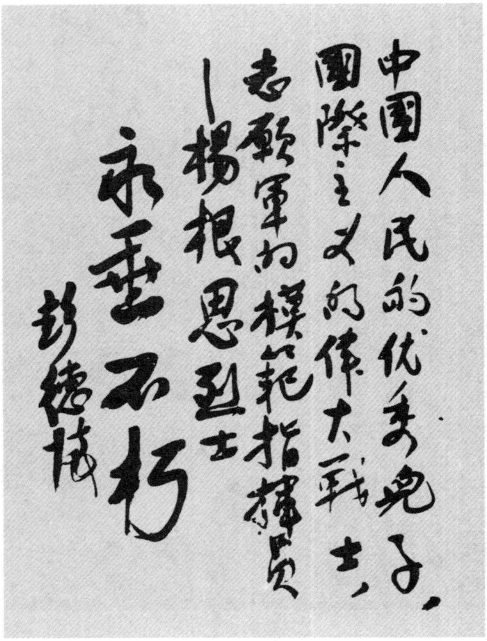

彭德怀为杨根思烈士题词

参加的授勋大会。金料奉委员长代表朝鲜最高人民会议常任委员会和政府对中国政府和毛泽东主席、对彭德怀将军率领的中国人民志愿军全体指战员表示感谢和慰问。然后将朝鲜民主主义人民共和国的最高勋章一级国旗勋章佩戴在彭德怀的胸前。彭德怀对自己被授予这一最高勋章，始终感到不安，会后托着金光闪闪的勋章说："这勋章授给我不合适，第一应该授给高麻子（指高岗），第二应该授给洪麻子（指洪学智），如果没有他们两人昼夜想尽办法支援志愿军的粮弹物资，志愿军是打不了胜仗的。"

1951 年秋，朝鲜半岛连降大雨，冬天来得早。11 月，寒冷的北风就卷地而来。由于后勤战线加强，又有了空军和高炮掩护，志愿军都换上了崭新的棉衣，头戴栽绒帽，脚穿大头鞋。战士吃得饱，穿得暖。彭德怀对志愿军副司令员洪学智领导的后勤司令部的工作非常满意，曾在会上和致中央军委的电报中多次表扬，常说："仗打胜了，前线战士的功劳算一半，后勤工作算一半，没有可靠的后勤保障，再好的指挥员，再好的战士也不会打胜仗。"

就在这冬天来临的时候，鸭绿江北的寒流也夹带着一丝暖意吹到桧仓。11 月中旬的一天，志愿军驻安东的后方留守处打来电话说："彭总夫人浦安修明日由沈阳乘火车来安东去朝鲜，请司令部派人来接。"司令部值班员知道彭德怀的脾气，赶快去向洪副司令报告。洪学智把值班室的几个人找来嘱咐说："这事要保密，不能让司令员知道。"随后就派了一辆吉普车和一个警卫员前往安东迎接。

浦安修并不是专程来朝鲜的。她当时在陕西省咸阳一个纺织厂做调查。10 月中旬，参加"西北工业参观团"到东北参观。参观即将结束，参观团的领导人习仲勋对浦安修说："这里离朝鲜很近了，你到朝鲜去看看老总吧。"浦安修早就听说彭德怀曾因敌机轰炸几次险些遇难，自然同意。

一进入朝鲜国土，浦安修看到的宛如另一个世界。黑夜里，汽车在弹坑累累的公路上急驶，半空中不断出现五光六色的信号弹，敌机呼啸，弹声四起。突然一批敌机临空轰炸，司机猛然刹车，浦安修的头撞在汽车的挡风玻璃上，前额划破了一大块，鲜血直流。为了赶路，只好带伤前进。车行一夜，在天亮之前到达桧仓志愿军司令部。

早饭时间到了，彭德怀和往常一样，反背着手来到食堂，看见饭桌上多加了

彭德怀被授予朝鲜民主主义人民共和国一级国旗勋章

几个菜，惊奇地问："哟！今天这是怎么回事？"洪学智面带笑容说："这个……今天有个客人要到这来吃饭。"彭问："什么客人？"洪说："你们俩可能见过面。"两人正说着，头上扎着大纱布的"客人"来了，彭德怀见了一怔，笑道："噢！原来是你！"洪学智和在座的人都哈哈大笑起来。吃饭中，浦安修说她是顺道来看看的。彭德怀对洪学智说："很多干部的家属都没有来过，安修住两天就回去吧。"又对浦安修说："你也是命大咯，没炸着。"

彭德怀戎马一生，早就患有肠胃病和痔疮。到朝鲜后，长期在恶劣的条件下生活，住在寒冷、阴暗、潮湿的矿洞里，饮食、睡眠无常，精神极度紧张。他已是五十开外的人，指挥百万大军，叱咤国际战场，雄风尤胜当年，但身体毕竟不饶人了，旧病不断发作，经常大便出血，大家都为他的健康担心。1951 年 8 月间，他的前额左眉上方又长了一个小肿瘤。到 1952 年初，肿瘤越来越痛。正在这时，美国违背国际公约用飞机把带有各种细菌的老鼠、苍蝇、跳蚤、蜘蛛、蚊虫等活物，大批撒在中朝军队的阵地和后方，发动灭绝人性的细菌战。彭德怀接到疫情报告后，既震惊又气愤，立即通报全军紧急防疫。中央得报后，很快成立了防疫委员会，由周恩来总理亲自主持，先后组织了大批医学专家和一百多个防疫大队到朝鲜，及时控制了疫情。经过一个多月的紧张劳累，彭德怀的肿瘤病情愈加重了。医生怀疑是癌，劝他立即回国割除，他总是说："没关系，死不了！""我要等李德全（政务院卫生部长）的调查团来，把美帝国主义这一滔天罪行弄清楚，好把真相向全世界公布。"这时，邓华又病倒，不得不回沈阳治疗，彭德怀更无法脱身。几位副司令员、副政委劝说无效，于 3 月 19 日给中央军委和毛泽东主席连发两次电报说："经昨日戴正华、吴之理及史书翰等（医学专家）会诊结果为瘤子，估计是挨着骨头生长，""大家认为不能轻易地进行手术，但彭说'你们割开一个口子一挤就行了，若是你们害怕，我签字负责'等语。""为慎重起见，最好回国治疗。"周恩来接电，向毛泽东建议去人换彭德怀来京割治。毛泽东即派陈赓前去朝鲜代彭德怀主持志司工作。陈赓在 1952 年 3 月 31 日的日记中写道："黄昏时到达志司，与彭谈，告以主席意见及我来意，促其归国休养。但彭未表示意见。"陈赓无可奈何，第二天和副司令员宋时轮、副政委甘泗淇三人给毛泽东并军委发急电说："彭总经周校长、史书翰共同诊查

与陈赓（左）、邓华（右）合影

彭德怀（前右二）、金日成（前右三）等与志愿军首次归国代表合影

1952 年，彭德怀于朝鲜成川郡桧仓和中朝部队部分干部合影。右起：邓华、陈赓、彭德怀、朴一禹、甘泗淇、李贞、王政柱

后，认为愈早手术愈好，但这里无 X 光照相检查，因此大家提议他马上回国治疗，决不能再拖延，彭总意见认为最近还需去金首相处一谈，我们同意这一意见。但这要推迟到五月份才回国治疗，据医生意见似不甚妥，究应如何，请中央决定。”周恩来得电，经请示毛泽东，于 4 月 2 日以中共中央的名义给彭德怀并陈赓等人回电说：“德怀同志即应按照大家提议，马上回国治疗，绝对不应推到五月。”电报同意彭德怀去与金日成一谈，但规定：“动身时间不要迟过四月上旬。至要。”陈赓拿着中央的电报去让彭德怀看，笑说：“中央来电催你马上回国治病，我看你还敢违抗中央命令吗？”4 月 4 日，中央再次来电催促。

1952 年 4 月 7 日，彭德怀离开战斗了一年半的朝鲜前线，在平壤会晤金日成后，乘吉普车北去。沿途一辆辆被烧的汽车和坦克；一座座被炸成秃头的山冈；一处处被毁成废墟的城镇；一群群失去亲人的孤儿寡母；景象凄惨，触目惊心，彭德怀紧蹙眉头。他已经打了一辈子的仗，渴望着以战争的胜利换取国家的和平和安全。可今天，这个愿望尚未实现。

4 月 12 日，彭德怀回到北京。为了保密，化名“农业大学王校长”住进北京医院。经手术治疗后，于 5 月 5 日康复出院。这时朝鲜战场已相对稳定，中央决定彭德怀留北京接替周恩来主持军委日常工作，调陈赓回国创办军事工程学院，命令邓华为中国人民志愿军代司令员。

第二十四章　赢得和平

第一节　防敌登陆

1952年8月31日，彭德怀同金日成一起，作为斯大林的客人前往莫斯科访问，在克里姆林宫与斯大林举行了两次会谈，主要是交谈朝鲜战场和停战谈判的情况。在第二次会谈后，斯大林设宴招待金日成和彭德怀。深夜席散，人们陆续走出餐厅，在取衣帽时，斯大林走到彭德怀身旁，再次表示他对英雄的中国人民志愿军的慰问，并向彭德怀问起朝鲜战场上的战俘处理问题。斯大林对彭德怀根据我军一贯宽待俘虏政策处理朝鲜战场战俘的工作表示赞赏。彭德怀结束了与斯大林会谈后，于9月16日回到北京。

美方为挽回在朝鲜战场上的被动局面，于10月8日单方面中止已进行10个月的关于战俘问题的谈判。14日，美军在金化上甘岭地区发起进攻（代号“摊牌作战”），先后投入美军1个师和1个空降团，南朝鲜2个师，共6万余人，动用坦克170余辆，飞机3000多架次，火炮300多门，来势汹汹。

这时，彭德怀刚从莫斯科回到北京。他认为，志愿军一方面要坚决顶住新上任的“联合国军”总司令克拉克的“摊牌行动”，还要提防克拉克重演“仁川登陆”这一招。于是，在10月底上甘岭战役激烈进行之际，彭德怀便离京赴辽东沿海，进行反敌登陆作战的准备。在安东召开了空军作战会议后，他冒着凛冽的寒风，沿着海岸，对东起鸭绿江江口，西至大连的地区进行勘察和部署防御，准备以这个地区作为中国军队从侧翼打击美军登陆的出发地。①

回京后，彭德怀根据毛泽东关于“志愿军应从肯定敌人要从西海岸清川江至汉川江登陆这一基点出发，来确定行动方针”的指示，召开了一系列军事会议进行部署。之后，又于1953年初专程到华东地区实地勘察，布置东南沿海的防务。着重研究敌人可能来袭的登陆点和战略企图，确定沿海守备部队的作战任务和指导方针。

志愿军为粉碎“联合国军”的金化攻势（“摊牌行动”）而进行的异常激烈的上甘岭防御作战持续了43个昼夜，最后守住了原防御的阵地，共歼敌2.5万余人。此役志愿军的防空部队和地面部队共击落击伤敌机270余架，美军再不能

---

① 原彭德怀办公室主任王焰随行记录。

仗恃其空中优势了。到 1952 年末，志愿军既粉碎了以美国为首的“联合国军”的强大攻势，又对其在中朝联军侧后方实行登陆的阴谋保持了高度的戒备。

1953 年春天的朝鲜战场，呈现军事斗争和政治斗争紧密交织的复杂局面，美国急于从朝鲜战场脱身，又不甘心接受中朝方面提出的停战条件，总想用军事手段逼迫中朝就范。艾森豪威尔当选美国总统后，提出：“必须欣然接受（战争）要求我们所作的任何牺牲”。“要用军事的办法解决朝鲜战争”，并特别说明这个办法“不可避免地要影响到台湾”。

针对艾森豪威尔的挑战，2 月 7 日，毛泽东在中国人民政治协商会议上郑重宣告：“我们是要和平的，但是，只要美帝国主义一天不放弃它那种蛮横无理的要求和扩大侵略的阴谋，中国人民的决心就是只有同朝鲜人民一起，一直战斗下去。”

这时，中朝军队已在“三八线”以北增修了坑道 700 多公里，构筑起钢铁防线，加修了重要的铁路、公路，储备了半年以上的食品和弹药，进行了一连串的反登陆军事演习。中国的华东地区也完成了防御作战的准备。

在中朝方面基本完成反登陆部署的情况下，“联合国军”总司令克拉克于 2 月 22 日给金日成和彭德怀发来进行交换病伤战俘、恢复谈判的信函。3 月 28 日，金日成、彭德怀复函克拉克同意交换病伤战俘，并提出立即恢复停战谈判的建议，美方很快表示同意。4 月 26 日，双方恢复了中断六个月之久的停战谈判。

第二节　以战促和

1953 年 6 月中旬，双方排除了停战进程中的唯一障碍——遣返战俘问题，并在停战的各项问题上也达成了协议。但是南朝鲜总统李承晚对于美国的急切停战极为不满，发表谈话说：“必要时我们要单独作战。”

6 月 15 日，彭德怀电告邓华：“顷接我停战谈判代表团电话称：军事分界线基本上已达成协议，以今晚（6 月 15 日）24 时为准，在本晚 24 时以前，敌我双方攻占之阵地均为有效；在此以后（零时起）即作为 16 日计算，敌我所攻夺之阵地均属无效。我志愿军和朝鲜人民军为促进停战实现，应从明 16 日起，坚守阵地，不再主动出击。但须提高警惕，严阵以待，对于向我军阵地侵犯之任何敌军，坚决给以歼灭性打击，切不可有任何疏忽。”

17 日深夜，李承晚下令，以“就地释放”为名，将“联合国军”设在南朝鲜的第 5、6、7、9 号战俘营大门敞开，当即“逃出”战俘 2.5 万余人，并被编入南朝鲜的武装部队。彭德怀得知这一情况后，即到毛泽东处对停战签字前后可能会出现的问题及处置办法谈了他的意见。

6 月 19 日，彭德怀由北京起程赴朝，准备参加停战签字。20 日赶到平壤与金日成商谈，彭德怀主张再打一仗，以打击李承晚破坏停战谈判的行径。当晚 22 时，彭德怀给毛泽东去电建议推迟停战协定签字时间，准备“再给李军以严重打击，再消灭李军 15000 人”。毛泽东复电同意。这样，志愿军就组织了金城反击战。

这次战役的主要指挥员是邓华。彭德怀把自己摆在“二线”，着重掌握这个战役打到什么程度。他认为，对李承晚既要打痛他，使他无法北进；又要适可而止，给他留下点转弯的余地。这样就要打得猛，打得利索，不能拖泥带水。等他反应过来，调军反扑时，我已站稳脚跟，转入坚固的阵地。

参加这次战役的志愿军进攻部队共 6 个军（六十七、六十八、五十四、六十、二十一、二十四军），分为 3 个作战集团，彭德怀对各个集团选择的突破口异常关心，都一一详细过问。

战役所需的物资输送工作，也是彭德怀最关心的一个问题。在朝鲜战场上，这是关系着部队前进速度和距离的严重问题，过去志愿军常常由于粮食、弹药跟不上进攻的部队，不得不把攻势停下来，被敌人称为“一礼拜攻势”。彭德怀一再和志司各部的领导人讨论：“能不能让部队进攻得更远一点呢？”

7 月 13 日，志愿军司令部下达了发起攻击的命令。当晚天气阴沉，闷热异常，21 时，志愿军的 6 个军在夜暗的掩护和 1000 多门火炮的支援下突然对当面之敌发起猛烈进攻，打得南朝鲜军晕头转向。志愿军即趁其混乱之际向南迅速进击。

彭德怀这次返回桧仓司令部，看到这里的情况有了很大变化。在原来他住过的大矿洞左边，挖了一个新的马蹄形坑道，在坑道两壁凿出四个石窟，石质坚硬不溢水，彭德怀就住在其中的一个石窟里。这时，他走出石窟，独自在坑道外边踱步，等待着前线的消息。他不去作战室，以免打扰邓华的指挥。处在这样的关键时刻，即使像他这样的沙场老帅，心绪也是难以平静的。一小时后，前线的报告到了：“全线突破。”各个作战集团向纵深发展的消息也一个接着一个传来。彭德怀才面露笑容，回到石窟里。

战斗到 16 日，敌方援兵开始接近，志愿军迅速转入防御，至 27 日结束战役，共毙、伤、俘敌 7.8 万余人，收复土地 178 平方公里。李承晚生怕志愿军继续进攻，接受了停战协议。

燃烧三年多的朝鲜战火终于熄灭了。这时，彭德怀方感“今日得宽余”，破例看了来前线慰问的京剧团演出的《三打祝家庄》，还亲自点了一出讽刺喜剧《葛麻》。当戏中聪明的小长工百般作弄想赖婚的地主，而终于和自己的心上人结成良缘时，彭德怀和大家一起使劲地鼓掌欢笑。自从 1950 年 10 月 4 日离开西安踏上硝烟弥漫的朝鲜战场以来，人们还是第一次看到他这么轻松，这么愉快。

第三节　凯　旋

停战签字的日子终于临近了。在一个阴雨连绵的下午，彭德怀乘吉普车离开桧仓，于午夜时分到达松岳山下开城的“来凤庄”——中朝谈判代表团的住地。这里同沿途各地相比，又是另一个世界。虽然远处的炮声清晰可闻，敌机掠空轰鸣而过，地面却是灯火通明，房舍整齐，道路平坦，绿树成行，一派宁静安谧的景象。

彭德怀住在一个青砖瓦房的小院里，第二天和谈判代表团负责人李克农等仔细分析情况后，研究了停战后的各种对策。他不能只庆幸停战的实现，他的注意力仍集中于签字的实际效果和停战的稳定性，以及签字以后可能出现的问题和相应的对策。

7 月 27 日，是正式签字的日子。签字的仪式与彭德怀离京时的设想不同。在北京准备的方案，是双方司令官都亲临板门店，同时在谈判桌的两端签字。但后来双方协商，改为先由双方首席谈判代表在板门店签字，然后再将协议文本分别送到各方司令官驻地，分别签字。这种改变，原因很多，考虑双方司令官的安全是原因之一。彭德怀准备离京的时候，细心的周恩来为保障彭德怀赴板门店签字的安全花费了不少精力，还亲自指示公安部挑选了 4 名身强力壮、经验丰富的局、处级干部担任现场保卫。周恩来考虑，历来停战多半是一方完全胜利，一方彻底失败，所谓签字，不过是履行投降与受降手续；而朝鲜的这次停战签字，双方都并非以失败者出现在会场上，谁能知道在这种情况下会发生什么事情。

27 日上午 10 时，双方谈判首席代表——中朝方面是南日大将，美方是哈里逊中将，在板门店宽敞的会谈大厅里，签署了《朝鲜停战协定》和《关于停战协定的临时补充协议》两个文件。在板门店签字的虽然不是双方的司令官，但是签字的法定正式时间是从这时算起。板门店签字完毕，根据停战协定中“签字以后 12 小时正式生效”的条款，到 27 日 22 时，双方必须停止一切进攻和射击。

7 月 27 日 22 时以前，双方的阵地不仅没有趋于沉寂，反而比平时射击了更多的炮火。就在这个双方激烈对射的下午，彭德怀和谈判代表团的成员杜平一起来到一个接近前沿的高地，观看了双方即将撤离的非军事地带。

7 月 28 日上午 9 时 30 分，彭德怀在开城“来凤庄”中国人民志愿军谈判代表团的驻地，在中、朝、英 3 种文字的停战协定及其临时补充协议共 18 件文本上，签署了自己的名字。中方李克农、杜平、丁国钰、柴成文等将军参加了签字仪式。当彭德怀把笔放下，从椅子上站起来的时候，室内响起一片祝贺的掌声，将近 3 年用血和火进行的激烈较量就此宣告结束了。在这场战争中，“联合国军”除了原子武器以外，其他各种现代化武器都使用过了，但仍然无法取得胜利，反而以被中朝军队歼灭 109 万余人而告结束。从此，美国这个头号帝国主义的军事力量，在中国人民的眼里，再也不是不可战胜的了；而中国人民在世界人民的眼里，也不再是“东亚病夫”和无足轻重的了。此时此刻，彭德怀怎能不感慨万千！在大家的祝贺声中，彭德怀也抑制不住激动，双手高举，声如洪钟，宣告说：“在朝鲜的一切敌对行为已经完全停止，全世界人民所渴望的朝鲜停战已经实现了！”“这个战争证明，一个觉醒了的爱好自由的民族，当他们为了祖国的光荣和独立而奋起战斗的时候，是不可战胜的！”“中国人民志愿军和朝鲜人民军将不能忘记应有的警惕，并将以最大的决心为保障停战协定的彻底实现而坚决奋斗。”

停战协定签字后，“联合国军”总司令、美军上将克拉克却只得自嘲说：“我是美国历史上第一个在没有取得胜利的停战协定上签字的司令官。”

7 月 28 日下午，是停战后的第二天，彭德怀来到开城附近志愿军四十六军的前线，由军长萧全夫陪同，观察最前沿双方对峙的阵地，吉普车穿过遍是弹坑和灰烬的山坡，沿着凹凸不平的土路缓缓前驶，举目四望，不见禾苗，不见野草，只有还在冒着浓烟的棵棵树桩。——它告诉人们，在24小时以前，这里还是炮火连天的战场。彭德怀一行的车子在一个山坳里停下来，大家徒步顺着山间小道向更前边的高地走去。这里，战士正在打扫战场，一路上，有许多担架从前沿阵地下来，这些年轻的战士板着疲劳的面孔，抬着因天气炎热已经腐臭的战友尸体。彭德怀不时拦住担架，翻开覆盖着的白布，注视战士的遗体，随行的医生从保健箱内取出一个口罩递给彭德怀，彭德怀一声斥责："这是什么感情？"他的心正默默悼念着十几万在朝鲜战场上流尽鲜血的祖国儿女。他眼含泪花，深深地感叹说："只差那么十几个小时，这些年青的战士就没有能够看到最后的胜利，我们活着的人应当永远怀念他们！"① 回头嘱咐随行干部："一定要掩埋好，写上每个人的名字，通知他们的家属。"

彭德怀走到一个山头的反斜面，发现一处通向前沿的坑道，坑道口不到一人高，必须弯下腰来，才能避免碰到头部。他低着头准备钻进坑道，陪同的萧全夫军长急忙劝阻说："里边尽是泥泞，什么也看不见。"彭德怀没有说话，径直往里走。进去不到5米，眼前已是一片黑暗，散发着潮湿的气息。这就是昨天还有战士守备的"地下长城"。大约摸索了十来分钟，前面一个更低矮的出口处射进一缕光线。向外望去，对面的山头就是敌人的阵地了。彭德怀钻出坑道，站在战壕里，眺望着敌人的防线。虽然双方完全停火已有10多个小时，这里显然不是久留之地。萧全夫急忙拉着他顺着战壕来到后边的山坡，随员拿来一张苫布，铺在地上，又提来几个军用水壶，大家坐了下来。这时，清理前沿阵地的一位营长来到彭德怀跟前，手里拿着一把筷子很拘谨地说："这是战士在战斗间隙利用敌机残骸制作的铝骨筷子，大家希望送给党中央的首长。"彭德怀微笑着接过筷子说："我一定替你们带到北京，转给毛主席和其他领导同志。"②

太阳落山的时候，彭德怀一行回到军部，在一个拥挤的会议室里和该军的领导干部座谈。他说："停战以后部队需要做的工作还很多，我们要敲好收场锣鼓，首先要把新阵地搞好，在阵地上要修建一些简易棚子，让战士搬出坑道来住。大家还须严阵以待，敌人如果来袭击，要坚决消灭，使他们不敢再来。"接着，他又谈到干部的生活问题，他说："战争停下来了，个人的小算盘就会多了，要使大家认识到，只有国家大事解决好了，才能解决好个人的问题，我彭德怀已是五十多岁的人了，共产主义社会是肯定看不到的，我们所做的一切还不都是为了后代！"

7月31日晚上，朝鲜民主主义人民共和国最高人民会议常任委员会在平壤隆重举行授勋典礼，金料奉委员长再次把一枚朝鲜最高勋章——一级国旗勋章佩戴在彭德怀胸前，并宣布授予彭德怀"朝鲜民主主义人民共和国英雄"的称号。

---

① 原彭德怀办公室主任王焰回忆。

② 原志愿军第四十六军军长萧全夫回忆。

8 月 1 日，彭德怀乘汽车离开平壤返国。到沈阳后，他特地在东北地区逗留了几天，以便朝鲜前线有变，他可以马上返回。

8 月 10 日下午，彭德怀在沈阳乘火车回京，车到锦西站，车站转来周恩来办公室的电话，说是总理让转告彭老总，请他在中途停车休息几小时，换乘专列，在明晨 8 点钟以后到达北京站。

8 月 11 日上午 9 时，彭德怀的专列缓缓进入北京站，只见站台上悬挂着红色大字横幅："欢迎中国人民志愿军彭德怀司令员胜利归国大会"，两旁结着红色彩球。党和国家领导人邓小平、林伯渠、郭沫若及北京各界数千人在站台迎接，掌声和欢呼声响成一片。人们挥动手中的鲜花和彩旗，向彭德怀热情致意。

胜利归来

1953 年 9 月 12 日，中南海怀仁堂座无虚席，中央人民政府委员会在这里举行扩大会议，听取彭德怀《关于中国人民志愿军抗美援朝工作报告》，会议由毛泽东主席主持。彭德怀详细叙述了中国人民志愿军英勇作战的过程，和为保卫和平反抗侵略取得的伟大胜利。中朝人民军队从 1950 年 6 月 25 日到 1953 年 7 月 27 日共毙、伤、俘敌军 109 万人，其中美军 39 万余人。中国人民志愿军在作战中壮烈牺牲和光荣负伤的共 36 万多人。彭德怀在报告中最后说："一个觉醒了的，敢于为祖国的光荣、独立和安全而奋起战斗的民族是不可战胜的！"彭德怀的报告不时被热烈的掌声打断。

彭德怀自 1950 年 10 月至 1953 年 7 月担任中国人民志愿军司令员兼政治委员，指挥百万中国人民志愿军同朝鲜人民军并肩作战，和以美国为首、由 16 个国家军队组成的"联合国军"进行了两年零九个月的艰苦卓绝的战争。在中共中央的领导和中国人民的支援下，彭德怀以他远大的战略眼光和卓越的军事才能，同志愿军其他领导人指挥中国人民志愿军为祖国赢得了崇高的威望，为祖国的社会主义建设赢得了安全和保证，为保卫世界和平作出了伟大的贡献，他不愧是无产阶级爱国主义和国际主义的伟大战士，不愧为中华民族的优秀儿子，不愧为百万志愿军英雄战士的英明统帅。

第二十五章　再进统帅部

第一节　百战归来

1952年4月12日，彭德怀被接回北京，周恩来总理亲自到北京饭店来看望他。随后，彭德怀住进北京医院，接受对前额上肿瘤的手术治疗。为了对外保密，化名“王校长”。

他的真实身份，一开始连专门护理他的护士王春玲也不知道。一天，卫生部副部长傅连暲前来探视，王春玲陪傅连暲走向病房时悄声问：“这位王校长是哪个学校的？”傅连暲笑着说：“傻丫头，他不是校长，是彭老总，是志愿军司令！”王春玲高兴地说：“我说嘛，他根本不像个校长。”①

彭德怀额上的瘤子，经检查确诊为脂肪瘤，4月下旬，由外科主任王厉耕为他做了切除手术。

出院前，彭德怀要警卫员买来两个笔记本，一本送给护士王春玲，在扉页上写着：“王春玲同志：好好学习，努力工作，不断进步。”下面签上自己的名字。另一本送给护理过他一段时间的副护士长高云青。

5月初出院后，按照他自己的想法是很快返回朝鲜前线，但是中央要他留下休养一段时间，由中央办公厅安排他住进中南海永福堂。

永福堂是个小四合院，前院住着任弼时的亲属，西边不远是刘少奇和朱德的住所，东南边隔着春耦斋是毛泽东住的菊香书屋和举行中央会议的颐年堂，同军委的办公地点居仁堂也只有一墙之隔。彭德怀在这里休养两个来月，中央讨论了他的工作安排。

7月初，在一次政治局会议上，周恩来提议把彭德怀留在北京，以军委副主席的身份兼任总参谋长，主持军委日常工作，大家一致同意，但彭德怀表示不愿接受这一工作。

根据他在一本笔记中回忆，他是不想再从事军事工作了。而这种念头，并不是在这时才产生的。远在1937年红军改编为八路军的时候，他就有过离开军队去做地方工作的想法，并且后来还常常在脑子里反复。那个时候，为什么会有这

---

①《忆彭总》，王春玲口述，孟新有整理，载《解放军报》1980年5月25日第4版。

种想法，他没有谈起过。而这一次不愿意接受这个工作的原因，从他后来的笔记中可以看出，主要是“因为当时总参谋部的工作确实繁重，自己难以胜任。原来的总参谋长徐向前同志久病不能工作，粟裕同志（1951 年 10 月调来任副总参谋长）也有病，聂荣臻同志（代理总参谋长）的身体被拖垮了，曾有一次昏倒在地。所以我想推举一个身体强健的人来顶住这个繁重的任务，这样也可以摆脱我自己的军职。”①

为此，他在参加那次政治局会议以后，专门去向毛泽东谈了自己的意见。他提出，自己担任总参谋长确实不合适，可以让高岗来当总参谋长，并且列举高岗的一些优点。毛泽东没有同意，反而问他，高岗难道就没有缺点吗？于是彭德怀又推荐邓小平来当总参谋长，毛泽东肯定了邓小平的才能，并认为他同军队有着较多的联系，是合适的人选，可是他从现在的岗位上抽不出来。交谈的结果，他的这个想法没有实现。

彭德怀（左）和周恩来（中）在中南海与彭德怀的弟媳龙国英亲切交谈

在抗日战争末期和解放战争初期，即从 1945 年中共第七次全国代表大会以后到 1947 年春天，彭德怀曾经以军委副主席的身份兼任过总参谋长。后来由于国民党军队进攻延安，他临危受命，出任西北野战军司令员，军委的日常工作和总参谋长的职务，便由周恩来接替下来。新中国成立后，徐向前被任命为总参谋长，因病由聂荣臻代理，军委的日常工作仍由周恩来主持。到 1951 年 10 月，中共中央确定林彪主持军委工作，他上班仅 3 个多月，就病倒了，周恩来不得不继续把军委工作管起来，一直兼管到 1952 年 7 月。从 1947 年 3 月算起，周恩来主持军委日常工作这 5 年多时间，是军事工作极为繁重又卓有成效的时期。但在新中国成立后，周恩来身为政务院总理兼外交部长，国家的经济建设和国际外交事

① 见 1959 年彭德怀写的《庐山笔记》。

彭德怀同浦安修和任弼时夫人陈琮英在中南海合影

务，已经够他操劳的了，把军委日常工作交给另一人来专管，确已成急需。

周恩来在政治局会议上提名彭德怀接替他主持军委日常工作的建议被批准后，即于7月9日向军委主席毛泽东和其他几位副主席朱德、刘少奇、彭德怀、林彪写了一个报告，正式向彭德怀交卸工作。

周恩来在报告中建议"彭德怀同志自即日起过问军委日常工作，直接向主席和中央负责。以后一切经过我处转呈主席或主席交我阅办的军委文电，均改送彭副主席处理"①。

7月19日，中央人民革命军事委员会办公厅，根据中共中央的决定发出通知："彭副主席已正式在军委办公，从即日起，凡有下列问题之文件、电报均抄送彭副主席。"②接着在后边具体开列了18类文电的细目。

从此，彭德怀又一次进了统帅部，肩负起新的军事使命。这是他军事生涯中的新时期，也是最后一个时期。

第二节　健全首脑机关

彭德怀到军委一上任，工作就高度紧张。每天推开饭碗，走进办公室，一坐就是半天，晚上还继续批阅那些积案盈尺的文电，有时在夜间还去列席中央书记处的碰头会，往往一开一个通宵。好在他这个人在战斗环境里紧张惯了，现在这样生活也不觉得累。每到休息日，文电少了，他倒感觉不习惯了。

彭德怀以前在延安兼任总参谋长的时候，也是既处理军委日常工作，又参加中央的各种会议。当时的军委机关业务简单，可说是一个战略统帅部。由于各个战区的交通被敌军隔绝，中央军委对各大战区只能用无线电报下达战略意图和重大战役的方针。在延安时，军委作战部长李涛曾诙谐地说，我们的统帅部是世

① 周恩来1952年7月9日给中央军委的报告。

② 在中央人民革命军事委员会办公厅的通知中，只写了彭德怀主持军委日常工作，没有写兼任总参谋长职务。总参谋长仍是徐向前，聂荣臻代理总参谋长。

界第一，任何国家的统帅部都要给下属部队发军饷、发枪炮、筹调物资、补充兵员，可我们的统帅部就只发一个东西——电报。

现在彭德怀回到阔别5年的军委机关，情况大为改观。军委机关在周恩来的主持下，经过3年多的建设，已经成为一个具有全面职能的国家军事统帅部。对于全军的指挥、管理、训练、供应，特别是对于边防、海防部队事务的管理，大至国际交往，小至战士饮食、着装问题，都已集中到最高统帅部来统一决策。

为了在周恩来辛勤建设的基础上进一步健全军委机关，使之更好地发挥全军的首脑作用，彭德怀就职后针对当时情况陆续采取了下述措施：

一、建立例会制度。为“便于及时解决问题、便于互通声气、便于互相统一协调”[①]，彭德怀同朱德、聂荣臻等酝酿磋商后，在1952年10月15日举行会议。到会的有朱德、聂荣臻、粟裕、黄克诚、张宗逊、萧华、赖传珠、徐立清、杨立三、萧克、萧向荣。[②]彭德怀在会上说：“我来军委已两个多月，许多情况还没有摸清楚，只是感觉工作异常复杂。目前我军正处在战略转换时期，我们大家对现代化军事工作又都缺乏知识，要想把工作做好，还是多采取集体研究办法较为有利。”他提议把原来不定期的办公会议改为军委例会。每周召开一次，会议内容主要是传达党中央、毛主席的指示和重大方针政策，研究贯彻执行的措施；讨论军队工作中某些方针政策和亟待处理的重大问题，以及各总部需要解决的全军性问题；听取各种重要情况的汇报。与会者一致赞成彭德怀的建议。

这一次会议，即作为第一次军委例会，会上传达了中共中央决定黄克诚、张宗逊任副总长，黄克诚兼总后勤部长，杨立三改任第一副部长等事项。[③]随后，各总部也仿效军委，建立或健全了各部的例会办公制度。

二、健全机构。1952年8月4日，毛泽东批示赞同刘少奇的建议：国家进入建设时期，由于工作繁重，需调各中央局书记来加强中央领导，同时增设某些中央机构。

彭德怀根据毛泽东批示精神，考虑国防建设和业务上的急需，在人事和机构上也采取了相应的措施。

从1952年9月起，军委先后从各大军区调进一些高级干部，加强机关领导力量。到1953年3月，彭德怀在军委例会上说：“工作忙乱的原因，是军委机关不健全，这是事实，由谁来加强呢？再从各大军区调人来，是没有希望了，现在是要用点时间，把军级、兵团级干部送军事学院学习一下，逐渐增加上来。大体上五年能解决就不算慢了。”[④]

他认为眼下要健全机构，主要是确定编制、明确职责的问题。他说：“我们

---

① 彭德怀、聂荣臻1953年6月2日的《军委1952年工作总结报告》。

② 萧华任总政治部副主任。赖传珠、徐立清任总干部部副部长。杨立三任总后勤部部长。萧克任军委军训部部长。萧向荣任军委办公厅主任。

③ 军委第1次例会记录，1952年10月15日。

④ 军委第18次例会记录，1953年3月27日。

1953 年 5 月，彭德怀（前右）与刘少奇（前左）等在中南海瀛台散步

的编制还没有完全合理的确定下来，军委各部门、各特种兵、各大军区的机构编制，还没有根据现在的情况搞出来，我们各机关部门，大部分是临时感到需要，就临时增加。因此有的事情还无人管，有的事情两个部门都管。”① 为解决军委和大军区两级机关的编制、职责，从 1953 年 3 月 25 日至 4 月 20 日，彭德怀请苏联顾问作了 8 次报告。每次他都同各单位领导人去听课。然后，在顾问的帮助下，制定出各级机关的编制和职责，上报中央。他说“三个臭皮匠，顶一个诸葛亮”在某些问题上可以，但在军队编制上却不能以量代质。中国人多，要用在生产上，打仗还是要讲战术技术，避免枉死人。又说：“编制、职责定下来，就使检查工作有了依据。”

然后，根据苏联顾问的建议，从 1954 年起，军委和大军区实行了八总部体制。这对军队正规化建设起了积极作用，但也出现了机构庞大，分工过细，工作效率不高等缺点。通过总结经验，从 1957 年起到 1958 年又恢复为三总部（参谋部、政治部、后勤部）体制，并一直延续下来。

三、建立检查工作制度。彭德怀对那些工作不负责任、不深入了解实际情况的官僚主义作风，深恶痛绝。他到军委后，在首次全军性的会议上，就提出各级领导人和领导机关要建立检查工作的制度，每年至少深入基层两次，及时了解情况、发现并解决问题；发现积极分子，推广好的经验，纠正缺点，提高部队战斗

① 军委第 17 次例会记录，1953 年 3 月 20 日。

力；克服脱离群众、脱离实际的官僚主义。

1952 年 10 月 24 日，彭德怀主持军委例会，审议海军提出的追加预算时，发现预算做得很粗糙，当年不能举办的事情做了预算，当年不能动工修建的工程，也预算购买许多材料。彭德怀说，这不仅积压了国家资金，而且材料可能放坏，造成浪费。这类现象，不光海军如此，也是各单位的共同问题。他认为这是官僚主义在实际工作中的一种表现。由此他还批评了军事领导机关检查工作差，有的是根本不检查；有的检查不深入、不及时；有的是检查的方法不细致、不彻底，满足于召开会议，或者满足于轰轰烈烈的群众揭发，而不去直接看看实际和具体情况。[①]

海军司令员萧劲光于 1952 年 12 月 15 日向毛泽东报告了海军党委反对官僚主义的部署。16 日，毛泽东批给了彭德怀、聂荣臻、黄克诚、萧华和萧向荣，赞同海军党委的布置。批语说："如彭认为有必要，请在军委例会上加以讨论。做出决定。"

彭德怀于 12 月 20 日主持军委例会，决定从 1953 年 3 月到 5 月，在军委直属部门中普遍开展反对官僚主义的检查。在这期间彭德怀利用各种机会，讲解深入基层解决问题的重要性，并且抓取典型事例把这项检查引向深入。到 4 月 15 日，他向毛泽东写报告说，军委机关对自身的工作检查之后，已经组织二百多名干部分头下去检查工作，由军种、兵种和业务部门领导人带队。并说此项措施将要长期坚持下去，要成为制度。这次反对官僚主义的检查，明显地提高了军事领导机关的工作效率，同时发扬了全军领导干部深入基层的优良作风。

20 世纪 50 年代军委机关一直保持着较高的工作效率，令行禁止，雷厉风行，保证了军队正规化、现代化建设的顺利进行。直到 30 年以后，1982 年军委研究领导体制改革时，还有些领导干部怀念说，30 年来军委领导体制几经变动，还是彭德怀主持军委日常工作时期办事比较顺当，效率较高。

---

① 军委第 2 次会议记录，1952 年 10 月 24 日。

第二十六章　推进战略转变

第一节　军队现代化之路

1953 年 7 月，彭德怀在朝鲜停战协定上签字，8 月中旬回到北京。战争的停止，使军事工作面临新课题。

他到京的第二天，适值全国财经工作会议结束。会议的议题之一，是解决上半年出现的二三十万亿[①]财政赤字。会后经中共中央政治局讨论，于 8 月 28 日发出《关于增加生产、增加收入、厉行节约、紧缩开支、平衡国家预算的紧急通知》，要求全国压缩支出 12.5 万亿元，其中要求军费减少 3 万亿元。毛泽东还提出今后的军政费用在国家财政支出中不得超过 30%。[②]《通知》具体要求“军事系统（包括公安部队）应在整顿组织、精简机构和冗员、加强技术训练、提高部队质量的基础上，大力缩减军费开支”。

可是在这之前，毛泽东曾提出“中国人民必须建设自己强大的国防”，“我们将不但有一个强大的陆军，而且有一个强大的空军和一个强大的海军”。“建设我军为世界上第二支最优良的现代化的军队”。

这种情况，就是黄克诚所说的：“又要建设一支优良的现代化军队，又要使国家机构费用（包括军费）不超过总支出的 30%，这是一个尖锐的矛盾，一个很大的难题。可这又都是毛主席提出来的。现在军队就得要从这种矛盾中找出最合理的方案。”[③]

彭德怀说：“建设我军为世界上第二支最优良的现代化军队，是军队工作的依据，中央在 8 月 28 日发出的《通知》，也是依据。”[④]这两个依据都是军队建设必须达到的目标。如何达到呢？他考虑这需要根据国家财力和科学技术情况的发展，分作若干步骤来实施，才能完成。

彭德怀认为，为此必须修改 1952 年制订的五年军事建设计划。那个计划是在

---

① 旧币，1 万元等于新币 1 元，1955 年 3 月 1 日改新币。

② 军费支出占国家财政支出的比例：1950 年为 41.1%，1951 年为 43%，1952 年为 32.9%，1953 年为 34.2%，见《当代中国军队的后勤工作》第 304 页。

③ 军委第 41 次例会工作人员的记录，1953 年 9 月 4 日。

④ 军委第 48 次例会记录，1953 年 10 月 23 日。

1953 年 8 月，彭德怀在中南海住所

周恩来主持下，由聂荣臻、粟裕具体研究编拟，彭德怀参加讨论，苏联顾问帮助制订的；也是在彭德怀到军委就职的前一天，由毛泽东批准要彭德怀来主持实施的。那是朝鲜战争仍在继续时的计划，技术军种、兵种的发展规模都很大。例如，空军要发展到 150 个飞行团，6229 架飞机，建 153 个机场，这当然需要一笔巨款。但到 1953 年底只能建成 72 个团，其他军兵种也大致相似。要修改计划，就必须与各军兵种领导人统一认识。

8 月 21 日，彭德怀在扩大的军委例会上，向各总部、各军兵种领导首先传达毛泽东对国内外形势的分析时说，毛主席认为，朝鲜战争重启的可能性虽然存在，但较大的可能是长期拖下去，停而不和，或久拖而后和。彭德怀也认为“在目前（美国）要重新进行战争或扩大侵略战争的可能性不大”。接着，他告诉大家，根据这种看法，中央已经确定，全国的工作重点主要是集中到第一个五年经济建设计划上。而这一计划的重点，是要用一切办法挤出钱来建设重工业和国防工业。他提出，全国的工作重点转换了，我们考虑问题的出发点也必须转换过来，原来拟订的军队建设五年计划，虽然中央在去年 7 月已经批准，但是技术军种、兵种的发展计划，显然要求过高；原来准备向国外购买的武器装备，也显然过多，现在必须修改。全国的常备军员额过大，机关臃肿超编，非队列人员近 60 万人，必须加以精简才能把有限的军费用到军队基本建设上来。总之，朝鲜停战以后，军队的建设要巩固地前进。

为使高级干部进一步了解全面经济情况，开阔视野，提高思想认识，他在一星期之后又召集了第二次扩大的军委例会，请来国家计划委员会主席、军委副主席高岗，向在京的各大单位军政首长作了一次报告，详细介绍当时国家财经状况。高岗说，1953 年的财政赤字达 25 万亿元之多，占当年国家财政预算总收入 195 万亿元的 12.8%。为此中央才下决心要发一个《紧急通知》。在这次例会上，彭德怀还传达了毛泽东在中央书记处会议上的一个建议，要求“目前全部国家机构费用（包括军费、政费在内）最高不能超过国家总支出的 30%”[①]。这就是说，军费在今后一个相当时期内，将要比 1953 年大大减少。即使国家财政收入逐年增长，军费的绝对数，也不会增加多少，因此，必须下最大决心来对军队实行精简整编。

随后，彭德怀于 9 月 4 日召集了第三次扩大的军委例会，向大家提出准备采取的精简方针，让大家展开讨论。

① 军委第 41 次例会记录，1953 年 9 月 4 日。

在讨论过程中，聂荣臻介绍了军队的员额情况。他说，过去3年多，虽然前方一直在打仗，但是为着尽快争取国家财政情况基本好转，军委硬是把军队复员转业了260多万人。目前全军包括今年入伍的40多万新兵，总共还有480多万人，其中队列人员有422万多人，非队列人员（主要包括伤病员、待分配人员、家属、小孩、保姆等）有57万多人。继续保持这样一支庞大的常备军，显然是非常不适宜的。

在讨论中，有些人主张多减一些。认为，只要看准形势，就应抓紧时机，尽量减少常备军，腾出人力、物力、财力增强国家应付战争的潜在力量。例如苏联，在打败14个帝国主义武装干涉和国内战争结束以后，从1920年到1924年，把原有的550万军队，减少为56万，裁减90%；在第二次世界大战结束以后，从1945年到1948年底，把原有的1236万，减少为287万，裁减3/4，军区机构由33个减少为21个。这说明，摸准国际气候以后，少保留一些常备军，不会有什么危险。

另一些人认为，我国目前情况和苏联不同，不应减得太多。因为我军不仅需要继续保证有把握地打败帝国主义重新发动的侵略战争，而且还要准备完成解放台湾、统一祖国的任务。

大家各抒己见，议论纷纷，相互争执，气氛热烈。

在大家发言中，彭德怀通过插话，着重阐明了几个观点，把争论引向一致。

一、我军建设现在所处的国际国内环境，既不是相当稳定的和平环境，也不是战争即将爆发的临战状态。因此，对军事工作的安排，不能像1950年春天那样，许多部队去搞农业生产，“马放南山，刀枪入库”；也不能像朝鲜战争爆发时那样，把一切工作集中于加强部队的现实战斗力，而不注意军队的基础建设。

二、常备军的建设，只是国防力量建设的一部分。国家常备军加上国防科学技术工业能力和国家的动员潜力，才是国防力量的全部。考虑平时军队建设的时候，必须注意有利于国防工业的加强，有利于国家动员潜力的积蓄。

三、国家的经济发展水平，科学技术发展水平，是国家防御力量的物质基础。没有现代化工业，没有现代化交通、通讯等设施，就不会有现代化国防，也不会有真正的现代化军队。即使有一支用现代武器装备起来的军队，也不可能在现代战争中充分发挥作用。

从这些观点出发，彭德怀提出了军队的精简原则：国家武装部队的总数应保持一个适当的数量，太少会削弱国家现实的防御力量；过多则增加财政负担，影响经济建设。为了在裁减人员的同时，能够保持和提高部队的战斗力，他建议：多减机关，少减部队；多减步兵，少减特种兵；多减战士，少减干部，增建学校。对于各军种、兵种的人员定额，他具体提出：步兵可减少几十万人，空军、防空军、装甲兵、炮兵、工程兵和铁道兵等都在现有基础上巩固提高，不增不减，海军可以略有增加。

讨论这个建议时，大家对裁减步兵是没有意见的，但对技术军种、兵种不增不减，不予扩大，表示难以理解。这就又使彭德怀费了不少口舌。

当时在军队中，存在一个普遍的想法，认为军队建设的现代化，主要是表现在技术军种、兵种的建设上。国际战争已经进入原子武器时代，技术军种、兵种的建设更加迫切。朝鲜战争已经停了下来，全国经济建设已经全面铺开，军队建设自然也需要全面展开。特别是当时在各军种、兵种工作的苏联顾问，都有扩大本军种、兵种的强烈情绪，炮兵顾问说“炮兵是战争之神”；装甲兵顾问说“装甲兵是战场上的主要突击力量”；工程兵顾问说“工兵是战场上的开路先锋”；海军、空军的顾问更加强调海、空军的重要。这些意见，也反映到会议中来。这就更增加了彭德怀的工作难度。但他对各军种、兵种的要求表示相当谅解。他很体谅部下的心情，他说，一个下属单位的负责人，要求上级重视他们的业务建设，改进工作现状，这是一种积极性和责任感的表现。组织上安排他们到那些单位工作，就是要他们去建设和发展那些业务的，如果他们唯唯诺诺，得过且过，那是十有九个不能很好完成任务的。他对那些经常强调本单位工作重要的干部，从来不多责备。

对于技术军种、兵种在现代战争中的重要性，他自己又何尝不了解。但是，他仍然耐心说服大家，目前不能多扩大这些技术部队。如果扩大，就必须向国外大量购买武器装备。像中国人民解放军这样庞大的军队，是用进口武器能够现代化的吗？这是个建军道路问题。我们不能走蒋介石军队现代化的道路，他那几百万军队，不光武器装备是从美国进口的，连官兵的被服和食品都是从美国进口的，可是他们这种现代化又起了多大作用呢？

在讨论中有的人提出，可以把有限的装备费用集中使用，首先把某一个军种加快建设起来。彭德怀说，军队建设应有重点，现在实行的就是以空军和陆军的炮兵、装甲兵为重点。但要知道，现代战争是各军种、兵种密切协同的战争，任何单一的军种都不可能解决战争的胜负问题，任何军种也不能代替其他军种。我们军队的建设既要有重点又要照顾到一般，过分突出某一军种、兵种是不适宜的。

经过讨论，各种意见基本讲完，彭德怀最后概括说，全军必须精简，各特种兵则要在现有基础上巩固提高，减少国外订货，选择重点建设，坚决执行毛主席关于全部国家机构费用不超过国家总支出30%的指示，挤出钱来，发展重工业和国防工业。

他对“各特种兵在现有基础上巩固提高”的具体要求是：要尽量利用现有的进口武器，尽可能多的培养训练技术人才。空军飞行员的训练时间要从2年延长到3年半，使每架飞机有2—3名驾驶员，力求每个驾驶员的技术水平达到全天候飞行的标准。海军、装甲兵、炮兵等部队也仿照空军的技术标准，提出自己培养训练的计划，以便战争到来之前、本国现代化武器大批生产出来之前，打下技术基础，做好人才准备。

随后，彭德怀于9月8日向毛泽东书面报告，建议修改1952年的军队建设五年计划，常备军总定额定为350万人，在两年内实现；技术军兵种五年内不再扩大，只在现有基础上巩固提高，多培训技术人才。同时还提出军委和大军区两级的编制，公安部队的整编、分工，准备实行义务兵役制、军衔制、薪金制和军事训练等问题。拟于 11 月下旬举行一次军事会议，由各大军区司令员、政治委员出席，讨论解决上述问题。

彭德怀的报告立即得到毛泽东的批准。在看到批件的当天晚上，彭德怀把警卫参谋景希珍叫到办公室，向他讲了军队要精简整编的问题。然后便说，“我这里现有三个人做警卫和生活服务工作，太多了。我是军委负责人之一，精简嘛，应该先从我这里开始。你们三个人去商量一下，抽出两个同志去学习，留下一个人就可以了”。等到他们商定以后，他又向留下来的景希珍说：“我这里减了两个人，你的工作加重了。可是你要知道，你一个人一年所需要的费用，要农村 12 个老百姓劳动一年才供得起。全军如果减去几十万多余的人员，就能给国家省出很多钱。军队精简，我当然应该带头，如果我自己做不到，只要求别人去做，人家当面不说，背后也会骂我的。我自己带了头，给别人做工作也就有力量了。”①

第二节　“划时代的会议”

关于召开一次军事会议的建议得到毛泽东的批准以后，彭德怀即开始进行准备工作。

10 月 3 日，他主持军委例会，讨论会议的开法。他首先谈到自己有一个新的想法说，这次会议既要检查过去 4 年的工作，又要讨论今后 5 年的建军方针和发展道路，就应当尽量给到会人员创造畅所欲言的气氛，使大家不受会议形式的拘束。所以他考虑，最好不叫军事会议，可以改为军队党的高级干部会议。

他还提出，这次会议要解决的都是重大问题，只靠军委和各总部是准备不好的，单纯依靠到会人员临时发言也很难取得应有的效果。因此，最好预先发一个讨论提纲给各大军区，军、兵种，直属院校和各总部党委，让他们有更多的时间收集下边的意见，集思广益。

大家很赞成他的建议，把会议的名称定为：“全国军事系统党的高级干部会议”（后来人们简称为“高干会”）。军委在 10 月 5 日发给各大单位的通知中提出：为使这个会议开得好，特拟定下列提纲，希望根据此提纲在今后一个月内，各大单位党委进行若干次的讨论和研究，讨论结果在 11 月 10 日前摘要报告军委，以便军委作综合研究。

这一通知，就像抗日战争时期发起“百团大战”的前一个月那份“预令”电报一样，对于预先传达领导的意图，集中参加会议人员的意志，加强应有的思想准备，起到了重要作用。

彭德怀亲自主持起草向大会的工作报告。他同聂荣臻、粟裕、黄克诚、萧向荣以及个别业务部门的负责人，连续集会商谈，确定工作报告的基本精神和主要

① 景希珍口述，丁隆炎整理：《在彭德怀身边》，四川人民出版社 1980 年版。

内容，明确一些重大问题的处理原则，然后由黄克诚、萧向荣整理成书面文件。

毛泽东对会议的准备给予很大关注，在大会时工作报告拟稿时给彭德怀写信说："军事会议快要开了，你是否准备写一个书面报告。要写，现在就要着手了。我觉得有一个简明扼要的书面报告为好，讲时可加发挥，使人好去传达，免致传错，会上讨论时也眉目清醒些。如你无暇写，可要萧向荣照着你的意见去写，请酌定。"

信中还写道："军事会议的末尾，有一段时间让人们对军委几年的工作加以评论，将下面对军委及军委各部相互之间的不满意见尽量讲出来，然后加以分析批判，以期弄清问题、统一意志，极有必要。这样做的结果，估计是会好的，不会损伤什么同志。如你同意，这个问题应列入议程，并在你的报告中提到。我记得军委召开会议的通知内，已将检讨过去工作的意见写上去了。如这样做，请叫各部门同志做精神准备。"①

第二天，彭德怀在军委例会上，宣读了毛泽东的信，传达了毛泽东的口头指示，具体安排会议的组织工作，并拟出一个大会主席团名单。随后向毛泽东正式报告说："会议的议程，拟分为四段：第一段，报告和讨论四年军事工作总结和今后建军中的若干基本问题，以及关于组织编制问题。对军委和军委各部门的意见，也在这段会议中提，以便统一认识；第二段是关于军事训练和军校工作的专题发言和讨论；第三段是关于政治工作条例的发言和讨论；第四段，是关于干部和超额干部处理的专题发言和讨论。"②

毛泽东看了这个报告，很快批复："照办。"

高干会的正式会议，于12月7日开幕，1954年1月26日闭幕，共51天，出席者有军委各总部、各大军区、各军种、兵种和直属院校的主要领导干部123人，开幕那天，中南海居仁堂大厅座无虚席。这样规模的全军性会议，在新中国成立以后是第一次。正如陈毅在发言中说的："这样大的会议，在延安也没有召开过，等于全军的党代表会议。"出席会议的人员，多为名将，可谓各路英雄荟萃一堂。

会议开始，朱德致开幕词，彭德怀代表军委作工作报告，题目是：《四年来的军事工作总结和今后军事建设上的几个基本问题》。

关于军委4年来的工作，彭德怀列举了周恩来主持下军委工作的全面成就，给予很高的评价，同时提出了今后需要继续解决的问题。

对于今后的军事建设，彭德怀提出，党中央规定过渡时期军事建设的根本任务，就是要"在现有的基础上，有步骤地建设一支强大的现代化的革命军队"③。接着他具体阐明在新的历史条件下，军队建设十个方面的工作要求：

第一，确定全国武装部队的总人数（包括公安部队在内）为350万。要求在这个总定额内，各军种、兵种部队按照规定的数量不再继续扩大，并且对机关、学校

---

① 毛泽东致彭德怀信，1953年11月10日。

② 彭德怀向毛泽东的报告，1953年11月27日。

③《彭德怀军事文选》，中央文献出版社1988年版，第475页。

中的冗员大量裁减，以达到“精简、统一、效能、节约和反对官僚主义五项目的’。

第二，关于军队的组织、编制和工作职责。聂荣臻代总长有专题报告，彭德怀只提了一些基本原则，这些原则可以说是他对军队编制理论的具体阐述。他说：“我们军队的组织编制，主要是决定于下列各种因素：第一是作战对象及由此而产生的军事需要；第二是国家的经济状况，主要是工业生产的能力和现有的军事技术水平及由此产生的新的兵种；第三是武装力量的组织系统及其指挥关系的规定；第四是对军队各种装备、物资的供应补充的规定；第五是过去的战争经验、我国具体的地理和气象条件等。这些是对部队的编制来说的。如果包括整个国家的军事机构来说，就还要再加上一条重要的因素，这就是根据我国的行政区分以及各省人口、地理、交通条件、治安情况等具体情况的不同，而应因地制宜地制定不同的编制。”

第三，关于若干制度的改革和确立问题。他提出在今后两年中，要改变志愿兵制为义务兵役制，改变供给制为薪金制，实行军衔制度和颁发勋章、奖章制度。

第四，认真办好学校，提高干部质量。他强调：“干部决定一切”这个真理，对于我军今后的建设是具有严重意义的。要求在今后四年中，必须培养出一批与现代化军队要求相适应的军事干部和其他各类干部。关于这些干部的标准，他要求，必须忠于社会主义事业，具有马列主义的思想基础，有现代军事科学知识，有一定的科学技术和文化水平，能够钻研业务和富有朝气。

第五，关于军事训练问题。他之所以要特别提出这个问题，主要是因为当时有不少干部对军事训练不够重视。报告中说：“过去我们的技术和装备比较简单，现在已逐渐在改变；过去我们主要是在战场上练兵，现在则主要是依靠进行正规的军事训练。”

第六，对于今后各级司令机关的建设，彭德怀的要求是，“逐步做到使我军指挥人员与参谋人员的轮换与合一，以提高我军参谋工作的质量与指挥的质量”。

第七，关于部队的政治工作问题。这个问题，是针对当时“那些以为在今后建军中减低政治工作的地位和轻视其作用的想法”提出来的。他提出，在军队建设的新时期，必须继续发扬部队中政治工作的优良传统，进一步加强政治工作，特别注意部队的思想领导，并从多方面来保证部队的巩固和战斗力的提高。政治工作本身，亦须更进一步与各项业务和军事技术相结合，给业务和技术的提高以有力的保证。

第八，后方勤务的组织和工作建设问题。后勤工作在过去战争时期，由于军队所需要的战争物资主要是取之于当地人民和敌军，所以只是一种物资分发和伤员救治的工作。在现代战争中就大不相同了。彭德怀经过朝鲜战争的亲身体验，非常强烈地感到了这一点。他在报告中为后勤工作提出的任务说：“现代战争的后勤组织与工作，不仅是单纯组织物资和伤病人员的运输和分配，而且要与敌人的空降、轰炸作严重的斗争，要指挥防空兵、铁道兵、工兵和步兵的活动和作战。如果没有精干的、通晓战争知识、科学知识和有战斗经验的干部，是不能担任和完成这种严重指挥任务和补给任务的。”

第九，关于巩固国防和国防建设的若干措施问题。他在这项工作中，主要是对新中国成立以后军事工作所遇到的几项迫切问题，提出一些原则的要求。这就是：国防部队与公安部队的分工问题；国防工程构筑问题（包括海防、边防的防御阵地，机场、码头、营房、各类基地、医院、军用铁路、公路、通信设施等）；兵工生产的计划和储备问题。

第十，关于党委领导和首长负责问题。这是在这次会议以前许多人认识上都不够明确的一个问题，包括彭德怀自己，在1953年上半年也有过实行“一长制”的想法。经过一段研究之后，他才在报告里明确规定：“在组织方面，应按照毛主席历来的指示，根据党委员会集体领导和首长个人负责相结合的原则，采取在党委统一（集体）领导下的首长分工负责制。”并且对这一制度的含义作了详细的解释。

从以上十个方面的问题，不难看出这次会议承前启后的重要历史作用。

彭德怀报告之后，聂荣臻代总长就全军的组织编制定额等问题，作《关于组织编制问题的总结》报告，张宗逊副总长作军校与军训工作的报告，总政治部副主任萧华作政治工作的报告，总干部部副部长赖传珠作干部工作的报告。刘伯承、贺龙、陈毅、叶剑英作了重要发言。

1954年1月26日，彭德怀代表主席团作会议总结，他的第一句话就是：“这次会议是我军历史上一次划时代的会议。”[①] 他列举会议最主要的几项收获是：明确了军事建设的总方针和总任务，明确了建设现代化军队的道路；明确了现代化军队建设中长期的、经常的中心工作是训练部队，特别是训练干部；开展了热烈的批评和自我批评。在中国人民解放军由低级阶段进到高级阶段的重要转换时期，这次会议起到了统一思想、整齐步伐的作用，成为全军正规化现代化建设的实际开端，解放军在发展史上进入新历史时期。

---

①《彭德怀军事文选》，中央文献出版社1988年版，第497页。

第二十七章　势在必行的改革

第一节　力主薪金制

1952年11月13日，彭德怀在军委例会上传达中共中央的一项重要决定。他说，在昨天的政治局会议上，中央已经确定，军队在1954年1月要准备实行征兵制度、薪金制度和军衔制度（后来又增加颁发勋章、奖章制度，合称“四大制度”）。他解释说，实行这些制度，对我军来说，是一项重大改革，也可以说是“我国当前国防建设的根本起点”。军委应当召开专门会议详细讨论一下具体准备工作。

几天过后，彭德怀便召开了准备工作会议。会场上的气氛异常活跃，大家争先发言。从当时的发言记录可看出与会者的心情：

“如果不是抗美援朝战争，这些制度早该实行了。”

“现在我们有了全国政权，我们的军队已是名副其实的国家常备军，再不能像过去那样，上级既不发武器弹药，又不发薪饷粮秣，一切东西都叫部队自己想办法去解决了。”

“新中国建立以后，军队同外国的来往一天天多起来，没有军衔实在不方便。1951年开始在板门店同美国人谈判，人家有军衔，我们没有军衔。为了和对方平起平坐，只好临时给谈判代表安上一个头衔，叫某某将军，某某上校，往后总不能一直这样干吧！”

“战争年代，军队干部不结婚，大家没有话说。长征时，当军团长的都不结婚，下边干部自然更不敢去想。可到了后来就不行了，解放战争末期，军队一住下来思想问题就多了。当时对干部结婚严加限制还有道理可讲，现在军队干部跟地方干部去比，连限制结婚的道理都不好讲了。”

大家对于军队实行几项制度改革，不仅一致赞扬，而且表现出异常的迫切感。

讨论到最后，彭德怀说，大家的意见很对，我们有些旧的制度不改革，已经不利于今后军队的现代化建设和应付现代战争。但是，要建立这些制度，首先要收集资料，研究情况，起草条例等，工作量很大，涉及问题很多。这些工作须由各主管的业务部门负责去做。为了加强领导，军委决定聂荣臻担任军衔实施委员会主任、兵役法委员会主任和编制委员会主任，黄克诚担任薪金委员会主任，张宗逊担任勋章条例委员会主任，贺龙负责军服样式和军衔标识符号的研究审定。

最初，大家对于这些制度的改革，包括彭德怀自己，设想的进程都比较快速，后经深入研究，意识到这些制度的改革牵涉很广，而且又相互联系。实行义务兵役制和颁布兵役法，应当以宪法的规定作依据，但是当时中华人民共和国的宪法还在草拟中，尚待召开全国人民代表大会讨论通过，兵役法的颁布要在宪法之后。而不实行义务兵役制，则军队的薪金制也不便付诸实施。因为军队实行薪金制的是军官和工薪制职员，义务兵仍然需要实行供给制，即只发给少量津贴费。可是当时部队由于长期战争的原因，许多排长（军官）与副排长、班长、老战士等士兵相较，无论在资历方面，还是在革命贡献方面，并无很大差别。如果排长拿薪金并按照规定允许结婚，而对副排长、班长和老战士这些志愿兵的实际情况不加考虑并作适当处理，就会引起很多矛盾，难以解决。而军队的薪金制如果不能及早实行，则军队中广大干部的结婚问题和赡养亲属等问题，又都难以解决。

因此，选择最适当的次序，争取尽早实现这些制度改革，解开这个连环扣，在当时就成为彭德怀必须解决的难题。

彭德怀认为，最迫切需要的，是把供给制改为薪金制。他说："现在团、营、连干部很困难，非解决不可，薪金制在明年的征兵制前后搞，军衔制也是有联系的，急需办的是薪金制。"①

在这之前，军队的官兵，全部是供给制。而在地方上，只有在新中国成立以前参加工作的党政干部是供给制。新中国成立以后，政府部门中的留用人员和各种行业中的职工都是薪金制。这种供给制与薪金制并存的状况，不仅在地方党政系统中造成许多不合理现象，而且对军队的干部也产生很重的影响。周恩来总理在 1949 年 12 月全国农业、钢铁、航务会议上讲："现在还不能把供给制改为薪金制，原来是薪金制的也不能改为供给制。两者比较，收入是不平等的，但我们不能不要求实行供给制的同志多忍耐些，政府知道他们的家庭困难，也正在设法解决一些必须解决的困难。"

彭德怀急于把军队的供给制改为薪金制，也是这方面的原因。他在 1953 年 9 月 8 日给毛泽东的报告里说："不实行薪金制，则广大的下层干部生活已难以维持，亦难以巩固在军队工作的意志（一个营长的伙食加津贴 48 万元，只等于火车上一个新参加的乘务员的薪金，等于一个较好的雇用炊事员的薪金，低于汽车司机的薪金）。供给制不废除，则各种标准制度都难以确立，一切均以人口计算，且对干部缺乏约束和鼓励的作用。"②熟悉部队情况的彭德怀，对于下层干部的困难深为关切，焦急之情，溢于言表。

薪金制条例，在 1954 年初高干会讨论后，经过反复修订，已趋成熟。但因老兵未作妥善安排和处理，仍不能施行。于是彭德怀同聂荣臻等商讨后，在 1954 年 7 月 20 日向中央提议，在兵役法颁布前，可宣布老兵在 3 年内分批复员

---

① 第 41 次军委例会的工作人员记录，1953 年 9 月 4 日。

②《关于军队精简人员缩减开支的报告》1953 年 9 月 8 日。

1954 年彭德怀（左）和毛泽东在中南海怀仁堂后草坪

完毕，老兵有了指望，就会安下心来。中央同意了这个意见，国务院和军委又就安置无家可归的老兵问题发出指示，老兵的思想问题可得到解决。随后经中共中央和毛泽东批准，11 月 19 日由彭德怀签发国防部命令，宣布在 1955 年 1 月 1 日军队开始实行《中国人民解放军薪金、津贴暂行办法》。

彭德怀在建立军队薪金制的指导思想上，系本着低薪制的精神，本着有利于上下级之间和军民之间团结的精神。1953 年 1 月 2 日，他对总后勤部提出三条原则：一、陆军排长的月薪不少于 60 万元，不超过 80 万元；二、各级之间不要相差太多；三、要照顾国家的财政能力和人民生活水平。①

彭德怀提出薪金标准的起点，陆军排长月薪不少于 60 万元，不超过 80 万元，是经过调查研究的。当时地方上一个普通汽车司机的工资是 60 万元，城市每人每月的生活费一般是 12 万元，按赡养 3—4 个亲属计算，每月 60 万元并不算多，他在提出这个标准之后，还亲自向下边征求过意见。

彭德怀要求薪金的级差不要太大，要照顾国家财政能力和人民生活水平，更多的是从人民解放军的传统和政治影响来考虑的。他认为薪金制有巩固军官在军队工作的作用，有鼓励军官上进心的作用，但他更清楚人民解放军军官的上进心，主要是建立在政治觉悟的基础上的，提高政治上的自觉是主要的，用一定的物质鼓励上进只是辅助的。他在讲话中经常谈到，军队的薪金制度要符合社会主义“各尽所能、按劳分配”的原则，但这种按劳分配，在军队中还不是严格科学意义上的按劳分配，而只具有相对意义。彭德怀于 1957 年 3 月 4 日在总高级步校说，

① 第 10 次军委例会记录，1953 年 1 月 2 日。

1954 年 10 月 1 日，国防部长彭德怀在天安门城楼上宣读国防部命令

我们都打过仗，哪有一个人能打胜仗的，这要靠集体力量和集体智慧，夸大个人作用，强调个人天才，是唯心主义。他还经常提起那些在战争中牺牲的同志，他说，论贡献是他们的贡献最大，但他们既没有拿过薪金，又没有带上军衔。因此，他所主张的各级军官之间薪金的差额，以至于军官与地方干部之间薪金的差额，更着重于政治上的考虑，其目的是在于防止上级脱离下级，军队脱离人民，保持上下级之间的一致和军民一致的传统。

1955 年 1 月薪金制实施以后的两年里，彭德怀一直注意着各方面的反应，考虑着薪金标准是否合理。1956 年，政府系统调整了工资，相比之下，军队下级军官的薪金显得偏低，经过彭德怀的提议，从 6 月份起，正排级的薪金增加 10%，从 60 万元增加到 66 万元，副连级至正团级各增加 5 万元，师级以上不变。

到 1957 年 1 月，彭德怀提出军队中最高薪金与最低薪金的比例显得过大，上下悬殊，不利于发扬上下级一致的光荣传统，便确定从正师级到军委副主席，每级都作不同程度的降低，把军委副主席每月 450 元，降至 400 元。大军区级降 40 元，兵团级降 23—28 元，军级降 12—19 元，师级降 5—9 元。后来，在 1959 年 3 月，又根据中共中央决定降低国家行政三级以上党员干部工资标准的精神，把军委副主席每月 400 元再次降为 360 元。所以军队中最高薪金与最低薪金的比例，从 7.5∶1 降低到 6∶1。彭德怀每次谈及此事都流露出满意之情，这也是他的治军思想在物质利益分配方面的反映。

在彭德怀主持下，最后一次降低军官待遇，是 1958 年 1 月取消军官的多子女补助费。按原来军队的规定，军官在实行薪金制以前所生子女超过 3 个以上者，每多一个由公家每月补助 20 元。但后来党政系统普遍实行薪金制时，没有这项规定，为此军队也取消了这项规定。

彭德怀在讲到降薪问题时，曾经具体谈过他的想法。他说，他现在身为军委副主席，拿军队最高额的薪金 450 元，按购买力计算还抵不上他在旧军队当团长的薪金。在 20 世纪 20 年代，城市里一般每人每月有 2 元（银币）即可维持最低生活，当时他的月薪是 240 元，可以养活 120 人。而 50 年代按人民币计算，城市里一般每人每月最低也需 8 元维持生活，他的薪金加军龄补助共为 585 元，只能养活 73 个人。彭德怀认为，我们根本不应同剥削阶级的军官比，只应同劳动人民的生活去比。他感到军官的收入比人民的收入偏高了，因而一再提出降低高级军官薪金的要求。

第二节　推行义务兵役

“准备在适当时机实行义务兵役制”，这是新中国诞生前夕《中国人民政治协商会议共同纲领》上的规定。在周恩来主持军委工作的时候，就已开始为实行义务兵役制做准备工作。彭德怀到军委工作后，1952 年 10 月在军委人民武装部成立了兵役法研究室，11 月成立以聂荣臻为主任的兵役法研究委员会，12 月 12 日由中共中央向全国发出指示，开展准备实行义务兵役制的宣传教育。

当时彭德怀认为颁布兵役法，实行义务兵役制，不会有什么拖泥带水的事情，进行起来是会很快的。他怀着一种争取早日实行的急切心情，在 1953 年元旦过后，1 月 2 日就在军委例会上提出，8 月 1 日可以颁布兵役法，到那时候就可追认去年冬入伍的新兵为第一期的义务兵。他在 1953 年 9 月 8 日写给中共中央和毛泽东的报告中说：“今年华北、华东动员新兵经验，提出‘三年轮换’口号后，在群众中动员顺利，新兵到部队后表现也很好（华东认为从来没有这样好带的兵）。相反的，参军年久的老兵，因为文化低、年龄大，提拔不成，考学不上，情绪反而低落，怀着很大不满，据此情况，应于 1954 年上半年颁布兵役法，

1954 年 8 月 18 日，彭德怀副主席出席了中华人民共和国国防委员会第一次会议。前排左起：龙云、张治中、叶剑英、徐向前、邓小平、刘伯承、朱德、毛泽东、彭德怀、贺龙、罗荣桓、聂荣臻、程潜、傅作义

1954年冬开始实行正规复员及征召适龄人员入伍。”[①] 对他的这个建议，毛泽东认为，兵役法应继续修订，待宪法颁布后方可公布。

1954年9月，第一届全国人民代表大会通过宪法，确定实行义务兵役制度，到1955年7月第二次会议上，兵役法才正式通过。

彭德怀在准备实行义务兵役制的过程中，对200多万老战士复员问题异常关切，认为他们是部队基层骨干，有一些还是功臣模范，不应当将他们全部复员，更不可能在一年之内全部复员；应当逐步分批地用新战士顶替他们，其中有些可选拔入军校培养，有些因伤致残、积劳成疾或无家可归的，更需要给予特别周到的安排和照顾。

对于部队中大批老战士的安置，从中央人民政府一成立，就给予了很大的重视。鉴于中国历史上多次裁兵的教训，1950年7月，政务院和中央军委发出通知，设立中央复员委员会，周恩来兼委员会主任，地方乡以上各级政府和军队中的团以上都建立有相应的机构，从确定战士复员名单、集中学习、启程运送到移交安置，都做出细致安排。当时虽然国家财政和人民生活都很困难，但政府仍然从经济上给复员军人以最大限度的生活补助。到彭德怀主持军委工作时，全军已复员老战士115万余人，绝大多数反映比较满意。

开始实行义务兵役制时，彭德怀关心的另一件事情，是如何爱护广大青年要求参军的爱国热情。1953年7月朝鲜战争刚刚停下来，战争是否还会再起，在人们心里仍是一个问号。加上1954年7月23日《人民日报》发表《一定要解放

彭德怀和出席第一届全国人民代表大会第一次会议的军队部分代表合影。前排左起：李志民、彭德怀、周纯全、洪学智；后排左起：崔建功、杨立先、赵仁宪、郭恩志、陆昌荣

①《关于军队精简人员缩减开支的报告》1953年9月8日。

台湾》的社论，军队要随时准备渡海作战，害怕战争不愿参军的大有人在。彭德怀对于部分群众的这种心理是理解的，他在1955年3月16日军委会议上说："军队和地方对青年参军的热情要倍加爱护，因为现在不愿参军的人还很多。对青年要求参军的要有答复，登记后没有入伍的也要有个交代，下次征兵应享有优先权。"[①]彭德怀要求他的办公室工作人员认真答复青年来信，有时他亲笔复信，帮助青年实现参军的愿望。

1954年11月8日，哈尔滨市有个叫董安第的青年，给彭德怀写来一封信，说"我在童年时代就有要当一个国防战士的志愿，在初中毕业后，我还是想当一个国防战士，保卫我国的神圣领土。可是当时不收新兵，没有实现我的志愿"，"甚至有时在睡觉中我还梦见自己当了国防军战士"。他说，当他"听到兵役法的宣传之后，更加坚决响应国家的号召，要当一个空军驾驶员，保卫我们神圣而伟大的祖国，誓愿把自己的青春和热血献给可爱的祖国"。信里还附有他的简历和健康检查表。

彭德怀看了这封信，立即把秘书叫去说，要用办公室的名义好好写一封复信给他。过了不久，董安第又写来第二封信，进一步表示强烈的参军愿望。彭德怀看后，又用自己的名义给董安第复信，恳切地写道：

"你于十一月八日和二十九日的两封来信都收到了，前一封信，我已告办公室给你复信，该复信是十一月二十二日发出的，如果你尚未收到，请向邮局查问一下，大概不会丢掉。从一九五四年九月十一日前中央人民政府政务院公布征兵命令以来，有许多青年同志和你一样，来信要求参加国防军，要求参加解放台湾，保卫我国社会主义建设。你们这种要求，充分表现出全国青年同志的爱国主义精神，使全国青年同志都引以为荣，你们这种爱国热情是十分可嘉的。"在复信的后半部分，他对董安第个人的要求，作了具体的回答和安排，写道："我对你一定要当一名空军战士的诚恳要求，表示热烈欢迎。你的来信，已转给兵役机关，要他们致函你的领导机关（编者注：当时董安第已在哈尔滨市参加公安工作），协助你到当地兵役局进行登记，并已转告空军部门，届时为你检查身体。祝你将来光荣地成为一个优秀的飞行员。"[②]后来，经检查合格，董安第终于实现了当一名飞行员的愿望。

第三节　评衔和授勋

在军队实行的四项制度中，彭德怀对军衔制的思想感情是矛盾的。在建军作战需要上，军衔制是不可少的。1953年9月8日，他向毛泽东的报告中说："军衔主要是确定每一个军人在队列中的地位和职权，以便按职责条令的规定，行使

① 第26次军委例会工作人员的记录，1955年3月16日。

② 彭德怀在1954年12月2日给董安第的复信。

1955年9月27日，毛泽东向朱德（左一）、彭德怀（左二）等十大元帅授勋

职权，同时又是国家给予军人的一种荣誉，以鼓励其在军队中工作和上进心。”在此以前，1951年国庆节的晚上，他在朝鲜指挥志愿军迎击美军“秋季攻势”的间隙，给毛泽东发电报提出国内应考虑的七项战备工作建议，其中有：“我人民解放军来自各根据地，许多具体制度不一致，目前统一教育（教材）、编制、纪律、内务规则、礼节已非常必要。长期无官阶制度，一时评定官阶是困难的，目前宜采取过渡办法，规定职务识别，在目前战斗中已感必要。”

但在他个人思想上，却对这一区别身份的标识，感到厌烦。他总担心这种形式会影响上下级之间政治平等的关系，担心妨碍军队同人民的亲密联系。在一些外事活动和隆重典礼的场合，按照军队条令规定都要穿礼服，每遇到这种情况，他都流露出很不愉快的情绪。他在同干部谈话和闲谈中曾多次说：“我这个人并不需要这个‘牌牌’，我也够不上什么元帅，如果要评的话，也很难说评

彭德怀在授衔、授勋典礼上

刘少奇向彭德怀元帅祝酒

个什么‘将’是合适的。但这不是个人问题，倘不评一些元帅，那就会使一些人难得依次评下去。”1959年6月1日，他在同阿尔巴尼亚国防部长巴卢库谈话时还说：“我不喜欢人家叫我元帅，这是战争的结果，是学人家的，我不喜欢肩上这两块牌牌，将来会没有的。”①

全军高级将领评定军衔，是彭德怀花费精力最多的事情之一。在1955年军官评衔的时候，解放军已经走过了28年的战斗历程，高级将领各有自己的特殊经历，来自不同的革命根据地和方面军以及地区部队（东北抗日联军、海南琼崖纵队、两广纵队、陕北红军、云南滇边纵队、新疆民族军等），即通常所说的“山头”。这些情况在条例中根本无法涉及，而在评定军衔时却又是绝对不能有所忽视的。否则，评衔的结果就达不到增强团结、提高积极性的目的。

元帅和大将的授衔名单，是由中共中央书记处提名，经过政治局审议确定，彭德怀只参加讨论发表个人意见。而1000多名将军，特别是其中几十名上将的授衔名单，则必须由彭德怀主持拟订，上报中央政治局。从1955年春天开始，彭德怀带着总干部部拟制的名单和几个方案，分别拜访每位“老总”，同他们磋商每个高级将领的军衔，研讨那些带有争议人员的方案。对于少数有特殊情况的将领，彭德怀还直接和本人交谈，听取意见，提出组织上的考虑，消除思想上的误解，使其心情舒畅。

全军近百万干部的军衔评定，在罗荣桓的主持下，经过深入细致的工作，反复比较，综合平衡，进展顺利，效果良好。在1000多名将军中，授衔以后公开认为自己偏低的只有极少数人。还有自认为评得过高，主动要求降低的。装甲兵司令员许光达，被评为大将，他几次向中央军委写报告要求降低，彭德怀请他来当面解释，才答应接受，但是最后仍坚持自行降低一级薪金待遇。总干部部副部长徐立清，按条例规定应评为上将，在讨论名单时因需要减少上将名额，他即以自己是主办评衔工作的，不能“近水楼台”为理由，诚恳要求把自己降为中将。彭德怀曾几次找他谈话，但由于他一再坚持，最后还是改为中将。当时在正兵团

① 跟随出国访问的工作人员日记。

级干部中，他是仅有的几名中将之一，其他都是上将。这些老将军不计较个人名利的高尚品德，为中国人民解放军全军干部树立了楷模。

在实行军衔制的过程中，对彭德怀不满意的，是一部分妇女工作人员。30多年以后，仍有人悻悻然。她们的意见主要是针对1955年初《国防部关于处理和留用妇女工作人员的决定》的。《决定》中有两条硬性规定，使她们感到特别不快。一是说，在军、师及其以下的机关、部队，除师属卫生营外，不论担任何种职务的妇女工作人员，应一律调离部队，分别按转业或复员处理，并限于1955年6月底以前处理完毕，"期限满后未处理者，停发薪金"。另一是，"在军以上机关或后勤部门，现在担任各种职务的妇女工作人员，凡不符合该决定所指的范围者，均应作转业或复员处理"，"至1955年12月31日止仍未处理完毕者，一律停止供给"。这里的"停发薪金""一律停止供给"两句，未免有伤感情。

对于那些不适合授衔条件的女工作人员，早在1952年12月全军参谋长和政治部主任联席会议上，就已确定全军11万女军人，在1953年安排10万人离队，余下1万人在授衔前，根据不同情况，分别做出不同安排。到1955年初，经过了两年的思想教育和细致的工作处置，绝大部分女军人都已各得其所。彭德怀签发的那个《国防部关于处理和留用妇女工作人员的决定》，硬性规定限期处理完毕，便是在这种情况之下做出的。

彭德怀最珍贵的纪念品之一，是长期锁在保险柜里的一枚"一级红星奖章"。这枚奖章是1933年8月1日根据中华苏维埃中央人民政府7月11日的决议，作为红军中有特殊功勋的指挥员而授予的。

对于勋章、奖章制度的建立，彭德怀认为在军队建设中是必不可少的。1953年4月，副总参谋长李克农向彭德怀汇报许多默默无闻、忠心耿耿的情报工作人员的英勇事迹。彭德怀满怀深情地说："这些同志都是无名英雄，可惜现在我们不能公开表扬他们，等到将来我军有了勋章、奖章制度，就可以奖励这些同志了。"① 这次谈话，显露出彭德怀认为建立勋章、奖章制度的必要。同年9月8日，在他给毛泽东的报告里，正式提出实行勋章、奖章制度的建议："颁发勋章、奖章条例，以代替过去不很完善的立功条例。"

毛泽东批准他的建议后，总干部部便开始了草拟勋章、奖章条例的工作。到1953年高干会讨论时，已先后15次易稿，于1954年11月报送中共中央审阅。1955年2月，全国人大常委会第7次会议通过了《中华人民共和国授予中国人民解放军在中国人民革命战争时期有功人员勋章奖章条例》《关于规定勋章奖章授予中国人民解放军在保卫祖国和进行国防建设中有功人员的决议》，以及《关于授予中国人民志愿军抗美援朝保家卫国有功人员勋章奖章的决议》。但后两个决议，因没有颁发相应的条例而未付诸实行。1956年2月，彭德怀视察武汉的

① 1953年4月14日，李克农汇报工作时的工作人员记录。

1956 年 9 月，彭德怀和毛泽东、周恩来在中共八大会议上

一个军队被服厂后，在一次会议上还说过，“被服厂也有许多创造，我们在今年把新的勋章奖章制度搞起来，可以给他们发勋章奖章”。但是这项工作后来再未提及。因此，50 年代的这项制度，实际上仅仅是一个开端。

第二十八章　为了祖国安全

第一节　踏勘万里海疆

彭德怀到军委工作以后，为了祖国的安全，从1952年冬天开始，每年都抽出两三个月的时间到全国各地勘察地形。到1955年底为止，他亲自察看了北自鸭绿江口，南到海南岛天涯海角的万里海岸线。每到一地，他都要看望部队战士，访问地方干部。勘察地形时，对于重要岛屿、港湾和滩头，都要亲自登临，详细询问水深、潮汐和滩头沙石状况，并同当地和随行干部交谈军队设防的意见。

彭德怀每年勘察沿海地形的活动，这里无法全部述及。仅从1953年初他到华东地区视察的活动情况，即不难看出他为祖国安全曾付出过多少心血。

1952年冬，为准备对付美军以扩大军事冒险手段解决朝鲜问题，除志愿军在朝鲜做好防御美军在侧后登陆的战备工作外，针对美国可能从海上封锁中国大陆，指使国民党军窜犯华东，并轰炸上海等地，1953年1月25日，彭德怀偕工程兵司令员陈士榘和海军副司令员罗舜初，乘火车赶赴华东检查战备工作。他先到南京。陈毅、饶漱石[①]此时不在南京，参谋长张爱萍正在福建部署战备，遂由副参谋长周骏鸣和几个参谋陪同彭德怀到沿海视察。上火车后，周骏鸣向彭德怀一一介绍随行人员，介绍到军区空军参谋袁仲仁时，彭德怀说："我认识你，1948年初你跟陈总去陕北开会，咱们还在一个桌上吃过饭哩！"他的记忆力，使袁仲仁异常钦佩。

1月29日，上海警备区司令员兼防空司令员郭化若陪同彭德怀登上国际饭店楼顶，俯瞰上海市区，彭德怀说："建筑如此拥挤，人口这么稠密，遭到空袭可是个大问题。"郭化若接上说："1950年1月25日，国民党飞机14架，炸沉黄浦江码头上的舰船26艘，2月6日，国民党军飞机17架又来轰炸，投弹70多枚，死伤群众1400余人，毁民房2000余间。"彭德怀说："这还只是群众的损失，如果计算工业生产的损失，就更多了。那次杨树浦发电厂被炸，停电停水，工厂停工，每天损失就是上千亿元。"

---

① 陈毅任华东军区司令员，饶漱石任华东军区政治委员。

随后，彭德怀检查了江湾机场、高射炮阵地、雷达和探照灯阵地，回到防空指挥所后，他说，防空问题比防止敌军沿海登陆更困难。指挥所设在闹市区砖木结构的楼上，又无地下室，一颗炸弹命中，就要中断指挥，应迁移到机场附近，另建新址。

第二天，他从吴淞口乘护卫舰"南昌"号出海勘察，郭化若也随行。登舰后，舰长曾泉生向他介绍驾驶舱内的设备，当说到"这是罗经，它的前身就是我们中国人发明的指南针"时，彭德怀笑着插话："莫吹牛嘛！我们是发明得最早，可现在我们落后了。"军舰出长江口，寒风卷起海浪，舰体颠簸得厉害，不少人晕船回舱躺下，彭德怀毫无倦容，在甲板上四面眺望，同来的人怕他受寒，建议说："前面的泗礁岛还没有修建码头，军舰无法靠岸，就不要上去了吧！"彭德怀马上说："不行，这个岛必须上去看看。"

军舰靠近泗礁岛已是下午 4 点多钟，换乘小艇上岸，走到官山村的连队住下，天已黑了。彭德怀看到连队的干部和战士，问这问那，兴致勃勃。晚饭后，随行人员发现他嗓音嘶哑，似患感冒，劝他早点休息，他说："住在连队里，不和班、排长们谈谈，那怎么能行！"接着便召集班、排长开座谈会，就连队训练、生活、文化学习等问题征询大家意见。当谈到将要实行薪金制时，他向排长们说："排长每个月薪金 60 万元够不够？"一位排长吃惊地说："哪能用得了那么多！"当时正排级津贴是每月 19.54 万元。彭德怀像一个老管家似的向他们算起细账：将来军官的伙食都要自理，还要赡养父母，娶老婆，生孩子，总不能当一辈子"和尚"吧！顷刻之间，满屋气氛活跃起来。待彭德怀就寝时，已是午夜 12 点了。

第二天一起床，彭德怀的感冒症状已很明显，又无医务人员同行，陈士榘劝他休息半天，可他不让改变活动计划。饭后，先去看炮兵阵地，发现炮位背后靠近岩石峭壁，他责问道，如果敌炮打来，弹片碎石乱飞，人员、火炮又无遮蔽，这符合实战要求吗？接着又沿海滩步行五六里路，来到高墙湾村。为了察看全岛地形，原定从村北登上老虎山，大家看他已患感冒，便劝他不必上山了。他一言不发，一股劲往山上走，直到顶端，一面观察地形，一面了解沙滩硬度、水的深度和潮汐变化，还详细询问了过去日军在此处登陆的地点、时间和兵力。下山后，彭德怀若有所感地说："战斗打响以前，干部多辛苦一点，战士就能少流血。平时我们当领导的多辛苦一点，战时就能避免很多战士和人民的牺牲。"

下午航行时，陪同的几位领导人商议，下决心改变航向，绕过岱山岛，直驶舟山岛的定海县，登陆到驻军医院为彭德怀作治疗，因为他的病情又加重了。

2 月 3 日，启程察看象山港、穿山港，随后从镇海上岸，到驻军营房住下，在勘察了宁波地区后，乘汽车经绍兴到杭州。

2 月 8 日开始北行，勘察钱塘江北岸。出发之际，彭德怀发现有人往汽车上装绍兴酒，即问随行参谋许之善："酒是哪里来的？"参谋答："有买的，也有送的。"彭德怀顿时怒容满面，厉声问："谁送的？送谁的？哪个出的钱？"在场的浙江省军区和省委领导等送行人员和保卫人员面面相觑，气氛骤然紧张起来。彭德怀接着又大声问："伙食费算了没有？"参谋答："这里的算过了，'南昌'舰坚决不收几个首长的，不给算。"彭德怀听了更是火上加油，斥责道："已经讲过多次，为什么就是不执行？"参谋一肚子委屈，没有办法分辩。这时，省委书记谭启龙站在彭德怀身边说："下面同志办事太简单，好心办了糟事。"转过脸向送行的人说："那些酒，看他们需要多少，带走的都按市价付钱，带不走的退回去！"陈士榘接着说："今天要勘察的地点很多，上车走吧！"彭德怀勉强息怒，转身向送行的几位领导人握手告别。

离开杭州，一路上在海宁、澉浦、乍浦、金山嘴和柘林等地停车仔细察看，当晚返回上海。

2月11日，勘察长江口的崇明岛。岛上驻军团长来迎接，准备请到团部稍事休息。彭德怀说："先到阵地去。"沿途他向团长询问长江口过往船只及国外军舰上的火炮性能等情况，团长都未答出。在一处炮阵地上，彭德怀看到炮位和弹药所距离很近，又无防护措施，就对着连长有些责备地说："为人民服务，你这个连长就是要为全连服务，你们弹药所离火炮这么近，一发炮弹击中，全连的人和炮都完了，你还服什么务？！"转过身来，看到团长，这时，压制在心头的怒气，禁不住迸出来："你这个团长怎么当的？应当撤职，送军法处！"陪同的海军副司令罗舜初走向前去解释说，火炮阵地设计是上边定的，是外来的。又说，要看的地方已看完，到团部去谈一下吧。彭德怀才从阵地离去。中午在团部吃饭时，彭德怀发现团长未到，就派人找来，让团长坐在自己旁边，温和地说："我今天又说了错话，不该说把你撤职，送军法处，现在向你道个歉吧！其余的话你认为不对也可以批评，但饭还是要吃啊！"团长的心情虽未恢复平静，但仍连忙说："首长批评得对，是我的错。"

彭德怀同聂荣臻（左一）、叶剑英（左三）等观看空军飞行表演

2月14日，正是春节，彭德怀一行从上海回南京，中途在苏州下车，乘汽车去视察仓库。彭德怀看到门窗、出入口等都不适合战备要求，又严厉批评一顿，说领导人不深入现场，不发现和解决问题，是严重官僚主义。到南京后，

彭德怀同叶剑英、贺龙、聂荣臻元帅等视察海军

向政治部主任唐亮和已归来的张爱萍交谈了视察中的问题。于 2 月 17 日回到北京。

第二节　阐释战略方针

1956 年 3 月，彭德怀在军委扩大会议上作战略方针的报告，题目是《关于保卫祖国的战略方针和国防建设问题》。他在这个报告里，把 50 年代前期毛泽东和军委关于战略指导思想的指示和决定，综合起来作了全面阐述和发挥。后经中共中央批准下发，用以统一全党全军战略思想，指导全国全军的战备和军事工作。

彭德怀于 1955 年下半年把战略方针和国防建设问题摆在军事工作的重要位置，主要是出于以下几个方面的考虑：

首先，他提出，当时西方阵营除了早已组成北大西洋公约集团，又陆续组织了东南亚条约、巴格达条约等有军事意义的集团；① 苏联和东欧各国在召开保障欧洲和平安全会议后，已成立了华沙条约国集团。1955 年 3 月，毛泽东在中共全国党代表会议上说："我们必须准备应付可能的突然事变。今后帝国主义如果发动战争，很可能像第二次世界大战那样，进行突然袭击。" 4 月下旬，毛泽东主持中共中央书记处会议，听取了彭德怀关于反侵略战争准备和作战计划的汇报。彭德怀在《报告》中说："为了有效地防御帝国主义对我国的突然袭击，为了切实执行宪法赋予我军的光荣任务：'保卫人民革命和国家建设成果，保卫国家的主权、领土完整和安全'，在我们武装力量统帅部机关面前，就首先提出必须解决战略方针的问题。"

其次，是考虑到苏军奉行的先发制人战略方针，中国决不能照搬。1955 年 5

①《东南亚集体防务条约》是美国、英国、法国、澳大利亚、新西兰、菲律宾、泰国、巴基斯坦于 1954 年 9 月 8 日在马尼拉成立。《巴格达条约》是 1955 年 2 月 24 日成立。

月，彭德怀以观察员身份出席华沙条约国会议。出国前，毛泽东在4月底举行的中央书记处会议上重申中国的战略方针是积极防御，决不先发制人。指示彭德怀此行到莫斯科，就共同反侵略战争问题同苏联交换意见。5月21日，彭德怀从华沙到莫斯科，在同苏共总书记赫鲁晓夫和国防部长朱可夫会谈中，弄清了苏联已由“加强积极防御，防止敌人侵略”①的战略方针，转换为火箭核战略，强调核武器的首次突击作用，认为现代战争在几分钟内就决定胜负。彭德怀讲述中国坚持积极防御后发制人的方针。会谈以各自保留意见宣告结束。就在这次访问苏联和波兰的过程中，彭德怀深深感到苏、波两国在第二次世界大战前期，因缺乏战略防御的具体准备而遭受严重损失，应当引以为戒。因之他在《报告》中，突出阐述了我军在战争初期必须采取积极防御的战略方针，并要求一切战备工作、军队训练和组织编制，必须以积极防御为依据。

再次，军队内部建设，到1955年底，各方面工作已基本走上正常轨道，应当适时地把军事工作重点转移到国家防务建设上来。同时，全国拟制第二个五年经济计划和远景规划已提到议事日程，军事工作也需要全面安排长远规划。彭德怀说：“战略方针很重要，关系整个战争的胜负。但战略方针本身，只是个抽象的东西，如果没有各种具体措施，仍然不能使战争达到胜利。”②积极防御的战略方针，虽然在军事统帅机关中是明确的，但军队和地方的许多高级干部还不了解，还需要一个系统阐述的正式文件统一思想，才有利于开展全面的战备工作。

在军委扩大会议开幕前夕，他给毛泽东写了一封信，说明这次会议讨论的战略方针问题，同国家经济建设关系极为密切，建议邀请一些政府部门的负责人参加。毛泽东批准了这个建议，因此，参与这次军委扩大会议的，除去军队的93名高级将领以外，还有国家计委主席李富春、国家建委主任薄一波、财政部长李先念、铁道部长滕代远、交通部长王首道、一机部长黄敬、二机部长赵尔陆、重工业部长王鹤寿、三机部长李聚奎等。

3月6日下午，军委扩大会议在国防部大楼正式开幕，军委秘书长黄克诚宣布开会后，彭德怀便开始作主题报告。他在宣读讲稿过程中，间或插进一些解释。力求大家能够加深理解报告中的重要观点。

关于确定“积极防御”战略方针的根据，他说，从我们国家的社会主义性质出发，从我国所处的国际环境出发，以及从军事必须服从政治的原则出发，我军应当采取的战略首先必须是防御的，而不是进攻的。但我们所采取的战略防御，必须是积极防御，而不是消极防御或单纯防御。

对于积极防御的战略方针，他在报告里概括说：“积极防御的战略方针，应该是（在战前）不断地加强我国的军事力量，继续扩大我国的国际统一战线活动，从军事上和政治上来制止或推迟战争的爆发。当帝国主义不顾一切后果向我国发动侵

① 见苏联共产党第十九次代表大会公布的“党章”。

② 1958年4月6日彭德怀同苏联顾问谈话记录。

略战争的时候，我军要能够立即给予有力的还击，并在预定设防地区阻止敌人的进攻，……把战线稳定下来，打破敌人速战速决的计划，迫使敌人同我军进行持久作战，以便逐渐剥夺敌人在战略上的主动权，使我军逐渐转入战略的主动，也就是由战略的防御转入战略的进攻。这就是我军积极防御战略方针的基本内容。"[①]

彭德怀对战争初期的这种战略设想，在当时是以美国为作战对象、敌军的大规模进攻来自海上为背景的。他规定我军的战略目标，也是从敌我装备技术实际情况出发的。他说，在战争初期“企图完全把敌人歼灭于海上和滩头，根本不让敌军侵入我国领土，这种想法固然很好，但根据敌我军事力量对比情况，不但做起来有很大困难，而且也是很危险的”[②]。而把敌人消灭在陆地上，我军是完全能够做到的。

为了实现上述战略设想，他还提出了我军应采取的主要作战形式。他认为：在战争初期我军“既不单是运动战，也不单是阵地战，而应当是阵地战结合运动战，也就是以阵地的防御战和运动的进攻战相结合”[③]。

彭德怀报告的第二部分是国防建设问题。他说：“为了使我军积极防御的战略方针得到切实的保证，我们就必须积极进行各项准备工作。”对这些准备工作，他讲了三个方面，包括全部的国防建设工作。

一、军队建设和国防设施。重申国家常备军为 350 万人，和各军种、兵种各自发展的重点，提出陆军必须逐步增加机械化的比重，争取到 1967 年我军的装备接近世界上技术先进国家的水平。关于国防设施，由于内容复杂，他要求在“全面筹划、重点建设、逐步进行”的原则下，必须协同国家机关，结合经济建设，于 1962 年底完成沿海和纵深的国防筑城防御体系。

二、战争动员准备工作。他要求根据战时需要，对于后备军官、士兵、技术专业人才等，做出登记、训练和储备计划，对于武器装备要保证战争初期 6 个月所需的储备，争取在 1957 年拟制出第一个完整的全国战时动员计划。

三、建立军事科学研究工作。他把几年来已经起步的军事科学研究提高到全面有计划开展的新阶段。在内容上，从军事学术到军事技术，从武器装备到军用器材，从常规到尖端，从科研机构到知识分子政策，在广泛听取意见的基础上，提出了系统的方针和要求，可说是全军的第一个军事科学发展纲领。

彭德怀这个报告，不仅系统地阐释了毛泽东和军委的战略指导思想，而且包含着他个人的丰富军事经验。在会议上经过讨论，上报中共中央，并得到批准下发全党全军贯彻执行。1959 年他受批判后，这个文件也随之被否定。它的历史作用、是非功过，仍待后人评说。

---

①《关于保卫祖国的战略方针和国防建设问题》第一部分第二节、第三节、第四节。

②《关于保卫祖国的战略方针和国防建设问题》第一部分第二节、第三节、第四节。

③《关于保卫祖国的战略方针和国防建设问题》第一部分第二节、第三节、第四节。

第二十九章　在争论的漩涡里

第一节　学不学，怎样学

20 世纪 50 年代，军队在学习苏联经验问题上，存在着一个争端，就是学不学和怎样学的问题。1956 年以前，“学不学”的问题比较突出，主要是军队干部同苏联顾问的争端；1956 年以后，“怎样学”的问题比较突出，主要是军事训练部门、军队院校中的争端。彭德怀在后一个问题上，直到 1959 年他被免职的时候，也没有真正使全军统一认识。

新中国成立后，军队从苏联购买飞机组建航空学校，聘请一些苏联顾问帮助训练。从那时起，便有了军队干部同苏联顾问的关系问题。早在新中国成立前夕，毛泽东提出“苏联共产党就是我们最好的先生，我们必须向他们学习”，在政治上要“一边倒”。1950 年 2 月，同苏联签订中苏友好同盟互助条约，全党全军掀起学习苏联社会主义建设经验的热潮，各个业务系统都聘请了苏联顾问，因之学不学苏联经验，尊重不尊重苏联顾问，就被看作是一种政治态度问题。

彭德怀到军委工作时，正值全军学习苏军经验活动普遍展开之际。由于当时许多干部认识比较模糊，对苏军的某些经验不愿学习，他曾经在两次全军性会议上进行专题阐述，动员大家认真学习苏军的经验。

一次是在 1952 年 12 月，全军各大区参谋长和政治部主任联席会议上，他传达了毛泽东的重要指示：“永远不要骄傲自满，一定要将苏联的一切先进经验都学到手，改变我军的落后状态，建设我军为世界上第二支最优良的现代化的军队，以利于在将来有把握地战胜帝国主义军队的侵略。”① 还对学习苏军经验中的种种错误认识，进行了分析和批判。

另一次是在一年以后，1954 年 1 月，他在全国军事系统党的高级干部会议总结中，进一步讲解学习苏联军事科学的重要性，明确提出四条学习要求：一、就是要学，向苏联顾问学习；二、要亲自去摸，到实践中去下一番苦功夫；三、

---

① 毛泽东《转发萧向荣关于各军事部门与苏联顾问关系的总结的批语》，1953 年 1 月 1 日。彭德怀在 1952 年 12 月 24 日讲话时，毛泽东尚未作此批语。彭德怀讲话中引用的这一段话，是他后来整理修改自己的讲话稿时补加上的。

身着元帅服的彭德怀在寓所永福堂

要发展，把苏联军事科学与自己的经验结合起来，使其条理化，变成自己的东西，提高干部军事理论水平；四、要克服骄傲自满、墨守成规和防止机械搬运。①

总的来说，在1955年以前，彭德怀讲话所侧重的主要方面，是动员大家积极学习，批判那些不愿学习的思想。在强调这个方面的同时，他也经常嘱咐大家，在运用苏军经验解决我军实际问题当中，不要机械搬运。他说："我们不回避原则性的争端，他们（按：指苏联顾问）不了解的情况，一定要说通；他们从愿望出发对我们不满的意见，要解释通。"②"在政治上，谁不拥护苏联，那是错误的。在战术、诸兵种合成战斗战术方面，都要百分之百的学习。但有些问题是可以争论的。这样的争论，不是反苏。"③

这个时期，在他处理的事务中，就有不少没有采纳苏联顾问的意见。遇到下边有些事情盲目听从顾问建议的，他便予以批评。

1952年10月15日，他主持第一次军委例会，把部队训练时间的分配确定为，军事训练占60%，政治教育占20%，文化教育占20%。事后苏联顾问提意见说，文化教育时间占的太多，没有必要。彭德怀对顾问解释说，旧中国文化教育落后，文盲多，战士入伍以后才能学文化，学了文化才能掌握军事技术，将来复员回家也便于参加社会主义建设。苏联和一些发达的国家，征来的新兵不仅多数人有文化，有的还会开汽车、拖拉机。中国现在则相反，是军队把战士培训成司机或坦克手，然后复员到地方上才能开汽车和拖拉机。这是中国的实际。

1953年初，在军委例会上讨论国防工程建筑，业务部门依据苏联顾问的意见，为了国防保密，要求把内伶仃岛上的居民全部迁走。彭德怀当即批评说："迁移居民一定要慎重，要积极动员。岛上的（居民），有证明的留下，重大嫌疑的迁走，但这是极少数。内伶仃的居民全部迁走，要不得，这是单纯军事观点。"④

对于当时按照苏联顾问意见构筑的一批海岸炮阵地，彭德怀每次看到都要发

① 彭德怀：《在全国军事系统党的高级干部会议上的总结》1954年1月26日。
② 1953年6月5日第28次军委例会记录。
③ 1953年2月27日第15次军委例会工作人员的记录。
④ 1953年2月27日第15次军委例会工作人员的记录。

1955年10月15日，中国人民解放军“全军射击与体育检阅大会”在北京先农坛体育场开幕。彭德怀（左）、朱德元帅（右）和周恩来总理在大会主席台上

脾气，从山东一直批评到海南岛，还把具体情况报告给中共中央和毛泽东。这批海岸炮，是抗美援朝开始以后，为加强沿海防务，从苏联进口的几十个连的火炮，按苏联顾问的设计构筑了阵地。彭德怀在报告里说：“所有这些阵地都出于一个公式，战术缺点很多而且严重：阵地完全是露天的，对空毫无遮蔽；火炮位置放在最前沿，胸墙很薄（30—50公分水泥，仅能防弹片）；炮和炮之间距离很近（每门炮相隔40公尺，中间安放弹药库），而且等距离排列在一条直线上，只要有一枚凝固汽油弹或重磅炸弹落入阵地，全连火炮和弹药都有被毁的危险。到了战时，在敌人飞机轰炸和舰炮射击的情况下，不待发挥作用就可能被敌火力摧毁。”[①] 这些炮阵地的设计，在苏联有强大空军掩护，有大、中型口径火炮的海岸防御火力配系，或许是适用的，但照搬过来，就是完全脱离中国实际的战术思想。

彭德怀对待苏联顾问提供的建议和经验，决不盲目采纳，决不机械照搬。但是在有的问题上，他的看法和做法也不是没有矛盾的。对于军队是否学习苏军实行“一长制”的问题，就是一例。

1953年上半年，他曾一度设想和准备在军队中实行“一长制”。在一次军委例会上，他提出军队团以上的政治部（处）可以不设政治部（处）主任一职，其职务由该级政治委员兼任，以便抽出一批政治工作干部培养为军事指挥员。并且将这个建议作为军委决定通知全军实施。[②] 他的这一建议，当时有些人认为这是降低了政治委员的地位，削弱了政治工作，受到明显的抵制。就在这个期间，总政治部起草的《军队政治工作条例（草案）》，送交军委讨论，军队是否应当实

① 彭德怀：《巡视山东沿海设防情况中的谈话记录》1954年7月12日。

② 第17次军委例会工作人员的记录，1953年3月20日。

行“一长制”的问题，又发生了争论。在这场争论中，彭德怀认为主张“一长制”的那种意见“是有道理的”。同年4月中旬，军委审查《内务条令》修改稿时，彭德怀把有关营教导员和连指导员的职责全部删去，也表现出他准备首先在营、连两级试行“一长制”的想法。到5月间，他在同苏联总顾问的一次谈话中，更直截了当地说“准备十年之后实行‘一长制’”[①]。

50年代，在军队中实行“一长制”的主张，是遭到多数干部反对的，特别遭到政治工作干部的强烈抵制。在这种情况下，彭德怀曾找过不少干部交换意见，最后他终于改变了原来准备实行“一长制”的主张。在同年10月准备全国军事系统党的高级干部会议报告时，提出军队必须实行的是“党委集体（统一）领导下的首长分工负责制”，而不是“一长制”，在报告中曾列为专题详细阐述。以后的几年中，他对“一长制”的思想，甚至还作过不止一次的批判。

第二节　遭受抵制的讲话

学习苏联经验，军队和全国一样，到1956年有一个明显的变化。在这以前，领导上强调的主要方面，是要把苏联的一切先进经验都学到手；在这以后，强调的则是要有分析有批判地学习。彭德怀在1957年2月到南京军事学院，批评该院学习工作中“教条主义相当严重”，就是在这种背景下提出的。

在1956年3月17日的一次军委会议（有各大军区的首长参加）上，黄克诚传达说，毛主席和邓小平同志对于军队如何保持优良传统的问题曾有指示，即在实行军衔等一系列正规制度之后，担心我们军队的优良传统不能很好保持，如官兵关系、军民关系、政治工作、群众路线、党委领导等，应该引起严重警惕。让各军区、各院校、各部门加以检查。很明显，这些问题是和如何学习苏军经验有着密切关系的。

同年4月，毛泽东在《论十大关系》一文中，着重提出要“有分析有批判”地学习外国经验，“不能盲目的学，不能一切照抄，机械搬运”。同年，《人民日报》编辑部在苏共第20次代表大会以后，发表《关于无产阶级专政的历史经验》，明确提出反教条主义的问题。随后，在同年6月，中共中央发出《关于学习〈改造我们的学习〉等五个文件的通知》，进一步提出“克服实际工作中的主观主义即教条主义和经验主义，特别是克服学习马克思列宁主义和外国经验中的教条主义倾向，克服学术研究、报刊宣传、教学工作中的教条主义、宗派主义和党八股”。

当时军队在有组织地深入学习这些文章和文件中，许多干部的思想认识起了变化，学术研究空气活跃起来。特别是军事训练系统中，在如何学习苏军经验问题上发生了激烈争论。这种争论当时在南京军事学院更加公开化，在全院学习中

---

① 彭德怀同苏联总顾问柯托夫的谈话记录，1953年5月8日。

央关于5个文件的通知中，暴露出对教学工作看法的很大分歧，直到学习5个多月以后，准备进行学习总结时，有些看法还没有取得一致，一时难于作出定论，以致学院党委不得不宣布暂时不作文字总结。

军事学院有一个战役系，在这里学习的有52名将军，他们多数是红军老干部，参加过国内战争和朝鲜战争，具有实战经验。他们之中有些人在学习过战役法之后，认为苏军经验有些是先进的，有些虽然先进但对我军并不适用，还有些其本身就是不先进的，因此必须批判地学习。同时，迫切要求学院采取改革措施。

1956年8月25日，一位战役系的学员写信给彭德怀，提出“几年以前，我们在‘把苏联的一切先进经验都学到手’的口号下，从教材、教法和许多教育制度方面全盘学苏联，这是完全对的。但是我们感觉在向苏联学习中也产生了教条主义倾向。这主要表现在：教材方面，教学方法方面，对待我们的经验的态度方面以及其他方面”。他建议：“基于以上看法，学院提出的‘反对经验主义，防止教条主义’的这一带方针性的口号，似应请领导上加以考虑。”彭德怀对这封信没有作任何批示，但开始引起他对南京军事学院一些问题的重视。

同年11月30日，彭德怀又看到一封信，是从另一个方面反映学习苏军经验问题的。信是直接写给中共中央总书记邓小平的，经过中央办公厅转给了彭德怀。写信的人是军事学院的战史系教授会主任，不久前曾担任军委训练总监部军事科学和条令部的处长蔡铁根。

信的开头写道：“邓小平同志：我是最近离开军委训练总监部的，我在那里曾经工作了四年多。在我离开之前，深深感到北京存在着严重的军事思想上的混乱，急需提请中央和军委领导上的注意。为此，我写了《关于向苏军学习的问题》，请您看看，并把它转给中央负责同志和军委负责首长。”由于作者直接把问题反映给中共中央，彭德怀自然不能不给予特别的重视。

信中对于学习苏军经验的方法写道：“为了确实了解苏联军事科学的全部内容，在步骤上，第一步应该是全部学会、学通。只有真正地全部融会贯通之后，才谈得到批判。几年来，我们深深体会到苏联军事科学的系统性，它虽然不是天衣无缝，确实漏洞很少。小至对一个日常生活小节的规定，大至军事原则的规定，都是互相结合、互相为用、互相保障着的一整套。但我们在学习和运用苏军这一整套的时候，却往往是割裂开来，随意取舍。采用了这一套，丢掉了那一套；吸收了这一规定，抛弃了那一规定，结果弄得四分五裂，驴唇不对马嘴，八方不对头。还美其名曰‘批判地接受’，最后只好都执行不通。不说自己学习上有问题，还说苏军的东西不适合我军的情况。”

写信的人最后恳切表示：“这不是一个小问题，而是一个不容忽视的重大问题，是一个关系着建军思想和军事路线的问题，是直接关系着我国社会主义建设的安危问题。”“作为一个共产党员，基于自己为党为国的热诚，我不敢隐讳自己的愚见，并大胆地把它提出来。”

彭德怀看过这封信，立即批示：“蔡铁根同志给邓小平同志的信，应发给军委主席、委员及总参谋长、副总参谋长、各部首长、国防部各副部长阅。”[1]看来，他已感到学习苏军经验这个问题，到了迫切需要解决的时候了。

与此同时，主管全军院校工作的副总参谋长张宗逊率领一个工作组到了南京，在军事学院和总高级步兵学校举行一系列座谈会，写出一份调查报告。在报告中肯定了几年来院校学习苏军经验的成绩，同时指出学习中的片面性，把许多不适用于中国军队的东西也学来了。[2]彭德怀看过这份调查，感到南京军事学院的问题，很有必要亲自前去进行了解，以便着手解决。

1957 年 2 月 21 日，彭德怀写信给毛泽东，专门报告他准备同副总参谋长陈赓、总政治部主任谭政等 10 余人，到南京军区检查国防工事和勘察地形，另外了解一下学院工作、军事训练、军内关系、军民关系等。毛泽东于 25 日批复“同意”，并附注：“请注意军中思想动态，政治教育情况。”

彭德怀一行于 27 日到达南京，住西康路 33 号。第二天即开始了解军事学院的教学情况。他和陈赓、谭政一起，上午听取高级速成系和战役系部分学员的汇报，下午听取学院政治部两个领导干部的汇报。3 月 1 日，同学院训练部门和其他机关干部交谈，听取他们对教学中一些问题的看法。每日听完汇报，在吃饭时间和晚上，彭、陈、谭 3 人交换意见。3 月 2 日听取学院领导干部集体汇报，刘伯承院长由于在上海休养，没有参加。彭德怀在听取汇报后，谈了自己对学院教学工作的意见。这次讲话，便是后来引起很大争论的那篇《在听取军事学院汇报中的谈话》。

在这篇讲话的前一部分，他肯定了学院的成绩，并详细列举了学院的各种成果。接着他具体指出学院教学工作中的缺点说：“根据汇报的情况来看，在学院教学中，不是有教条主义的问题，而是教条主义相当严重。最主要的表现是教学内容和我国我军实际情况不相适应。”“当然就军事学院的历史和客观情况来看，就现在的事实来看，产生了现在这种相当严重的教条主义现象，也不是意外的，不能把责任归咎于哪一个人。要论责任，我也是有责任的。”

彭德怀讲话的后半部分，主要是阐述学院的教学方针应当是“以我军现实装备技术情况为主，照顾将来可能发展的情况作为依据”。

关于学习苏军经验的问题，他认为“学习苏联先进军事经验，我们是坚定不移的，但应坚决贯彻‘批判地学习’方针。在这个方针之下，就全军范围来说，应当以学习苏联的军事技术和合同战术为重点，对于苏军的战役、战术，应当从我军的现实情况出发，在以我军经验为主的基础上加以学习和参考”[3]。

彭德怀回到北京，对这篇讲话记录加以斟酌修改，于 4 月 24 日送给毛泽东，并附信说：“这次我在南京着重了解了军事学院的情况，同他们的教职学员分别座谈了三天，感到该院在教学工作中教条主义倾向相当严重。因为这个学院是训

---

① 彭德怀 1956 年 11 月 30 日在蔡铁根信上的批语。

② 张宗逊：《关于几年训练工作的我见》，《解放军报》1957 年 2 月 9 日。

③ 彭德怀：《在听取军事学院汇报中的谈话》1957 年 3 月 2 日。

1957年国庆节，彭德怀元帅在天安门城楼上

练我军高级干部的学校，对于全军的学校和部队影响很大，所以我特别向该院党委讲了一次话，着重提出该院应当展开反教条主义的工作。”毛泽东在25日批复：“退彭。此件已阅，同意。”

彭德怀还把这篇讲话稿送给了邓小平，邓阅后转送周恩来。

后来对这篇讲话，他又稍加整理（把其中“工作是有成绩的”改为“成绩是显著的”），作为《视察南京军区工作向党中央和军委的汇报》中的一个部分，分送中央政治局和军委。

尽管彭德怀这次讲话慎之又慎，后来事实证明，学院有的领导干部并不完全同意他的看法。这一点，在军事学院的《关于深入开展反对教条主义的决定》中表现得很清楚。这个决定是在他讲话后的第4天，即3月6日，学院党委召开的扩大会议上，经过6天热烈讨论作出来的。决定中对于学院的工作成绩写的是：“会议认为学院成立以来的工作成绩是基本的、主要的”，而没有采用彭德怀所讲的“工作是有成绩的”或“成绩是显著的”写法。对于工作中的缺点和错误，《决定》中也仅仅是写作“教条主义倾向”，而没有同意“教条主义相当严重”的提法。彭德怀看后，没有不满的表示，用肯定的语气批复道：“你们关于开展反对教条主义的决定很好，同意你们这个决定，望按照决定的精神贯彻执行。”又叮嘱，在执行中“应坚决执行和风细雨的精神，以便达到真正提高认识和改进教学工作的目的”。“要反复向群众讲清楚，不要追究责任，追究责任就会更不好。同时教条主义现象，不但是在学院教学工作中存在，而且是在全军许多工作中存在。如果要论责任，军委的责任更大”。①

彭德怀对于军事学院的某些干部一时思想不通，以及北京有的干部说他的讲话是错误的，当时他都未予理会，认为把那些不顾实际情况照抄照搬的教条主义倾向反掉，他最终是会被人理解的。

第三节　总结发言的遗憾

1958年5月至7月的军委扩大会议，是军内闻名的反教条主义会议。会议的

① 中央军委对南京军事学院《关于深入开展反教条主义的决定》的批示。

主持人是彭德怀，会后30多年来，对于他在会议中的态度和作用，有着各种不同的，甚至互相对立的评论。他在这一历史公案里，成为一个“有争议”的人物。

这次召开军委扩大会议，是中共中央在成都召开的有部分中央和地方领导人参加的会议上提出来的。当时毛泽东倡导“破除迷信，解放思想”，各地区、各部门争相提出跃进计划。中央用地方来鞭策军队，说是军队落后了，应当赶快跟上来。正式“建议军委召集一次扩大会议，用整风方式，讨论军事建设中的重要问题，统一认识，提高觉悟，并在这个基础上使各项工作得以贯彻”[①]。

根据中央这个建议，彭德怀打电话给北京的黄克诚，黄立即召集各总部首长开联席会议，传达中央的精神，并着手准备召开军委扩大会议的工作。

这次扩大会，从5月27日正式开幕，到7月22日结束，共开57天。会议的规模和讨论的重点，都明显分为两个阶段，彭德怀在会议中的态度和作用，也明显表现为两种情况。

5月27日到6月9日这个阶段，参加的人数较少，没有贴大字报，会议的内容也没有集中到反对教条主义问题上。当时彭德怀的态度主要是：一方面站在会议主持人的立场，想方设法把与会人员发动起来，大胆发表意见，揭露矛盾，大争大辩，统一思想；另一方面又从军委工作领导人的角度，把自己当作整风主要对象，带头进行检查，暴露思想，“引火烧身”。他虽然在发言和插话里，也多次提到反对教条主义的问题，但并没有把反教条主义作为大会的中心议题。

关于这次会议的中心议题，彭德怀在成都会议期间曾经同周恩来交换过意见，原是想解决别的问题，并没有准备把反教条主义拿到军委扩大会议上来。他在5月24日的预备会议[②]上也是这样布置的，他说：“我们是人民的军队，过去的任务是打破国民党的国家机构，现在要保卫人民的国家机构，这就要解决人民军队的三大问题：一是建军原则，包括党的领导，军民关系，军队内部关系等问题。二是建军方针，原先的方针是现代化、正规化，后来主席提出建设优良的现代化革命军队，这两个方针在1954年春高干会文件中，我们同时都用过。现在看来，只提现代化、正规化的方针，就可能产生否定我军优良传统的偏向，事实上也一度产生过，不如提建设优良的现代化革命军队好。大家可以考虑。三是战略方针问题，它关系着军队三大方面的工作：关系着战争准备，关系着组织编制和各军、兵种建设的重点，关系着训练和科学研究。我们这次会议最根本的目的，就是要把这三方面的问题搞一致。在这种一致的基础上，其他的不一致，就比较好解决了。”

彭德怀在会议的这一阶段，作为会议的主持人，为着把会议开好，可以说是殚精竭虑、费尽心血的。但是从会议的实际情况看，无论是会议的热烈程度还是

---

① 中共中央关于1958年3月在成都会议上作的关于军事工作的决议。

② 这次军委扩大会议的预备会议，有军委委员，军事系统的中央委员，各军区、各军种、兵种的党委书记总共56人，实际到会40人。军委扩大会议开幕以后作为“小型会议”经常举行。

揭露问题的深度，都没有达到他预期的要求。甚至他希望着重解决的建军原则和战略方针问题，也没有形成会议的中心议题。

会议开到6月9日，开始转入第二阶段。

这天下午，黄克诚传达了毛泽东的重要指示。他说，主席对我们的会议决心很大，开不好，大家就不要走。会议要扩大范围。每个师的党委书记都来（军分区的不来）。另外，黄克诚在6月9日还传达了毛泽东讲的一个理论问题：说是“教条主义不懂得社会存在决定人的意识，意识又反过来影响（推动）社会存在。大国有大国的宪法，小国有小国的宪法，教条主义即不承认这条真理。苏军条令、规章制度，是在苏联土壤条件中产生的，这些人不承认中国的社会（客观）存在，不承认中国有它特殊的东西”[①]。

这项传达，对于会议的重点起了决定性的作用，反教条主义开始成为会议的中心议题。彭德怀对会议所要解决的主要问题，也有了明显的改变。

据林彪在1959年9月军委扩大会议上批判彭德怀的时候说，毛泽东去年对会议下那么大的决心，主要是他林彪的功劳。他在一次发言中说，去年军委扩大会议反教条主义的情况，他记得很清楚。在军委扩大会以前，彭德怀的态度是不明确的，当时军委扩大会议马上就要开，但并没有确定以反教条主义为主题。在他看到训练总监部关于对反教条主义争论的材料以后，就认为这个问题很重要，应该以这个为主题。于是他就把情况报告给毛主席，毛主席认为应该开展这个斗争。林彪还说：“这才有去年以反教条主义为中心的军委扩大会。这个会议是多少年来第一次大规模的会议，会后军队思想才有一个大的转变。中央、主席有决定，彭德怀才有180度大转弯来领导这次会议。”[②]

1959年的军委扩大会议，林彪是主持人，彭德怀是批斗的对象。林彪讲的这些话，显然有打击彭德怀、抬高他自己的成分。但是他所说的以反教条主义为会议主题是他出的主意，是毛泽东作的决定，是完全可以肯定的。

彭德怀遵照毛泽东指示的精神，立即调整会议部署，第二天便发出增加与会人数的通知。

6月20日下午举行全体大会，正式出席的1004人，列席的438人，会场由三座门大街20号移到中南海怀仁堂，大会主席团由32人增加到41人，真正以反教条主义为主题的会议便是从这时开始的。

在这一天的全体大会上，彭德怀代表主席团首先讲话。他一开头就提出了两条军事路线的斗争。他回顾了新中国成立以前军队中教条主义的危害，又讲到全国胜利以后军事教条主义重新复活了，反对毛泽东同志的建军思想和战略方针。在讲话的最后一部分，他还说，“在教条主义问题上，我是有责任的”。但“这是有原因的。有些原因我可以说，有些原因我不能说。没有教条主义，至少也有官

---

① 黄克诚在全体大会上的传达记录，见会议工作人员的原始记录本。

② 林彪在1959年8月31日军委扩大会议第一综合小组会上的发言，见会议第47号《简报》。

僚主义，我不逃避这个责任”。

在讲到“为什么不早点提出反教条主义”的问题时，他还流露出某些“委屈”情绪。他说：“我这个人是没有学问的，是丘八学校和农民学校出身的，出身寒微，是难以使人信服的。就是他们所说的，反教条主义的人都是没有学问的。在这方面我有自卑感。”①

彭德怀这篇讲话，表露了他对教条主义的强烈不满和早有反对教条主义的思想。他自己也认为这篇讲话非同一般，曾专门把会议简报送给毛泽东。毛泽东也很重视，在简报上批道：“刘、邓、朱、周、陈云同志，此件值得一阅。阅后退彭。”

21日，毛泽东向大会讲话。

他说，他这几年对军事没有抓。军事工作基本上做得好，有成绩，也有缺点。军委有责任，中央也有责任。大家对军委、对彭德怀同志的批评，也就是对他的批评。

关于教条主义问题，他说我军有两种传统，一是优良传统，一是错误传统。一是马克思主义传统，一是非马克思主义传统。解放后又出现了教条主义，看来有一点，分量可以研究。说完全没有，是不妥当的，不加分析的搬外国，是妄自菲薄，不相信自己。②

毛泽东在大会上讲话之后，好像意犹未尽，在23日，他又把军委委员和各组组长召集到中南海游泳池，座谈两个来小时。

他在插话中说，说军队中没有教条主义是不存在的，究竟有多少，这次军委会议要实事求是地加以分析研究，不要夸大，也不要缩小，要坚持真理，修正错误。学习苏联的方针是坚定不移的，因为它是第一个社会主义国家，但一定要有选择的学。因此就要坚决反对教条主义，打倒奴隶思想，埋葬教条主义。③

接着，在6月29日，毛泽东又召开第二次组长座谈会，比较集中地谈了军事学院和训练总监部的问题，指名批评了刘伯承（南京军事学院院长兼政治委员）和萧克（训练总监部部长），说他们犯了教条主义错误。因之，大会在7月1日以后，人们的发言便全部集中到反对教条主义。在7月9日和10日的大会上，刘伯承、萧克和其他被认为犯有教条主义错误的人，被迫进行了检讨。批判性的发言一直持续到15日。在这期间，彭德怀主持起草大会的总结发言，在起草过程中，他听取了主席团其他成员提出的意见，亲自主持逐字逐句的修改，充分地反映了他的观点和态度。

在7月19日的全体大会上，彭德怀宣读了这篇总结发言。全文共分四个部分：第一部分是几年军队工作的基本情况，第二部分是两条军事路线的斗争，第三部分是战略方针和国防建设工作，第四部分是思想工作和领导工作。

---

① 彭德怀在1958年6月20日军委扩大会议全体大会上的发言，见会议32号《简报》。

② 毛泽东在1958年6月21日军委扩大会议全体大会上的讲话记录。

③ 刘培善参加1958年6月23日毛泽东召集的小组长会议以后的追记。

在前两个部分里，他错误地指责训练总监部和军事院校说："在军事训练部门和某些院校中，极少数同志具有资产阶级的军事思想，他们一直坚持反马克思主义的军事路线，抗拒中央和军委关于反教条主义的指示，严重地阻碍了反教条主义运动的开展。"甚至指名批评个别干部是"从严重的资产阶级个人野心出发，进行反党反领导的宗派活动，企图改变我们军队的面貌"。由于这种过火批判，使功勋卓著的刘伯承元帅蒙受委屈，被迫在大会上检讨，导致对萧克和训总的一批干部进行了错误的组织处理。

他的这篇总结发言，是 1957 年反右派以后党内"左"的思潮的产物。他当时不仅没有感到错误，而且认为讲得比较"有力量"。可是过了 4 年之后，1962 年他被"罢官"在吴家花园给毛泽东写那封长信（被称为《八万言书》）的时候，他开始认识到这篇发言和对刘伯承、萧克等人的批判是错了，是"言过其实"的，会后对萧克和训总一批干部的组织处理，"并非出于我的本意"。为此，他曾经嘱托他的侄儿彭起超，在有机会时一定要代他向萧克道歉。[①]

这次军委扩大会后，在全军范围掀起一场反教条主义的运动，致使绝大多数担任过训练工作和军事院校工作的领导干部，受到不同程度的批判，被迫进行检查，引起许多干部不安心训练工作和院校工作，严重地伤害了这部分干部的工作积极性。同时由于批判和否定某些旧的做法之后，一时又拿不出新的做法来代替，打乱了军队正规化现代化的建设进程，使军队训练和院校教学遭受很大危害，给军事建设工作带来不良后果。这次运动彭德怀虽然不是主要的发动者，但他的思想和发动者是完全一致的。加上他是这次会议的主要主持者，因而后人认为他对会议的错误应负更多的责任，是完全可以理解的。

彭德怀在会议的总结里，迎合当时"左"的思潮，把一些不赞成或抵制"批判地学习"苏军经验的思想，夸大为教条主义、资产阶级军事路线，并进行严厉批判，这当然是错误的。但他在这篇总结中，根据毛泽东讲的要"搞出自己的一套"的指示，还详细阐述了军事工作要"以我为主"的方针。事实证明，这一方针的贯彻执行，对于后来全军以"独立自主、自力更生"的精神推进国防事业的发展，曾经起了积极的作用。

---

① 访问彭起超的谈话记录，1989 年 9 月 4 日。

第三十章　未了心愿

第一节　积蓄后备兵员

彭德怀为建立中国军队的后备力量，解决“平时养兵少、战时用兵多”的矛盾，通过不懈摸索、实践，创立了民兵与预备役相结合的制度，找到了适合中国情况的积蓄后备兵员的有效办法。但他的探索历程是相当曲折的。

早在 1955 年，彭德怀在全国人民代表大会上报告兵役法时讲：“志愿兵役制，在中国过去各个革命战争时期，对争取革命战争的胜利起了重要作用，也是当时唯一可行的优良制度。但是，由于志愿兵役制度缺乏定期征集和定期退伍的制度，已不利于积蓄强大的经过训练的预备兵员，已经不能适应目前军队建设的需要了。”①

按《兵役法》规定，复员兵和适龄青年均需登记，编为第一、二类预备役，由省、市、县兵役部门负责组织领导，定期实行军事训练。这是学习苏联的办法。由于登记工作量大、表格项目繁多，对地方政府是一项庞大而复杂的工作任务。1956 年 3 月 31 日，军委会议讨论了一个登记和训练计划，提出：“今年先搞几十万作试点，重点要放在实战应用训练上，不要搞形式。训练的时间也要尽量缩短，每年可以训练十天，每天训练六小时，每人每天发给一角至一角五分的伙食补贴。”②

计划讨论后，彭德怀于 4 月 1 日批发的国防部指示中又特别说明，登记预备役的工作“各地可以根据具体情况，分期、分批逐步完成，在完成的时间上不强求一致。条件较好的地区，在今年、明年两年内完成，条件较差的地区，可以推迟到 1958 年完成，不能进行的地区，还可以暂不进行”③。

尽管如此，指示下达后，不少地方政府仍感到执行起来难度很大。6 月 10 日，邓小平把河北省委向中央汇报工作时说地方工作任务重、时间紧，最好把预备役登记工作推迟一年的意见和毛泽东表示同意一事写信给彭德怀考虑。彭德怀

① 1956 年 7 月 16 日在全国人民代表大会上对《兵役法》的说明。

② 第 62 次军委会议上工作人员的记录。

③《关于预备役军士和兵的登记工作指示》。

在6月20日给邓小平的信中说："4月1日国防部发出的指示中，规定得是很机动的"，但"为了照顾地方工作任务繁重的情况，国防部准备再发一个补充指示，把军官、军士和兵的预备役登记工作一律推迟到1958年完成"。补充指示发出后，预备役登记工作在一些地方实际上停顿下来。彭德怀已感到，这一积蓄后备兵员的办法不能解决我国的问题，必须作很大改进才行。

为了解决这个问题，还采取过组建预备师的办法。1955年6月15日，彭德怀在军委会上传达毛泽东的指示说："为应付突然事变，光靠常备军不行，要搞国民训练，成立预备师，就地训练，训练后解散，必要时集中，好处很多。"会议责成黄克诚主持同各总部研究提出方案。8月14日，彭德怀签发了先组建十个预备师的命令。规定预备师机构组成后，集训四个月；于1956年2月15日接收新兵，4月1日开始训练，期限为一年半。

预备师开始训练后，显露出不少矛盾：预备师的待遇是否相同于正规师的标准？而且组建这么多预备师，突破了全军原定350万的总定额。

就在这时，毛泽东在《论十大关系》中讲，第二个五年计划中，把军费和行政费用限制在国家总开支的20%左右。并在9月的第八次全国党代表大会上通过。彭德怀在军委会议上说："怎样使国家军政费用降至国家财政的20%？军队是否应继续缩减？这件事我同林彪同志商议过，军队原定额是350万，去冬今春突破定额达到380万。"接着又说："搞预备师是错误的，此事虽经集体讨论决定，但责任在我，算是犯了一个小错误。"①

"现在看来，钱用得很多，也妨碍群众生产，行不通了，所以十个预备师要取消。"

1957年5月30日，军委会议检查《兵役法》实行后的情况和存在的问题，彭德怀说："毛主席同我谈过几次，要把义务兵役制改为志愿兵制，我都没有表示态度。因为这是一个需要慎重处理的问题。"叶剑英说："我去缅甸访问以前，主席找我去谈，也说依靠义务兵积蓄后备力量，不能解决问题，每年最多80万人，100年才能积蓄8000万人，跟不上战时补充和扩大部队的需要。"

会上研究了义务兵役制实施的情况，大家认为工作进行顺利，做法稳当。缺点是登记18—30岁男性公民和有技术的女性公民3327万人，面太宽，手续过于繁杂，费力不小，作用不大，等等。彭德怀听取大家的意见之后说，"平时常备军如何尽量少，而战时又如何尽量多，要解决这个矛盾，义务兵役制和募兵制都解决不了这个问题。1955年9月我到汕头，同南澳岛驻军团长交谈过这个问题，今年3月又到舟山作了调查，都说必须把民兵和预备役结合起来。民兵要分为一般民兵和基干民兵，把每年复员的士兵编入基干民兵做骨干，同18—25岁的基干民兵一起进行训练，每年打一次靶，要求能做班排动作。按这个方法训练

① 在军委特别会议上工作人员的记录，1956年10月11日。

1200 万—1500 万后备兵员，预计第二个五年计划内可以达到”[①]。

6 月 19 日，彭德怀把会议上大家讨论的意见，整理成《中央军委关于改进兵役工作的指示》，报送毛泽东，并亲笔写了一封信。

翌日，毛泽东批示：“同意。”并送给政治局常委传阅后下发全国。

民兵与预备役合二为一的原则就这样正式确立下来了。直到 1959 年庐山会议他受批判时，还担心去职后这项制度会被废弃。

第二节 为新式武器开道

1954 年 9 月 9 日，彭德怀同刘伯承率军事代表团，应邀赴苏联参观原子弹实爆的军事演习，同去的有粟裕、陈赓、许光达、刘亚楼、邓华、陈锡联、宋时轮、周希汉、王尚荣。在演习总结会上，苏联国防部长布尔加宁把一个精美的包装盒赠给彭德怀，内中装有飞行员投原子弹的金钥匙。会后代表团的成员们争相传看，陈赓说：“光给一把钥匙，不给原子弹有啥用？”彭德怀说：“你是军事工程学院院长，咱们还是自己干吧！”

彭德怀去苏联之前，8 月 20 日，请物理学家钱三强[②]到他的办公室，为他讲解原子弹、氢弹的构造原理和生产方面的问题，还交谈了中国研制原子弹的条件。钱三强说，生产原子弹原料，反应堆比气体扩散方法省力，但应先建一个试验性原子反应堆准备条件。

新中国建立五周年，苏联赫鲁晓夫、布尔加宁率代表团来参加庆祝盛典。同时与周恩来为首的中方代表团（成员有陈云、彭德怀、邓小平、邓子恢、李富春）会谈。会谈前彭德怀对李富春说，要把建造试验性原子堆的问题，提请苏联帮助。宁可削减别的项目，这个堆一定要争取尽早建起来。

1955 年 1 月 15 日，毛泽东在中央书记处扩大会议上，听取李四光、钱三强和刘杰[③]汇报发展原子能问题。彭德怀也参加了这次会议。会上决定从各方面努力把这一工作开展起来。2 月 18 日，彭德怀在向毛泽东书面报告 1954 年的军事工作中，提出“要逐步研究和争取生产核子武器”。

1955 年 5 月，彭德怀去柏林、华沙返国途中在莫斯科停留，赫鲁晓夫接见时，主动提出可以看看他们的核动力潜艇，随后安排彭德怀和随行人员去列宁格勒访问波罗的海舰队。彭德怀在旗舰上检阅了仪仗队，受到隆重接待。舰队司令满口答应第二天即去参观核潜艇，可翌晨却说“核潜艇已出海”。彭德怀有些气愤，但也知道这并非当地驻军领导所能决定。经交涉后苏联方面又说可以到塞瓦斯托波尔去看，到后又说“黑海舰队没有核潜艇”。彭德怀对此非常愤懑。两次

---

① 第 111 次军委会议工作人员的记录。

② 钱三强，中国科学院物理研究所所长。

③ 李四光，地质部部长；刘杰，地质部副部长。

碰壁，使他对独立自主发展本国一切武器的信念，更加坚定不移。6月3日，他回到北京，向毛泽东和中央汇报东欧之行。中央为加快发展核能事业，7月4日决定由陈云、聂荣臻、薄一波负责筹划并组织实施。

中国留美著名科学家钱学森在1955年10月回国。彭德怀同中央领导人欣感钱学森回来对发展中国的火箭事业是一个有利条件。12月中旬，陈赓向彭德怀建议：军事工程学院有一些懂航空、火箭的专家教授，也有教学仪器设备，最好邀请钱学森去参观一下，听听他对研制中国火箭问题的意见。彭德怀说："这个意见很好，如中央同意即可安排。"

12月中旬，钱学森到哈尔滨，会见了在军事工程学院的一些老同学。陈赓趁机向钱学森提出中国研制火箭的条件和可能性，并鼓励专家们提出建议。钱学森回北京后，彭德怀邀请他来商谈，陈赓陪同。彭德怀请钱学森考虑一下，在中国现有条件下，研制射程300—500公里的火箭需要多少时间？向钱学森说明当前中国急需的是解决防空火箭和海岸对海上目标的火箭。钱学森说，如果只是能够发射的火箭，那用不了很长时间，费时间的是发射出去后的控制系统。彭德怀说，当然要同时解决这个问题才行。

正在这时，哈尔滨军事工程学院火箭专业教授会的任新民、周曼殊和金家骏等3人，向国防部提出研制火箭的建议。彭德怀和黄克诚看后，批交总参装备计划部长万毅征询钱学森的意见。钱学森表示，射程300—500公里的火箭，弹体及燃料有2年可解决，但这仅是20%，还有80%的自动控制问题，如果没有苏联或其他国家的资料，靠中国现有条件从头研究，可能要将近10年的时间。研究工作不宜设在军事工程学院，因为要有大的靶场和专用设备，试验中还要准备出危险。

彭德怀同钱学森商谈时，请他为驻京军事机关干部作有关火箭问题的报告，钱学森欣然答应，在元旦前后，讲了3次。

1956年2月27日，钱学森提出了《建立中国国防航空工业的意见书》。第二天，周恩来即批示："印发军委各委员和黄克诚。"彭德怀看后说："这件事情，军队不仅可以出人，而且可以出钱。"

3月6日，彭德怀在军委扩大会议上，作了保卫祖国的战略方针的报告，其中专题讲了"我们必须积极着手研究我国尚不能生产的新式武器（如核子武器、导弹和其他新式武器等）的设计制造问题"。"为开展此项工作，我军的军械部门和各技术兵种必须逐渐建立自己的军事技术研究机构。建议在国务院或国防部直接领导下积极筹建航空和导弹的研究机构，并准备筹划核子武器的研究机构"。

聂荣臻是军委分工主管军工生产和军队装备的，本来还在休养，当时的健康状况虽然刚刚好转，但他受命主持"两弹"研制任务后，雷厉风行，加班加点，不到一个月的时间，先是提出一个《关于航空工业委员会工作问题》的报告，接着又提出《关于建立我国导弹研究工作的初步意见》。周恩来看过这个报告，同彭德怀商定，尽早由军委召集会议进行讨论。[①]

5 月 26 日上午，周恩来准时来到国防部办公大楼会议室，亲自主持会议。参加会议的人，除聂荣臻外，还有彭德怀、钱志道、赵尔陆、李强和军队系统的有关干部。周恩来针对问题的核心，一针见血地提出，中国导弹研究的方针，应当“采取突破一点的办法”，不能等待一切都具备了才开始进行。接着，他解答了会上提出的一些具体问题，并指定专人及部门负责办理。关于招揽聘请专家，他说：“国内国外凡是可以吸收来做这项工作的专门人才，都应当设法吸收招聘，请宋任穷同志负责组织一个小组，专门落实联系人才和搜集技术资料的工作。”关于组织机构，他同意成立导弹管理局作为办事机关，调任钟夫翔为导弹局长。关于所需房舍，他指定由萧向荣召集薛子正、安东及国务院机关事务管理局局长具体研究，提出解决方案。最后他还特别叮嘱，建立导弹研究工作所需要的技术专家和行政干部，都可以由工业部门、高等学校、研究机关和军队系统抽调，要注意做好思想工作，要说服更多的人都来为研制导弹贡献力量，军队更要起模范作用，要人要钱，首先拿出来。

周恩来刚讲完，彭德怀马上接过他的话头说，搞导弹是要花很多钱的，但花钱再多也一定要搞，军队在这方面有所准备，可以拿出钱来补助政府开支。

从 1956 年 5 月开始，导弹研究院、原子能研究院以及电子、航空、舰船等研究院、试验基地以及军内科研机构陆续组建起来，干部都是挑选最优秀的，经费、设备、器材均优先保证。经过两年多的建设，科研和试制机构都初具规模。为加强统一领导，集中力量攻关，聂荣臻同彭德怀商议，认为应把原来建立的国防部第五部同航空工业委员会合并，组建“国防科学技术委员会”。经 157 次军委会议讨论通过，上报中央得到批准，由聂荣臻任国防科学技术委员会主任。

1959 年 6 月 29 日，在彭德怀上庐山参加中共中央政治局扩大会议前夕，苏共中央来函，借口同西方国家谈判禁止核武器试验，而中断若干原定援助中国的项目，单方面撕毁了两年前的协定。由于来信的时间是 1959 年 6 月，因之“五九六”就成为中国原子弹的工程代号，激励着科技工作者奋发努力。1964 年 10 月 16 日，被罢官 5 年之久的彭德怀从新闻广播中听到中国原子弹爆炸成功的喜讯，同在吴家花园的工作人员、警卫战士们一齐欢呼起来。核爆炸的秘密，被中国的钥匙打开了。1966 年 10 月 27 日，中国的导弹核武器试验成功的消息公布后，又使彭德怀为军事防御能力的增强，感到莫大欣慰。

第三节　后方工作安排

彭德怀根据中共中央“全面规划、加强领导”的精神，在草拟战略方针报告时，除对战略战役后方建设计划提出要求外，还开始挤时间去现地勘察。1956

---

① 第 63 次军委会议工作人员的记录。

年 1 月，他利用疗养的机会，对陕西、四川、云南战略大后方进行了视察。1957 年秋天，他到张家口、大同、太原和石家庄，研究首都周围的防卫工作。1958 年，他又到四川、贵州、湖南、湖北、江西、安徽以及东北和西北地区作了考察。这几年他每到一个地区，都着重对战略后方的某些问题加以研究和安排。1957 年动员军官家属还乡，也是这项工作中的内容之一。

1957 年 7 月，总后勤部长洪学智向军委写了一份《关于随军家属增加情况的简要调查报告》，反映军队从战争时期转入和平时期，由于实行薪金制时没有对军官结婚和家属来队加以限制，致使 1955 年以来随军家属、小孩和保姆人数猛烈增加。据统计，在 1956 年第一季度，全军随队家属、小孩和保姆已有 33 万多人，到第四季度即剧增为 60 多万人，相距仅 9 个月，几乎增加 1 倍。在军事机关和学校里，军官和家属的比例，一般的达到 1∶2 左右；在野战军里也接近 1∶1。由于家属、小孩激增，给部队带来一系列的难题，如住房紧张，医院不够用，儿童入托、入学困难，家属找不到工作，影响军官的工作和学习，军官调动工作顾虑重重等。更严重的是给部队行动造成累赘，影响战斗意志，遇到战争情况很难进行疏散和安置。报告的最后部分，提出了几个解决问题的方案。

彭德怀阅后，感到这是一个有关战略后方的重要问题，立即批交军委会议加以讨论。在会议上，大家认为这个问题提得非常及时，这些问题给领导工作带来的麻烦比正常业务都伤脑筋。彭德怀说，这确是一个影响重大的问题，但又是一个很复杂的问题，可以先把这份报告印发给正在开会的大军区组织部长会议讨论一下，然后确定解决办法。

8 月 12 日，彭德怀在北京军区副司令员郑维山陪同下到张家口、大同、太原和石家庄视察。主要是研究战争时期确保首都北京的安全问题，同时也考察了军官的随队家属问题。

对于随队家属问题，彭德怀在大同、太原和石家庄的驻军直接了解了情况，同驻军领导商谈了解决办法。在大同的一个军部里，他到军官宿舍和家属进行了交谈。

一天早晨，他穿着便衣，一边散步，一边要服务员带他来到军官家属大院。军官们都出操去了，家属们有的在做饭，有的站在门口没事干。彭德怀便走到一个家属跟前同她攀谈起来。

"还没有做饭吗？"他随便地问。

"我们是从食堂打饭，自己不做。"她答。

"你是哪里人？"

"保定府的。"

"嗬！大地方的！"彭德怀为了减少她的拘束，故意开了一个玩笑。

接着他便问她，在家乡干过什么工作，来部队住多长时间了，今后是长期住这里还是很快就回去等。另外还问了左邻右舍的一些情况。

这天上午，彭德怀同该军的领导干部谈了在战备工作上要注意的问题后，便同他们研究随军家属的问题。这个军随队的家属小孩为军官人数的70%多，地方上群众对此也有些不好的反映。彭德怀要求他们对这个问题从战略上来考虑：现代战争是原子条件下的战争，是突然袭击，家属问题解决不好，一打起来就会闹出大的乱子，老婆哭，娃娃叫，部队怎么能拉得出去。他提出一个办法说，在大同附近有很多荒地，军队可以投点资搞军营农场，譬如组织10户20户家属到那里开垦一点土地，种点粮食，喂点猪，养点羊等。三五年内逐步发展，使她们有点事干，逐渐把家安在那里，离开营房，情况就会好些。还有些家属本来就是农村来的，应当鼓励她们回农村去参加生产。军官可以每年回家住个把月，家属也可以来住个把月，一年有两个来月在一起，比牛郎织女好多了。地方上两地分居的干部也不过如此，多数军官和家属是会照顾这个大局的。

9月中旬，他在军委会议上谈了这个想法，大家赞成。后来他又在中共中央八届三中全会上作了汇报。11月间，陈毅主持军委会议，讨论并决定以总政治部名义发出一个《关于动员家属还乡参加社会主义建设的指示》。这一文件的基本思想是按彭德怀的意见草拟的，文件中也规定了可以留队随军家属的条件。此时彭德怀已去苏联访问。文件下达后，全军很快出现了一个家属还乡的高潮。12月彭德怀回国后，又研究确定校官家属可以留队，当时80万户随军家属中校官仅占3万户。到1958年1月中旬，仅仅3个月的时间，全军随军家属还乡的已达30多万户。彭德怀在1958年7月军委扩大会上说，在青海建设家属根据地，战争来了，第一线部队的家属可以输送到那里去。9月，他回顾军官家属还乡问题时说，对军官家属的规定，要离开前线、离开营房、参加劳动生产的原则是正确的。但在实际处理这一工作时，对于驻在后方的机关部队的情况照顾不够，对于参加生产的多种可能性考虑不够，偏重于“还乡生产”一种方法。有些远在后方的单位，本来有条件就地安置生产的，也一律送回原籍了。也有少数家属回到原籍后，因为一时无法安置，生活困难，又向部队倒流。他又说：“在组织军队参加劳动生产的时候，也就可以同时考虑军官家属的安置。凡是现在还未安置，或者安置不当的，除了参加到公社中去劳动以外，军队开办的各种农场、工厂和副业生产都应当优先吸收家属参加。在前线担负战斗任务或流动性大的部队，也可以师、团为单位将家属集中起来，在军队后方组织农副业生产。使这些军官家属就在那里安家落户，军官子女就在那里入托、入学、参加劳动。这样，比较复杂的家属问题，也就可以大体上解决了。”

关于战略后方的工作安排，彭德怀计划还要解决战时内地的防轰炸和反空降等问题。为此他在军委工作的7年中，已走遍大陆的绝大部分省市，拟逐省考察后进行专题研究和工作部署，只有广西和西藏两个自治区作了安排而未能成行。由于1959年8月他在庐山会议上受到错误批判，被免去国防部长职务，不得不忍痛离开军队，中断他对战略后方安排的工作计划。

第三十一章　“请为人民鼓咙胡”①

第一节　“我和许多人一样”

1957年11月中旬以后，彭德怀发现报纸上出现一个新的口号：“大跃进”。他对这个口号有些不以为然。他认为，“跃进”应当是一种质的变化。如果仅仅是工农业产值幅度增长比较大一些，那只能算量变，不能叫质变，就不应该叫“跃进”。基于这种看法，彭德怀在次年春节为《解放军报》“元帅和士兵的愿望”专栏撰稿的时候，把秘书在文章初稿中使用的“大跃进”，全部改成了“大发展”。

事有凑巧，就在同一天，1958年2月18日《人民日报》刊出毛泽东亲自修改的社论《反浪费反保守是当前整风运动的中心任务》。文中写道：“……要通过和结合反浪费反保守的斗争，彻底改进干部和群众的关系，提高全体职工的社会主义觉悟，打破那些妨碍生产力发展的陈规，精简机构，改善生产管理和劳动组织，改进生产技术，降低生产费用，以便彻底贯彻执行多快好省的方针，促进生产的大跃进。”② 毛泽东使用的仍然是“大跃进”。

到了3月，中共中央发布《关于开展反浪费反保守运动的指示》，把“大跃进”作为一次运动明确提了出来。指示中写道：“这是一个社会主义的生产大跃进和文化大跃进的运动，是在全民整风运动中改进整个国家工作和促进全民大鼓干劲的一个带有决定性的运动。”

彭德怀对“大跃进”这一提法仍然存在怀疑，但在发表文章和讲话时，却严格注意和中央提法保持一致，不再使用“大发展”这一说法。

彭德怀从思想上接受“大跃进”，是在1958年3月中共中央于四川成都召开的工作会议上。那次会议，各省省委书记汇报情况，毛泽东有20多次插话，另外还作了几次长篇讲话，提出：中国的社会主义建设路线，已经开始形成。它是在过去8年的实践中逐步形成起来的。在全国6亿人和全党1200万党员中，现在认识并从思想上接受这条路线的，可能还只有少数人。但随着形势的发展，会

---

① 1958年12月2日湖南平江县一位身有残疾的老红军战士写给彭德怀的诗句。“鼓咙胡”在当地方言中是“呼吁”的意思。另外《古诗源》注：“不敢公言，私咽语。”

②《人民日报》社论，1958年2月18日，第1版。

有越来越多的人认识并接受这条总路线。毛泽东的插话和讲话，体现出一个无产阶级革命家对本国社会主义建设道路勇于探索的精神，而且鼓舞着更多的人参加这种探索。

毛泽东还讲：我们要发扬风格，讲真心话，振作精神，要有高屋建瓴、势如破竹的气概。对于经典著作要尊重，但不要迷信，马克思主义本身就是人创造出来的。要造成一种环境，使人家敢于说话，交出心来。不敢讲话，无非是：一怕扣机会主义（帽子），二怕撤职，三怕开除党籍，四怕老婆离婚（脸上无光），五怕坐班房，六怕杀头。只要准备好这几条，看破红尘，就什么也不怕了。先进分子应该不怕这一套，要有王熙凤的“舍得一身剐，敢把皇帝拉下马”的精神。

毛泽东讲话的本身就充满着高屋建瓴、势如破竹的气魄。彭德怀被他的讲话深深地打动了，对“大跃进”这一口号的疑虑随之烟消云散。

在成都会议后期的谈心会上，彭德怀以自我检讨的精神袒露胸臆说：“回想十年之前，有惭愧感，对毛主席的认识，不是一见如故，又不是同床异梦，而是在这两者之间。”[①] 他感到，通过这次会议使他大彻大悟，思想认识有了新的飞跃，新的提高。

1958 年 5 月，中共“八大”二次会议通过社会主义建设总路线及其基本点。同年 8 月，中共中央在北戴河召开的政治局扩大会议上，作出《关于在农村建立人民公社的决议》，规定小社并大社、转公社，“一气呵成”。会议还决定，1958 年全国钢产量要比 1957 年翻一番，号召全党全民为生产 1070 万吨钢而奋斗。会议设想通过公社化运动和大炼钢铁的途径，实现国民经济的“大跃进”，加快进入共产主义的步伐。彭德怀参加了讨论，举了手，没有提出不同意见。

北戴河会议闭幕第二天，彭德怀到东北地区视察。他首先到哈尔滨军事工程学院。这个坐落在松江平原上占地 50 多万平方米的培养高级军事技术人才的最高学府，和全国其他院校一样，正处在“大跃进”的滚滚热浪中。一座座宫殿式的教学大楼和办公大楼的墙壁上，悬挂着鼓舞人们“苦战”“攻关”，“争放卫星”的巨幅标语，无论走到哪里，都可以看到有成群的人在辩论，在思考，在汗流浃背地忙碌着，彭德怀在哈尔滨市招待所住了一夜，第二天就搬进了学院。为的是要亲眼看一看、亲自体验一下这座人民解放军科技人员的摇篮，是如何迎接正在全国澎湃兴起的“大跃进”的。

彭德怀深入各教学系和专业教学组，同教授们进行了交谈，察看了许多实验室、实习工厂、学员食堂和进行野外作业的帐篷。考察中，彭德怀听到的是一个又一个振奋人心的好消息。

彭德怀从哈尔滨到齐齐哈尔，又从齐齐哈尔转回沈阳，一路上，展现在他眼前的是一幅波澜壮阔的全民“大跃进”的生动图景。一望无际的松辽平原上，到处是一片片刚刚建起的炼铁土高炉，白天烟雾弥漫，夜晚火光冲天。列车经过的

① 彭德怀 1958 年 3 月在中共中央成都会议后期一次谈心会上的发言提纲。

彭德怀与农民一起交谈

1958年，彭德怀在山海关农村调查

城镇和车站的墙壁上，贴满庆祝人民公社成立的大字标语和工人农民抒发豪情壮志的诗歌。彭德怀在火车上不禁赞叹说："中国人民真正站起来了，中国人民向着党所指引的宏伟目标开始跃进了！"他自己的热血也在沸腾。每到一地，他都热情洋溢地鼓励干部和群众解放思想，敢想、敢说、敢干，要敢于走前人没有走过的路。在向部队干部讲话的时候，他曾激动地说："……过去唱歌是'起来，饥寒交迫的奴隶'，中国人民几千年来饿肚子的问题，今年解决了！今年粮食产量是7000亿到8400亿斤，明年是1.5万亿斤。每人年平均有1吨粮，什么战争、灾害都不怕了。今年钢产量是1070万吨，明年钢产量是2500万吨，可能达到3000万吨。马克思讲过的'一天等于二十年'，现在证实了。我是最近才相信这番话的……"①

彭德怀在难以抑制的兴奋中结束了他的东北之行。在那"大跃进"的浪涛席

① 彭德怀在沈阳军区党委扩大会议上的讲话，1958年9月20日。

彭德怀在延安与乡亲们热烈交谈

彭德怀到三门峡考察

卷神州大地的狂热年代，他和许多人一样，曾以虔诚的心情，拥护“大跃进”，指望这场史无前例的“大跃进”，给全国人民带来幸福的生活，取得人们所向往的、震撼世界的成就。

他从东北回到北京，处理了国防部的一些重要军务，欢度建国九周年的国庆节，随后又风尘仆仆地奔赴西北地区考察。他到了内蒙古、青海、甘肃、陕西省（区），重点是了解人民公社和大炼钢铁的情况。

在兰州军区司令员张达志的陪同下，彭德怀乘吉普车从青海省的格尔穆出发西行。他坚持多年来视察工作的老习惯，不让事先通知要去访问的单位。当他们的车子开进沙漠绿洲中的敦煌，在县委门前停下来的时候，县委的领导人没有一个在家。出来迎接他们的是县委的一位年轻秘书。彭德怀对秘书说：“小同志，我们要在这里住一宿，吃两顿饭。一顿在你们机关食堂吃，一顿到人民公社食堂去吃。大家吃什么，我们吃什么，跟大家一起吃。”

在县委食堂就餐的人看到彭德怀也在食堂用餐，站起来笑着向他这边张望。彭德怀也笑着向大家点头致意。他和人们随意交谈，在食堂里不时响起阵阵笑声。

晚上，由敦煌县县委副书记刘孟晋介绍情况，这是彭德怀初次亲身接触人民公社这个在中国大地上正在兴起的新生事物。刘孟晋是个淳朴老成的中年人。他告诉彭德怀，这里是全县组成一个人民公社，8万人口，分8个大队。9月2日试办，11日正式成立。试办中群众写了7万张大字报，贫农最积极，要求割掉资本主义尾巴，把所有的生产资料都交归公社，不要任何代价；中农有些是被迫的，很勉强；富农的生产资料不肯全部交出来，有的把猪、羊藏起来，有的把毛驴杀掉。听到这里，彭德怀不无担心地说："你们一县一社，不一定是方向。公社并非越大越好，主要是看对于发展生产有利没利，超越现实条件就不能算是先进了。在由高级社合并成公社当中，要注意到避免发生破坏生产资料的现象就好了。"

第二天，他又在县委副书记的陪同下，参观了郊区的杨家桥生产大队。沿途看到许多棉花掉在路上。在菜地里，他看到大量白菜零乱地堆放着，遍地散落着菜叶。到了村里，社员们正在开饭，彭德怀走近锅台，用勺子搅着盆里的稀面糊看了看，发现里面掺的是土豆块。

彭德怀转身带着疑惑的神情，小声问刘孟晋："这么多人一起吃饭究竟行不行？"杨家桥大队的一些景象，向他提出不少值得疑虑的问题。

到了兰州，省委副书记霍维德陪他去参观了一个近郊区的雁滩人民公社。参观完毕，彭德怀那颗被阴云笼罩的心情又变得明朗起来。

雁滩公社地处黄河两条水流之间，是黄河中间的一个狭长小岛，自然条件很好。公社一位姓马的社长，领着彭德怀一行一边看，一边介绍说：雁滩公社是由5个农业合作社合并而成的。全社共1.7万多人，2.66万亩耕地，其中有1万亩是菜地。主要是向兰州市、工矿区供应蔬菜。由于公社规模较小，土地肥沃，又比较集中，管理上也比较有秩序。从果园、苗圃到鸡鸭场、奶牛场；从托儿所到幸福院，处处搞得很整齐，井井有条。

在公社的第七食堂，彭德怀一面同炊事员握手，一面问："现在能不能吃得饱？"一个女炊事员笑着答道："饱得很，没得数地吃！"

在雁滩公社，彭德怀边走边看，边与人交谈，参观了3个多钟头，始终兴致勃勃。陪同来的省委领导人告诉他：今年全省粮食是特大丰收，每人平均可达到1500斤。洮河引水工程也已经全面铺开，竣工以后，黄土高原靠天吃饭的历史就要结束了。

在西北地区的这段考察，彭德怀可以说是喜忧参半。他不怀疑人民公社运动的正确性，但是，公社究竟如何办才好，却是一个十分重要又亟待解决的课题。在他看来，西北地区乃至全国，具有像雁滩人民公社这种自然条件的毕竟还是少数。

彭德怀在西北地区进行考察的那些日子，正是全国"大跃进"进入高潮的时期。彭德怀和许多人一样，对全国形势的看法是乐观的。但是，他的乐观是有限度、有保留的。他是一个脚踏实地的人。特别是经过西北地区的一段考察之后，他看到了事物的复杂和不平衡，他处事也就更加谨慎。

"大跃进"的热风也吹进军营，有的部队写信给他，要求军队成立公社。还有几位团政治委员联名上书给他，要求部队立即实行供给制。尽管“形势”逼人，彭德怀还是冷静地处理了这些问题。他给部队回信，明确地说：“社会分工不同，军队是一个担负战斗任务的军事组织，把军队改为人民公社的组织形式是不恰当的。”“现在军队内部实行供给制的想法也是不现实的。不能把我们过去采用的军事共产主义政策和未来的共产主义‘各尽所能，按需分配’的制度混淆起来。我们现实的分配原则，只能是‘各尽所能，按劳分配’。”

第二节 乡亲的呼声

彭德怀对“大跃进”中的问题，在认识上发生明显变化，是1958年12月中央在武昌召开八届六中全会时开始的。首先对当年的粮食产量，他提出了不同看法。当时，在西北地区的小组会上，讨论公布1958年全国粮食产量数字的时候，许多人赞成公布1万亿斤或1.2万亿斤，甚至还有人说“粮食要多少有多少”。彭德怀不同意这些意见。他直截了当地说：“粮食没有那么多。”当时有人批评彭德怀思想“保守”，说：“老总啊，你这也怀疑，那也怀疑，可怎么办呢？”彭德怀解释说：“公布的数字宁可少一些，将来追加数字比较主动；公布的数字多了，将来被动。”①

武昌会议结束后，彭德怀便回到湖南家乡去做调查，决心把有些情况弄个水落石出。

1958年12月，彭德怀回湖南家乡调查时与亲属合影

①《彭德怀自述》，人民出版社1981年版，第265页。

彭德怀在湖南作调查，是由省委书记周小舟陪同的。周小舟和彭德怀同乡，也是湖南湘潭人，学生出身，抗日战争以前就给毛泽东当过秘书。小舟这个名字就是由毛泽东叫他“小周”叫起来的。他是一个头脑清醒，工作深入，讲求实际的人。他陪彭德怀先到了湘潭县乌石大队彭家围子所在的卫国人民公社。周小舟告诉他：前些时候湖南省委开过一次常委会，会上大家都不同意把当年的粮食产量估计得那么多，也不同意把次年的粮食产量指标定得那么高。所以，近几个月湖南老是挨批评，还被拔了“白旗”。可是后来证明，“插红旗”的某些省粮食相当紧张，而他们这个被拔了“白旗”的省，粮食倒还富裕。竟出现了“红旗省”向“白旗省”借粮的怪事！

谈到土法炼钢，周小舟说：全省共建起5万多个小土高炉，生了火的还不到一半，出了铁的就更少。

谈到公社食堂，周小舟告诉彭德怀：公社食堂没有给群众带来什么方便，反而造成人力物力的很大浪费。

周小舟还认为，供给制穷的时候不能搞，富裕的时候也不能搞。

听着周小舟的介绍，彭德怀发现，湖南的情况和他在甘肃河西走廊看到的情况是那样的相似。他更感到这次回乡做调查的必要。

为了便利于听到群众的真实反映，彭德怀没有住招待所，而是住进了彭家围子自己的旧居。到家乡的当天晚上，乡亲们都来看望，老人、妇女、孩子，挤了满满的一屋，问长问短。彭德怀向乡亲们宣传中共八届六中全会精神，询问群众的生活和生产情况。在公社和大队干部座谈会上，当有的干部谈到今年粮食大丰收，吴公塘生产队亩产过千斤时，彭德怀未敢轻信。他立即同干部们步行数里来到吴公塘田边，打着手电筒，蹲下身来，拔起一兜禾茬，数着一兜禾上有多少株稻穗，每个穗上大约有多少颗稻谷，细心计算着每亩地的产量。他对干部说：“我最近看过不少地方，有的讲亩产几千斤，上万斤，吹得很厉害。老实说，我是有怀疑的。我们当干部的，办事一定要实事求是，不能搞浮夸。”

听公社干部说，他们公社的炼铁厂出了640多吨铁。彭德怀就去看了公社炼铁厂。情况和他在别处看到的一样，是“大兵团作战”。事后，彭德怀跟公社干部算了算账：为了炼那么一点铁，集中公社、大队全部劳力运料，丢开农业生产，让稻谷烂在地里；为了解决燃料问题，拆毁了社员许多住房，砍伐了大片山林；为了收集原料，连社员的农具和做饭的铁锅都砸了……，这是多么大的代价呀！彭德怀对干部和社员说：“过去技术落后，民间需要制造农具用这种小土炉炼铁。现在大规模这样搞，看来不是好办法。”

在乌石学校，彭德怀看了教室和教员们的宿舍，尝了学生们的饭菜；在赵家弄子大队，彭德怀参观了设备十分简陋的幼儿园；在许家塘大队敬老院，彭德怀和几位少年时代的伙伴进行了亲切交谈，得知他们每餐每人只能吃到二三两米（十六两一斤），数九寒天老人们还睡在光光的篾席上，连褥单都没有，被子也破烂不堪。彭德怀紧锁着眉头忍不住说：“这叫什么敬老院、幸福院！”

他捐了200元钱给幼儿园，为孩子们买一些生活必需用品。还捐了200元，让干部给敬老院添置些铺垫。

对家乡的考察，使彭德怀对人民公社化运动和大炼钢铁中的问题有了更清晰的了解，也给他增加了更大疑虑。

故乡之行，使彭德怀感触最深，让他最感不安的另一件事情是农村干部的领导作风问题。许多乡亲们向他反映，由于上边给的任务又重又急，基层干部的领导作风也就越来越坏。不讲民主，强迫命令，随便打人、骂人、捆绑人的现象，相当普遍，而且愈来愈严重。彭德怀想起了在延安、在太行山的岁月。那时的干部和群众，军队和群众，甚至领袖和群众，关系是何等亲密啊！真是血肉相连、鱼水关系。为什么现在变成这个样子了！他为这种变化而深感痛心。

离开家乡彭家围子时，彭德怀殷切地叮嘱前来为他送行的干部：今后再不准搞瞎指挥，不准搞浮夸，不准说假话，不准强迫命令，不准打人骂人，不准罚口粮，不准拆毁社员房屋，不准砍伐山林。20多年以后，在彭德怀早已离开这个世界的时候，当地干部和群众对他当年规定的“八不准”，还记忆犹新。

直到返回北京中南海，农村干部的作风问题，仍然令彭德怀放心不下。过了3个月，他借着退还给生产队蜂蜜折款的机会，又写了一封长信，寄语乌石大队的干部。信中说：“回到北京住地，数星期以后，才发现你们送我一瓷坛蜂蜜。这是乌石生产大队全体人民的劳动果实。我对中国人民和邻友们无多贡献，于心为之不安，深感惭愧。拟将原物奉还，又不便投寄，约折款30元，请予查收，交大队投入副业生产。”接着他写道：“搞好生产，增加收入，是领导和群众的共同要求。既然领导与群众愿望相一致，就应当坚持领导与群众相结合的工作方法。例如，长远计划与年度的具体工作安排，必须以实事求是的精神去拟制。拟制以后又必须同群众反复研究，反复商量，取得大多数群众的支持和拥护。对于不同意的那部分群众，还需要耐心地不断地进行教育。长远计划也好，年度工作安排也好，如果不认真发动群众，反复讨论，取得多数群众的认识一致，计划和安排即便是正确的，也难以完成各项任务。何况少数负责同志缺乏与群众商量的精神，得不到群众的热情支持，工作任务当然要遭到挫折。”拳拳之心，殷殷之情，溢于言表。

彭德怀和周小舟离开乌石以后，又到了毛泽东的故乡韶山公社，所见所闻与乌石大队大同小异。

随后，彭德怀来到他30年前举行起义的地方——平江县。在这里他无心重温那些轰轰烈烈的往事，集中精力考察了群众的生产和生活情况。在参观平江县工农业生产展览馆时，他吃惊地发现有两个数字竟然是颠倒着公布的：把收成最好的1957年的粮食高产数字，公布为1958年的产量；而把1958年较低的数字，说成是1957年的产量。彭德怀后来忆及此事，还感叹地说：“如此造假，真令人害怕！”

平江考察中，还有一件事使彭德怀终生难忘。一位土地革命战争时负伤致残的红军战士，在人群中悄悄给他一张纸条。彭德怀打开一看，只见上面写着：

谷撒地，
薯叶枯，
青壮炼铁去，
收禾童与姑。
来年日子怎么过？
请为人民鼓咙胡。

彭德怀小心翼翼地把纸条夹在自己的笔记本里。事后，他在笔记中写道："这是群众多么沉痛的呼声！"

在株洲，彭德怀与薄一波相遇，谈到当年粮食产量时，彭德怀更有把握地说："实产粮食数字可能没有估计的那样多，今年征 1200 亿斤粮食是很勉强的。如果征了过头粮，不仅将来返运困难，而且会影响农民生产情绪。估计征购 900 亿斤为宜。"薄一波建议彭德怀给中央发个电报。他便写信给中央，建议把当年的征购粮减到 900 亿斤。这是彭德怀在听到人民沉痛的呼声之后，第一次为人民"鼓咙胡"。

第三十二章　身在庐山

第一节　“其如天下有忧何”

彭德怀是在并无思想准备的情况下奉命上庐山开会的。

1959 年 4 月 24 日至 6 月 13 日，彭德怀率领中国军事代表团，先后对苏联及东欧各国进行了近 50 天的友好访问。回到北京的第二天，他便不顾旅途疲劳到旃坛寺国防部大楼去办公。总参谋长黄克诚向彭德怀询问了访问的情况和观感，然后向他汇报国内经济形势和当前部队的思想情况。使彭德怀感到担心和意外的，是国内非常严峻的经济形势。黄克诚向他汇报时说，全国不少地方灾情严重，特别是甘肃省，有的地方已经断粮，外出逃荒的群众越来越多……

听到这里，彭德怀再也坐不住了。他背着手，在室内踱来踱去。甘肃省是他亲自考察过的省份，就在几个月之前，省委领导和下面干部还告诉他，全省每人平均可占有粮食 1500 斤。现在怎么忽然变成了严重缺粮省？

彭德怀在国外访问时的留影

在回国的最初几天里，彭德怀阅读了中央文件和各地送来的大量有关“大跃进”和人民公社化运动的材料。他发现国内形势远不像他在国外从报纸上看到的报道那样乐观。全国的粮食、日用品、建筑材料、电力、运输……都处于紧张状态。月末，彭德怀接到中央办公厅通知：中央决定 7 月 2 日在江西庐山召开政治局扩大会议。政治局委员，各省、自治区党委第一书记，中央和国家机关一些部、委的负责同志参加会议。

彭德怀沉思良久。他想让黄克诚去庐山开会，自己留下值班。彭德怀所以有这

彭德怀出国访问回到北京，受到总参谋长黄克诚大将的热烈欢迎

个念头，是因为他考虑到：黄克诚是中央书记处书记，对地方的情况比自己熟悉；另外，彭德怀计划写一本关于建军经验的书，想抽空做些准备，并看看出访期间积压下来的文件材料。当彭德怀找到黄克诚把自己的想法告诉他时，一向不辞辛劳的黄克诚却出乎意料地没有立刻表态。这位素来稳重的总参谋长考虑得更多一些，他想到在不久前的上海会议上，毛泽东突如其来地点名批评彭德怀，口气严厉令人摸不着来由，使彭德怀一连几天迷惑不解，闷闷不乐。黄克诚唯恐彭德怀不出席庐山会议引起毛泽东的误解，便非常恳切地说："老总，你是政治局委员，你怎么能不去呢？还是我留下来值班，你去开会的好。"

无论是彭德怀还是黄克诚，都没有预料到庐山将会发生什么事情。他们当时考虑的，只是两个人中一个上山，一个留守，谁去谁留的问题罢了。

彭德怀是7月1日早晨到庐山的。和他一起到达的有：贺龙、李富春、习仲勋、陆定一、康生、张闻天、贾拓夫等。他们从北京出发，乘一组专列先到武汉，然后换乘江轮到九江，由九江登岸乘汽车上山。在火车上，彭德怀一直埋头阅读这一时期中央发的重要文件、内部资料和群众来信。50多天的8国之行，与国内隔绝，他需要了解的情况太多了。

在火车上，保健人员发现彭德怀吃饭很少，两顿饭都是只吃几口就把碗筷一放，回自己的包厢去了。在包厢里，他长时间地凝视着窗外，闷坐不语。保健人员便不安地问："是不是病了？"彭德怀轻轻摇摇头。"是在车上睡眠不好？"彭德怀又摇了摇头。接着用手指了指窗外说："你看看他们……叫人怎么还能吃得下去！"[①]

这时保健人员才注意到，在列车停靠的站台外边，拥挤着许多人。他们衣衫破烂，蓬头垢面，有的背着肮脏的行李卷儿，有的妇女怀里还抱着吃奶的孩子。他们一个个面带菜色，用手把着站台边的白色栅栏，向列车这边张望着。很显然这是一群被保卫人员赶到站外的灾民。

① 访问中南海原保健科护士项文芳的谈话。

1959 年的庐山会议，是中国共产党的两次重要会议的总称。7 月 2 日至 8 月 1 日是中央政治局扩大会议；8 月 2 日至 8 月 16 日是中共八届八中全会。开始的计划只是开中央政治局扩大会议。彭德怀 7 月 2 日到达庐山后，被安排住在河东路一侧的 176 号别墅。这是一座有一间大厅，两头各有一套卧室、书房、卫生间，设备齐全的美式建筑。

庐山会议期间，彭德怀的住所 176 号别墅

7月的庐山，万木葱郁，气候宜人。变幻莫测的庐山云雾，给本来就千姿百态的峰壑不断地改变着容颜，为它涂上一层又一层神秘虚幻的色彩。

毛泽东把第一阶段的庐山会议称作“神仙会”。上山之前，与会人员得悉会议的议题主要是继续纠正经济工作中“左”的错误，传达毛泽东提出的 13 个问题。上山以后，毛泽东在接见一些负责同志时，也明确地说过：“这次会议主要是纠‘左’，要搞一个文件。”

7 月 2 日开过一次中央常委会，会上确定的庐山会议正式议程，是分组讨论毛泽东先后陆续提出的 19 个问题：（1）读书；（2）形势；（3）今年的任务；（4）明年的任务；（5）四年的任务；（6）宣传问题；（7）综合平衡问题；（8）群众路线问题；（9）建立和加强工业企业的各项管理制度和提高工业产品质量问题；（10）体制问题；（11）协作区关系问题；（12）公共食堂问题；（13）学会过日子问题；（14）三定政策；（15）农村初级市场的恢复问题；（16）使生产小队成为半核算单位；（17）农村党团基层领导作用问题；（18）团结问题；（19）国际问题。

当时，毛泽东把国内形势概括为这样三句话：“成绩伟大，问题不少，前途光明。”毛泽东的概括，使初上庐山的彭德怀对会议满怀希望，以极大热情参加了小组会的讨论。

会议初期，气氛轻松、融洽，正如毛泽东说的那样“有点神仙会的味道”。白天开会，晚上看戏、看电影、跳舞。

但是，这“神仙”般的生活只继续了不长的时间。随着讨论的深入，思想认识上的差异和分歧逐渐显露出来，会议气氛开始发生变化。分歧是从对毛泽东概括形势的 3 句话那中间 4 个字“问题不少”的不同解释开始的。

庐山开会的时候，全国城乡的经济情况，已经开始有所缓和，但没有根本好转。从 1958 年冬到 1959 年 7 月，毛泽东为了纠正“大跃进”和人民公社化运动中的错误，已经从思想上提出纠“左”的问题。他多次召开中共中央政治局扩大会和中央全会，制定一些方针政策，采取一些具体措施，并且取得了一些成效。毛泽东对于这方面的成绩是相当满意的。

但是，由于当时所有这些方针政策和具体措施，仍然是在肯定“大跃进”和人民公社化运动的前提下提出和实行的，因而这种纠“左”的工作也是很不彻底的。一再修改后的指标仍然偏高；公社中仍然保留着供给制、公共食堂等许多“左”的做法，严重危害着人民生产和生活的正常秩序。面对这样一种情况，在彭德怀和一部分与会者中便产生了一种强烈的要求，主张认真总结经验教训，迅速扭转紧张局势。

对当时形势，特别是对存在的问题的不同看法是：一部分人认为，1958 年“大跃进”和人民公社化的伟大成就要充分肯定，缺点和错误只不过是“一个指头”或“不到一个指头”的问题。而且经过 1958 年下半年以来中央一系列会议采取措施后，缺点错误已经纠正，问题已经基本解决了。持这种观点的人，大都是“大跃进”和人民公社化运动中积极的领导人。他们不喜欢听别人谈“大跃进”中的问题和缺点。认为那样就会否定“大跃进”的成绩，是“给伟大的革命群众运动泼冷水”。

另外一部分人则认为“大跃进”和人民公社化运动虽然取得很大成绩，但也暴露不少问题，有些问题性质是严重的，值得重视。中央虽然开了一系列的会议，制定了一些措施来纠正“大跃进”和公社化运动中的缺点错误，如批评“共产风”“浮夸风”，生产上的比例失调，干部作风中的简单粗暴、强迫命令等，但收效甚微，有的地方还在发展，还需要下大力才能解决。持这种看法的人认为，“大跃进”有许多经验教训值得好好总结。把成绩讲够，把缺点讲透，不是给群众运动泼冷水，而正是为了更好地前进。这样做不但不会否定已经取得的成就，相反，只有如此，才能真正克服缺点，纠正错误，把今后工作做得更好。

彭德怀是属于持后面这种观点中的一个。

彭德怀登上庐山，对于闻名遐迩的匡庐胜境没有多少心思去领略。“暇日登临固宜乐，其如天下有忧何。”[①] 在山上，他除了参加国务院的会议以外，就是整天翻阅中央和各部、委的文件，以及参加小组会议讨论。

会议是按照当时的行政大区编组的，共分 6 个组，彭德怀参加的是西北组。从 7 月 3 日到 7 月 10 日的 8 天中，他先后作了 7 次发言和插话。以他自己一贯的风格，发言开门见山，毫不拐弯抹角。有的话直涉毛泽东，他也不加回避：

“解放以来，一连串的胜利，造成群众的头脑发热，因而向毛主席反映情况只讲可能和有利的因素。在大胜利中，容易看不见、听不进反面的东西。”

“我们党内总是‘左’的难以纠正，右的比较好纠正；‘左’的一来，压倒一切，许多人不敢讲话。”

---

① 宋人王十朋诗《读〈岳阳楼记〉》：“先忧后乐范文正，此志此言高孟轲。暇日登临固宜乐，其如天下有忧何。”

“人民公社我认为办早了一些，高级社的优越性刚发挥，还没有充分发挥就公社化，而且没有经过试验。如果试验上一年半年再搞，就好了。”

“要找经验教训，不要埋怨，不要追究责任。人人有责，人人有一份，包括毛泽东同志在内。我也有一份，至少当时没有反对。”

“现在是不管党委集体领导的决定，而是个人决定；第一书记决定的算，第二书记决定的就不算。不建立集体威信，只建立个人威信，是很不正常的，是危险的。”

“成绩是伟大的，缺点是一个短时间（9月至11月）发生的，而影响不只三个月。换来的经验教训是宝贵的，要把（认识）问题搞一致，就团结了。”[①]

四个月前，在上海会议上，毛泽东在关于工作方法的讲话中，号召大家敢于发表不同意见，学习海瑞批评嘉靖皇帝的勇气。他说：明朝皇帝搞廷杖，甚至当众把人打死，还是有臣下敢进言。当时尽管海瑞对皇帝攻击得很厉害，他对皇帝还是忠心耿耿的。会后彭德怀返回北京，一直到出国访问，大约半个多月的时间里，他的案头总是放着一本线装的《明史·海瑞传》，批阅文电之余，便拿起仔细阅读。在彭德怀作以上发言和插话的时候，他脑子里是否想到了海瑞，人们不得而知，但是，他从毛泽东号召讲真话、学海瑞中受到了鼓励，则是可以肯定的。

在那次上海会议期间，彭德怀和陈云同住在瑞金二路五号，同席进餐，饭后一起散步，交谈过不少问题，而且对许多问题的看法比较一致。在修改和调整当年的钢铁生产指标中，毛泽东在会上多次称赞陈云关于这方面的正确意见，还说有时候真理是在一个人手里。会后，毛泽东即委托陈云领导中央财经小组，研究落实钢铁生产指标的问题。彭德怀对陈云坚持实事求是，不随声附和而又勇于直言的精神，一直是很敬佩的。

1959年4月2日至5日，彭德怀在上海参加中共八届七中全会期间与陈云合影

彭德怀在小组会上言人所不敢言，有人赞同，有人为他捏一把汗，还有人冷眼旁观。

彭德怀从来不看人家的脸色讲话，仍然照直说下去：

“毛主席家乡的那个公社，去年搞的增产数，实际没有那么多嘛。我去了解了，实际只增产了百分之十三。我又问了周小舟，他说那个公社增产只有百分之十四，国家还给了不少贷款和帮助。”

①《彭德怀在小组会议发言摘录》，庐山会议文件。

彭德怀和陈云在上海期间，和前来看望他们的同志在住处合影。左起：萧华、彭德怀、陈云、萧劲光、杨成武、刘亚楼、杨勇、王尚荣

“毛主席和党中央在全中国人民心目中威信之高，是全世界找不到的。但滥用这种威信是不行的。去年乱传毛主席的意见，问题不少。”

“过日子，国家也要注意。风景区，人工湖可以慢点，浪费很大。好多省都给毛主席修别墅，这总不是毛主席让搞的。”

“什么‘算账派’、‘观潮派’……帽子都有了，对于广开言路有影响。有些人不说真话，摸领导人的心理。”

彭德怀在发言中还间或加杂有粗俗的言辞，引起了一些人的极大不快，这是不难理解的。

美国作家埃德加·斯诺在他那本著名的《西行漫记》中说过：“我必须承认彭德怀给我的印象很深。他谈话举止里有一种开门见山、直截了当、不转弯抹角的作风，很使我喜欢，这是中国人中不可多得的品质。”[①]

彭德怀不仅在小组会上直言不讳，当着毛泽东的面也不隐讳自己的观点。在毛泽东主持的一次常委会上，当有人说到 1958 年全国土法炼铁，地方已补贴 20 余亿元，国家还要补贴 20 余亿元时，彭德怀插话说：“这个数字好大！比一年的国

① [美] 埃德加·斯诺：《西行漫记》，生活·读书·新知三联书店 1979 年版，第 268 页。

防费开支还要多。用这笔款去买消费物资，把它堆起来，恐怕会有庐山这样高。”

毛泽东说：“呃，不会有这样高。”彭德怀接下去说：“那就矮一点吧，总而言之不少！”

在庐山，经常和彭德怀见面的有政治局候补委员、外交部副部长张闻天，他们两人的住所只相隔一条甬道。还有中共中央候补委员、湖南省委第一书记周小舟，湖南省委副书记周惠，水电部副部长李锐等。周小舟、李锐二人在不同时期当过毛泽东的秘书，被毛泽东称为“秀才”。他们对国内经济形势的看法和彭德怀相近。特别是周小舟，曾向彭德怀反映了许多关于“大跃进”和人民公社化运动中的情况和问题。

7月12日，周小舟到176号去看彭德怀，谈到粮食问题时，周说：“去年粮食产量造了假！是压出来的。一次上报说粮食数字不落实，第二次上报又说不落实，连造了几次数字，下面干部就摸清了一个底——要虚报，不要实报。”

彭德怀愤怒起来：“乱弹琴！只能有多少报多少，不能虚报也不能少报，怎么能这样胡来！”

“做不到，上面压力太大。”周小舟谈了自己的体会。过一会儿他又对彭德怀说：“现在农民在公共食堂吃大锅饭，就要大锅大灶，烧柴禾也不节省，劳力也不节省。小锅小灶，妇女、弱劳力都可以煮饭，现在非强劳力不可。搞了公共食堂，家里用点热水也不方便，群众对公共食堂有意见。”

“这些问题，你该照实向主席反映一下。”彭德怀说。

“我昨天向主席谈了一些。”

周小舟把头天晚上他和周惠、李锐在毛泽东那里谈话的情况，向彭德怀详细谈了。接着又建议说：“彭总，主席对我们的意见是能听得进去的，你也找机会同主席当面谈谈吧。”

彭德怀说：“军队方面也常反映一些社会情况，我都送给主席看了。”在山下，彭德怀常常把部队反映的一些问题转呈毛泽东，他希望引起毛泽东更加重视工作中的问题。

第二节 上 书

彭德怀在西北小组会上的发言，并没有如实地反映到毛泽东那里去。会议印发的《简报》中，把彭德怀意见中那些言词最尖锐的部分，特别是直接涉及毛泽东的一些话，都删去了。发现这种情况，彭德怀很不满意。其实，负责整理《简报》的工作人员是出于一片好心。

7月10日，毛泽东在各组长的联席会议上讲话。

毛泽东那天情绪乐观，态度轻松，对于城乡仍然存在着的紧张局势，很少提及。他说，从全局来说，还是九个指头和一个指头的问题，算总账不能说得不偿失。他认为“大跃进”和人民公社化运动中发生的问题，经过郑州会议到庐山会议，已逐步解决了。他还一再提出坚持农村公共食堂和社员分配中的供给制。在工农业生产计划指标上，他的设想也仍然是过高的。

毛泽东显然是过于乐观了，他的讲话与当时全国城乡出现并日益发展的严峻形势，相距甚远。

就在7月10日前后，毛泽东指定了胡乔木、谭震林、曾希圣、周小舟、吴冷西、李锐和田家英，成立一个起草文件的小组，胡乔木任组长。由他们负责把各组对十九个问题的讨论意见加以集中、整理，写出庐山会议议定的记录（草案），印发各组研究修改，准备最后定稿，然后作为中央文件下发到全党贯彻执行。

这个文件的草稿，于14日印发给各组，名叫《关于形势和任务——1959年7月2日至×日庐山会议诸问题的议定记录》。

按照毛泽东的设想，再用几天时间把《议定记录》修改好，通过一下，印发下去，庐山会议就可以按期结束了。许多人看出这种趋势，会上不再谈什么缺点、问题，研究经验的空气也淡薄了。中央办公厅的工作人员已在筹划下山的路线和交通问题。

这样的结果与彭德怀原来对会议的期望，存在很大距离。特别是听到会议将于7月15日结束的消息后，他更加着急：开了这么多天会，问题并未很好地解决，难道就这样结束了？想到这些，彭德怀在7月11日晚上辗转反侧，无法入睡。

7月12日上午，彻夜未眠的彭德怀踩着晨露向毛泽东住的“美庐”走去。经过一夜的反复思索，他决心找毛泽东面谈，把自己对当前问题的看法统统告诉他，希望毛泽东能在会议上把当前存在的严重问题，再着重讲一讲。在他看来凭着毛泽东的崇高威望，扭转这些问题并不困难。

事有不巧，“美庐”的警卫人员告诉彭德怀：主席昨晚一夜没有睡，刚刚躺下。

彭德怀只好怅然而归。

在战争年代，彭德怀为了紧要事情，曾经排开警卫人员的阻拦，掀过毛泽东的被窝。那时，闯毛泽东的卧室，毛泽东都是急急披衣起坐，谈完要谈的问题，有时候还笑着说：“只有你彭德怀才会在人家睡觉的时候进来提意见！”

现在的情况虽然也紧急，但毕竟已不是当年了。从彭德怀住的176号别墅到毛泽东住的“美庐”，走林荫甬道不过二百来米，但是一次面谈的机会却失掉了。

当晚，彭德怀从周恩来总理处开会回来，向随行参谋王承光说：

“这次会议开了十多天，味道不大。小组会上尽谈一般性问题，听不到有思想性的发言。我在西北小组会上讲的一些意见，简报上也没有看到，恐怕也不会引起大家注意。”

随行参谋没有说话。过了一会儿彭德怀又说：

“去年大跃进的经验很丰富，发生的问题也不少，本应该认真研究一下，可是在会议上，到现在还没有人讲这个问题。我有些意见又不好在小组会上讲，想给主席写封信，请主席在会上讲一下。只要主席讲一次，就会起很大的作用。”

这是彭德怀第一次明确表露给毛泽东写信的想法和动机。

在此之前，周小舟到176号别墅去看望彭德怀，两人也曾谈到写信问题。彭德怀在笔记中记下的情况是这样的：周小舟向彭德怀问了一些他出访八国的情况，话题就转到这次会议上来。彭德怀问周小舟："你们小组对于国内形势讨论得怎么样？"

周小舟说："不怎么样。讨论不容易展开。"

周小舟谈到小组会上发言时，只要一谈缺点和问题，就会被人打断。

彭德怀说："西北小组讨论得不错。我还有些不成熟的意见不便在小组会上讲，打算把没有讲完的意见，写一封信给主席。"

周小舟说："你同主席当面谈谈不好吗？"

彭德怀说："当面谈固然很好，不过我说话总是不容易说完全，又好顶撞。主席对问题的看法很尖锐，看得很深。对问题没有很好研究时，当面谈不仅浪费他的时间，有时还容易引起误会。"

周小舟说："那你就写信也好，把你在西北小组会上的插话加以充实，写给主席看看，也就很好了。"

彭德怀笑着说："你当了我的参谋了。"

7月13日中午，彭德怀拿着拟好的提纲，把参谋王承光叫来，口述了他给主席写信的内容，让参谋起草初稿。然后，彭德怀作了修改，交参谋誊清，成为二稿。7月14日中午，彭德怀又对二稿仔细作了修改，交参谋誊抄清楚后，彭德怀签上了自己的名字。下午5点半左右，王承光奉彭德怀之命，把信送给毛泽东的秘书高智。

这就是触发了一场政治风暴的所谓彭德怀给毛泽东上书的简单过程。

彭德怀在庐山会议上接受批判时，为了保护身边工作人员，一直坚持说这封信是自己花一夜的工夫写成的。王承光在抄信时，把彭德怀信中说大炼钢铁"有得有失"错抄成"有失有得"。毛泽东在批判这封信时，对"有失有得"4个字特别指责说，把"得"放在后面，"失"放在前面是经过仔细斟酌的。即使在这种情况下，彭德怀也没有作一句解释和辩驳。他这样做，也是为了避免株连身边的工作人员。

这封具有特殊价值的信，全文如下：

主席：

这次庐山会议是重要的。我在西北小组有几次插言，在小组会还没有讲完的一些意见，特写给你作参考。但我这个简单人类似张飞，确有其粗，而无其细。因此，是否有参考价值，请斟酌。不妥之处，烦请指示。

甲、一九五八年大跃进的成绩是肯定无疑的。

根据国家计委几个核实后的指标来看，一九五八年较一九五七年工农业总产值增长了百分之四十八点四，其中工业增长了百分之六十六点一，农副业增长了百分之二十五（粮棉增长百分之三十是肯定的），国家财政收入增长了百分之四十三点五。这样的增长速度，是世界各国从未有过的。突破了社会主义建设速度的成规，特别是像我国经济基础薄弱，技术设备落后，通过大跃进，基本上证实了多快好省的总路线是正确的。不仅是我国伟大的成就，在社会主义阵营也将长期的起积极作用。

一九五八年的基本建设，现在看来有些项目是过急过多了一些，分散了一部分资金，推迟了一部分必成项目，这是一个缺点。基本原因是缺乏经验，对这点体会不深，认识过迟。因此，一九五九年就不仅没有把步伐放慢一点，加以适当控制，而且继续大跃进，这就使不平衡现象没有得到及时调整，增加了新的暂时困难。但这些建设，终究是国家建设所需要的，在今后一两年内或者稍许长一点时间，就会逐步收到效益的。现在还有一些缺门和薄弱环节，致使生产不能成套，有些物资缺乏十分必要的储备，使发生的失调现象和出现新的不平衡就难以及时调整，这就是当前困难的所在。因此，在安排明年度（一九六〇年）计划时，更应当放在实事求是和稳妥可靠的基础上，加以认真考虑。对一九五八年和一九五九年上半年有些基本建设项目实在无法完成的，也必须下最大决心暂时停止。在这方面必须有所舍，才能有所取，否则严重失调现象将要延长，某些方面的被动局面难以摆脱，将妨碍今后四年赶英和超英的跃进速度。国家计委虽有安排，但因各种原因难于决断。

一九五八年农村公社化，是具有伟大意义的，这不仅使我国农民将彻底摆脱穷困，而且是加速建成社会主义走向共产主义的正确途径。虽然在所有制问题上，曾有一段混乱，具体工作中出现了一些缺点错误，这当然是严重的现象。但是经过武昌、郑州、上海等一系列会议，基本已经得到纠正，混乱情况基本上已经过去，已经逐步的走上按劳分配的正常轨道。

在一九五八年大跃进中，解决了失业问题。在我们这样人口众多的、经济落后的国度里，能够迅速得到解决，不是小事，而是大事。

在全民炼钢铁中，多办了一些小土高炉，浪费了一些资源（物力、财力）和人力，当然是一笔较大损失。但是得到对全国地质作了一次规模巨大的初步普查，培养了不少技术人员，广大干部在这一运动中得到了锻炼和提高。虽然付出了一笔学费（补贴二十余亿），即在这一方面也是有失有得的。

仅从上述几点来看，成绩确是伟大的。但也有不少深刻的经验教训。认真地加以分析，是必要的有益的。

乙、如何总结工作中的经验教训：

这次会议，到会同志都正在探讨去年以来工作中的经验教训，并且提出了不少有益的意见。通过这次讨论，将会使我们党的工作得到极大好处，变某些方面的被动为主动，进一步体现社会主义经济法则，使经常存在着的不平衡现象，得到及时调整，正确的认识“积极平衡”的意义。

据我看，一九五八年大跃进中所出现的一些缺点错误，有一些是难以避免的。如同我们党三十多年来领导历次革命运动一样，在伟大成绩中总是有缺点的，这是一个问题的两个方面。现时我们在建设工作中所面临的突出矛盾，是由于比例失调而引起各方面的紧张。就其性质看，这种情况的发展已影响到工农之间、城市各阶层之间和农民各阶层之间的关系，因此也是具有政治性的，是关系到我们今后动员广大群众继续实现跃进的关键所在。

过去一个时期工作中所出现的一些缺点错误，原因是多方面的。其客观因素是，我们对社会主义建设工作不熟悉，没有完整的经验。对社会主义有计划按比例发展的规律体会不深，对两条腿走路的方针，没有贯彻到各方面的实际工作中去。我们在处理经济建设中的问题时，总还没有像处理炮击金门、平定西藏叛乱等政治问题那样得心应手。另方面，客观形势是我国一穷（还有一部分人吃不饱饭，去年棉布平均每人还只十八尺，可缝一套单衣和两条裤衩）二白的落后状态，人民迫切要求改变现状。其次是国际形势的有利趋势。这些也是促使我们大跃进的重要因素。利用这一有利时机，适应广大人民要求，加速我们的建设工作，尽快改变我们一穷二白的落后面貌，创造更为有利的国际局面，是完全必要的和正确的。

过去一个时期，在我们的思想方法和工作作风方面，也暴露出不少值得注意的问题。这主要是：

1. 浮夸风气较普遍地滋长起来。去年北戴河会议时，对粮食产量估计过大，造成了一种假象。大家都感到粮食问题已经得到解决，因此就可以腾出手来大搞工业了。在对发展钢铁的认识上，有严重的片面性，没有认真地研究炼钢、轧钢和碎石设备，煤炭、矿石、炼焦设备，坑木来源，运输能力，劳动力增加，购买力扩大，市场商品如何安排等等。总之，是没有必要的平衡计划。这些也同样是犯了不够实事求是的毛病。这恐怕是产生一系列问题的起因。浮夸风气，吹遍各地区各部门，一些不可置信的奇迹也见之于报刊，确使党的威信蒙受重大损失。当时从各方面的报告材料看，共产主义大有很快到来之势，使不少同志的脑子发起热来。在粮棉高产、钢铁加番的浪潮中，铺张浪费就随着发展起来，秋收粗糙，不计成本，把穷日子当富日子过。严重的是相当长的一段时间，不容易得到真实情况。直到武昌会议和今年一月省市委书记会议时，仍然没有全部弄清形势真相。产生这种浮夸风气，是有其社会原因的，值得很好的研究。这也与我们有些工作只有任务指标，而缺乏具体措施是有关系的。虽然主席在去年就已经提示全党要把冲天干劲和科学分析结合起来，和两条腿走路的方针，看来是没有为多数领导同志所领会，我也是不例外的。

2. 小资产阶级的狂热性，使我们容易犯“左”的错误。在一九五八年的大跃进中，我和其他不少同志一样，为大跃进的成绩和群众运动的热情所迷惑，一些“左”的倾向有了相当程度的发展，总想一步跨进共产主义，抢先思想一度占了上风，把党长期以来所形成的群众路线和实事求是作风置诸脑后了。在思想方法上，往往把战略性的布局和具体措施，长远性的方针和当前步骤、全体与局部、大集体与小集体等关系混淆起来。如主席提出的“少种、高产、多收”，“十五年赶上英国”等号召，都属于战略性、长远性的方针，我们则缺乏研究，不注意研究当前具体情况，把工作安排在积极而又可靠的基础上。有些指标也逐级提高，层层加码，把本来需要几年或者十几年才能达到的要求，变成一年或者几个月就要做到的指标。因此就脱离了实际，得不到群众的支持。诸如过早否定等价交换法则，过早提出吃饭不要钱，某些地区认为粮食丰产了，一度取消统销政策，提倡放开肚皮吃饭，以及某些技术不经鉴定就贸然推广，有些经济法则和科学规律轻易被否定等，都是一种“左”的倾向。在这些同志看来，只要提出政治挂帅，就可以代替一切，忘记了政治挂帅是提高劳动自觉、保证产品数量质量的提高，发挥群众的积极性和创造性，从而加速我们的经济建设。政治挂帅不可能代替经济法则，更不可能代替经济工作中的具体措施。政治挂帅与经济工作中的确切有效措施，两者必须并重，不可偏重偏废。纠正这些“左”的现象，一般要比反掉右倾保守思想还要困难些，这是我们党的历史经验所证明了的。去年下半年，似乎出现了一种空气，注意了反右倾保守思想，而忽略了主观主义“左”的方面。经过去年冬郑州会议以后一系列措施，一些“左”的现象基本上纠正过来了，这是一个伟大的胜利。这个胜利既教育了全党同志，又没有损伤同志们的积极性。

现在对国内形势已基本上弄清楚了，特别是经过最近几次会议，党内大多数同志的认识已基本一致。目前的任务，就是全党团结一致，继续努力工作。我觉得，系统地总结一下我们去年下半年以来工作中的成绩和教训，进一步教育全党同志，甚有益处。其目的是要达到明辨是非，提高思想，一般的不去追究个人责任。反之，是不利于团结、不利于事业的。属于对社会主义建设的规律等问题的不熟悉方面，经过去年下半年以来的实践和探讨，有些问题是可以弄清楚的。有些问题再经过一段时间的学习摸索，也是可以学会的。属于思想方法的和工作作风方面的问题，已经有了这次深刻教训，使我们较易觉醒和体会了。但要彻底克服，还是要经过一番艰苦努力的。正如主席在这次会议中所指示的：“成绩伟大，问题很多，经验丰富，前途光明。”主动在我，全党团结起来，艰苦奋斗，继续跃进的条件是存在的。今年明年和今后四年计划必将胜利完成，十五年赶上英国的奋斗目标，在今后四年内可以基本实现，某些重要产品也肯定可以超过英国。这就是我们伟大的成绩和光明的前途。

顺致

敬礼！

彭德怀

一九五九年七月十四日

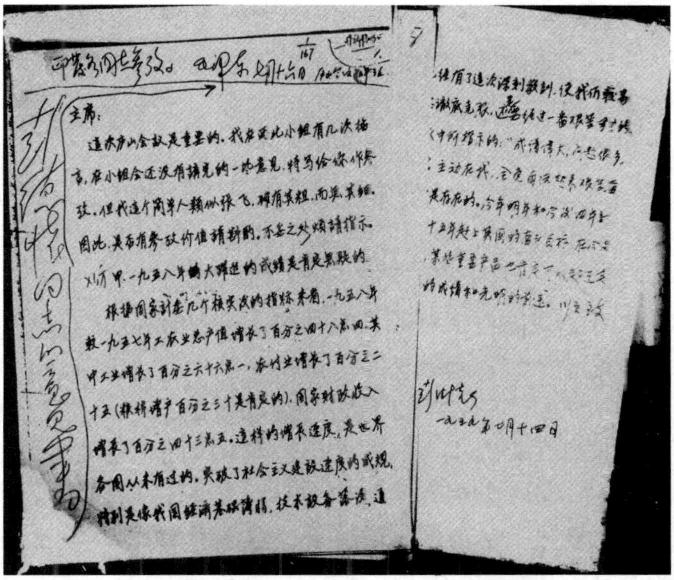

印发各同志参考。毛泽东 七月十六日

彭德怀同志的意见书

主席：

这次庐山会议是重要的。我在西北小组有几次插言，在小组会还没有讲完的一些意见，特写给你作参考。但我这个简单人类似张飞，确有其粗，而无其细。因此，是否有参考价值请斟酌。不妥之处，烦请指示。

甲、一九五八年大跃进的成绩是肯定无疑的。

根据国家计委几个核实后的指标来看，一九五八年较一九五七年工农业总产值增长了百分之四十八点四，其中工业增长了百分之六十六点一，农副业增长了百分之二十五（粮棉增产百分之三十是肯定的），国家财政收入增长了百分之四十三点五。这样的增长速度，是世界各国从来没有过的，突破了社会主义建设速度的成规，特别是象我国经济基础薄弱，技术设备落后，通

彭德怀

一九五九年七月十四日

彭德怀给毛泽东信的部分原件

信送上去之后，彭德怀如释重负，静待毛泽东的回音。在萌生了写信的念头之后，彭德怀曾对人谈过他在写这封信前的一些考虑：他知道刘少奇、周恩来、陈云、邓小平对当时党在指导思想上的“左”都有觉察和担心，但他认为刘少奇不便讲；周恩来刚被批了“反冒进”不能讲；陈云、邓小平在山下没有机会讲；只有他来谈谈比较适当。他认为：“如果有意见不讲出来，那我们党还有什么战斗力！”[①]

彭德怀估计毛泽东看完信后会找他去谈谈，或把信拿到中央常委会上议一议。但毛泽东对那封信的处理方式，完全出乎彭德怀的意料。

第三节　“鼓咙胡”的回声

1959 年庐山开会时，毛泽东住的“美庐”别墅[②]，门牌为 180 号。

彭德怀送去的信，毛泽东看后，没有立即做出评论。两天以后，7 月 16 日，毛泽东在彭德怀信上加上《彭德怀同志意见书》的题名，并批示：“印发各同志参考。”

毛泽东对中央常委的几个同志说：“要评论这封信的性质。”并决定会议讨论的时间延长一周，并且通知留住北京的彭真、黄克诚、薄一波、安子文立即上山来参加讨论。在电话上还告诉彭真说，如果林彪身体情况允许，请他也一起上山。毛泽东要中央办公厅将会议小组重新划分，由原来按大区编配的 6 个小组，改为各地区穿插编配的 6 个小组。目的是为了各地区便于交流情况，交换意见，

① 见 1959 年彭德怀写的《庐山笔记》。

② 庐山上的一座英式建筑，20 世纪 30 年代蒋介石和宋美龄曾经住此，题名“美庐”。新中国成立后改为 180 号。

避免同一个地区的人谈来谈去总是一个调子，问题展不开。

毛泽东的这一决定，使彭德怀感到十分突然。他事后在一本笔记中写道，我是给主席个人写的信，是供他参考的，怎么一下子变成了《意见书》，事先也不跟我招呼一声，就印发给大家呢？

第二天上午，《彭德怀同志意见书》印发给到会人员。它像一块巨石投入本来已不很平静的湖水，激起层层波澜。原已沉寂下来的"神仙会"骤然活跃起来。人们的发言由研究《议定记录》（草稿）转向集中讨论《意见书》。有些没有讲话的人开始谈出自己对形势的看法，模糊的观点趋向明朗，会上开始有了不同意见的争论。

从7月17日到22日，各组共讨论了6天，完全赞同或明确反对《意见书》的，只有几个人。大多数人是基本上赞同《意见书》的看法，但对其中个别问题的提法、分寸掌握和文字表达上，有些不同意见。有的认为，《意见书》对1958年"大跃进"的成绩是讲够了，但在讲如何总结经验教训时，有的话讲得重了一点。还有人说，《意见书》中"小资产阶级狂热性"和"大跃进"中暴露出来的问题是"政治性"等说法不妥，值得斟酌。赞同《意见书》的人，包括参加起草会议《议定记录》（草稿）的几位"秀才"表示，彭德怀信里的观点和他们的看法是一致的。有的说："只有彭老总才有胆量敢于这样写。"他们认为，彭德怀的信对于引导大家畅所欲言，对于打破会议的沉闷空气，把讨论继续引向深入是很有好处的。当讨论中听到有人批评信里的某些提法不妥时，有人还起来为彭德怀解释、辩护。

关于"小资产阶级狂热性"，他们说，有的地方热得过火，有的县提出三五天消灭文盲，两年进入共产主义等等，说它是小资产阶级狂热性也并不过分。

关于"政治性"一语的提法，他们说：刮共产风，一平二调，严重影响了党与群众的关系，说它是政治性也未尝不可。过去中央转发上海市委文件的批语中，也说过市场紧张是政治问题。

许多人在发言中，称赞彭德怀为了党的事业和人民利益而大胆直言的精神。一位省委书记说："彭总那封信里虽然有个别地方提法需要斟酌，但信的总的精神是好的。个别字句可以不去计较，要看总的精神，我们目前需要彭总这样的精神。"一位在中央负责国防工业的领导人，在会上联系自己作检讨说："过去一个时期经济生活上的脱节现象，不能不说已使党中央和毛主席的威信受到了些微的影响，造成一定的被动。作为高级干部，由于自己缺乏经验，头脑发热，向中央反映了一些不确切的情况和资料，以致造成这种后果，想起来感到很沉重。"

也有人基于某种经验，表示了自己的担心，悄悄对人说："这封信可能要惹乱子！"

在为数众多的赞同的发言中，最重要的是黄克诚、周小舟和张闻天3个人的发言。

黄克诚是7月17日早晨才到达庐山的，上山后和彭德怀共同住176号别墅。

一个住东头，一个住西头。他们两人在庐山第一次见面时，彭德怀就问黄克诚，“我给主席写的信你看了吗？你觉得写得怎么样？”

黄克诚坦率地说：“我看了，这信写得不怎么样。有意见可以当面说嘛，写信干什么。信里有些提法和用词也不太妥当。”

在7月19日的第五小组会上，黄克诚作第一次发言。他表示同意主席对形势估计的三句话：“成绩伟大，问题不少，前途光明。”他认为现在争论的主要点是中间那句话——“问题不少”。他同意《议定记录》（草稿）中所提的三条缺点。又补充了几点：

第一，对农业生产成绩估计过高；第二，经济各部门比例失调；第三，1959年计划指标过大。

他认为，作风上的主要问题是：只讲成绩，不讲缺点；讲好的高兴，讲坏的不愉快。

工作中的缺点造成的后果是：一、紧张。粮食紧张是解放以来没有过的，基建原材料、市场副食品也紧张。二、党与群众的联系受到了影响。三、党在国际上的威信也受到影响。

黄克诚在发言中没有使用“小资产阶级狂热性”“政治性”等等词句，但可以看出，他对形势总的看法和彭德怀的信是一致的。

7月19日，周小舟在第二小组会议上发言。他说，庐山会议是高级干部会议，在肯定成绩的前提下，应着重总结经验教训。他赞成刘少奇所说的“把成绩讲够，把缺点讲透”。他说，基层干部的强迫命令、浮夸作风，与我们上面的计划偏高偏大是有很大关系的。“我认为彭老总给主席的信总的精神是好的，我同意。至于某些提法、分寸、词句，我认为是可以斟酌的”。

在赞同和支持彭德怀《意见书》的发言中，观点最鲜明，对问题分析最透彻的，要算7月21日小组会上张闻天的发言了。他的长篇发言，分作13个问题，系统地阐述了对“大跃进”以来的成绩和缺点、经验和教训的看法。自庐山会议开幕20多天来，像这样态度严肃，内容精辟，对“大跃进”从理论上加以分析的发言还没有第二份。

在谈到彭德怀的《意见书》时，他表现了毫不含糊的赞同与支持：“这份意见书提出了一些问题，中心内容是希望总结经验，本意是很好的。但是从各方面的反应看，不少同志似乎对彭德怀同志这个出发点研究不多，只注意了他这封信的一些具体说法。其实，他的信是好的，是肯定了成绩的。他说成绩是基本的。这同大家说的一样。至于个别说法，说得多一点少一点，关系就不大。”他对《意见书》中某些不大准确的提法，逐个为彭德怀作了解释。

在张闻天谈的13个问题中，特别强调说，“现在的问题是要防止骄傲自满、麻痹大意的情绪。要多多地看到存在着问题的一面。有些地方发生浮肿病，死了一些人，数字虽不大，但问题是存在的。我们胜利一个接一个，胜利本身有消极面，因为它容易使人头脑发热，骄傲自满，问题也就随着发生。这一点必须严加警惕。谦虚一点有好处。头脑冷静一点，倾听一下不同意见，苦苦想一想，我们的问题在哪里，把热锅上的蚂蚁变成冷锅上的蚂蚁，否则，满足于成绩，虽然心宽体胖，却研究不了问题，接受不了教训……”

这几天，黄克诚、周小舟、张闻天的发言，还有许多人的虽然不很系统但观点鲜明的发言，都是对彭德怀《意见书》的有力支持。

在分组讨论《意见书》的几天里，毛泽东虽然没有明确表态，但他对各组讨论的情况一直是十分关注的。他仔细阅读会议“简报”，接连分头召见持各种不同意见的代表人物和各组组长谈话。

鉴于有些发言中提到《意见书》中有些提法和分寸需要斟酌，彭德怀在小组会上又作了几次发言，反复说明他给主席的信，是在听到会议即将结束的消息之后仓促写成的。他申明他的信在文字上、逻辑上有不少缺点，有些提法不够准确、严密，未能充分表达他的本意，他欢迎大家对信多提意见。他说自己的信原是写给主席个人参考的，他建议会后把信收回来存档。

对《意见书》持反对态度的人，为数不多。在7月23日毛泽东讲话以前，他们很少发言，发言也是笼统地提到彭德怀的信“不是个别词句和分寸问题”，“是看问题的思想立场有问题”等等。但也有人明确地说彭德怀的《意见书》“刺”很多，“是影射毛主席的”；更有人加以发展和推论说，“既然是‘小资产阶级狂热性’，就是路线性质的问题，路线错了，就必须改换领导才能纠正错误！”

持反对意见的人从彭德怀的信中仔细挑“刺”，大多也无恶意，他们主观上是在忠心耿耿地维护党的利益，因为那时大家都认为并坚信，维护党的利益的最高标志就是无条件地相信毛泽东。

第三十三章　风云突变

第一节　毛泽东讲话

7月23日上午，开全体会议，毛泽东讲话。

毛泽东讲话，有时看起来很随便，而里面蕴含着无穷的意味。这次他又以随便的口气开始，但一开口就使人觉得不一般："你们讲了那么多，允许我讲个把钟头，可以不可以？吃了三次安眠药，睡不着。"

"我看了同志们的发言记录、文件，和一部分同志谈了话。我感到有种倾向。一种是触不得，大有一触即跳之势。吴稚晖说：孙科一触即跳。①因此，有一部分同志感到有压力，不愿人家讲坏话，只愿人家讲好话。我劝这些同志要听下去。"

他接着说：

"现在党内外夹攻我们。右派讲，秦始皇为什么倒台？就是因为修万里长城。现在我们修天安门，要垮台了。这是右派讲的。"

毛泽东列举了一些单位和地区有不少人反对"大跃进"的情况之后说："现在是会内会外结合。可惜庐山太小，不能把他们都请来。"

"不论什么话都让讲，无非是讲得一塌糊涂，这很好，越讲得一塌糊涂越好，越要听。我们在整风中创造了'硬着头皮顶住'这样一个名词。我和某些同志讲过，要顶住，硬着头皮顶住，听它一两个星期。"

"在座诸公，你们都有耳朵，听嘛！难听是难听，要欢迎！你这么一想就不难听了。为什么要让人家讲呢？其原因在于神州不会陆沉，天不会塌下来。因为我们做了些好事，腰杆子硬。我们多数派的同志腰杆子要硬起来。为什么不硬？无非是一个时期蔬菜少了，头发卡子少了，没有肥皂，比例有所失调，市场紧张，搞得人心紧张。"

"说我们脱离了群众，我看是暂时的，就是两三个月。群众还是拥护我们的。"

"小资产阶级狂热性有那么一点。但并不那么多……"

听到此处，人们明白了：主席今天的讲话是对着彭德怀那封信的。

---

① 吴稚晖（1866—1953）曾任中国国民党监察委员、国民党中央政府委员。孙科（1881—1973）曾任中国国民党中央执行委员，国民党中央政府行政院院长、立法院院长等。

毛泽东讲了去年7、8、9三个月先后有30万人到嵖岈山公社去参观取经的例子之后，说："对这股热情怎么看法？总不能说是小资产阶级狂热性吧？"

与会者对毛泽东讲话的锋芒所向已非常清楚，大多数人对情况突然变得如此严重缺乏精神准备，感到惶惶然。

彭德怀坐在座位上，听着毛泽东继续讲：

"第二方面，我劝另外一部分同志，在这样的紧急关头，不要动摇。据我观察，有一部分是动摇的。他们也说大跃进、总路线、人民公社是正确的，但要看讲话的思想方向站在哪一边？向哪一边讲？"

"有些人在关键时刻就是动摇的，在历史大风大浪中就是不坚定的。党的历史上有四条路线：陈独秀路线，立三路线，王明路线，高饶路线。现在又是一条路线。站不稳、扭秧歌。现在又表现出资产阶级的动摇性、悲观性。他们不是右派，但是他们把自己抛到右派的边缘了，距右派还有三十公里，相当危险。"毛泽东不指名地对彭德怀信中所讲的"比例失调"、"小资产阶级狂热性"、"有失有得"等，逐一作了批驳。接着，把他的讲话推向高峰，气愤地说："假如（做了）十件事，九件都是坏的，都登在报上，一定灭亡，应当灭亡。那我就走，到农村去，率领农民推翻政府。你解放军不跟我走，我就找红军去，我看解放军会跟我走。"[①]

到会人员，包括平日和毛泽东接触较多的中央领导，听毛泽东在这样大的范围内提出解放军跟不跟他走的问题，这还是第一次。谁也没有想到问题已经严重到了这种程度。会场气氛十分紧张。

毛泽东的讲话，是动员大家批判彭德怀写的那封信。之所以要发动这一场批判，是同毛泽东对当时情况的认识密切联系的。

对于人民公社化运动，他认为，是为人民办了好事，群众是拥护的。他说，群众要办公社、办食堂、搞大协作，非常积极。你能说这是小资产阶级狂热性吗？这不是小资产阶级，是贫农、下中农、无产阶级、半无产阶级。他们占农村人口的30%，加上随大流的中农占农村人口的40%，合起来就是70%。他谈到"共产风"时，说这主要是县、社两级干部，特别是公社一部分干部，刮生产大队和小队的。这是不好的，群众不欢迎，坚决纠正，说服他们。用一个月的工夫，在三、四月间就把风压下去了。该退的退，社与队的账算清楚了。往哪找这样一个大学校，短期训练班，使几亿人、几百万干部受到教育？！他还说：公共食堂不是我们发明的，是群众创造的，是好东西，可以解放劳动力，节省物资。我赞成积极办好。

对于大办钢铁，他说，1958年要搞1070万吨钢，是我建议的，我下的决心。其结果几千万人上阵，20亿人民币，"得不偿失"。我看了很多讨论材料，大家讲还是可以搞，要提高质量，降低硫的成分，出真正好铁。努力奋斗，只要抓，也有可能办得到。

---

① 毛泽东的讲话，均见1959年7月23日工作人员速记稿。

对于当时的困难及其后果，他则认为：我们现在的工作是否会像1927年那样失败？像二万五千里长征，大部分根据地丧失，苏区缩小到十分之一？不能这样讲。到会的同志都有所得，没有完全失败。是否大部分失败？也不是，是一部分失败，多付了代价，刮了一阵“共产风”，全国人民受了教育。他还说，对于工作的缺点，我们不晓得做了多少检查了，从郑州会议以来，大做特做。

毛泽东通篇讲话的意思是，人民公社、大办钢铁、农村公共食堂是在他积极倡导或热情支持下搞起来的，他还要坚持继续搞下去。在他看来，这才是一条正确路线。谁反对这样做，谁就是“动摇”，就是有“方向”问题，就是反对正确路线。

毛泽东结束了近3个小时的讲话，就宣布散会。人们从会场里走出来的时候，大多是心情沉重的。

毛泽东的讲话，对彭德怀来说，更是晴天霹雳，几乎使这位以沉着坚定著称的大军统帅失去自制。他出了会场走出不远，周恩来派人追来，请他去开会。彭德怀猛一回头，看到毛泽东夹在人群中正朝他这边走来。被一种难以克制的力量推动着，彭德怀迎过去，走到毛泽东身边说：主席，那封信是我写给你作参考的，为什么把它印发了？

毛泽东怔了一下，回答说：你也没有讲不要印发嘛。

这个回答，使一向不善辞令的彭德怀一时语塞。后来，他在笔记中写道：“信上明白写了是给你参考的，是否有参考价值，请斟酌。不妥之处，烦请指示。我们三十余年患难相处，我七月十四日的信（即使）真有那样严重的错误。你要印发，展开讨论，也可以先找我谈谈吧！我当时尽量抑制了激动的感情，避免争吵，离开他到总理处开会去了。”①

中午，彭德怀回到自己住处，和黄克诚一起用餐。两个人相对无言，谁也没说一句话。黄克诚只吃了几口饭，把碗一推，站起来走了。彭德怀更吃不下，在餐桌前坐了片刻，也放下碗筷离席而去。回到自己办公室，彭德怀坐在写字台前，点燃一支香烟，吸两口，熄灭。接着，又点上一支，又熄灭，丢进烟灰缸。他把桌上堆积的文件，拿过一份，信手翻两页，看不下去，又把它丢在桌上。

整整一个下午，纷乱、烦躁、委屈和愤愤不平的情绪折磨着彭德怀。此时此刻，他到底在想些什么？从他在当时所写的一本笔记中看，他所想的主要还是有关信的本身问题。

他首先想到，毛主席的批评，是不是因为他在信中谈到的缺点有什么不符合实际的地方。他写道：“在信中说‘农村公社化……虽然在所有制问题上，曾有一段混乱，具体工作中出了一些缺点错误，这当然是严重的现象’。这难道不是事实吗？如果说缺点错误是不存在的，主席说‘成绩伟大，问题不少’，那么，‘问题不少’又是指什么呢？”

“信中说‘在全民炼钢中多办了一些小土高炉’，而且只是说多办了一些，难

① 见1959年彭德怀写的《庐山笔记》。

道不合事实吗？”

他又想，毛主席的批评，是不是因为他在信中有什么否定成绩的地方：“信中说‘一九五八年大跃进的成绩是肯定无疑的’，在这一大段的结尾还说到，‘仅从上述几点看，确是伟大的，但也有不少深刻的经验教训，认真地加以分析，是必要的、有益的’。这是对总路线、大跃进、人民公社成绩方面再一次加以肯定，又在什么地方能找到反对总路线呢？”

他也想到，毛泽东的批评，是不是因为他在信中的措辞有什么过火的地方。他在笔记中写道：“信中指出‘浮夸风气，吹遍各地区、各部门’，现在还不能证明有哪些省、区、市和部门没有浮夸风，也没有说全国各地区、各部门都有浮夸风。即或说得笼统了一些，也不能说这就是反对总路线、大跃进、人民公社，更不能说这就是资产阶级右倾机会主义路线吧！”

信中指出：“小资产阶级狂热性，使我们容易犯‘左’的错误，在一九五八年的大跃进中，我和其他不少同志一样，为跃进的成绩和群众热情所迷惑。在这里首先指出我自己和其他不少同志，既没有说多数同志，又没有说中央领导同志，更没有说群众热情是小资产阶级狂热性。这怎么能说是彭德怀同志打起无产阶级旗帜反对小资产阶级狂热性呢？小资产阶级狂热性究竟有没有呢？是有的。主席在讲话中说，‘在公社和县两级是有一点点’。我说，我和其他不少同志一样，这到底有什么根本不同呢？”

他还担心毛泽东的讲话将会产生什么影响：“我信里写的问题，是对具体工作讲的，这怎么能联系到总路线上去呢？我好心好意写了个信，就惹起这样大的问题，这样一来，以后谁还敢讲话？”

特别使彭德怀感到惊异和伤心的，是毛泽东竟把问题提到解放军跟谁走的严重程度。由此使他进而想到自己应该怎么办。他在笔记中写道：“这里明白说出，（我）只能检讨，不能辩驳。现在的形势，我不能招架，更不能还手。招架和还手对党对人民都不利。”

尽管彭德怀这样想，但要让这个一向刚直不阿的人向不正确的事情低头，也不是那么容易的。他写道：“像我这个人，十一种自由主义或多或少都有些，唯‘明知不对，少说为佳’这种明哲保身的常识我没有。所以应该挨打。挨打也不应该屈服。”

一连几天，彭德怀食不甘味，晚上在床上躺下，难以入睡，不时又起来在房子里踱来踱去。庐山 176 号窗上的灯光从深夜一直亮到天明。

第二节　怎样对党有利

毛泽东在政治局扩大会议的全体会议上，严厉批评彭德怀，突然转舵，使本来要纠正“左”的错误的庐山会议，变为一场批判以彭德怀为代表的“右倾机会主义”的斗争。这件事几乎所有参加会议的人都没有料到。

到会人员都面临严重的抉择。是按照实事求是的原则进行争辩，还是为照顾团结而进行妥协？由于多数人对1958年指导思想上“左”倾错误的危害性缺乏认识，由于毛泽东在全党所处的重要地位和享有的崇高威望，由于党内个人崇拜现象的滋长，由于多少年来在共产党人的心目中养成的维护党的团结、维护党的利益、维护毛泽东的领导的真诚，再加上几个人的推波助澜，结果，在毛泽东讲话以后，各组对于彭德怀信的评价，由原来多数人基本赞同变成了向毛泽东方面的一边倒。

7月23日以后的几天，也许是彭德怀30多年革命生涯中最痛苦、思想斗争最激烈的日子。

庐山的仲夏，潮湿，闷热。在太阳快落山的时候，彭德怀走到室外，在林荫道上漫步沉思。忽听对面有人喊他，抬头一看，原来是聂荣臻迎面走来。他仍像过去一样面带和蔼的微笑，走到彭德怀身边说：“老彭，在这儿做什么？”

“散步，乘凉。”彭德怀回答说。

“主席的讲话对你的那封信已经提到原则的高度，你是怎么考虑的？”

“一下子说不清楚。只好是非曲直由人断，事久自然明吧！”

聂荣臻担心这位秉性刚直的老战友，由于思想不通而产生对抗情绪，便耐心地劝说道：“老彭，可不能这样想。应当认真地考虑一下，怎样处理才能对党有利。……考虑好了再写成稿子，到大会上去讲一下。”

“我现在很疲劳，一下也写不成。”

“可以请两天假，不参加小组会，把你考虑好的问题讲给秘书，让他记录下来，加以整理，然后你自己再斟酌、修改。这样既节省时间，文字上也会更周密些。”

“本来我没有准备在会上讲话，就没有带秘书来，身边只有一个军事参谋，他不能写这类文稿。”

“那就赶快打电话叫王焰立即来庐山，要抓紧，不要再迟延了。”

“好吧。我再想想……”

彭德怀完全理解老战友聂荣臻的一番好意，他是希望彭德怀很快作一个既严密又比较深刻的检讨，以取得毛泽东的谅解。至少不要再节外生枝，使问题进一步复杂化。聂荣臻的良苦用心和他那热情恳切的态度，使彭德怀甚受启发。

彭德怀面临新的考验，新的抉择。但他所考虑的也仅仅是“如何……对党有利”，并不是承认自己信中那些意见都错了。

两天后，彭德怀打电话给北京，让办公室主任和秘书到庐山来。

从24日以后，彭德怀请了两天假，没有参加小组讨论。连续几天，他反复考虑的是对毛泽东的讲话应如何表态。他是个心口如一，从来不说违心话的人。但在当前情况下，他若毫不让步，那将会出现什么结果呢？

从毛泽东讲话以后，他没有到餐厅去同大家一起吃饭，也再没有人到他的住处来。他每天很少和别人见面。一道无形的高墙把他同其他与会者隔离开来。只有随行参谋和其他几个身边工作人员，有时可以听听他倾吐心声。

庐山会议上的彭德怀

7月25日上午，彭德怀向随行参谋谈到自己的心情：

“我这个人，就是爱放炮，伤过不少人。但只要我认为是对的，我就要讲。去年经济工作上出了不少问题，我想应该讲一讲，讲错了挨批评也不怕。有意见不讲，党还有什么战斗力！”

“这两天，我又把信看一遍，觉得并没有反对总路线的地方。我的信是写给主席，向主席请教的，态度还是诚恳的。如果提得不妥当或有错误，主席应该找我说一下，批评一顿也可以。”

下午，彭德怀又把随行参谋找来，从抽屉里拿出一份写给毛泽东的检讨信初稿，并把7月14日那封信作了一些修改，要参谋誊抄清楚，准备一并送给毛泽东。但是过了一会儿，他又改变主意，不送了。他说：“那封信虽然有的提法不够妥当，可是有些意见并没有错，不能全部否定。问题是毛主席已经讲了话，而且提得那样高，我若是不作检讨，这个弯子也不好转。”①

他极力寻求一条摆脱困惑的正确途径，但没有结果。

毛泽东23日讲话以后，庐山会议进入集中批判彭德怀错误的阶段。最初几天，大部分人发言态度比较冷静，语气也比较缓和，基本上还是按照处理党内思想认识问题的方式进行的。许多人发言明显带有“转弯”的性质。例如下边这样一些发言：

“对彭总的意见书，开始只当作一般文件看待，没有引起重视。经过大家讨论，特别是听了主席的讲话以后，再看意见书，就越看问题越严重……”

“对彭总的意见书有个认识过程。初读，只觉得有的提法不当，有些过火；但大胆地提出意见，精神是好的。听了主席讲话以后，才认识到这个意见书提出的是方向性问题。”

① 原彭德怀办公室军事参谋王承光的回忆。

这时也有人把问题提到原则高度，说彭德怀的信是“大是大非”，“路线之争”的重大问题。更有人以先知先觉的姿态站出来说：“我早就说过，彭总的信不是个别词句问题，而是总的精神上有问题。”

不论批评者讲得怎样严重，这一时期批评的范围，还仅仅是限于彭德怀那封信的本身。多数人仍然是怀着对这位战功卓著的开国元勋的敬佩之情，对他进行同志式的批评。

在7月26日的小组会上，彭德怀作了第一次检查。他承认由于个人思想存在的片面性，7月14日那封信对“如何肯定大跃进的伟大成绩和正确地研究经验，看法上是有错误的”。产生错误的原因，主要是“思想落后于实际，对全面情况了解甚少”。谈到写信的动机，彭德怀说：

“当时我只感到这次会议，对经验教训方面探讨得很不够，简报上几乎看不到不同意见，会议上空气有些沉闷，于是思想上产生了急躁情绪，担心这样下去错误可能还会重复，不利于今后的跃进。特别是听说会议十五日就要结束了，心情更加急切。为了让主席注意这一情况，就在十三日给主席写了那封信。我感谢主席的严正批评，纠正了我这一错误。”

彭德怀再次说明：“那封信，当时考虑只是供主席作参考用的，写得很仓促，信中不合逻辑，字句不妥之处甚多，提出的一些问题也没有交代清楚。如信中的‘有失有得’、‘由于比例失调而引起各方面紧张，是具有政治性的’，‘小资产阶级狂热性’等提法，都是不妥或错误的。”特别对“小资产阶级狂热性”这一提法，彭德怀着重作了检查。他说，这一说法“打击了群众的积极性，也打击了干部的积极性”。

彭德怀在检查的最后说：“这次会议意义十分重大，对我教育很大，现在会议快要结束了，建议中央办公厅会后将我七月十四日给毛主席的信收回，存入中央档案，作为我今后思想检查的资料。”①

对彭德怀的这个检查，多数发言表示谅解和赞同。具有长者之风的朱德，认为一向倔犟的彭德怀能作这样一个检查，已属不易，对写信问题的批评应该到此告一段落了。朱德说：“彭总发言的态度好，我相信他是畅快的。彭总的发言中有一句话，‘江山易改，本性难移’，这是农民意识。在座的天天在前进，哪有不改的！他的主观性，片面性就是这样来的。大家对彭总的批评是对的，彭总今天对大家的批评也比较听得进去了。过去就听不进去，谈起来就吵。我相信经过这次会议，统一了思想，统一了认识，就不会把错误当作包袱背起来了。”

朱德在另一次发言中又说：“彭总的一个缺点，是有股傲气，今后应注意改掉。生活方面，注意节约，艰苦卓绝，谁也比不上他。只要能纠正错误认识，是可以把工作做得更好的。”

这只表现了朱德的良好愿望，他对会议形势的估计过分乐观了。

---

①《彭德怀1959年7月26日在小组会上的发言——对于14日给主席信的检讨》。

彭德怀作过检讨，回到住处，情绪沮丧。后来他在笔记中写道："7 月 26 日，我出席了小组会，对我 7 月 14 日信内的'小资产阶级狂热性'作了检讨。主要说明这个提法是对革命群众热情泼了冷水，对'浮夸风吹遍各地区、各部门'、'比例失调'，也讲得严重了些。其实这些检讨是言不由衷的。""我在小组会上作了言不由衷的检讨之后，心情十分不安，多么难过啊！真如万箭穿心似的。"

从他的笔记中可以看出，他的不安，他的难过，是担心这个检讨会助长毛泽东对形势的错误看法，因而产生更加严重的后果。他想再去找毛泽东面谈一次，说明"小资产阶级狂热性"的提法是错误的，他可以作检讨，"以便转弯"。为的是他还想着重告诉毛泽东，现在的形势不是一个指头和九个指头的问题，缺点已是两三个指头的问题；工作上的主观主义是严重的，对于群众的命令主义已成风气。切不可由于他的检讨而放松对这类错误的纠正！可是，他最后还是没有再找毛泽东去谈，因为他想："这些意见不是已经概括在 7 月 14 日的信上了吗！现在要开八中全会，把我这封信当作反党纲领，事先也没有找我谈一下。这时再去找主席谈这些，是毫无益处的。"最后还是打消了去谈的念头。

第三节　在政治局常委会上

在中国共产党党内的批评和自我批评中，有一句众所周知的话，叫作"对事不对人"。但在 7 月 26 日，会议传达了毛泽东的一条指示：事是人做的，不仅对事，也要对人。要划清界线，问题要讲清楚，不能含糊。

就在指示下达的同一天，毛泽东写了一篇两千多字的《对于一封信的评论》，印发给到会人员。写信的人名叫李云仲，原是国家计委的一个副局长，不久前调任东北协作区委员会办公室综合组组长。他在信里反映了许多当时经济工作中的实际情况和严重问题。

毛泽东在《评论》的开头写道：收到一封信，是一个有代表性的文件。信的作者在我们经济工作中搜集了一些材料，这些材料是专门属于缺点方面的。他认为，从 1958 年第 4 季度以来，党的工作中，缺点错误是主流，因此作出结论说，党犯了"左倾冒险主义""机会主义"的错误，而其根源在于 1957 年整风反右斗争中，没有"同时"反对"左倾冒险主义"的危险。他认为几千万人上阵大炼钢铁，损失很大而毫无效益；人民公社也是错误的等。毛泽东称写信人是一个"得不偿失"论者，某些地方甚至是"有失无得"论者。

《评论》的后半部分，着重谈的是庐山会议形势。毛泽东写道：现在党内党外出现了一种新事物，就是右倾情绪，右倾思想。右倾活动已经增大，大有猖狂进攻之势，这表现在此次会议印发各同志的许多材料上。这种情况远没有达到 1957 年党外右派猖狂进攻那种程度，但是苗头和趋势已经很显著，已经出现在地平线上了。这种情况是资产阶级性质的。另一种情况是无产阶级内部思想性质的，他们和我们一样都要社会主义，不要资本主义，这是我们和这些同志基本上相同点。但是这些同志的观点和我们的观点是有分歧的。他们的情绪有些不正常，他们把党犯的错误估计得大了些，而对几亿人民在党的领导下所创造出来的伟大成绩估计得过小了些，他们做出了不适当的结论，他们对于克服当前的困难信心很不足。他们把他们的位置不自觉地摆得不恰当，摆在了左派与右派的中间，他们是典型的中间派，他们是“得失相当”论者。他们在紧要关头不坚定，摇摇摆摆。我们不怕右派的进攻，却怕这些同志的摇摆。因为这种摇摆不利于党和人民的团结，不利于全党一致地鼓足干劲，克服困难，争取胜利。

毛泽东最后写道：我们党 38 年的历史就是这样走过来的。反右必出“左”，反“左”必出右。这是必然的。时然而言，现在是讲这一点的时候了。不讲于团结不利，于党于个人都不利。现在这一次争论，可能会被证明是一次意义重大的争论，如同我们在革命时期各次重大争论一样。在新的历史时期——社会主义建设时期，不可能是没有争论，风平浪静的。

毛泽东的“划清界线。不仅对事，也要对人”的指示和《对于一封信的评论》，对会议起了加温的作用，使批评的调子再度升高。

在批判彭德怀的会上，有人发言开始涉及他写信的动机和出发点，说“不管彭德怀写信的主观愿望如何，客观上都是向总路线的进攻”。

会内的紧张气氛，波及会外。负责彭德怀保健工作的护士惴惴不安，不仅每天晚上只给他两片安眠药，而且开始要求他必须当面服下去。彭德怀会心地笑了，他说：“小同志，放心吧，我决不会自杀！”他顺手从抽屉里抓出一大把药片。护士定睛一看，全是安眠药，不禁伸了一下舌头，把安眠药全部拿走了。

7 月 29 日上午，毛泽东在大区负责人会上宣布准备召开中共八届八中全会。

7 月 30 日上午，聂荣臻和叶剑英一起来到彭德怀住处。彭德怀追忆道：“他们来劝我着重反省自己，即使有些（批评）不完全合乎事实（事实有些出入，总是难免的），只要于党于人民总的方面有利，就不要管那些细节。他们说，你不是常讲一个共产党员要能任劳任怨、任劳易任怨难吗！今天当着自己检讨的时候，就要能表现任劳任怨的精神。大约谈有两个多小时，最后热泪盈眶而别，感人至深，我非常感谢他们对我的帮助，决心从严检查自己。但他们走后，我内心还是痛苦的。今天的事情，不是任劳任怨的问题，而是如何处理才会有利于人民和党。反右倾机会主义的结果，不会停止‘左’倾，而更会加深‘左’倾危险，使比例失调更加严重，以致影响群众生产的积极性。我给主席的信，不仅事与愿违，而且起到了相反的作用，这将是我的罪恶！”

同日上午，毛泽东找了黄克诚、周小舟、周惠、李锐 4 人，和他们谈话。从中央苏区根据地的历史谈起，谈到当时一、三军团的情况，引导大家重温党和军队的历史，暗示他们要注意同彭德怀划清界线。毛泽东还希望周小舟“不远而复”，及早回头。

这次谈话时间不长，内容广泛。毛泽东对在座的几个人尽管有批评，但总的调子使周小舟几个人感到宽慰。

7月31日一早，彭德怀接到毛泽东秘书打来电话，通知他到毛泽东处去开会。彭德怀走进“美庐”二楼客厅，见刘少奇、周恩来、朱德、林彪、彭真、贺龙等已在座，另一边坐着黄克诚、周小舟、周惠、李锐等。这是一次中央常委会，黄克诚他们几个人是被召来列席旁听的。

会议从上午10点50分开始，一直开到下午5点。首先是毛泽东讲话。他没有谈7月14日彭德怀的信，却系统地讲起了立三路线、两次王明路线、高饶反党联盟，批评彭德怀在历次路线斗争中都犯有错误。

彭德怀插话说：“到一九三四年一二月间就已经转过来了，认识到还是由毛泽东同志领导好，这是事实证明了的，这话我向黄克诚谈过。”

毛泽东接着说，在几次路线斗争中你都摇摆，由于挨了整，心里恨得要死，今后也很难说。

毛泽东讲到这里，彭德怀说了一句：“我都六十一岁了，耳已顺了，不要紧的。”

毛泽东又问彭德怀：“我同你的关系，合作，不合作，三七开，融洽三成，搞不来七成，三十一年，是否如此？”

彭德怀没有正面反驳毛泽东，而是从具体问题作解释。他说：“政治与感情，你是结合在一起的，我没有达到这个程度。你提得那么高，我还没有理解，跟不上，掉队远。许多历史事件，我一生无笔记，文件全烧了。对问题认识上有分歧，但不能说感情不融洽。”

彭德怀接着讲了一些往事。一方面是想表明他从很早的时候起就把毛泽东当作自己的先生，对他是很尊敬的；另一方面是想说明他不同意毛泽东说的他两人的关系是“三七开”。

最后，彭德怀勉强表示：“我认为我同主席的关系是对半开。”

毛泽东依然说：“还是三七开。”

在对半开还是三七开上，二人一来一往。最后是以彭德怀的沉默结束。

8月1日，是中国人民解放军建军节，中央政治局常委会议继续进行。

会议由毛泽东主持，出席会议的仍然是原来的一些人。彭真让李锐做记录。会议从上午10点开到下午5点，有多一半的时间是毛泽东讲话，他谈的内容很广泛：从井冈山到庐山，从军事到哲学，从马克思主义到斯大林，从党的历史上几次路线斗争，到苏联的教训等等。他的讲话是漫谈式的，但观点是很鲜明的，批评彭德怀。

在毛泽东讲话的间隙，刘少奇、周恩来、朱德、彭真等都有一些插话，大都是向彭德怀提一两个具体问题或对前面的发言作点补充和说明。

一直沉默的林彪则说彭德怀这回是招兵买马来的，是野心家、阴谋家、伪君子……

林彪是7月29日上山的，他在北京就知道庐山“出了事”。他的发言，加重了火药气味，给问题升了格，也给彭德怀定了性。

林彪批评彭德怀说：你要抛掉个人的过分自信，抛掉个人英雄主义。“只有毛主席能当大英雄，别人谁也不要想当英雄，你我离得远的很，不要打这个主意。”

林彪说完，毛泽东再次讲话，从哲学问题谈起，说彭德怀是资产阶级世界观，不是无产阶级世界观，方法论是经验主义的，不是辩证唯物主义的。说彭德怀这个人有两面性，有革命的一面，也有反革命的一面。在民主革命阶段他是积极的，但革命的方法也有错误；进入社会主义革命阶段就有了变化。他对社会主义也有模模糊糊的认识，要群众又害怕群众。9000 万人上山炼铁的革命热情，他看成是小资产阶级的狂热性。毛泽东还说，彭德怀这次对时局估计错了，对自己威信估计高了，对党内同志政治水平估计低了……

随后，毛泽东又谈到党的历史，批评彭德怀曾在 1935 年长征中鼓动林彪要求毛泽东交出军事指挥权。这时，林彪插话说，长征他给中央写信要毛泽东、朱德、周恩来离开军事指挥岗位，由彭德怀来指挥红军作战，这事他并未和彭德怀商量，是他自己决定写这封信的。

就为林彪写的这封信，当年，在中共中央于四川会理城外举行的紧急会议上，毛泽东曾严厉批评过彭德怀。彭德怀发言申明他在会前并不知道林彪写这封信。过后，毛泽东曾屡次提及，彭德怀总持“事久自然明”的态度。不想毛泽东在今天庐山这一历史时刻，旧话重提，使彭德怀既惊讶又伤心。

之后，彭德怀在他于 1962 年写给毛泽东和中共中央的一封长信中叙及此事，说：“林彪同志庄严申明了，那封信与彭德怀同志无关，他写信彭不知道。”从语气看，彭德怀对林彪挺身而出洗雪了他这一段冤情颇为感动。至于林彪何以缄口二十五年，这时才出来说明真相，胸怀坦荡的彭德怀，似乎没有顾得上去想它。

林彪申明之后，毛泽东把话题转回到彭德怀 7 月 14 日的信上，说彭德怀讲“小资产阶级狂热性”，锋芒是对着中央的，是攻击中央，反对中央；说彭德怀写那封信是准备发表的，用来争取群众，组织队伍，用他的面貌来改造党改造世界；说他要修正总路线，另搞一个出来；说彭德怀那封信的前半部分说总路线正确，“毫无感情”，全部感情放在后半部分。讲到这里，毛泽东严厉地说：

你这个人有野心，历来有野心。你说过参加革命做大事，说我是先生，你是学生，这都是客气话。先生、学生是讲集体，劳动人民才是先生。尊重劳动人民为先生的思想你没有建立。

你要用你的面目改造党、改造世界。过去因各种原因未得到机会，这次从国际上取了点经（不能断定），去年郑州会议你未参加，武昌会议乱子一出，机会到了，出去考察，到了湖南。

上海会议重点是批评李富春，捎了你一句。去年八大二次会议我讲过，准备对付分裂，是有所指的，就是指你。……

我 66 岁，你 61 岁，我快死了，许多同志有恐慌感，难对付你。

毛泽东的这一番话，明显地流露出对彭德怀很不放心，也反映出他发动这场斗争的某些考虑。

毛泽东的批评使彭德怀难以容忍，但他还是忍住了。他没有正面反驳，只在两个问题上作了委婉的解释：

一、说明他的问题与国外无关。出国访问他实在不想去。出访期间，只是在罗马尼亚访问时，为回答对方的提问，就人民公社的所有制问题作过一点解释，除此之外，在其他国家访问时，关于中国的“大跃进”、人民公社问题从未谈过。他既没有捞什么“资本”，也没有“取经”。

二、承认7月14日的那封信有些问题考虑的不成熟，如说“小资产阶级狂热性”，有些问题是带“政治性”的等等，但都是出于自己的考虑，事先没有跟任何人商量过。当时想的主要是看到会议快结束了，写个信供主席参考，有无价值，请主席斟酌。没有想过信还要发表。

经过两天非同寻常的常委会，彭德怀终于明白，毛泽东所要发动的斗争，已远远超出了那封信的范围。最后，他表示：

不管最后会议给他做出什么结论，他保证做到三条：一、不会自杀；二、不会当反革命；三、不能工作了可以回家种田，自食其力。

第三十四章 “海瑞”罢官

第一节 八届八中全会的决议

1959年8月2日，中共八届八中全会在庐山正式开幕。出席这次会议的有中央委员和候补中央委员147人，列席15人。人数几乎相当于前一段政治局扩大会议参加者的两倍。由于出席会议的人员增加，会场从西餐厅移到庐山人民剧院。会议开始，毛泽东作长篇讲话。他先讲了八届八中全会的议程，议程有两个：

一、修改1959年生产指标。这个问题比较简单，由于1959年的生产指标无法完成已成定局，毛泽东说，武汉六中全会决定的今年指标，上海七中全会时有人主张改，多数人不同意。看来当时改也改不彻底。今年还有5个月，改了好。高指标是自己定的，自己造的菩萨自己拜，现在还得自己打破。

全会对1959年生产指标进行了调整，钢产量由原来的1800万吨，降为1200万吨，粮食产量由原定1.05万亿斤，降为5500亿斤。

二、路线问题。这是此次中央全会的主题。毛泽东说：

上庐山后，有部分人要求民主，要求自由，说不敢讲话，有压力。当时摸不着头脑，不知所说的不民主是什么事。前半个月是“神仙会”，没有紧张局势。后来才了解，有些人所以觉得没有自由，是认为松松垮垮不过瘾。他们要求一种紧张局势，要求有批评总路线的自由，就是要攻击总路线，破坏总路线，以批评去年为主，也批评今年的工作。说去年的工作都做坏了。

1957年不是有人要求大民主、大鸣、大放、大辩论吗？现在有一种分裂的倾向。去年八大二次会议我说过，危险无非是：一、世界大战；二、党的分裂。当时还没有明显的迹象。现在有这种迹象了。

毛泽东讲到要允许犯错误的同志改正错误。他说：对犯错误的同志采取惩前毖后，治病救人的方针，给犯错误的同志一条出路，允许犯错误的同志改正错误，继续革命，不要像《阿Q正传》上的赵太爷不准阿Q革命。

上山讲了三句话：成绩伟大，问题不少，前途光明。后来“问题不少”一句出了问题。毛泽东说，我们反了9个月的“左”倾，现在基本上不是这一方面的问题了，而是右倾机会主义向党猖狂进攻的问题。共产风，三级所有制，落实指标等问题，还有没有？基本上不是这方面的问题，而是指标越落越低，越少越好。是右倾机会主义向党的领导机关、向人民事业猖狂进攻的问题。错误、缺点确实多，已经改了，但那不算数。他们抓住那么些东西，来攻击总路线，想把路线引导到错误方面去。此话是否说得对，请大家讨论。①

根据毛泽东讲话，当前的问题不再是反“左”，而是反击右倾机会主义向党的猖狂进攻。由此，批判彭德怀等人的问题从思想认识升级到路线斗争的新高度。

最初，到会人员划分为 6 个小组，彭德怀仍在第四组，大约在 8 月 7 日以后，又将 6 个小组合并成为 3 个“临时小组”。即以第二组、第四组和第五组为基础，每组扩大为 50 来人。彭德怀在四组，组员有一半是军队的干部，红三军团的老干部几乎都在这个组。张闻天、周小舟在第二组。黄克诚在第五组。各组分别对彭德怀、张闻天、黄克诚、周小舟等人进行批判。批判的内容已经不只是彭德怀的那封信，而是向纵横方向延伸开去。

——对彭德怀 7 月 14 日的信、张闻天 7 月 21 日的发言，以及黄克诚、周小舟、周惠、李锐等人在会议期间的发言、插话，和一切被认为有问题的言论进行深入揭发、批判；

——追查“军事俱乐部”所有成员在庐山会议期间及庐山会议以前彼此间的交往和谈话内容，让他们交代“军事俱乐部”的成员名单、纲领、活动计划等；

——清算彭德怀、张闻天等人几十年来在党内历次斗争中所犯的“路线错误”，查所谓“历史根源”与“社会根源”，从批判对形势认识上的“右倾机会主义”进入对个人历史的清算。

从 8 月 3 日到 8 月 10 日的小组会发言中，最引人注目的是一部分彭德怀的老同事、老部下的发言。彭德怀既然已被说成是“军事俱乐部”的首领，他的老同事、老部下自然就成了人们注意的中心。使他们不得不发言表示同彭德怀划清界线，但他们又无法一下子改变彭德怀在心目中的形象，于是，会上就出现了一些耐人寻味的发言：

——彭德怀同志是我的老上级，我在他直接领导下工作有 13 年。总的印象是好的。觉得他对党忠诚，是毛主席的好助手，对敌斗争勇敢，对革命有贡献，生活很俭朴。当然，对他那一套待人粗暴、领导不民主、工作方法简单、主观、不听人家意见，也深有感觉。对彭德怀同志的看法，对我来说，这次是换了一个脑筋。如不参加这次会议，凭我的思想水平，政治嗅觉，是看不出彭德怀同志是野心家、阴谋家、伪君子的……

——我是 1949 年 8 月才认识彭德怀同志的。未认识前，听人说彭总很厉害，爱骂人。过去也听到过关于华北座谈会的一些情况，对他印象不那么好。认识他以后，又感到他坦白直爽，艰苦朴素，常讲军队要加强党委集体领导下的首长分工负责制，要加强政治工作，实行群众路线，发扬民主等，因此，对他的印象是又怕他，又尊敬他。

---

① 毛泽东在中共八届八中全会开幕时的讲话，1959 年 8 月 2 日。

——我从很小参加革命，一参军就在他的领导下工作。我很尊重他，怕他，又不大怕他。挨过他不少骂，对他的作风有意见。去年军委扩大会议，我指名贴了他的大字报，后来他还说，我给他提的意见是善意的……

——彭德怀同志是有功劳的。在解放战争时期的西北战场上，他坚决执行毛主席的指示，以少胜多，取得了伟大胜利。我认为他是一个民族英雄……

在彭德怀已经被指责为“右倾机会主义分子”，批判会上政治压力猛烈增强的情况下，竟还有那么多的人对彭德怀的个人品德，革命功绩，思想、工作和生活作风，讲了那么多赞美之词，这说明几十年革命烈火在人们心目中铸就的彭德怀的形象，不是用几次会议批判所能毁掉的。

毛泽东没有参加分组会议。他注视着从各种渠道传来的人们的思想动向，通过对文件和下面上送材料的批示，指导会议的发展。

在这些批示的引导下，形成一个批判彭德怀等“右倾机会主义分子”的高潮。

一位出席过庐山会议的干部在他的回忆录中写道：“有一天，我刚好坐在彭德怀的身后，我前面就是他那宽阔厚实的背影。彭总静静地坐着，很少说话。他轻轻摇一把葵扇，仔细听所有的发言，却并不为自己辩白。只是有时对某些事实作必要的说明。他有惊人的记忆力，二三十年前的事，即使细枝末节，都记得清楚。他身旁的方凳上，搁着一只大茶杯，茶水喝完之后，用三个指头把绿莹莹的龙井茶叶捞出来，放在嘴里，慢慢地嚼着。”①

在所有的揭发和批判中，使彭德怀气恼的是所谓他在“党内历次路线斗争中的严重错误”。在他看来，党内几十年的斗争历史，是非大体是清楚的。但有些发言者不按照历史的本来面目来谈历史，而是让历史为当前的某种政治需要服务，把他在历史上的一些过失，都和“一贯反对毛主席”这样一个压倒一切的罪名联系起来，这是彭德怀无论如何也难以想通的。

批判会上还不乏颠倒黑白的发言。比如，艰苦朴素，清正廉洁，是全党全军皆知的彭德怀的优秀品德。全国解放后，彭德怀虽身居高位，从不多用公家一分钱，曾多次要求取消对他外出乘铁路公务车、住高级宾馆等特殊照顾，过普通人的生活。他对各省竞相给中央领导人修高级宾馆更为反感，认为这样搞下去我们会脱离群众，会亡党亡国的。

然而现在，在庐山会议上，彭德怀却被林彪诬为“伪君子”，“伪装朴素”。对此，他在“笔记”中愤愤写道：“平江起义到解放战争结束，我家十余口人，流浪乞讨，全无任何顾及，40 年如一日，这不是什么可以伪装得了的。”②

彭德怀面对着会上来自各方面的批判、揭发，除必要的说明外他下决心不作任何解释。他已清楚地意识到，会议的目的是要把他搞臭，要彻底肃清他在全党全军中的影响。

---

①《十年散文选》，江波《匡庐八日》，作家出版社 1986 年版。

② 见 1959 年彭德怀写的《庐山笔记》。

“我采取了要什么就给什么的态度。”彭德怀在“笔记”中写道：“对自己的错误作了一些不合实际的夸大检讨。”[①]

8月6日，彭德怀在小组会上作检讨，他说的第一句话是：“我的检讨不是最后一次。”他清楚更严酷的批斗还在后面。

他的检讨尽量跟上大家批判的调子。关于7月14日的那封信，他承认“这是路线性质的错误。”“不管我的主观愿望如何，实际上是从右的立场出发。”他不承认他的信是反对毛泽东的，但谈到信的内容时他说“实质上是向广大干部泼了冷水，向几亿人民泼了冷水，对毛泽东同志作了错误的批评”。他承认在几次路线斗争中都犯有错误。谈到犯错误的原因，彭德怀说主要是旧思想没有得到彻底改造，无产阶级的宇宙观、无产阶级思想没有很好树立起来，资产阶级和小资产阶级思想仍然根深蒂固地盘踞在我的头脑里，使自己在革命的重要关头，往往不能站稳无产阶级的立场而发生动摇。

毛泽东和林彪在常委会上指责他“有野心”“是野心家”，他只作了委婉的否认。他说：“我有个人英雄主义，它给革命的危害很大。特别是在高级干部身上，个人英雄主义这种毒素，遇到适宜的条件和气候，很容易发展成个人野心，招致党的分化，给革命造成重大损失。”[②]

8月7日上午，毛泽东找彭德怀谈话，重复了他在常委会上对彭德怀的批评。谈完，彭德怀提出，根据这次会议给予他的批评，他不愿再做军事工作了。

毛泽东说：“这几天我也在考虑这件事。”

当天晚上，彭德怀便授意秘书代他起草了一个给中央的报告，请求辞去国防部长的职务，以及撤销中央军委委员、政治局委员的职务。彭德怀说：

“不当国防部长，我早就有这个意思，这次能辞掉，我是很愿意的。”

彭德怀一面起草自己的书面检讨，一面对身边工作人员说：“黄克诚这个参谋长也不能干了，这对军队是一个很大的损失，有些工作可能要中断。现在把几个主要条令都算搞出来了，如果再过几年，能把战史、军史都搞出来那就好了。”“我国的民兵制度是有历史传统的，是一种强大的战略后备力量。这几年已经摸索到了适合国家经济建设情况的组织形式，假使因为我的问题把它废弛了，可太可惜了。”

彭德怀对人民解放军有深厚的感情，他与这支军队一起出生入死，历尽艰险，共同战斗了三十多个年头，现在，他不得不怀着痛苦的心情离开它。

在8月10日的批判中，周小舟、周惠和李锐在黄克诚住所议论说毛泽东到了“斯大林晚年”等问题，被追了出来。“秀才”们的议论对本来已很激烈的八届八中全会，起了火上浇油的作用，批斗进一步升级。这种情况可以从毛泽东在8月11日中央全会上的一席讲话中看出来。

---

① 见1959年彭德怀写的《庐山笔记》。

② 彭德怀1959年8月6日在中共八届八中全会小组会上的检讨发言。

毛泽东的这次讲话从世界观、方法论谈起。说历来犯错误的都是唯我主义，极端唯心主义，他不指名地批评彭德怀等人说：三十几年，阶级立场没有变过来，总是格格不入。这些同志不是马克思主义，而是以资产阶级民主主义资格参加党的。经验主义、教条主义都是资产阶级民主主义，同共产党员的称号不符，是无产阶级的敌人。

毛泽东说，高饶事件，有的人是保护过关，是高彭联盟，还是彭高联盟？组织派别，进行分裂活动。总路线、“大跃进”、人民公社所有问题，其实是鸡毛蒜皮。说共产风，浮夸风吹遍全国，至少国防部、外交部、湖南省三个地方没有吹遍。浮夸风吹一吹极有好处。风总是要吹的，吹一吹可以教育全党全民。

毛泽东继续讲下去，说到犯错误的人有两重性：革命，反动，说完全不革命不是事实。

最后毛泽东说：31 年的关系，难道庐山就此分手，不应当分手。欢迎最近几天同志们的进步。

随后，即宣布散会。

在 8 月 13 日的全体会议上，彭德怀作了一次比较系统的检讨，几天来会议上对他的批评（包括毛泽东那些极尖锐的批评），他基本上都接受下来。

1959 年 8 月 16 日，中共八届八中全会举行全体会议。到会的中央委员，每人收到两份刚刚印好的文件。一份是《中国共产党八届八中全会关于以彭德怀同志为首的反党集团的错误的决议》，另一份是《为保卫党的总路线反对右倾机会主义而斗争》的决议。这天全体会议的主要议程是通过这两个决议。

《中国共产党八届八中全会关于以彭德怀同志为首的反党集团的错误的决议》，大约有 4500 字，共分 5 个部分。

第一部分是说彭德怀问题的严重性和危害。“在我们党内出现了以彭德怀同志为首，包括黄克诚、张闻天、周小舟等同志的右倾机会主义反党集团反对党的总路线，反对大跃进，反对人民公社的猖狂进攻”，这个进攻出现在国内外反动势力向我们党和我国人民加紧进攻的时候，“在这样一个时机，来自党内特别是来自党中央内部的进攻，显然比来自党外的进攻更危险”。

第二部分是说彭德怀问题的由来和性质。说彭德怀的《意见书》和在庐山会议上的发言是代表右倾机会主义分子向党进攻的纲领，其实质是：“煽动党内的有右倾思想的分子、对党不满的分子、混入党内的投机分子和阶级异己分子，起来响应国内外反动派的污蔑，向党的总路线，向党中央和毛泽东同志的领导举行猖狂进攻”，“不是个别性质的错误，而是具有反党、反人民、反社会主义性质的右倾机会主义路线的错误”。

第三部分是说彭德怀反党集团的活动，是有计划、有目的、有准备、有组织的活动。“这一活动是高饶反党联盟的继续和发展”。还说彭德怀“闹独立王国”，“最不民主，最专制”，对下粗暴、专横，“到了难以忍受的程度”。说他“恶毒攻击和污蔑党的领袖毛泽东同志以及中央和军委其他领导同志”，说他“封官许愿”，

“拉拉扯扯”，“挑拨离间”，“造谣扯谎”，“进行宗派主义分裂党的活动”。由于他在军队中的地位，“也由于他伪装爽直、伪装朴素的手法”，他能迷惑而且已经迷惑了一些人，这“对党和人民解放军的前途是有很大危险性的”。因此，“揭露这个伪君子、野心家、阴谋家的真面目，制止他的反党分裂活动，就不能不成为党和所有忠于党、忠于人民解放军、忠于社会主义事业的人们的重要任务”。

第四部分是说彭德怀犯错误的社会、历史和思想根源。说彭德怀本质上是民主革命中参加的一部分资产阶级革命家的代表。挂着马列主义招牌，“实质上一脑子资产阶级个人英雄主义思想，资产阶级的极端虚伪的所谓自由平等博爱思想，并且还有某些封建残余思想”，“是资产阶级的经验主义和唯我主义的世界观、人生观的思想方法”，说彭德怀是带着“入股”的思想参加党和军队的。并说“在党的历史的几个重大关头”，如立三路线、两次王明路线、高饶反党事件，彭德怀都站在错误路线方面，反对以毛泽东为代表的正确领导。遵义会议以后，“他在大部分时期仍然反对毛泽东同志的领导，并且在党和军队内进行活动”。

第五部分是说对彭德怀等人的处理。说鉴于彭德怀做过一些有益于革命的工作，鉴于“他有革命和反动的两面性”，鉴于他表示愿意改正自己的错误，全会本着团结—批评或斗争—团结的方针，本着“惩前毖后，治病救人”，“批判从严，处理从宽”的方针，在他“认识和改正错误的条件下，继续同他保持同志的团结”，对黄克诚、张闻天、周小舟也采取同样的方针。“当然，把彭德怀同志和黄克诚、张闻天、周小舟等同志调离国防、外交、省委第一书记等工作岗位是完全必要的”。但可保留他们的中央委员、中央候补委员、政治局委员、政治局候补委员的职务，“以观后效”。

这个“决议”显然是对彭德怀等几个人很不公正的处理。同一天，毛泽东在一个材料上写过一段著名的指示，对庐山会议的性质作了最后结论：

“庐山出现的这一场斗争，是一场阶级斗争，是过去十年社会主义革命过程中资产阶级与无产阶级两大对抗阶级的生死斗争的继续。在中国在我党，这一类斗争，看来还得斗下去，至少还要斗二十年，可能要斗半个世纪，总之要到阶级完全灭亡，斗争才会止息。”[①] 在这里，毛泽东把庐山会议中党内不同思想的矛盾，直接看成了阶级斗争。这个观点，可以说是造成庐山这场悲剧的主要原因。

8 月 19 日，彭德怀回到北京，准备参加军委扩大会议，接受新的一轮批判。

第二节　“肃清影响”

以贯彻庐山会议精神为主旨的军委扩大会议，于 1959 年 8 月 18 日在北京召开。开会的通知是在 8 月 11 日庐山会议结束以前发出的。为了在军队系统最大限度地肃清彭德怀的影响，这次军委会议扩大的范围是空前的：大军区领导除留

---

① 毛泽东在一个材料上的批语，《机关枪和迫击炮的来历及其他》1959 年 8 月 16 日。

一名值班外，全部参加；省军区司令员、政委和野战军军长、政委全部参加。此外，全军师以上单位各派两名正职干部参加。实际到会人数为1070人。

会议前10天是听取关于庐山会议情况的传达，阅读会议主要文件。从8月29日起，把原来的15个小组改编为2个综合组，彭德怀、黄克诚2人各参加1个组，接受批判。

彭德怀参加的第一组，会场设在中南海怀仁堂。

在传达庐山会议情况时，军队的高级干部，听到了过去从未听到过的令人心悸的话，诸如毛泽东说的，“你解放军不跟我走，我就找红军去，我看解放军会跟我走”、“彭德怀是右倾机会主义反党集团”。许多人怀疑自己的听觉出了毛病，他们怎么也不能把这个“反党”的罪名和自己心目中那个刚正无私的彭老总联系起来。

会议对彭德怀揭发和批判的问题是极其广泛的，从平江起义的思想动机到庐山上书的政治目的；从抗日战争战略方针的贯彻执行到1958年炮击金门时的组织指挥；从红一、三军团的关系问题到所谓“军事俱乐部”的组织活动等等，无一不加以追查和批判。

以后，彭德怀在其《自述》中，是这样记述当时的情况和自己心情的：“在会议的发展过程中，我采取了要什么就给什么的态度，只要不损害党和人民的利益就行。我对自己的错误作了一些不合实际的夸大检讨。唯有所谓‘军事俱乐部’的问题，我坚持了实事求是的原则。对于这个问题，在庐山会议期间，就有逼迫现象，特别在军委扩大会议期间（8月下旬至9月上旬），这种现象尤为严重。不供出所谓‘军事俱乐部’的组织、纲领、目的、名单，就给加上不老实、不坦白、狡猾等罪名。有一次，我在军委扩大会议上作检讨时，有一小批同志大呼口号：‘你快交代呀！’‘不要再欺骗我们了！’逼得我气急了。我说，‘开除我的党籍，拉我去枪毙了吧，你们哪一个是‘军事俱乐部的成员，就自己来报名嘛！’有几个同志说我‘太顽固’，‘太不严肃’。其实，在庐山会议结束后，我就想把我在军队三十年来的影响肃清、搞臭。这样做，对保证人民解放军在党的领导下的进一步巩固，是有好处的。我就是持着这个态度，赶回北京来作检讨的。但是我不能乱供什么‘军事俱乐部’的组织、纲领、目的、名单等，那样做，会产生严重的后果。我只能毁灭自己，决不能损害党所领导的人民军队。”

接替彭德怀国防部长职务的林彪主持这次军委扩大会议，一次又一次把会场上的斗争引向白热化。

9月3日上午和下午，集中追查彭德怀的所谓“军事俱乐部”的问题。这本来是一个并不存在的问题，但因为它是毛泽东在庐山会议上最先提出来的，彭德怀不得不耐心对待。包括一些人提出来的十分幼稚可笑的问题，他都一一认真作答。

会议开始刚提出这个问题的时候，彭德怀解释说：“这是毛主席8月2日在给张闻天同志的信上首先提出来的，说‘怎么搞的，你跑到军事俱乐部去了’，并没有具体指出还有什么人。其实，‘军事俱乐部’组织是没有的，只是我们几个对问题的认识上观点比较一致，事先并没有什么策划。”

毛泽东提出的“军事俱乐部”问题，其实也仅仅是根据下面这么一件简单的事情：

那是7月23日，晚上，周小舟、周惠和李锐对毛泽东批评彭德怀的讲话，左思右想搞不通。周小舟建议去找黄老谈谈。

黄克诚接到周小舟等要来谈话的电话，考虑当时气氛非常敏感，去找他谈话不太适宜，劝他们暂时不要来。可他们还是坚持来了。在交谈中，他们越谈情绪越激动，特别是周小舟说现在毛泽东好像“斯大林的晚年”，要人家敢想、敢说，等人家说了真心话又抓住狠批，“这不是钓鱼吗！”

黄克诚理解他们的心情，他不赞成毛泽东对彭德怀那封信的处理方法。但经验告诉他，在当前情况下，任何感情用事都可能使情况变得更糟。所以，他十分克制，一直在设法降温，“你们不要激动嘛！事情总会弄明白的。……主席不会错的。……”

正在这时，彭德怀推开房门进来了。他手里拿着一份西藏军区发来的等待答复的电报，他必须和黄克诚研究一下。

彭德怀的突然出现，使在座的周小舟等感到意外，黄克诚也觉得有些突然。

大家站起来为彭德怀让座。周小舟愤愤地说：“彭总啊，我们离右派只有30公里了！”

看到他们那样激动，彭德怀反倒平静下来，他安慰大家说：“30公里也不要紧嘛，……通过批评、讨论，把一些模糊观点弄清楚也是好的。”

他们看到彭德怀手上的电报，连忙告退。

彭德怀和黄克诚研究了给西藏军区增派车辆之事，各人抑制住感情，不敢再谈什么，毛泽东的讲话使庐山的气氛变得仿佛一颗火星就会引爆，在这种情况下他俩单独在一起显然不合时宜。彭德怀赶快回到自己的住室。

谁也没有料到周小舟等人从黄克诚房里出来的时候，被人碰到，反映到毛泽东那里去了，这就成了后来追查彭德怀、黄克诚“军事俱乐部”的重要根据。

彭德怀讲“军事俱乐部”是没有的，这是真话，但是有人一定要他交代“军事俱乐部”的组织、纲领、目的、名单，等等。在轮番追逼之下，彭德怀气愤地说：“如果有这个俱乐部，那就是以彭德怀为首的反党集团的四个人，其他再没有了。”

“你敢说真的没有了？”

“没有了。”彭德怀说，“因为他们谁也不愿意来报名嘛！”

全场大哗，人们批评彭德怀“不严肃”，“不老实”。

一阵狂风暴雨的批判过去之后，彭德怀解释说：“不实事求是，多讲一些有什么好处！”

对于所谓“军事俱乐部”问题的追查、批判，在会上多次“顶牛”，毫无进展。

除“军事俱乐部”外，军委扩大会议上追查的另一个重要问题是所谓彭德怀“里通外国”的问题。这个问题在庐山会议上只是有个别人拐弯抹角地暗示过，“彭德怀同志前不久访问了东欧各国，上山后急于发难，是不是有什么背景？”并没有人正式提出来。

在军委扩大会议开始阶段，也没有提到这个问题，到9月1日，在一次大会上，有人把“里通外国”作为彭德怀一大“罪状”突然提了出来，又一次在会上掀起了“高潮”。

彭德怀深知这个问题的政治分量，他不能不严肃对待。他要求批判者拿出事实来。

围绕这个问题，会议用了两天的时间进行揭发和追查。揭发者说彭德怀“里通外国”的主要根据，是他在率领中国军事代表团出访期间，曾与赫鲁晓夫有过接触，受过他的单独接见。彭德怀详细地讲述了出访期间他与赫鲁晓夫几次礼节性会见的经过，并详细提供了每次会见的时间、地点、陪同人员和翻译人员名单。他说：“我根本不懂外语，同外国人任何谈话都要经过别人的翻译，要里通外国，我怎么去密谈？”

在对这个问题的批判和追查过程中，彭德怀心情是坦然的，他清楚批判实际上是对一个幻影开战。然而他又是十分痛苦的：这样凭空的诬陷，使他感情上受到极大伤害。正像他事后所说：“为了把我搞臭，竟然把这样丑恶的罪名加在我的头上，使我难过极了。”①

军委扩大会议对所谓“里通外国”问题的批判，采用所谓会上揭发与会外调查互相结合的方法进行。会上，人们提出疑问，重要的疑问一提出，便立即派人向外事工作会议进行了解、核查（批判张闻天的外事工作会议，与军委扩大会同时进行），或立即向有关驻外使馆发电报要求提供证明。工作极其深入、细致、周密、快速。但是直到会议结束，仍无所获。

在这次军委扩大会议上还提出了彭、黄搞宗派分裂活动，“挑拨一、三军团关系”的问题。

在8月28日的综合小组联席会议上，有人说红军长征到达哈达铺进行改编以后，一方面军改为陕甘支队，一、三两个军团编为两个师。因一军团干部较多，就抽了两个人到三军团去参加领导工作。部队向陕北进军途中，有些意志薄弱的干部战士，经不起艰苦环境的考验，到了汉族居民地区，乘机开小差脱离了部队。当时，后有追兵前有敌军堵截，红军处境危急。为了迅速制止部队逃亡的恶劣倾向，三军团曾以叛变革命的名义处决了个别逃跑的干部。以致部队上下议论纷纷，怀疑这是一军团派到三军团的领导干部干的，刚经过整编的一、三军团关系变得很紧张，出现了不团结的倾向。

原三军团的黄克诚，当时是陕甘支队第二师政治部的裁判所长，处决人的事都是要经过他的。现在要清算破坏红军团结的“罪行”，当然算账首先就算到他的头上。发言人指责黄克诚是破坏一、三军团团结搞宗派分裂活动的“罪魁祸首”。

---

① 彭德怀给毛泽东和中共中央的一封信，1962年6月16日。

就在揭发人慷慨激昂发言的时候，北京军区参谋长钟伟突然站起来说道：“你瞎说，根本不是那么回事！红军离开哈达铺以后，是我带着一个营在后面担任收容任务。你所说的处决卫生部的那个杨兴仁，根本就不是黄克诚同志决定的，而是上边给我的命令，我敢不执行吗？这事 ×× 同志都知道嘛！”

钟伟这个发言，引起会场一阵议论，立即遭到“围攻”。

批判彭德怀、黄克诚的综合小组在追逼了上述几个问题之后，从9月5日开始，又被划分为5个小组。除第五小组外，其他四个小组都分别交代了任务：第一小组负责清查邓华的问题。因为开会期间有人给大会主席递了条子，说邓华与彭德怀关系密切。第二小组负责清查万毅的问题。因为7月22日在庐山开会时，他曾发言表示同意彭德怀的意见书。第三小组负责清查洪学智的问题。因为他与黄克诚个人关系较深，与彭德怀关系也很密切，会议期间对彭德怀、黄克诚的问题揭发又很少。第四小组就是负责清查钟伟的问题，要查他为什么为彭德怀、黄克诚打掩护、“解围”。

9月9日，彭德怀得知军委扩大会议即将结束，给毛泽东写了一封信，违心地说：“八届八中全会和军委扩大会议，对我的错误进行了彻底的揭发和批判，消除了制造党内分裂的一个隐患，这是党的伟大胜利，也给了我改正错误的最后机会。我诚恳地感谢你和其他同志对我的耐心教育和帮助。”并且表示：“今后必须下很大功夫，继续彻底反省自己的错误，努力学习马列主义理论，来改造自己的思想，保证晚年不再做危害党和人民的事情。为此请求中央考虑，在军委扩大会议结束以后，请允许我学习或离开北京到人民公社去，一边学习，一边参加劳动，以便在劳动人民集体生活中得到锻炼和思想改造。”

毛泽东收到这封信，立即与彭德怀通了电话，说是要把他的信转发全党，并且批示：“此件印发各级党组织，从中央到支部。印发在北京开会的军事、外事会议各同志。”在下面写道：我热烈地欢迎彭德怀同志这封信，认为他的立场和观点是正确的，态度是诚恳的。倘从此彻底转变，不再有大的动摇（小的动摇是必不可免的），那就是“立地成佛”，立地变成了一个马克思主义者了。……德怀同志对于他自己在今后一段时间内工作分配的建议，我以为基本上是适当的。读几年书极好，年纪大了，不宜参加体力劳动，每年有段时间到工厂和农村去作观察和调查、研究工作，则是很好的。此事中央将同德怀同志商量，做出适当的决定。[①]

9月12日，彭德怀向大会送去一份自己的书面检讨，检讨仍然是本着“只要不违背党和人民的利益，要什么给什么”的精神作出的。实际上是把别人强加给他的东西加以归纳整理，上送了事。

军委扩大会议宣告胜利结束。至此，彭德怀将近3个月来接受批判的日子告一段落。他决心结束他30多年的军事生涯。他决心去过一种名副其实的平民生活。

---

① 彭德怀给毛泽东的一封信和毛泽东对该信的批语，1959年9月9日。

第三十五章　元帅挂甲

第一节　历史的预示

1959 年 9 月 30 日，中华人民共和国建国十周年前夕，因庐山上书获罪被撤销了国防部长职务的共和国元帅彭德怀，举家从中南海永福堂迁出。新的去处是北京西郊颐和园附近的挂甲屯吴家花园。

从葱茏四百旋的庐山回到气象庄严的北京，开了 1 个月的中共中央军委扩大会议。全军高级干部 1000 余人对彭德怀的批判刚结束，彭德怀就让妻子浦安修去找中共中央办公厅主任杨尚昆，提出他搬出中南海的要求。他对妻子说："我没有工作了，中南海也没有活动的地方，再住会玷污党中央的声誉。你说我请求找一个能劳动的地方住，实现我对毛主席的保证：'劳动生产，自食其力'。"

中南海这个明清两代王朝的帝王之居，从 1949 年以来，就是中国共产党和新生的人民共和国核心领导人物的住地，是搏动着党和国家的心脏的地方。彭德怀在这里已经住了 7 年多。从 11 岁离家给富农刘十六家放牛以来，他的一生是在谋生的奔波与战争的驰骋中度过的。中南海，这是他少小离家以来住留最久的地方。

彭德怀埋头大步，跨出永福堂，径直上了那部黑色吉姆轿车。

中南海碧波依旧。汽车驶出西门，彭德怀没有回头瞥它一眼。其实，7 年来他就没有给过它多少青睐。尽管他晚饭后也时常在湖边散步，满脑子装的总是工作中的各种问题，很少有闲心去品味她的旖旎风光。甚至感到住在这宫墙之内，有违他的意愿，曾想搬出中南海另觅住处。他却不曾想到今天是在这种情况下离开这个地方。

几天前，他把崭新的蔚蓝色元帅服、狐皮军大衣、几件军装、几枚勋章、一幅辛亥革命元老廖仲恺夫人何香凝绘赠的猛虎图，上交给了党中央。留下书籍、必要的换洗衣服和日常用品，还有几件具有特殊纪念意义的东西：一支左轮手枪、一枚红星勋章、一包历史资料、八块从红军时代保存下来的分伙食尾子所得的银元。他将要开始一种从来没有体受过的生活——离群索居、闭门思"过"。

1959 年 10 月 1 日，中华人民共和国首都北京天安门广场举行盛大的阅兵式和群众游行，欢庆共和国成立十周年。游行队伍五彩缤纷，欢声如雷。城楼上，以毛泽东为中心的党和国家领导人微笑着，频频向从东向西涌流的人群挥手致意。

天安门前的检阅指挥车上，肃立着向受检部队举手还礼的新任国防部长——另一位元帅林彪。人们很少注意到今天少了一个彭德怀。即便注意到的人，对于在当时群星灿烂的政治舞台上陨落了一个彭德怀，也并不感到对国家民族的前途会有什么重大影响。而导致彭德怀“陨落”的庐山风云，却悄然掀起了在中国共产党内开展惨烈“阶级斗争”历史帷幕的一角。

离开中南海前，彭德怀接到了“十一”登天安门城楼的通知，他还保留着中共中央政治局委员、国务院副总理的职务。他向秘书摆摆手，表示他不准备去。在这个情况下，他和许多人怎么见面呢?

10月1日，彭德怀一整天都在整理安顿他的书籍、文件。晚上，他漫步到吴家花园南门外，站在一张木椅上，向东南方向眺望。天际闪耀出一朵朵礼花，那是天安门的焰火，彭德怀不时指点着。此时此刻，他的心情很平静，尽管“大跃进”造成巨大的损失，10年的成就是伟大的、足以骄人的。他将个人荣辱置之度外，衷心为建国十周年高兴。

国庆节刚过，彭德怀就在吴家花园内翻土、挖塘、平沟。

吴家花园据传是吴三桂修建的一处园林。吴三桂原是明末的辽东总兵，后降清。沧桑300年，这座园林究竟几经易手，已不可考。解放后，做了中共中央对外联络部的专家招待所，这“吴家”二字，却始终冠于该园的称呼上。

吴家花园的中心是一座京式四合院。回廊四合，南北东西14间屋子，自成园中之院。正室门外廊柱上悬着一副木刻楹联：“云山绘合天然画，月下闲观物外春”。门上匾额题为“怀馨堂”。院外园内有小桥流水、假山亭阁和一些副宅，占地约5亩，绕以乱石镶砌的围墙，是一个既不华丽也不寒陋，颇为幽雅的去处。在杨尚昆把彭德怀关于搬出中南海的要求报告给毛泽东后，毛泽东马上同意，指示杨尚昆给找一处好一点的房子。经杨尚昆亲自安排，找到了它。

吴家花园所在的挂甲屯，坐落在颐和园东约二里的地方，周围是一个大村落。这个村落很奇特，分为东南西北四块，各有一个名称，西北角为虎城，西南角叫挂甲屯，东北角叫北门楼，东南角叫教养局。这些威武森严的名字，把这个村落的历史蒙上一层神秘的色彩。村人传说宋朝杨家将中的六郎曾在这里晾晒铠甲，因而得名。但宋代，燕云十六州先后属辽、金、元，杨六郎何能来此晒甲?倒是元、明、清三代，西郊为京畿卫戍之所，将军挂甲总是不乏其事的。

彭德怀元帅今天来这里挂甲。挂甲屯这个名字，与其说它是一段历史的陈迹，毋宁说它是一个历史的预示。

彭德怀初进吴家花园，对着大门的牌号仔细看了一眼，上面标着“教养局”几个小字。这三个字是沿用了民国初年曾在此地设置的戒烟酒教养总局的名称。这个门牌号对彭德怀此时的心情与处境来说，未免难堪。他对左邻右舍说：我不是到这里受教养的，我这里不叫教养局，叫挂甲屯。为避免这种不愉快的联想，住进吴家花园的人就用了彭德怀的说法。这便是现今说彭德怀在庐山会议罢官后住京郊挂甲屯，而不说教养局的由来。

彭德怀住进了“怀馨堂”，他的心情和那副“云山绘合”“月下闲观”的楹联毫不沾边。他站在那里看了一遍，淡然一笑，就再没去注意它。然后，开始了读书兼务农的生活。

这个农民的儿子，在园内转了一圈，就用眼计量出院墙内空地约有一亩，污水塘约三分；院墙外还有属吴家花园所有的荒滩地两亩余。虽然秋意已浓，他自己年过六十，也已进入人生之秋，他仍然卷起裤腿，赤着脚跳下清凉的水塘。他用手抓起一把黑色的淤泥，放在鼻子前深深一嗅，连声称赞：“好泥，好泥！”仿佛嗅到了少年时在洞庭湖西林围筑堤时的泥土气息。他把警卫排的战士调动起来，和他一起用柳条筐把挖出的黑泥抬到地里去，不减当年横刀立马的气概。

彭德怀在吴家花园生活的第13天，10月13日的清晨，毛泽东打来电话，约他去中南海一晤。两个月前，在庐山的政治局常委会上，毛泽东一面说彭德怀和他历来是三分合作，七分不合作，为此，彭德怀和他争得面红耳赤；一面，毛泽东又问彭德怀：“三十年，难道就这样分手了吗？”彭德怀从来没有想到自己要和毛泽东分手。“大哥—先生—领袖”，这是在1944年延安整风中，他总结的自己看待毛泽东的著名“三部曲”，是发自内心的。但他对毛泽东也并非没有意见：99.9%的正确，难道就没有0.1%的错误吗！他一直坚持着他那种与对毛泽东的神化越来越不合调的看法。他对毛泽东太熟悉，他又太倔强、太求真，他始终拒绝把毛泽东的意见当成需要绝对服从的旨谕。在战争年代，毛泽东也不止一次根据他的意见修改了自己的指示。毛泽东在他的心目中是伟大的、英明的，但仍然是人，不是神。

在庐山上，他从毛泽东的话中痛心地发现，毛泽东竟然想到要和他分手的问题，他倔强地回答：“分手不分手那是你的问题。”

毛泽东的电话打到吴家花园，使彭德怀重新燃起希望：还能和毛泽东心平气和地谈谈，是毛泽东并不想和他分手啊！他马上命车出发，连早饭也顾不得吃。

汽车直驶入中南海颐年堂毛泽东住地。彭德怀快步进入室内，发现除毛泽东外，还有刘少奇、朱德、邓小平、陈毅、彭真、李富春、谭震林等在座，原来是以中央的名义找彭德怀谈话。

彭德怀向在座的人一一注目致意，然后在侧面的一张沙发上默默落座。

毛泽东态度从容地对彭德怀说：“我们一起来商量一下你今后一段时间的工作、学习问题。中央同意你9月9日的来信，读几年书极好。每年有一段时间到工厂和农村去参观和调查研究也是很好的。你年纪大了，就不要去人民公社劳动了。”

彭德怀仔细听着，答：“同意主席的话。”

毛泽东问：“准备怎么学习？”

彭德怀答：“学习哲学、政治经济学。吴家花园离党校近，希望在党校参加学习，准备学四年。”

毛泽东表示同意，让彭真、杨尚昆两人负责安排。又说：“不要学那么长时间，两年就够了。”彭德怀答：“同意。”

毛泽东没有说下去，注视着彭德怀，似在等待什么。从庐山会议以来，批彭这根弦绷得够紧了，在座的人看出来，毛泽东是在等待彭德怀认错，以便有所表示。

彭德怀默不作声。他也感觉到，他此时“认错”，就能打开僵局，他的处境会好得多，但他决心不再作违心的检讨。庐山上的违心检讨是为了顾全大局，已使他痛苦到“如万箭穿心”。现在，他还为什么呢？他认为，错在毛泽东，而不在自己。

空气凝固起来。片晌，彭德怀起身告辞，感谢毛泽东和中央的关心。

两个历史巨人谅解的机会在彼此的倔强和沉默中丧失。

第二节 特殊学员

几天后，彭真和杨尚昆来到吴家花园，具体安排彭德怀学习的事。彭真不无遗憾地和彭德怀谈起庐山会议，说：“庐山会议对你斗争过分了一些。”

这是庐山会议后彭德怀第一次听到党中央有人这样对他说。彭德怀心如浪击，默然不语。

彭真向随后来到的高级党校校长杨献珍、副校长艾思奇、范若愚当面作了交代。自此，彭德怀成为党校的学员。

彭德怀是高级党校的一名特殊学员。从新中国成立以来，政治局委员到这里学习，彭德怀还是第一名。

他仍住吴家花园，不和一般学员在一起。党校为他特别编了一个组，由党校党委成员等参加，还指定了两名教员为他担任个别辅导。教员的任务，除为彭德怀辅导学习外，还要把彭德怀的学习和思想状况向上报告。此事由杨献珍负责安排。杨献珍本来对“大跃进”中的错误做法就颇有意见，对彭德怀抱同情。嘱咐两个教员：对彭德怀的谈话听听就行了，不要记，回来和我说说便可。

不多日子，杨献珍在接踵而来的“反右倾”运动中，也被戴上了“右倾机会主义分子”的帽子，被撤掉了党校领导的职务。

当一切都安顿下来之后，彭德怀才越来越真切地感觉到，他已从数十年为之奋斗的事业中被放逐出来，等待他的是看不到尽头的、与他整个战斗生涯格格不入的谪隐生活。

他生就的不屈从于命运，也从未在生活中嵌进过“闲逸”二字。他决不能就此优游岁月。党校每周集体学习两次，他准时到达，不管一些人对他另眼看待，敬而远之。他自学时认真读书、做笔记；讨论时认真准备、积极发言，成为一个十分勤勉、遵守纪律的学员。

他把自己的生活日程排得很满，很早就起身，打拳、到园子里干活；早饭后整个上午专心读书、写笔记；下午除每周两次去党校学习，就看文件、报纸、杂志；4 点左右出门走走，略事休息；晚上依然是看书、写笔记，只偶尔看看电视。

8 月 1 日在庐山的中共中央政治局常委会上，毛泽东讲了很多哲学、世界观、方法论问题，批评彭德怀是“经验主义”，“不是马列主义”。毛泽东对彭德怀说：“你这个同志事务繁琐，事务太多，读书少”，“对马列主义基础的许多学说，……你根本不大懂。”

庐山会议上的这种批评，深深触动了彭德怀。理论修养是他的“短腿”。当时，他痛心地承认，在几十年的战争中，他认真研读过的马克思主义经典著作，还是毛泽东在苏区时代赠送给他的列宁的两本书：《社会民主党在民主革命中的两种策略》和《共产主义运动中的“左派”幼稚病》。现在他决心要弥补他自幼就丧失的机会——读书。

在高级党校的教员和他商量学习计划的时候，彭德怀想到毛泽东在 8 月 1 日的谈话，决定先从哲学开始。自 1959 年 12 月中旬到 1960 年 2 月末，他一气读了杨献珍的《什么是唯物主义》，艾思奇的《辩证唯物主义纲要》，苏联科学院的《马克思主义哲学原理》，毛泽东的《矛盾论》《实践论》，恩格斯的《路德维希费尔巴哈和德国古典哲学的终结》，列宁的《唯物主义与经验批判主义》，写了大量的摘记和学习心得。这些有珍贵历史价值的心得笔记和大量带有眉批的书籍在 1975 年 10 月被“彭德怀专案组”以防止扩散为由销毁了，不能不说是极大的损失。从今天还留存的一篇哲学笔记看，他对毛泽东的《矛盾论》《实践论》评价很高。他曾指着书架上的《毛泽东选集》对奉派来辅导他的党校教员说：主席对马克思主义确实有很大贡献。

彭德怀仔细学习了列宁的重要哲学著作《唯物主义与经验批判主义》，在书页上写下了许多批语。这本书现在作为彭德怀的珍贵遗物，陈列在中国人民革命军事博物馆。

彭德怀的妻子浦安修在北京师范大学任党委副书记。吴家花园离北师大较远，她只能平时住学校，星期六回家。周末常来吴家花园的，还有彭德怀的侄女彭梅魁和几个已牺牲的老战友的家属。尽管他们的到来使院子里有了生气，但大家的心情沉重，很少有欢愉的气氛。而从星期一到星期六，园内便显得分外冷清。彭德怀上午学哲学，下午看报纸文件。报纸上的虚夸宣传和书中的哲学原理直接冲突，几乎天天登有醒目标题：“形势无限好，高潮日日高”，“实现全面大跃进”，“大办工业”，“大办钢铁”，“大办粮食”，“大办食堂”，“大搞副业”，“大搞深翻”，“大办文教卫生”，“高速度万岁”……。接近年末，则是丰收喜讯纷呈：《奇迹！奇迹！》。彭德怀在庐山意见书中发出的警号：“国民经济比例失调”、“打消耗仗，全面紧张”等等，一一被报纸文章驳斥。

与报纸上继续鼓动“大跃进”的同时，从中央到省、市、地、县，一直到人民公社、生产队，卷起了一场自上而下的“反右倾机会主义”斗争。首当其冲的是各级党员干部中那些敢于直言“大跃进”、人民公社之失的人。他们被称为“右倾机会主义分子”“小彭德怀”，受到大会小会斗争。在农村，一批生产队长、农民党员，因反对高指标和高征购，也受到了批判。

吴家花园内的冷清与园外的“热浪”形成鲜明对比，搅得彭德怀心神不宁。在连续多日对《人民日报》上的虚夸报道和言论无法忍耐之后，一天，他在列宁的《唯物主义与经验批判主义》一书中分析唯心主义的段落旁，写下了几句感想：“人们如果把认识加以片面夸大，认为只要主观意识就可以创造出奇迹来——人有多大胆、地有多大产，这就不能不在具体事物中滑进唯心主义泥坑里。”

1960 年 4 月 6 日下午，彭德怀在怀馨堂书房内，习惯地从一摞报纸中首先打开《人民日报》。

第八版几个大字跃入眼帘：《食堂之乐乐无穷》。这是中共湖南省平江县写的一篇通讯，描绘了平江一个大队食堂的情形。他仔细读下去：“春风徐徐，送来了阵阵歌声，阳春三月唱食堂，唱得心里乐洋洋，食堂之红赛杜鹃，我们住在天堂中……”他继续往下读去：“食堂门前，社员用雄健的笔姿写着这样一副对联：‘食堂巧煮千家饭，公社温暖万人心’。”这是以后贴遍全国的一副名对。

彭德怀把报纸一推，狠狠吐了一口气，闭上了眼睛。他想象得出被砸了自家锅灶的农民，生活会是什么样子。

毛泽东的哲学——实事求是给了他勇气，使他用更坚定的目光去冷静地审视毛泽东今日的政治经济学。经过半年的学习与反省，他看到了什么呢？他看到的是大反“右倾”使本来已经存在的“左”倾错误更加严重。他满腔愤懑，违心检讨、委曲求全，并没有给党和人民带来好处。他放下哲学，又埋头读了一个月的政治经济学，然后重读《中共中央第八届八中全会关于彭德怀反党集团的决议》。

看过一遍又一遍，彭德怀百思不得其解，自己的那封信，怎么会使得毛泽东这般震怒呢？眼前没有人可以倾吐心曲，向来不在妻子面前谈及中央成员间事情的彭德怀，瞪着眼睛问他的妻子：“你说说，我和毛主席也是老战友了，从井冈山以来同生共死 30 多年，这次无非是提了些意见，为什么这样算账，这样斗争？”

浦安修只有用眼泪来回答。

“你说，为什么写了一封信就是反党、反毛主席，我想不通！”

从庐山风云突变之后，浦安修就陷入悲伤与惶恐之中。从大学时代参加党以来，她勤奋地为党工作。她并不因为是彭德怀的妻子而稍稍放松对自己的要求。她生活极其俭朴，和彭德怀堪称志同道合。她善良忠诚，对党、对毛泽东和中央各个领导人抱着十分崇敬的心情。彭德怀不和她谈自己的工作情况，她也从不过问。即使 1945 年彭德怀在华北座谈会上受到不公正批判，她也不甚清楚其内容。对于庐山会议，她看到的也就是中共中央八届八中全会关于“彭德怀反党集团”的那份决议。为什么彭德怀的一封信会造成一场在她看来是天翻地覆的斗争，没有人给她做解释；而所有她能问及的人，都要她和彭德怀划清思想界线。她确实看不出也确不曾看到彭德怀反党反毛泽东，她答复不了彭德怀的问题，甚至害怕他提出的问题。她只有不住地埋怨彭德怀：“你是管军事的，为什么要去管经济上的事情呢？”

彭德怀有时默默地、有时又不耐烦地听着她的抽泣与埋怨。其实，他十分不安。他很感谢妻子，和他一起在华北敌后度过了一般人难以想象的艰苦和危险的岁月。1942 年 5 月八路军总部遭日寇合围，浦安修在山上露宿了三夜才找到总部。深夜，彭德怀见到疲惫已极的妻子，嘘了一口气说："我以为你活不成了呢，彭德怀的老婆，不能叫敌人抓住活的呵！"解放战争中，她在野战司令部工作，随军转移，又备历艰险。以后每当回忆到这些往事，彭德怀常对妻子说："安修，你跟我吃了这么多苦，从来没有埋怨我半句，我应该感谢你！"浦安修不在意地回答："我为什么要埋怨你呢？那是怪敌人。"彭德怀笑起来，他的妻子是这样的单纯、忠贞。

但现在，她不断地埋怨他，使他的心情更加烦躁。有时大声说，我是共产党员，为什么看到党受损失不应当说话！？有时又把庐山会议算他老账的那些问题，向妻子来说明原委。

浦安修又陷入了一种新的矛盾和恐惧之中。毛主席说彭德怀和他只有三分合作，在绝对敬爱的领袖和一贯信赖的丈夫之间，她应当相信谁呢？回到吴家花园，彭德怀在无可奈何的情况下向她解释；来到学校，党委开会又要她汇报思想，揭发彭德怀的言行，她一贯遵循"无事不可对党言"，但彭德怀所谈与毛主席之间的历史关系，一旦由她的口说出，后果会怎样？她不寒而栗，精神极度紧张。"千万不能谈出去！""千万不能谈出去！"她拼命地稳定和叮嘱自己。

她唯恐"彻底交待，放下包袱"的攻势冲破她那脆弱的防线，决心在家少问少听。彭德怀的谈话她不再深究，只劝他认错，责备他骄傲："难道那么多领导同志都错了，就你对了吗！？"

"你懂得什么？就知道怕事！"彭德怀也生气了。

20 年相敬相爱的夫妻出现了争吵。盼了一周的相聚却又常常不欢而别。她希望彭德怀通过学习反省作检讨；彭德怀却越学习越坚持自己的看法，对报纸的鼓吹忧心不已。

因为回家，浦安修就有交代不清的"彭德怀的反党言行"，划不清的和"右倾反党集团"的界线。向哪里去求救呢？人们都躲着她，她成了"不祥"的人。她悲苦地想起鲁迅笔下的祥林嫂，觉得自己就是一个现实的祥林嫂。

其实，彭德怀也很体谅她的处境，他并没有把自己思考的许多问题告诉她，以免给她造成很大的思想负担。他感到前所未有的孤独，又深信在他心中搏动的是亿万普通人的呼声。从童年时代就孕育起来的那股不屈于命运、不屈于压力、执着追求真理的劲在他的血管中涌动，他一连几天坐在书桌旁读那份《中国共产党八届八中全会关于以彭德怀同志为首的反党集团的错误的决议》。他清楚这份决议的分量，那是以具有崇高威望的中国共产党中央的名义，在毛泽东主席的主持下作出的，是要传之千古的。但他越读越觉得它的错误严重，他决不屈从于这样一个谬误的决议。

从 1960 年 4 月到 5 月近两个月的时间，他总是伏案写着。

第三节 对八届八中全会决议的看法

就在这一段时间，彭德怀写下了一本长达5万字的笔记，毫无保留、毫无顾忌地谈出自己《对八届八中全会决议的看法》。

这个看法是人们迄今为止看到的、对那个已被历史证明是错误的决议的第一个直接的批判，也是高级党校这个特殊学员的一篇特殊学习心得。

在中国大地的另一个角落，在庐山会议上被罢官、时任中国科学院经济研究所特约研究员的张闻天，这个具有学者气质、同样是不屈从的人，在1961年中，用知识分子的思辨，继续从理论上批判以“三面红旗”为表现形式的“左”的错误，写下了直到他身后的第九个年头——1985年才全部公之于世的三篇文章：《关于按劳分配的提纲》《社会主义经济若干理论问题》《关于社会主义和共产主义的要点》。

果然是一文一武。彭德怀的《对八届八中全会决议的看法》(以下简称《看法》)完全是军人气质的。也许因为它太尖锐、太直率，这份笔记从彭德怀在成都永兴巷7号的住宅中被搜出以后，在“文革”中一直秘存于彭德怀专案组档案中，没有“扩散”。

彭德怀在《看法》的开始就提出“《决议》究竟是什么？”的问题，然后，对《决议》作了如下总评：

“这个决议是脱离当时国内实际情况的，它违背了我党一贯坚持的实事求是的精神，避开实际情况，采用算旧账，进行人身攻击的办法，在政治上、思想上提高到离开现实的高度原则，加以推测而得出来的。”

《看法》忧虑：“会后又在全国普遍开展反右倾运动，这就使得在当时本来已经存在着的‘左’的东西更加严重，给社会主义建设事业带来更大的损失。”

“从一九五八年八月北戴河会议在经济建设上提出许多无根据的计划，就造成了严重损失。庐山会议没有重视这个问题，因而一九五九年农业减产已成定局。一九六〇年这种形势仍将继续。”

“庐山会议既不正视这一严重事实，又不悬崖勒马进行调整。反而想从反右倾机会主义打开一条出路，结果事与愿违，愈陷愈深。人民将付出很大代价才能改正这个错误。”

《看法》联系实际，作了理论分析：“从一九五九年下半年起，我国生产关系的变革远远地走在了生产力发展的前面，这是错误的。”

《看法》批评当时盛行的许多口号和做法，如：“三年苦战改变落后面貌”；“左比右好，左是方法问题，右是立场问题”；“矫枉必须过正”；各种“大办”、“大搞”……《看法》认为：“这些全民大办并不是人民群众多数自觉的，而是严重的强迫命令、脱离群众的现象”，“这不是群众运动，而是运动群众”。对此，他认为“已经发展到了不可容忍的程度”。

彭德怀认为出现在报道中的工人劳动不计报酬，取消计时计件工资、商店无人售货、农村继续推行公共食堂、把富队与穷队拉平等等作法都是“左的蛮干”，是“党的各级机关的有些领导同志一意孤行、脱离群众……企图跳进共产主义的问题”。

在《看法》中，彭德怀列举了一些他认为不能容忍的现象。如：“在‘苦战三年、幸福万年’的号召下，不分昼夜寒暑，甚至在严寒季节命令社员脱掉衣服劳动，以至吊打、系绑等”。“因粮食不足……人们体质减弱，疾病丛生，积劳成疾，不少因而残废”，“死亡者有之”。对于彭德怀这些痛心疾首的忧国忧民之言，“文革”中的专案人员在旁边批了8个字：“造谣特等，极其恶毒！”

一埋头写了近半个月，思绪伴随着北京春季的狂风激荡，彭德怀终于搁笔，他的确需要休息一下了。

过了“五一”，他又拿起毛泽东的《矛盾论》和《实践论》。他已经读过几遍了，这次重读，仍然引起他很大的兴趣，在笔记中写道，因为读这两本书，“把八届八中全会决议对我的指责几乎完全遗忘了”。

几天后，彭德怀在高级党校参加政治经济学的学习和讨论，这又触动了他对庐山会议的回忆，思想回到国内的经济问题上来。只要一回到这个问题上来，他的思想便不能平静。

彭德怀想起去年9月3日到11日新华社《内部参考》接连登载的三篇文章：《驳国民经济比例失调的谬论》《驳全民炼钢铁人民公社化造成市场紧张的谬论》《关于〈驳国民经济比例失调的谬论〉一文的讨论》，三篇文章异口同声否定国民经济比例失调，认为有也是个别的。其中第一篇是出自国家统计局之手，该文引用浮夸的数字，断言：“在一九五八年生产大跃进的基础上，国民收入，人民生活，积累均有很大的提高。”“特别是广大农民的生活水平提高得最快。”彭德怀曾在这篇文章上批道：“这篇文章除了蒙蔽真相，造成假象，继续扩大‘左倾’错误外，几乎没有其他参考价值。”彭德怀列举他亲自调查的结果，说明从1958年秋后农民生活逐步下降的情况。1960年1月，以产京西稻著名的挂甲屯，因为缺粮，居民把吴家花园墙外的榆树叶捋去充饥了。这个景象使得彭德怀整日愁眉不展。

由于想起上述三篇文章的种种乐观估计，彭德怀继续在《看法》中写道：“好得很，我衷心祝愿如此”，“但事实恐怕不能如我所祝愿”，“而是工农业产量下降，可能出现一个大马鞍形，全面下降”。他们“骗了自己，也骗了中央领导同志”。他认为，因主张解散农村公共食堂而被撤职处分的安徽省委书记张恺帆和因给毛泽东写信反映问题而被批判的东北协作区办公室干部李云仲的意见，都是值得考虑的。他问道：“随便把这些提意见的同志，加以各种莫须有的、极严重的政治罪名，这样做对党、对人民事业究竟有什么好处？”

彭德怀对庐山会议及其后在北京召开的军委扩大会议采用的一套斗争方法极为反感，曾在自己的笔记中多处提及，如：“断章取义”“极端加以夸大”“人身攻击”“发生争论离开问题去推测其他”“突然袭击”“打闷棍”“罗织罪名”“莫须有”“算老账”“只许检讨，不许还手”等等。在重读《八届八中全会决议》之后，他不再“耐怨”，针对《决议》中的一些无端指责，他列举事实，在《看法》中一一驳斥。

《决议》指责彭德怀：“把一些暂时的、局部的、早已克服或者正在克服中的缺点收集起来并加以极端夸大，把我国目前形势描写成为一团漆黑。”

针对这一指责，彭德怀在《看法》中写下了《究竟谁在加以极端夸大》一节；

庐山会议指责他在党内“拉拉扯扯，封官许愿”。他写下了《真的有封官许愿、拉拉扯扯吗》一节；

决议指责他“只顾个人小局，不顾党的大局”，他写下了《只顾小局不顾大局吗》一节；

…………

在庐山，林彪给彭德怀送上了几顶帽子：“野心家”“阴谋家”“伪君子”。于是小会、大会上，便出现了所谓彭德怀“伪装直爽、伪装朴素”的种种发言，而且写入了中共八届八中全会的决议之中。

《决议》写道：“也由于他（彭德怀）的一套伪装爽直、伪装朴素的手法，他的活动是能够迷惑一些人，并且已经迷惑了一些人，对党和人民解放军的前途是具有很大危险性。”对此，彭德怀在《看法》中愤然写道：“真的是伪装爽直、伪装朴素吗？”他就此回答说：

“我认真回忆了自从加入共产党几十年以来的历史进程，对党和对同志是坚持知无不言、言无不尽的，是根据自己对客观事物的认识而言论和行动，就根本没有什么‘伪装直爽’。在任何场所说话，从来也不看别人脸色，这难道不是事实吗？”

对于“伪装朴素”这一极不公正的指责，彭德怀在《看法》中写道：“本来不值一提，但《决议》中既已作为问题指出来，也就不能不解释一下。……其实我也同其他同志一样生活，也没有什么特别朴素。但在中国革命长期斗争中，我也没有故意浪费一文钱，这也是事实。”

对于自己在长期战争中以非凡的精神艰苦自持，表率全军，彭德怀只用这样淡淡数语来表达。哪一个经过战争年代的老将军、老战士，读后能不为之动情呢？

彭德怀特别提到他“即使在旧式军队中生活十二年也是如此”。从任连长起至举行平江暴动，近 8 年的时间，他把积存起的 7 万块银洋（其中他个人的薪饷 6000 银洋）全部作了暴动的费用和红五军的军费。而对他的家庭，彭德怀在《看法》中说：

“每年平均寄回家用不到二百元，始终维持下中农生活。从平江起义到解放战争结束，我全家十余口人，流浪乞讨，全无任何顾及，四十余年如一日，这也不是什么伪装得了的。能不能举出任何事实一面铺张浪费，另一面又‘假装朴素’……”

尽管这些难于忍受的“恶名”折磨着他，彭德怀最忧虑的仍然是大局。他在《看法》中写道：“八届八中全会应当实事求是，总结经验，而实际却不这样做”，

“把人们引到避开现实去算旧账，这样做的结果，是不利于党和人民事业的。”反右的结果“势必出现一个少慢差费的大马鞍形，真使人痛心！”

他提笔在《决议》文件上写下一个批语：“宁‘左’勿右，再来一个宁‘左’勿右，将要出现一个十分严重的局面！”

然而，没有谁能听到这充满焦灼的呼声。

“你是管军事的，为什么要去管经济的事呢？”浦安修这样埋怨他。

如果不去谈经济问题，不就不会被打成“反党集团”了吗？这是亲人无可奈何、追悔莫及的怨叹。但是他打了一辈子仗，舍生忘死，为的是什么呢？不就是为了使中国人民以至全人类获得政治上和经济上的解放么？1953 年他从朝鲜回国，毛泽东要他担任国防部长，他诚心诚意地推辞，希望仍去西北搞建设。毛泽东没有同意。1959 年 4 月，彭德怀再次向毛泽东表示他希望卸去军职去搞建设，毛泽东有些误解，不悦地说：“给你个副总理兼国防部长还不够吗？”他不好多说，接受了毛泽东的任命。

彭德怀是农民的儿子——他始终记住这一点。在 1957 年 7 月 22 日平江起义 29 周年举行的红三军团历史座谈会上，他曾说：“对于我，写上这样几句就行了：‘他是一个勇敢的农民的儿子’。”时代和生活把他推上了职业革命家的生涯，他常说自己要“做人民的笤帚——人民需要你做什么就做什么”，但他内心深处对土地的眷恋，却不时隐隐地浮上来，和妻子闲谈中常常半开玩笑地说要“解甲归田”。1956 年，以曾开垦南泥湾闻名的王震将军被调往农垦部当部长。彭德怀笑着对王震说：“我则开三亩之荒，于愿足矣！王胡子，你的雄心比我大。”现在，他确实解甲了，何时归田呢？他已经提出了这个要求，毛泽东没有应允他，于是，学习反省之余，他就在吴家花园的小片土地上耕耘起来。

随彭德怀住进吴家花园的，有跟随他多年的警卫参谋景希珍、秘书綦魁英、司机赵凤池、锅炉工张来礼。这些人被告知仍留在彭德怀身边工作，但要“划清思想界线”。园内还住有一个警卫排，其任务是保卫加看守。

彭德怀似应在吴家花园闭门思过，因为他每迈出挂甲屯 20 号那个大门，警卫排就要向中南海作报告。从入城以来，领导人和住宅四周的群众保持密切联系的环境不存在了，领导人之间的交往也少了，彭德怀总感到不自在。但现在，他走出吴家花园大门，发现自己又能回到群众中去，特别是他熟悉的农民中间去。他在挂甲屯到处走，和村里人亲切地打招呼，谁要带着好奇的眼光望着他，他就自我介绍：“我叫彭德怀，犯了错误。”开始，左邻右舍还把他当大干部、大首长，彭德怀进屋上炕，聊得很随便。后来，孩子上前叫彭爷爷，大人就叫他老彭，和他无话不谈。

一天，彭德怀来到社员季秀兰家，季指着门前的一片地说，这是生产队 1958 年的试验田，把好好的十几亩稻子弄在一起，上面放了鸡蛋也掉不下去，冒充亩产万斤。彭德怀气得直摇头：“净胡闹！”

彭德怀在园内开荒种地，原为了自食其力，减轻人民负担。季秀兰的话使他想起也要种一块试验田。他收集报纸上介绍的增产措施；在园内小河边开出一块地，保证浇灌；封了自己有抽水设备的厕所积攒粪尿；土地深翻，施足底肥；又找来良种密播，精心管理。麦子抽穗之后，他清早起身就去赶麻雀，还扎了两个草人竖在地中心。麦子熟了，他到村里邀来一位老农，老农十分惊讶地说："老彭，你当元帅，还种得这样好的麦子哟！我们庄稼人也比不上呢。"彭德怀请老农估产，老农搓了根麦穗在掌心一数："嘿！你这一分地能打90斤。"

麦子黄了，彭德怀和工作人员一起，精收细打，一分地，正好90斤麦。彭德怀并不为他的丰收庆贺，他紧蹙一双浓眉计算，集体大面积种植要达到他这一分试验田的标准必定很少，即使如此，一亩也不过打900斤，一亩地按两季收成，充其量不过2000斤。

对于那些高产的"神话"，现在他更有理由不相信了。

第四节　乌石之恋

1960年，由于人祸加天灾，全国工农业生产陷入严重困境。粮棉油大减产，原材料缺乏，许多建设项目被迫下马，农村发生大面积饥荒。安徽、河南、甘肃等省发生了饿死人的惨剧。"大跃进"和"反右倾"的灾难后果，终于使毛泽东改变方针和态度。

1960年11月，中共中央发出了关于人民公社当前政策的紧急指示信（简称《十二条》)。《十二条》的主要精神是纠正"左"的错误，强调人民公社当前应以"三级（公社、大队、生产队）所有，队（生产队）为基础"为根本制度，坚决制止"一平二调"（指实行贫富队拉平分配和无偿调用生产队的财产）的共产风。1961年1月，中共中央举行八届九中全会，正式批准了周恩来、李富春提出的对1961年国民经济实行"调整、巩固、充实、提高"的八字方针。

彭德怀从挂甲屯社员口中听到了《十二条》的精神，和身边工作人员谈起来十分兴奋。但不知什么缘故，他没有收到这个文件。一天，他发现挂甲屯的墙报上贴出了《十二条》全文，就站在那里一字一字地抄下来，仔细研究之后，写了一篇《读中共中央紧急指示信的笔记》。笔记写道：

"读了这个紧急指示后，感到基本上是好的，特别是重申纠正'一平二调'共产风，退还农民自留地和房屋。这些具体措施，对于团结农民，恢复生产，巩固集体所有制，都会起到一定的作用，使我内心感到高兴。"

但是，彭德怀还有不满意之处，写道："紧急指示中，还没有提出停办公共食堂，而且还在强调公共食堂。因此，这个错误还不能得到纠正。"

他认为："现在的公共食堂制，是在所谓'吃饭不要钱'的幻想上产生的，是潜存着共产主义庸俗化的观点，是超脱现阶段生产力的分配形式。""如不立即停办……农民的生产积极性是调动不起来的，并将继续遭到一些不必要的破坏。"

他认为，对1958年以来由于急躁冒进所造成的国民经济比例失调，浮夸风气，强迫命令，严重脱离群众等错误局面，“紧急指示只是认识和纠正错误的开始”。

强烈的责任感使彭德怀想把这些意见向中央和毛泽东提出，帮助中央进一步纠正错误，减少损失。但他十分清楚，没有可能，他只能写下自己的这种苦闷心情：“作为一个共产党员的我来说，应该把上述看法，诚恳地向党中央提出，不应该隐瞒自己的观点。但是鉴于庐山会议、八届八中全会对我做出完全离开实际情况的决议，事实上，不仅已经革除继续工作，而且正在进行从历史上消灭我这个人的形象。如果现在提出自己的看法不会起到任何作用，反而可能引起不必要的误会，对实际工作是会毫无益处的。”

不久以后，1961 年 3 月，中央制定了《农村人民公社工作条例（草案）》（简称《农业六十条》），进一步纠正了一些过“左”的政策；5 月份，又对条例进行了修改，停办了公共食堂。

形势一步步好转，彭德怀的心情也随之好转。但吴家花园的围墙使他难以忍受。党校教员来询问他的学习情况，他伸着脖子，大声说：“我现在一点儿用处没有了！我现在成了造粪机，我不能老待着！我还得工作！我不能脱离实际只读书本！”声音充满了压抑和痛苦。

“八字方针”和《农业六十条》的制订使彭德怀认为，他和毛泽东之间的分歧，已因实践而得到解决。1961 年 9 月 19 日，他提笔给毛泽东写了一封信，要求到农村做调查研究，请求中央允许他“先去湖南故乡搞三个月，了解农村情况；冬天，回北京住一段时间；明年春天再去太行一带”。他眷注着故土，要亲眼看看家乡群众的生活情况；他想念太行山，那里有和八路军一起度过敌后抗战岁月的老乡亲。

毛泽东会给他什么样的答复呢？半个月过去了，彭德怀焦急不安地等待着。

10 月 5 日，杨尚昆从电话中传来毛泽东的指示：“彭德怀到哪里去都可以，半年也行。”

彭德怀喜出望外。当天晚饭后，即驱车到中南海万字廊杨尚昆家中，送去一份调查提纲，并请杨给他派一个秘书帮助整理材料。彭德怀在给毛泽东的信中曾要求，如允许他外出调查，行前希望能见见毛泽东的面。这时，彭德怀再问杨尚昆：“我走前能见见主席吗？”杨答：“毛主席让我转告你，回来再谈。”

中央办公厅秘书金石被派随彭德怀去湖南。金石很紧张，有些不想干。杨尚昆对金石说，彭德怀还是政治局委员，你还是要尊重他，不要紧张。

1961 年 10 月 30 日，彭德怀和临时秘书金石、警卫参谋景希珍、司机赵凤池、卫生员吕少俊一行五人从北京出发去长沙。11 月 1 日，湖南省委书记出面接待并向彭德怀报告工作——自然是有分寸的。

11 月 2 日，彭德怀抵湘潭，地委书记华国锋看望了彭德怀。

11 月 3 日上午，彭德怀乘车直驶乌石大队为民生产队彭家围子。

这座白灰土墙，青瓦屋顶，有八间住屋，一间堂屋，厨房、天井、牛栏、猪圈俱全的庄稼宅院，是 1928 年盖成的。彭德怀真正的故居，是几间破旧的茅屋，已经拆掉，新房就盖在旧房址上。经历了 34 年的风雨，彭德怀这是第二次在这里住宿。第一次是在 1958 年 12 月，他第一次还乡调查之时。

尽管保密，乌石的群众早就在盼望着彭德怀了。有的猜，这次他怕是下放回家生产了；有的又传说，是到湖南来当省长；有的说，彭德怀已复职了。众说纷纭。

11 月 3 日近午时分，彭德怀车到彭家围子，消息不胫而走。一会儿，堂屋里、地坪上就站满了人，男女老幼，叫彭元帅的、叫彭部长的、叫伯伯的、叫舅舅的、叫阿公的。彭德怀满面笑容和大家一一打招呼，从中午到傍晚就来了 100 多人。

此后，彭家围子每天从一清早就有人来访，直到晚上。先是近处的、本公社的，然后附近公社的也来了；紧接着，方圆百里内、邻近各县的人络绎前来，远到长沙也有人闻讯而至。离彭家围子 20 多里地的石潭镇上住满了人。

从 11 月 3 日下午至 15 日，彭德怀除在大队内活动两天外，其余时间都只能留在家中接待来访的群众。据金石当时的统计，来访者累计约 2000 人次。

许多人长途跋涉，饿着肚子；有的人久坐交谈，舍不得走；有的人冒雨而来，脚下泥泞，身上透湿。地方上没有料到罢了官的彭德怀具有这样大的吸引力，连忙派人四处劝阻，让还在途中的来访者回去。

近 2000 人次的来访，除亲戚、故旧、邻里、本社社员、基层干部，还有县区的干部、工人、学生、教师。有的人见面问："你老人家平反了么？""你回来住好久啊？""你还走不走呀？"人们都知道彭德怀 1958 年 12 月回家过后，为老百姓说了话，所以"犯了错误"，对他表示真诚的感谢和同情。

最动情的，是 1958 年曾经无所顾忌地向他反映了"大跃进"中许多问题的那些儿时伙伴。胡四老倌走到里屋，眼泪汪汪，拽着彭德怀的青布棉袄说："都怪我们前年不该和你说那些话，把你给连累了，对不住你咯！"彭德怀安慰这位当年最要好的伙伴胡月恒说："你们讲真话冒（没）得错！只要群众生活好，我犯错误不要紧。"

彭家围子堂屋里天天坐满了人，彭德怀一张口说话，大家就静静地、聚精会神地听。有时，彭德怀打趣地说："我是个犯错误的人，你们不怕我放毒吗？"憨厚的人们报以信任的笑声。大家你一句我一句，有反映减产的，有反映"五风"问题的。彭德怀说："是啊，那时'五风'刮得太大，谁能顶得住呢？"

这次彭德怀还乡，跟随他的秘书金石向中央报告说，他的言行是很谨慎的，态度也很谦虚。可彭大将军面对着这样的故乡人民，仍然憋不住要讲讲心里话，他用食指指着自己的鼻子说："我想出来顶一下，都冒顶住哩！"

有些干部因顶"五风"挨了斗；有的社员在刮五风时又挨了某些干部的打骂；有些社员被拆了房，砸了锅，至今无房安身，无锅煮饭，都来彭家围子诉说。从 1958 年到 1960 年各生产队粮食产量、口粮分配的实情，也都一五一十地给彭德怀说了。你言我语，倾心交谈，累得彭德怀嘴唇干裂，声音嘶哑。遇上生活特别困难的，他忍不住还从自己口袋里掏出 5 元、10 元或 20 元、30 元，塞在对方手里。

10 月 8 日，碧泉公社新开大队红星生产队四个妇女来见彭德怀，说她们生产队原定基本口粮是 300 斤，现因减产只给 148 斤，从 8 月 10 日至今已吃去 75

斤，下余要到明年 2 月份才发给。四个女人愁苦着脸问：“彭元帅，你看看么，这会饿死人去！”

彭德怀让金石马上去查访，那里确有 10%—20% 的人家已经接不上顿了。

夜深，来人散尽，屋里只剩下彭德怀和几个工作人员。彭德怀一会儿坐下，一会儿站起。几天来，他一直极力控制着自己的感情。现在终于忍耐不住了，咆哮起来：“北京净听这样好，那样好，有人就是当官做老爷，不下来听听！”“现在有人吃不上饭啦！我们对得住群众吗？”“有人还是报喜不报忧，我回去要报告中央，我不怕！”

20 年后，金石回忆起这个乌石之夜说，这是他随彭德怀回乡调查中，“唯一一次看到彭老总大发脾气。”“一次好大的火哟！”

几天后，彭德怀自己到乌石公社黄卜大队访问，走到一个姓贺的社员家，锅里煮的是糠糊糊。贺的堂客（妻子）请彭德怀尝，彭德怀让同去的景希珍也尝一口。景希珍回去后叹气说：“那东西真吃不下去。”彭德怀见了黄卜大队的干部很不高兴，问大队干部：“你们能睡得着吗？我是三晚冒（没）睡得着觉。”

到彭家围子来访的人，所提问的事情中，涉及两个尖锐问题：

一是老农来访大都要问彭德怀：“眼下困难时刻，能不能实行分田到户或包产到户？”“搞几年富裕了再合拢也行么！”这个由“大跃进”、公社化破坏而在农民心里重新升起的以家庭为生产单位的要求，在 18 年后的 1978 年中共中央十一届三中全会后，才以家庭联产承包的形式得到满足，从而释放了数亿农民的生产潜力，出现了 80 年代中国粮食、棉花、油料和其他农副产品创纪录的丰收。而在 1961 年，即使像彭德怀这样和农民的心十分贴近、对农村的考察十分深入的共产党人，也视之为倒退，万万不可的。但彭德怀没有批判任何提出这样要求的人，只是再三再四对来访的农村干部、社员解释，说：“分田要不得”，“单干坚决不能搞的”。甚至在一次大队干部会上说：“我这已经是第四次表态了。”

另一个问题是一部分党员和教师提出来的。

一天，龙口公社石坝小学校长王孝让带了 10 来个教师和学生来访：“彭元帅，我们想有个问题请示。”

“有什么提出来共同商量吧！”

“五风是如何造成的？上面有什么责任？过去搞一个运动中央有为首的。如 1927 年反陈独秀；1935 年反博古；这次反五风，是不是也有呢？”

“五风是上面有责任，下面也有责任。上面是官僚主义，下面是强迫命令。这是层层有责任的，至于谁个来负责任，那个就不好说了。”

“这几年为什么会成这个样子，是不是完全自然灾害造成的呢？”（当时曾把问题归咎于三年自然灾害）

“不仅是自然灾害问题，当然这是原因之一。但由于上面官僚主义，没有深入调查研究，……战线拉得很长，国民经济没有按比例发展……”

一天，旗头大队一个老倌子来问彭德怀：“五风中我的屋也拆了，办公共食堂饿得要死，我多久就要找你老人家，我就要问一下，中央的政策农村里搞得咯家伙，到底是中央要咯这样做的，还是脚下搞的咯家伙？”彭德怀说：“是走了些弯路呵，现在颁布了《六十条》，就按《六十条》办了。”

接连十几天，彭德怀的心思，都放在来访者提出的各种问题和反映的许多情况上。这天清早，一个凫鸭子老倌的来访却拨动了他的另一根心弦。老倌子走后，他回望乌石峰凋零的树木和孤耸的易华祠。从立志学易华打富济贫的童年梦开始，他找到了共产主义的理想；从崇敬易华的保境安民开始，他成了新中国的保卫者——国防部长。现在他犯了错误，他犯了什么错误呢？他自嘲“放毒”，他究竟放过什么毒呢？凫鸭老倌辛苦又自在的生活忽然吸引了他，他也想回乡来“养凫鸭子生蛋”。他在参加乌石大队干部会时，果真把这个计划来和乌石大队支部书记颜瑞林商量，要请大队帮工盖几间屋。他其实是壮心未已：“给我个大队或者生产队，三年保证搞好，我可以立军令状。”

他回望乌石峰上小小的易参政祠，这时，石祠只剩下一个空壳，里面的易华塑像早已拆毁了。那个童年的打富济贫梦怎能和今天的革命事业相比？他遗憾的是，两年来“左”的错误造成了巨大的灾难。在参加乌石公社的干部会时，他批评乌石大队的支部书记，说：“1958 年我给大队写了三封信，提了三条意见，一不要拆房，二不要砍树，三不要打人，你们听不进去。回来一看，把山里砍得光光的，房子拆了很多，干部作风很不好……”

这些话，以后都被列入他的“反党言论”之中，这是一个真诚的共产党人的胸怀，是一个“勇敢的农民的儿子”的心声。

11 月 15 日，彭德怀开始在乌石公社的 9 个大队进行调查。他坚持出访不坐车。他那数十年行军作战练就的如飞健步，成了随行人员、当地干部和平民百姓的话题：“彭元帅 64 岁了，还走得咯快！”有时一天走 30 多里，还要做调查访问。

12 月中旬，因来访人多，影响调查，彭德怀准备搬往湘潭县委招待所。县里的干部闻讯，都等着去看彭德怀。于是，彭德怀被安排到县郊的锰矿招待所。

一个多月，彭德怀踏遍了故乡的山山水水，给群众留下许多令他们永生不忘的会见；他还用自己的笔，记下一串串查访到的、核实可信的数字，写了五个调查报告。

在《湘潭县乌石公社金星大队今年全面增产》报告中说：这个大队今年由于认真贯彻了党中央在农村的“十二条”和“六十条”，经济不仅很快得到恢复，而且获得空前大丰收。由于有 95% 以上的社员比去年增加了收入，社员的情绪很高，参加集体生产很积极。目前冬季生产搞得很热闹，犁田、种麦、打凼等都已完成了任务，社员们有信心争取明年的更大丰收。彭德怀总结了该大队 1961 年获得全面增产的经验，是有以党支部为核心的坚强领导；保证了三结合政策的兑现；认真实行了按劳分配；开展了生产队之间的评比竞赛；用公私并举的办法大力养猪。

在关于彭家围子所在的乌石大队的调查报告中，反映了这个大队 1958 年以来修筑水利的成绩，同时举出该大队在刮“五风”中房屋被拆、粮食减产、生猪下降、群众疾病增加的严重状况。调查报告反映贯彻《十二条》之后，各方面情况有了好转，但还存在很多问题：许多社员由于对集体生产丧失信心要求单干；忽视副业生产，社员经济收入不高；粮食扣留过多、干部补贴过高、管理费用过大；三包产量多变，社员分配中仍存在平均主义，等等。

在彭德怀调查的减产大队陈蒲大队，彭德怀在走家串户中，又亲见社员吃糠糊糊。到 12 月 19 日，全大队有 64 户断顿。估计到春节前将有三分之一的人口、来年二月（农历）将有 70%的人口断粮。群众生产情绪低落。对于这样的缺粮队，调查报告说，除组织社员生产自救外，应返回一部分征购粮。否则，将会发生人口外流、非正常死亡等严重后果。

调查报告说，这样的大队在乌石公社中还属中等水平。据县委材料，全县 834 个大队，口粮在 240 斤（毛粮）以下者有 289 个，占 34.6%。口粮最低的大队，每人只得毛粮 110 斤。可见农村的形势还是十分严峻的。

在《关于湘潭金星、新坪、乌石三个大队的手艺工人情况》调查报告中，彭德怀分析了农业生产与农民生活不可缺少的农村手工业没落和后继无人的现象。认为要农村工匠交钱记工，与农民混合核算、统一分配的办法，不利于农村手工业的发展，主张允许手工业工人自负盈亏、独立核算、由大队提取公积金的办法。还提出应鼓励手工业工人带徒传艺，提倡尊师爱徒。

在《湘潭县花石区黄荆坪集市贸易情况》中反映：1960 年 12 月恢复集市贸易后，确实起到了活跃农村经济、支援农业生产、增加国家收入、便利群众生活的良好作用。同时提出，应加强市场管理，防止物价无止境地上涨。

12 月 17 日，彭德怀在湘潭做调查时，从地委书记华国锋的谈话中，得知中央即将于 1 月 10 日召开全国县委书记以上数千人的大会——扩大的中央工作会议（后简称七千人大会），总结 1958 年“大跃进”以来的经验教训，彭德怀心中一动。华国锋走后，他沉思半晌，对随行人员说：“中央这个会很重要，回去吧。”

从 1959 年 10 月的军委扩大会议以后，他没有去参加过中央的会议。现在，他认为他和毛泽东之间的分歧已经不存在，误会一定能够消除，他为党能够进一步纠正错误而庆幸，他对这次会议满怀信心和希望。他和工作人员紧张地整理材料，写完调查报告，于 12 月 26 日赶回北京。

第三十六章　问题升级

第一节　“唯彭德怀同志不能平反”

到京后，彭德怀将50多天辛苦调查的结果——五份报告送到杨尚昆手里，请他转呈毛泽东和党中央，并希望毛泽东看过报告后能如约和他谈谈，他仍希望通过这种办法为党做一点工作。

《在扩大的中央工作会议上的报告》，以书面形式先发到与会者手中，进行讨论评议。彭德怀在吴家花园接到了报告全文。

他仔细读下去，对报告很满意。报告在肯定我国社会主义建设成绩的前提下，指出了几年来工作中的缺点错误：工农业的计划指标过高；基本建设战线过长；国民经济各部门的比例、积累和消费的比例严重失调；人民公社在一个时期内混淆了集体所有制和全民所有制的界线，违反了按劳分配和等价交换的原则，犯了共产风和其他平均主义的错误；对农业增产的速度估计过高，对建设事业的发展要求过急……

对错误产生的原因，报告说，一方面是在建设工作中经验不够，另一方面是几年来党内不少领导同志不够谦虚谨慎，违反了党的实事求是和群众路线的传统作风，在不同程度上削弱了党内生活、国家生活和群众组织生活中的民主集中制原则。报告动员全党切实地抓好国民经济的调整工作，确定了坚决下马的方针。

然而，彭德怀向中央请了假，不去参加会议，因为报告中有这样一段话：庐山会议突然出现了以彭德怀同志为首的右倾机会主义反党集团的进攻，他企图利用当时工作中的一些缺点和错误，来达到他蓄谋已久的篡党目的。这样，会议就被迫地不能不转入反对右倾机会主义的斗争，这样做是完全必要的。这个斗争的胜利，对于保卫党的总路线，保卫党的团结，具有重大的历史意义。

彭德怀看到，即使实践已经证明他的意见没有错，他也难于平反。他按下满腹委屈，说道：“我也不希望平反，只要群众有饭吃。”

1月27日，刘少奇在大会上讲话，在谈到庐山会议时说：这场斗争是完全必要的，我们开展这场斗争是不是只因为彭德怀同志写了这封信呢？不是的，仅仅从彭德怀同志那封信的表面上来看，信中所说到的一些具体事情不少还是符合事实的，一个政治局委员向中央的主席写一封信，即使信中有些意见是不对的，也并不算犯错误。

不是为这封信，又是为了什么呢？彭德怀疑惑不解，急急看下去：

“是由于长期以来彭德怀同志在党内有一个小集团”；“同某些外国人在中国搞颠覆活动有关”。彭德怀脸色陡变。在庐山上也没有听到的新罪名突然出现在中央领导人的正式讲话中。接下去：“所有人都可以平反，唯彭德怀同志不能平反。”毛泽东插话：“只要不是里通外国。”

彭德怀拍案而起，心胆俱裂，怒不可遏，失去一切控制，连声喊道：“诬蔑，诬蔑！”伸手抓起电话筒，就找中共中央办公厅：“请转主席和刘少奇同志，我彭德怀向党郑重申明，没有此事！”

从此，“里通外国”就成了彭德怀的第一罪名，他的生命进入了一个真正险恶的历程，呈现出日愈悲凉的色调。

原来这个“里通外国”的罪名，是由于1959年5月，彭德怀率中国军事代表团出访东欧8个国家，在阿尔巴尼亚参加一次宴会前，遇到苏共总书记赫鲁晓夫，两人曾寒暄过几句。在东欧各国，兄弟党对中国的人民公社化和“大跃进”很关注，不免问及，彭德怀除谈成绩外，也承认存在一些问题和缺点。庐山会议批彭时，有人说彭德怀给毛泽东写信是不是和出国时“取了什么经有关”。这种捕风捉影的说法，彭德怀当时没有看得怎样严重。而今天，竟把出访中这种正常的交往，说成是和赫鲁晓夫通谋，搞颠覆，又以此作为不能给他平反的理由。问题不但没有澄清，反而又升了一级。

七千人大会结束，彭德怀继写《对八届八中全会决议的看法》之后，又奋笔写下了对刘少奇报告中有关庐山会议一段讲话的评论。对于报告所说长期以来彭德怀在党内有一个小集团之说，他问道：“这个小集团的政治纲领是什么呢？有哪些成员呢？既没有政治纲领，又没有具体成员，那不是虚构是什么呢？”

对于里通外国，他愤愤写道：“我同任何外国人都没有个人接触。”“完全是无中生有。”

最后，彭德怀写道：“真理只有一个。……这个结论是主观主义的，事实将要证明它是错误的，……这对我是诬蔑！”

第二节　再上书八万言

冬去春回，彭德怀每日黎明即起，到园子里翻土施肥。晚饭后，仍然到园外去散步，有时到群众家中访问。但他读书的时候少了，上午、下午、夜间，总是在想问题，写材料。

他是在给党中央毛泽东写信。这是一个大计划，他要把庐山会议以来对他的过去和现在的指责一一说清楚，把他一生的历程、缺点、错误、是非曲直，通通写给党审查。两年多来，他写了许多笔记，其中有许多往事回忆，他决心在这个基础上写出一份较完整的检查与回顾。

深夜，他的房间里总是亮着灯。透过窗帘，他身边的工作人员知道他又在给中央写信，都为彭德怀捏一把汗。

司机赵凤池鼓起勇气劝他：“老总，我们看，还是别写了吧，免得再……”

彭德怀把手一扬：“杀头都不要紧！但事情要弄清楚！”“我这个人很渺小，但中国共产党是伟大的，不能因为捏造于我的假历史给党的光荣历史抹黑。我有权利、有义务作这个申诉！”

赵凤池说：“老总啊，我们明白了。”

“也许现在没有用，留给后人作历史研究也好哇！”彭德怀补了一句。

浦安修星期六回家，他把写的信给她看，有时给她进一步解释其中的内容。浦安修默默地听着，一边看他写的信，有时给他校改几个错漏字。

1962 年 6 月中旬，彭德怀写完了这封长达 8.2 万字的给毛泽东和党中央的信。

6 月 16 日，彭德怀去中南海，把这封信亲手交给杨尚昆。并附送了一封给杨的信：

尚昆同志：

我阅了扩大的中央工作会议文件之后，实事求是地作了检讨，不符合事实的我也作了说明。唯时间长，问题多，加以写得了草，不便于中央同志审阅，请饬铅印多份送给中央领导同志为感。谨祝健康！

彭德怀

一九六二年六月十六日午

杨尚昆根据彭德怀的要求，把信打印多份，分送给毛泽东和中央政治局各成员。

彭德怀这封以后被称为《八万言书》《翻案书》的长信，共分 5 个部分：“关于庐山会议问题”；“关于高饶联盟问题”；“我同外国人的一些接触过程”；“我的历史过程及其几个问题”；“关于军事路线问题”。

彭德怀在这封长信的开头，对中央为克服国民经济工作中“左”的错误而采取的一系列调整措施表示满意，说：“这些措施是完全正确的，也是非常必要的，我完全拥护党中央的这些具体措施”，“今后形势可以肯定会一天一天地更加好起来。”

彭德怀坦率地表白：“我对少奇同志的报告和讲话的绝大部分是拥护的，就连对我错误进行切合实际地批评的那一部分，我也是诚心接受的。可是我对少奇同志对我错误的不符于事实的夸大部分，是有不同的看法的。”“请求中央能派专案小组进行调查和审查，我是诚恳的感激。”

这封长信，第一部分的主要内容和第四部分的大部分内容已于 1981 年 12 月整理出版的《彭德怀自述》一书中披露。在第二部分“关于高岗饶漱石联盟问题”

中，彭德怀详细叙述了他和高岗的往来后说："我并不否认我在高岗问题上所犯的错误，首先没有及时向中央汇报情况就是一个严重的错误。高岗在散布攻击少奇同志的言论时，我不应该品评少奇同志'有时有点偏'。如果说这就是'高、彭联盟'或者'恐怕是彭、高联盟'，而作为一个当事者的我，是有点想不通。"

长信的第三部分"我同外国人的一些接触过程"中，彭德怀在详细叙述了他九次与外国人的接触情况后说："为了便于查对事实，我首先申明，我是一个完全不懂外国语言和不识外国文字的人，这就给查对事实的工作带来极为有利的条件。我同外国人的每次接触或谈话，都有翻译同志跟随着。……总之，是有充分条件来查我是否'同某些外国人在中国搞颠覆活动有关'的。"

9月，彭德怀得到中央的一份通知，要他不去出席即将召开的八届十中全会和10月1日的建国13周年活动。彭德怀淡然处之，认为早该如此。

9月24日，中共八届十中全会在北京举行。毛泽东在会上作关于阶级、形势、矛盾和党内团结问题的讲话，提出"千万不要忘记阶级斗争"，阶级斗争要"年年讲、月月讲、天天讲"。

七千人大会后，由总书记邓小平主持，为庐山会议后的"反右倾"中受错误批判的党员干部进行甄别平反。短短三四个月，几年来被错批判、错处理的人，绝大多数获得平反。尚未得到平反的人也敢于提出申诉。这引起毛泽东的不快。彭德怀的长信，更被毛泽东视为非常，他不时说："近来刮平反之风不对啊！""1959年反右倾不能一风吹啊！"毛泽东把甄别平反工作称为"翻案风"。

8月5日，毛泽东在武汉同华东、中南两大区负责人谈话时，又点到了彭德怀，说："我对彭德怀这个人比较清楚，不能给彭德怀平反。"

十中全会上，除批判所谓彭德怀反党集团的"新的进攻"，还添了两个冤案。一是批判中央主管农业工作的邓子恢所谓刮单干风，二是"揭发"所谓"高岗余孽"习仲勋"利用小说《刘志丹》进行反党活动"。

在这次全会上，彭德怀、邓子恢、习仲勋三人的冤情被定为当前阶级斗争的三个事件。全会决定成立两个中央专案委员会，对彭德怀、习仲勋二人进行全面审查。

专案审查采取"背靠背"的方法，即不与被审查者本人见面的秘密审查。但审查却是彭德怀期望的，也是他曾经要求的。

在递交《八万言书》之后，十中全会以前，8月22日，彭德怀曾因等候了两个月没有得到中央的回音，再次给毛泽东并中央写信，信中说："我阅读了今年一月扩大的中央工作会议文件以后，于6月16日写了一封信给主席和中央，想蒙审阅。我写那封信的目的，只是为了想把对我所犯错误的性质弄清楚，除此之外，就没有任何其他企图。"

彭德怀重申："我在中国长期（革命）斗争中是犯过一些错误的。""但是，我诚恳地再次向党申明，我在党内没有小集团，没有企图篡党的丑恶野心，也没有同任何外国人在中国搞复辟活动。"

彭德怀在信中“请求主席和中央组织专案组审查，处理我这一莫须有的罪名。如查有确实证据，愿受党的纪律和国家法律制裁，哪怕是处以死刑和开除党籍，都是不会怨恨的”。“只要把这一问题弄清楚，以后，我就不会再来打扰主席和中央其他同志了。我带着苦闷的、沉重的心情，再次请求对我所犯的错误进行全面的审查，做出正确的处理，泣伏呈辞，恳希鉴察。”

实际上，在十中全会召开前二日，即 9 月 22 日，对彭德怀、黄克诚、张闻天的审查委员会已经成立，并召开了第一次会议。

对彭德怀的审查开列了如下 5 个问题：一、历史上的问题；二、篡党篡军问题；三、里通外国问题；四、资产阶级军事路线问题；五、大国主义问题。主要是所谓“里通外国”和“小集团”问题。

与彭德怀希望洗雪其莫须有的罪名相反，从专案人员的笔记中可以看到，审查的目的不过是要论证其“罪名”。笔记记载的第一次专案人员会议精神说：彭德怀向中央写了两封信，非常恶毒，把《决议》和自己的三次检讨全部推翻，是新的进攻，很猖狂。这个进攻不打退，党内过去有些反党分子，尤其是他的反党集团成员也露了头。

专案组成立后，彭德怀“旧账”升级，“新账”再添。连 1961 年的返乡调查也成了反党活动。1964 年专案组成员去湘潭又进行了一次详细“调查”，凡在彭家围子与彭德怀有较多谈话的可查的来访者，都被一一查问，对 66 个被查问者做了“取证”。最后，向中央作了《关于彭德怀同志 1961 年回湘潭情况的调查报告》。

在这个“调查报告”中，彭德怀的乌石之行被说成“别有用心、满腹牢骚”；他与社员的谈话被说成是“笼络人心、争取同情、散布毒素、混淆视听”的“反党言论”。与调查者的愿望相反，从专案组留下的近千页材料和“取证”中，再现了彭德怀当年和群众在一起的许多生动对话和场面，反映了他实事求是的精神和对农民疾苦的关怀，也使读者今天能获知彭德怀乌石之行的真实情景。

十中全会后，彭德怀不再收到中央发来的文件或通知。吴家花园门口的岗哨突然加严，荷枪实弹，高度戒备。哨兵记事本上写着三条任务：保证安全，不让反革命分子杀掉，不让他跑掉；彭德怀出去要跟紧，不让他接见外人；在国内有重大变化时，特别要注意他的动态，了解他经常接触的人员，谈了些什么，及时记录下来。他实际已沦为吴家花园里的政治犯。

彭德怀对这一切视若无睹，毫不在乎。每天仍然是早上拿起他的锹和水桶在院子里翻土、播种、锄草、浇水。但看起来，他显得苍老了，染成青色的旧军装也打上了补丁。

到了年底，他又给毛泽东并中共中央写了一封信，对加诸他头上的所谓篡军问题、所谓篡改军史问题、关于领袖人物的评价问题、所谓企图以后勤部作篡军基点问题、不同意军事博物馆塑毛泽东像问题、所谓收买人心等问题，一一做了说明。

他没有得到答复，他的信只是作为新翻案罪证又送到专案组去了。此后三年，他没有再给中央写信。

第三节　心曲千万端

彭德怀在挂甲屯吴家花园，石砌的围墙和严密的警卫没有把他和村里的群众隔开，他现在和群众都熟了。

彭德怀有晚饭后散步的习惯，而且一定要走出村子。他散步又偏爱走田埂小路。村外有一座小桥，他常在桥上倚栏四望。田野、村庄，唤起他一些什么回忆呢？遇到社员在地里干活，他就爱去帮助干一会儿。转一大圈回村，顺便又另到社员家去看看、问问。挂甲屯 80 多户人家，差不多他都了解。至今，老人们仍然记得他刚到村见人就说的一句话："我是一个犯了错误的人啊！"日子长了，人们不在乎他"犯错误"，倒是越来越喜欢这个好心的老头了。

吴家花园饮水靠村里的一口小土井，天旱井干，雨天井满，实际是用不洁的雨水。国务院管理局决定在园内打口机井，彭德怀提出要打井不能只给他一人用，要村里人也能吃上机井水。机井在吴家花园西北角打出水后，彭德怀站在大门口，招呼村民进院接水，看着人们笑盈盈地把水挑走。

十中全会后，门卫不许村民入院接水，彭德怀大发一顿脾气。可卫兵是奉命，彭德怀也就不和战士多说。一天，彭德怀把景希珍叫到大门口来，说：你去找水管子，由我出钱把井水引到墙外去，再在下面垒个水池，不就行了吗？几天以后，大墙外水池前担水的人排起队，阵阵笑语。彭德怀每次路过，遇上有小孩子打水，少不了还要上去帮助一下。

吴家花园两邻的居民没有安电灯，每到夜晚，园内灯光明亮，园外一片昏黑。彭德怀又想帮助邻居办电。时值困难时期，大家都摇头——没钱，没材料。1961 年夏天，彭德怀自己花了五六百元，买电杆电线，把电引到了两邻 14 户居民家里。

这年夏季多雨。一次暴雨连夜，凌晨 4 时，彭德怀突然翻身下床，披上雨衣，冲出大门，蹚着深水，直奔村民卢兴院里。这时，卢兴家的两间老房正在暴雨中颤摇，卢兴一家 8 口畏缩在上漏下灌的危房内，听天由命。彭德怀站在院里大喊："快走！都到我那里去！"卢家执意不去。他又冒雨跑回吴家花园，叫哨兵搬来芦席，自己手执电筒，像指挥战斗一样，指挥哨兵给卢家苫房。随后，彭德怀在雨中逐户查看，把住危房的人家都叫到吴家花园来，他的书房兼会客室里坐满了老人和孩子，彭德怀把热姜汤一碗碗送到挨淋的人手中。

十中全会以后，彭德怀不管哨兵的劝阻、跟随，在外出散步后，仍然不时往挂甲屯那些熟悉的人家中走访。由于他的帮助，突患半身瘫痪的民兵队长李文林得到救治，恢复了健康。在李文林住院期间，李的妻子为给丈夫治病筹钱，让大孩子退了学，把刚满 8 个月的孩子忍痛送人。彭德怀得知此事，连忙给李家送去奶粉、白糖、饼干。自己订的鲜奶也不喝了，叫给婴儿送去。又给李家的大孩子送去书包、袜子等物，劝李妻把婴儿留下，让大孩子复学，由他来负担李文林的医疗费。公社领导得知，为李文林解决了医疗费问题，李妻几次对彭德怀哭道：

“是您救了我们一家子啊！”吴家花园内有几户工作人员家属，也是彭德怀经常关心的对象。园内、园外，每遇到谁家有难处，他就帮助。说：“我看到这样的事，不能不管！”

彭德怀自己的生活标准却一再降低，常叹气说：“目前国家这样困难，我在这里吃闲饭，难受呀！”罢官以来，彭德怀常常挂在嘴上的一句话：“我不能白吃人民的东西。”

彭德怀在吴家花园整整住了6年。6年中，彭德怀像当年在太行山一样，为自己“住地”的群众做了许多好事：问疾送医，扶难救危，解决水、电，指导生产……他认真当起挂甲屯的一个村民，遇有红白之事，他常常要去为婚者道喜，为生者祝福，为死者致哀。

1965年10月24日，彭德怀即将离开吴家花园，中央专案组派人前去挂甲屯调查，写出一份《彭德怀在挂甲屯的一些活动》的报告，结尾一段这样写道：“由于彭德怀利用群众的封建落后进行拉拢，加上小恩小惠，处处装出关心疾苦的样子，迷惑了相当一部分人，成年人称他为‘彭老头’、小孩子们都叫他‘彭爷爷’。有的群众说，‘彭老头来了以后，挂甲屯有了福’，‘彭老头是好人，国家都解决不了的问题，彭老头给解决了（指安电灯）’。尤其是吴家花园周围的人，一提起‘彭老头’、‘彭爷爷’，真有点感恩不尽的味道，有的老太太甚至表示永世不忘。”

人们学习解放军战士雷锋助人为乐、为人民做好事；一贯助人为乐、为人民做好事的解放军元帅彭德怀却因此而增添了罪名。

彭德怀常说自己“没有崽”，他把全部父爱给予了在抗日战争中被国民党杀害的两个弟弟留下的8个子女。5个未成年的，在他的抚育下都已长大成人。大侄女彭梅魁和丈夫张纯一常带着3个孩子到吴家花园来，小侄女彭钢从西安军事电信工程学院毕业回京工作，也住在吴家花园。彭德怀亲自为他们张罗饭菜，为彭梅魁的孩子洗澡，舐犊之情更深了。

彭德怀大侄女彭梅魁的三个孩子，孩子们身后的影子就是彭德怀

彭梅魁至今保存着一张充满辛酸回忆的照片。那是1962年秋天一个星期五的下午，摄于吴家花园怀馨堂门前。

这天午饭后，彭梅魁全家都来了。彭德怀把3个孩子揽进怀里，逗了一会儿。彭梅魁提出，要孩子们和阿公一起照张相。彭德怀站在屋外台阶上给 3 个孩子摆好位置，彭梅魁拿起了相机，一看，伯伯转身藏到纱门后面去了。彭梅魁叫：“快来呀！伯伯。”彭德怀说：“现在我的名誉不好，孩子们还小，要让他们健康成长，不要因为我给他们造成影响。”彭梅魁听了一怔，眼泪跟着涌出来，忙按下快门。留下的这张照片，孩子身后模糊可见一个人的部分身影，那就是举世闻名的彭大将军。

晚上，彭梅魁给伯伯补衣服，彭德怀又嘱咐她：“我几次告诉你们别来了，你偏偏还来，现在我背着‘里通外国’的罪名，连下农村劳动的资格都没有了。但我实在冤枉极了，这样的冤枉要到何时才了结呢？”

彭梅魁擦擦眼泪，安慰伯伯：“我不怕，无论什么情况，我都要来看伯伯。”

要做到这一点多不容易呀。即令如此，当时的彭梅魁也想不到她今后为实践这句话，要拿出多大的勇气！但她确确实实做到了。即使在最艰难的时候，她仍给彭德怀以亲人的安慰和照顾。

1963 年以后，彭德怀在吴家花园的生活显得更加孤寂和冷清。哨兵的记录本上，日常的记载只是“晚饭后彭钢来了”，“早饭后彭钢走了”，“彭梅魁来了”，“……彭梅魁走了”。

园内工作人员和警卫班党组织开会不再通知他。每当党小组开会的时候，他就在院子里静静地散步，远远注视着开会处的灯光。他知道，这意味着已停止了他的党内生活。

彭德怀这个高级党校的特殊学员，现在是更加“特殊”了。不让他去听课讨论，也不再有教员来辅导，只由校领导偶尔来过问一下，而且总是 3 个人一起来。回去还要追记他的谈话向中央报告。

在 1963 年的一段时间里，他用了许多时间写《读毛主席军事文选笔记》。这一年，全国的经济形势继续向他所希望的方向发展，全国的工农业生产恢复了好势头。他再不为经济问题操心，仍然转回到几乎占据了他整个生命的军事上来。从抗日战争时期起，他就希望根据毛泽东的革命战争战略思想，总结自己在历次革命战争时期的建军经验和作战经验。于是，在平静的生活下，他的心又回到烽烟弥漫的战争年代。不知什么原因，他的这件事情没有做完，只留下了一本未完成的笔记，刚刚论及他亲历的各个革命战争时期的作战原则，而且只完成了红军时期和抗日战争时期两段。他没能留下他全部军事生涯积累的经验和体会，留下的只是他的作战部署、命令和一次次战争胜利的辉煌纪录。

1963 年底，彭德怀的三弟媳龙国英从彭家围子带着她的小孙孙到北京来看望他，并给他带来了家人和乡亲的问候。

就在这一年，中央专案人员到湘潭去调查彭德怀 1961 年回乡的“反党言行”，使乡亲们知道彭德怀再次为他们而获罪。1962 年彭德怀回乡时曾给乌石大队数百元钱植树，1963 年给乌石大队寄去两袋速长早实的新疆核桃种。这一切都成为彭德怀“收买人心”的罪状。龙国英含泪向彭德怀诉说这些事情，也高兴地报告彭德怀两年来家乡生产生活的上升情况。

龙国英打听彭德怀被指责为“里通外国”的问题，仔细倾听彭德怀叙述他出国的经过。彭德怀申明：里通外国“绝无其事”，是对他的“莫大侮辱”。龙国英劝他：“还是归老还田罢！”彭德怀没有作答，脸上浮着一丝苦涩又执拗的笑。

龙国英回家前，彭德怀和她及小侄孙合影留念。自搬到吴家花园后，他一直拒绝照相。这一次，他和心中的彭家围子与故乡人民一起留下了最后的身影——苍老的，却依然挺立的身躯；倔强的、坦荡的，带着一丝苦涩的、沉思的笑容。

彭德怀的处境越来越严峻。也是这一年的秋天，他把《八万言书》的一部分手稿交给侄女彭梅魁，说：“我的问题看来一时解决不了，那包材料在这里不行，还是你替我保存吧。”彭梅魁接过纸包，说：“行。”彭德怀又叮嘱说：“这是我对自己一生历史的回顾和总结，等将来用得着时拿出来，为我争回清白。”又不放心地问：“你打算怎么保存它呢？”

彭梅魁想了想，说：“我把它送回老家，埋起来！”彭德怀点点头。

彭梅魁带着手稿回到湘潭乌石老家，将纸包放在一个瓷坛子里，封好口，埋在灶房的柴堆下。①

“文化大革命”开始，彭家围子遭殃。彭梅魁担心手稿安全，即回乌石，和堂弟彭康志商量，由彭康志把手稿埋在乌石峰下楠木冲水库旁的山坡上。以后，彭康志怕雨水浸湿，又偷偷将它挖回。以后，彭梅魁再次返回乌石，将它带回北京，藏在自己家中。

1978 年 12 月，彭德怀沉冤昭雪，彭梅魁将伯伯生前郑重托付的手稿双手捧交给彭德怀的老战友、时任中共中央纪律检查委员会书记的黄克诚。经 16 年的曲折，这份珍贵的手稿，在彭德怀逝世两年之后，终于得见天日。

彭德怀自搬进吴家花园，就切断了和自己生命相连的军队的关系。“军事俱乐部”“反党小集团”这些远远超过思想路线问题的罪名，使他不得不和党内的战友也断绝了来往。杨尚昆有时到吴家花园来，是借着安排生活的名义。杨尚昆回忆说：“也是想去看看他。”朱德总司令来看他，和他对弈，他不要朱德再来了。解放军卫生部长傅连暲来看他，他说，我犯错误了，你来做什么？傅连暲说：“我是个医生，你是我的病人，我来看病人的！”解放军上将李志民的儿子曾翻过墙到他屋子里坐了一会儿，他的父亲只要知道彭老总是否还在人间。另一个上将杨得志在颐和园偶然遇到彭德怀，彭德怀装出没有看见他的样子。杨得志跟在身后，向警卫员景希珍详细打听彭老总的情况，走了很长一段路。解放军忘不了彭老总。在吴家花园的门外墙边，还曾发现过一袋大米、两条大鱼，悄悄放在那里。是谁送来的呢？没有留下一句话。

尽管彭德怀自己规定一个军人也不见，以免引起嫌疑，牵累来者，但几年来有一个军人的妻子常来看他，他却不拒绝，这就是 1930 年牺牲的红三军团纵队司令员陈毅安烈士的妻子李志强。李志强和儿子曾被国民党抓去坐牢，出狱后，

① 据彭钢回忆，彭德怀还曾将一包手稿交给她的母亲龙国英保存。

母子二人在国民党统治区顽强挣扎到全国解放。多年来，彭德怀一直关心着这母子一家的生活。

十中全会以后，彭德怀劝李志强不要再来看他了，李志强仍不时带着全家人到吴家花园来。一天，李志强又带着儿子、儿媳、孙儿一起来了，彭德怀笑着问李志强:“我一个犯错误的人，你们又来干什么？”李志强也笑答:“我是个老百姓，不干政治的事。”这天，彭德怀心情似乎很好，邀李志强参观了他的菜园、果园，从一棵桃树上摘下几个大桃送给李志强，并口占四句诗相赠。多年以后，当李志强有可能和人谈起这件往事的时候，她已经年迈体衰，只能回忆起后面两句：

平生戎马无暇日，
老来偷闲学种桃。

这两句诗虽为自嘲，也确是彭德怀这一段生活的一个侧面。使人不禁想起南宋曾举兵抗金的词人辛弃疾晚年退闲后的名句：“却将万字平戎策，换得东家种树书。”

为了给以后回乡生产自食其力做准备，彭德怀在吴家花园买了不少土壤学、栽培学等农业技术书，又拜附近果园的农艺师刘富先和孟瑞祥为师，学习果树栽培嫁接技术。吴家花园在几年内改了观，除有麦地、菜畦、鱼池，还种了桃、梨、核桃、苹果、葡萄、柿子各种果树。他计划把北方能生长的果树都引进吴家花园做实验，他和13岁就学艺、曾培育出秋香、燕红等著名蜜桃品种的园艺师刘富先结下友谊，常相过从。不想，这一非政治性的友谊，也使刘富先在以后的“文化大革命”中被关押了一整年。

吴家花园的岁月悠长又匆促地过去了。在漫长的冬夜，彭德怀也常常看小说，读历史，特别喜欢读人物传记。他不再说自己是张飞，而常说：“我就像明朝的于谦。”

于谦在明朝曾官至兵部尚书，当北方民族瓦剌兵临明都北京城下之际，他受命于危难，举兵抗击，使局势转危为安。于谦为官清廉，性格耿直，生活简朴，不阿附权贵，后为瓦剌反间计所中，被明英宗以“意欲”罪杀害。《明史》载于谦被抄时：“家无余资，萧然仅书籍尔”。

彭德怀十分喜欢于谦那首有名的《石灰吟》：

千锤万凿出深山，
烈火焚烧若等闲。
粉身碎骨浑不怕，
要留清白在人间。

他几次对侄女彭梅魁、彭钢说：“我死后什么也不要留下，一身清白。”

第四节 “也许真理在你那边”

1965年3月，美国出兵越南。中共中央在4月12日发出关于加强战备的指示，号召全党、全军和全国人民准备应付最严重的局面。9月，中共中央工作会议同意第三个五年计划“以国防建设第一，加速三线建设，逐步改变工业布局”的方针。沿海为第一线，华中为第二线；第三线是指西南的云南、贵州、四川三省，为全国的战略后方。

毛泽东认为，根据国际国内形势，彭德怀、黄克诚、习仲勋等人不宜留在首都，提议分配他们到外地，挂职下放。

彭德怀专案审查委员会通知党校派人去和彭德怀谈话，了解他的学习情况。

7月7日，高级党校贾震等三名副校长一起来到吴家花园。

彭德怀简单回答了过去的学习情况，话一下跳到了庐山会议：“党校的人对我说：‘你学中国政治经济学应联系你在庐山会议上的一些问题。’我就是那封信写坏了，不写那封信，主席会改的。总的说来，那封信可以不写，但是按我这个人来说，当时不能不写！”

彭德怀说得声色俱厉：“对庐山会议我没有意见，也可以教育人，就是有两条我硬是不能同意，一条我没有和外国人搞颠覆活动。我这个人倒是有孤立主义，还有民族主义，一向反对外国人，和外国人谈不来，也不认识一个外国人。”他一边说，一边用手敲茶几，茶几震动起来：“如果查出有什么叛国活动，按国法办！”“还有一条，说我搞小集团活动，我历来没有，也未想到，请中央去查，如有，按党纪处理！”

彭德怀提高了嗓子：“十中全会以后，什么文件也没有了，我现在好像是一个脱党分子，我不会像高岗一样去自杀。我这个人不会开小差，最好到农村蹲点，到基层去做点工作。现在我想到云南或贵州山区农村去，……那里没有外国人。”

谈话进行了1个多小时，事后由贾震等3人回忆追记上报毛泽东、政治局常委、书记处成员和中央专案组负责人。

9月7日，彭德怀、习仲勋专案委员会常委开会研究今后工作，康生在会上讲话说：

“中央最近分配这些人（彭、黄、习）的工作，我们了解有两方面：一方面更便于我们审查他们的活动，所以我们不要松气（有人插话：他们一出去，就会叫）；二方面还表示希望他们转过来，转不转过来，全看他们自己。”

9月11日上午，高级党校副校长贾震又到吴家花园，通知彭德怀：中央有人和你谈话，现在就请你去人民大会堂。

步入大会堂江苏厅，彭德怀看到，中央书记处书记彭真和中央组织部副部长乔明甫在那里等着他。

互相问好，漫谈数语，彭真说明主旨：“今天我代表党中央和你谈话，中央决定派你去大三线任副总指挥。”

事情未免太突然，彭德怀沉默了片刻，回答："我是共产党员，服从分配。但我犯了错误，说话没有人听，说错了人家怀疑，说对了人家也怀疑。"他表示对工业生产也没有经验，不愿去三线，仍希望去农村做调查。

彭真说明三线建设的战略意义，举出大三线总指挥是李井泉，彭德怀很熟悉的，干部则多是部队去的，"你到那里帮助李井泉，还是可以做很多事的"。

彭德怀仍然坚持想去农村做调查研究工作。谈着谈着，又把话说到庐山会议问题上来了。谈了两个小时，没有解决问题。

彭德怀独自回吴家花园了，彭真打电话向中央报告谈话情况，贾震、乔明甫二人整理了谈话纪要上报中央。

事情似乎是僵住了。从中央说，这是示彭德怀以宽大，但他偏不接受分配；从彭德怀来说，他体会到中央对他伸出了手，但他的顾虑也是十分现实的。

9 月 21 日，彭德怀写了一封信给毛泽东，请求允许他回到农村去。

彭德怀的信当天下午便送到毛泽东案头。"解铃还须系铃人"，毛泽东看过彭德怀的信，决定明天亲自同彭德怀谈话，请刘少奇、周恩来、邓小平、彭真参加。

9 月 23 日早 7 时半，彭德怀接到中南海毛泽东秘书打来的电话，说毛主席约他 8 时半前去谈话。彭德怀答："主席习惯晚上工作，上午要休息，我晚上去吧。"秘书答："叫你上午来就来吧！"彭德怀马上乘车前往，8 点 15 分到达颐年堂，毛泽东已在门口等候，看见彭德怀来到，远远就伸出了手。

彭德怀紧紧握住毛泽东的手，向和颜悦色、专门等候着他的毛泽东问好。

毛泽东注视着彭德怀黑瘦的面容，斑白的两鬓，似生伤感，说："几年不见了，你显老了。"

彭德怀勉强笑答："我是无事不登三宝殿咯。"

毛泽东笑了："早在等着你，还没有睡觉，昨天下午接着你的信，也高兴得睡不着。"毛泽东继续说："你这个人有个犟脾气，几年也不写信，要写信就写八万言。今天还有少奇、小平、彭真等同志，等一会儿就来参加。周总理医去接西哈努克，故不能来。我们一起谈吧。"

那么严重的"翻案书"，被毛泽东一句话就化解为轻松了。

彭德怀说："好！"然后心平气和地向毛泽东解释了他向彭真、贾震等人谈过的不愿去三线，愿去农村的原因。

毛泽东说："现在要建设大三线，准备战争，按比例西南投资最多，战略后方也特别重要，你去西南区是适当的。将来还可以带点兵去打仗，以便恢复名誉。"彭德怀答："搞工业是外行，完全无知，政治上也不好做工作。"

两人在院子里边走边谈，彭德怀谈到在庐山会议上自己提到的三条保证，毛泽东说："后面两条我还记得，也许真理在你那边。"

毛泽东大海般的气度使彭德怀敬服。

8 点 40 分左右，刘少奇、邓小平、彭真先后来了。大家略事闲谈，转入正题。毛泽东说："彭德怀同志去（三线）也许会搞出名堂来。建立党的统一领导，成立三线建设总指挥部，李井泉为主，彭为副。还有程子华。”

彭德怀仍然未接受：“我去搞工业是外行，时间紧迫，恐有所负，我想去边疆搞农业。”

刘少奇、邓小平、彭真一起劝他说，搞工业都不懂，都在摸索。

毛泽东环视在座的人，斩钉截铁地说：“彭德怀同志去西南区，这是党的政策，如有人不同意，要他同我来谈。我过去反对彭德怀同志是积极的，现在要支持他也是衷心诚意的。”

毛泽东接着说：“对老彭的看法应当是一分为二，我自己也是这样。”然后，毛泽东谈起了往事：“在立三路线时，三军团的干部反对过赣江。彭说，要过赣江。一言为定，即过了赣江。在粉碎蒋介石的一、二、三次‘围剿’时，我们合作得很好。反革命的‘富田事变’，写出了三封挑拨离间的假信，送给朱德、彭德怀和黄公略三人，彭立即派人将此信送来，三军团前委会还开了会，发表宣言反对了‘富田事变’。反对张国焘分裂的斗争中，也是坚定的。解放战争在西北战场的成绩也是肯定的，那么一点军队打败国民党胡宗南等那样强大的军队，这件事使我经常想起来。在我的选集上还保存你的名字，为什么一个人犯了错误，一定就要否定一切呢？……”

毛泽东转头对坐在身旁的刘少奇说：“请少奇、小平同志召集西南区有关同志开一次会，把问题讲清楚。如果有人不同意，要他来找我谈。”

谈话进行了5个半小时。毛泽东一夜工作之后，还没有休息，也没有吃早饭，留彭德怀和在座诸位共进午餐。饭后，毛泽东显得有些疲倦了。彭德怀依依不舍，起身向毛泽东和在座的同志告别。

回到吴家花园，彭德怀的心情还激动不已，立即提笔把和毛泽东的谈话追记下来。他感到毛泽东的谈话是诚恳的，支持他工作是诚心诚意的，态度是坚定的，他深受感动。在以后“文化大革命”时期写的“交代材料”中，彭德怀提及此事，还写道：“主席谆谆教导使我终生难忘，去西南工作亦不便再拒绝了。”

然而，他的心头也被投下一些新的阴影。

毛泽东在送别彭德怀时忽然问道：“你在中南海游泳池畔对我说过要斗刘少奇同志，恐怕你是参加了‘高（岗）饶（漱石）反党联盟’吧？”

彭德怀迷惑不解，为何又来了这样一个大转弯？况且并无此事。彭德怀在一份回忆中写道：“反反复复回忆了两天两晚，睡眠时间很少，实在记不起有这样的事情。即或说过这样的话，也不能说这就是参加了高饶反党联盟吧。”

整个会见的气氛仍旧压倒了临去突然这一问。彭德怀开始为结束吴家花园的生活、投入新的工作做准备。

10月6日，总书记邓小平请彭德怀到中南海怀仁堂，告诉他，等刘少奇从东北回京，还要召集西南区在北京参加中央工作会议的负责人开一次会，要彭德怀为去西南工作先做些准备。邓小平对彭德怀说：“业务上大家都是外行，政治上照主席说的，要互相信任。”

11月10日　星期三

评新编历史剧《海瑞罢官》

姚文元

《海瑞罢官》宣扬了什么？

上海《文汇报》刊出《评新编历史剧〈海瑞罢官〉》

邓小平谈话后，彭德怀到杨尚昆家里，请他帮助办理离京前的事务，并向杨尚昆辞行。面对老战友，彭德怀一掬肺腑，说：“这次到西南，我很难过，我不想去，想要搞农业，担任王震那个角色。有人（因此）说我对毛主席这样仇恨，其实我只是对主席思想跟不上。”谈话中，彭德怀怆然泪下。

1965年11月10日，上海《文汇报》刊出了《评新编历史剧〈海瑞罢官〉》一文。这篇由江青和时任上海市委书记处书记的张春桥直接主持、由上海市委写作组的姚文元执笔的文章，把北京市副市长、著名历史学家吴晗为响应毛泽东学习海瑞直言敢谏精神于1959年6月开始酝酿，1960年写成的一个剧本《海瑞罢官》，硬和1959年7月在庐山出现的彭德怀被罢官一事联系起来，说成是替彭德怀翻案。在中央安排彭德怀去西南大三线工作的同时，彭德怀专案审查委员会的工作也加紧进行。委员会下属的专案办公室写出了《彭德怀反党问题审查报告》第五稿，并进行了讨论：“彭德怀和黄克诚这些人是反革命、阶级敌人”，专案审查委员会“实际上是审查反革命，审查他们的反党、里通外国、搞颠覆活动，要这样来写（审查报告）”，“审查委员会的任务不是证明谁正确，不是审查他们的翻案有无根据，而是进一步审查他们的反党罪行”。

当天边向彭德怀透出一角希望之光的时候，在他的身后，正酝酿着一场席卷全中国的、以批吴晗为罢官海瑞——彭德怀翻案为发端的政治大风暴——“文化大革命”。

毛泽东、刘少奇、邓小平一致支持彭德怀出来工作，对他表示了良好的祝愿。彭德怀带着“真理也许在你那边”的莫大宽慰和“毛主席没有给我平反错误”的隐隐不安，准备离京赴任。他的情绪看起来越来越好，他已经67岁了，他的身体还健壮，内心仍然像一团烈火。只有为他许身的崇高理想燃尽自己，他才能得到永恒的安宁。

行前，彭德怀把即将去三线工作的事告诉浦安修。从彭德怀再上书八万言之后，浦安修也处境日艰，搬到师大去住，他们已两年多没有见面了。浦安修从师大回吴家花园和他话别，彭德怀问妻子对今后生活的意见，浦安修说，等他去成都工作上了轨道，她可转到成都去工作，和他团聚。

还有一事使彭德怀颇为踌躇：小侄女彭钢在他走后住到哪里去呢？吴家花园就是她的家。左思右想，彭德怀才提出在他去成都后，希望组织上能给彭钢找一间住房，还不安地说："我一辈子没有为个人私事向组织上要求过什么，这次破了例。"

1965 年 11 月 28 日，开往成都的 33 次列车一声长鸣，从北京站驶出。彭德怀身穿染成黑色的军呢大衣，端坐在一节车厢内，吴家花园 2250 日如历史的一页轻轻翻过，他的心又跳动在新的战场上了。

第三十七章　三线梦

第一节　山高雾重

1965年11月30日，彭德怀抵成都。

他终于又工作了，心中积聚6年的工作热忱迸发出来。他决心不辜负毛泽东的期望，在国防重地的大三线军工建设上作出贡献。

刚到成都永兴巷7号住地，彭德怀就对接待他的三线建委副秘书长杨沛说："明天就开始工作。"杨沛说："一路辛苦，休息几天吧！"彭德怀说："我已经休息多年了。"

从第二天开始，大三线各局负责人按照中共中央西南局第一书记兼大三线建委主任李井泉的指示，逐个向新上任的副主任彭德怀汇报情况。彭德怀对照挂图仔细记录、询问，最后发现，对他所关心的军工生产建设情况谈得很少，或避而不谈。

两个月前，彭真在人大会堂和他谈工作分配时，他表示不愿到三线去，说："工业生产我是外行，到西南去能做什么？！"彭真说："军工生产你不是很熟悉吗？"彭真知道，抗日战争时期，朱德、彭德怀和左权亲自筹划建立了太行山八路军总部的兵工厂，成为我军第一代军事工业。1952年7月，彭德怀接替周恩来主持军委日常工作，也接替了兵工委员会主任的职务。此后7年中，兵工生产从常规到尖端、从原材料到成品、从军用到军民两用，都由他主持开会作计划、研究布局、批准产品定型。他跑遍全国各地的重要军工厂。就在他被罢官前，还研究过在成都、西安增建飞机工厂的计划。他原是新中国军事工业包括尖端工业的开创者之一。

可是，今天情况不同。他到成都前，西南局就确定了一条原则，有关军工生产建设的情况不让彭德怀了解；有关这方面的会议他不能参加；还不能让他参观军工厂。他外出时，得有一名局长陪同，以便"了解"他的活动情形。

彭德怀仍然认真听汇报。汇报中，建委第一、第二副主任建议彭德怀分管煤炭和天然气生产的后勤工作。这说明，确实不让他接近军事工业了，他心头一阵不悦，没有表态，来人就未谈下去，分工没确定下来。以后，建委不再提这件事。他和李井泉谈话，李不提分工问题，他也不问。

安顿下来后，他翻阅来成都前后积压未看的报纸，看到11月30日（正是他到达成都的那天）《人民日报》转载上海《文汇报》于11月10日发表的姚文元文章：《评新编历史剧〈海瑞罢官〉》。看着看着，他一下把报纸摔在桌上，盛怒难当，说道："简直是胡说八道！"思索了一会儿，对身旁的工作人员说："不管它，我们干我们的工作！"

12月10日，彭德怀在给彭梅魁的信中，表露了他孤独一人在远方迎接挑战的心情："我即将外出了解情况，掌握第一手资料。属于我的时间已经不多了，实在遗憾，我将珍惜时间，以慰晚年。"[①]他把这些不快和不安抛到脑后，马上出发到工厂矿山参观、调查。

12月12日开始第一次外出，到重庆参加三线建委政治工作会议。会后去内江、自贡、威远参观天然气和煤炭生产情况。

1966年元旦刚过，政治风暴卷压而来，围绕对《海瑞罢官》的批判，不指名地，但越来越明白地把"海瑞"——反党分子——彭德怀作为目标。不久前，1965年的12月21日毛泽东在杭州对陈伯达等人说："姚文元的文章也很好，点了名（按：指点了吴晗的名）"，"但是没有打中要害。要害问题是'罢官'，嘉靖皇帝罢了海瑞的官，1959年我们罢了彭德怀的官，彭德怀也是'海瑞'。"

彭德怀怀着复杂的心情回到成都参加1966年1、2月间在锦江饭店举行的三线建委年度总结计划会，他在会上很少发言，但对三线建设充满了希望，在笔记本上写道："只要今后不再犯1958年至1960年那样大的主观主义错误，坚持实事求是的精神，那就可以肯定会做出伟大成绩来，这应为我国经济建设前途庆幸。"

会议结束，彭德怀即起程第二次外出，去渡口市参观攀枝花钢铁基地建设。沿途视察了修建成昆铁路的现场、西昌专区、石棉县石棉矿。又特地去红军长征时抢渡大渡河的安顺场渡口，和他曾率红军攻打过的会理县城。

3月30日，彭德怀到达渡口市。渡口市原是金沙江畔一个只有7户人家的小村，当时正兴建西南地区最大的攀枝花钢铁基地。彭德怀在山上山下仔细参观，走得汗流浃背，看得振奋不已，连说真是好地方，毛主席决断非常正确。

在参观建设中的宝顶山煤矿时，彭德怀不禁感情激动。他十分熟悉这些"乌金"，曾身受掘洞挖煤之苦，一再嘱咐陪同参观的渡口市委领导人说："巷道支撑一定不能马虎，要绝对保证工人生产安全。"

渡口市火热的建设景象，使彭德怀这个不写诗的人也诗兴大发。他并未把写的诗给别人看，只记在自己的笔记本上，为今天的读者留下了他当日的满腔豪情："天帐地床意志强，渡口无限好风光。江水滔滔流不息，大山重重尽宝藏。悬崖险绝通铁道，巍山恶水齐变样。党给人民力无穷，众志成城心向党。"

不想匆匆的渡口之行，惹出了两件是非。

3月25日，彭德怀在石棉县安顺场渡口，面对汹涌咆哮的大渡河，不禁缅怀当年英勇抢渡的红军战士和舍出身家性命为红军摆渡的船工。红军胜利北上

---

① 彭德怀给彭梅魁的信，载《老一代革命家家书选》，中央文献出版社1990年版。

了，当年的船工呢？听说只有一位老船工帅仕高还健在，彭德怀很高兴，特地看望他，详细询问他解放后的生活状况。听出老船工生活上还有困难，临别时彭德怀送给老船工10元钱。

这件事后来被“揭发”，作为彭德怀“是伪君子，施行小恩小惠”“收买人心”的例证，那位老船工也无辜受累。这使对老船工倾注了无限感激之情的彭德怀无法忍受，大声喝道：“人家是拼着命给红军干的！”“我们给什么能把人家收买得了啊！”

3月28日，彭德怀参观西昌螺髻山彝族畜牧场。牧场地处高山区，彭德怀为了解彝民的生活，在那里吃了一顿饭。回到西昌，彭德怀一打听，去了10个人，一共付了两元饭钱。彭德怀说，那是人家的血汗生产的，付这么少的钱不好，即写了一封信给畜牧场的干部。

田同志：

我们今天在你场吃过饭，每人只算两角钱，实在太少。以六斤肉计，每斤七角，即四元两角，还有其他饭菜，至少十元才公道。除每人已给两角外，另补八元，请查收。任何企业必须严格执行核算制。

彭德怀

三月二十八日

这件事，连同他在其他一些场合的一些表现：如对造价每平方米为150元（高出当时一般建筑造价一两倍）、每位客人占用60多平方米的招待所不以为然；对许多县市专区和工矿企业竞相修建高级招待所，特别是对四川省用西昌建设下马的钱修建了富丽堂皇的锦江饭店更为不满等等，都被指责为“借此吹嘘他是一向主张艰苦朴素”。

1966年4月19日，彭德怀第三次出行，视察川南煤矿。

这次川南之行，他了却了一桩历史上的心事：长征中，遵义会议后，中央军委命令彭德怀从红三军团中抽调三四百人，由得力干部率领，到川、滇、黔边开创新根据地。彭德怀选派了400余人，派师政治委员徐策率领前去。以后，这支队伍与红军失去联系，最后杳无音信。事隔数十年，彭德怀仍然挂念着这批指战员的命运，特借视察之机到珙县打听这支部队的下落，方知他们于当年（1935年）转战数月，只余数十人，最后被敌人包围，全部壮烈牺牲。彭德怀听后，为之停箸减食，痛悼不已。

1965年到1966年岁末年初，当彭德怀奔走于巴山蜀水之际，在遥远华北的太行山，有一个人默默地注视着他，深深地怀念着他。这就是和他一起在庐山被黜的黄克诚大将。

1965年11月，以相同的原因，在相同的时间，彭德怀被下放到西南，黄克诚被下放到山西省任副省长。抗战初期，黄克诚为八路军一一五师三四四旅政治委员。山西是他战斗过的地方。黄克诚重访太行、太岳，想到26年前阎锡山发动十二月反共事变中，彭德怀从洛阳冒险回前方，路过高平县三四四旅的驻地，夜里，两人纵谈时局，不觉东方已白。就在这个夜晚，彭德怀下决心调集兵力，准备发动反摩擦战役，终于打破了抗日敌后根据地遭敌顽双方夹击的困境。想起这位忠诚革命、威震敌胆而横遭冤屈的老战友，黄克诚不禁感伤。遥望西南，赋成《江城子》一阙：

江城子·忆战友

久共患难真难忘。不思量，又思量。山水阻隔，无从话短长。两地关怀当一样，太行顶，峨嵋岗。

经常相逢在梦乡。宛当年，上战场。奔走呼号，声震山河壮。富国强兵愿已偿，且共勉，莫忧伤！

这首词一直深藏在黄克诚心中。直到1981年9月的一天，本书的几名作者前去访问，他述及往事，才将这首词口诵出来，让大家记下。这时彭德怀已含冤逝世七年了。

第二节　最后的敬礼

1966年5月25日，彭德怀准备第四次出行，经重庆、遵义到贵州看六盘水煤炭基地。第一天刚到大足，突接三线建委的紧急通知，要他马上返回成都。

5月27日，彭德怀从大足急返成都，被告知是听传达，内容是由毛泽东主席亲自主持制定、于5月16日经中央政治局扩大会议通过的《中国共产党中央委员会通知》(即《五一六通知》)。

这次会议决定重组中央文化革命小组，由康生任顾问，陈伯达任组长，江青等任副组长，隶属于政治局常委之下。

在这次会议上，中央书记处书记彭真、罗瑞卿、陆定一，候补书记杨尚昆均以“反党”的罪名被撤销职务。

在三线建委会传达《通知》后接着进行的座谈会上，彭德怀成了被批判的目标，座谈会变成了对彭德怀的批判会。陪同彭德怀外出掌握情况的人，有的就出来揭发：“彭德怀到处放毒”、“收买人心”、“小恩小惠”、“伪装艰苦朴素”、“攻击毛主席，攻击‘三面红旗’”、“翻案”……彭德怀说明、检讨，三次不能过关。继而，又追问彭德怀和彭真的关系，要彭德怀交代“反党小集团”和“里通外国”问题。

彭德怀回答说：“庐山会议主席是要快一点，我的意见是慢一点，都是建设社会主义，不是什么两条路线的斗争”，“我说三年到五年翻一番就很不容易了，欲速则不达。”“组织‘反党小集团’和‘里通外国’问题，杀了头也没有！这是具体问题，可以调查。我对毛主席也谈过，这两点要保留。”

批判彭德怀的座谈会暂时收场，西南局书记处决定建委成立一个批判小组，写文章在内部通报彭德怀的种种“问题”。彭德怀在笔记中写道：“这些简报在各级干部会上传播，这就把我做调查的道路堵塞了。”

西南局三线建委“揭发”彭德怀的《情况简报》送到北京中央文革小组。小组成员关锋、戚本禹看过后，给顾问康生和组长陈伯达、副组长江青写信说：“彭德怀直到现在还是修正主义的一面黑旗”，为了“揭穿他的丑恶面目”，“彻底消除这个隐患”，希望中央“在适当时机在群众中公布彭德怀的反党、反社会主义的罪恶活动”，“撤销他的三线副总指挥职务”。

1966年6月1日，毛泽东欢呼北京大学聂元梓等人的“全国第一张马列主义大字报”出世，《人民日报》发表《横扫一切牛鬼蛇神》社论。“革命无罪，造反有理”，红卫兵兴起，“文化大革命”的狂飙席卷神州。

8月5日，毛泽东在中共八届十一中全会上写出一张大字报：《炮打司令部》。共和国主席、党的二把手刘少奇岌岌可危。西南局和四川省委也遭“炮轰”而自顾不暇，管不得彭德怀了，只是向他封锁了一切中央文件，也回避彭德怀的电话和约见。彭德怀不顾建委给他的“你就不要出去”的告诫，天天上街去看大字报。一次被红卫兵认出来，他就戴上一个大白口罩。9月1日，西南局书记处通知彭德怀立即离开成都，出去躲一躲。彭德怀对着话筒大喊：“我为什么要离开成都？共产党员哪有怕群众的道理！”“怕红卫兵找我算账？！算新账没有，算旧账不怕，算一百次也不怕！”

彭德怀密切注视着“文化大革命”，寄希望于“文化大革命”。他对党内存在的官僚主义和铺张浪费现象早就深恶痛绝。毛泽东关于中国存在“国变色”、“党变修”的巨大危险的论断在他心中引起了共鸣。他对毛泽东发动“无产阶级文化大革命”的理论和决心毫不怀疑。

经常有红卫兵闯进彭德怀住的永兴巷7号的院子里来。开始是请他讲革命历史、红军长征的路线、怎样打仗、生活怎样艰苦等等，他热情作答。有些人提出些责难，他耐心解释。他很喜欢和青年交谈，帮助他们了解革命。

然而，红卫兵运动朝着和他的期望相反的方向发展并摧毁一切，也包括他自己。

1966年12月，在江青、戚本禹的授意下，北京地质学院的红卫兵组织“东方红”战斗队来到成都“揪（意为抓出来批判斗争）彭”，他们向彭德怀提出了几个问题：你对庐山会议持什么态度？对红卫兵有什么看法？对“文化大革命”有什么看法？彭德怀一一作答。红卫兵听过彭德怀的回答，对彭德怀产生了好感，说：“你很直爽，我们回去了。”

红卫兵认为“老头子（彭德怀）是对的”，对要不要“揪”彭德怀拿不定主意，派两个人回京请示。戚本禹听了汇报，对“东方红”的头目很不满意，说：“你立场动摇，受了彭德怀的欺骗”，要“东方红”赶快再派人去成都“揪”彭德怀。

12月23日晨5时，天还没有亮，数十名经过再次“思想武装”的“东方红”红卫兵，按事先侦察好的路线冲进成都永兴巷7号院，直扑彭德怀住室。顿时，他们怔住了：室内无人，彭德怀不知去向……

原来，彭德怀在两小时前被北京另一个“响当当”的造反组织——北京航空学院“红旗”战斗队“揪”走了。

事情的经过是：这一天凌晨3点，北航“红旗”八九个红卫兵翻越铁门进入永兴巷7号，把住在东屋的秘书綦魁英叫起来，硬推着他向彭德怀屋子走去。彭德怀闻声开门，问什么事，为首的说：“奉中央文革之命，让你跟我们到北京走一趟。”

“行，什么时候走？”彭德怀很痛快。红卫兵说：“现在就走。”

“红旗”红卫兵也是奉戚本禹之命，紧急来成都“揪彭”的。戚本禹怕“东方红”右倾动摇，来了个双管齐下、互不通气的计谋。总之，一定要把彭德怀弄到手。

“东方红”不甘失败，乘“红旗”不备，将被“红旗”拘押在成都地质学院的彭德怀劫走，还派人抄走了彭德怀住处的全部文件资料。双方争吵一顿，最后议定，对彭德怀实行共管，要求三线建委用飞机送他们押彭德怀去北京。

戚本禹得知“揪彭”成功，十分得意，马上派出一个记者组去成都，准备召开百万人的“斗争反革命修正主义分子彭德怀大会”，还确定在沿途组织若干次斗争大会。12月26日，戚本禹报告江青：“彭德怀已经被红卫兵抓住，一、二日内即要押送回京。北京学生已经做好了斗争的准备。”

周恩来接到三线建委的紧急电话，心知“揪彭”一幕是江青策划的，非常气愤，又阻止不了，只得指示几点：不得开批斗会；由成都军区派部队护送彭德怀来京；只许坐火车，途中确保安全；到后由北京卫戍区接走彭德怀负责安排食宿。周恩来还不放心，又让秘书将几点指示直接用电话通知“东方红”的“揪彭兵团”，特意说：“我亲自关心这件事。”

12月25日晚，被红卫兵控制了3天，已经十分疲惫的彭德怀，由一伙红卫兵推搡着，在成都军区的一名干部和几名战士的护卫下上了34次火车的一节专挂车厢。满身灰尘、爬满了“大串联者”的列车吃力地驶出成都北站。

从1965年11月30日至1966年12月25日，彭德怀在大三线度过了一年又25天。

从北京跟随彭德怀到四川的綦魁英和景希珍，这时也和红卫兵一起挤坐在车厢过道中。彭德怀本不让他们上车，说：“你们不要跟着我了，你们都有老婆孩子！”

红卫兵一路看守和提问彭德怀，彭德怀有问必答。景希珍劝他：“你少说几句吧，你就是吃的这个亏呀！”彭德怀摇摇头：“我现在一无所有，只有一张嘴了，不抓紧时间说，恐怕机会不多了。”在彭德怀的心头，对红卫兵的热情中，隐隐升起了矛盾和困惑。

12月27日16时25分，34次列车进入北京站。北京卫戍区奉周恩来的命令派一连兵力到车站接彭德怀，红卫兵拒绝交人，说：“要请示中央文革”，当即在车站打电话报告戚本禹。这时中央文革正在开会，工作人员还没来得及报告戚本禹，机敏的周恩来已走过去，接过话筒说："这事我来办。"周恩来在电话中对红卫兵说："中央决定把彭德怀送往卫戍区。"戚本禹却指使红卫兵悍然抗命，强迫司机将列车退出卫戍区把守的北京站，停在一个岔口上，然后把彭德怀劫至北京地质学院。为此，周恩来直接质问了戚本禹，又不得不折中处理，把彭德怀交卫戍区，地质"东方红"和北航"红旗"可参加管理。

极度疲劳的彭德怀由两个战士撑扶着登上卫戍区的汽车，最后还一路跟随着彭德怀的綦魁英和景希珍被留在车下。车轮转动，他们突然发现彭总比几天前苍老了许多，这两个在彭德怀身边工作了十几年的秘书和警卫参谋，禁不住痛哭起来。

彭德怀被带到北京西郊五棵松卫戍区的一处营房里。这是卫戍区的一个"监护点"，陆续有一些被打倒的"当权派"被关押在这里，叫作"监护"。在极度疯狂的红卫兵岁月里，这确实是既监管也保护其免受造反派的过度摧残。

彭德怀被安置在一间建筑队丢弃的简易工房里，屋内有一桌、一椅、一床、一炉。彭德怀拿出日记本，记下了几天来的经历，最后写道："为什么揪我来京，一点儿也不了解。"

第二天，他发现自己真正失去了自由。不是红卫兵而是解放军战士在持枪看守着他，不许他出屋。他问："把我弄到北京是文化大革命的问题还是算旧账？"他着急：成都住屋内有许多绝密文件被红卫兵抄走了；他要求看报纸……没有人答复他。

红卫兵住在他的隔壁，整天找他谈话，谈了几天，彭德怀问："你们想干什么呀？"1967年元旦，红卫兵忽然气势汹汹骂了彭德怀一通，说他想翻案，声言要"敲打死你，揍死你"，说："对你这样的人（指彭）就得武斗。"他们在彭德怀屋里夺烟斗，翻书包，辱骂彭德怀"老混蛋"。彭德怀本着毛泽东要正确对待"革命小将"的教导，始终心平气和。当晚，彭德怀记下这一天的感受："今天是一九六七年元旦，我的生活情况处于另一种生活环境，即被革命群众组织揪来北京待审。时间已过七天，还未宣布罪名，这是我六十九年生活中所遇到的第一次。"

写完，彭德怀从日记本上撕下一页白纸给毛泽东写了一封信。仔细叠好，放到眼镜盒里，随后悄悄要哨兵替他转交上去。

彭德怀的信由"监护点"层层上送到周恩来处，周恩来在中央碰头会上宣读：

主席：

您命我去三线建委，除任第三副主任外，未担任其他任何工作，辜负了您的期望。

十二月二十二日晚在成都被北京航空学院红卫兵抓到该部驻成都部分，二十三日转北京地质学院"东方红"红卫兵，于二十七日押解到京。现被关在中央警卫部队与该红卫兵共同看押。向您最后一次敬礼！祝您万寿无疆！

彭德怀

一九六七年一月一日

第三十八章　伟大的囚徒

第一节　却原来是坐班房

彭德怀在囚窗里翘首盼望毛泽东的答复，就此一等 8 年，直到他的生命结束。

1967 年元旦刚过，《人民日报》发表了姚文元又一篇气势汹汹的文章：《评反革命两面派周扬》。晚上，彭德怀刚要休息，红卫兵进屋叫他写对姚文元大作的看法。

“我不写，姚文元发表文章是他的自由，我不发表（看法）也是我的自由。”

“你到底写不写？”

彭德怀叹了一口气。他想起来，此时，姚文元有诽谤他人的“自由”，而许多人已丧失了为自己申辩的权利。但经过数十年战火考验的彭大将军，还是“自由”地还了姚文元一“枪”。

彭德怀提笔给素不相识的姚文元写了一封信：

“姚文元同志：

“读了三日《人民日报》《评反革命两面派周扬》的大作后，红卫兵同志要我对其中一段表示态度，即‘自命为海瑞的右倾机会主义反党集团，在庐山会议上提出一个彻头彻尾的修正主义纲领，梦想推翻以毛泽东同志为首的党中央领导，把我国拉回资本主义的黑暗道路上去。’如果这样宣传有益，就这样宣传吧。如果需要实事求是一些，我就可以供给一些材料。”

彭德怀在信中叙述了在庐山会议上给毛泽东写那封信的经过和信的主要内容。

1 月 6 日，彭德怀的这封信被送到彭德怀专案组，成为彭德怀的新“罪行”。

彭德怀按红卫兵的要求写了 4 份材料：《挖思想根》《建军问题的错误》《评军衔过程》《为什么在庐山写信给毛主席》。材料送到中央文革，康生批：“彭德怀写的材料是又一次的向党进攻，材料应送毛主席、林总、总理阅。”毛泽东阅后批：“林周阅后，退康生同志存案。”

红卫兵又提出高岗、饶漱石和“军事俱乐部”等等问题，对彭德怀说：“你就是高饶反党集团的干将！”勒令彭德怀：“把你们那个军事俱乐部写出来。”

“没有什么俱乐部。”彭德怀瞪眼答复。

“非写不可！”

“啪”的一声，彭德怀的手掌打在桌子上。他终于忍耐不住了，大吼起来：“杀掉头也没有！”

这时，彭德怀正受着疾病的折磨。由于心情焦灼，房屋阴暗潮湿，又没有衣服可换，在朝鲜战场矿洞里患过的神经性皮炎复发了，双腿长满湿润和糜烂的斑块，并向上身扩散。

2月中旬，彭德怀的腿、臀、背长满红疮，奇痛奇痒，不能弯腰，不能躺卧，这时他才向监护点的人提出能否治疗一下。

他身上仍然是从成都穿来的一套内衣裤，已沾满了脓血。袜子早破了，棉裤露着棉花。

监护点内，被监护的人都收到家人送来的衣物、食品，唯彭德怀没有人送。监护干部问他要不要告诉家属送些换洗衣服来，彭德怀总是说：“算了吧，算了。”他料想浦安修处境不会好，又怕连累侄儿侄女。想来想去，才给彭梅魁写了一封信。

在吴家花园时，彭梅魁曾对伯伯说，不管在哪儿，我都要来看你的。彭梅魁说到做到了。彭德怀到大三线，春节时，彭梅魁到成都看望伯伯，给伯伯洗衣服，缝缝补补。临走时，彭德怀问她1962年给中央的那份八万字长信的抄本保存情况，彭梅魁瞒着伯伯说：“烧了。”彭德怀用眼睛打量着彭梅魁，说：“这样好，这样好。”以后彭梅魁常写信问伯伯好。1966年12月，彭德怀又把给毛主席写的一封信抄了一份寄给彭梅魁，让她保存。此后，彭梅魁就再没有收到彭德怀的信，不知道伯伯的情况。

2月底的一个晚上，监护点的两个参谋按彭德怀告诉的地址来到彭梅魁家里，交给她一封信。彭德怀在信中告诉彭梅魁，他已“被抓来北京”。“到京两月，红卫兵对我所追问者，还是庐山会议情形，此事无再谈必要，仍如既往，服从中央决定。其他一切愿受革命群众审查，请你放心吧”。“今冬皮肤炎（痧疹）变为疮疤，痛痒异常，近警卫部队负责人派医生专治，已见成效”。“在成都被抓时很急，未带应用东西，仅穿着黑棉布衣服，现已破烂不堪，春暖后无法换洗”。“如景希珍在成都，请他找两条短裤、上黑下蓝那套布制服、袜子、布鞋，还要寄一点儿钱”。

后面署名是：伯父清宗。

彭梅魁激动极了，一个多月以来，她寝食不安，为伯伯担心，今天总算有了下落。

3月6日，彭德怀和其他“犯人”被转移到距五棵松不远的罗道庄卫戍区干部队驻地监护。

大门口有守卫，“案犯”（《哨兵日记》上对被监护人的称呼）门口各有一个哨兵，彭德怀屋内还设有一个哨兵。一言一行都被记录在案。

到了罗道庄，彭德怀发现对他的看管更严了，自言自语：“我知道这里不是营房，是班房”，“我是在这里坐监狱”。冬日将尽，他还穿着那身破棉袄裤，无衣可换。他向哨兵要来一根针，一点线，自己补破袄。有时对着哨兵拍腿感叹：

“今年我已经撤职八年了，这八年白白地浪费过去了！”

3月19日，一个参谋拿着彭梅魁送来的衣物和水果来到彭德怀囚室。东西是由北京卫戍区司令部转来的。参谋让彭德怀签收据，彭德怀在上面写了“石穿”两个字。

彭梅魁的物品给他带来安慰，也带来了希望。4月1日，他又给毛泽东写了一封长信，谈被抓的经过和目前的情况。因报纸上有文章，不点名地说他到西南搞翻案活动，在这封信的最后，他向毛泽东声明：“我到西南区头七个月，大约走了二十个县市，十五个工矿企业、区（云南还未去），目的是想收集一些材料，做些研究，增加自己这方面的一些知识和提供领导参考，并无其他意图。”

仍然没有回音。

4月20日晚，又提笔给周恩来写信。称呼“总理”，信中谈四川石棉厂矿渣堆积在南岸，流失不少。他曾报告西南局领导人，此矿渣可加工成钙镁磷肥，成本低，肥效高，恐此事被搁置。“小事情本不应该打扰您，但我不知应告何人，希原谅！顺祝您永远健康！”下署名“石穿”。

彭德怀在囚室里给毛泽东写信，给周恩来写信，给中央文革写信，奇怪的是他没有给“副统帅”林彪写过信。

5月24日，《人民日报》发表戚本禹的长篇讲话《毛主席〈在延安文艺座谈会上的讲话〉是无产阶级文化大革命的建军纲领》，戚本禹说：“一小撮反革命修正主义分子在党内最大的一小撮走资本主义道路当权派的支持下……为庐山会议罢了官的右倾机会主义分子彭德怀等人翻案，企图煽动别人起来同他们一道进行反革命复辟活动。”

从姚文元评《海瑞罢官》的文章发表以来，报纸上已多次不指名地骂他反党、反社会主义、闹翻案等，对他用的是“右倾机会主义者”一词。戚本禹此文在报纸上第一次指“彭德怀”之名而攻击之。彭德怀坐在桌旁，先是看到文章中点了一串名字：彭真、陆定一、周扬、林默涵、齐燕铭、夏衍、田汉、邓拓……怎么，都成了反革命？！他在这些名字下用红铅笔重重地画了一道又一道。再看下去，看到了自己的名字，他在那一段话下面也画了重重的一道，喘了一口粗气，把报纸扔向一边，躺到床上唱起“国际歌”来：“起来……起来……满腔的热血已经沸腾，要为真理而斗争！”低沉而粗犷的喊声，震动了囚室内外冷凝的空气。

哨兵在登记本上记下了彭德怀以上的“反应”。

第二节 大批斗

1967年7月，“无产阶级革命派”在全中国“全面夺权”，掀起“大揭发、大批判、大斗争”高潮。《人民日报》号召“革命派”痛打“落水狗”。一代民族精英、无产阶级革命领袖人物被揪上批斗台，遭肆意凌辱。

江青十分“关注”彭德怀。在她的心目中，元帅——“海瑞”，正需要痛打一下。她几次不阴不阳地提道："彭德怀在卫戍区养得胖胖的，过去还没有公开批判一下呢！""要把他批倒批臭呵！"戚本禹连忙告诉北京航空学院造反派头头韩 ××："彭德怀是军内最大的走资派"，"把彭德怀拉出来斗"。红卫兵提出没有"炮弹"，戚本禹马上叫专案组给红卫兵提供材料。

野蛮的、可悲可叹的历史一页揭开了。

先在 6 月 21 日，"重新调整"后的专案组在戒备森严的八里庄审讯室里第一次提审彭德怀，要彭德怀交代是怎样"里通外国"和组织"反党集团"的。彭德怀说："你们不了解，小娃娃不懂事！"主审人喝道："老实点，要坦白交代！"彭德怀无可奉告。

以后许多天，彭德怀根据专案组的命令写自传，他不愿意写，专案组说："这是组织的决定。"彭德怀说："既然是组织让写，我服从。"他面对一个无情的事实：专案组代表至高无上的党，代表他一贯服膺的组织。

7 月 19 日早饭后，彭德怀正埋头写自传，被告知要去"开会"。彭德怀抬头问："开什么会？带纸笔吧？"

"不需要带什么东西。"

直到吉普车开进北京航空学院，他才想到，这是开他的"批斗会"。

中午，有人给他一个玉米面饼子。下午他被带到北航六系楼的一间教室里，面对着六十多个红卫兵造反骨干。

"彭德怀，交代你的问题！"一个"头头"厉喝一声。

彭德怀态度温和，答："我不明白有什么问题。几十年忠于毛主席，勤勤恳恳为中国人民出力。"

彭德怀被"造反组织"连续揪斗

“你为什么要发动百团大战？”

“打日本鬼子呗！”

“百团大战没有请示毛主席，受到毛主席批评？”

“嘿，不对的。打电报了嘛！毛主席、中央军委发来了电报祝贺，说‘百团大战真是令人兴奋，像这样的战斗是否还可以在山东及其他地方组织一两次’？”

听到伟大领袖发了贺电，审问者不知怎么“审”下去——这是为开批斗大会而举行的预审会。

彭德怀给红卫兵讲为什么打百团大战，打得怎么英勇。一部分红卫兵似乎听入迷了。在以后中央文革的一份《快报》上，描述了这一场面，说：“他竟恬不知耻，慢条斯理地吹嘘他当时如何英雄，打死打伤多少敌军等等，好像讲故事一样。”

号称北京红卫兵“五大领袖”之一的韩 ×× 赶快扭转局面，喊：“彭德怀，交代你在庐山会议上反党反毛主席的罪行！”

“我没有罪行，只有错误。对庐山会议还保留我的看法。”

“你为什么写意见书？”

彭德怀板起面孔答：“我就不该写那封信。”“我有话就讲，憋不住。我是政治局委员，有权向毛主席反映情况，这符合党的组织原则。”

“你万言书里骂毛主席，妄图篡党篡军！”

口出此言的红卫兵，根本没有看到过他说的那份“万言书”。

“我从来没有野心，我拥护毛主席，对毛主席是有很深的感情。”

“那为什么毛主席要打倒你？”

“我也不明白为什么打倒我。可能出于政治上的需要吧。”——这确是 8 年来彭德怀在百思不得其解之后，无奈何地想到的理由，此时冲口而出了。

全场喧哗起来，有人带头高呼：“打倒彭德怀！”

“彭德怀早就被打倒了！”彭德怀挺身，在喧闹声中提高了嗓门。

韩 ×× 从桌子上跳过去，指着彭德怀的鼻子吼：“你反不反对毛主席！？”

“我不反对毛主席，我只是对毛主席无话不谈。”

韩 ×× 一拳出去，打得彭德怀倒退几步，跌坐在地上，忽啦围上去一堆人，拳脚交加。彭德怀认得其中一个红卫兵，说：“小同志，你不要发火，你不懂事……”话未说完，有人一猛拳冲着彭德怀胸部打去，彭德怀头撞在课桌上，跌倒时又撞在水泥地面上，发出重重的响声。

彭德怀忍痛喊：“你们怎么这样对待一个快七十岁的人！”

会场大乱。有了带头人，原来文明一些的也要表现“革命性”了，胆子小的也“勇敢”起来了。彭德怀被拽起来，打倒；再拽起，再打倒，连续 7 次！一个穿皮靴的大个子飞起一脚，向躺在地上的彭德怀右胸踢去，彭德怀深哼了一声，昏迷过去。

下午 5 时 50 分，中国现代史上著名的革命英雄和民族英雄彭德怀，在半昏迷中被人架回囚室，勒令起身，连夜写“认罪书”。

卫戍区司令员傅崇碧当晚得知彭德怀被斗的情况，打电话问韩 ×× 为什么不执行总理的“五不”指示。预审会前，卫戍区专人去北航向韩 ×× 等人传达周恩来的指示：不准搞喷气式，不准挂牌子，不准游街，不准武斗，不准开万人以上的批斗会。韩 ×× 听后，即打电话报告中央文革，戚本禹回答：“不要武斗，但对彭德怀不要限制过多。”

第二天，彭德怀伤重不能起床，被送到二六七医院检查，病志记载：“胸部正位相 X 线所见：（1）右第五肋骨中段骨折；（2）右第十肋骨末端可疑不全骨折；（3）右膈角内小量积液（血）；（4）右肺下叶部分不张。”

傅崇碧向周恩来报告彭德怀伤势，并附上胸片。周恩来看后，批评卫戍区有关人员没有尽到责任，指示马上给彭德怀治病，将结果报告他；今后，没有中央的批准，任何人不得私自批斗彭德怀；卫戍区要绝对保证彭德怀的安全。

然而，风云日紧。彭德怀遭毒打的第二天，发生了震动全国的武汉“七二〇”事件[①]。紧接着林彪提出了“揪军内一小撮”的口号。这使已成为囚徒的彭德怀，又成了“军内一小撮”的总代表。报纸大造舆论，掀起“批彭高潮”。

从 7 月 26 日开始，重伤中的彭德怀被北京航空学院、清华大学、解放军各总部、国防科委、三军直属机关和在京院校、人民日报社、北京师范大学、空军直属机关及空军在京院校、各文体单位、北京邮电学院等数十个单位的“造反组织”连续“揪斗”。其中 6 次为万人大会，7 次“游街”。张闻天、黄克诚和解放军的一批被“打倒”的著名将领谭政、张爱萍、萧向荣、王尚荣、廖汉生、李志民等被拉来“陪斗”，和彭德怀一起在万千公众前遭受摧残凌辱。彭德怀不甘受辱，强直着头，挺立着身躯。一些彪形大汉被选来按低他的头，反提他的胳膊。长时间的伤痛、愤怒，使他在被“游斗”中几度昏迷。

从“文化大革命”的风暴卷起，彭德怀的妻子浦安修就陷入更大的灾难之中。尽管她原任北京师范大学党委副书记的职务早已经“落选”，被派去担任师大附校办公室主任，仍属“当权派”之列。而最关紧要的，她是彭德怀的妻子，这使她成了“造反派”的大目标。

1966 年 7 月，浦安修的家被抄，人进了“专政队”，白天劳动，夜晚住在没有完工的一间浴室里，潮湿的水泥地面上铺着一床薄褥子。

1967 年 8 月 11 日下午，浦安修被一伙红卫兵押到校内数学楼前。几个月来，她茫然地承受着一切。骤然间，她看到人群中一辆三轮车上押着一个人。纵然是衣貌全非，她也一眼就看出是他——一别两年的彭德怀。彭德怀也看到了她。四目相视，都痛苦地低下头。

当晚 7 点半，彭德怀和浦安修被拉上会台。由北京师范大学造反组织“井冈

---

①“七二〇”事件：1967 年 7 月 20 日，武汉市广大群众和军队官兵出于对文革小组的“左”的错误的强烈不满，围困了去武汉的中央文革小组代表王力。数十万军民举行示威游行。这一行动被中央文革小组指为反革命事件。

山兵团”主持召开的“批判斗争反党篡军的大野心家彭德怀和彭贼的臭妖婆反革命修正主义分子浦安修”万人大会在一片口号声中开始。

浦安修被两条粗臂反提着胳膊，两只大掌猛按着头，做成“喷气式”；耳里灌进了一连串彭德怀的骇人听闻的“罪行”，和她如何与彭德怀“狼狈为奸”的“罪状”。浦安修心头阵阵酸痛，眼前一片漆黑，连怎么被拉下台，怎么被放回去都记不清了。

这一幕“史无前例”的悲剧，成为他们30年夫妻的最后一面。

浦安修被传去勒令交代彭德怀的罪行。一向温和文静的浦安修，这时顽强地闭口不答。1967年10月出版的红卫兵《大批判通讯》上，登载当时对浦安修审讯记录的按语说：“时至今日，浦妖婆拒不揭发彭贼，企图顽抗到底。还千方百计的为彭贼涂脂抹粉。”扁担落在浦安修的肩背上，她的头被揪着往墙壁上撞得咚咚响。造反派还递给她最后通牒：“再不交代，砸烂你的狗头！”

8月31日晨7点，北京西郊颐和园的朱红大门徐徐打开，浦安修低头匆匆而入。

两小时后，有人发现了她。她静静地躺在昆明湖边，已经没有了回忆，没有了痛苦。衣袋里还有未服完的安眠药。

这时，北京师范大学浦安修专案组的头头，正在胜利的兴奋中仔细研究如何贯彻戚本禹关于对浦安修的“问题”要“抓紧搞”的指示。

浦安修被抬到北京医学院第三附属医院抢救，大夫从她身上发现一枚校徽，才弄明了她的身份。

半夜，浦安修清醒过来，发现自己躺在病床上。她又回到了多难的人世。

一天后，专案组头头下令将她从医院押回学校管制。

北师大批斗会以后，彭德怀因精神受重大刺激，右半身麻木。但这个铁铸的历史巨人，两天后又站立起来了。

8月15日晚，彭德怀在囚室内听到部队在院子里集合。接着，窗外高音喇叭传来《中国共产党八届八中全会关于彭德怀为首的反党集团的决议》的播音。

从1959年8月在庐山上产生了这个决定他的命运也影响着整个中国命运的《决议》以来，还是第一次向全国全世界公布这个文件（摘要）。这意味着什么呢？彭德怀先是一怔，随即把椅子向门口移动一下，仔细听下去。他有时点点头，有时发出笑声。哨兵走到他身旁，可能是为了解他的“反应”，他说：“这叫我怎么活咯。”

第二天，《人民日报》刊登了《决议》（摘要）和一篇题为《彭德怀及其后台罪责难逃》的社论。接着，《红旗》杂志发表社论《从彭德怀的失败到中国赫鲁晓夫的破产》，《解放军报》发表社论《宜将剩勇追穷寇》。“文化大革命”中，这“两报一刊”是传达最高司令部声音的。马上在全国掀起又一次批彭高潮。

在北京，彭德怀再度被连续“批斗”，军内外各大单位争先恐后来押走彭德怀。不管哪个单位，只要申请的报告一来，时任中共中央政治局委员、中央文革成员、国务院副总理、公安部长的谢富治就批："可以安排"。北京军区、第二炮兵司令部、总参谋部、总政治部、海军司令部、北京卫戍区、通信兵、防化兵、装甲兵、铁道兵、工程兵司令部、国防科委、国防工办、解放军政治学院、后勤学院、高等军事学院、第六研究所、中央直属机关等大单位12次召开万人大会"批斗""公审"彭德怀。69岁的元帅被两个大汉拖着跑步上台，在烈日之下，在拳脚之中，在对一串串谁也不识真相的罪行罪状的声嘶力竭的揭发批判声中，他顽强地挺着腰杆，屹立于天地之间。

残酷的"批斗"一直进行到1967年末。

第三节　突击审讯

1967年11月，彭德怀专案组划归中央专案组第二办公室掌管。彭德怀专案组是二办所辖专案中最大的一摊，管辖被认为是彭德怀"黑线"的17个对象：彭德怀、黄克诚、谭政、李锐、张闻天、王平、苏振华、李志民、杨勇、刘震、钟期光、饶正锡、洪学智、邓华、万毅、吴自立、浦安修。大摊称大组，下设有彭、黄专案小组，专审彭德怀、黄克诚二人。

黄克诚和彭德怀一样，先被关在五棵松，后又被转到罗道庄。在五棵松，黄克诚从他的高度近视眼镜片后发现哨兵押过一个衣服褴褛的人，正是他"经常相逢在梦中"的彭老总——彭德怀。黄克诚常常反抗监管，一次（也许是故意）在院中和监管人员顶撞起来，大吵大骂，彭德怀听出了是老战友黄克诚，激动得紧贴到窗户上去听。在批斗的高潮中，黄克诚常和彭德怀被押在同一串车上游街示众，被"揪"在同一个台上批斗。在目光中交换心声，共同承受这一时代的"疯狂"。

"大批斗"的暴虐过去了，1968年开始了一场更为残酷的隐秘的斗争——审讯。

中央专案领导小组的要求是对所押"案犯"在春节前定案，提出要"只争朝夕"，"歼灭战一定要打下来"。

1967年9月28日至12月6日，专案组8次审讯彭德怀的入党问题，目标是"彭德怀是假党员"，以达到对他的历史"一否全否"的目的。偏偏出现一份历史文件，证明彭德怀是1928年入党的真正共产党员。专案组初战失利。从新年开始，又突击审讯彭德怀所谓"里通外国"问题。彭德怀对专案组提出抗议："对我的审查，用党内同志式的谈问题可以。审讯式的，拒绝谈问题。"主审人答："对你就是这样，你要老实认罪。"对专案组来说，彭德怀是敌人，并非同志。

从1952年抗美援朝期间至1959年庐山会议前，彭德怀5次去苏联谈判或访问，在专案组的方案中都当作"里通外国"罪行来审查。其中，1955年和1959年的两次访问被列为重点。

1955年5月24日，彭德怀参加华沙条约国会议回国，途经莫斯科，苏共总书记赫鲁晓夫让翻译费德林向中国驻苏大使刘晓转达他的意见，他要和彭德怀谈话，主要是谈军事问题，因机密性大，建议苏方只由安东诺夫大将、中方只由刘晓大使参加，指定由费德林任翻译。费德林要刘晓向彭德怀解释，彭德怀听后说，应尊重苏方意见。会谈后回国，彭德怀将会谈内容向毛泽东主席作了汇报。

审讯开始，从彭德怀谈的情况中得不出“里通外国”的结论，审讯人火了：“我们看你是与赫鲁晓夫共同搞阴谋。”“由你们定，我无法说，你们说搞阴谋就搞阴谋，你们是客观的吗？”彭德怀回答。

1968年1月10日、11日、12日连续3天，6次审讯，彭德怀正患感冒，不断咳嗽。“过堂”回来满脸怒气，一次气得把收音机扔掉。

15、16、17日3天，又连审6次。审讯者追逼不已，彭德怀大声回答：“我不能满足你们的主观需要！”审讯人大骂：“你攻击！放毒！反攻倒算！抗拒审查！对审查怀恨在心！……”彭德怀忍无可忍，腾地跳起来，拍桌子大吼：“你们的目的达不到！”

从19日起，专案组策划一番，采用车轮战突击鞫讯彭德怀。每日从晚上7点左右，审讯到第二天凌晨3点。一堆人围着彭德怀，你一喝，我一喊，轮班无休止地追逼，一句话反复问，直至彭德怀极度疲劳，精神恍惚，“要什么给什么”。专案组天天向上报告“战绩”。军委办事组成员李作鹏催促专案组的人，“想尽各种办法把进度搞快点……抓紧时间突，大会斗，小会突，专案审”。24日，专案组汇报战绩后，又指示：“专案工作最大、最难办的是彭德怀。”“集中力量打歼灭战，解决问题时要人多一点，人多说得过他，人多压得住他。”“‘九大’以前定案。”

26日，从下午6时到第二天凌晨3时，专案组鞫讯彭德怀连续九小时。《哨兵日记》记载彭德怀从审讯处被送回囚室的情况：“东倒西歪，前仆后仰，精神处于昏迷状”。

春节后审讯的次数更多，时间更长。2月5日从下午2点30分到6日凌晨1点钟，审讯人轮流休息、吃饭，彭德怀不能吃、不能喝、不能休息，连续被折磨11个小时。

专案组车轮战的鞫讯，不是为了弄清问题，而是逼取口供以便定罪。这一切又是以革命的名义、党组织的面目出现的。庐山会议后，彭德怀曾经要求党中央审查他；“文革”开始，他衷心欢迎审查，相信审查会洗清他的冤屈，澄清事实的真相。残酷的事实使他认识到，完全不是那么回事。他那从少年时代铸就的疾恶如仇的霹雳般个性，他一生一世只服从真理，不屈服于压力的刚烈气质，时而表现为对那些无端诬指的痛斥痛驳，时而爆发为对专案组的冲天怒火。他不顾灾难的后果，在被审时，对操生杀予夺之权的专案人员捶桌怒吼：“我就是顽固，顽固到底！”“你们把我枪毙了吧！我什么都不怕！”专案组恫吓说：“你这样做没有好下场！”他冷笑道：“好啊！看你们有什么下场！”

春节以后，专案组又逼彭德怀承认1959年在阿尔巴尼亚参加霍查举行的宴会前，和赫鲁晓夫在小休息室“密谈”，“勾结苏修”。彭德怀反复说明，当时有各国贵宾在场，他和赫鲁晓夫只是礼仪性的见面，交谈数语，根本不可能密谈什么。彭德怀把为这一问题被迫写的“认罪书”抄在日记本上，后面写上了一段话：“为此事费了半个月时间，有时搞到半夜。于是，我把平日里所想的和所说的，说成是同赫谈了。现在我知道了，一定要说成是同苏修勾结反对毛主席……现在我懂得了这一条。我过去的了解是，审查是要弄清真相，实事求是，做出合乎事实的真理结论。”“入党宣誓时说过，为了革命利益，必要时献出自己的生命。现在是时候了，为了党的利益，为了巩固和提高毛主席的威信，我应当坚决这样做。”

为了革命，为了党的利益，应当按专案组的要求“认罪”以“巩固毛主席的威信”，还是“抗拒审查”以坚持实事求是呢？他在极度痛苦与极度矛盾中做出极度痛苦和极度矛盾的选择。

1968 年 3 月，林彪的亲信黄永胜被任命为中央军委办事组组长。黄永胜接管了专案组，对彭德怀继续审讯。

5 月 7 日，从下午开始到 8 日凌晨 1 时，专案组 5 个人“攻他的核心问题”，审讯室内彭德怀忍无可忍，火山爆发。他怒吼、痛骂。回到囚室，拿出一张纸条，写下：“为了革命的利益，必要时可以献出自己的生命。这是我入党誓词的最后一句，现在是时候了。”

江青直接控制的专案组经过 10 个月的审讯，用千古切齿的“莫须有”罪名，“逼供信”手段，制造出了一个遗臭万年的《关于彭德怀里通外国问题的审查报告》，于 9 月 18 日定稿上报。报告中说：“1959 年彭、赫在地拉那直接勾结，是有预谋的，他在同赫的谈话中，恶毒攻击党的三面红旗，露骨地向赫修表示了他的反党野心。赫鲁晓夫对我党也大肆攻击，支持彭德怀取而代之。彭德怀供认他到国外反对毛主席是为了制造国际舆论，取得赫修集团的支持，以达到篡党篡国，夺毛主席的权，颠覆无产阶级专政，实行资本主义复辟的罪恶目的。”

1968 年 8 月 25 日，彭德怀和其他“案犯”由罗道庄被转移至什坊院继续监禁。

从被揪以来，彭德怀忍受着红卫兵的批斗、哨兵的监视、专案组的审讯，期待着一个伟大的时刻——中国共产党第九次代表大会。他期待“九大”使党的一切回到正常的轨道上来。他相信毛泽东驾驭历史的能力。冲动的热浪过后，定会有冷静的总结与处理。

第四节　特殊的战场

1969 年 4 月 1 日，彭德怀期待的这一天终于来到，当他在囚室里听到院外群众游行，高呼庆祝九大开幕的口号时，激动得不禁痛哭，这是被监禁以来，他第一次滴下英雄之泪。

九大开了 24 天，他深深失望。

他对自己的生命早已置之度外，但他不能不担忧党和国家的命运。林彪的政治报告不提社会主义经济建设，他认为，“这是比任何时候都担心的问题”。他对“文革”中只抓阶级斗争，不抓经济建设也有意见。这些都作为异说被哨兵记录在案。哨兵的登记上还记着，彭德怀在看到这次大会的公报后，常常彻夜不能入睡，有时叹气、流泪、摇头，有时“呆坐发愣”，“突自笑起来”。在看九大公布的中央委员及政治局委员名单时，他发现八大的中央委员到九大不足一半，政治局委员和候补委员留下的也不足一半，他“扳着手指头数”，“流泪四次”。

九大以后，彭德怀明显地衰老了，经常失眠。9月11日至14日连续四夜，他几乎彻夜没有入睡。他常常自言自语，有时静坐出神，有时唱歌发笑，有时发脾气、闷声出气。

1970年7月2日，江青催促专案组对“主要案犯”定案。7月21日，彭德怀专案组上报《关于反党头目里通外国分子彭德怀罪行的审查综合报告》，并据此建议：“撤销彭德怀党内外一切职务，永远开除党籍，判处无期徒刑，终身剥夺公民权利。”除了开杀戒，一代元戎竟被几个由江青封为“无名英雄”的无名走卒判了最高徒刑。

与此同时，已被迫害辞世的中华人民共和国主席、中国共产党第一副主席刘少奇的妻子王光美，由专案组建议“判处死刑”。毛泽东阅后批示：“暂时不宜判刑。一切这类专案对犯人都宜调查从严，处理从宽，保护犯人，使他们感到有出路，以便保存活证据，对将来有利，此事不妨请中央一议。”

毛泽东的指示于7月28日传达到各专案组。彭德怀专案组还不甘心，又向上请示了两个问题：“①上报材料时对案犯提不提处理意见？②如果不提，去年10月政治局会议研究时提的意见，还提不提？如撤销党内外一切职务，开除党籍，长期关押。”

8月14日，黄永胜答复，“原来讲送材料不提处理意见，现在看还是可以提处理意见，判刑意见亦可以提。提了以后再写一段：‘以上意见仅供参考’。根据对王光美的批示，究竟如何判刑，请中央讨论审定”。

于是，9月17日专案组再次上报了对彭德怀“撤销党内外一切职务，永远开除党籍，判处无期徒刑，终身剥夺公民权利”的处理意见。

11月2日，彭德怀专案组第三次上报：“可以结案，撤销党内外一切职务，永远开除党籍，判处无期徒刑，终身剥夺公民权利。”又加了一句：“未处理前，继续关押。”黄永胜批示“同意”，然后上报中央。

7月2日，江青在催促定案的同时，还指示专案组：“我现在还有点时间，希望七、八、九三个月把主要案犯的材料弄出来，向中央报材料。”“每个案犯都要摘一个传记，要详细的。”

根据江青的指示，彭德怀专案组一面起草对彭德怀的审查报告，一面出提纲要彭德怀写自传。彭德怀答复专案组说：“在三年多受审过程中，已经写了两次简历材料，这是第三次了，我诚不愿意再写了，因为它毫无用处，也毫无意义。”专案组的人说：“不写不行，从八岁写。”“不准放毒攻击无产阶级司令部，对抗党的政策吹嘘自己。”

彭德怀从极度精神折磨造成的失态中挣扎出来，再从头“交代”——写第三次简历材料。

他把这种“交代”变成他为革命、为真理的最后一次搏斗。继1962年写《八万言书》之后，他再一次仔细回顾生平，将一世风云、毕生追求尽情倾注于笔下。从童年的苦难到青年的探索，从平江起义的怒潮到开创红军根据地的鏖战，从万里长征的奇迹到敌后抗日的烽火；从大西北的解放到抗美援朝的胜利；从新中国的国防建设到庐山上的罢官，70年岁月像一幕接一幕的历史长剧在他心中重演。他一天天伏案写、伏案抄，似乎忘记了自己是身陷囹圄，而生活在回忆之中。他有时在12平方米的囚室内挥拳飞脚，转身跳跃，仿佛回到了昔日驰骋的战场。有时他沉思叹息，潸然泪下，也许他是在缅怀那些在他的简历中深情记述的为革命牺牲的战友。有时他兴高采烈，哼起湖南小调，那是他在过去的战争中，战胜强敌之后，常常情不自禁要哼起的。他时而点头自语，时而又横眉冷对。那些日夜监视他的人，对他那悲壮跌宕的思想旋律进行揣测。有的在记录中说，他“好像在搞回忆似的”；有的记录说，“案犯情绪反常”；有的又记载说，这是“狡猾顽固，不老实”。

彭德怀的第三次简历为人们留下了一份十万言关于他波澜壮阔一生的记录。彭德怀在这一份以及过去所写的几份“交代”材料中，对他一生所作的生动、忠实的叙述和对有关重大历史是非的坦率陈词，以及对那些强加于他的种种歪曲真相的“批判”的愤怒驳斥，被当作他拒不认罪的证据，收藏在“彭德怀专案”的档案里。9年之后，中共十一届三中全会为彭德怀恢复了名誉，人们发现了这些材料，才惊叹于它的珍贵价值。人们从这些材料中看到，纵然身为囚徒，彭大将军仍然是彭大将军——横刀立马，正气凛然。“交代”材料最后的一声呐喊——“我仍然挺起胸脯，大喊百声问心无愧”，将响彻千古。

什坊院的“案犯”各自进行具有个性特点的反抗。彭德怀写得最多。写出历史真实是他对专案组颠倒黑白的最大抗争。彭德怀的老战友黄克诚则拒绝写交代，拒绝回答专案人员的审问。专案人员为黄克诚专门准备过一次“打态度”的会，审讯室里挂着大黄纸写的毛主席语录：“凡是反动的东西，你不打，他就不倒……”主审人对挺着瘦瘦的身子、坐在被审位置上的黄克诚喝道：“念墙上的毛主席语录！”黄克诚拖着长声回答：“我——知——道！”“知道也要念！”“看不见！”“你戴眼镜干什么？”几个审讯人一齐站了起来。黄克诚仍不理睬：主审人上前一把将黄克诚的眼镜抓下来摔在地上，一条眼镜腿摔断了。主审人骂黄克诚：“你是反革命分子，不老实绝没有好下场！”

黄克诚怒气填胸，喊起来：“谁说我是反革命，谁就是反革命！”

囚室严密隔离，“案犯”放风去厕所都要分开，以免互相见面。一天，彭德怀从附近囚室传来的一阵抗议声和剧烈咳嗽声辨出了是黄克诚。他千方百计利用一次去厕所的机会和黄克诚挨身而过，向黄克诚低声问好。

他们又走到一个“战场”上来了。

由于“案犯”的“不老实”，监视早已变成虐待。上厕所、喝水、站起、坐下，都要“报告”，哨兵（实际是看守）又故意拖延不理。彭德怀小便急，去厕所常常被看守用“等一等”三个字拖延。这使彭德怀不堪忍受，有时气得拍桌捶墙。哨兵记录说他“大发雷霆，发出虎叫狼嚎般的声音”。继而，监护点又规定案犯睡觉时必须面对室外的灯光，不许翻身向里。彭德怀痛恨、抗议，倦极翻身，哨兵就连连擂门叫喊，根本不许他睡觉。1971 年 8 月某日，《哨兵日记》写道：“犯想睡觉，可哨兵就不让睡着。只要犯一闭眼，哨兵就拍打柱子，犯只得睁开眼看着外边。”

1971 年 9 月 13 日零点 30 分，彭德怀忍受着失眠的痛苦，猛叹一声，翻身朝里。哨兵在外敲门，不准彭德怀脸朝里睡觉，彭德怀回了一句：“我不得死！”伸伸腰，索性挠腿睁眼，盯着电灯出神，蓦然又唱起来：“大海航行靠舵手，干革命靠毛泽东思想……”低沉嘶哑的声音，在夜空中震荡。

正是在此刻，中国发生了一件惊天动地、令全世界目瞪口呆的事情：副统帅林彪在山海关爬上一架三叉戟飞机强行起飞，钻进漆黑的夜空，外逃叛国。

林彪叛逃丧命了，林彪的同谋心腹黄永胜等人被抓起来，经黄永胜同意的将彭德怀判处无期徒刑的罪恶方案终于未能执行。

周恩来主持中央日常工作，极力纠正“文革”中打击残害老干部的做法，力所能及地解放了一大批干部，对不能解放的，则设法改善他们的处境。

11 月初，周恩来开始在国务院提出要检查北京监狱的待遇问题。公安部和北京卫戍区领导人奉命到什坊院监护点检查后向周恩来作了书面报告。

周恩来认为卫戍区各关押点的条件差，且分散。经过挑选，决定全部监护对象集中到德外监狱和政法干校两处。

原政法干校位于复兴门外木樨地运河畔。校内东北角有一座拐形二层小红楼，外有院墙，房屋宽敞明亮，被选为什坊院“案犯”的新监护地。

1972 年 1 月 5 日夜，彭德怀、黄克诚等 24 名“案犯”被秘密押转到这儿。彭德怀被监禁在一间较大的屋子里。按房间顺序编号为“五”。他就被呼为“五号”。其实，他一直是这个监护点的头号“案犯”。

到政法干校后第 4 天，彭德怀又被“传讯”，专案组向他宣布林彪反党事件。长期与世隔离的彭德怀难以置信，毛主席最亲密的战友、毛主席亲自选定的接班人，怎么会谋杀毛主席？怎么成了可耻的叛徒，一下子从天上掉下来？党和国家究竟发生了什么事？他很长时间心神不定，烦躁不安。

到政法干校后，伙食明显改善了，哨兵的态度也和蔼多了。他本来就爱战士，现在可以和哨兵——年轻的战士谈谈话了。但是，他不明白哨兵的态度为什么有了变化，因为对他的审讯仍然继续着过去的一套。在一次提审中，专案组甚至提出，1950 年 11 月在朝鲜前线牺牲的毛泽东的爱子毛岸英不是美国飞机炸死的，而是彭德怀有意害死的。这次诬陷给彭德怀精神造成很大的刺激，使他既气愤又伤心，连续失眠，甚至发生了幻视幻听。

11 月 17 日，专案组又为毛岸英的问题提审彭德怀。据哨兵记载：彭德怀回来时神志模糊，走错了地方。哨兵叫住他，领他回到屋里。他倒床时昏迷，“扑通一下，头朝下磕在床板上”。哨兵扶起他，他两眼含泪说：“我认不清你是谁了。”

11 月 21 日下午，带班员又来通知彭德怀，专案组找他谈话。彭德怀问道：“是审查委员会的吧？来审个啥，再审也是顽固，越审越顽固！”一进审讯室，没几句话就顶起来。彭德怀气得敲桌打椅，咆哮声震撼了整个楼房：

“什么反党集团！？我是反错误路线！”

“我又没跑，我又没有自杀，是什么反革命？！”

审不下去了，只得放他回去。哨兵记载“他气哼哼，上不来气”，毕竟是七十开外的人了。

走到四号房门前，他故意停了一下。他已从隔墙的咳嗽声辨出来那是黄克诚。他们竟住到紧邻来了。咫尺如山，无法见面，他就常常故意弄出些声响来传递友情。哨兵回忆说：一天，彭德怀问他：“我的战友情况怎样？你给我问好。”又说：“他的一举一动，说话咳嗽我都听得出来。”黄克诚也早从隔墙的各种声音中知道，那就是他——彭老总。

彭德怀进到屋内，还在大声抗议：“骗子！骗子！……”把满腔悲愤之气传向隔室的“案犯”。

1971 年 12 月 30 日夜晚，彭德怀看着表，送走旧岁，迎来新年。当时针指向 12 时正时，他自言自语：“又一年！”

从 1967 年 6 月 21 日到 1971 年末，据不完全的材料统计，对彭德怀的残酷审讯达二百多次，直至他的健康完全崩溃。

第五节　最后的吼声

1972 年新年过后，彭德怀突然沉默了，不说不笑，也不骂人。他脸色青黄，每日大便四五次，便前总重复着一句话：“肚子不好，要快！”

从转移到政法干校后，按照周恩来的指示，于 1972 年 3 月 16 日，从各大医院抽调医生为“案犯”做全面身体检查。彭德怀拒绝检查，说：“我不检查，我现在也不工作，是反革命，资产阶级，修正主义分子，看什么病！”说着说着就激动起来。

第二天，医生来到五号屋，只说服他抽了血，验血结果正常。实际，致命的癌细胞已在噬蚀着他的生命。

不久，他的右手指剧痛，长了一个小疙瘩；他经常便稀；失眠加重，每日凌晨一两点就醒来，睁眼到天明。

之后，他常常便血，昏倒两次。

1973 年 4 月 10 日 16 时，彭德怀一次便血 800—1000 毫升，经驻点医生检查，发现有一外痔，做了止血处理。专案组想到周恩来关于案犯有病可住院治疗的指示，报了彭德怀病情，建议送医院检查。

当晚，彭德怀又便血。监护点联系送阜外医院，医院拒收。联系卫戍区一师

关押彭德怀的一处“监护点”

医院，又拒收。直至大出血的第7天晚上，彭德怀才被送到解放军总医院（三〇一医院）第九诊室就诊。经内外科会诊为直肠癌，已属晚期。

苦难拼搏的历程即将结束，伟大的囚徒即将落下生命的帷幕。

在这样一个时刻，谁敢来关心他的命运，给他以最后的安慰呢？

6年前，1967年6月，彭德怀的侄女彭梅魁曾被允许给彭德怀送衣物食品，但不久，就开始全国大批彭德怀。彭梅魁和他的弟妹们在回忆文章中写道，那时，“我们兄弟姐妹几乎人人受审查、挨批斗”，“我们继续给您送东西，一次一次又一次……三年五年又过去了，我们仍得不到您的消息”，“在万般无奈的情况下，我们想到了周总理”。

1972年底，彭梅魁鼓起勇气给周恩来写了一封信，打听伯伯的下落。

信落到专案组手里，专案组上报说：彭德怀“经党的多年教育至今仍不认罪……暂不准探亲”。只允许寄送食物及日用物品，仍由卫戍区转交。以后彭梅魁就继续给伯伯送东西。

1973年4月17日，彭德怀经确诊患晚期直肠癌。当晚，专案组在关于彭德怀的病情向中央的报告中才提出：“鉴于彭德怀病情严重，准其侄女彭梅魁等家属探视。”报告附三〇一医院对彭德怀病情的诊断书说：

“便血原因可以相当肯定为此癌瘤破溃所致，癌瘤位于直肠左后壁，离肛门缘约6—7厘米。癌约5厘米，中心部有一溃疡，癌瘤较大，已属晚期。”

4月18日上午，监护点要彭德怀去三〇一医院住院，彭德怀说：“我只需要把政治问题搞清楚，给我治政治病，不要住院。请示审委不要住院了。”下午，彭德怀三次便血，病势严重，监护点不得不紧急送彭德怀去医院。

是夜，残月昏黄。彭德怀脸色苍白，向日夜监视他的战士说“再见”。至此，他结束了长达6年零3个月加23天的囚居生活，走出了铁网高墙，走向生命的最后途程。

翌日，彭德怀躺在三〇一医院十四病室的第五病床上。这是一间单人病房，雪白的墙壁，雪白的床铺，只是窗户从底到顶用报纸糊着，昏暗、郁闷。病房门里门外都站着哨兵。按周恩来的指示，彭德怀应“保外就医”，但并未被遵循。

21日早晨，护士来扫除，打开一扇窗户，病房顿时明亮起来。彭德怀对医生说：“帮我把窗户上的纸去掉。”医生说：你给警卫战士说。彭德怀勃然大怒，拍桌说："我不是'一四五'（为在医院保密，对彭德怀不用名，而用十四病室五床的编号，一如对犯人一般），是庐山那个彭德怀！住院了，你们还不放心！？我不住这个月婆房（指像产妇房不透风不透光）！我回去住监狱！"哨兵说，以后有什么事给专案组说。彭德怀气得把桌子拍得更响。他发现，他仍然是囚徒，住进了新的囚室。

22 日晚，医院通知他，按病情需要做手术。彭德怀提出要上面派人来与他谈话，与侄女彭梅魁见面。

第二天下午，专案组两人领彭梅魁到病房。彭梅魁见到病床上分离 7 年、过了 6 年囚犯生活、终于被摧残病倒的伯伯，一阵心酸，张着嘴，怎么也喊不出来。彭德怀伸出颤抖的手，紧紧握住彭梅魁。因专案组的人在旁，彭梅魁不能多问多说。一会儿，在专案人员的催促下，彭梅魁向伯伯挥泪告别。彭德怀说："走吧，以后不要来看我，免得妨碍工作。"彭梅魁来探病如探监，彭德怀怕连累侄女。

周恩来得知彭德怀患直肠癌已到晚期，十分着急，指示中南海门诊部主任卞自强带着他的批示到三〇一医院了解彭德怀的病情，查问：为什么便血一年多没有发现？在一年多的时间中看过多少次病？哪个医生看的？并问：彭德怀同意手术吗？

24 日，医院开术前会，决定 26 日手术。晚上，彭德怀拒绝做手术。25 日，专案组的人匆匆去找彭梅魁，让她去动员彭德怀做手术。彭梅魁一听伯伯病势沉重，五内俱焚。进了病房，只见伯伯坐在病床上，紧闭双唇，凝视着墙壁。彭梅魁悲唤一声："伯伯！"彭德怀先是不作声，慢慢扫视一下，才说："我不做手术。"彭梅魁刚要劝说，彭德怀转头对专案组的人大声说："手术前我要求去见毛主席！我有事要见毛主席！明天手术，我今天去见毛主席！把我对问题的看法讲清楚……"越说越激动，从床上下来穿鞋就要向门口走去。医生劝道："不要生气，咱们慢慢再商量一下吧！"彭德怀把手一摆："我就走，现在就走。""问题搞清楚了再手术！""背了一身黑锅，莫须有的罪名，死了也不甘心！"

彭德怀提出要见医院领导，三〇一医院副院长和副政委一起来了。彭德怀郑重提出："一、推迟手术，我有一个材料要写，关于三线建设与战略防御方针问题。趁手术前头脑清醒写出来。二、今天晚上你们打电话联系，让主席、总理接见我。"医院领导人答应替他反映要求，坚持手术还是得做，然后和专案人员一起故意退场，留下彭梅魁一个人。

彭梅魁搀扶伯伯坐在沙发上。彭德怀问当医生的侄女："梅魁，我这病只能手术吗？""对，手术是最好的办法了。"彭梅魁又说出了自己的看法："你能去见毛主席吗？你现在就得和医生配合，争取多活些年头，一点儿坏处也没有，你还是做了吧。"彭德怀静下来，听彭梅魁说下去："伯伯，你冷静点，什么事情不是一下子解决的，你的病不能拖了，早做手术有好处！"

彭德怀沉默了，过了一会儿，他看着彭梅魁，说："那我就做手术吧。"

26 日 7 点 15 分，手术开始。三〇一医院外科主任陆维善大夫主刀。切片检查确诊为恶性肿瘤。即进行根除，并做结肠造瘘。

下午 1 点 40 分手术完毕。

彭德怀在病床上苏醒过来，第一句话就是凄怆的一声："我成了一个残废人！"由于手术后虚弱，心绪恶劣，大夫的努力未能阻止癌细胞的迅速扩散。

专案组说彭德怀"常常放毒"，不让侄女正常探视。护士对彭德怀的照顾不能等同于其他病人。彭德怀在病床上读书，以抵抗肉体上和精神上的双重折磨。

从 1973 年初搬到政法干校，"案犯"被允许委托监护点代购食物和书籍、用具。在被囚 25 人中，他买食物最少，买书籍最多。说，只要有新书就给我买。他读"马恩选集"，读《史记》，读完了《史记》，又要读《隋书》《唐书》，想把二十四史都买来读。

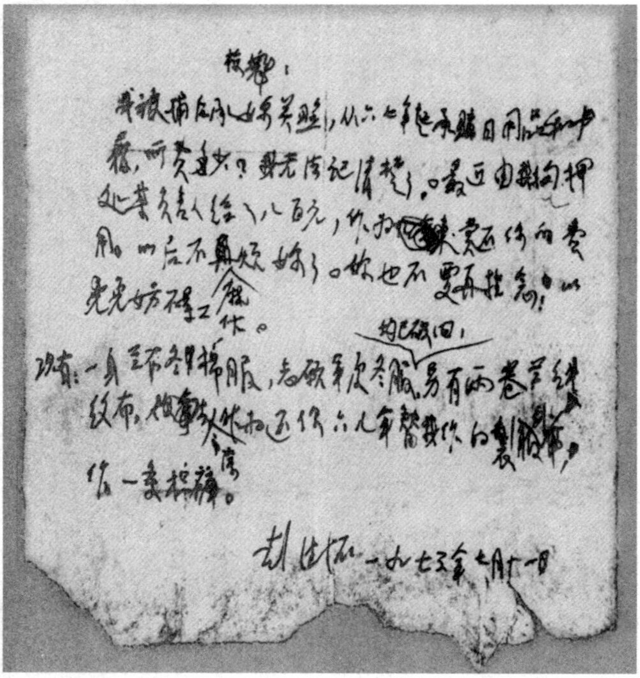

彭德怀在重病中给彭梅魁的信

读书也不能平复他心头的愤怒。一次，买来一本小册子：《我们正在前进》。书中又指名道姓骂彭德怀。彭德怀看着看着，把书一搁，愤愤说："不讲真理！不调查乱写。"

半年过去，彭德怀的伤口仍然红肿，10 月 24 日拍片检查，癌扩散至肺部。11 月 19 日开始化学治疗。

化疗一个多月，反应日益严重，呕吐出汗，大便从稀到水，彭德怀坐立不安，心绪缭乱。医生决定停止输液，彭德怀说："输吧，可以吸取经验教训。"

1974 年元旦，彭德怀躺在病床上。没有人来看他，他自言自语："又过去了一年"，"这是最后一个年了！"他预感到 1974 年将是他生命的终点。

新年的《人民日报》送到他手中，他阅读着，元旦献辞又是"大批判"，又点了彭德怀的名。他把报纸一扔，气得胸脯一起一伏。

癌细胞迅速扩散到全身，进行了第二次化疗。彭德怀半身瘫痪，生活不能自理了。专案组允许彭德怀的侄儿女在星期日来探视。彭梅魁、彭正祥、彭康白和彭钢在《泪水沾湿的回忆》一文中写道："当我们去看望您时，您用尽全身的力气也没有坐起来，您躺在床上悲怆地喊道：'这怎么办？这怎么办？我瘫了，自己不能料理自己了，可我的案子还没有搞清楚呀！'"彭德怀嘱咐侄儿女们："我死后，把我的骨灰埋在地下，上面种上果树，骨灰可作肥料。”他永远忘不了养育他的人民。

在医生的要求下，病房窗口上糊的报纸撕下来一半，彭德怀可以看到阳光了。经医生要求，准许他晒太阳，但必须在指定的时间，到指定的阳台，进出还要回避和其他病人见面。总之，要他与世隔绝。

十四病室是三〇一医院的高干病房。在这里住院的几个老将军发现五号这间被严密封锁的病室里住的是彭老总，他们的心被强烈地震动了。彭老总就在这里！他怎么样了？能不能去看看他？有的人在他去阳台晒太阳时偷偷从楼下张望；曾跟随他参加平江起义的解放军上将李聚奎装作走错地方，闯进病室，看了他一眼，向他致以无言的慰问和敬意。

1974 年 2 月，彭德怀的右手指又开始剧痛，接着刀口疼，右肩疼，剧烈的疼痛折磨得他大汗淋漓，在床上翻腾。

被剧痛折磨到 1974 年 6 月，彭德怀已消瘦不堪，神志昏迷。“晚上不得天亮，白天不得天黑”，哨兵记载，他一遍遍说着这句话。他想和护士握手，护士不伸手；他要和战士握手，战士也没伸手，他说：“告别了！”

他不再有任何拘束，在病床上使尽全身的气力发出吼声：“我没有里通外国！”“把我写的那封信拿出来看看，究竟是不是攻击？”

8 年了，他在一个特殊的战场上孤军战斗，坚持真理，坚持历史的本来面目，以大无畏的精神敢言、敢怒、敢骂，正气凛然，视死如归。他的鲜明个性，为中国现代史上的这幕政治悲剧留下浓重的色彩，历史将永远回荡他最后的吼声。

1974 年 8 月，彭德怀病势垂危，叶剑英元帅得知，指示人去看他，问他“有什么事要说”。

9 月 2 日上午，专案组两个人进入彭德怀病室。彭德怀躺在病床上，挣扎着、艰难地、断断续续地向来人说：

“……毛主席发展了马列主义。”

“……我们的社会主义事业一定能胜利。”

“我们国家建设，战略防御设施不完备，国防工业和科研跟不上需要，这是我最担心的……”

“我自己犯有很多错误，但我不搞阴谋诡计，在这一点上，我是清白的。”

“已经审查我八年了，现在还没有做出结论。”

来人向叶剑英报告彭德怀的病情是：“左侧肢体偏瘫，右下肢浮肿，小便失禁，舌头发硬，说话不清。”

彭德怀持续高烧，停止进食，时而昏迷，时而清醒。一次清醒过来，要哨兵给他泡一壶湖南茶水，给他买一点西北的白兰瓜。他用力喝下了半壶家乡的茶水；西北的白兰瓜，他最后没能吃上。

9 月 16 日以后，彭德怀失去了痛觉，进入深昏迷状态，顽强的生命在死亡线上抗争了两个多月。

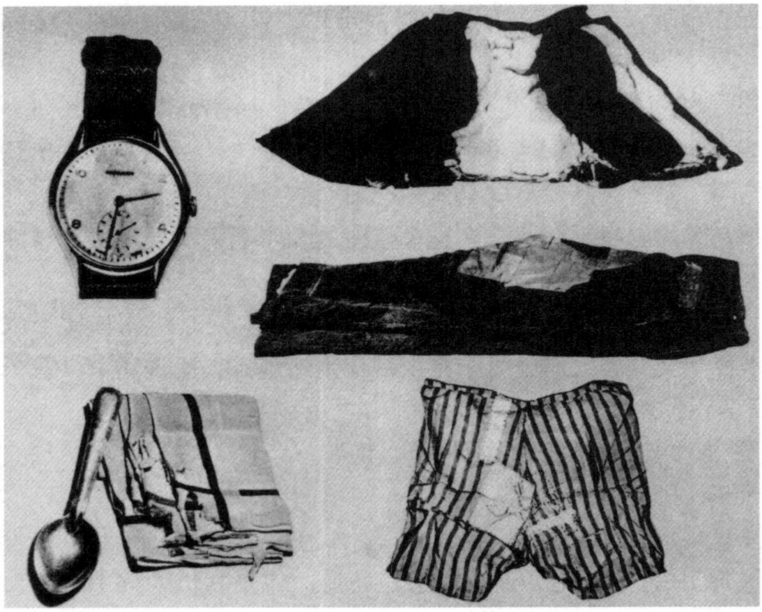

彭德怀的部分身边遗物

1974年11月29日14时50分许，彭德怀的脸上突然出现一阵红晕，随之鼻口出血，呼吸停止。14时52分，心脏停止了跳动，他静静地躺在三〇一医院十四病室五号病床上，再没有愤怒，没有呐喊。身旁没有亲人，没有同志。

窗外北风呼啸，大地呜咽。

第六节　魂　归

彭德怀逝世后，专案组在给中央的报告中如是说：

“受审人员彭德怀，因患直肠癌，经治疗无效，于1974年11月29日病死。”

“彭德怀是里通外国、阴谋夺权的反党分子，我们意见，将其化名王川，尸体火化后，骨灰存放成都一般公墓。”

时任中共中央副主席的王洪文批示：“照报告上所提办法办。”

1974年12月17日，彭德怀的遗体由三〇一医院送北京火葬场火化，申请表上写着：“申请人：王奎，住址：三〇一，与死亡人关系：父女，死亡人姓名：王川，男，76岁，印号〇〇一二六九〇。”

专案组的人带着上面贴了一张纸条、写着“王川，男”三个字的骨灰盒和中央专案组的介绍信到成都，指名见四川省委、省革委会和成都军区的三名主要负责人，说明骨灰由来，交代要绝对保密，放在一般公墓即可。又传达了周恩来的指示，要精心保管，时常检查，不准换盒，也不准转移地方，以免查找时弄错。已身患癌症且亦处境险恶的周恩来总理，可谓用心良苦！

1976年，神州大地被全民族的巨大悲痛、不安和惊喜接连震动。1月，周恩来总理逝世；7月，朱德委员长逝世；9月，毛泽东主席逝世；10月，“四人帮”

被一举粉碎，“文革”结束。中国历史开始了新的一页。

19 年的批判，8 年的囚禁，4 年的徙骨灭名，终究未能把“彭德怀”这三个大字从历史上抹掉。随着“左”倾错误、“文革”灾难日益被人们认识，彭德怀在庐山会议上的直言也在亿万人心中叩响。人们从实践中、从历史的惨痛教训中重新认识、重新发现了彭德怀。他的崇高品德和伟大精神使人肃然起敬，他的惨遭迫害、含冤逝世使人悲痛沉思。

1978 年 12 月，中国共产党十一届三中全会根据陈云的提议，审查和纠正了对彭德怀所做的错误结论，重新肯定了他为中国人民革命事业建树的伟大功勋，党中央委员会和中央军委决定为彭德怀举行隆重的追悼会。

彭德怀元帅忠魂何处？中央军委指示查找彭德怀的骨灰。托名为“王川”的骨灰盒存放在成都市东郊火葬场 273 号骨灰架上，寄存单上写着的是：王川，男，终年 32 岁，籍贯四川成都市。

为什么“王川”又成了 32 岁的成都当地亡灵了呢？原来是经手寄存的人在填表时想，这份骨灰非同寻常，当代名人中并无王川其人，想必是个化名，于是就临时改填了一下，觉得这样更不引人注目一些。

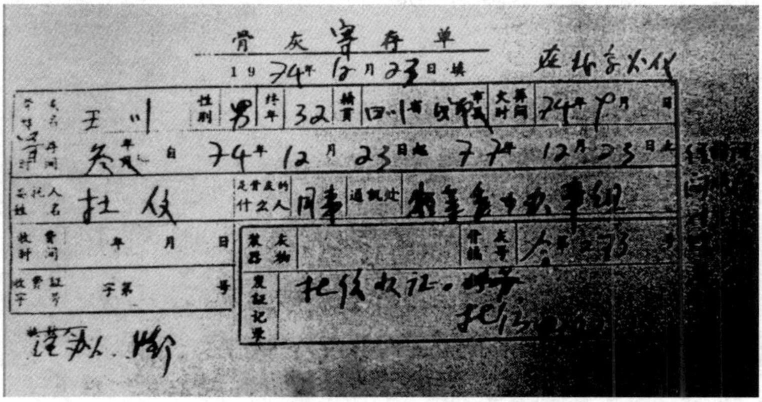

被化名王川的彭德怀骨灰寄存单

火葬场负责保存骨灰的一位老工人也意识到这骨灰必有隐情。到 1977 年 10 月退休之际，把它慎重交代给接班的人，又谆谆嘱咐：“千万要慎重对待全部寄存的骨灰，不要轻易处理。”

1978 年 12 月 22 日，当年跟随彭德怀来三线的秘书綦魁英、警卫参谋景希珍，受命护送彭德怀的骨灰乘飞机去北京。从火葬场到飞机场，得知消息的干部、工人和乘客自动向 6 尺红绸包裹着的骨灰盒默哀、洒泪致敬。

飞机在首都机场着陆。根据中央军委办公厅的指示，綦魁英、景希珍捧着骨灰乘飞机在已是万家灯火的北京上空绕航一周，然后作为专机在西郊机场降落。等候在机舱下的人——彭德怀的亲属、老战友、老部下泣不成声。党的、政府的、解放军的代表挥泪肃立，向彭老总的英灵致敬。

12 月 24 日，中共中央在人民大会堂为彭德怀和在“文化大革命”中被迫害

邓小平致悼词

中共中央、中央军委举行的追悼大会

逝世的陶铸共同举行追悼大会，邓小平代表党中央致悼词，为彭德怀恢复了名誉。悼词说："彭德怀同志是我们党的优秀党员、老一辈无产阶级革命家……是我们党、国家和军队的杰出领导人。"他"为中国革命战争的胜利，为人民军队的成长壮大，为保卫和建设社会主义祖国，做出了卓越的贡献。""彭德怀同志具有很强的组织领导能力和军事指挥才能。"悼词回顾了彭德怀在历次革命战争中建立的伟大功勋，说：“彭德怀同志热爱党，热爱人民，忠诚于伟大的无产阶级革命事业。”“他作战勇敢，耿直刚正，廉洁奉公，严于律己，关心群众，从不考虑个人得失。”“他不怕困难，勇挑重担，对革命工作勤勤恳恳，极端负责。”“彭德怀同志是国内和国际著名的军事家和政治家，一直受到广大党员和群众的怀念和爱戴。”

1981年6月27日，中共十一届六中全会通过了《关于建国以来党的若干历史问题的决议》，决议深刻总结了历史的经验教训。说：“庐山会议后期，毛泽东同志错误地发动了对彭德怀同志的批判，进而在全党错误地开展了‘反右倾’斗争。八届八中全会关于所谓‘彭德怀、黄克诚、张闻天、周小舟反党集团’的决议是完全错误的。”

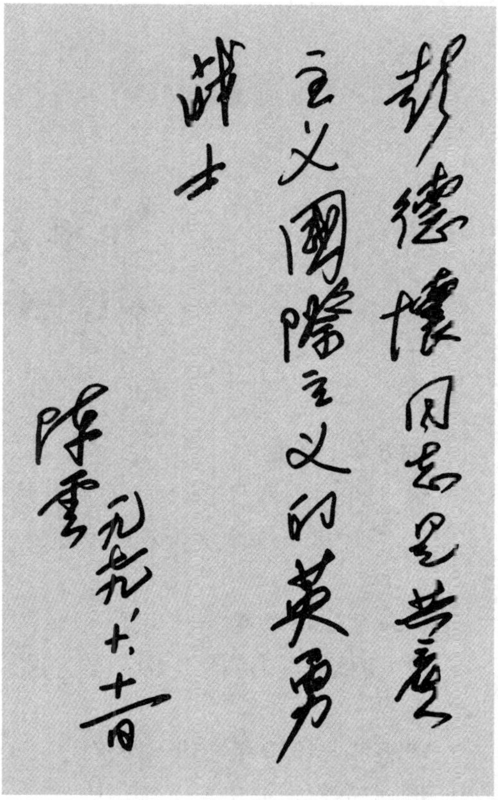

陈云的题词

沉冤昭雪，正义伸张。

1981年，彭德怀在被囚禁中写的“交代”——简历材料，以《彭德怀自述》的书名整理出版，引起了巨大的反响，感动了千百万读者，发行290余万册，成为新中国成立以来革命回忆录中的最畅销书，并被译为英、日、俄、朝等文字。

彭德怀的亲密战友、曾任红三军团政委的杨尚昆在《读〈彭德怀自述〉》一文中写道：“他临阵对敌的雷霆之威，对党对人民的赤子之忱，政治上的松柏之节，生活上的冰雪之操和作风上的朴实无华，使他不愧为我们共产党人和革命干部的表率，中国人民的忠实儿子。”

彭大将军还活着——在人民的心中，在民族的灵魂里。

生平大事年表
（1898—1974）

1898 年　诞生

■ 1898 年 10 月 24 日（农历九月初十）诞生于湖南省湘潭县石潭镇乌石寨彭家围子一个贫苦农民家庭。

1904 年—1907 年　6—9 岁

■ 在私塾读书两年，因母亲去世、父亲病重，即失学砍柴卖钱，补助家用。

1908 年—1910 年　10—12 岁

■ 在富农家放牛。

1911 年—1912 年　13—14 岁

■ 在黄碛岭煤窑做车水工。

1913 年　15 岁

■ 受当地元末农民起义军易华“打富济贫”传说和清太平天国革命故事的影响，参加饥民闹粜被通缉，离家逃走。

1914 年—1916 年　16—18 岁

■ 在洞庭湖西林围当堤工。

1916 年—1917 年　18—19 岁

■ 到长沙投军，编在湘军第二师三旅六团一营一连当兵。

1918 年—1919 年　20—21 岁

■ 升任班长。与同连的黄公略、李灿等结为挚友。在连队秘密组织救贫会。

1920年　22岁

■ 初夏　参加驱逐北洋军阀、湖南督军张敬尧的战斗，升任排长。

■ 11月底　参加湘军近10万士兵的闹饷斗争。从中受到启示：士兵一旦觉悟组织起来，这个力量是很大的。

1921年　23岁

■ 夏　参加"援鄂自治"战争，湘军败退，随六团开赴南县，代理连长，驻华容县注滋口。

■ 秋冬　为帮助一个贫苦农民，派救贫会会员秘密处决当地恶霸地主兼税务局长、堤工局长区盛钦（其兄为湖南省督军署高级参议）。事发后被捕，在押往长沙途中逃脱。秘密约集救贫会会员议订救贫会章程。

1922年　24岁

■ 初春　到广东旧友鲁广厚独立营任连长。

■ 3月—7月　弃职回家种地。

■ 8月　考入湖南陆军讲武堂。

1923年　25岁

■ 8月　从讲武堂毕业，回六团一营一连任连长。

1924年　26岁

■ 4月　代理六团一营营长。

1926年　28岁

■ 5月　任六团一营营长。

■ 夏　广东北伐军入湘。湘军第二师改编为国民革命军第八军独立第一师，六团改为一团，任一团一营营长，参加北伐战争。一团攻击武昌南门时，结识一师政治部秘书长共产党员段德昌，开始接受共产主义思想，并要求加入共产党。

1927年　29岁

■ 1月　在一营各连成立士兵委员会，以救贫会章程作为士兵委员会的章程。

■ 5月中旬和下旬　在岳州向师长周磐建议，攻击武汉的夏斗寅叛军，向长沙进军平定许克祥叛军，均被拒绝。

■ 6月上旬　为声援武汉国民革命军叶挺部击败夏斗寅叛军，率部袭击城陵矶对岸的四川军阀杨森部。

■ 8月　参加唐生智第四集团军讨伐蒋介石。讨伐失败后，随一师退回湖南南县。

■ 冬　同中共南华安特委取得联系，要求加入共产党。帮助段德昌秘密来南县养伤。率一营参加攻打湖南新洲黔军袁祖铭部的战斗。

1928 年　30 岁

■ 1 月　任国民革命军独立第五师（由原独立第一师改编）一团团长。

■ 2 月　支持师长周磐办师随营学校。推荐黄公略（共产党员）任副校长主持随校工作。按士兵委员会章程精神拟订随校章程。

■ 4 月　加入中国共产党。一团秘密成立党委，任党委书记。

■ 5 月　在独立五师发动闹饷斗争，以提高士兵政治觉悟。

■ 6 月 19 日　率一团随独五师师部抵达平江。

■ 7 月 22 日　同滕代远等率领独立五师一团发动平江起义，占领县城。24 日，成立红军第五军，任军长兼十三师师长。30 日，红五军退出平江城。

■ 8 月 22 日　率红五军主力向浏阳、万载边界发展，相机南下与红四军联络。

■ 9 月中旬　率红五军主力向鄂南通城、通山、九宫山地区发展。后返回平江黄金洞，路经渣津时，红五军歼灭江西朱培德 1 个宪兵营及该地的反动地主武装。

■ 10 月　出席在铜鼓幽居召开的湘鄂赣边五县（浏阳、平江、铜鼓、修水、万载）县委和红五军军委联席会议。会议决定建立湘鄂赣边界特委和根据地，纠正乱烧乱杀的盲动主义。

■ 11 月　率红五军一、三纵队向井冈山进军 17 日（一说 27 日），攻下万载县城。

■ 12 月上旬　率红五军主力到达宁冈，与红四军胜利会师。

1929 年　31 岁

■ 1 月中旬　出席于宁冈柏露村召开的红四军前委、湘赣边特委、红四军和红五军军委联席会议。会议传达了党的第六次代表大会决议；决定红五军和王佐部队留守井冈山；红四军主力向赣南进军。

■ 1 月 26 日　指挥红五军和王佐部抗击湘赣两省“围剿”军向井冈山的进攻。守山红军与敌激战四昼夜，终因兵力众寡悬殊，撤离井冈山，向赣南转移。

■ 2 月中旬　攻下雩都县城，歼敌 1 个营。

■ 3 月中旬　率红五军继续南下，攻占安远城。

■ 4 月 1 日　率红五军在瑞金与从长汀开至瑞金的红四军第二次会师。

■ 4 月 4 日　写信给中共中央，报告平江起义，守卫井冈山和突围战斗经过。

■ 4 月 8 日　出席雩都红四军前委扩大会。前委根据彭德怀的提议同意红五军返回井冈山，恢复湘赣边苏区。

■ 5 月中旬—6 月下旬　率红五军和王佐特务营向湘东、粤北进行游击，先后攻占桂东、汝城、城口、南雄，缴获大量枪支弹药。

■ 7 月　率部回师井冈山，攻打安福城，战斗失利。

■ 8 月下旬　率红五军返回湘鄂赣边根据地，与原红五军第二纵队（湘鄂赣边境支队）会合，全军已发展到 3000 余人。

■ 9 月　出席湘鄂赣边特委扩大会议。会议决定重新组建红五军军部，将彭德怀率领的四、五纵队（原红五军一、三纵队）和湘鄂赣边支队（原红五军第二纵队）扩编为 5 个纵队，彭德怀为红五军军长。

■ 10 月下旬　就湖南省委 1929 年 9 月 10 日来信写了《红五军军委关于平江暴动前后情况和经验教训向湘委的报告》。

1930 年　32 岁

■ 1 月 18 日　出席遂川雩田圩召开的红五军军委、湘赣边特委联席会议。帮助赣南特委和湘赣边特委建立红六军。

■ 3 月　率红五军一、三、四纵队攻占袁川（今宜春），使永新、莲花、宁冈、泰和、遂川、安福全县和茶陵、酃县、万安一部苏区连成一片，是湘赣边苏区全盛时期。

■ 4 月下旬　率红五军一、三、四纵队在长寿街与第二纵队、第五纵队会师，全军已发展到 6000 余人。

■ 5 月 6 日　指挥红五军第二次攻占平江城。

■ 6 月中旬　红五军军委在大冶刘仁八召开扩大会议，遵照中央指示，成立红三军团，彭德怀任军团总指挥和前委书记。辖五、八两个军。

■ 7 月 4 日　指挥红三军团一举攻占岳州。

■ 7 月上旬　率红三军团第三次占领平江城。22 日召开誓师大会，纪念平江起义两周年，誓师攻打长沙。

■ 7 月 23 日—27 日　指挥红三军团伏击国民党何键部先头梯队，击溃第三梯队，攻占湖南省会长沙。

■ 8 月 6 日　指挥红三军团与何键敌军激战后，主动撤出长沙城，向浏阳方面转移。

■ 8 月 23 日　率领红三军团在浏阳永和市和红一军团会合，成立中国工农红军第一方面军，任副总司令。

■ 10 月 17 日　被任命为中央苏区军委委员。

■ 10 月下旬　出席红一方面军总前委、江西省行动委员会于新喻（今新余）罗坊召开的联席会议，支持毛泽东的战略方针和作战计划。并说服红三军团接受总前委的决定，东渡赣江，诱敌深入。

■ 12 月中旬　收到一封毛泽东给古柏（毛的秘书）的“亲笔”信，信中让古柏审讯 AB 团时，逼供出彭德怀是 AB 团等。彭德怀揭露了敌人的阴谋，维护了一、三军团的团结。

■ 12 月 30 日—1931 年 1 月 3 日　参与指挥第一次反“围剿”战役。指挥三军团配合一军团在龙岗全歼国民党第九路军十八师师部和两个整旅近 1 万人，活捉前线总指挥兼十八师师长张辉瓒。

1931 年　33 岁

■ 3 月 18 日　苏区中央局第一次扩大会议被增选为苏区中央局委员。

■ 5 月 16 日—31 日　参加指挥第二次反“围剿”战役。一、三军团配合作战，全歼国民党军队四十七师 1 个旅、二十八师大部和四十三师一部，取得中洞、白沙两战胜利。在红一军团配合下，红三军团在中村歼敌二十七师 1 个旅；在建宁全歼守敌五十六师 3 个团，取得了第二次反“围剿”最后一战胜利。

■ 8 月 5 日—9 月 15 日　参与指挥第三次反“围剿”战役。红三军团在兄弟部队配合下，于莲塘全歼国民党军队四十七师 1 个旅，获得初战胜利。当日，红三军团配合一军团攻占良村消灭五十四师 2 个团，在黄陂歼敌八师 4 个团，随后率红三军团在兴国高兴圩与敌激战后，于方石岭全歼逃敌五十二师和九师 1 个炮兵团又 1 个步兵营。至此，粉碎了国民党军队的第三次“围剿”。

■ 11 月 25 日　被任命为中央革命军事委员会副主席。

■ 11 月 27 日　指挥三军团攻克会昌城。

1932 年　34 岁

■ 1 月 10 日　任攻打赣州主作战军前敌总指挥。

■ 2 月初—3 月上旬　指挥主作战军（红三军团、红一军团第四军）围攻、爆破赣州城，历时 30 多天未克，撤出战斗。

■ 3 月中旬　出席在赣县江口圩召开的苏区中央局扩大会议，支持红军主力夹赣江而下，分途作战的意见。

■ 3 月 18 日　任红军西路军总指挥。

■ 5 月　指挥西路军红三军团占领湖南汝城。

■ 7 月　参加红一方面军发起的南雄、水口战役。

■ 8 月 19 日—22 日　率红三军团参加攻占乐安、宜黄战役，主攻宜黄城，歼国民党军队二十七师 3 个团。

■ 10 月　率红三军团参加建（宁）黎（川）泰（宁）战役。

■ 11 月　率红三军团参加金（溪）资（溪）战役。

1933 年　35 岁

■ 1 月 4 日—5 日　参加红一方面军发起的金资战役，指挥红三军团攻占黄狮渡。歼国民党军五师周士达十三旅大部。

- 1月8日　率红三军团参加枫山铺、浒湾战斗，当日在枫山铺击溃敌两个师。随后，红三军团于浒湾协同红五军团又击溃敌军1个师。
- 2月中旬—3月下旬　参与指挥第四次反“围剿”战役。指挥红三军团强攻南丰城未克，撤围西进，于黄陂地区全歼国民党军队五十二师；在东陂草台岗全歼敌军十一师大部、九师小部，十一师师长萧乾被击毙。至此，粉碎了国民党军队的第四次“围剿”。
- 7月1日　被任命为东方军司令员，东征入闽。
- 7月19日—8月3日　指挥东方军连克泉上、朋口、连城。
- 8月　指挥东方军攻占闽江上游顺昌洋口和延平峡阳两个重要商港，击溃敌五十六师三个团。包围顺昌、将乐，主力围攻延平。
- 9月下旬　于延平王台东方军司令部接见十九路军派来与东方军联系合作的陈公培。遵照中共中央指示与陈谈判，并将谈判情况电告中共中央。
- 10月　率东方军从福建回师江西，于飞鸢与国民党周浑元六师遭遇，攻占洵口，歼灭周师十八旅，取得第五次反“围剿”一个意外的序战胜利。
- 11月　蒋介石调集十万大军分几路从苏区边沿地区通过，向福建人民革命政府进攻。就此，彭德怀给中革军委写信，建议：留五军团保卫中央苏区、集中一、三军团和七、九军团、向闽浙赣边区进军，依方志敏、邵式平根据地威胁南京、上海、杭州、支援十九路军，推动抗日运动，破坏蒋介石的第五次“围剿”计划。建议遭到拒绝。
- 12月12日　指挥团村战斗。

1934年　36岁

- 1月　在瑞金中共六届五中全会上补选为候补中央委员。
- 同月　率红三军团再度东征入闽，攻克沙县。
- 2月　率红三军团由沙县向将乐、泰宁进发。中旬红三军团返回江西。至此，以红三军团为主的东方军入闽作战结束。
- 3月中旬　率红三军团前往泰宁堵击国民党军队进攻，于太阳嶂、邱家山、峨嵋峰等地与敌军血战，因兵力分散，众寡悬殊，未能达到消灭敌人的目的。
- 4月中下旬　被任命为广昌战役总指挥。战前，向李德等再三说明广昌不能坚守，他们还是调集红军保卫广昌，打了十几天，红军遭受重大伤亡，广昌失守。
- 4月28日晚　与李德就第五次反“围剿”的战略问题进行了激烈的争论，指责李是“崽卖爷田心不痛”。
- 6月—7月　率红三军团于北线不断抗击敌军南进。
- 8月　指挥红三军团进行高虎垴、万年亭战斗，因孤立无援，阵地均被攻破。

■ 10月17日 率领红三军团从雩都出发，开始长征。
■ 10月20日—11月11日 指挥红三军团向西进发，连续突破国民党军队设置的第一道、第二道、第三道封锁线。
■ 11月27日—30日 指挥红三军团于湘江、灌江之间的新圩阻击桂军进攻后，在渡江点界首南光华铺血战三昼夜，付出了巨大代价，完成了阻击任务，突破第四道封锁线。
■ 12月上、中旬 率红三军团进入瑶族地区，在龙胜地区与桂军进行两次战斗后，向黎平前进。

1935年 37岁

■ 1月15日—17日 出席中共中央于遵义召开的政治局扩大会议，支持毛泽东的正确主张。会议期间，因前方战局紧迫，提前回司令部指挥战斗。
■ 1月28日 参加土城战斗。
■ 2月25日—26日 指挥红三军团抢占娄山关。
■ 2月27日—28日 指挥红一、红三军团第二次攻占遵义城，击溃黔军王家烈8个团，歼灭敌吴奇伟2个师，俘敌3000余人，取得长征以来第一个重大胜利。
■ 3月中下旬 率红三军团三渡、四渡赤水河，然后南下。
■ 5月上旬 率红三军团为右纵队渡过金沙江。
■ 5月中旬 指挥红三军团和干部团围攻会理城，参加在会理城外召开的中央政治局扩大会议。
■ 6月中旬 率红三军团到达懋功，与红四方面军会合。
■ 6月26日 出席在懋功以北的两河口举行的中央政治局会议。
■ 8月 率红三军随右路军从毛儿盖地区进入草地，向班佑、巴西前进。
■ 9月2日 出席在巴西召开的中央政治局会议，就一、四方面军会合后，两支部队的团结、休整和教育等问题作了发言。
■ 9月12日 出席在俄界召开的中央政治局扩大会议。会议决定将一、三军团、中央纵队改编为中国工农红军陕甘支队，被任命为司令员。
■ 10月19日 率陕甘支队到达吴起镇，与红二十六军和红二十五军会合。随后率部击退敌骑兵五个团的追击。
■ 11月3日 奉苏维埃中央政府命令，就任为西北革命军事委员会副主席，兼任中国工农红军第一方面军司令员。
■ 11月21日 协同毛泽东、周恩来指挥直罗镇战役。歼敌一个师又一个团，粉碎敌人对陕甘根据地第三次“围剿”。

1936年 38岁

■ 1月下旬 从前线赶赴延长参加中央召开的军事会议，讨论东征问题。

会议决定红一方面军以中国人民红军抗日先锋军名义实行东征。被任命为总司令。

■ 2月20日　指挥红一方面军渡过黄河天险，进入山西作战。

■ 5月初　胜利回师陕北。

■ 5月18日　西北革命军事委员会颁发西征战役计划，组成中国人民红军西方野战军，任司令员兼政治委员。

■ 5月下旬—7月　指挥西方野战军左路军一军团消灭了马鸿宾主力，夺取了曲子镇、阜城、环县、洪德城、七营等地，控制了南北大道。右路军十五军团夺取了宁条梁、红柳沟、定边、盐池等城。

■ 10月　率红一方面军在甘肃会宁界石铺、将台堡先后与二、四方面军胜利会师。

■ 11月19日—21日　指挥山城堡战役，歼胡宗南一军七十八师一个旅又两个团，迫使国民党军停止对陕甘革命根据地的进攻。

■ 12月7日　任中央革命军事委员会主席团成员。

1937年　39岁

■ 1月中旬　亲往三原县渭北警备司令部做赵寿山的统战工作。

■ 5月2日—14日　出席中共中央在延安召开的有苏区、白区和红军代表参加的党的全国代表会议（当时称苏区代表会议）。

■ 7月9日　同红军其他将领通电全国，愿为抗日先锋与日本侵略军决一死战。

■ 7月14日　遵照中共中央军委主席团命令将红军改组为国民革命军。

■ 7月22日　在红军党的高级干部会议上作《红军改编的意义和今后工作》的报告。

■ 8月22日—25日　在洛川参加中共中央政治局扩大会议。会议决定成立中共中央革命军事委员会，被任命为军委会成员。

■ 8月25日　红军改编为国民革命军第八路军，任副总指挥。

■ 8月29日（一说23日）任中央军委前方军委分会副书记。

■ 9月5日　与周恩来、林彪、徐向前抵太原，同第二战区司令长官阎锡山会商红军参战问题。

■ 9月11日　八路军改为国民革命军第十八集团军，任副总司令。

■ 9月23日　与朱德总司令率八路军总部抵山西五台县之南茹村。部署一一五师在平型关袭击日军板垣师团。

■ 10月　协助朱德指挥八路军配合友军进行忻口战役。

■ 10月19日　与朱德、任弼时一起建议中共中央书记处按红军传统建立八路军的政治委员会制度。

■ 10月21日　同朱德、任弼时一起部署八路军一二〇师在晋西北，绥东及五台以北，一一五师在灵丘、涞源及五台以东以南，一二九师在正太路以南太行山脉发动群众开展游击战争。

- 11 月 27 日　在延安抗大作《争取持久抗战胜利的几个先决问题》演说。从经济、军事、国际关系等方面论述持久抗战问题。
- 12 月 9 日—14 日　参加在延安召开的中央政治局扩大会议。

1938 年　40 岁

- 1 月 15 日　与朱德、贺龙、刘伯承、林彪赴洛阳参加蒋介石召集的第二战区师长以上干部会。会后应蒋介石之约在武昌与蒋会谈八路军支援徐州会战问题。
- 2 月　与朱德一起部署八路军各师主力破击正太、同蒲、平汉铁路和邯长公路，支援正面战场的徐州会战。
- 3 月 2 日　任第二战区东路军副总指挥。
- 3 月 24 日　在沁县小东岭召开的第二战区东路军将领会议上，作《第二期抗战与我们的任务》报告。
- 4 月　协助朱德指挥东路军各部粉碎敌人对晋东南的九路围攻，消灭日寇 4000 余人，收复县城 18 座。
- 5 月 14 日　同朱德令宋（时轮）、邓（华）支队组成第四纵队，挺进冀东，开辟冀东、热南、察东北抗日根据地。
- 6 月　同朱德令大青山支队挺进绥远，开辟大青山根据地。
- 10 月　参加在延安召开的中共六届六中全会。
- 11 月 3 日　同朱德令一二九师派有力部队挺进冀南，协同冀南军区部队，巩固抗日根据地。
- 11 月 9 日　中央政治局决定彭德怀为中央北方局委员，北方局常委。
- 12 月 2 日　同朱德命贺（龙）、关（向应）率一二〇师主力开赴冀中，统一冀中区领导。

1939 年　41 岁

- 2 月 7 日　和朱德等发出第一期整军 30 个团的训令，6 月 23 日又发出第二期整训 30 个团的训令。
- 2 月下旬　在冀南指挥反扫荡作战。
- 6 月上旬　赴冀南同河北省主席鹿钟麟谈判，提出解决河北问题八大纲领。
- 7 月 6 日　在《八路军军政杂志》上发表《巩固敌后抗日根据地》一文。
- 10 月 25 日　在晋东南决死队、牺盟会、山西第三行政专署干部会上作《克服目前政局主要危险、坚持华北抗战》讲演，与薄一波等人研究如何应付阎锡山发动反共事变。
- 12 月 20 日—22 日　在阳城东部署兵力，反击阎锡山制造的反共的

“十二月事变”。

1940 年　42 岁

- 3 月上旬　与朱德部署八路军一部全歼进攻太行区顽军朱怀冰等部 3 个师，粉碎了国民党发动的第一次反共高潮。
- 4 月　部署第一一五师、一二〇师、一二九师及各军区对津浦、同蒲、平汉、胶济等铁路干线及日军新修的公路、铁路、碉堡进行破坏。
- 4 月 15 日　在抗日军政大学第六期开学典礼上作《民族危机加深与怎样争取时局好转》的报告。
- 6 月　部署黄克诚部南下与新四军会合开辟陇海南、新黄河北根据地。
- 7 月 7 日　发表《三年抗战与八路军》报告。
- 7 月 22 日　为打破日军对抗日根据地的封锁和进攻西安、重庆的企图，与朱德、左权向八路军一二〇师、一二九师、晋察冀军区发出进行破袭正太铁路战役的预备命令。
- 8 月 20 日　指挥发动对正太、同蒲、平汉铁路及敌重要公路线的破袭战，参战兵力达百余团，定名为“百团大战”。
- 9 月 20 日　命令参战各部转入百团大战第二阶段以拔除敌人据点为主的作战。
- 10 月 30 日—11 月 1 日　在百团大战第三阶段（反扫荡）作战中指挥关家垴战斗，歼敌冈崎大队大部。
- 12 月 5 日　百团大战宣告结束。整个战役歼敌 2.5 万余人，破坏铁路 948 里，公路线 3000 余里，破坏桥梁、涵洞、车站 260 余处，破坏煤矿 5 所，缴获大批枪支、弹药和军用物资。

1941 年　43 岁

- 1 月 14 日　向毛泽东报告八路军总部兵工厂本年度努力增强 40 个团装备的生产计划和兵工厂的规模。
- 2 月 26 日　为坚持华北战争、保卫根据地，发出加强军区工作的四点指示。
- 3 月 28 日　在北方局党校作《抗日根据地的武装斗争》演说。
- 3 月 29 日　在北方局党校讲述《民主政治与三三制政权的组织形式》。
- 4 月 16 日　中央军委决定组织华北军委分会，被任命为副主席。
- 4 月—12 月　组织指挥各根据地打破敌人对我军的封锁和粉碎敌人“扫荡”的战斗。
- 11 月 1 日　在北方局扩大会议上作《敌寇治安强化运动下的阴谋与我们的基本任务》报告，开展反日军第三次“治安强化运动”的斗争。

1942 年　44 岁

- 1 月 7 日　作《开展全面对敌经济斗争》报告。

■ 1月8日　发表《克服困难争取胜利》一文，向华北抗日军、政、民提出实行精兵、简政、增加生产三项号召。
■ 2月　决定组织武装工作队，深入敌占区活动。
■ 3月　部署晋东南我军分别袭击正太、同蒲路各线，牵制敌人向晋西南友军（阎）的进攻。
■ 5月　指挥对日军反“扫荡”作战。25日，日军奔袭合围八路军总部及北方局机关，左权在突围中不幸牺牲。
■ 7月15日　发表关于平原抗日游击战争的几个具体问题给魏巍同志的信。
■ 12月18日　在太行区军队营以上，地方县以上干部会上作《怎样继续坚持与巩固抗日民主根据地》的报告。

1943年　45岁

■ 1月　发表《关于敌战区与游击区的工作》一文，提出武装工作队的任务、组织和活动方式。
■ 4月1日　指示十八集团军总部直属各单位即日起每人每日节约小米一两，并号召大家捐米、捐款，救济灾民。
■ 4月7日　在太行分局高干会上作《关于民主教育的问题》谈话。
■ 7月3日　发表《我们怎样坚持了华北六年的抗战》一文。
■ 9月8日　离开太行山八路军总部，去延安。以后即在延安参加整风学习和协助毛泽东、朱德指导华北敌后抗战。

1944年　46岁

■ 8月6日—9日　在延安对美军观察组作题为《八路军七年来在华北抗战的概况》三次谈话，讲述了八路军七年抗战的艰苦历程和辉煌战果。
■ 9月　按中央决定，部署王震率部南下湘赣鄂的军事行动。
■ 12月12日　在陕甘宁边区参议会第二次大会上报告华北敌后军民英勇抗击敌人和根据地建设情况。

1945年　47岁

■ 2月　参加华北地方军队同志座谈会，在会上作长篇发言，回顾和总结华北七年抗战工作。
■ 4月23日　出席中国共产党第七次全国代表大会，被选入大会主席团。
■ 4月30日　在中国共产党第七次全国代表大会上发言，主要讲军事问题、政权问题、华北的群众运动问题，总结八路军英勇抗战的伟大成绩和几点经验教训。
■ 6月11日　中国共产党第七次全国代表大会闭幕，当选中央委员。
■ 6月19日　七届一中全会当选为中央政治局委员。

■ 6月22日—7月25日　参加华北工作座谈会，作自我批评。
■ 8月23日　任中共中央军委副主席兼总参谋长。
■ 8月26日　为军委起草关于日本投降后各军区作战行动指示电报。
■ 8月28日—9月12日　为军委几次起草致刘（伯承）、邓（小平）部署上党战役电报。
■ 10月18日　为军委起草电报，指示各战区破坏铁路，推迟以至破坏顽军向解放区的进攻。
■ 12月12日—29日　为军委起草一组电报，部署保卫张家口，保卫热、察两省的军事行动。

1946年　48岁

■ 1月中下旬　为军委起草一组电报，指示各战略区遵守停战命令，坚持现有阵地，坚持自卫原则，进行有理有利的斗争。
■ 8月　为军委起草大同战役指示电报。
■ 10月3日　出席中央政治局会议，讨论通过三个月总结。发言指出，集中优势兵力能打垮蒋介石的进攻。
■ 11月　为军委起草电报部署保卫延安，并到陕甘宁边区南线的茶坊、金盆湾一带视察防务。
■ 12月　代表中央军委到山西离石高家沟召开陕甘宁晋绥高干会议，讨论两大解放区联防和配合作战问题。

1947年　49岁

■ 1月21日　为军委起草电报指示各战略区，各野战纵队、旅（师）均须成立工兵连，各野战军集团或大军区参谋处加设工兵科。
■ 2月1日　在中央政治局扩大会议上报告军事斗争形势，指出敌军由于兵力分散，将被迫停止全面进攻，我军在6、7、8月就可以打出去一些。
■ 2月—3月上旬　草拟中央军委关于保卫延安的作战方案和兵力部署的一批电报。
■ 3月8日　在延安各界保卫边区、保卫延安的动员大会上发表讲话。
■ 3月10日—12日　去金盆湾、茶坊、临真镇等地检查边区防卫部队的防务。
■ 3月16日　被任命为西北野战兵团司令员兼政治委员，直接指挥西北战场作战。
■ 3月25日　指挥青化砭伏击战，全歼敌三十一旅旅部及九十二团，并俘旅长李纪云以下2900余人。
■ 4月14日　指挥羊马河伏击战，歼敌一三五旅4700余人。
■ 5月2日—4日　指挥蟠龙镇攻坚战，歼守敌一六七旅旅长李昆岗以下6700余人，缴获大批粮食、弹药。

■ 5月14日　在安塞附近真武洞召开军民祝捷大会，庆贺陕北三战三捷，检阅部队并讲话。中共中央派周恩来等前来祝贺，商讨6月份作战计划。

■ 5月29日—7月7日　指挥陇东、三边战役。

■ 7月21日—23日　在靖边小河村，参加中央召开的会议，作了两次发言。

■ 7月31日　任西北野战军前委书记、西北野战军司令员兼政治委员。

■ 8月5日—12日　指挥攻打榆林战役，未克。

■ 8月20日　指挥沙家店战役，歼敌整编三十六师师部及一六五、一二三旅6000余人，基本上改变了陕北敌我形势。

■ 10月1日—11日　指挥延（延长、延川）、清（涧）战役，歼敌整编七十六师8000余人，俘敌中将师长廖昂。

■ 10月26日—11月29日　第二次攻打榆林，未克。

■ 12月25日—28日　参加中共中央在米脂县杨家沟召集的会议。

■ 冬　领导西北野战军开展以“诉苦”和“三查”为中心内容的新式整军运动。

1948年　50岁

■ 1月上中旬　在陕北米脂杨家沟主持召开西北野战军前委第一次扩大会议，作《关于陕北九个月作战的基本总结》。

■ 2月24日—3月3日　指挥宜川、瓦子街战役，歼敌整编二十九军军部、整编二十七师、九十师5个旅2.9万余人，军长刘戡和九十师师长严明被击毙，创西北战场空前大捷。

■ 4月17日—5月12日　指挥西府、陇东战役，一度攻克宝鸡等14县，歼敌2.1万人。

■ 5月26日—6月1日　在洛川土基镇主持西北野战军前委第二次扩大会议，作《春季攻势总结》报告。

■ 8月8日—13日　指挥澄（城）、郃（阳）战役，歼敌9000余人。

■ 8月27日　向中央军委主席毛泽东作1947年冬季整军报告。

■ 9月12日—23日　主持召开西北野战军前委第三次扩大会议，讨论加强请示报告制度、秋季作战方针及新区政策等问题。

■ 10月6日—18日　指挥荔北战役，歼敌十七军、三十八军、六十五军等部2.5万余人。

■ 11月15日—28日　指挥冬季战役，全歼敌七十六军等部2.5万余人，军长李日基被俘。

1949年　51岁

■ 1月11日—23日　出席西北野战军第一次党代表会议，作《关于1948年几项工作的基本总结和1949年的任务》的报告。

- 2月1日　根据军委1月15日指示，西北野战军改为中国人民解放军第一野战军。
- 3月5日—13日　出席在西柏坡召开的中共七届二中全会。
- 4月　奉中共中央、毛泽东主席指示，代替徐向前指挥太原战役第二阶段作战。部署第十八、十九兵团入陕，参加解放大西北作战。
- 5月16日—6月17日　指挥第一野战军进行陕中战役，歼敌4万余人。
- 6月初　任中共中央西北局第一书记。
- 7月11日—14日　指挥扶眉战役，歼敌4.4万余人。
- 8月21日—26日　指挥兰州战役，歼敌马步芳主力2.7万余人，解放兰州城。
- 9月下旬　在北平召开的中国人民政治协商会议第一次会议上，当选为中央人民政府委员，政治协商会议全国委员会委员。
- 10月6日—8日　在酒泉同新疆原警备总司令陶峙岳等会谈，研究新疆国民党起义部队改编问题与人民解放军进军新疆的具体事宜。
- 10月19日　在中央人民政府委员会第三次会议上，被任命为中国人民革命军事委员会副主席。
- 12月2日　被任命为西北军政委员会主席。
- 12月17日　任新疆军区司令员兼政治委员。
- 12月28日　到北京向中央汇报西北地区情况并参加中央人民政府委员会会议。

1950年　52岁

- 1月19日—27日　西北军政委员会正式成立，在第一次会议上作关于西北地区今后工作的报告。
- 4月—5月　到青海、宁夏、新疆等地视察。
- 6月6日—9日　出席中共七届三中全会。随后，参加中国人民政治协商会议第一届第二次会议。
- 10月4日—5日　到北京参加中央政治局扩大会议，讨论出兵援朝问题。在会上支持毛泽东出兵援朝的决策。
- 10月8日　被任命为中国人民志愿军司令员兼政治委员。
- 10月16日　在安东（丹东）志愿军师以上干部大会上，宣布中央政治局关于出兵援朝的最后决议并作《抗美援朝动员报告》。
- 10月21日　在朝鲜北部大洞与金日成首相会面，商谈作战方案。
- 10月25日—11月7日　指挥抗美援朝第一次战役，歼敌1.5万余人，将北犯之敌从鸭绿江附近打退到清川江以南。
- 11月13日　在大榆洞志愿军司令部主持第一次党委扩大会，作《入朝作战第一次战役总结及第二次战役方针》报告。

- 11 月 25 日—12 月 24 日　指挥第二次战役，歼敌 3.6 万余人，收复平壤，把敌人打退到“三八线”。
- 12 月 7 日　任中朝联军司令员兼政治委员。
- 12 月 31 日—1951 年 1 月 8 日　指挥第三次战役，越过“三八线”，攻占汉城。歼敌 1.9 万余人。

1951 年　53 岁

- 1 月 25 日　在君子里主持中国人民志愿军与朝鲜人民军高级干部联席会议，作《三个战役总结和今后任务》的报告。
- 1 月 27 日—4 月 21 日　指挥第四次战役，歼敌 7.8 万人。
- 2 月 21 日—28 日　回国向毛泽东汇报朝鲜前线敌我情况和志愿军面临的严重困难，听取毛泽东的指示。
- 4 月 22 日—6 月 10 日　指挥第五次战役，歼敌 8.2 万余人。
- 7 月 1 日　和朝鲜人民军最高司令官金日成联名复函“联合国军”总司令李奇微，同意举行朝鲜停战谈判。
- 8 月 18 日—9 月 18 日　指挥中朝联军粉碎敌人的“夏季攻势”，全线共歼敌军 7.8 万余人。
- 9 月 29 日—10 月 22 日　指挥中朝联军粉碎敌人的“秋季攻势”，全线共歼敌军 7.9 万余人。

1952 年　54 岁

- 1 月 1 日　在志愿军直属队干部会上作《关于反贪污、反浪费、反官僚主义斗争的讲话》。
- 4 月 12 日　从朝鲜前线回到北京治病。
- 7 月 19 日　根据中共中央的决定，留北京主持中央军委日常工作。
- 8 月 31 日—9 月 16 日　应邀赴苏与金日成、斯大林商谈关于朝鲜停战谈判问题。
- 10 月 15 日　在中南海永福堂召开第一次中央军委例会。
- 10 月 29 日—11 月 3 日　在安东（丹东）主持空军联席会议，勘察辽东半岛沿海地形，研究防备美军在志愿军侧后登陆方案。
- 12 月 24 日　在北京召开的各大区参谋长和政治部主任联席会议上讲话，提出学习苏联先进军事经验必须与中国的实际相结合等建军意见。

1953 年　55 岁

- 1 月 27 日—2 月 17 日　视察上海、定海、宁波、杭州、南京等地海边防地形和部署防敌在沿海登陆。
- 6 月 19 日　离北京赴朝鲜，准备参加朝鲜的停战签字工作。

■ 7月13日—27日　指挥金城战役，志愿军共歼敌7.8万余人，收复土地178平方公里，促进停战协定签字。

■ 7月27日　以中国人民志愿军司令官的身份在停战协定上签字。

■ 7月31日　在平壤市举行的授勋大会上，被朝鲜民主主义人民共和国最高人民会议常任委员会授予“朝鲜人民共和国英雄”的称号。

■ 8月2日　从朝鲜回到东北地区参观军事工业和重工业工厂。

■ 8月11日　回到北京。

■ 9月8日　向毛泽东报告军队整编和召开军事会议的建议，得到批准。

■ 9月12日　在中央人民政府委员会第24次会议上，作《关于中国人民志愿军抗美援朝工作的报告》。

■ 12月7日　在全国军事系统党的高级干部会议上作《四年来的军事工作总结和今后军事建设上的几个基本问题》的报告。明确军队的建军总方针和总任务。

1954年　56岁

■ 1月26日　作《在全国军事系统党的高级干部会议上的总结》。提出我军“正规化”和“如何学习苏军先进经验”的意见。

■ 2月4日—10日　参加中共七届四中全会，就高岗问题发言。

■ 5月—7月上旬　勘察南起连云港，北至长山列岛的海岸、岛屿、港口地形和国防工事。

■ 7月30日—31日　主持军事会议，部署关于解放台湾的实施步骤。

■ 9月10日—26日　率中国军事参观团赴苏参观原子弹爆炸演习。

■ 9月21日　参加第一届全国人民代表大会，被选为大会主席团委员。

■ 9月28日　被任命为中共中央军事委员会委员，并指定负责军事委员会日常工作。

■ 9月29日　被任命为中华人民共和国国务院副总理兼国防部长和国防委员会副主席。

■ 10月28日　在第一次国防委员会上作工作报告。

■ 12月29日　在军委扩大会议上作总结报告：一、实行三大制度问题（即义务兵役制，军官服役条例和军官薪金制）；二、全国军区划分问题；三、公安部队整编问题；四、部队军事训练与干部军事学习问题。

1955年　57岁

■ 1月17日　向毛泽东和中共中央建议，批准华东军区部队攻打一江山岛作战方案。

■ 3月21日—31日　在中国共产党全国代表会议上发言，谈高（岗）、饶（漱石）问题。

■ 5月3日—6月3日　率政府代表团访问德意志民主共和国、波兰、苏联，并以观察员身份列席华沙条约会议。

■ 9月1日—9月25日　到福建、广东、海南岛检查备战工作和研究解放沿海敌占岛屿作战问题。

■ 9月27日　被授予中华人民共和国元帅军衔及一级八一勋章、一级独立自由勋章和一级解放勋章。

1956年　58岁

■ 3月6日　在军委扩大会议上作《关于保卫祖国的战备方针和国防建设问题》报告，全面阐述了“我国的积极防御的战略方针”问题。

■ 9月18日　在中国共产党第八次全国代表大会上，就党的军事工作作《为中国人民解放军的现代化而斗争》报告。

■ 9月26日　在中国共产党第八届全国代表大会上，当选为中央委员。28日，中共八届一中全会当选为中央政治局委员。

■ 11月上旬　到徐州、连云港地区视察国防工程构筑情况，检查战备工作。

1957年　59岁

■ 1月7日—27日　主持军委扩大会议。26日，在军委扩大会议上作总结发言，阐述裁减军队数量和提高军队质量的问题，提出军委领导工作中的一些问题。

■ 2月27日—4月12日　赴南京、上海、舟山、杭州等地检查南京军区战备工作和学校工作，并了解军工厂的军代表制度。

■ 7月16日　向第三次国防委员会全体会议作《军事建设概况》报告。

■ 8月12日—27日　到张家口、大同、太原、石家庄视察军队和院校工作。

■ 9月20日—10月9日　参加党的八届三中全会，汇报军队在整风反右派斗争中暴露的问题及处理情况。

■ 10月24日　在全国兵役工作会议上讲话，着重阐述：（一）关于“和”与“战”相结合的问题，即国民经济建设与军队建设、民用生产与军用生产相结合的问题；（二）平时养兵少，战时用兵多的问题等。

■ 11月2日—12月3日　随毛泽东率领的中国代表团访苏，参加苏联十月革命40周年庆祝活动。

1958年　60岁

■ 1月22日　在全军后勤工作会议上，作《把我军建设成为优良的现代化革命军队》讲话。

■ 3月18日　在成都中央工作会议上报告国防建设工作中几个问题。

■ 5月7日—8日　参加中国共产党第八次全国代表大会第二次会议。

■ 5月27日—7月22日　主持军委扩大会议，讨论解决整风和整编问题。
■ 7月19日　在军委扩大会议上作总结发言。
■ 8月17日—30日　参加在北戴河召开的中央政治局扩大会议。遵照毛泽东指示，部署炮击金门。
■ 8月31日—9月21日　到东北地区视察。调查解决军事工业生产、改进驻厂军代表工作、军队参加生产建设和军事技术学校办学方针等问题。
■ 10月15日—11月8日　视察西北地区军队和地方“大跃进”运动情况。
■ 11月28日　赴武昌参加中共中央八届六中全会。
■ 12月15日—29日　到湖南、江西、安徽等地了解农村“大跃进”情况。

1959年　61岁

■ 3月3日—5日　参加中共中央政治局在郑州召开的扩大会议。
■ 4月2日—5日　在上海参加中共八届七中全会。
■ 4月18日—23日　出席第二届全国人民代表大会第一次会议，再次被任命为国务院副总理兼国防部长。
■ 4月24日—6月11日 率中国军事友好代表团访问波兰、德意志民主共和国、捷克斯洛伐克、匈牙利、罗马尼亚、保加利亚、阿尔巴尼亚、蒙古人民共和国。
■ 7月1日　上庐山参加中共中央召开的政治局扩大会议。
■ 7月14日　给中共中央主席毛泽东写信，在肯定“大跃进”成绩前提下，提出国民经济“比例失调”“浮夸风”和“小资产阶级狂热性”问题。
■ 8月2日　参加中共第八届八中全会，在会上受到错误的批判。
■ 8月16日　中国共产党第八届八中全会作出《关于以彭德怀同志为首的反党集团的决议》。
■ 8月18日—9月12日　参加军委扩大会议，被揭发批判“反党罪行”和“资产阶级军事路线”等问题。
■ 9月17日　根据中华人民共和国主席令，免除国防部长职务。
■ 9月26日　中央军委发出中共中央政治局决定的《关于军委组成人员的通知》，被免除军委委员。
■ 9月30日　从中南海移居北京西北郊挂甲屯吴家花园。
■ 10月中旬　作为中央党校的特别学员，参加政治学习。
■ 10月—1960年2月　学习马克思、恩格斯、列宁、毛泽东哲学著作，作6万字哲学纪要。

1960年　62岁

■ 4月—5月　学政治经济学，写《对八届八中全会决议的看法》。

1961年 63岁

- 10月30日—12月26日 到湖南湘潭县家乡调查，将所写的5个调查材料送中央参考。

1962年 64岁

- 1月11日—2月7日 在中共中央扩大的工作会议上被人指控“里通外国”和“组织反党小集团”。
- 6月16日 给毛泽东主席并中央写信（即八万言书）。对错误“实事求是的作了检讨”，对扩大的中央工作会议文件中不符合事实的作了详细说明，要求中央对自己的言行进行彻底审查，作出明确结论。
- 9月24日 中共中央八届十中全会决定成立中央审查委员会，被立案审查。

1965年 67岁

- 1964年12月20日—1965年1月4日 在第三届全国人民代表大会第一次会议上被撤销副总理职务。
- 9月23日 被毛泽东请到中南海谈话，任西南三线建委第三副总指挥。
- 11月28日 从北京去成都。
- 12月12日—26日 到重庆参加三线建委召开的政治工作会议。

1966年 68岁

- 3月22日—4月8日 去渡口市观看攀枝花铁矿建设，沿途参观访问。
- 4月19日—28日 到泸州、宜宾、永川县参观煤矿、工厂。
- 6月上旬 在三线建委局以上干部学习《中共中央通知》（即5.16通知）会上遭批判。
- 6月27日—7月19日 去贵州六盘水地区参加综合利用规划现场会。
- 12月27日 被江青、戚本禹指使的红卫兵从成都押回北京，监护在卫戍部队驻地。

1967年 69岁

- 1月1日 给毛主席写信，报告被抓和被关押经过。
- 2月25日 给周总理写信，报告被抓来北京情况和对庐山会议、红卫兵运动的看法。
- 7月—9月 受到军队、地方机关和院校20多次万人大会的批斗。肋骨被北京航空学院红卫兵打断。
- 8月20日 按中央审查委员会的指示，写出6万多字简历交代材料。

1968 年　70 岁

■ 上半年被中央专案组突击审讯，逼迫交代“罪行”。

1970 年　72 岁

■ 9 月 18 日　写出了 10 多万字的第三次简历交代材料。

1973 年　75 岁

■ 4 月 18 日　患癌症从关押点住进解放军总医院。

1974 年　76 岁

■ 11 月 29 日　含冤逝世。

1978 年

■ 12 月，中共十一届三中全会审查和纠正了过去对彭德怀所作的错误结论，决定为彭德怀平反。12 月 24 日，在首都隆重举行彭德怀追悼会。

后 记

全面记述中华人民共和国元帅彭德怀76年生命历程的《彭德怀传》终于和读者见面了。

彭德怀元帅，人们亲切地称呼他为彭总。他的一生，从旧社会最底层一个赤贫的农家之子到中国共产党、中国人民解放军、中华人民共和国的杰出领导人；从一位功勋卓著的无产阶级革命家到“右倾机会主义分子”、“反党集团的头子”，直至成为“文化大革命”的囚徒；从蒙冤受屈、含恨以终到终于恢复名誉，受到举国上下的同情与追念，他的76个春秋是如此波澜壮阔、风雷激荡，又如此曲折坎坷。他的生命历程在一定程度上反映出中华民族从上世纪末以后半个世纪中的苦难、追求与奋斗，反映出中国现代史上一场翻天覆地的人民革命的必然性及其辉煌胜利，也揭示了革命进程中曾经发生的错误和应当吸取的教训。

基于这一历史情况，要写出一部彭德怀的信史，需要直面一段给人们留下痛苦回忆的历史；需要突破一些历史研究的“禁区”，也需要传写者不断摆脱自己思想上的束缚。因而，《彭德怀传》从写作到和读者见面，也是不无曲折的。

1978年12月，在彭总被迫害致死四年之后，中国共产党第十一届三中全会为他恢复了名誉。继而，在几位老革命家的倡议下，在中共中央军委办公厅的帮助下，成立起一个彭德怀大事记编写组，准备以两三年的时间收集史料，编写出一部彭德怀大事记，把长期被歪曲、被颠倒的彭总的历史再颠倒过来。但很快，编写组就发现自己把事情估量得简单了。从1959年7月至1978年12月近20年间，彭总的手稿、笔记，大量地被销毁，关于彭总的公开的、内部的文字资料，则充斥着对他的“错误”和“罪行”的“清算”。面对连篇累牍、触目惊心、大量散布的“批彭”材料，编写组深感所负之重。于是改变计划，从编纂《彭德怀年谱》入手，首先弄清彭总一生革命活动的轨迹；然后对1959年以后加在彭总头上的一连串罪名逐一考证，弄清真相，分辨是非，对有的重大问题写出专论。1983年《彭德怀年谱》的初稿编成后，编写组受领了《当代中国》丛书《彭德怀传》的撰写任务。1984年，编写组先撰写出《彭德怀传略》作为《彭德怀传》的总纲，1985年开始写作《彭德怀传》。此后，彭德怀传记编写组的工作在中央军委办公厅党委的领导下进行。

由于上述特殊的历史情况，编写组对《彭德怀传》的取材务求其实，着笔力求其直。所用史料依据中央和地方所藏的原始文献、各历史阶段出版的报纸书刊和与历史文献相印证的对有关人士的访问录和回忆录。编写组曾经沿着彭总生活和战斗的足迹踏访了湖南、江西、广西、贵州、云南、四川、陕西、甘肃、山西九省的旧战场和革命根据地的数十个城镇村庄；访问了彭总生前的百余名战友。从他们对彭总的深情回忆中，我们体会到人们心中的彭总形象不仅未因20年蒙尘而污损，反而“吹尽狂沙始到金”，变得更加光辉。编写组所到之处，总是得到热忱的帮助和鼓励。在此，我们要感谢当日所到的武汉、昆明、兰州、成都、南京军区和各省军区、军分区，是他们给我们提供了采访的指导和方便条件。我们要感谢中央档案馆、军委档案馆和我们所去各省、市、地、县的档案馆、图书馆、纪念馆、文化馆，是他们向我们提供了大量的历史文献、许多珍藏的甚至是孤本的资料，使我们得以广泛阅览、探寻、钩沉，弄清了彭总一生的功业轨迹。我们要感谢众多的彭总生前的战友，他的亲人及故乡人民；感谢彭总戎马一生足迹所至之处的地方老干部、老乡亲；感谢曾参加我们举行的数十次回忆彭总的座谈会的红军、八路军、解放军和志愿军的指战员，是他们的回忆与评说使我们不只进入彭总的历史活动而传述他的丰功伟绩，还得以进入他的精神世界而传述他的刚风劲节；进入他的日常生活而状写他的音容笑貌；也得以开阔自己的视野，评价他的功过。

撰写《彭德怀传》经历了一个由简到繁、由繁到简的过程。从8万字的《彭德怀传略》到传记初稿的120万字，到二稿70万字，最后压缩为本书50万字，其间曾送请60多位彭总生前战友及党史、军史界的专家指正。成书后，由中国人民解放军总政治部宣传部编研室主持召开评审会，请毛泽东传记组、朱德传记组、刘伯承传记组、贺龙传记组、陈毅传记组、罗荣桓传记组、徐向前传记组、聂荣臻传记组、叶剑英传记组，中央文献研究室、中共党史研究室、中央档案馆、军事科学院战史部、《当代中国》丛书编辑部的负责同志进行评审。编写组根据各方面的意见对传记做了多次修改和校订，使传记得以更加准确翔实。在此，我们谨表谢意。

当我们将这本书呈献于读者面前时，我们还要向编写组的顾问王政柱同志致衷心的感谢，对已病逝的浦安修同志和杜鹏程同志致以深切的哀悼。浦安修同志曾和编写组一起万里寻踪，进行采访；王政柱同志为编写组提供了个人珍藏的史料；杜鹏程同志为传记的构想提出了宝贵的建议。他们都曾一再披阅传稿。浦安修和杜鹏程同志直至病危还在关心着传记的情况，他们未能看到《彭德怀传》问世，使我们深憾于心。

在对彭总一生进行了十余年的研究之后，我们深信他将是我们民族历史天幕上一颗不灭的巨星；将是一个永远使人景仰、为人传颂的英雄；也将是一个具有永恒魅力、永远引人探究的历史人物。我们为自身条件所限未能更鲜明地再现这位人们喜爱的英勇无畏、刚正不阿的彭大将军而歉疚。我们也相信这仅仅是第一部《彭德怀传》，后来者将会以更高更广的历史视野写出一部又一部更透辟、更深蕴丰满的《彭德怀传》来。至于本书中难免出现的不周和错误之处，则望读者指正，俾来日修订。

《彭德怀传》的作者：项羊（撰写第一至二章）、蒋宝华（第三至八章）、何定（第九至十四章）、吴序光（第十五至十九章）、张希（第二十至二十四章）、王焰和王亚志（第二十五至三十章）、王焰（第三十一至三十四章）、何定（第三十五至三十六章）、门吉寿（第三十七至三十八章）。何定负责全书统稿。

《彭德怀传》编写组